U0943504

《21世纪国际经贸精品教材》编委会

GUOJI
JINRONG

21 世纪国际经贸精品教材
21SHIJI GUOJI JINGMAO JINGPIN JIAOCAI

国际金融

（修订本）

主　编 原雪梅

副主编 解传喜　刘玉刚

刘琛君　马晓燕

山东人民出版社

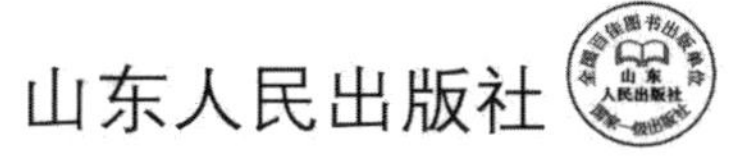

总 序

“21世纪国际经贸精品教材”是山东人民出版社精心打造的大学经济类学生的系列教科书。出版社的想法是，“这套教材既要成为大学本科和高职院校经济类学生的精品教材，又要成为其他各类人员自学国际经济与贸易的通俗读物”。这一要求看似简单，其实是很高的目标。

山东人民出版社的同志委托我牵头组织教材的编撰事宜，是对我的信任和重托，我十分感谢他们。但是，说实话，一开始对是否接受这一任务，我还是颇为踌躇的。一是因为现在市面上这类教材，虽然质量上良莠不齐，但数量上可谓汗牛充栋，再组织一套这类教材到底有无必要。二是因为要编写出一本理论性、实践性、前沿性、通俗性等等特质皆具的教材是一件十分困难的事情，何况还是一套系列教材。三是按目前各高校比较通行的人才评价体系，似乎编写教材是一件“机会成本”很高的事情，能否组织起一支优秀的学者队伍未可知。

中国世界经济学会山东省的三位常务理事卢新德教授、范爱军教授、李平教授及山东省各本科院校经济贸易类院、系诸位院长、系主任的积极加盟，使我树立了信心；特别是近几年国际经济理论的不断发展和国际经济实践的规则、程序等发生了很多变化，使我深深感到，把这些最新的理论和实践纳入教科书，系统的介绍给广大的莘莘学子，也是我们这些学人的责任。

人类社会在经历了一个多世纪的战争、危机、和平与发展之后，进入了以经济全球化日益发展和国际经贸活动日益深化为重要特征的新的时期。一是国际贸易成为国际交往中最活跃的活动之一，全球国际贸易的增长速度超过了世界生产的增长速度。尽管受到金融危机的影响，2008年全球商品出口仍然增长了15%，达15.78万亿美元，服务出口亦增长11%达3.73万亿美元。国际贸易推动着市场的国际化，成为各国经济发展和世界经济增长的重要引擎；二是国际直接投资的迅速增长。国际直接投资是生产资本国际化的实现形式，体现了资本循环突破国界不断扩展的趋势。进入21

世纪以来,国际直接投资从2004年至2007年步入高速增长期,2007年全球国际直接投资达到了15.4万亿美元;三是国际金融成为国际交往的重要组成部分,促成了金融的国际化。随着资本全球化的进一步深化和国际资本市场的逐步完善,国际间接投资总体规模持续扩大,资金流动速度也越来越快。总之,经济全球化加速了商品、资本、人员、服务和技术等要素在全球范围内的自由流动和优化配置,有效地提高了经济效率和全人类整体的福利水平。伴随着经济全球化,虽然也出现了许多新的经济问题,例如最近几年来的全球经济失衡问题和美国次贷危机引发的全球性金融危机问题等等,但是作为人类社会迄今最先进的生产方式,经济全球化将继续呈现出加速发展的趋势。

国际经济学是对国际经济活动实践的总结,国际经济学的研究对象随着国际经济活动的扩展而不断发展。通常学者们把国际经济学分为三个构成部分,即国际贸易理论、国际金融理论和国际直接投资理论。最早的国际经济学主要是国际贸易理论,这是因为当时国际贸易活动是最主要的国际经济交往。随着国际金融活动在国际经济活动中的地位不断增强,国际金融理论占据了国际经济学的一个重要位置。20世纪70年代以后,国际直接投资的规模和跨国公司的影响越来越大,国际直接投资理论成了国际经济学中不可或缺的一部分。在这三部分理论中,理论也是随着实践的发展而深化的。例如,在国际贸易理论中,李嘉图的比较优势理论从技术差异入手解释了当时大多数的国际贸易活动,但不能解释技术上相同、资源禀赋存在差异的两个国家之间的贸易;赫克谢尔与俄林从要素禀赋差异出发,解释了这种国际贸易。随着国际贸易活动中产业内贸易的增多,传统的国际贸易理论受到了挑战,占世界贸易额相当大比重的一部分贸易并不是因为比较成本的差异或者资源禀赋的差异而发生的。20世纪70年代末80年代初,以克鲁格曼为代表的一批经济学家提出了新贸易理论,该理论打破了传统贸易理论中"完全竞争"和"规模报酬不变"这两个关键假设后,为解释贸易动因与贸易基础开辟了新的视角。面向未来不断发展和变化的国际经济现象,国际经济学中的一些目前占据统治地位的理论和观点将会得到修正和发展,一些理论前提和假设将被摒弃,新的视角将产生。国际经济学理论的发展将会进一步推动国际经济实践的发展。

中国的发展离不开世界,世界的繁荣稳定也离不开中国。改革开放30年来,中国社会的各个方面都发生了前所未有的变化。一个13亿人口的大国,持续30年保持了年均近10%的增长速度,不能说不是个奇迹。2008

年,中国经济总量跃居世界第三位,并有望于2009年超越日本居第二位。中国经济发展的成就,已经得到全世界的公认。在全球经济一体化日益发展的今天,中国经济必将进一步融入世界经济体系中,这一使命的完成需要大批熟悉市场经济规律和国际经贸规则的企业家、经济学家和管理人才。培养高水平的人才需要有高水准教材。我想这也是我的同仁们不计精力和经济"投入产出"比,而全力投入这一工作的根本动力所在。

这套教材即将付梓了,周云龙同志要我写个总序,我依命行事便写了以上这些话,聊以为序。至于这套系列教材的内在质量和特色,按照写序的常规是应该自夸一番的,但我想还是留给使用这一教材的教师和学生们去评判吧,因为他们是最有发言权的。最后我还要郑重说明,我只是为该系列教材做了些"牵头"的事情,真正为该书付出心血的是各本教材的主编、参编的各位学者和山东人民出版社的周云龙编辑,特向他们表示敬意!

范跃进

2009年8月

前　言

国际金融学是金融学和国际经济与贸易等专业的核心课程，也是经济管理类专业的必修课之一。当今国际金融活动日新月异，国际金融市场风云变幻，国际金融创新层出不穷，同时，国际金融危机也在频繁发生。这一切都影响着国际经济的发展，也推动着国际金融教材的不断更新。

本教材立足于以上开放经济条件下金融全球化的背景，以内外均衡的实现为目标，主要讲解了国际金融的基本理论和实务，力求在基本知识讲解的基础上，既概括传统的国际金融理论及其进展，又尽量反映出新的国际金融形势下诞生的新理论。本教材体系完整，内容全面，数据新颖，反映时代特点和学科发展，理论与实务相结合，每章前有学习目标，每章后附有案例分析、思考题及参考书目，以便于读者掌握国际金融的基本知识与基础理论，培养其运用相关理论对国际金融领域的各种问题进行初步分析的能力。因此，本教材可以满足不同层次和要求的读者学习之需：既可作为高等院校本、专科教材，亦可作为各类专业培训的参考教材，也适合对国际金融有兴趣的读者自学使用。教师在教学过程中，也可以根据不同的教学对象对内容进行有选择的讲授。

本书的编写人员全部为高等院校的国际金融专业一线教师。各章初稿执笔人分别为：赵亚明（第一章、第二章）、王新娜（第三章、第五章）、索妮（第四章）、沈勇（第六章）、安同信（第七章）、刘琛君（第八章、第十一章）、原雪梅（第九章）、王彦芳（第十章）、解传喜（第十二章、第十五章）、马晓燕（第十三章、第十四章）。本书写作大纲由原雪梅总体设计，各章在编者修改的基础上再由原雪梅统一修改、定稿。

受作者水平和编写时间所限，以及由于国际金融活动的复杂性，本教材在各部分内容衔接的连贯性、写作风格的统一性和概念原理的精准性等方面难免存在缺点和不足之处，恳请各位读者批评指正。

作　者

2009 年 12 月

目 录

国贸精品

第一章　外汇与汇率

外汇与汇率问题是国际经济中的重要问题，是研究整个国际金融问题的基础与关键。随着国际经济与贸易的发展，世界各国经济受汇率变动的影响日益加大。了解外汇与汇率的基本概念与分类，区分不同的汇率标价方法，准确地把握影响汇率变动的主要因素及汇率变动的经济后果，对于有效地规避汇率风险，推动世界经济与贸易的发展具有很大的现实意义。

【本章学习目标】

1. 了解外汇的概念和分类。
2. 掌握汇率的概念和种类，以及汇率的几种标价方法。
3. 理解影响汇率变动的主要因素。
4. 熟悉汇率变动将对一国经济产生的具体影响。

第一节　外汇的概念与分类

一、外汇的概念

通常意义上，我们对于外汇(Foreign Exchange)最直观的认识，就是那些承担着国际结算职能的世界性货币，如美元、欧元等。然而，外汇的概念要比平时的简单理解更宽泛。首先，外汇的概念具有双重含义，即包括动态(Dynamic)和静态(Static)的外汇概念。

(一)动态的外汇概念

从动态角度来理解，外汇是指货币在国际间的自由流动，以及把一个国家的货币兑换成另一个国家的货币，用来清偿国际间债权债务关系的一种专门性的经营活动或过程。从这个意义上讲，外汇的本质含义等同于国际汇兑。

(二)静态的外汇概念

从静态角度来看，外汇又有狭义的外汇概念和广义的外汇概念之分。

1. 狭义的外汇

狭义的外汇是指以外国货币表示的，为世界各国普遍接受的，可用于国际间债权债务结算的各种支付手段。然而，并不是所有以外国货币表示的支付手段都能够被称为外汇，一种外国货币成为外汇还必须具备以下三个特点：(1)自由兑换性，即这种外币支付工具能够与本币之间自由兑换；(2)可获得性，也就是说它必须是在国外能够得到补偿的债权；(3)可接受性，即这种外汇支付手段在国际经济交易中能够被世界各国普遍接受。

2. 广义的外汇

广义的外汇是指一国所拥有的一切以外币所表示的资产。按照国际货币基金组织定义，可以表述为外汇是货币行政当局，包括中央银行、货币管理机构、外汇平准基金以及财政部等国家机构，以银行存款、政府各式证券等形式保有的，在国际收支出现逆差时可以使用的债权。就我国而言，在2008年8月修订颁布的《中华人民共和国外汇管理条例》中规定：外汇是指下列以外币表示的可以用于国际清偿的支付手段和资产：(1)外币现钞，包括纸币、铸币；(2)外币支付凭证或者支付工具，包括票据、银行存款凭证，邮政储蓄凭证，银行卡等；(3)外币有价证券，包括债券、股票等；(4)特别提款权①；(5)其他外汇资产。可见，国际货币基金组织和我国对外汇的定义都是指静态的广义外汇。

二、外汇的分类

随着各国之间国际贸易的深入发展，可以用于国际间支付的外汇种类变得越来越宽泛。通常情况下，根据外汇不同的特点，从不同的分析角度，可以将外汇进行以下几种分类。

(一)根据外汇进行兑换时所受的限制不同划分

按照进行兑换时所受的限制程度的不同，外汇可以分为自由兑换的外汇、有限自由兑换的外汇和记账外汇。(1)自由兑换的外汇，就是指那些在国际结算中用得最多、在国际金融市场上可以自由买卖、在国际金融中可以用于偿清债权债务、并可以自由兑换其他国家货币的外汇，例如美元、欧元、日元、港币等。(2)有限自由

① 特别提款权是国际货币基金组织创设的一种储备资产和记账单位。在本书第十章中有详细介绍。

兑换的外汇，则是指未经货币发行国的批准，不能自由兑换成其他国家货币或对第三国进行支付的外汇。国际货币基金组织规定，凡对国际性经常往来的付款和资金转移有一定限制的货币均属于有限自由兑换货币。包括人民币在内，世界上有一大半的国家货币属于有限自由兑换货币。(3)记账外汇，又称为清算外汇或双边外汇，是指记账在双方指定银行账户上的外汇，它不能兑换成其他国家的货币，也不能用来对第三国进行支付。

(二)根据外汇的来源和用途的不同划分

根据外汇的来源和用途的不同，可以将外汇划分为贸易外汇、非贸易外汇和金融外汇。(1)贸易外汇，也称实物贸易外汇，是指来源于或用于进出口贸易的外汇，即由于国际上的商品流通所形成的一种国际支付手段。(2)非贸易外汇是指贸易外汇以外的一切外汇，即一切非来源于或用于进出口贸易的外汇，如劳务外汇、侨汇和捐赠外汇等。(3)金融外汇属于一种金融资产外汇，例如银行同业间买卖的外汇，既非来源于有形贸易或无形贸易，也非用于有形贸易，而只是为了便于货币头寸的管理而持有的外汇资产。目前，由于资本在国家之间的转移，通常以货币形态出现，所以，不论是间接投资还是直接投资，都会形成国家间流动的金融资产，这部分资产由于其数量的巨大和交易的频繁，成为外汇当中最值得我们关注的一种。

(三)根据外汇汇率的市场走势不同划分

在国际外汇市场上，由于多方面的原因，各种货币的币值总是在变化，其汇率也总是波动，因此根据外汇汇率的市场走势不同，外汇又可区分为硬外汇和软外汇。(1)硬外汇，也称强势货币或者硬币，是指币值坚挺，购买能力较强，货币处于升值趋势的自由兑换货币。(2)软外汇，也称弱势货币或软币，是指币值走弱，购买能力下降，货币处于贬值趋势的自由兑换货币。由于各国国内外经济、政治情况千变万化，各种货币所处硬币、软币的状态并不是一成不变的，经常发生相互转变。

(四)根据外汇的交割期限不同划分

根据交割期限不同，外汇还可分为以下两种：(1)即期外汇，是指在外汇买卖成交后两个营业日以内办理交割的外汇，又称现汇。(2)远期外汇，是指外汇买卖双方在签订外汇买卖合同时，预定在成交后两个营业日以后的某一时间或期限办理交割的外汇，又称期汇。

第二节　汇　率

一、汇率的概念

汇率(Foreign Exchange Rate)又被称为外汇汇价，是用一个国家的货币折算成另一个国家货币的比率，即两个国家的货币之间，用其中一国的货币表示的另一国货币的相对价格。可见，汇率具有双向表示的特点，既可用本币表示外币的价格，亦可用外币表示本币的价格。至于是用本币表示外币的价格，还是以外币表示本币的价格，取决于一同采取的汇率的标价方法。

二、汇率的标价方法

由于汇率反映的是两国货币的相对比价，因此必须要先明确以哪一种货币作为基准货币(Base Currency)，哪一种作为计价货币(Quoted Currency)，前者是指在标价过程中作为常量的单位货币，后者是作为变量的货币。根据确定的基准货币不同，汇率的标价方法分为直接标价法、间接标价法和美元标价法。

(一)直接标价法

直接标价法(Direct Quotation)，又称应付标价法(Giving Quotation)，是以一定单位(通常是标准单位，如 1、100、1000、10000)的外国货币为标准，折算成一定数额本国货币的汇率表示方法。这种标价方法，也相当于计算购买一定标准单位的外币时，所应付出的多少单位的本币，因此也称为应付标价法。目前，包括中国在内的世界上绝大多数国家都采用直接标价法。如根据我国 2010 年 1 月 12 日公布的外汇牌价，每 100 美元折合人民币682.75元，对于人民币来说，这一标价方法就是直接标价法。

在直接标价法下，若一定单位的外币折合的本币数额增加，说明外币升值或本币贬值；反之，如果要用比原来较少的本币即能兑换到同一数额的外币，则说明外币贬值或本币升值。例如在直接标价法下，近年人民币对美元的汇率水平由 USD100＝CNY827 变为 2010 年初的 USD100＝CNY683 左右，说明一定单位的美元折合的人民币数额减少，即美元贬值，人民币升值。

(二)间接标价法

间接标价法(Indirect Quotation)，又称为应收标价法(Recieving Quotation)。

它是以一定单位(通常是标准单位,如 1、100、1000、10000)的本国货币为标准,折算为一定数额的外国货币来表示的汇率,实际上相当于是用外币表示的本币的价格。在国际外汇市场上,欧元、英镑、澳元等货币均采用间接标价法。英国一直使用间接标价法,而二战前的美国长期以来一直使用直接标价法,但是二战以后,随着美元在国际结算和国际储备中逐渐取得统治地位,美元成为外汇市场上最重要的关键性货币(key currency),国际银行间的报价都以美元为标准来表示各国货币的价格,因此,美元除了对英镑、欧元以及其他英联邦成员国货币继续使用直接标价法外,对世界上其他国家的货币一律使用间接标价法,并以此来反映美元作为世界上最重要货币的地位。

按照上例在直接标价法下的美元与人民币之间的汇率,对于美元来说,这种标价方法即为间接标价法。如果将美元看做本币,则汇率数额变大,表明本币升值,汇率数额变小,表明本币贬值。那么,从近几年美元与人民币之间汇率变化情况来看,不难发现美元兑人民币已经大幅贬值。

总之,就标价方法本身而言,两种货币之间的汇率表示要么是直接标价法,要么是间接标价法。汇率涨跌所引起的本外币升值或贬值的变化,与货币所采用的标价方法直接相关,因此,在引用某种货币的汇率,说明其汇率是升值还是贬值时,首先应明确该货币所采用的汇率标价方法。

(三)美元标价法

美元标价法(U. S. Dollar Quotation)是指在外汇市场中,各国均以某一关键性货币为基准来衡量各国货币的价值,也就是说它以一定单位的关键货币为标准来计算应该汇兑多少他国货币的表示方法。对于非关键性货币外汇买卖的交易,则根据它们各自对关键性货币的比率通过套算计算买卖双方货币的汇价。

作为一种关键货币应具备以下特点:(1)在国际收支中被广泛使用,且是使用最多的结算货币;(2)该货币可以完全自由兑换且在国际上被普遍接受。目前,世界各金融中心的国际银行所公布的外汇牌价,都是以美元为标准,兑换其他主要国家货币的汇率。对于非美元货币之间的汇率换算,则通过其各自对美元的汇率进行套算。

二战后随着欧洲货币市场的兴起,国际金融市场中的外汇交易量迅猛增长,为了便于国际上的外汇交易,银行间的报价都以美元为标准来表示各国货币的价格,至今已形成习惯。例如:从日本东京向德国银行询问欧元的汇率,德国法兰克福经营外汇银行的报价,并不是直接报日元与欧元之间的汇率,而是报出美元与日元之间的汇率。上述这种非本币之间以一种国际上主要货币或关键货币作为汇价标准的标价方法,就被称为“美元标价法”。

三、汇率的种类

汇率种类的划分方式较多，从不同的角度，一般可以将汇率进行如下几种分类：

(一)根据货币在汇率表示中承担的不同角色，分为被报价货币和报价货币

在外汇市场上进行货币兑换时，可以将这种兑换看做是特殊商品的买卖，即将被购入货币作为一种特殊的商品进行交易。由于在交易过程中需要将一种货币视为商品，且将其数量固定下来作为比较的基础；同时将另一种货币看做一般等价物，通过其数量的变化来表示前者价格的高低。这样在两种货币之间就产生了被报价货币的概念。被报价货币也称为基准货币或单位货币，就是指数量固定不变，作为比较基础的货币，即被用来作为特殊商品的货币。相反，数量不断变化，用来说明特殊商品价格高低的货币则被称为报价货币。被报价货币与报价货币的汇率可以表示为：

被报价货币(标准单位)＝报价货币(多少?)

例 1：在外汇市场中美元与英镑之间的汇价为 GBP1＝USD1.5970，即英镑需求者可以用 1.5970 美元的价格买入 1 英镑，在此英镑就是特殊商品，它是被报价货币，而美元是报价货币。通常当本币采用的是直接标价法时，外币即为被报价货币，而本币是报价货币；反之，当本币采用的是间接标价法时，本币为被报价货币，而外币则是报价货币。

(二)根据银行买卖外汇价格的不同，分为买入汇率、卖出汇率和中间汇率

在外汇交易市场中，银行是从事外汇买卖的主要机构，因此银行买卖外汇的价格最受外汇市场关注。通常从银行的角度来看，其所报出的汇率为：

被报价货币(标准单位)＝报价货币(银行买入价/银行卖出价)

例 2：某日某外汇市场中，银行挂牌的人民币与英镑的汇率牌价分别为：

USD1＝CNY6.8320/6.8340

GBP1＝USD1.5960/1.5980

在上述的银行双向报价中，汇率中的第一个数字表示报价银行愿意买入被报价货币的价格，即所谓的买入汇率(Bid Rate)；第二个数字表示的是报价银行愿意卖出被报价货币的价格，即卖出汇率(Offer Rate)。在银行所报的外汇牌价中，对于被报价货币，银行的买价总在前，而卖价总在后，且银行的买价总小于卖价，买卖价之间的价差则是银行通过买卖外汇从中获得的收益。

在上例中，根据国际惯例，人民币对美元采用的是直接标价法，美元是被报价货币，人民币是报价货币；6.8320 是银行买进一单位美元支付的人民币价格，6.8340是银行卖出一单位美元收取的人民币价格，买价在前卖价在后，买卖之间

20 个点的差价即为银行的兑换收益。但是,英镑对美元采用的是间接标价法,英镑成为被报价货币,而美元则是报价货币,同理,1.5960 和 1.5980 分别是银行买进和卖出一单位英镑的美元价格。这里有几点需要特别注意:(1)这里所讲的买入汇率和卖出汇率都是站在报价银行立场上来说的,而不是站在进出口商或询价银行的角度。(2)按照习惯,外汇交易在报价时通常可以只报出千分位和万分位小数,如 20/40 和60/80,其中的大数 6.83 和 1.59 可以省略不报。(3)银行买卖汇率的价差是银行从事外汇兑换业务的收益。一般情况下,称 0.0001,即万分之一为一个点。在上例中银行的价差收益均为 20 个点。

除了上述银行买入汇率和卖出汇率外,还有中间汇率(Middle Rate),它是买入汇率与卖出汇率的平均数,也称为中间价。它的计算公式为:

$$中间汇率=(买入汇率+卖出汇率)\div 2 \quad (1\text{-}1)$$

中间汇率并不是买卖外汇时采用的执行价格,它通常只用于汇率变动的新闻报道以及相关数据的统计应用和分析。

(三)根据外汇买卖交割期限的不同,分为即期汇率和远期汇率

即期汇率(Spot Exchange Rate)又称为现汇汇率,它是指外汇买卖的双方在成交后的两个营业日内就办理交割过户手续时所使用的汇率。远期汇率(Forward Exchange Rate)又称为期汇汇率,它是指外汇买卖的交易双方事先约定的据以在将来约定期限交割时所采用的汇率。由于远期汇率要包含未来汇率波动的风险,因此通常情况下,两种货币的即期汇率和远期汇率存在一定的差异。

对于即期汇率,外汇银行通常都采取直接报价的方式。但是远期汇率的报价则要相对复杂一些,它反映是的当前人们对未来进行交易时外汇买卖双方考虑到风险后形成的均衡汇率。通常,远期汇率有两种报价方法,一种是直接报价方法,即直接将各种不同交割期限的远期银行买入价和银行卖出价完整地表示出来,这种报价方法与即期汇率报价方法相同。

例 3:某日某外汇市场中,银行挂牌的美元对人民币的即期和远期汇率分别为:

即期汇率	一个月的远期汇率	三个月的远期汇率	六个月的远期汇率
6.8320/40	6.8300/30	6.8280/320	6.8250/310

这种报价方法通常用于银行对客户的报价上,直观性比较强。但是,该报价方法也存在不足处,这是因为在外汇交易市场开市的情况下,即期汇率值一直在波动之中,相对应的远期汇率也需要根据即期汇率的变化而变化,而事实上市场中人们对于远期汇率与即期汇率的风险判断在短期内是一个确定的值,所以在银行同业间往往采用另外一种报价方法,即远期差价报价方法。

远期差价报价法又称为掉期率(Swap Rate)报价法,它是指不直接公布远期汇

率，而只是报出即期汇率与各期的远期差价，远期差价又称为掉期率，它可以分为升水(Premium)和贴水(Discount)两种，通常用点数来表示。升水是指货币远期升值，即期汇比现汇更贵；贴水则是指货币远期贬值，即期汇比现汇贱。由于远期差价在短期内是一个确定值，因此具体的远期汇率可以用不断波动的即期汇率与确定的远期差价直接计算。另外还有一种情况叫平价(At Par)，表示远期汇率与即期汇率相同。

例 4：某日某外汇市场中，银行挂牌的美元对人民币的远期汇率采用掉期率报价为：

即期汇率：6.8320/40

一个月掉期率：20/10

三个月掉期率：40/20

六个月掉期率：70/30

根据掉期率报出的远期汇率，由于本外币之间存在直接标价法和间接标价法的不同，因此在判断某一货币在远期是升水还是贴水时，需要区别对待。在本例中，若视人民币为本币，则人民币对美元采用的是直接标价法，由于各个远期的汇率都小于即期汇率，说明人民币远期汇率升值，即人民币远期升水，升水点数分别为20/10、40/20、70/30。若视美元为本币，则美元对人民币采用的是间接标价法，由于各个远期的汇率都小于即期汇率，说明美元远期汇率贬值，即美元远期贴水，贴水点数分别为20/10、40/20、70/30。在不同的标价法下，根据即期汇率与远期差价计算远期汇率的方法可以归纳为：

直接标价法下：远期汇率＝即期汇率－升水点数或(＋贴水点数)

间接标价法下：远期汇率＝即期汇率＋升水点数或(－贴水点数)

银行公布升贴水点数时，一般不用直接说明是升水还是贴水。根据风险与收益的关系，外汇买卖成交后交割，随着期限的加长，银行承担的汇率波动的风险就越大，相应的银行需要得到的交易补偿也要求越高。因此，远期外汇的买卖差价总要大于即期外汇的买卖差价。根据这一原则，按照远期点数的排列关系，即可判断货币是升水还是贴水。在直接标价法下，远期点数按“小/大”排列，则为本币贴水，被报价货币升水，按“大/小”排列，则为本币升水，被报价货币贴水。间接标价法情况下，远期点数按“小/大”排列，则为本币升水，报价货币贴水，按“大/小”排列，则为本币贴水，报价货币升水。另外，根据上述例子也可以总结出这样的远期汇率计算法则，即掉期率左小右大顺序相加，掉期率左大右小顺序相减。

(四)根据制定汇率的方法不同，分为基本汇率(Basic Rate)和套算汇率(Cross Rate)

由于外国货币种类繁多，而且各国货币制度存在较大差异，因而在制订汇率时，本国货币不能对所有外国货币都单独制订汇率，而只能选择某一货币为关键货币，并制订出本币对关键货币的汇率，这一汇率就称为基本汇率，这是确定本币与其他外币之间汇率的基础。

实际上，正如前文所述，在国际外汇市场上，各国货币都与美元之间有一个兑换率，这也是我们观察外汇行情时普遍采用的美元标价法。由于给出了所有货币与美元之间的汇率关系，因此，其他任何两种无直接兑换关系的货币都可以通过美元计算出它们之间的兑换比率，这种计算出来的汇率被称作套算汇率。而且在进行计算时，需要遵循以下规律：(1)当两种货币与关键货币美元的汇率标价方法相同时，将斜线左右的相应数字交叉相除；(2)当两种货币与关键货币美元的汇率标价方法不同时，将斜线左右的数字顺序相乘。

例 5：设某外汇市场中某一时点上几种货币的汇率行情如下所示：

USD1＝HKD7.7510/7.7530

USD1＝CNY6.8360/6.8380

EUR1＝USD1.3920/1.3960

其中，USD、HKD、CNY、EUR 分别是美元、港币、人民币和欧元的英文简写，若要求分别套算 EUR/HKD 和 HKD/CNY 的汇率，则需要利用套算规律进行计算。首先，判断欧元、港币以及人民币分别与美元之间采用的汇率标价方法。显然，港币和人民币与美元之间均采用间接标价法，而欧元与美元之间采用的是直接标价法。

对于欧元和和港币来说，它们与美元的标价方法不同，因此顺序相乘：

USD1＝HKD7.7510/7.7530

EUR1＝USD1.3920/1.3960

可得：

EUR1＝HKD10.7894/10.8232

对于港币和人民币来说，它们与美元的标价方法相同，因此交叉相除，即可得：

USD1＝HKD7.7510/7.7530

USD1＝CNY6.8360/6.8380

则有：

HKD1＝CNY0.8818/0.8822

(五)按外汇市场开市和收市的不同，分为开盘汇率和收盘汇率

外汇市场是国际金融市场最重要的组成部分，由于各国进行外汇交易的标的物是完全相同的，这就使得外汇交易要比世界范围内其他证券的交易方便得多，而且数量也要大的多。由于世界上各大外汇交易市场顺承相接，相互交错，因此，从

全球来看,它是一个可以全天候 24 小时交易的昼夜市场。但是,对于某一个外汇交易市场来说,每天的交易有开市和闭市要求。由于外汇交易市场中,人们对两种货币的需求以及未来走势的预期不同,因此,汇率通常在交易时间中总处于上下波动状态。那么,某一交易日当天的第一笔外汇买卖所采用的汇率水平,即为两种货币之间的开盘汇率(Opening Rate);当天市场临近闭市时的最后一笔外汇交易所采用的汇率,则为收盘汇率(Closing Rate)。

除了上述几种汇率的划分方式以外,根据银行汇兑方式的不同,还可以分为电汇汇率(Telegraphic Transfer Rate)、信汇汇率(Mail Transfer Rate)和票汇汇率(Demand Draft Rate)。目前,国际间的汇率结算已经很少使用信汇方式。根据外汇买卖对象的不同,分为银行同业汇率(Inter-Bank Rate)和银行与客户之间的商人汇率(Merchant Rate)。根据外汇管制情况的不同,分为官方汇率(Official Rate)和市场汇率(Market Rate),前者由一国外汇管理当局规定并予以公布,后者则是由外汇市场供求关系决定的汇率。

第三节　汇率的决定与变动

一、决定汇率的基础

各国货币都代表一定的价值,两国货币所具有或者所代表的价值的对比关系,也即两国货币兑换的比率,就是汇率。因此,各国货币所具有或者所代表的价值量是决定汇率的基础。如果两国货币间的价值对比发生了变化,那么汇率就会随之变动。由于在不同的货币制度下各国货币所具有或者代表的价值有所差异,因此,我们必须区分不同的货币制度来研究汇率决定的基础。

(一)金本位制下汇率的决定基础

金本位制(Gold Standard System)是以黄金表示本位货币的货币制度。在金本位制下,各国货币都是用一定重量和成色的黄金铸造的。两国货币的法定含金量之比,称为铸币平价(Mint Parity)。例如:1925～1931 年间,英国规定 1 英镑的含金量是 113.0016 格令(Grains),美国规定 1 美元的含金量是 23.22 格令,则英镑与美元之间的汇率是其各自的含金量之比:GBP/USD＝113.0016/23.22＝4.8665。这个铸币平价就是英镑与美元之间汇率决定的基础。

一般而言,各国货币的法定含金量不会轻易改动,因此铸币平价是非常稳定的,但它却并非是外汇市场上交易的实际汇率。实际汇率往往围绕铸币平价上下波动,其原因就在于外汇市场供求关系的变化,正如供求关系使商品价格围绕价值波动一样。当某种货币供不应求时，其汇率会上涨至铸币平价之上；反之，若某种货币供过于求，汇率便会跌至铸币平价以下。

但是，汇率的波动也不是漫无边际的，而是有一定的幅度或者界限，这个界限就是黄金输送点(Gold Point)。因为在典型的金本位制即金币本位制下，金币本身在市面上流通，铸造的金币与可兑换的银行券以1∶1的严格比例保持互换，因而国际间的清算可以选择用外汇也可以选择用黄金。而黄金的运送是有一定的费用的，如包装费、运费、保险费等。当外汇汇率上涨超过铸币平价加上向外输送黄金的各种费用时，该国的债务人就会选择用黄金而不是用外汇进行清算，黄金会替代外汇流向国外，因此铸币平价加上黄金运送费用就是黄金输出点(Gold Export Point)，形成汇率上涨的上限。

假定在英国和美国之间运送1英镑黄金的费用为0.03美元，则铸币平价加上黄金运输费用为4.8965(4.8665＋0.03＝4.8965)美元，这是美国对英国的黄金输出点。如果英镑汇率高于4.8965美元，则美国债务人觉得购买外汇(英镑)不合算，不如在本国购买黄金直接运送到英国有利，于是美国的黄金向英国输出。

反之，当外汇汇率下跌超过铸币平价减去输送黄金的各种费用时，该国的债权人就会选择收进黄金而不是用外汇，黄金会替代外汇流向国内，因此铸币平价减去黄金运送费用就是黄金输入点(Gold Import Point)，形成汇率下跌的下限。

依然以美英两国为例，如果英镑汇率低于4.8365(4.8665－0.03)美元时，美国的债权人就会不愿意收到外汇(英镑)，而宁可在英国用英镑购买黄金并自己承担运费，从英国输入黄金。

可见，金本位制下汇率的波动以铸币平价为中心，以黄金输出点为上限，以黄金输入点为下限，黄金的自由流动使得汇率能够自动调节回到上下限之间(见图1-1)。由于货币的含金量是固定的，所以各国之间的汇率能够保持真正的稳定。

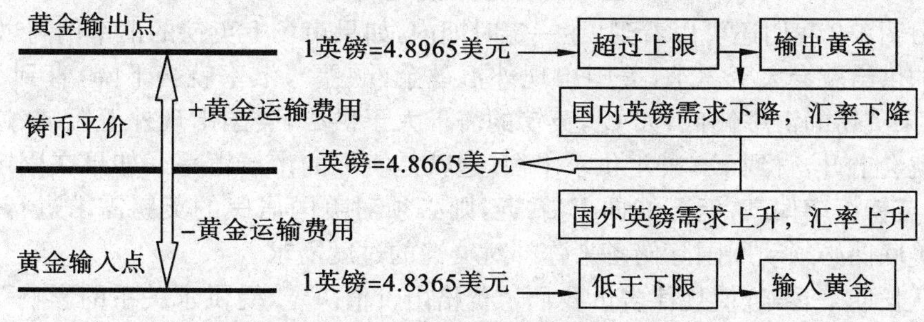

图1-1　金本位制下汇率的决定与变动

经受第一次世界大战的破坏，以及此后爆发的1929年全球性经济危机的冲击，金本位制度宣告崩溃，各国普遍实行纸币流通制度。

(二)纸币流通条件下汇率的决定基础

纸币制度产生于金本位制之后,各国政府先是规定了本国货币所代表的含金量,但是此时的含金量只是法律的规定,而不是真正具有的价值,这就使得汇率失去了保持稳定的基础,外汇市场上汇率的波动也不再具有黄金输送点的制约,汇率变化日趋复杂,且幅度很大。1978 年 4 月 1 日以后进入无法定含金量时期。作为价值符号,纸币是金属货币的替代物,代替金属货币执行流通和支付手段职能。因此,纸币所代表的价值量成为决定两国货币汇率的基础。

从短期来看,外汇汇率的变化取决于外汇市场上的供求关系,现实的市场汇率即是外汇市场上供求平衡时的汇率。以由美国和英国构成的两国模型为例,以美元作为本国货币,英镑作为外国货币,则美元对英镑的汇率(E,直接标价法)就等于购买一个英镑所需的美元数量。在浮动汇率制下,英镑的美元价格(E)取决于外汇市场上英镑的需求曲线 $D_£$ 与英镑的供给曲线 $S_£$ 的交点 E_0,如图 1-2 所示。

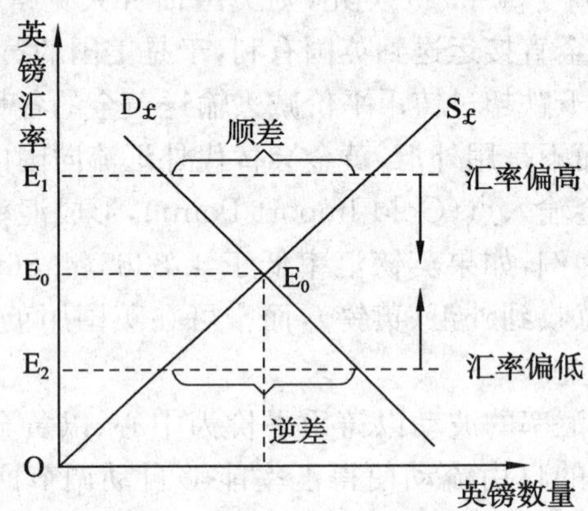

图 1-2　外汇市场供求与汇率

由图 1-2 我们还可以看到,在一定时期内,如果市场上英镑的汇率偏高,如 E_1,英镑的供给就会大于需求,美国出现外汇盈余(顺差),汇率就会下降,直到 E_0;同理,如果英镑的汇率偏低,如 E_2,英镑的需求大于供给,美国出现外汇短缺(逆差),汇率就会上升,直到 E_0,外汇供求平衡,这就是实际的市场汇率。如果在固定汇率制下,英镑汇率偏高,但不能向 E_0 靠近,则必须对美国居民的英镑需求进行管制,或者美联储必须动用国际储备来弥补对英镑的过度需求。

从长期来看,价值规律告诉我们,“价格由价值决定,受供求关系的影响”,那么汇率就是纸币所代表的价值量即实际购买力之比。由于纸币的购买力常常以价格来体现,所以,也可以说汇率表现为同一商品的本国价格与其外国价格的对比关系。例如,1 单位商品在美国生产需要 5 美元,在中国生产需要 50 元人民币,则仅就这一商品而言,美元与人民币的汇率,用直接标价法就应该是 10∶1,即 1 美元兑换 10 元人民币。从理论上讲,汇率应该是所有进出口商品的本国价格与外国价格的相对比价。但在现实经济贸易中，由于各国劳动生产率增长水平的差异，国际间经济交往的日益密切，金融外汇市场的一体化，以及信息传递技术的进步等种种因素，使得纸币本位制度下货币汇率的决定越来越复杂，其不仅受本国经济和政策等因素的直接影响，而且也会受到其他诸多因素的影响。

二、影响汇率波动的主要因素

汇率作为一国货币对外价格的表现形式，要受到来自国内和国际诸多因素的影响，尤其是当前在美国金融危机的背景下，在各国纷纷采取经济政策刺激经济发展的国际经济环境下，汇率的变动变得更加频繁，波动风险日益加大，使人很难在短时间内对货币汇率波动的方向给予准确预测。一般来讲，影响汇率波动的主要因素包括以下几个方面。

（一）国际收支

国际收支反映的是一国对外经济活动中所发生的收入与支出。从短期看，一国国际收支是影响该国货币汇率波动的直接因素之一。从本币与外币供求关系来看，当一国的国际收入大于支出，即出现顺差时，表明外币收入增加，相应的在外汇市场上外汇供给增加，则外币贬值，本国货币升值。相反，当一国国际收入小于支出，即出现逆差时，表明外币收入减少，相应的在外汇市场上外汇供给减少，外币升值，本国货币则贬值。以近几年来我国与美国贸易为例，加入世贸组织以后，我国对美贸易大幅增加，国际收入远高于支出，对美出现巨额的贸易顺差，相对应的在我国外汇市场上美元供给日益增加，这在一定程度上也导致了人民币汇率近几年对美元的大幅升值。

（二）相对通货膨胀率

货币的内在价值是决定其汇率波动的根本原因，而货币的内在价值又体现在货币在国内的购买力水平上。由于通货膨胀是纸币的发行量超过商品流通所需货币量而引起的货币贬值、物价上涨现象，当一国出现通货膨胀时则意味着该国货币所具有的购买力的下降。国内商品价格上涨后，以外币表示的商品的出口价格也上涨，出口下降，同时外国商品在本国市场上的竞争力提高，进口增加，这些变化将对外汇市场的供求关系产生影响，从而导致汇率的变动。此外，国内外较大的通货膨胀率差异，还会影响人们对汇率未来变动的预期，从而导致国际游资的流动，也对汇率产生影响。当一国通货膨胀率较高时，意味着该国货币正在贬值，于是人们预期该国货币汇率将趋于疲软，因此会将手中的本币兑换为其他货币，以求保值。这种行为导致本币供给增加，造成本币汇率下跌。

由于在纸币流通条件下，各国都不同程度地存在通货膨胀，因此相对通货膨胀率成为影响汇率变动的一个重要因素。一般情况下，相对通货膨胀率持续较高的国家，其货币汇率在外汇市场上将趋于贬值，反之，相对通货膨胀率持续较低的国家，其货币汇率则会趋于升值。

(三)相对利率水平

利率作为资金使用权的价格，直接决定借贷资金的成本与收益，因此，它与各类金融资产的价格、成本和利润密切相关。一国利率水平的高低，首先反映的是市场中的货币供求状况，利率高，则资金紧张，供不应求，成本较高，利率低则资金宽裕，供过于求，成本较低。在国际金融市场中，如果各国之间的相对利率水平存在很大差异时，即会引起短期资金在国际间的自由流动，从而通过影响外汇市场的货币供求来影响汇率水平。通常，当一国利率水平高于其他国家时，表示使用本国货币资金的成本上升，由此引起外汇市场上本国货币的供应相对减少；另一方面，由于资金的趋利流动，会有更多的外币资金涌进高利率国家以求得高回报，从而也影响汇率水平，导致本币升值，外币贬值。反之，当一国利率水平低于其他国家时，表示本国流动性较其他国家更为充足，使用本国货币资金的成本下降，引起外汇市场上本币供给相对增加，再加上游资流出本国以寻求更高利率收益的资本流动，将共同促使外汇市场上本币相对于外币供过于求，则本币贬值，外币升值。

(四)市场的心理预期

外汇市场上的汇率水平每时每刻都发生着变化，由于外汇供需双方对未来汇率波动的预期的不同，将会引起供求变化，从而对汇率波动产生直接影响。在国际金融市场中，短期性流动资金的数量十分惊人，这些巨额游资具有高度的敏感性，其受市场心理预期的影响，随风而动，给国际金融市场带来冲击，成为各国货币汇率频繁波动的重要根源。就经济方面而言，市场预期包括对汇率本身、国际收支、相对通胀率和相对利率水平等的预期，都会引起国际资本的流动，从而给一国经济带来起伏。在外汇市场上，只要市场预期某国货币不久即要升值，则市场马上就会大量买入本币，导致汇率上涨；相反，若预期未来下跌，那么市场上立刻就会出现抛售本币行为，从而导致本币汇率下跌。可见，一旦在市场中形成一致的预期，那么预期的结果就会变为现实，而这种变化往往会给各国金融市场带来巨大的波动风险。

(五)政府的市场干预

在布雷顿森林体系瓦解以后，外汇市场上的汇率波动日益频繁。各国货币当局为了维护国内经济的稳定，避免汇率波动对国内经济造成不利影响，往往会对外汇市场进行适当干预，其主要目的在于通过央行在外汇市场上的买卖行为改变外汇市场的供求状况，进而影响本国汇率走势并达到预期的政策目的。

例如，当一国货币汇率处于较高水平而影响该国国际收支改善和经济发展目的时，该国中央银行就会向外汇市场抛售本币而买入外汇，从而使本币供给大于外汇需求，引起本币贬值，外汇升值，以达到扩大出口和推动国内经济发展的目的。但是，政府干预汇率往往是在特殊情况下，即汇率剧烈波动，或本币大幅升值与贬值，以及为了某一特定目标而进行的，因而政府干预只会引起汇率短期变化，而不会影响汇率波动的长期走势。

（六）经济增长率

经济增长率是一国汇率长期波动的决定性因素。一方面，当一国实际经济增长率大幅提高时，同一商品在本国的生产成本大幅下降，如果经济增长率的提高带来了整个经济科技进步和生产成本下降，表明用本币表示的国内商品价格下降，在国际市场商品价格没有发生变化的情况下，说明本币在国际市场上的购买力大幅提高，即本币升值；但若经济增长导致进口需求增加，进口大于出口时，则会产生相反的情况。另一方面，一国经济实力增强，其货币在外汇市场上的地位随之提高，国际上将该种货币作为储备货币的需求增加，也会引起该国货币汇率的上升趋势。总之，经济增长率的提高对于汇率的影响是通过经济发展的方方面面进行的，除了上述的两个方面以外，经济高速增长的国家，由于平均利润率也比较高，这就会吸引更多的外汇资金流入本国进行直接投资，进一步推动本币汇率的提高。因此，从长远来看，经济增长率是决定一国汇率长期走势的决定性因素。

综上所述，影响汇率波动的因素很多，其中有短期影响因素，也有长期影响因素，它们之间相互联系，相互制约，关系相当复杂。因此，在分析汇率波动的影响因素时，不能只从单一的角度或某一个别因素进行，而应该从不同角度全面剖析。

三、汇率变动的经济影响

汇率变动有以下几种形式：一是法定升值（Revalution）与贬值（Devaluation），其中，法定升值是指政府以法令形式提高本国货币的含金量或基础汇率，降低外汇汇率；法定贬值是政府以法令形式降低本国货币含金量，提高外汇汇率。二是汇率上浮（Appreciation）与下浮（Depreciation），这是浮动汇率制度下汇率变化的两种形式，在该制度下货币汇率随市场供求关系的变化而变化。当外汇供不应求时，其汇率会升高，称为上浮，即该国货币升值；当外汇供过于求时，其汇率就会降低，称为下浮，即该国货币贬值。三是汇率的高估（Overvalution）与低估（Undervaluation），是指货币的汇率高于或低于其均衡汇率。

汇率作为宏观经济中的一个重要变量，它与经济体中的多种经济因素之间有着密切的相互联系。这种关系不仅表现为汇率的波动受到诸多因素的影响，反过来也表现为汇率变动对其他经济因素产生的不同程度的作用或影响。

下面以升值为例，分析汇率变动对经济产生的一般影响，贬值的效应与升值方向相反。

(一)汇率变动与进出口贸易收支

汇率变动最直接的影响就是对进出口贸易的影响。当一国货币升值,其出口商品在国际市场上以外币表示的价格就会提高,从而一定程度上刺激国外对该国商品需求的减少,即一定程度上限制了出口量。相同情况下,由于以本币表示的进口商品价格的下跌,从而刺激本国居民对进口商品的需求,增加进口量。这是通常意义上对本币升值减少出口、促进进口的认识。

但是,在实际的进出口贸易过程中,是不是本币升值就一定能够刺激进口、限制出口并改善贸易收支顺差的状况呢?答案是不确定的。一国货币升值能否对贸易收支产生预期效应,要受到许多因素的制约:比如,进出口商品需求对价格变化的弹性要足够大,国内物价下跌幅度小于纸币升值程度或外汇汇率下跌程度,等等。另外,升值效应的发挥也需要一个过程,不可能立竿见影。如果一国货币贬值,其结果正好与上述情况相反。

(二)汇率变动与宏观经济运行

汇率变动通过改变贸易收支,以及导致一国国内经济政策的变化而对宏观经济的运行产生较大影响。首先,将汇率变动将直接导致进出口商品的国际交易价格发生变化,这一变化又通过影响进出口需求,间接影响到国内同类商品的价格。例如,当本国货币升值时,以本国货币表示的外国商品价格下降,进而带动国内同类商品的价格下跌。如果进口商品是作为生产资料投入生产的,则将引起生产成本的进一步下跌,会在一定程度上引致其他相关商品价格的普遍下跌。此外,在国内商品的供应是既定的条件下,由于升值而引起的出口需求下跌,必然导致国内商品市场的供过于求,也会引起国内贸易类商品物价的下跌。其次,当本币升值时,抑制了该国出口行业的快速发展,从而使整个国民经济发展受到限制,国内就业机会减少,国民收入也随之减少。此外,由于本币升值后,出口品本币价格由于出口数量的减少而下降,进口替代品价格由于进口品本币价格的下跌而下跌,这就导致整个贸易部门的商品价格相对于非贸易部门的价格普遍下跌,由此诱发生产资源从贸易部门向非贸易部门转移。由于一国的产业结构导向非贸易部门,会使整个经济体系中贸易部门所占比重下降,从而降低本国的对外开放程度,更多的产品转向国内需求。

(三)汇率变动与国际资本流动

对汇率未来变动的预期是引起国际资本流动的一种重要因素。汇率变动对资本流动的影响主要表现为两个层面。首先,当人们预期本币对外汇将出现大幅升值时,将导致大量外汇流入本国兑换为本币,从而形成资本流入;其次,当本币已经形成升值时,即升值预期结束后,原先流入的外汇由于本币的升值而兑换为更多的外汇,形成资本流出。以上分析表明,汇率的变动对国际资本流动产生的影响是分为两个阶段的，首先是升值或贬值的预期，其次是升值和贬值预期实现以后。因此，在升值或贬值的这个过程当中，由于对汇率变动的预期不同，也会引起国际资本的流入与流出运动。

(四)汇率变动与外汇储备

汇率的变动对一国外汇储备也会产生较大的影响。首先，货币升值将通过国际资本的流动和对外贸易收支的变化影响外汇储备的增减，升值时国际资本大量流入本国，导致外汇储备一定程度的增加，但是另一方面，如果升值限制了出口的增加而增加了进口的话，则由于经常项目收支的恶化，又会在一定程度上减少一国的外汇储备。可见，从上述的角度来分析，货币升值对一国外汇储备规模的影响是双向的。其次，如果升值货币是一国的储备货币，那么由于该货币的升值会直接导致持有货币作为外汇储备的国家因价值溢价而获利，而该种货币的发行国则会因本币的升值而相应的增加了对债务国的负担。此外，汇率变动对外汇储备的另一个影响是导致全球储备货币的多元化以及对建立超主权货币的需求。近几十年来，由于国际主要货币汇率波动较大，因此为了避免由此带来的储备资产价值缩水，更多的国家通过持有多元化的外汇储备货币以及建议在全球范围内建立超主权货币的方式来缓解贬值风险。

(五)汇率变动与国际经济关系

由于国际主要货币发行国均实行浮动汇率制度，因此，外汇市场上各主要货币呈现出频繁且不规则波动的态势。当某货币升值时，会对货币发行国的对外贸易和国内经济产生重大的影响，而该货币贬值时，又会严重影响到各国之间的经济关系，使国际间的摩擦日益增多。汇率的变动是双向的，若一国实行以促进出口、改善贸易收支状况、缓解国内金融危机和外债负担为主要目的的货币贬值，会使对方国家货币相对升值，外汇储备缩水，出口竞争力下降，从而引起两国之间的贸易战、汇率战，这将加深国际经济关系的复杂变化，引发国际金融领域的动荡，甚至影响世界经济的长远发展。因此，一国货币要贬值或者升值前，还必须权衡汇率变动可能带来的多方面影响，最后作出抉择。

【思考题】

1. 什么是广义和狭义的外汇？

2. 汇率有哪几种标价方法？汇率的主要种类有哪些？

3. 在进出口贸易过程中，如何合理选择硬币或软币作为贸易结算货币？

4. 试分析在外汇买卖中，为什么银行报出的远期汇率差价要大于即期汇率差价？

5. 试分析近几年来影响人民币汇率大幅升值的主要原因有哪些？

6. 人民币汇率升值以来给我国经济各方面发展带来的利弊分析？

【案例分析题】

《日本一百步 中国五十步》[①]：如果我们不纠缠于三两天的短视，人民币将何去何从？中国连续飙升的贸易顺差是否会导致人民币汇率遭受围攻？有一则小故事显示一些官员或前官员对这个问题的极度乐观情绪。曾有人这样认为：如果美国停止与中国贸易，美国的通货膨胀率会立即上升两个百分点；中国的劳动力优势是哪个国家也比不上的，譬如在美国售价 120 美元一双的名牌运动鞋，在中国的成本仅为 12 美元，而中国工人只拿了区区 2 美元的血汗工资，美国需要这样物美价廉的中国产品。中国在国外的外汇是 3000 亿美元，而外国在中国的投资是 5000 多亿美元，似乎还是我们高枕无忧。

但是，中国的国际收支失衡和汇率问题的确已经到了危如累卵的地步。我们也不妨看一下日本经济以及日元的悲剧性命运。

日元汇率经历了三个阶段。第一阶段是从 1949～1971 年，依靠 380 日元兑换 1 美元的固定汇率制，日本以出口导向型战略，实现了每年 10%以上的经济增长奇迹，并且先后超越了英、法等国，使得东亚其他经济体纷纷效仿。接下来戏剧性的一幕发生了，1971 年 12 月，西方十国财政部长通过“史密森协议”，精确地要求日元升值 16.88%，并以此作为基准汇率上下浮动 2.25%，从此日元告别了 22 年的固定汇率制走向温和升值。

第二阶段是 1972～1985 年，在这一期间美元对日元平稳地从 1∶315 升至 1∶200的水平，12 年间每年升值 5.2%，日元升值似乎并未影响日本走向高度繁荣的步伐，由于巨额的贸易顺差和资本内流，日本的外汇储备急剧飙升。但似乎谁都没有意识到，日元的持续温和升值带来的泡沫经济前兆，正如同温水煮青蛙一样伤害着日本经济的内在活力。

第三阶段是 1985～1989 年，1985 年 9 月 22 日，在美国的倡议下，西方七国以“广场协议”维护了美元的地位，而世界其他主要货币在两年内贬值 30%，然后又是“卢浮宫协议”，从而逼迫日元陷入不可克制的飙升阶段。有媒体报道说，这一期间如果将东京 23 个区的土地全部卖了，可以买下整个美国。到 1989 年，日本经济泡沫崩溃。

之所以重复上述历史，就在于担心历史会重演。比照中日经济发展模式，可以发现外向型增长的共同影子；比照 1967 年的日本和 2004 的中国，两者在人均 GDP、人均电力消耗、城市恩格尔系数、产业结构，甚至世博会、奥运会的举办等都惊人地相似；比照日元，人民币也在经历了 1983～2005 年的 22 年固定汇率制之

① 钟伟. 水墨流金[M]. 北京：北京大学出版社，2007：64-67.

后，不得已进入了温和升值阶段；比照温和升值期间的日本外贸结构，几乎和当前中国一样也在经历着从纺织品为主，到以机电产品为主甚至以汽车为主的迅速升级过程。而我同样愿意相信，从尼克松冲击，到以广场协议为代表的多个协议中，日本精英也一定是竭尽全力，在克制日元升值步伐的同时，试图努力维持日本经济的繁荣，但终究不敌西方阵营。

日本人对这一幕也许是耿耿于怀的，否则吉川元忠就不会以《金融战败》来形容这段金融史，并叹息说，谁能意识到“战争”已打响？在看不到摸不着的无形战争中，往往败就败在心甘情愿地将自己的大好河山拱手送给对手还浑然不知，这样的战败更惨更痛。

阅读以上文字，以日本的汇率升值为前车之鉴，试分析人民币快速升值后会给我们的经济发展带来那些影响?

第二章　外汇市场与外汇交易

资本是金融市场的血液，外汇市场则是国际间输送资本的血管系统；金融市场的最根本目的是实现资源的优化配置，而外汇市场则在一定程度上实现了国际间的资源优化。在各国贸易和投资往来如此频繁的今天，一个稳定而高效的外汇市场是全球经济迅速发展的重要基础。根据国际清算银行三年一度的对中央银行外汇交易和衍生品市场活动的调查，近年来全球外汇市场的日均交易量已超过 3 万亿美元，外汇市场的日均交易量分别比美国国债市场日均交易量高出 4 倍，比全球股票市场的日均交易量高出 14 倍，比纽约证交所和纳斯达克股票交易所的合计日交易量高出约 30 倍。外汇市场自 1974 年起步至今 30 多年来，已经日益发展成为全球金融市场中最重要的一个分市场。

【本章学习目标】

1. 了外汇市场的概念、分类和功能作用。

2. 熟悉传统外汇交易的主要种类，重点掌握最基本的几种外汇交易方法。

3. 理解两种重要的外汇衍生工具交易方式，领会外汇衍生工具的重要功能以及较大的投机风险。

第一节　外汇市场概述

一、外汇市场的概念与构成

外汇市场(Foreign Market)是指经营外币和以外币计价的票据等有价证券买卖的市场，它是金融市场的重要组成部分。国际上因贸易、投资、旅游等经济往来，不可避免地要产生货币的收支关系。一方面，由于世界各国货币制度存在差异，因此在进行国际支付时，首先需要以本国货币购买外币；另一方面，从国外收到外币支付凭证时也必须兑换成本国货币才能在国内流通。这样就发生了本国货币与外国货币的兑换问题，需要通过外汇市场的交易来解决。

外汇市场的参与主体由以下几方构成：(1)外汇银行。外汇银行是指从事外汇业务的国内外商业银行及其分行或代理机构，它们是外汇市场的主要参与者，主要接受客户委托从事代理交易，同时也运用自有资金作自营交易。(2)外汇经纪人。外汇经纪人是介于外汇银行之间或外汇银行与客户之间的中间商，他们并不真正参加外汇交易，主要为买卖双方接洽交易并收取一定的佣金，他们的参与大大提高了外汇交易的效率。(3)从事交易性外汇买卖者。这些交易主体包括进出口商、国际投资者、旅游者等，以及目的在于套期保值和汇率投机的外汇买卖者。(4)中央银行。世界各国的中央银行出于执行本国外汇政策、控制货币供给量、稳定汇率和利率水平的目的，会经常进行外汇买卖，以干预外汇市场。

从历史发展的角度看，外汇市场随着国际货币体系的变化逐渐形成今天的规模。特别是在布雷顿森林体系崩溃后，在全球范围内各国广泛实行浮动汇率制度，各国货币的汇率变动则取决于其供给与需求以及相对价值。随着全球贸易往来的频繁及国际投资的增加，使各国经济间形成了密不可分的关系，而全球的经常性经济报告如通货膨胀率、失业率及一些不可预期的消息如天灾或政局的不安定等，均成为影响币值不断波动的重要因素，反过来，币值波动又进一步影响了货币在国际间的供给与需求。以上情况表明，国际贸易的日益扩大以及汇率波动加剧的结果，造就了全球最大的金融交易市场——外汇市场。

二、外汇市场的种类与特征

外汇市场根据有无固定的交易场所，可以分为有形市场(Visible Market)和无形市场(Invisible Market)。有形市场是指有具体交易场所的市场。无形市场是指没有固定交易场所，所有外汇买卖均通过连接于市场参与者之间的电话、电传、电报、互联网以及其他通讯工具进行的抽象的交易网络。与有形市场相比，无形市场具有以下优势：(1)市场运作成本低；(2)交易效率高；(3)有利于市场一体化。当前，世界主要的外汇市场均是无形交易市场，例如全球最大的外汇市场——伦敦外汇市场就是一个典型的无形市场，它没有固定的交易场所，而是通过电话、电传、电报、电脑等通讯工具来完成外汇交易。

表 2-1　　世界主要外汇市场开收盘时间表

地区	市场	当地开收盘时间	非夏令时时段		夏令时(DST)	
			换算为北京时间的开收盘时间			
			开盘	收盘	开盘	收盘
大洋洲	惠灵顿	9:00～17:00	05:00	13:00	04:00	12:00
	悉尼	9:00～17:00	07:00	15:00	06:00	14:00
亚洲	东京	9:00～15:30	08:00	14:30	08:00	14:30
	香港	9:00～16:00	09:00	16:00	09:00	16:00
	新加坡	9:30～16:30	09:30	16:30	09:30	16:30
欧洲	法兰克福	9:00～16:00	16:00	23:00	15:00	22:00
	苏黎世	9:00～16:00	16:00	23:00	15:00	22:00
	巴黎	9:00～16:00	16:00	23:00	15:00	22:00
	伦敦	9:30～16:30	17:30	(次日)00:30	16:30	23:30
北美洲	纽约	8:30～15:00	21:00	(次日)04:00	20:00	(次日)03:00
	芝加哥	8:30～15:00	22:00	(次日)05:00	21:00	(次日)04:00

目前世界上大约有 30 多个主要的外汇市场,它们遍布世界各大洲的不同国家和地区。根据传统的地域划分,可分为亚洲、欧洲、北美洲等三大部分,其中最重要的有伦敦、纽约、东京、新加坡、法兰克福、苏黎世、香港、巴黎、洛杉矶、悉尼等。以上主要城市由于所处的时区不同,各外汇市场在营业时间上顺承相接,相互交错,它们之间通过先进的通讯设备和计算机网络联成一体,市场的参与者可以在世界各地进行交易,外汇资金流动顺畅,市场间的汇率差异极小,这就形成了全球一体化运作、全天候运行的统一的国际外汇市场。

从全球市场来看,如上表 2-1 所示,以伦敦为主的欧洲外汇市场营业结束(北京时间晚上 12 点左右),然后是纽约等北美市场开市(北京时间晚上 8、9 点左右),至纽约等北美汇市收市时(北京时间早晨 4、5 点左右),大洋洲、亚洲市场陆续开始新的一天的交易,每天在东京、香港等亚洲市场即将收盘时(北京时间下午 3、4 点左右),伦敦等欧洲外汇市场又重新开市了。如此周而复始,世界外汇市场形成了一个遍布全球各地的相互间有机联系的巨大网络,随着计算机和网络技术的广泛应用,世界各地的外汇市场都能畅通无阻的进行交易,一个外汇市场的汇率变动会立即波及其他市场。

三、外汇市场的主要功能

(一)实现购买力的国际转移

国际贸易和国际资金融通至少涉及两种货币,而不同的货币对不同的国家形成购买力,这就要求将本国货币兑换成外币来清偿债权债务关系,使购买行为得以实现,而这种兑换就是在外汇市场上进行的。外汇市场所提供的就是这种购买力转移交易得以顺利进行的经济机制,它的存在使各种潜在的外汇售出者和外汇购买者的意愿能联系起来。当外汇市场汇率变动使外汇供应量正好等于外汇需求量时,所有潜在的出售和购买愿望都得到了满足,外汇市场处于平衡状态之中。这样,外汇市场提供了一种购买力的国际转移机制。同时,由于发达的通讯工具已将外汇市场在世界范围内联成一个整体,使得货币兑换和资金汇付能够在极短时间内完成,购买力的这种转移变得迅速和方便。

(二)提供资金融通

外汇市场向国际上的交易者提供了资金融通的便利。外汇的存贷款业务集中了各国的社会闲置资金,从而能够调剂余缺,加快资本周转。外汇市场为国际贸易的顺利进行提供了保证,当进口商没有足够的现款提货时,出口商可以向进口商开出汇票,允许延期付款,同时以贴现票据的方式将汇票出售,拿回货款。外汇市场便利的资金融通功能也促进了国际借贷和国际投资活动的顺利进行。美国发行的国库券和政府债券中很大部分是由外国官方机构和企业购买并持有的,这种证券投资在脱离外汇市场的情况下是不可想象的。

(三)提供外汇保值和投机的机制

在以外汇计价成交的国际经济交易中,交易双方都面临着外汇风险。由于市场参与者对外汇风险的判断和偏好的不同,有的参与者宁可花费一定的成本来转移风险,而有的参与者则愿意承担风险以实现预期利润。由此产生了外汇保值(Hedge)和外汇投机(Speculation)两种不同的行为。在金本位和固定汇率制下,外汇汇率基本上是平稳的,因而就不会形成外汇保值和投机的需要及可能。而浮动汇率下,外汇市场的功能得到了进一步的发展,外汇市场的存在既为套期保值者提供了规避外汇风险的场所,又为投机者提供了承担风险、获取利润的机会。

第二节　传统的外汇交易

一、外汇交易市场行情表

参与外汇市场的交易活动，是经济金融全球化不可避免的经济行为。要进入外汇市场交易，首先需要了解一下外汇交易工具和外汇交易行情表。目前，全世界运用最广泛的外汇交易工具有以下三种系统：英国路透社终端、美国美联社终端和德励财经终端，它们主要是向外汇交易者提供即时信息、即时汇率等市场行情、市场发展趋势分析、技术图表分析、叙做外汇交易等金融服务。要进行外汇交易，还要熟悉和了解外汇交易的行情。下面我们通过伦敦金融时报提供的外汇市场汇率信息来对外汇市场行情进行解读。

表 2-2　　外汇市场交易行情表(Data available at www. ft. com)

DOLLAR SPOT FORWARD AGAINST THE DOLLAR		Closing	Change	Bid/offer	Day'smid		One month		Three month		One year	
Jan 30		mid-point	on day	spread	High	Low	Rate	%PA	Rate	%PA	Rate	%PA
Europe												
Czech Rep	(Koruna)	21. 8623	0. 7740	468～778	21. 8778	21. 3840	21. 8818	−1. 1	21. 9132	−0. 9	21. 9173	−0. 3
Denmark	(Danish Krone)	5. 8171	0. 1199	160～182	5. 8327	5. 7507	5. 8264	−1. 9	5. 8402	−1. 6	5. 8581	−0. 7
Hungary	(fonnt)	232. 844	11. 2189	754～133	233. 850	224. 910	234. 089	−6. 4	236. 594	−6. 3	245. 444	−5. 1
Norway	(Nor. Krone)	6. 9114	0. 1634	084～143	6. 9530	6. 8550	6. 9224	−1. 9	6. 9414	−1. 7	6. 9546	−0. 6
Poland	(Zloty)	3. 4780	0. 1203	759～801	3. 4900	3. 3914	3. 4866	−3. 0	3. 4992	−2. 4	3. 5194	−1. 2
Russia	(Rouble)	35. 7411	0. 8164	253～568	35. 8605	35. 0149	36. 9010	−37. 7	38. 8385	−31. 9	44. 3110	−19. 3
Sweden	(Krona)	8. 2952	0. 2448	914～989	8. 3926	8. 1700	8. 3003	−0. 7	8. 3007	−0. 3	8. 2839	0. 1
Switzerland	(Fr)	1. 1607	0. 0155	603～611	1. 1657	1. 1518	1. 1603	0. 4	1. 1592	0. 5	1. 1508	0. 9
Turkey	(New Lira)	1. 6446	0. 0221	440～451	1. 6520	1. 6267	1. 6605	−11. 5	1. 6909	−11. 0	1. 8241	−9. 8
UK	($)	1. 4417	0. 0094	415～419	1. 4469	1. 4190	1. 4411	0. 5	1. 4407	0. 3	1. 4415	0. 0
Euro	(Euro)	1. 2815	−0. 0265	813～817	1. 2958	1. 2779	1. 2809	0. 5	1. 2803	0. 4	1. 2803	0. 1
SDR	(SDR)	0. 6701	0. 0044	—	—	—	—	—	—	—	—	0. 0

在上表 2-2 中，主要的栏目有货币名称及符号、收盘价(中间价)、日涨跌幅度、买入/卖出价、日最高和最低价、一个月、三个月和一年的远期汇率及年率等。在此外汇行情表中，主要反映了欧洲各国货币与美元的汇率关系。需要指出，由于美元在国际外汇市场中的重要地位，因此通常在外汇行情表中采用美元标价法。而且依照惯例，美元除对欧元、英镑、澳元等货币采用直接标价法外，对其余货币均采用间接标价法。上述报价是站在外汇银行的角度来进行的，收盘价是外汇市场交易

结束时，银行买入价与卖出价的算术平均，即汇率中间价。例如 1 单位英镑兑换美元的中间汇率为美元 1.4417，它是银行买卖 1 英镑的汇率平均，即买入汇率 1.4415 和卖出汇率 1.4419 的算术平均。日涨跌幅度给出的是收盘价与前一个交易日收盘价的涨跌程度。还有日最高价和最低价则是当天两种货币汇率波动的最高点和最低点。

此外，外汇行情表还给出了美元与其他货币之间的远期汇率。在上表中，远期交易的期限分别为 1 个月、3 个月和 1 年，远期汇率是美元与其他货币进行远期外汇买卖的交易价格，利用远期外汇交易可以化解未来汇率大幅波动产生的风险。

二、外汇交易的目的

外汇市场是全球最大的金融市场，单日交易额超过 3 万亿美元。在传统印象中，认为外汇交易仅适用于商业银行、跨国公司以及专业的财务管理人员，但是近年来，外汇市场持续快速成长，已经形成联接全球外汇交易者，包括中央银行、商业银行、其他金融机构、经纪商以及公司组织如进出口企业和个别投资人的巨大交易网络，许多机构组织包括美国联邦储备银行都通过外汇交易赚取丰厚的利润。一般来讲，在外汇市场进行外汇交易的主要目的有以下几个方面：

(1)国际清算。由于外汇是清偿国际间由于经济往来而形成的债权债务的支付手段，所以国际清算是外汇市场最基本的作用。

(2)货币兑换。在外汇市场买卖货币，把一种货币兑换成另一种货币作为支付手段，实现了不同货币在购买力方面的有效转换。国际外汇市场的主要功能就是通过完备的通讯设备和先进的经营手段提供货币转换机制，将一国的购买力转移到另一国交付给特定的交易对象，实现国与国之间货币购买力或资金的转移。

(3)提供授信。由于银行经营外汇业务，它就有可能利用外汇收支的时间差为进出口商提供信贷支持。

(4)套期保值。是指为了使外汇收入或支出不会因日后汇率的波动而遭受损失所采取的外汇交易，这对于进出口商来说具有非常重要的作用。

(5)投机获利。指通过在外汇市场上的低买高卖，以及对未来汇价的合理预期，通过投机谋取利润的外汇交易行为。

总之，从外汇交易的目的来看，外汇交易可以概括为以下两种类型。其一是为满足客户的真实贸易、资本交易需求而进行的基础的外汇交易；其二是在基础外汇交易之上，为规避和防范汇率风险或出于外汇投资、投机需求进行的外汇衍生工具交易。传统的外汇交易主要有即期外汇交易、远期外汇交易、套汇交易、套利交易等；而外汇衍生工具交易则包括外汇期货交易、外汇期权交易以及互换交易等。

三、传统的外汇交易方式

(一)即期外汇交易

1.即期外汇交易的概念

即期外汇交易(Spot Exchange Transaction)又称为现货交易或现汇交易,是指外汇买卖成交后,交易双方于当天或在两个交易日内办理交割手续的一种交易行为。即期外汇交易是外汇市场上最常用的一种交易方式。通过即期外汇交易,一方面能够满足买方临时性的付款需要,另一方面也帮助买卖双方调整外汇头寸,以避免外汇汇率波动的风险。

2.即期外汇交易的交割日

交割日(Value Date)也称为结算日或有效起息日,是指买卖双方将资金交给对方完成交易行为的日期。根据即期交易的定义,其交割日可以有三种情况:第一种是标准交割日,即在成交后的第二个营业日完成交割;第二种是隔日交割,指在成交后的第一个营业日交割;第三种情况是当日交割,即在成交当天即进行交割。

在国际外汇市场上,由于涉及两种不同货币之间的交易,交易双方必须共同遵守一定的规则,才能将货币顺利交付对方。因此,即期外汇交易的交割日满足以下规则:(1)交割日必须是两种货币共同的营业日,至少应该是付款地市场的营业日;(2)交易必须遵循价值抵偿原则,即一项外汇交易合同的双方必须在同一时间进行交割,以确保任何一方不因交割时间的差异而形成损失;(3)第一、第二日若不是营业日的,即期交割日必须向后顺延。

3.即期外汇交易的操作

即期外汇交易可以通过电报、电传、电话、电传、电脑终端机等向银行的资金部门或者外汇交易部门询价,当对方报出买入价和卖出价时,询价人要立即作出回答,表明是买入还是卖出多少金额的某种货币。由于市场行情变化很快,所以如果询价人反应缓慢,很可能不得不重新询价。若对所报价格不满意,也要给出明确表示,则报价无效,决不可不置可否。下面是一段交易对话:

询价方:What's your spot DLR JPY,pls?(请问即期日元报什么价?)

报价方:116.20/30.(可写作 20/30 或 116.20/116.30。)

询价方:Yours USD 1 或 Sell USD 1.(我卖给你 100 万美元。"1"代表 100 万,以下同。)

或者 Mine USD 1 或 Buy USD 1.(我买进 100 万美元。)

报价方:OK,done.(好的,成交了。)

这是一个简单的交易对话,当然,还有一些双方证实这笔交易和告知对方交收路线,即买入货币付往何处代理银行,入什么账户等内容。详细交易对话举例如下:

A:Spot DLR JPY pls?(请问即期美元兑日元你报什么价?)

B:MP.(等一等。)

55/60.

A:Buy USD 2.(买进200万美元。)

B:OK,done. I sell USD 2 Mio ag JPY At 114.60 value27/6/09.(好的,成交啦。我卖给你200万美元买进日元,汇率是114.60,起息日2009年6月27日。)

JPY pls to ABC BK Tokyo. A/C No. 12345.(我们的日元请付至东京ABC银行,账号12345。)

A:USD To KKY BK A/C 1234567 CHIPS UID 07352. Tks vm for the deal BFN.(我们的美元请付至纽约KKY银行,账号1234567,CHIPS UID 07352,多谢你的交易,再见。)

(二)远期外汇交易

1. 远期外汇交易的概念和特点

远期外汇交易(Forward Transaction)又称期汇交易,是指交易双方在成交后并不立即办理交割,而是按合同事先约定币种、金额、汇率、交割时间等交易条件,到期才进行实际交割的外汇交易。远期外汇交易与即期外汇交易的根本区别在于交割日的不同。凡是交割日在成交后两个营业日以上的外汇交易均属于远期外汇交易。

远期外汇交易有以下几个特点:(1)交易双方签订合同后,无需立即支付外汇或本国货币,而是延期至将来某个时间交割;(2)买卖交易的规模较大;(3)从事远期外汇交易的主要目的是为了保值,避免结算外币汇率的涨跌风险;(4)外汇银行与客户签订的合同须经外汇经纪人担保。此外,客户还应缴存一定数量的押金或抵押品。当汇率变化不大时,银行可把押金或抵押品抵补应负担的损失。当汇率变化使客户的损失超过押金或抵押品时,银行就应通知客户加存押金或抵押品,否则,合同将无效。客户所存的押金,银行视其为存款予以计息。

2. 远期外汇交易的应用

远期外汇交易主要用于满足企业、银行、投资者规避风险的巨大需求,其应用具体包括以下几个方面:

(1) 进出口商预先买进或卖出期汇,以避免汇率波动的风险。汇率变动是经常性的,在商品贸易往来中,时间越长,由汇率变动所带来的风险也就越大,而进出口商从签订买卖合同到交货、付款或收款往往需要相当长时间,双方都有可能因汇率变动而遭受巨额损失。因此,进出口商为避免汇率波动所带来的风险,就可以在签订贸易合同的同时,即与外汇银行签订远期外汇交易合同,提前锁定本币与外汇的结算汇率,从而避免到期收汇时汇率波动所造成的风险。

①出口商卖出远期外汇避免汇率风险。出口商面临的风险之一是其外币应收款由于汇率波动而贬值,下面我们以一个例子来说明出口商如何利用远期外汇交易避险。

例 1: 某一日本出口商向美国进口商出口价值 10 万美元的商品,共花成本 1000 万日元,约定 3 个月后付款。双方签订买卖合同时的即期汇率水平为 USD1＝JPY110。按此汇率,出口该批商品可换得 1100 万日元,扣除成本,出口商仍可获得利润 100 万日元。但是,如果 3 个月后,美元大幅贬值,使得两种货币之间的汇率变为 USD1＝JPY100,则出口商只能够换回 1000 万日元,按照这样的汇率,日本出口商将无利可图。如果美元的贬值幅度进一步增大,那么日本出口商还将面临亏损的境地。因此,从签约到付款这段时间,出口商便要面临美元对日元的汇率风险。如图 2-1 所示,只有美元对日元即期汇率大于 110,出口商才不至于遭受美元贬值的损失。

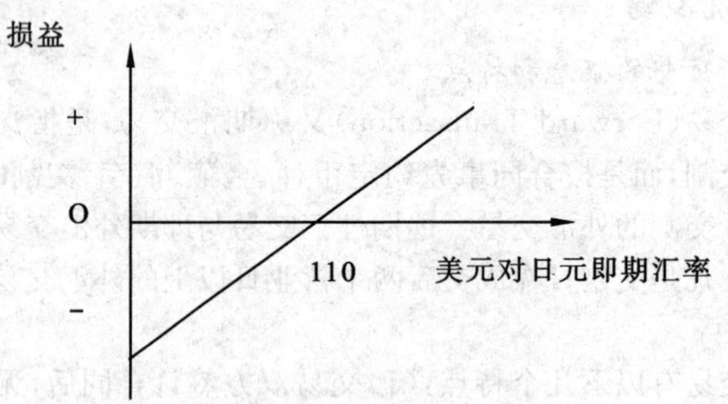

图 2-1　美元对日元的汇率风险

为此,该日本出口商就可以在签约时就与外汇银行签订一份美元的远期卖出合约,合约的汇率将锁定为当时三个月的远期汇率,为简便分析,我们假设三个月远期汇率也是 USD1＝JPY110,那么这笔远期卖出合约的损益情况就如图 2-2 所示。可以看出,当三个月后即期汇率仍为 USD1＝JPY110 时,远期交易没有任何损失;当 USD1<JPY110 时,远期交易可以获利;当 USD1>JPY110 时,远期交易受损。

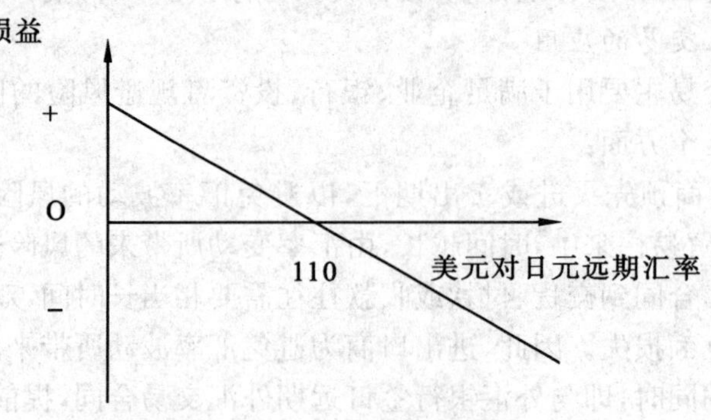

图 2-2　美元对日元的远期交易

但是，这笔远期交易不是孤立的，而是与出口商的汇率风险相对应的。如果我们将图 2-2 的远期交易与图 2-1 的汇率风险情况放在一起分析时，就可以看到风险是如何消除的了。

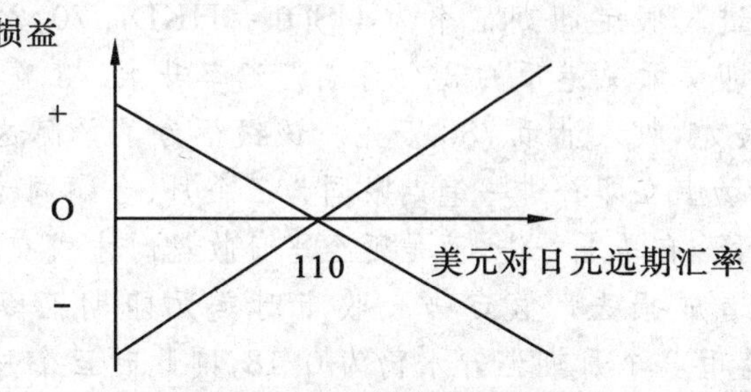

图 2-3　确定性代替不确定性

如图 2-3 所示，当三个月后即期汇率为 USD1＝JPY110 时，出口商的汇率风险为 0，做这笔远期交易盈亏平衡，净损益为 0；当 USD1＜JPY110 时，出口商遭受汇率风险带来的损失，但是远期交易获利，收益和损失互相抵消，净损益为 0；当 USD1＞JPY110 时，远期交易受损，但是汇率风险给出口商带来了收益，二者相抵后，净损益依然为 0。当然，如果此处美元远期汇率不等于 110，道理也是一样的，只是远期交易和汇率风险不是正好完全相抵。

可见，无论市场汇率如何变化，出口商都可以按照事先确定的远期汇率卖出所收到的外汇，确保出口收益。所以，利用远期外汇交易进行保值，就是用确定性代替不确定性(风险)。

②进口商买进远期外汇避免汇率风险。进口商面临的风险之一是其外币应付款由于汇率波动而升值，进口商亦可利用远期外汇交易避险。

例 2：某一香港进口商从美国买进价值 10 万美元的商品，约定 3 个月后交款，如果买货时的汇率为 USD1＝HKD7.80，也就是说如果按港币计价的话，该批货物价值 78 万港币。但是，如果 3 个月后，美元大幅升值，港币对美元的汇率变为 USD1＝HK7.90。那么，按照这一汇率，进口商需要支付 79 万港币，进口成本由于汇率的波动而增加了 1 万港币。在这种情况下，由于美元的升值将有可能给进口商带来巨大的亏损。因此，香港进口商为避免遭受美元汇率变动产生的损失，可以在订立买卖合约时就与外汇银行签订一份 3 个月的远期美元买入合约，利用美元与港币的远期汇率锁定成本，从而避免未来美元汇率上升所带来的成本风险。

(2)外汇银行为平衡其远期外汇头寸(Position)而进行交易。远期外汇持有额就是一家外汇银行的外汇头寸。进出口商为避免外汇风险而进行期汇交易，实质上就是把汇率变动的风险转嫁给外汇银行。外汇银行之所以有风险，是因为它在与客户进行了买或卖等多种交易后，会形成当天的外汇总头寸，在这当中难免会出现期汇和现汇的超买或超卖现象。这样，外汇银行就处于汇率变动的风险之中。

为此,外汇银行也会利用外汇市场将其外汇头寸予以平衡,即要对不同期限不同货币的头寸余缺进行抛售或补进,由此求得期汇头寸的平衡。

例 3:香港某家外汇银行发生超卖现象,表现为美元期汇头寸缺 100 万美元,为此银行就要设法补进。假定即期汇率为 USD1＝HKD7.70,3 个月远期汇率为 USD1＝HKD7.88,即美元兑港币的 3 个月期汇汇率升水。3 个月后,该外汇银行要卖给客户 100 万美元,收入港币 788 万元。该银行为了平衡这笔超卖的美元期汇,它必须到外汇市场上立即补进一笔期限同为三个月、金额同为 100 万美元的期汇。如果该外汇银行没有马上补进,而是延至当日收盘时才成交,这样就有可能因汇率已发生变化而造成损失。假定当日收市时美元即期汇率已升至 USD1＝HKD7.90,美元兑港币 3 个月期汇升水仍为 0.18,则此时三个月的远期汇率变为 USD1＝HK8.08。该外汇银行将因未及时补平头寸,而损失 20 万港元。

(3)短期投资者或定期债务投资者预约买卖期汇以规避风险。在没有外汇管制的情况下,如果一国的利率低于他国,该国的资金就会流往他国以谋求高利息回报。假设在汇率不变的情况下纽约投资市场利率比伦敦高,两者分别为 10%和 7%,则英国的投资者为追求高利息,就会用英镑现款购买美元现汇,然后将其投资于 3 个月期的美国国库券,待该国库券到期后将美元本利兑换成英镑汇回国内。这样,在汇率不发生变化的前提下,投资者可多获得 3%的利息收入。但是,如果 3 个月后,美元汇率下跌,投资者就得花更多的美元去兑换英镑,因此就有可能形成换不回投资的英镑数量而遭受损失。为此,英国投资者可以在买进美元现汇的同时,与外汇银行签订卖出 3 个月的美元期汇,这样,只要美元远期汇率贴水的风险不超过两地的利差所带来的收益,投资者的汇率风险就可以消除。当然如果超过这个利差,投资者就无利可图而且还会遭到损失。

以上仅是针对国外投资而言,对于在国外有定期外汇债务情况,则要通过购进期汇来防范债务到期时因汇率波动而形成的还债成本上升。例如,我国的投资者对美国有三个月的外汇债务 1 亿美元,当美元未来升值时,则该投资者的债务负担将加重。为防止美元汇率波动造成的损失,投资者可以买入 3 个月的美元期汇,当时汇率为 USD1＝CNY6.83,三个月后汇率变为 USD1＝CNY6.85,如果投资者没有买美元期汇,那么他需要支付6.85亿元人民币才能还清 1 亿美元的债务;如果事先买入美元期汇,则只需要花6.83亿元人民币即可还清债务,可节约 200 万元人民币。

3.远期外汇交易与即期外汇交易的主要区别

(1)交割日不同。凡是交割日在两个营业日以后的外汇交易均属于期汇交易。一般情况下确定期汇交易交割日的规则有:①任何外汇交易都以即期交易为基础,远期交割日是以即期交割日加上天数、星期数或月数来加以确定;②远期交割日如果不是营业日,则顺延到下一个营业日,且顺延后跨月的,需要提前到当月的最后一个营业日,作为交割日;③远期交割日存在双底惯例,即假定即期交割日为当月的最后一个营业日，则相对应的远期交割日也应该是各月的最后一个营业日。

(2)汇率不同。远期外汇交易用远期汇率交割，即期外汇交易使用即期汇率。由于远期汇率是由银行事先报价的，并不是到期日的即期汇率，那么就存在远期汇率究竟是如何得来的问题。

4.远期汇率的确定

由于期汇交易与即期交易交割的日期不同，前者期限较长，所以远期汇率通常还要反应两种货币在一定期间的利率差。具体而言，远期汇率的确定通常取决于以下三个因素：①两种货币的即期汇率；②交易货币之间的利率差；③远期期限的长短。由于远期汇率的决定是理解远期外汇交易的基础，因此接下来通过实例进行说明。

例 4：中国公司从美国进口一批价值 1000 万美元的商品，货款用美元 3 个月后支付。该进口商计划用他的人民币销售收入来完成支付。如果在 3 个月当中，人民币大幅贬值，则中国公司就需要付出更多的人民币以支付 1000 万美元。也就是说在进出口交易过程中，会由于本币与结算货币之间的汇率波动而给进出口企业带来汇率风险。那么怎么样才能化解这种风险呢？前文已经介绍过企业可以通过与外汇银行做一笔美元的远期交易，即可将汇率风险锁定。但是这个远期汇率又是如何得出来的呢？是不是还有其他方法也可以起到相同的效果？答案是肯定的，接下来通过另外的方法也可以帮助企业锁定汇率波动风险，这种交易的结果本质上与企业直接利用远期汇率一致。

为了锁定风险，中国公司可以在签订贸易合同后，即以固定利率借入为期 3 个月的人民币，然后将人民币在即期外汇市场上兑换为美元，并将美元进行 3 个月的存款，到期后则直接用美元完成贸易支付。我们设定以下数据来计算：①美元与人民币之间的即期汇率(中间价)USD1＝CNY6.8000；②3 个月的人民币贷款利率为 10%(年利率)，3 个月的美元存款利率为 6%(年利率)。即中国公司借入人民币存为美元，利差为－4%，对于 3 个月而言就是成本增加了 1%。也就是说中国公司实际上买入美元的汇率相当于是：6.8000(1＋1%)＝6.8680，在这里 0.068 人民币即为远期汇率与即期汇率的差额，即美元远期升水。利用上述运算理念，可以得出远期汇率的计算公式：

远期汇率＝即期汇率＋即期汇率×(报价货币利率－被报价货币利率)×(天数/360)

或者以远期差价形式表示为：

远期差价＝即期汇率×两地利差×(天数/360)

在上述公式中，如果报价货币利率大于被报价货币利率，其利率差为正数，说明远期汇率值大于即期汇率，即被报价货币远期升水；如果报价货币利率小于被报价货币利率，其利率差为负数，说明远期汇率值小于即期汇率，即被报价货币远期贴水。

(三)套汇交易

套汇交易(Arbitrage)就是指利用不同的外汇市场,不同的货币种类,不同的交割时间以及一些货币汇率和利率上的差异,进行从低价一方买进,高价一方卖出,从中赚取利润的外汇买卖。套汇通常可以分为地点套汇、时间套汇和利息套汇三种形式。

1. 地点套汇

地点套汇(Space Arbitrage)是指利用不同地点的外汇市场之间在某一时点上某种货币汇率的差异,贱买贵卖,赚取汇率差价的外汇交易。地点套汇又分为以下两种形式:

(1)直接套汇(Direct Arbitrage)。直接套汇也称为两角套汇(Two-point Arbitrage),是指利用两个不同地点的外汇市场之间的某一货币汇率的差异,同时在这两个外汇市场上一边买进,一边卖出该货币,以赚取汇率差额的一种交易。直接套汇是最简单的一种套汇方式。

例 5:设纽约外汇市场和香港外汇市场在某一时间的汇率分别为:

纽约市场:USD1=HKD7.8010/25

香港市场:USD1=HKD7.8030/45

从以上两地的汇率情况可以看出,纽约的美元比香港便宜,因此,套汇者可以选择在纽约买入美元,同时在香港卖出美元。具体操作如下,在纽约外汇市场买进1美元,支付7.8025港币;同时在香港的外汇市场卖出1美元,则能够收入7.8030港币。说明通过在两地套汇,可以从一买一卖中获得0.0005港币的利润。可见,正是由于套汇交易的存在,使得不同市场上的汇率差异迅速缩小。

(2)间接套汇(Indirect Arbitrage)。间接套汇也称为三角套汇(Three-point Arbitrage),是指利用三个不同外汇市场之间的货币汇率差异,同时在这三个外汇市场上进行套汇买卖,从汇率差额中牟取利润的一种外汇交易。由于间接套汇涉及三地市场和三种货币,因此三角套汇交易比两角套汇更为复杂。一是套汇机会难以直接判断;二是需要进一步确定套汇路径。

例 6:假设在某一时刻,纽约、伦敦、香港三地外汇市场出现以下行情:

纽约:GBP1=USD1.6410/50(中间汇率1.6430)

伦敦:GBP1=HKD12.6800/900(中间汇率12.6850)

香港:USD1=HKD7.7710/50(中间汇率7.7730)

首先,判断三个市场是否存在套汇机会。原理是:在其中某一个市场投入一单位货币,经过中介市场的买卖,最后收入的货币不等于一个单位时,即说明三个市场汇率存在差异。判断方法分为三步:第一步,计算各个市场的中间汇率;第二步,将三个市场中的本币按相同的标价方法表示;第三步,将各个中间汇率相乘,如果值不等于1,则存在套汇机会,等于1,则不存在套汇机会。

在本例中，将伦敦外汇市场英镑与港币之间的汇率标价方法改为直接标价法，则结果为 1.6430×(1/12.6850)×7.7730=1.0068≠1，说明存在套汇机会。

其次，寻找套汇路径。根据上式，可以试着在纽约外汇市场投入 1 英镑，则可以兑得 1.6410 美元；再将美元在香港外汇市场兑为 12.7523 港币；最后将港币在伦敦外汇市场换回原先投入的货币英镑，可得 1.0049 英镑。以上分析表明套汇的路径可以是：纽约—香港—伦敦，经过套汇，每英镑获得的利润为 0.0049 英镑。

从交易的情况来看，地点套汇交易具有以下特点：第一，大型国际商业银行是最大的套汇业务投机者；第二，套汇买卖的数额一般较大，套汇利润收益非常可观；第三，套汇业务采用银行电汇方式交易。事实上，不同外汇交易市场中出现较大套汇的可能性极低，普通投资者难以参与。这是因为市场中一旦出现套汇机会，大商业银行即动用巨额资金进行套汇交易，而交易本身又会引起外汇市场货币供求的变化，最终使套汇机会稍纵即逝，即在全球范围内的外汇市场中形成一个统一的单一汇率。因此进行套汇时，需要在第一时间拥有存在套汇可能的信息，才能抢占市场先机。

2. 时间套汇

时间套汇(Time Arbitrage)常常被称为掉期交易(Swap Transaction)，是指交易双方约定以 A 货币交换一定数量的 B 货币，并以约定价格在未来的约定日期用 B 货币反向交换同样数量的 A 货币。

(1)掉期交易的用途。掉期交易的用途很广泛，首先，商业银行、公司等可以通过掉期交易使某种货币的净头寸在某一特定日期为零，即通过轧平头寸来避免外汇风险，而不是为了投机获利。其次，客户叙做远期外汇买卖后，如因故需要提前交割，或者由于资金不到位或其他原因，不能按期交割，需要展期时，都可以通过叙做外汇掉期买卖对原交易的交割时间进行调整。另外，外汇掉期交易也可被中央银行作为货币政策工具，用于从市场上收回流动性或向市场投放流动性。一些国家(如瑞士、德国、英国、新加坡、泰国等)中央银行都曾(或正在)使用外汇掉期作为公开市场操作工具。以瑞士中央银行为例，由于瑞士政府财政赤字很小，央行公开市场操作缺乏短期政府债券工具，因此瑞士央行曾主要运用外汇掉期来调节银行体系的流动性，1993 年瑞士央行未平仓外汇掉期合约金额最高曾达到基础货币的 50%左右。

(2)掉期交易的类型。一笔外汇掉期交易可以看成由两笔交易金额相同、起息日不同、交易方向相反的外汇买卖组成的，因此一笔掉期外汇买卖具有一前一后两个起息日和两项约定的汇率水平。在掉期外汇买卖中，客户和银行按约定的汇率水平将一种货币转换为另一种货币，在第一个起息日进行资金的交割，并按另一项约定的汇率将上述两种货币进行方向相反的转换，在第二个起息日进行资金的交割。

上述外汇掉期交易过程按照两笔相反交易的期限不同，可分为即期对远期掉期交易(Spot-forward Swaps)和远期对远期掉期交易(Forward-forward Swaps)两种方式。其中,即期对远期掉期交易,是指把一笔即期交易与一笔远期交易合在一起,等同于在即期卖出A货币买进B货币的同时,反方向地买进远期A货币、卖出远期B货币的外汇交易,这是最常见的一种掉期交易。

例7:假定一家美国投资公司需要1万英镑现汇进行投资,预约在3个月后收回投资,因此,这家公司就买进1万英镑现汇,为了避免3个月后英镑汇率变动的风险,公司在买进英镑现汇的同时,卖出一笔1万英镑的3月期期汇。当时纽约外汇市场上即期汇率为1英镑=2.0845～2.0855美元;3月期远期汇率升水是0.15～0.25美分,则买进1万英镑现汇需付出20855美元,而卖出1万英镑3月期期汇可收回20860美元,进行这笔掉期交易,交易者只需承担与交易额相比极有限的掉期率差额(本例还盈利5美元,但未考虑利息因素),这样保障了预计的投资收益不因汇率风险而受损失。

远期对远期掉期交易,是指两笔交易均在超过两个营业日后才交割的掉期交易,等同于在较短的远期卖出A货币买进B货币的同时,反方向地买进较长的远期A货币、卖出B货币的外汇交易。例如,买进或卖出1个月后交割的某种外汇,同时再卖出或买进3个月后交割的等额外汇,这种交易便属于远期对远期的掉期交易,其基本好处是可以利用有利的汇率机会。

例8:设美国某公司在3个月后需要对外支付100万英镑,同时又在1个月后将有一笔同样为100万英镑的收入。那么对于该公司来讲,他就可以有多种不同的选择,我们这里仅介绍以下两种:

第一种,他可以选择将1个月后的100万英镑收入存入银行2个月,等到3个月后对外支付,从而收获100万英镑存款2个月的利息;

第二种,他可以选择做一笔远期对远期的掉期交易,即卖出1个月的远期英镑,将交易所得的美元存入银行2个月,同时再买入3个月的远期英镑。

那么该公司应该选择那一种方案呢?这需要根据一系列已知数据进行测算,从而选择对自己最有利的一种方案。我们设市场行情如下:

即期汇率:GBPl=USD1.5960/1.5970

1个月远期汇率:GBP1=USD1.5868/1.5880

3个月远期汇率:GBP1=USD1.5729/1.5742

另设2个月的美元存款利率为0.5%,2个月的英镑存款利率为1%。

在第一种情况下,该公司获得2个月100万英镑的利息收入,为10000英镑。为了避免换汇风险,可以现在就卖出3个月的10000英镑(汇率为1.5729美元),则可以无任何风险地获得15729美元;

在第二种情况下,该公司可以通过掉期交易,先卖出1个月期的远期英镑(汇率为1.5868美元),再买入3个月的远期英镑(汇率为1.5742美元),通过掉期交易每英镑获得的净收益为 0.0126 美元，100 万英镑获得的收益为 12600 美元。此外，2 个月 158.68 万美元的存款收益为 7934 美元。因此，通过掉期交易，收益总额为 20534 美元。

综上所述，在本例中，美国公司的最佳选择是做一笔远期对远期的掉期交易，同时结合 2 个月的美元存款，其收益要优于不做掉期交易，只选择高利率存款的交易方式。

3.利息套汇

利息套汇（Time Arbitrage），又称套利，是指投资者根据两个国家金融市场上短期利率的高低不同，从利率较低的国家借入资金，将其在即期外汇市场上兑换成利率较高的国家的货币，并在那个国家进行投资，或直接将自有资金从利率较低的国家调往利率较高的国家进行投资，以赚取利差收益的一种交易。

根据是否套利交易所涉及的外汇风险进行了抛补，套利可分为非抛补套利（Uncovered Interest Arbitrage）和抛补套利（Covered Interest Arbitrage）。

（1）非抛补套利。非抛补套利是指套利者仅仅利用两种不同货币的利率差异，将利率较低的货币转换成利率较高的货币以赚取利润，在买或卖某种即期货币时，没有同时卖或买该种远期货币，承担了汇率变动的风险。

例 9：假设美国一年期国库券的年利率为 5%，而英国的一年期国库券利率为 10%，当时即期外汇市场上美元对英镑汇率为 GBP1＝USD1.5900。有一位美国投资者想将手中暂时闲置的 100 万美元投资 1 年。他当时面临的选择有两个：

一是在国内投资，购买美国政府的国库券，到投资期满，他连本带利可收回 1050000美元。

二是到英国去投资，购买英国国库券。即他可以将美元按照即期汇率换成英镑（1000000/1.59），投资于英国国库券，期满本利之和为：

（1000000/1.59）×（1＋10%）＝691824 英镑

假如投资期满时的即期汇率仍为 GBP1＝USD1.5900，则该美国投资者届时可收回 1100000 美元。与国内投资相比，他赚得的利差收益为 50000 美元。

然而，投资期满时的即期汇率往往与进行投资时的即期汇率不一样，既有可能上升，也可能下降。先假设投资结束时的英镑与美元即期汇率为 GBP1＝USD1.6000（即英镑升值），这样收回的英镑投资本利之和可兑换成：

691824×1.6000＝1106918 美元

与在国内投资相比，投资者除了获得 50000 美元利息收益外，还赚回 6918 美元的外汇收益。但是这种情况一般不大可能出现。我们再假定投资期末的即期汇率为 GBP1＝USD1.5100，这样，美国投资者在投资一年后连本带息只能收回 1044654 美元。这就不如在美国购买国库券了。当然，还有一种情况，就是英镑汇率下跌的幅度与英美两国利差相等，此时，国内投资与国外投资没什么两样，赚不到利差收益。

总之，这个例子表明，非抛补套利的结果是不确定的，最终套利是否能够获得收益，取决于未来即期汇率的变化与两国利差的对比情况。

(2)抛补套利。抛补套利是指在较低的利率水平上借入一种货币，通过即期外汇交易将其兑换成利率水平较高国家的货币并用来投资以赚取利差收益，与此同时，为了防止在投资期间汇率变动的风险，还要按远期汇率把利率高的货币兑换成利率较低的货币。

看来，由于不同国家的利率变化最终又会反映在两国货币的远期汇率上，所以套利(利息套汇)常与掉期交易(时间套汇)结合进行。前面我们讲到的掉期交易本质上都是利率产品，首次换入高利率货币的一方必然要对另一方予以补偿，补偿的金额取决于两种货币间的利率水平差异，即从较高的利息收入中减去做掉期交易时买入现汇、卖出期汇所支付的成本，即掉期成本，赚取一定的利润。

仍从例 9 来看，假设该美国投资者在即期买入英镑的同时，卖出一年期英镑期汇，以防止汇率变动的风险。若一年期英镑远期汇率为 GBP1＝USD1.5500，那么将英镑投资的本利之和按照远期汇率换成美元，可得：

691824 英镑×1.5500＝1072327 美元

与在国内投资相比，这笔抛补套利交易的损益为：

1072327 美元－1050000 美元＝22327 美元

第三节　外汇交易方式的创新

一、外汇期货交易

(一)外汇期货交易的产生

外汇期货(Foreign Currency Futures)是交易双方约定在未来某一时间，依据现在约定的比例，以一种货币交换另一种货币的标准化合约的交易。它是指以汇率为标的物的期货合约，用来规避汇率风险。它是金融期货中最早出现的品种。自 1972 年 5 月，芝加哥商品交易所(Chicago Mercantile Exchange，简称 CME)的国际货币市场(International Monetary Market，简称 IMM)分部推出了第一张外汇期货合约，揭开了期货市场创新发展的序幕。1976 年以来，外汇期货市场迅速发展，交易量激增了数十倍。1978 年纽约商品交易所也增加了外汇期货业务，1979 年，纽约证券交易所亦宣布，设立一个新的交易所来专门从事外币和金融期货。1981 年 2 月，芝加哥商业交易所首次开设了欧洲美元期货交易。随后，澳大利亚、加拿大、荷兰、新加坡等国家和地区也开设了外汇期货交易市场，从此，外汇期货市场便蓬勃发展起来。目前，外汇期货交易的主要品种有：美元、英镑、欧元、日元、瑞士法郎、加拿大元、澳大利亚元等。

从世界范围看，外汇期货的主要市场在美国，其中又基本上集中在芝加哥商业交易所的国际货币市场（IMM）、中美洲商品交易所（MCE）和费城期货交易所（PBOT）。国际货币市场主要进行澳大利亚元、英镑、加拿大元、欧元、日元和瑞士法郎的期货合约交易；中美洲商品交易所进行英镑、加拿大元、欧元、日元和瑞士法郎的期货交易；费城期货交易所主要交易欧元、英镑、加拿大元、澳大利亚元、日元、瑞士法郎。此外，外汇期货的主要交易所还有：伦敦国际金融期货交易所（LIFFE）、新加坡国际货币交易所（SIMEX）、东京国际金融期货交易所（TIFFE）、法国国际期货交易所（MATIF）等，每个交易所基本都有本国货币与其他主要货币交易的期货合约。

随着国际贸易的发展和世界经济一体化进程的加快，外汇期货交易一直保持着旺盛的发展势头。它不仅为广大投资者和金融机构等经济主体提供了有效的套期保值的工具，而且也为套利者和投机者提供了新的获利手段。

（二）外汇期货交易的特点

外汇期货交易是在有组织的交易所，采用公开叫价方式，竞争性地进行交易，交易者并不是直接买卖外汇，而是买卖外汇期货合约。外汇期货交易和远期外汇交易有许多相似的地方，它们的交易客体相同，都是外汇；交易原理相同；交易的目的都是为了防范或转移汇率波动的风险，实现套期保值和投资获利；交易的经济功能也相似，都有利于国际贸易的发展，能够为客户提供风险转嫁或价格发现的机制。然而也正如前文案例所示，纯粹的外汇投机交易所带来的风险也是十分巨大的。

虽然外汇期货与远期交易有诸多相似之处，但两者之间也存在多方面的不同，从中我们也可以更好地了解外汇期货交易的特点：

1. 交易的标的物不同

外汇期货交易的是标准化的外汇合约，而不是外汇本身。这种合约除价格每天都在波动，不能确定之外，其他方面，包括交易币种、交易时间和结算日期都有明确具体的规定。交易数量用合约份数来表示，买卖的最小单位是一份合约，而且每份外汇期货合约的交易金额都有具体规定。例如，在芝加哥国际货币市场上，主要的外汇货币的期货合约的标准买卖单位分别为 2.5 万英镑、10 万加元、12.5 万欧元、1250 万日元，交易的金额则是标准化合约的整数倍。而远期外汇交易的标的物直接就是外汇本身，而且在金额上没有具体的规定，由交易双方根据需要来定。

2. 交易方式不同

外汇期货交易是由场内经纪人或场内的交易商在交易所内进行公开叫价方式

进行，而且交易时间有具体的规定。这种场内交易只限于交易所的会员之间进行，交易双方并不直接接触，交易完全由代理人代理进行。对于远期外汇交易来说，交易没有固定场所，也没有时间的限制，由双方随时以电话、电报、电传、互联网等工具进行，可以是交易双方直接进行交易，也可以有中介参与。

3.保证金和手续费制度不同

外汇期货合约的买卖遵循期货市场的相关规定，在进行交易时，交易双方需要事先按一定比例交纳保证金，而且还要向相关的期货中介交纳手续费。而对于远期外汇交易，通常凭交易双方的信用交易，没有保证金和手续费的支出。

4.交易清算方式不同

外汇期货交易与一般的商品期货交易相同，实行每日清算，即对于因期货价格波动而形成的获利部分，可以随时提取，当然若形成亏损，则保证金余额也会发生相应的减少，交易者还需要及时追加保证金，在当日营业终结时以现金结算。而对于远期外汇交易来说，双方的盈亏只有在约定的结算当日进行结算。

5.交割方式不同

外汇期货合约一般有两种交割方式，一是等到合约自然到期后进行交割，即按合约规定买入或卖出期货标的物；另一种是不进行实物交割，而是在合约到期前，通过叙做一笔买卖方向相反，但合约数量相同且交割期限一致的期货交易实现对冲。事实上，外汇期货合约采用实际交割方式的数量非常有限，只占总交易额的2%，绝大多数合约通过对冲方式予以了结。而远期外汇合约一般要按双方约定的汇率，在约定的交割日期进行实际交割。

（三）外汇期货交易的目的

1.套期保值

期货交易最原始的目的是为标的物的买卖双方提供转移价格变动风险的工具。现货市场与期货市场价格受相同因素的影响，其价格变动基本上呈现同一趋势，即期货市场价格上涨，现货市场价格也相对较高，而且更重要的是期货市场是人们对未来现货市场价格的当前预期，因此对未来价格的波动有着较强的决定因素。所以，利用外汇期货交易，首先可以和外汇远期交易一样将未来交割的外汇汇率锁定，从而起到套期保值的目的。套期保值又可分为空头套期保值（Short Hedge）和多头套期保值（Long Hedge）两种。

（1）空头套期保值。空头套期保值又称卖出套期保值，是指交易者在预计未来会在现汇市场出售某种外汇时，为防止该外汇汇率下跌，先在期货市场卖出该外汇期货，处于空头地位；当现货价格下跌时，以期货市场的盈利来弥补现货市场的损失，从而达到保值的一种期货交易方式。可见，空头套期保值的目的在于回避日后因外汇汇率下跌而带来的风险。

例 10：设美国某出口商通过贸易确定在三个月后会有一笔价值 20 万欧元的外汇收入，由于担心万一三个月后欧元大幅贬值，从而给自己带来汇率风险，因此该出口商就可以在外汇的期货市场中通过空头套期保值，做空欧元，卖出 1 份三个月的欧元期货合约，该合约当天卖价为(1×12.5×1.52)19 万美元。如果在今后的三个月内，正如该出口商所担心的一样，欧元对美元大幅贬值，假设到期前市场即期汇率和三个月欧元期货价格均变为 EUR1＝USD1.4000(中间价)。

那么，对于美国的出口商来说，由于欧元的贬值，将使其出口收入损失 2 万美元(20×1.4－20×1.5)。然而，由于事先利用外汇期货市场做了套期保值，在期货市场，该出口商可以通过以现价(1×12.5×1.40)17.5 万美元买一份同样的欧元期货合约来完成对冲，这样的话，在期货市场该出口商将收入 1.5 万美元(19－17.5)，从而利用期货市场的收益来最大限度地减少现货市场的交易损失，最终起到套期保值的功效。

(2)多头套期保值。多头套期保值是指交易者在预计未来会在现汇市场买入某种外汇时，为防止该外汇汇率上涨，先在期货市场买入该外汇期货，处于多头地位；当现货价格上涨时，以期货市场的盈利来弥补现货市场的损失，从而达到保值的一种期货交易方式。可见，多头套期保值的目的在于规避日后因外汇汇率上涨而带来的风险。

除了套期保值之外，还可以通过正确的预期可以利用外汇期货合约达到投机的目的。对于套期保值者来说，由于本身有实物交易，参与反向期货交易的目的并不是为了赚取利润，而是在于规避汇率波动的风险，利用外汇期货市场的交易，他们可以将自己承担的汇率风险以最小的成本转移出去。而对于外汇期货投机者来说，他们是根据自己对未来汇率波动方向的预期，通过买进(买空)或卖出(卖空)外汇期货合约的方式主动承担汇率风险，希望通过小额保证金从事数倍或数十倍于保证金金额的交易，以赚取利润。

(1)买空。买空是指当预测某种货币汇率将上涨时，先买入该货币的期货合约，然后再卖出该货币的期货合约对冲(Offset)，从中赚取差价。

例 11：设一个外汇投机商预期未来三个月内欧元兑美元汇率将大幅升值，于是在期货市场买入三个月的欧元期货合约 1 份(1 份标准的欧元期货合约交易标的物为 12.5 万欧元)，该合约当天价值(1×12.5×1.52)19 万美元。按照期货交易的规则，投机商只需要在期货账户中存入交易金额 10%的保证金，即存入 1.9 万美元。此后，如果在今后的三个月内，投机商的预期成为现实，欧元对美元出现较大幅度升值，假设汇率变为 EUR1＝USD1.6000(中间价)，那么显然投机商手中的这张欧元期货合约的价值会随着欧元的升值而升值，投机商可以选择在期货市场卖掉期货合约，可以赚得投机利润为(1×12.5×1.60－19)1 万美元。

但是，如果投机商预期失败，在今后的三个月内，欧元一路贬值，对美元的汇率最后变成 EUR1＝USD1.4000(中间价)，那么投机商手中的买入欧元的合约价格高于市场价格，这张合约的价值随着欧元的贬值而贬值，投机商同样可以通过按市价卖出这张合约的方式完成交易，亏损为(1×12.5×1.40－19)1.5 万美元。

(2)卖空。卖空是指当预测某种货币汇率将下跌时，先卖出该货币的期货合约，然后再买入该货币的期货合约对冲，从中赚取差价。

卖空的原理与买空是一样的，只是交易方向相反，不妨自己举例说明。总之，无论是买空还是卖空，投机交易的结果几乎都是非盈即亏的，投机者是在利用风险获得投机利润；而相比之下，套期保值的结果是盈亏相抵，交易者的目的是避免风险。

二、外汇期权交易

(一)外汇期权的定义

期权是在期货的基础上产生的一种金融工具。期权是指在未来一定时期可以买或者卖的权利，是合约买方向合约卖方支付一定数量的金额，也称为期权费(Option Premium)，然后拥有的在未来一段时间内或未来某一特定日期以事先约好的价格向提供期权合约方购买或出售一定数量特定标的物的权利，但不负有必须买进或卖出的义务。从其本质上讲，期权是在金融领域中将权利和义务分开进行定价，使得权利的受让人在规定时间内有权决定是否进行交易，而且义务方必须履行。在期权交易时，购买期权的合约方称作买方，而出售合约的一方则叫做卖方；买方即是权利的受让人，而卖方则是必须履行买方行使其买或卖的权利的时义务的义务人。

外汇期权(Currency Options)也称为货币期权，指合约购买方在向出售方支付一定期权费后，所获得的在未来约定日期或一定时间内，按照规定汇率买进或者卖出一定数量外汇资产的选择权。相对于股票期权、指数期权等其他种类的期权来说，外汇期权买卖的是外汇，即期权买方在向期权卖方支付相应期权费后获得一项权利，即期权买方在支付一定数额的期权费后，有权在约定的到期日，按照双方事先约定的汇率和金额同期权卖方买卖约定的货币，同时权利的买方也有权不执行上述买卖合约。

外汇期权交易就是指交易双方在规定的时间按商定的条件和一定的汇率，就将来是否购买或出售某种外汇的选择权进行买卖的交易，它是上世纪 80 年代产生的一种金融创新，是外汇风险管理的一种新方法。在商品交易中，期权交易有较长的历史，早在古希腊与罗马时期，就有隐含选择权概念的使用权的运用。18～19世纪，欧美相继出现了比较有组织的选择权交易，交易的标的物以农产品为主。1973年 4 月，芝加哥期货交易所成立了世界上第一个选择权交易所，即芝加哥期权交易所(Chicago Board of Options Exchange,简称 CBOE)。此后期权交易得到快速发展,1982 年 12 月,外汇期权交易在美国费城股票交易所首先进行,其后芝加哥商品交易所、阿姆斯特丹的欧洲期权交易所和加拿大的蒙特利尔交易所、伦敦国际金融期货交易所等都先后开办了外汇期权交易。目前,美国费城股票交易所(PHLX)和芝加哥期权交易所是世界上具有代表性的外汇期权交易市场,经营的外汇期权种类包括英镑、瑞士法郎、欧元、加拿大元等。

(二)外汇期权的特点

外汇期权的基本功能在于避免汇率波动所形成的风险,即目的在于套期保值,与具有相同功能的远期外汇交易和外汇期货交易相比较,外汇期权交易具有自己独有的特点。

1. 外汇期权具有更大的灵活性

外汇期权合约的买方购买的是一种选择未来买进或者卖出某种外汇的权利。在合约的有效期内,或约定的到期日,如果汇率对合约买方有利,则可行使期权,按约定的汇率买进或者卖出外汇。如果汇率对合约买方不利,则可以选择放弃执行期权。因此,外汇期权弥补了远期外汇交易必须进行实物交割和外汇期货交易较大的亏损风险,其更具有灵活性。

2. 期权费不能收回,且费率不固定

期权费(Option Premium)也称为权利金或保险费,它是购买一份外汇期权的价格。期权合约的买方通过支付期权费的方式获得了一种选择权,这也意味着卖方出售了这种权利,所以卖方要收取一定的金额作为补偿。期权费在期权交易成交时由合约买方支付给合约卖方,无论买方在有效期内是否执行期权,期权费均不能收回。而对于外汇远期交易,交易双方在平等自愿基础上达成交易合约,无需向对方交纳费用;对于外汇期货交易来说,双方则是在交纳保证金的基础上进行交易。

3. 外汇期权交易的对象是标准化的合约

通常,期权交易中期权合约的内容和期货相似,均实现了标准化,如交易货币数量,到期日等。在费城股票交易所里,每个期权合约的金额分别为 62500 瑞士法郎、50000 加拿大元、31250 英镑、50000 澳大利亚元和 625000 日元,另外,外汇期权合约的到期日也分别固定在每年的 3、6、9、12 月份。而远期外汇交易的金额是灵活的,由交易双方自行确定。

(三)外汇期权的种类

1. 按照履约方式的不同划分

(1)美式期权(American Option)。美式期权是指从选择权合约成立之日算起,到到期日为止的时间之内,买方可以在此期间内的任何时点,选择执行合约,向合约的卖方买进或者卖出约定数量外汇的期权合约。

(2)欧式期权(European Option)。欧式期权是指期权买方在合约到期日之前,不能要求合约的卖方履行其义务,仅仅在合约到期日当天选择执行其权利的期权合约。

显然,对于美式期权的买方,由于可以在有效期内的任何一天执行权利,因此,它要比欧式期权更具有灵活性,对于卖方而言,所承担的汇率风险也要更大一些,所以美式期权的权利金也要比欧式期权的权利金高。

2.按照双方权利的内容划分

(1)看涨期权(Call Option)。也称为买权,即指期权合约的买方有权在有效期内或到期日当天按约定汇率从期权合约的卖方处购进特定数量的外汇。这种期权之所以称为看涨期权,原因在于对于套期保值者或投机商而言,持有这种期权合约只有在市场汇率高于协定汇率,也就是汇率是看涨时,才会选择执行合约,从而起到避险或投机获利的功能。

例 12:设某客户用美元购买了一份英镑的看涨期权,合同金额为 GBP25000,协议买价为每英镑 1.80 美元,期限一个月。设买入这样一份期权合约的期权费为 1000 美元。试分析合约在交割前不同汇率条件下客户持有看涨期权的盈亏状况?并画出简易的盈亏图。

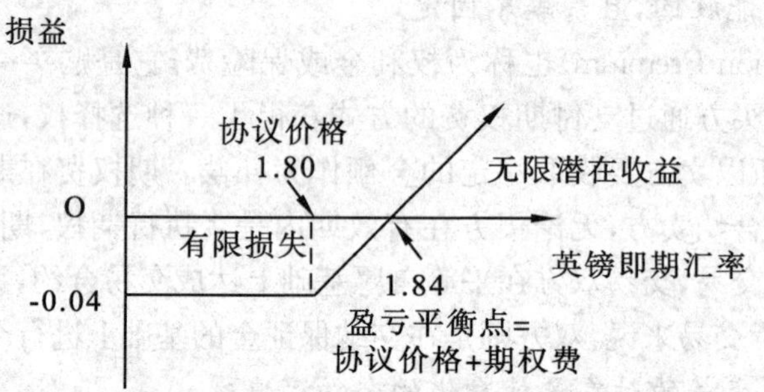

图 2-4　买入看涨期权的损益曲线

首先,计算合同购买每英镑相应的成本开支为:1000÷25000=0.04 美元;

其次,计算盈亏平衡点的汇率,设为 x

由 x－1.8=0.04,可得 x=1.84

买入看涨期权的具体盈亏情况如图 2-4 所示:

①当英镑即期汇率大于 1.84 时,合同持有人执行合同,可以获得盈利。

②当英镑即期汇率等于 1.84 时,合同持有人执行合同,不亏也不赚,因此协议价格+期权费是盈亏平衡点。

③当英镑即期汇率小于 1.84 时,合同持有人需要分两种情况:

当英镑即期汇率间于 1.80 与 1.84 之间时,合同持有人执行合同,其亏损小于

1000 美元，即损失部分期权费；当汇率小于 1.80 时，合同持有人放弃合同，其最大亏损额为全部期权费 1000 美元。

在本例中，看涨期权的卖方损益情况与买方正好相反，即买方的收益是卖方的损失，反之亦然。我们可以用图 2-5 来表示卖出看涨期权的损益曲线。

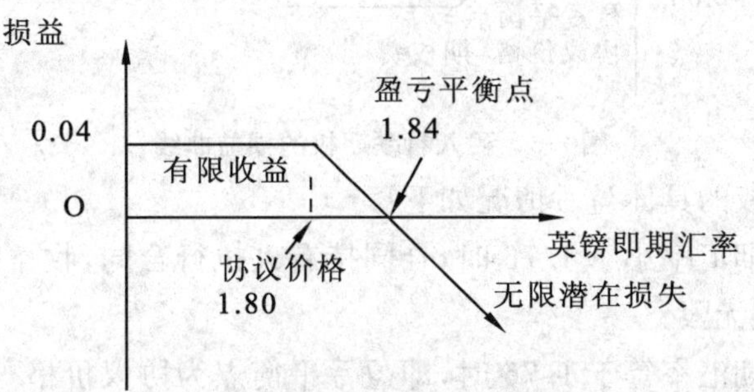

图 2-5　卖出看涨期权的损益曲线

可见，卖出看涨期权的具体盈亏情况如下：

①当英镑即期汇率大于 1.84 时，损失随英镑汇率的上升而增加，理论上潜在损失是无限的。

②当英镑即期汇率等于 1.84 时，协议价格＋期权费是盈亏平衡点，不亏也不赚。

③当英镑即期汇率小于 1.84 时，需要分两种情况：

当英镑即期汇率间于 1.80 与 1.84 之间时，收入部分期权费；当英镑即期汇率小于 1.80 时，获得最大收益，即全部期权费 1000 美元。

(2)看跌期权(Put Option)：也称为卖权，即指期权合约的买方有权在有效期内或到期日当天按约定的汇率向期权合约的卖方卖出特定数量的外汇。这种期权之所以称为看跌期权，原因在于对于套期保值者或投机商而言，持有这种期权合约只有在市场汇率低于协定汇率，也就是汇率是看跌时，才会选择执行合约，从而起到避险或投机获利的功能。

例 13：设某客户用美元购买了一份英镑的看跌期权，金额为 GBP25000，合同协议价格为每英镑 1.80 美元，期限为一个月。假定这份期权合约的价格成本为每英镑 4 美分，即一份合约的价格为 1000 美元。试根据以上信息，分析一个月后客户所持有的看跌期权的盈亏状况如何？

首先，计算期权合约处于盈亏平衡点时的汇率，设该汇率为 x

则有 1.8－x＝0.04，所以 x＝1.76

买入看跌期权的具体盈亏情况如图 2-6 所示：

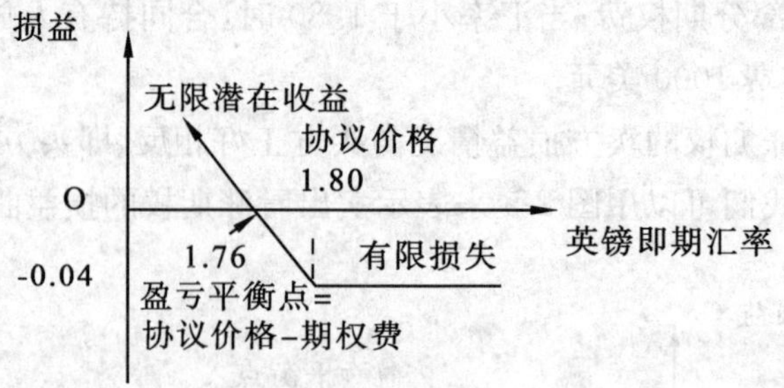

图 2-6　买入看跌期权的损益曲线

买入看跌期权的具体盈亏情况如下：

①当英镑即期汇率小于 1.76 时，合同持有人执行合同，收益随英镑汇率下跌而增加，潜在收益无限。

②当英镑即期汇率等于 1.76 时，即盈亏平衡点为协议价格－期权费，合同持有人执行合同，不亏也不赚。

③当英镑即期汇率大于 1.76 时，合同持有人需要分两种情况：

其一，当英镑即期汇率间于 1.76 与 1.80 之间时，合同持有人执行合同，损失部分期权费，即亏损小于 1000 美元。其二，当英镑即期汇率大于等于 1.80 时，合同持有人放弃合同，其最大亏损额为期权费 1000 美元。

同理，看跌期权的卖方损益情况与买方相反，如图 2-7 所示。

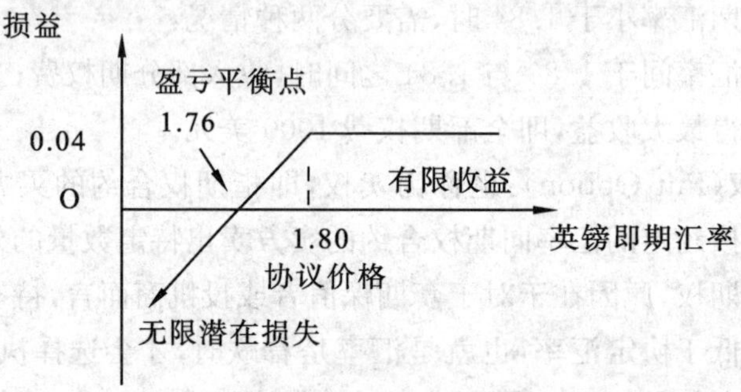

图 2-7　卖出看跌期权的损益曲线

买入看跌期权的具体盈亏情况如下：

①当英镑即期汇率小于 1.76 时，损失随英镑汇率下跌而增加，理论上潜在损失无限。

②当英镑即期汇率等于 1.76 时，即盈亏平衡点为协议价格－期权费，不亏也不赚。

③当英镑即期汇率大于 1.76 时，需要分两种情况：

其一，当英镑即期汇率间于 1.76 与 1.80 之间时，收入部分期权费，即收益小于 1000 美元。其二，当英镑即期汇率大于等于 1.80 时，最大收益为期权费 1000 美元。

(四)期权费及其决定因素

作为一种选择权，外汇期权对合约买方而言是非常灵活的，如果汇率对自己有利，则选择执行权利，如果汇率对自己不利，则选择放弃。但是，对于合约的卖方而言，只要合约的买方选择执行权利，他就必须按合约要么买进要么卖出约定数量的外汇。显然对于期权合约来说，交易双方的权利和义务并不是对等的。正是基于这种不对等使得期权合约的卖方在卖出期权合约时要向期权合约买方收取其获得选择权的代价，即期权费。由于期权费在期权交易中扮演着重要的角色，期权费或权利金一般由以下因素决定。

(1)合约的有效期。对于期权合约来说，合约的有效期越长，权利金就越高。这是因为期权合约的有效期越长，期权买方从汇率变动中获得好处的机会也就越大，而期权的卖方则要承担更多的汇率波动的风险，因而也应收取更高的权利金以作补偿。

(2)协议日与到期日的汇率差价。对于看涨期权而言，较低的协议价可能要收取较高的期权费，因为期权本身是合约买方看涨的，并且在合约到期时买方有权执行也有权放弃的权利。而较低的协议价有可能给买方创造更大的获利空间，所以期权费用也要更高一些。当然，较高的协议价格对于看涨期权而言，由于压缩了获利的空间，因此费用也相对较低。相同的情况下，对于看跌期权，则正好相反。

(3)预期汇率的波动幅度。在有效期内作为标的物的货币价格越不稳定，由期权合约的卖方所承担的风险就越大，因此也要求买方支付更多的权利金以作补偿。

(4)期权的供求状况。一般而言，外汇期权市场上的供求关系也会影响期权费用的高低。如果期权买方多而卖方少，则期权费用相对要收的高一些，相反则期权费用可以低一些。

(五)期权交易的操作

交易员之间的期权买卖，是以简单的对话方式进行的。下面是交易员之间的交易对话举例：

A：What is your one Month STG/USD option European terms strike 1.6650 for STG 1？(请问一个月英镑兑美元欧洲式期权，协议价 1.6650，金额 100 万英镑，你报什么价？)

B:1.27PCT 1.40 PCT.(1.27%　1.40%。)

A:Ok I buy STG 1 Mio STG Call USD Put.(好的,我买进100万英镑买入期权,和相应的美元卖出期权。)

B:That is agreed,so(同意,那么)

You bought STG 1 Mio STG Call DLR Put strike 1.6650 expire 29 May 09 delivery 31 May 09 European terms expire 3.00 PM TOKYO time. You pay GBP 14000 value 24 May 09 GBP to ABC BK London for me pls.(现证实你买进英镑100万买入期权,美元卖出期权,协议价1.6650,到期日2009年5月29日,交割日2009年5月31日欧洲式期权,到期日通知时间为东京时间下午3:00前,请你付给我14000英镑,付至伦敦ABC银行,起息日为2009年5月24日。)

A:OK agreed. Thank you for the deal BFN.(同意,谢谢你的交易,做完再见。)

交易达成后,双方必须签订书面期权合约以证实交易。下面是期权合约的样本,用于对期权交易的书面证实。

Dear Sirs,

We confirm that you have purchased/cancelled the currency option below:

Our reference No.: __________

Date of transaction: __________

Type—American/European: __________

The Bank sells currency & amount __________

The bank buys currency & amount __________

Strike price: __________

Expiration date: __________

Value date: __________

Premium due to us: __________

Date of cancellation: __________

Premium due to you: __________

The premium is payable within two business days of the transaction date. This transaction shall be subject to the terms and conditions set out overleaf but otherwise to current foreign exchange market practice.

Your faithfully,

For and on behalf of

(Bank'S Name)

Please sign and return the
duplicate of this letter.

(六)期权交易在国际招标与投标中的应用

在国际招标与投标中,有关工程的承包和物资的采购大多涉及外币资金的收付结算。招标合同签订后,资金的收付就与通常国际贸易中的做法一般无二。在招标人支付外汇的情况下,中标人就需要承担相应的外汇风险。由于招标人的支付通常发生在招标合同签订后,并按中标人标书中确定的金额支付,因此,中标人必须承担从合同签订到支付日之间汇率变动的风险。

至于投标日至合同签订日之前这段时间,投标人承受的外汇风险具有一种不确定性,因为他不能肯定会成为中标人。一旦中标,这种风险就成了中标人必须承担的。这是因为中标人在标书中开出的价格,是根据当时的汇价行情及预测做出的,到签订合同时,汇率已发生了变化,出现了未曾预料的变化,这也就是中标人承受的外汇风险。若最后未获中标,即不存在风险事件,那么这段时间汇率的变动对当事人将毫无影响。

为了避免汇率风险,投标人可以在投标日就进行一笔远期外汇买卖,将可能中标后获得的外汇远期卖出,期限为中标日到支付日间隔的时间。但问题是,如果他最后没有中标,那么将因此而产生一个远期外汇空头寸,由于远期交易必须履行合约,因此,没有这个中标的投标人还不得不从即期市场买入该货币用于远期交易的交割,这笔为了避险而进行的远期交易反而给他带来了汇率风险。可见,直接利用远期交易进行保值并非是最好的选择。

鉴于期权交易的灵活性,投标人可以在投标日做一笔外汇期权交易,以一定的协议价格,支付一定的期权费,买入一个该货币相应金额的看跌期权。这样,如果他没有中标,就可以不行使期权,让合约自动作废;如果中标,这笔交易就可使其避免所收货币汇率下跌的损失,同时还可能有额外收益的机会。

【相关链接】

外汇期货期权交易风险案例

中信泰富是中信集团在香港的龙头公司,主要经营特钢制造、铁矿石开采和房地产,是香港股市的一大蓝筹股。中信泰富董事会主席荣智健曾是"福布斯中国富豪榜"的首富。中信泰富在澳大利亚有一个铁矿石项目,该项目的诸多费用需要用澳元支付。中信泰富披露,为了降低该项目的汇率风险,该公司签订了若干杠杆式外汇买卖合约。但是,在全球金融危机的冲击下,最近几个月外汇市场出现剧烈波动，完全背离了中信泰富此前的预期。截至本月17日，该公司手中的杠杆式外汇买卖合约亏损高达147亿港元。事实上，这起外汇杠杆交易直接原因是由于澳元的走高而引发。

据了解，中信泰富在澳大利亚有一个名为SINO—IRON的铁矿项目，该项目是西澳最大的磁铁矿项目。据有关消息称，这个项目总投资约42亿美元，很多设备和投入都必须以澳元来支付。这一点也得到了荣智健的回应，他说中信泰富直至2010年对澳元的需求都很大。整个投资项目的资本开支，除目前的16亿澳元之外，在项目进行的25年期内，还将在全面营运的每年度投入至少10亿澳元，为了减低项目面对的货币风险，因此签订若干杠杆式外汇买卖合约。然而，自今年7月份以来，澳元汇率波动加大。从7月中旬到8月短短一个月间，澳元开始出现持续贬值，澳元兑美元跌幅也高达10.8%，这几乎抹平了今年以来的涨幅。中信泰富的公告表示，有关外汇合同的签订并没有经过恰当的审批，其潜在风险也没有得到评估，因此已终止了部分合约，剩余的合同主要以澳元为主。该公司管理层表示，考虑以三种方案处理手头未结清的外汇杠杆合同，包括平仓、重组合约等多种手段。由于这笔合约的期限为两年，目前对于交易带来的损失还没有确切的数字统计。荣智健说如果以目前的汇率市价估计，这次外汇杠杆交易可能带来高达147亿港元的损失。对于中信泰富的巨亏，有分析人士称最根本原因在于实体企业难脱金融市场引诱。

与安然一样，中信泰富的行为，反映他们不止是从事矿业、物业、基建、航空的实体企业，更是一家进入金融市场进行对冲交易的大型金融机构。次贷危机之前的金融泡沫扩张造成两重后果，实体企业的赢利远远不如金融交易，为了锁定利润，一些实体企业纷纷进行各种各样的金融交易，其交易范围超出保值所需，堕入贪婪的美式金融风险的陷阱。如果进入金融市场，则风险难以控制，一旦市场发生逆转，相关企业只能认亏出局；如果不进入资本市场，面对金融市场泡沫期的高额赢利，心有不甘。暴利导致实体企业进入金融市场火中取栗。

事实上，中信泰富买入外汇金融衍生产品，据称是为了对冲投资澳洲矿业一个涉及16亿澳元矿业项目的外汇风险，但在外汇衍生投资，实际上最终持有90亿澳元，炒汇金额比实际矿业投资额高出四倍多。公司与香港数家银行签订了金额巨大的澳元杠杆式远期合约，与欧元对美元、澳元对美元汇率挂钩，实际上是做空美元、做多澳元，这些累积外汇期权合约风险无限制，如果澳元汇率不能升到公司与银行事先约定的水平，中信泰富必须定期购入大笔澳元，直到澳元汇率上升到有关水平为止。近期澳元大跌，公司实际亏损8.08亿港元；仍在生效的合约浮亏达147

亿港元，并且有可能继续扩大。如果主要控股股东中信集团不提供15亿美元的备用信贷，中信泰富将陷入破产境地。

【思考题】

1. 外汇市场的参与者有哪些？

2. 如何理解远期外汇交易的原理？并能举例说明远期外汇交易的应用。

3. 试分析为什么在全球不同的外汇交易市场各主要国家货币的汇率具有趋同性？

4. 外汇期货与期权交易各有何特点？如何利用外汇期货和期权交易进行套期保值？

5. 如果你是银行，你向客户报出美元对港币汇率为7.8057-67，客户要以港元向你买进100万美元。请问：

(1)你应给客户什么汇价？

(2)如果客户以你的上述报价，向你购买了500万美元，卖给你港元。随后，你打电话给一经纪想买回美元平仓。几家经纪的报价是：

经纪A：7.7858-65；

经纪B：7.7862-70；

经纪C：7.7854-60；

经纪D：7.7853-63。

你该同那一个经纪交易，对你最有利？汇价是多少？

6. 假设某日某一时刻以下三个外汇市场即期汇率分别为：

纽约市场：1英镑＝1.5670/90美元　伦敦市场：1英镑＝140.80/90日元　东京市场：1美元＝90.50/70日元

如果其他费用忽略不计，用100万英镑进行套汇，请问：(1)市场有无套汇机会？(2)若有机会，如何进行操作？(3)可获多少套汇利润？

7. 日本某公司预计9月初将有1000万美元出口收入，为防止美元汇率下跌而蒙受损失，6月5日公司买入一项美元的看跌期权，交易金额为1000万美元，协议价格为USD1＝JPY110.00，有效期为3个月，期权费为1.7%，试计算该交易的盈亏平衡点。

【案例分析题】

20世纪90年代初，东南亚各国经济快速发展，与此同时，随着各国将资本市场的开放,大量国际资金流向东南亚。这导致在1997年时,东南亚各国在经济一片繁荣背后,事实上不论是房地产市场和股票市场的价格水平,还是各国本币的汇率水平均被严重高估,一场金融危机已经悄悄来临。1997年1月,以乔治·索罗斯为首的国际投机商开始对东南亚金融市场发动攻击,他们首先从最不堪一击的泰国开始。索罗斯进行投机的如意算盘具体是这样,他们事先将大量美元资产换成泰铢,与此同时,在外汇市场再大量签订远期卖出泰铢,买回美元的外汇期货与期权合约。如果他们在今后一段时间里,利用抛售手中事先准备好的大量泰铢,从而影响外汇市场中泰铢与美元之间的汇率水平,导致美元升值而泰铢贬值,那么在这个预期目标实现的同时,他们手中大量的买入美元的外汇期货与期权合约将会给他们带来巨额的收益。

1997年5月份,国际货币投机商开始大举卖出手中的泰铢,导致泰铢对美元汇率出现大幅下跌。面对投机商气势汹汹的进攻,泰国央行与新加坡央行联手入市,企图捍卫泰铢阵地,他们动用了120亿美元外汇储备以干预外汇市场,通过大量买进投机商卖出的泰铢,来缓解泰铢大量卖盘带来的贬值压力,同时,他们还禁止本地银行拆借泰铢给离岸投机者,而且大幅提高泰铢的利息率,避免更多的人加入这场卖出手中泰铢资产的羊群效应中来。但是,国际货币投机商也进行了强有力的反击,他们的招数只有一个:筹集更多的资金,狠抛泰铢。在索罗斯的影响下,越来越多的持有泰铢资产的人担心由于泰铢资产贬值而给他们带来的资产缩水,于是也加入到这场卖出泰铢,买进美元的金融战斗中。这时候,泰铢贬值的浪潮一浪接着一浪,泰铢兑换美元的汇率屡创新低。泰国政府临阵换将,原财政部长被迫交出帅印,泰国政府此举,犹如在波涛汹涌的湖面上又投下一颗重磅炸弹,财政部长的离去,让市场进一步加深了对泰铢面临贬值的担忧。6月份,投机商开始出售美国国债,进一步筹集泰铢资金,再度向泰铢发起最后的致命一击。泰国央行奋起还击,为了稳定军心,6月30日,泰国总理发表全国电视讲话再次重申,泰铢不会贬值,并发誓让投机分子血本无归。但实际情况是,此时泰国央行手中仅剩下的300亿美元储备也已花光。因此,在这场卖泰铢战斗中,泰国政府败下阵来,就在泰国总理讲话的两天后,泰国央行由于无力再干预外汇市场,被迫宣布泰铢实行浮动汇率制,就此放弃了长达13年之久的泰铢与美元挂钩的固定汇率制。这等于向所有手中持有泰铢资产的人宣布,政府已经无力确保他们手中的资产的价值。因此,仅当天泰铢就重挫20%,至此,泰铢终于失守。

而此时,正是索罗斯向泰国金融机构履行事先签订的买入远期美元期货合约与期权合约的时候。这时索罗斯手中的这些合约的价值大增,增值原理在于,他们可以利用少量的美元，在已经贬值的即期市场中轻松地买入大量的泰铢，然后执行合约，按原先签订的泰铢还没有贬值时的远期汇率，卖掉泰铢，再换回美元，而换回来的美元将比之前投入的要多得多。索罗斯正是利用事先买进的这些外汇以及股指期货与期权合约，从这场金融危机中卷走20亿美元。

认真阅读上述案例，试分析索罗斯对泰铢进行外汇期货与期权投机交易能够成功的主要原因有哪几点？

第三章　外汇风险管理

在浮动汇率制下,各国货币汇率波动日益频繁,且波幅增大,给国际贸易和国际资本流动带来了很大风险。本章介绍了外汇风险的各种类型,并探讨了交易风险、经济风险和折算风险等各种外汇风险的管理措施。

【本章学习目标】

1. 掌握外汇风险的含义和类型。
2. 理解各类外汇风险的表现形式与防范措施。
3. 能理论联系实际,针对实际工作与生活中出现的外汇风险进行有效地规避。

第一节　外汇风险及其分类

一、外汇风险的含义

外汇风险(Exchange Risk),又称汇率风险,是指经济主体在涉外业务中因汇率波动而蒙受损失或获得收益的可能性。

我们应当从以下几个方面来理解外汇风险的含义:

第一,外汇风险具有不确定性。这主要表现在风险是否发生是无法确定的,汇率变动方向以及发生变动的时间也是无法确定的。因此,汇率变动给涉外业务中的经济主体既可能带来损失,也可能带来收益。

第二,外汇风险的构成包含三个要素,即两种以上货币的兑换、时间和敞口头寸。外汇风险是由汇率波动引起的,因此只有涉及两种以上货币的兑换,即与汇率相互关联时,才产生了获得收益或遭受损失的可能性。同时,外汇风险的大小与时间因素一般呈现正的相关关系,随着外汇债权债务关系的发生与清偿之间的时间间隔的拉长,汇率波动的可能性就越大,遭受外汇风险的可能性就越高。并且,外汇风险针对的是经济主体持有外汇的敞口头寸而言的,并非经济主体的全部外汇资产与负债都要承受汇率波动带来的风险。只有当企业存在外汇的敞口头寸时，该企业的现金流才会受到不确定的汇率变化的影响，承担相应的风险损失或者获取额外的风险收益。所谓的敞口头寸指经济主体所持有的外汇资产和外汇负债的差额，包括多头(Long Position)和空头(Short Position)两部分。前者指经济主体持有的外汇资产大于外汇负债，后者指经济主体持有的外汇负债大于外汇资产。

第三，外汇风险的发生是由许多原因引起，包括宏观经济形势的变化、投机资本的流动、个人的投资决策与投资行为等。因此，外汇风险或者说汇率波动就是一种很常见、很自然的现象，涉外交往中的经济主体必须牢固树立外汇风险意识，从而采用有效手段规避风险。

二、外汇风险的种类

从不同的角度来看，外汇风险可以分为很多种类：

(一)短期风险和长期风险

从时间上看，外汇风险可以分为短期风险(Short-term Exchange Risk)和长期风险(Long-term Exchange Risk)。前者指短期内汇率波动给经济主体带来的获得收益或遭受损失的可能性。在外汇市场上从事外汇投资交易的投资者可能较为关心汇率的短期波动，期望能低买高卖赚取利润，从而必然承担短期外汇风险。后者指在一个相对较长的时期内，汇率波动给经济主体带来的风险。对于跨国投资和经营的企业而言，一国汇率波动的长期趋势可能对其以外币计价的资产与负债、未来预期收益产生影响。

(二)银行外汇风险、企业与个人外汇风险和国家外汇储备风险

从外汇风险承担主体上看，可以分为三类：

1. 银行外汇风险(Banker's Exchange Risk)

外汇银行是外汇市场的主要参与者，在其外汇业务的经营中必然要面对汇率波动而产生相应的风险。这主要包括银行在经营外汇买卖业务中，因为敞口头寸的存在而承担的外汇买卖风险，也包括外汇银行在经营外汇业务时因对方信用问题所产生的外汇信用风险，还包括银行在以外币计价进行外汇投资和外汇借贷过程中产生的外汇借贷风险。

2. 企业与个人外汇风险(Enterprises' and Personal Exchange Risk)

企业与个人外汇风险主要指企业与个人等微观经济主体在涉外经济交往中(比如进出口贸易、跨国投资、国际资金借贷等活动)面临的外汇风险。虽然企业与个人等微观经济主体是外汇市场上的外汇的最终的供给者和需求者，但是由于其交易零散且金额小，无法对汇率走势产生决定性的作用，因而对外汇风险的抵御与防范能力也较弱。

3. 国家外汇储备风险(Foreign Exchange Reserve's Risk)

国家外汇储备风险指一国货币管理当局持有的外汇储备因为储备货币汇率波动而带来的风险，包括国家外汇库存风险和国家外汇储备投资风险。国家外汇库存是国家对外的债权，主要用于支付国家进口商品所需外汇，对这部分储备资产最重要的是保值，而不是牟利。当前，主要储备货币大都放任货币汇率自由浮动，因此给国家外汇库存储备的保值提出了较高的要求。其余部分的外汇储备在储备货币汇率频繁波动的情况下，一方面要拓展国家外汇储备的投资渠道，另一方面要提高国家外汇储备的长期收益。而投资外币资产，必然会承受汇率波动带来的外汇风险。

(三)交易风险、经济风险和折算风险

从企业财务管理的角度出发，外汇风险通常可以分为交易风险(Transaction Risk)、经济风险(Economic Risk)和折算风险(Conversion Risk)。其中，交易风险指在以外币计值的国际收付或交易活动中，由于外汇汇率波动而引起的应收资产与应付债务价值变化的风险；经济风险又称经营风险，指由于意料之外的汇率波动引起企业未来的收益或现金流量发生变化的外汇风险；折算风险又称会计风险、转换风险，指由于汇率变动而导致资产负债表中某些以外汇计价的项目的价值发生变化的风险。由于这三种风险是外汇风险最重要的组成部分，因此在后面章节中我们将做重点讲解。

三、外汇风险管理战略

外汇风险管理(Exchange Risk Management)是指涉外经济主体对外汇市场可能出现的变化采取相应的对策，以避免汇率变动可能造成的损失。外汇风险管理战略是指导外汇风险管理的总体方针，反映了涉外经济主体对待外汇风险的基本态度，包括辨识、评估以及控制外汇风险的全过程。根据经济主体对风险的好恶，可以将外汇风险管理战略分为以下几种：

(一)积极的外汇风险管理战略

采取积极的外汇风险管理战略(Positive Exchange Risk Management)的经济主体积极主动地预测汇率走势，并采用相应的风险工具作为管理手段，不但主动避免外汇风险的损失，同时尽量在操作中取得风险收益。比如当经济主体预测汇率的变动对其不利时，便采取完全或部分避免风险的管理手段；当预测汇率变动对其有利时，便积极地通过相应操作，主动承担外汇风险，以期获得风险收益。

(二)消极的外汇风险管理战略

采取消极的外汇风险管理战略(Passive Exchange Risk Management)的经济主体对外汇风险采取完全忽视的态度，不采取任何措施进行规避。如果汇率波动对其有利，则其可以获得风险报酬；如果汇率波动对其不利，则它将不采取措施进行规避，主动承担汇率波动给其带来的风险损失。一般来说，在固定汇率制度下，由于一国货币管理当局有义务采取各种措施维持汇率固定不变，对微观经济主体而言，基本不存在汇率波动带来的外汇风险问题，因而会采取这种战略。而在浮动汇率制度下，采取这种战略的经济主体一般都认为汇率上升与下降的概率是相等的，从长期看，企业所承担的风险损失和获得的风险收益可以大体相抵，企业还可因此节约管理成本。

但是在现实中，并不存在完全固定不变的汇率制度，汇率波动是常态，采取消极的外汇风险管理战略是十分不理智的。除非外汇风险管理成本非常高，经济主体拥有较强的抗风险能力，并且承受外汇风险的业务在其经营中只占较小的比例，经济主体才能采取这种消极的外汇风险管理战略。

(三)中间的外汇风险管理战略(Intermediate Exchange Risk Management)

许多经济主体在外汇风险管理中采取了中间路线，即部分弥补风险。一方面是因为不是所有的外汇风险都能通过采取相应的措施来完全规避的，在某些情况下，外汇风险是不可规避的；另一方面，所有规避外汇风险的手段都是有成本的，如果规避风险的成本大于了相应的风险收益，经济主体就没有必要采取措施规避汇率波动风险。因此，采取此战略的经济主体面对外汇风险时，要判断弥补外汇风险的成本与收益，如果认为弥补风险的成本高，则风险弥补的比率低；反之，如果认为成本低的话，风险弥补的比率就高。

以上三种外汇风险管理战略并没有优劣之分，不同的经济主体处于不同的环境中可以根据具体情况采取不同的外汇风险管理战略。对于预测能力较强的经济主体可以采用积极的外汇风险管理战略；对于抗风险能力强的经济主体可以采取消极的外汇风险管理战略；对于弥补成本高的外汇风险，经济主体可以进行部分弥补。

第二节　外汇交易风险管理

一、外汇交易风险的含义

外汇交易风险指在以外币计值的国际收付或交易活动中，由于外汇汇率波动而引起的应收资产与应付债务价值变化的风险。当经济主体产生以外币计价的应收账款或应付账款，则在尚未结算的时期内，都将面临由于汇率波动引起收益或亏损的风险。

一般而言，交易风险主要表现于三个方面：

(一)商业性外汇交易风险

商业性外汇交易风险(Commercial Transaction Risk)主要是指在进出口贸易中,从签订贸易合同到实际支付或收回货款为止的这段时间内,如果计价货币汇率发生波动,将会对进口商或出口商产生外汇交易风险。

例如,中国A公司出口美国B公司一批价值10万美元的商品,约定3个月后交货付款。此交易对于中国A公司而言产生了一笔应收账款。如果签订进出口贸易合同时,汇率为1美元折合6.8元人民币,表示按照当前汇率,中国A公司应该收到68万人民币的货款。如果三个月后,汇率变动为1美元折合6.5元人民币,则按此汇率,中国A公司实际只收到了65万人民币的货款,因为汇率波动承受了3万人民币的损失;如果三个月后汇率为1美元折合6.9人民币,则中国A公司可获得1万元人民币的风险收益。

(二)金融性外汇交易风险

金融性外汇交易风险(Financial Transaction Risk)指经济主体在从事外汇买卖时,因持有某种货币的多头或空头,或者虽然某种货币的买入和卖出金额相等,但交割期限不一致,而承受的汇率波动风险。

例如,某银行在某日买入100万欧元,同时卖出80万欧元,持有20万欧元的外汇多头。当该银行在日后将这20万欧元卖出时,如果欧元贬值,则该银行将遭受风险损失。又例如,某银行在某日按照1英镑兑换1.5美元的1个月远期汇率,净买入1个月期限的远期外汇100万英镑,卖出150万美元;同日,又卖出了3个月远期的100万英镑,买入150万美元。虽然该银行买入和卖出的欧元在金额上是相等的,但是由于交割期限不同,1个月远期外汇交易到期时,3个月期限的远期外汇交易尚未交割,就产生了相应的美元空头和英镑多头,必然要承受汇率波动的风险。

(三)跨国投资与资金借贷中的外汇交易风险

在跨国投资的资本输出和输入过程中以及在国际资金借贷中,汇率变动都能使外币债权债务发生变动,产生债权减少或债务增加的风险。

例如,新加坡A公司从日本B银行处借入一笔为期3个月的100万日元资金,如果签约日汇率为1新加坡元兑换50日元,A公司应该支付2万新加坡元归还贷款本金(此处不考虑利息),如果3个月贷款到期时汇率波动,变为1新加坡元兑换40日元,则A公司需要支付2.5万新加坡元,才能归还贷款本金,承受了0.5万新加坡元的汇率风险损失。同样,在进行跨国投资时,往往涉及将本币兑换为外币的操作,而将投资利润汇回母国或者收回投资的时候,涉及将外币兑换为本币的操作,在此过程中海外投资者要承受相应的外汇风险。

二、外汇交易风险管理

外汇交易风险管理是经济主体对外汇交易风险进行识别与衡量，并采取相应措施进行规避的全过程。

（一）外汇交易风险的识别与衡量

对于经济主体承受的外汇交易风险，可以通过以下几个步骤来进行识别与衡量：

1. 确定外汇风险头寸

首先，经济主体应对可能发生外汇交易风险的业务进行识别，这类业务包括以外币计价结算的进出口贸易、以外币计价结算的资金借贷以及外汇金融资产交易。如果经济主体产生了上述交易，就可以认为其可能存在外汇交易风险。

其次，经济主体应对可能发生外汇交易风险的业务进行衡量，确定外汇风险头寸。针对某一种外币的风险头寸，可通过下列公式进行衡量：

风险净头寸＝外汇流入—外汇流出＝（某外币出口应收货款－某外币进口应付货款）＋（某种外币借入金额－某种外币贷出金额）＋（某种外币资产－某种外币负债）＋（买入某种外币金额－卖出某种外币金额）　(3-1)

据此，经济主体在不同风险净头寸和汇率波动的情况下，面临的外汇交易风险如下（见表 3-1）：

表 3-1　经济主体的风险净头寸与外汇交易风险

风险净头寸	汇率变动	外汇交易风险
正风险净头寸	该外币贬值	风险损失
	该外币升值	风险收益
负风险净头寸	该外币贬值	风险收益
	该外币升值	风险损失

2. 判断汇率走势

从表 3-1 可以看出，经济主体面临的外汇交易风险不仅取决于其自身持有的风险净头寸，还取决于外汇汇率的走势与波动幅度。

对于外汇汇率走势的判断可以采用基本因素分析法和技术分析法进行。前者指分析影响汇率波动的各种基本经济因素（包括贸易收支、资本流动、通货膨胀率、利率等），根据各项因素发生作用的方向和强度估计汇率走势。由于基本因素分析法注重经济变量的分析，而相当数量的经济变量具有不确定性，因此影响了其结果的准确性。而技术分析法弥补了基本因素分析的不足，认为一定时期内的汇率水平是经济运行结果和投资者预期的综合反映，因此通过将每一时点的成交量、价格

用图表曲线的方法记录下来，绘制成一个曲线图，可以预测和分析汇率的未来趋势。通常，还会采用计量经济学的分析方法，尤其是运用时间序列分析方法，对汇率趋势进行拟合并预测未来走势。

通过计量经济主体风险净头寸，并判断汇率走势，就可以大体上预测出未来的汇率波动将会对经济主体究竟是产生风险损失还是风险收益，为防范外汇风险的策略选择提供依据。

(二)外汇交易风险的防范措施

1.选择恰当的计价货币和组合

外汇交易风险产生的一个重要原因，在于经济主体对外经济交往中采用外币计价，因此要承受汇率波动的风险。因此，经济主体在交易中如果能选择恰当的计价货币，可以在一定程度上减少外汇交易风险。具体而言，应掌握以下几点：

第一，尽量坚持"收硬付软"的原则来选择计价货币，即对于构成债权、形成收入的国际经济交易应尽量采用硬币计价；对构成债务、对外支付的交易尽量采用软币计价。

第二，可以选择本币作为对外经济交往的计价货币，没有货币兑换，就不会产生外汇交易风险。但由于我国目前人民币尚未实现自由兑换，因此在对外经济交易中采用人民币计价存在着巨大的障碍，一般仅在双边记账贸易的非现汇结算中使用。

第三，根据对汇率波动趋势的预测，恰当的选择提前收付或拖延收付。当预测某种货币汇率将上升时，具有该种货币债权的经济主体可以延期收汇，而拥有该种货币债务的主体可以提前付汇；当预测某种货币汇率将下降时，具有该种货币债权的交易者可以提前收汇，而拥有该种货币债务的主体可以延迟付汇。

第四，采用多种货币组合法规避外汇交易风险，即在对外经济合同中采用两种或两种以上货币来计价，从而消除外汇汇率波动风险的办法。多种货币组合中既有硬币，也有软币，因而在付款或收款时，若某种货币升值，另一种货币相对贬值时，汇率波动的风险收益与风险损失相互抵消，从而使风险降低。

2.利用金融市场进行套期保值

我们可以运用货币市场的套期保值规避汇率风险，同时，第二章介绍的外汇市场交易工具也都可以用来通过套期保值管理外汇交易风险。

(1)货币市场套期保值(Money Market Hedge)。货币市场套期保值是指通过在货币市场上借款来规避交易风险的办法。具体做法是，当经济主体有一笔远期外币应收款时，可先在货币市场按照境外利率借入一定数额的该种外币，所借外币的数额加上利息刚好等于外币应收款的数额，同时将其在即期外汇市场上兑换成本国货币，投入另一个货币市场进行投资，投资收益率按照本国货币利率计算。在外币应收款到期时，将收回的外币应收款用于偿还外币借款本息，同时收回本币投资的本息。

同理，当经济主体有一笔外币应付款时，可以先从本国货币市场借入一定数额的本币，同时将其在即期外汇市场上兑换成外国货币，投资于国际货币市场，投资收益按照外币的境外利率计算，使其投资本金和收益之和与外币应付款项等，并用于偿还该外币应付款。

由于在上述过程中，短期借款、即期外汇交易和投资同时发挥作用，因此，货币市场套期保值又称 BIS(Borrow-spot-invest)法。总之，通过货币市场套期保值，建立配比性质或抵消性质的债权、债务，可以达到抵补外币应收应付款项所涉及的汇率风险的目的。

(2)远期外汇市场套期保值(Forward Market Hedge)。从以外币计价的债权债务产生到结算，通常需要一段时间，而此间汇率变动可能给经济主体带来一定的损失。通过远期外汇交易，通过签订具有抵消性质的远期外汇合约进行套期保值，可以将成本和收益固定下来，得到完全确定的现金流量价值，避免或降低外汇风险。

(3)外汇期货市场套期保值(Futures Market Hedge)。利用外汇期货市场进行套期保值来规避外汇交易风险，是指在现货市场某笔交易的基础上，同时在外汇期货市场作一笔买卖方向相反、金额和期限相同的交易。这样也可以起到与远期外汇交易相似的保值效果。

(4)外汇期权市场套期保值(Option Market Hedge)。与远期外汇交易和期货交易相比，外汇期权交易较为灵活、成本也较低，而且具有投机和保值双重作用。经济主体可以通过购买看涨期权或看跌期权来达到避险目的。如果拥有外汇债权的企业预测交易货币将贬值，可以买入该种货币的看跌期权，获得以协定价格出售该种货币的权利。如果到期该种货币的确发生了贬值，可以行使期权，减少损失；如果到期后该种货币没有贬值反而升值了，则可以选择放弃执行期权，仅需要支付一定的期权费即可。如果经济主体不能确定未来现金流量是否发生或何时发生，那么，外汇期权市场套期保值是最理想的保值工具。

3. 使用保值条款

(1)黄金保值条款。在签订合同时，按照当时的黄金价格将应收付的款项折合成相应数量的黄金，到实际支付时，再按照当时黄金的市场价格折算成相应的收付货币的金额。由于黄金是贵金属，价值相对稳定，将收付款项与黄金挂钩，在一定程度上消除了汇率波动的风险。当然黄金价格也会有波动，但通常黄金价格的波动幅度要远远小于汇率的波动幅度，因此还是相对比较稳定的。

(2)外汇保值条款。在签订合同时，按照当时软币与硬币的汇率，将合同货款折算成相应数量的硬币，到实际支付时，再按照结算日的汇率再折算为相应的软币来结算合同款项。采用此方法时，一般要在合同中对硬软币之间的汇率波动幅度作出规定，如果现实汇率的波动在合同规定的范围内，则合同货币金额保持不变；如果现实汇率的波动超过了合同中规定的范围，合同货币金额应做相应的调整。

(3)“一篮子”货币保值法。“一篮子”货币保值法是指交易双方选择特别提款权或其他货币篮子对合同货币进行保值。原理与上述两个方法是相同的，即在签订合同时规定合同货币与选定的“一篮子”货币之间的汇率，并规定汇率变化的调整幅度，当合同到期时，按照实际汇率变化对合同货币进行相应的调整。由于“一篮子”货币是由一定比重的硬币与软币加权平均组成，因而其价值相对稳定，可以充当减少外汇风险的保值工具。

4. 平衡法和组对法

平衡法指在同一时期内利用一笔与存在外汇风险的交易具有相同币种、相同金额、相同期限但资金流动方向相反的交易，来消除外汇交易风险的方法。例如，某日本公司 3 个月后有一笔应付的 1 万英镑款项，为了避免汇率波动的风险，该公司应该设法出口价值 1 万英镑的商品，并使两笔交易的结算期限一致，从而消除英镑汇率波动的风险。

组对法是指将某种货币资金流动所产生的风险，通过一笔与其金额相同、期限相同、方向相反的另一种货币的对冲交易来抵消风险的方法。此方法主要是利用不同货币的汇率走势的同向相关性来进行对冲交易。例如，在较长时期内如果美元与日元汇率的走势存在正相关关系，则某企业出口一批货物，3 个月后将收回 1000 万日元的货款。为规避外汇风险，该企业可以进口一批相同价值的货物，但用欧元计价，并尽可能将收回日元与支付欧元的期限安排一致，从而实现对冲，消除外汇风险。

5. 多边净额结算

多边净额结算(Multilateral Netting)是指跨国公司内部利用相互转划和冲销，对内部各成员单位之间的债务债权进行结算，以减少应收、应付账款外汇风险的一种结算方式。其过程是：综合跨国公司各子公司因相互间内部交易而形成的各种应收应付款项；将各子公司之间结欠的款项进行冲销，债权债务相抵，进而使有些子公司债权债务为零，另一些要么只剩净债权，要么只剩净债务；然后，通知那些负有净债务的子公司直接向持有净债权的子公司清偿。

下面是一个多边净额结算的例子，通过这一例子可以了解整个结算实施过程。

设美国一跨国公司内部各子公司之间的债权债务有如图 3-1 所示的关系。图中箭头指向债权人，箭尾表示债务人，金额单位为千美元。

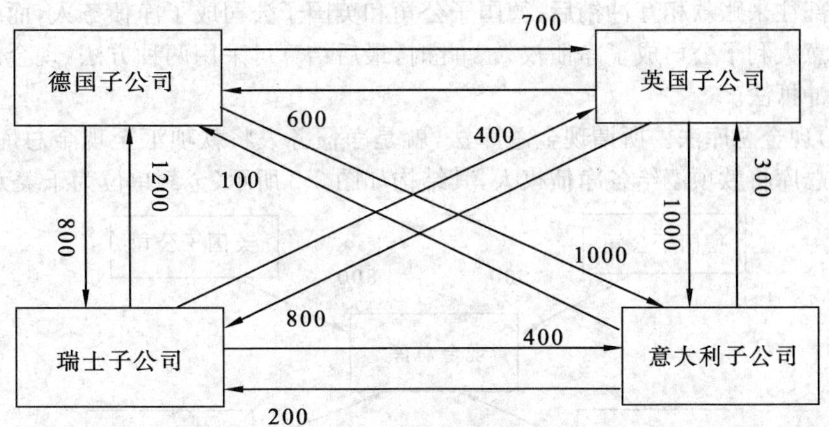

图 3-1　多边结算前的债权债务

为了便于冲销，首先需要根据图 3-1 编制“应收应付账款矩阵表”，见表 3-2。

表 3-2　　应收应付账款矩阵表

应收单位	应付单位				应收款合计
	德国子公司	英国子公司	瑞士子公司	意大利子公司	
德国子公司	——	$600	$800	$1000	$2400
英国子公司	700	——	400	300	1400
瑞士子公司	1200	600	——	200	2000
意大利子公司	1000	1000	400	——	2400
合计	$2900	$2200	$1600	$1500	$8200

由表 3-2 可知，若不进行相互冲销，那么该公司各子公司暴露性应收应付头寸总额将达 US$8200。若逐笔兑换并清偿，则在清偿成本（包括转移成本和兑换成本）为现金总流量 0.2%的情况下，全部结算成本将达 US$16400。

现在，根据矩阵表 3-2 对该公司内部往来账款进行相互冲销，见表 3-3。

表 3-3　　应收应付账款净额表

单位	应付	应收	净应付	净应收
德国子公司	$2900	$2400	$500	——
英国子公司	2200	1400	800	——
瑞士子公司	1600	2000	——	400
意大利子公司	1500	2400	——	900
合计	$8200	$8200	$1300	$1300

内部往来账款相互冲销后，德国子公司和英国子公司成了净债务人，而瑞士子公司和意大利子公司成了净债权人。此时，最后结算可采用两种方法：现金总库法和直接冲抵法。

(1)现金总库法。所谓现金总库法，就是净债务人将款项汇至现金总库，然后由现金总库将款项汇给各净债权人，其结构如图 3-2 所示(金额单位为千美元)。

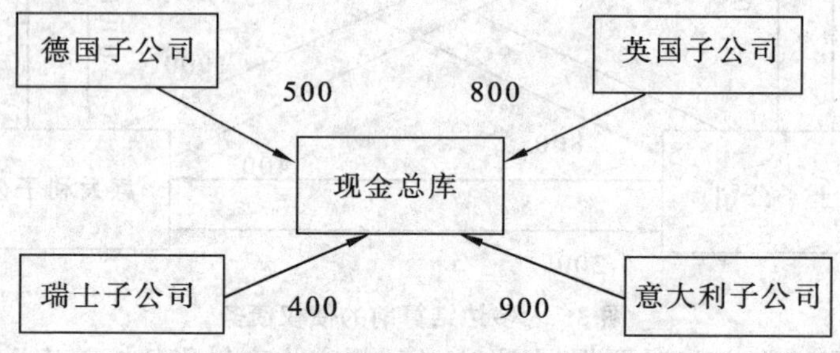

图 3-2 现金总库的最终结算

(2)直接冲抵法。直接冲抵法就是不通过现金总库过渡，直接由净债务人向净债权人清偿的方法。本例中，可由德国子公司分别向意大利子公司直接汇款 US＄10万，向瑞士子公司汇款 US＄40 万，再由英国子公司向意大利子公司汇款 US＄80 万，其结构见图 3-3(a)。

需要指出的是，图 3-3(a)并不是唯一的方案，在本例中，还有图 3-3(b)所示的结构。由德国子公司将 US＄50 万汇给瑞士子公司，再由瑞士子公司和英国子公司分别将 US＄10 万和 US＄80 万汇给意大利子公司。但是，效果却不一样。方案(b)比方案(a)在结算规模上多了 US＄10 万，这就是因为瑞士子公司同时有收、付发生。从运筹学上看，这是一种非优方案，有悖净额结算之原意。

从上面的分析可以看到，在不同的结算方法下，应收应付款项的暴露规模是不同的。在现金总库方式下，暴露的总规模为 US＄2600(500＋800＋400＋900)，与冲销前 US＄8200 相比降低了 US＄5600，相应的结算成本也降低了近 70%。在直接冲抵法下，暴露总规模为 US＄1300(400＋100＋800)，比现金总库法又降低了一半。因此，直接冲抵法比现金总库法更经济合理。

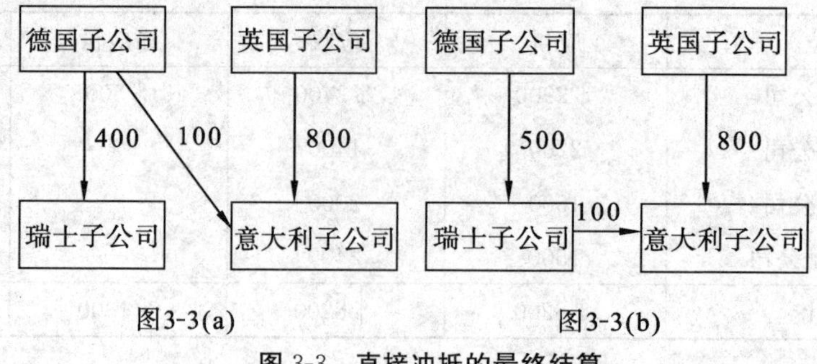

图 3-3 直接冲抵的最终结算

可见，不论最终结算采用何种方法，净额结算在根本上采用的都是一种“风险结合”技术。这里，外汇风险并没有转移给他人，而是通过相互对冲获得减少乃至消失。

第三节　外汇经济风险管理

一、外汇经济风险的含义

外汇经济风险又称经营风险，指由于意料之外的汇率波动引起企业未来的收益(税后利润)或现金流量(收益＋折旧额)发生变化的外汇风险。要理解经济风险，应该把握以下几点：

第一，经济风险指意料之外的汇率波动给企业带来的风险，而不包括意料之中的汇率波动。对于意料之中的波动，企业在对未来获利状况进行预测或决策时，已经包含了预测到的汇率波动并进行了相应的处理，并不会对企业未来的收益或现金流产生影响。

第二，这种意料之外的汇率波动对企业从原料采购、产品生产到市场销售等各个经营环节产生综合影响，它不是直接来自于交易过程或会计报表的处理，对企业产生的直接作用不大，但它可以对企业未来生产的采购成本、产品定价、利润、产销数量、市场份额、市场竞争地位等各方面产生影响，从而带来现金流量变动的风险。

第三，经济风险对企业的影响是长期的，而非一次性的，且具有动态性和主观性的特点。由于经济风险主要建立在对企业未来生产经营风险进行预测的基础上，从企业整体经营的角度进行分析，因此具有动态性；并且这种风险既有可能是真实的，也有可能是不真实的，具有一定的主观性，需要企业综合各种信息加以甄别、判断并进行规避。

例如，日本某公司是一家利用国外原料进行加工生产的企业，其产品既满足国内需求，又销往国际市场。某年日元与美元之间的平均汇率为 USD1＝JPY110，该公司主打产品的单位生产成本为 5000 日元，其中单位产品的原材料成本为 3300 日元(30 美元)，劳动力成本为 1700 日元，产品单价为 11000 日元(100 美元)，其产品 50％销往国外，50％满足国内需求，且该企业年产量为 300 万件该产品。假设企业所得税率为 20％，则如果汇率不出现意外波动，该企业次年业绩见表 3-4：

表 3-4　预计的日本某企业的损益和现金流量表(××年)　单位:万日元

项目	金额
销售收入(300 万单位)	3300000
销售成本(300 万单位)	1500000
营业费用	500000
折旧	100000
税前利润	1200000
税后利润(收益)	960000
年现金流量(收益+折旧)	1060000

但是,次年初日元兑美元汇率出现大幅波动,变为 USD1=JPY120,则会对该企业的生产成本、销售价格以及产品销量等产生影响。

由于日元贬值,使得该企业进口原材料成本上升,变为 3600 日元(30 美元),则单位生产成本上升为 5300 日元。同时,销售价格国内保持不变,则国内销售量保持不变,仍为 150 万件。而由于汇率变动,使得以美元计价的国外售价下降为 11000/120=91.67 美元,促进了国外对其产品的需求,使得产品销量增加了 10 万件,为 160 万件。

该日本企业的次年业绩如表 3-5 所示:

表 3-5　日本某企业的损益和现金流量表(××年)　单位:万日元

项目	金额
销售收入(310 万单位)	3410000
销售成本(310 万单位)	1643000
营业费用	500000
折旧	100000
税前利润	1167000
税后利润(收益)	933600
年现金流量(收益+折旧)	1033000

由于汇率波动,日本该企业的销售收入上升了 110000 万日元,销售成本也上升了 143000 万日元,税后利润减少了 26400 万日元,现金流量也减少了 27000 万日元。

从上例可以看出,总成本中的净进口或产成品的净出口的比例越大,经济风险就越大。构成总成本的各项生产要素价格受汇率波动的影响越大,总成本也将因此对汇率更敏感，企业的现金流量会因汇率波动而趋于不稳定。如果企业通过调整市场结构、调整产品结构等方式来减小汇率风险的能力越弱，企业稳定现金流量的能力越弱，则经济风险越大。

此外，经济风险也可能表现为汇率波动后对企业资产（负债）产生影响。假如以外币表示的资产价值与汇率变动呈正相关，则以本币表示的资产价值会随着汇率的上升而增加，随汇率的下跌而下降；如果以外币表示的资产价值与汇率变动呈负相关，则以本币表示的资产价值会随着汇率的上升而下降，汇率下跌反而价值上升。

二、外汇经济风险管理

外汇经济风险管理，就是制定营销、生产和财务管理等战略与对策，控制汇率变化所带来的经济风险。外汇经济风险管理必须建立在汇率波动的长期影响基础上，并且由于对汇率长期波动的预测与风险测量具有一定的复杂性，因此外汇经济风险很可能不能被准确识别和测量。对跨国经营的企业来说，汇率变动不仅引起价格变化，而且对某些环境变量（如利率、需求结构等）有长期的甚至永久性的影响。而环境变量的变化，往往会引起公司的产品价格、市场份额、生产成本等指标变化，从而引起收益波动，给企业带来经济风险，这导致经济风险可能无法被准确识别和测量。

（一）外汇经济风险的识别与测量

识别企业所面临的外汇经济风险，应侧重于从总体上分析企业在未来一定时间内的现金流量，更倾向为一种经济的、财务的分析过程。这意味着经济风险的识别和测量不可能用一般的方法进行衡量，而要涉及企业的财务、市场营销以及产品生产与销售等各个方面。当前，各企业识别和测量外汇经济风险的主要方法有：

1. 远景方案分析法

本方法是在考虑现金流各构成要素之间内在联系的基础上，通过计算未来现金流量变动的现值之和，分析未来现金流随汇率变动产生的各种可能组合，来衡量经济风险。其现金流净现值的基本计算公式如下（见式(3-2)）：

$$NPV_0=\sum_{t=0}^{n}\frac{(CIF_t-COF_t)E_t}{(1+d)_0^t} \tag{3-2}$$

其中，NPV_0 为净现值；CIF_t 为 t 时期的现金流入量（以外国货币表示）；COF_t 为 t 时期的现金流出量（以外国货币表示），包括纳税额的支付；E_t 为直接标价法下 t 时期的汇率；d 为贴现率；t 为时期；n 为现金流量预期的最后时期。

通过汇率变动对企业净现值的不同影响，以帮助企业制定相应措施防范外汇经济风险。远景方案分析法在财务实践中得到了广泛的应用，为企业选择合理的风险规避措施及有效地管理汇率损失，提供了信息基础和决策依据。

2. 回归分析法

本方法是认为以本币衡量的企业现金流量的变化与名义汇率变化具有相关性,则以一定期间的平均汇率的变动为自变量,企业过去发生的已折算为本币的实际现金流动为因变量,利用回归模型来分析历史的现金流量和汇率数据,可以得出企业现金流量与汇率之间的变动关系,并对未来二者之间的变动做出预测,以便于企业采取相关措施进行防范。这一方法在很大程度上克服了远景分析法中有过多的主观因素的不足,但是只有在企业前后各期现金流与汇率关系稳定的情况下才适用,如果发生了某些事项改变了二者之间的关系,则必须对回归模型进行修正。

(二)外汇经济风险的防范措施

1. 营销策略

企业可以采取调整售价、市场分布以及改变促销政策和产品政策等措施来减少经济风险的影响。

首先,企业应全面分析调整售价对自身的影响,根据不同国家或地区的市场状况,实行多样化的定价策略,稳定现金流。其次,企业应该尽量分散产品的销售国别或地区分布,以减少目标市场和结算币种过于单一带来的较高的经济风险,即采用多币种结算,可以使汇率在不同币种之间的变化在不同目标市场之间部分或全部中和,不至于因为市场集中,汇率总朝一个方向变化,而承担汇率单向变动风险,以达到分散化解风险,稳定企业现金流的最终目的。第三,企业在制定促销策略时应充分考虑汇率变动的影响,一般来说,生产国货币贬值时,向第三国出口的子公司,应增加广告和培训等促销支出,因为此时可以用低价策略占领市场。反之,生产国货币升值时,促销支出应减少。第四,企业也可以通过产品策略来抵消外汇风险,尤其是应该不断开发新产品,因为无论汇率如何波动,企业对新产品都掌握有定价权,新产品价格对汇率波动不敏感。对原有产品,当本币贬值时,企业应利用价格优势,增加销量,扩大产品系列,满足消费者更多的需求,当本币升值时,企业应重新定位其产品品种,把目标市场定位在那些收入高、重质量、对价格不太敏感的消费群体。

2. 生产策略

首先,企业应该根据汇率变动对成本的影响以及本企业的全球战略安排,在不同国家间安排生产,当本币升值期间,企业可以选择在贬值国的子公司增加生产,减少升值国的生产,达到防范汇率波动风险的目的。其次,企业应尽可能多地在多个国家和地区进行原材料采购,使用多种货币结算。原材料来源地的选择,一是考虑原材料出口国的资源禀赋状况,合理配置生产能力;二是考虑汇率变动趋势,从贬值国进口原材料非常有利于降低成本。此外原材料来源地多元化,意味着以不同的货币购买原料投入,可以减轻汇率冲击对成本的影响。

3. 财务策略

首先，企业可以利用融资策略来分散外汇经济风险。企业可以通过不同渠道，不同币种的投资融资，达到分散汇率风险的目的。企业筹资时，要尽量以多种货币从多个渠道筹资，如企业可发行股票、债券，还可利用银行信贷，既可以利用固定利率的信贷，也可利用浮动利率的信贷；投资时，要尽可能以不同的形式、不同的币种，向不同的对象投资，如企业可办理外币存款、购买外币债券、投资 B 股等。其次，企业应调整自身的资产负债结构，要使不同币种、不同期限的外币资产与负债数额基本相等，尽量减少受险头寸的暴露。如果外币升值，应使外币负债尽快减少到外币资产的水平，使风险抵消。如果外币贬值，应使外币资产尽快减少到外币负债的水平。

第四节　外汇折算风险管理

一、外汇折算风险的含义

外汇折算风险又称会计风险、转换风险，指由于汇率变动而导致资产负债表中某些以外汇计价的项目的价值发生变化的风险。

外汇折算风险属于财务会计的一部分，一国的涉外企业在进行会计处理和决算时，必然涉及如何用本国货币评价外币债权债务等项目的问题，由于在折算中使用的汇率不同，就会产生账面上的损益差异。这不是实际交割时的实际损益，而是评价上的损益，它会影响企业账面上的经营成绩。折算风险的受险部分，是按现行汇率折算的项目。如企业在将国外子公司的资产、负债和收益从子公司所在国的当地货币折算成母国的记账本位币时，因为会计项目入账时的历史汇率和交易日汇率与合并报表时换算的现行汇率或期末汇率不同，导致企业的会计项目出现账面上的外汇收益或损失，从而影响股东及社会公众对企业经营成果和财务状况的评价，产生风险。

外汇折算风险可以分为两类：

一是利润表风险。根据会计准则的规定，对于利润表的项目，除以历史成本核算的固定资产折旧、销货成本等以外，一般都采用会计期间的平均汇率或期末汇率来折算。这就有可能使母公司在合并报表以后，以本国货币核算的利润或亏损金额因汇率的变动而出现差异。

二是资产负债表风险。根据会计准则的规定，企业以外币核算的资产、负债项目在合并资产负债表时，按现行汇率或期末汇率来折算成本币后将因汇率变动而改变，从而可能导致账面产生损益差额。

外汇折算风险主要出现在企业编制的综合财务报表里，它与实际交易的损益不同，它是一种计算的、名义上的或表面上的风险。这主要因为会计资料是历史资料，会计资料所呈现出的公司价值只是一种账面价值，并非是公司真实的价值。因此，在一般情况下，会计风险可以不作为管理和控制的重点。

二、外汇折算风险管理

(一)外汇折算风险的识别与衡量

识别外汇折算风险，一要看企业是否有外币交易，二要看企业交易发生日与财务报表日的汇率是否发生了变动。同时，折算风险的衡量要受到不同折算方法(即折算汇率选择)的影响，采用不同的方法，计算出的资产负债、收入支出的损益结果就会不同。

目前，外币报表折算方法主要有四种基本类型:现行汇率法、时态法、货币性与非货币性项目法、流动与非流动项目法。

1.现行汇率法下的外汇折算风险

现行汇率法又称期末汇率法、单一汇率法，除了实收资本、资本公积等所有者权益项目以历史汇率进行折算外，外汇会计报表中的资产、负债、收入、费用等各项目均以现行汇率计算，即按照编表日的汇率统一进行折算。这种方法是国外跨国公司最早采用的一种折算方法。该方法体现了子公司货币观点，注重汇率变动对子公司股东权益净额的影响，即母公司对子公司投资净额上的汇率风险。采用现行汇率法，意味着被折算的外币会计报表各项目都承受着汇率风险，但实际上企业资产、负债各项目所承受的汇率风险是不一样的，对这些项目均以现行汇率进行折算并没有体现各项目实际承受的汇率风险。

2.货币性与非货币性项目法下的折算风险

货币性与非货币性项目法将资产负债表中的项目划分成货币性项目和非货币性项目两大类，分别采用不同汇率折算。货币性项目，指以货币形态存在的项目，包括货币性资产(如现金、应收账款、应收票据、长期应收款等金额固定的长短期债权)、货币性负债(如应付账款、长期应付款等金额固定的长短期债务)，在折算时应使用现行汇率。对于非货币性项目，如存货、固定资产、长期投资等及所有者权益项目(资本公积、盈余公积、未分配利润等除外)，按入账时的历史汇率折算。这反映了汇率变动对资产、负债各项目的不同影响，在本方法下，只有货币性项目才会构成折算风险。

3.时态法下的折算风险

时态法又称时间度量法，是对货币性与非货币性项目法的进一步发展，差别在于对以现行价格计价的非货币性项目折算的处理不同。时态法认为外币会计报表的折算不应当改变会计报表所反映的经济事实，因此，在选择汇率时，只能改变计量单位，而不应当改变原有的计量属性。时态法坚持以历史成本计价的按历史汇率折算，以现行价格计价的按现行汇率折算，这样就修正了资产、负债的受险部分。按时态法对外币报表进行折算，折算风险体现于以现行价格计量的资产和负债项目。

4.流动与非流动项目法下的折算风险

流动与非流动项目法将资产、负债划分为流动项目、非流动项目，采用不同的汇率进行折算。流动项目包括流动资产和流动负债，按资产负债表日的现行汇率折算；非流动项目包括非流动资产和非流动负债，则按取得日的汇率即历史汇率折算；对于所有者权益中的实收资本、资本公积等项目，按照历史汇率进行折算；对于利润表各项目，除固定资产折旧费用和摊销费用等按照相关资产入账时的历史汇率折算外，其他收入和费用各项目均按照当期的平均汇率折算。

(二)外汇折算风险的防范措施

1.资产负债保值法

资产负债表保值法是通过调整企业的资产负债表以实现对受险部分的调控从而达到减少或避免外汇风险的方法，即可以通过调整债权债务币种、期限和金额，使同一外币的债权债务在期限、金额上均衡，从而达到防范风险的目的。

采用资产负债表保值法的基本原则是：增加强势货币资产，减少弱势货币资产；增加弱势货币负债，减少强势货币负债。这种方法通过交易活动，调节企业各资产负债账户，使外汇的资产与负债一致，以规避外汇风险。也就是在外汇汇率上升或下跌造成风险资产的升值或贬值时，能够与等量的风险负债的增加或减少相互抵消，使得风险资产和风险负债的总量达到平衡，最终将会计风险化解为零。

2.远期交易法

远期交易法的目的在于创造一笔与原持有的风险资产或风险负债具有抵消效应的资产或负债，来化解预计的折算风险。本方法是以预期的折算风险为基础的，并只有在对期末即期汇率准确预测的前提下，方能通过该项套期保值抵消潜在的折算风险。

3.风险冲销法

当企业拥有两种及两种以上的外币头寸或者同一种货币相反头寸时，可以灵活运用风险冲销的办法。具体操作时，有双边冲销和多边冲销两种形式。双边冲销是具有相互往来结算关系的两家子公司以某种固定的汇率，把彼此到期的往来结算账务相互抵消。多边冲销参与的子公司在两家以上，操作更为复杂，一般需母公司扮演清算中心的角色以协调各子公司的当地货币头寸的冲销，最终达到降低企业总折算风险的目的。

【思考题】

1. 什么是外汇风险？外汇风险可以分为哪几种类型？

2. 什么是外汇风险管理？外汇风险管理有哪些不同的战略？这些战略各有什么特点？

3. 何为外汇交易风险？如何识别并防范外汇交易风险？

4. 何为外汇经济风险？如何识别并防范外汇经济风险？

5. 何为外汇折算风险？如何识别并防范外汇折算风险？

6. 当预测某种货币汇率将下降时，具有该种货币债权的交易者可以________。

7. 某年3月，外汇市场美元兑日元行情为：即期汇率USD/JPY＝108.40/55；3个月的远期汇率USD/JPY＝105.45/70

美国进口商签订从日本进口价值1000万日元仪器的协议，3个月后支付日元。假若美进口商预测3个月后USD/JPY即期汇率水平将贬值到USD/JPY＝120.00/10，那么：

(1)美国进口商现在就支付1000万日元需要多少美元？

(2)若美国进口商现在不付日元，也不采取避免汇率变动风险的保值措施，而是延后3个月用美元购买1000万日元用于支付，届时需要多少美元？

(3)美国进口商延后3个月支付所需美元比现在支付所需美元预计多支出多少美元？(暂不考虑两种货币利率因素)

(4)美国进口商现在采取保值措施，如何利用远期外汇市场进行操作？

【案例分析题】

宣化钢铁集团有限责任公司是国家大中型钢铁企业，自2001年开始，为配合企业上规模上水平，设备更新改造和技术改进的节奏加快，进出口贸易额大幅度增加，而贸易过程中潜在的外汇风险也在加剧。为规避风险，宣钢利用远期外汇结售汇、押汇、期权等金融工具对宣钢自营进出口货物包括成套设备、备件以及大宗原料等进口贸易适时采用不同的金融工具进行外汇风险管理，取得了显著成效。

从2003年开始，随着设备更新与技术改进，宣钢的产品在质量和品种上有了很大的改观，出口额达到2300万美元，银行经常项目账户可存放300万～500万美元。完全可以支付单台套设备的货款，可以实现欧元兑美元的直接交易，同时也满足了期权工具的使用条件即外币之间的直接兑换。因此宣钢也开始尝试使用期权工具，最先使用的是美式期权。利用公司经常账户中的美元，在即期价1.3310，买入一个执行价在1.34的欧元买权，同时卖出一个执行价在1.3265的欧元卖权。有效期限为3个月，即期参考汇率为1.08。当3个月以后的欧元价格高于1.34时，企业有权在1.34的价格买入欧元。当3个月以后的价格低于1.3265时，企业只能在 1.3265 的价格买入欧元；当 3 个月以后的欧元价格处于 1.3265 和 1.34 之间时，企业可以以市场价格买入欧元。上述期权的优势在于手续费为 0，而且可以将汇率风险锁定在 1.34 以下，消除了欧元继续向上穿越 1.34 的风险，其劣势在于欧元若反转走势至 1.3265 以下。企业只能在 1.3265 的价位买入欧元。

思考：企业对待外汇风险应持何种态度？除了外汇期权外，是否还有其他有效手段防范外汇风险？

第四章　汇率决定理论

汇率是开放经济运行中居于核心地位的变量，汇率的决定是一个非常复杂的问题，各种宏观变量及微观因素都会通过种种途径引起它的变动，而其变动又会对其他经济变量带来重要的影响，因此，只有在了解汇率与其他经济变量的相互关系的基础上，才能够完整的认识开放经济的运行特点。汇率决定理论(Exchange Rate Determination)是国际金融的主要理论基础之一，其发展贯穿了整个国际金融发展史。随着经济开放程度的加深，汇率决定理论的内容也在不断的发展，从传统汇率决定理论到现代汇率决定理论，再到汇率决定理论的新发展，反映了不同经济发展时期的特点和对汇率认识的不断深化。

【本章学习目标】

1. 熟练掌握国际借贷说、购买力平价说、利率平价说、汇兑心理说和资产市场说的理论假设和基本思想。

2. 了解汇率决定理论的发展历程并对各种理论做出简要评价。

第一节　传统汇率决定理论

早在14世纪初，人们就对汇率问题有所关注。法国学者亚桑德·罗伦巴德(A. Lombardo)就曾对国际贸易中汇率变动的原因发表过见解，认为汇率的变动源于汇兑资金的在途风险。此后欧洲其他一些学者也从货币供应等角度提出过部分观点。只是上述对汇率的讨论着重于解释汇率变动的原因，而非决定汇率的基础。第一个阐述汇率决定论的是意大利学者罗道尔波利斯(L. Rodolplis)，其“公共评价理论”认为，两国货币所含贵金属成分的价值决定人们对货币的公共评价，该评价决定了货币供求的变动，而汇率就决定于两国货币供求的变动。16世纪西班牙的萨拉蒙卡学派(Salamonca School)提出货币的对内价值决定汇率，对外价值决定汇率的变动，因而成为第一个相对系统的汇率理论。尽管这些理论观点比较零散，但是却对后来的汇率决定理论产生了深远的影响。

19 世纪对汇率的研究进入了百家争鸣的时代，英国经济学家洛克、休谟、李嘉图、马歇尔、桑顿等都对汇率问题阐述过看法，此间最有代表性的就是英国经济学家戈逊(G. L. Goschen)的“国际借贷说”。20 世纪以后，汇率决定理论的研究不断取得新的突破，著名的购买力平价说、利率平价说和汇兑心理说等理论分别从不同的角度对汇率决定问题进行了分析，成为现代汇率决定理论的思想基础。我们把 20 世纪 70 年代以前的以上四种主要汇率决定理论归纳为传统汇率决定理论，并进行一一介绍。

一、国际借贷说

(一)理论背景

19 世纪末期，各国普遍实行国际金本位制度。在这种货币体系下，黄金充当货币制度的价值标准，各国规定货币单位的法定含金量。两种不同货币之间的汇率，由其各自的含金量之比——铸币平价决定。实际汇率围绕着铸币平价上下波动，以黄金输送点为其最大波动幅度。由于各国货币的含金量极少变动，所以，汇率的变动主要受外汇市场供求关系的影响。在此背景下，英国经济学家戈逊(G. L. Goschen)于 1861 年在《外汇理论》(Theory of Foreign Exchange)一书中正式提出了“国际借贷说”(Theory of International Indebtness)，从外汇供求角度较为系统地解释了导致国际金本位制下汇率发生变动的因素。

(二)基本思想

国际借贷说认为，国际间的商品劳务进出口、资本输出入以及其他形式的国际收支活动会引起国际借贷的发生，国际借贷又带来外汇供求的变动，外汇供求变动导致汇率变动，因而，国际借贷关系是汇率变动的主要因素。

由于流动性不同，国际借贷可分为固定借贷(Consolidated Indebtness)和流动借贷(Floating Indebtness)两种。固定借贷指借贷关系已经形成，但未进入实际支付阶段的借贷；流动借贷指已进入实际支付阶段的借贷。国际借贷说认为，只有流动借贷的变化，即处于实际收支阶段的对外债权与对外债务，才会影响汇率变动。当一定时期内一国的流动借贷相等，则汇率保持稳定；流动债权(外汇收入)大于流动债务(外汇支出)时，则国际市场对该国货币的需求量大于供给量，该国货币汇率就上升，外汇汇率下跌；反之，则外汇汇率上升，本币贬值。

尽管戈逊也承认，除了国际借贷关系之外，还有些因素比如物价水平、利率水平、黄金存量等也会影响汇率变动，但是，这些都是次要因素，最主要的因素还是国际借贷关系。

(三)简要评价

戈逊运用古典经济学理论中供求法则来解释汇率的变动，因此国际借贷说还被称为“外汇供求说”(Theory of Demand and Supply of Foreign Exchange),因为比较符合现实,所以更容易被人们理解和接受,该理论是汇率理论发展中的一个重要转折点,具有重要的意义。

但因为国际借贷说盛行于第一次世界大战之前的金本位货币制度时期,该理论也存在着很大的局限性。首先,该理论没有解释汇率决定的基础。不能解释金本位制度崩溃后,尤其是在纸币流通条件下汇率决定以及变动的原因;其次,该理论仅注意到实际经济与汇率间的因果关系,对影响汇率的具体因素比如汇率与外汇供求和国际资本流动之间相互作用的关系并未做出具体的解释;第三,该理论只适合于外汇市场自由与发达的国家,否则,如果外汇市场受到政府干预过多,外汇供求关系就会被扭曲,汇率的变动就不是真实的外汇供求关系的体现。

(四)国际借贷说的发展——国际收支说

二战以后,很多学者用凯恩斯主义的宏观分析模型来说明影响国际收支的主要因素,以及这些因素如何通过国际收支的变化作用于汇率,1981 年阿尔盖(V·Argy)总结的汇率决定的国际收支说(Theory of Balance of Payment),对国际借贷说的缺陷进行了弥补。

国际收支说主要从国际收支均衡的角度来分析确定汇率水平,其基本思想是外汇汇率取决于外汇供求,而外汇供求取决于国际收支状况。因此任何影响国际收支的因素,即影响经常账户收支和资本金融账户收支状况的因素,都会影响汇率。

具体而言,一国经常账户收支主要由本国的进出口决定,影响本国进出口状况的因素包括该国与外国国民收入状况、该国与外国价格水平以及即期汇率。如果假设价格等其他变量不变,则本国国民收入上升,会带来进口需求上升,出现贸易赤字,从而外汇市场出现超额需求,本国货币贬值,外汇汇率上浮;反之外国国民收入上升,本国货币坚挺。如果假设收入等其他变量不变,本国价格上升,本币贬值;外国价格上升,本币升值。

一国资本金融账户收支主要由本国与外国利率水平决定。当本国利率上升时,外国资本流入国内,外汇供给增加,本币需求增大,本币升值;外国利率上升时,本币贬值。

由于国际收支说也是用供求关系的方法把影响国际收支的各种主要因素纳入到了汇率的均衡分析中,从流量的角度分析了国际收支引起的外汇供求流量对短期汇率水平和变动的影响,因此,国际借贷说被认为是国际收支说的早期形式。

二、购买力平价说

(一)理论背景

购买力平价说(Theory of Purchasing Power Parity, PPP)是一种历史非常悠

久的汇率决定理论，它的理论渊源可以追溯到16世纪，当时西班牙的萨拉蒙卡学派对货币数量、物价和汇率之间的联系进行研究时就曾指出，一国货币供给量增加引起国内价格上涨，而国内物价上涨就会导致本币汇率贬值。18世纪中叶，以瑞典学者凯斯蒂尔尼（P・N・Chistienim）为代表的经济学家对汇率贬值问题进行了解释，认为货币贬值的根本原因是货币购买力下降。到19世纪初，英国经济学家桑顿（H Thornton）最早提出了购买力平价思想，认为英镑对外贬值的原因是纸币发行量过多，物价上涨。

第一次世界大战以后，国际金本位制瓦解，各国纷纷发行纸币来弥补支出的不足，导致世界范围内的通货膨胀，汇率急剧波动。1922年，瑞典经济学家古斯塔夫・卡塞尔（Gustav Cassel）对前人的思想进行了总结，出版了《1914年以后的货币与汇率》一书，系统地阐述了购买力平价说，探讨了通货膨胀背景下的汇率决定问题，开拓了关于汇率研究的新视角，至今仍是汇率决定理论中最具有影响力的理论之一。

（二）理论假设

1. 一价定律

购买力平价说是以一价定律（Law of One Price）为基本假设前提的。一价定律是货币主义学派代表人物米尔顿・弗里德曼（M. Friedman）提出的，指的是在自由贸易的前提下，如果不考虑交易成本等因素，同一货币衡量的不同国家的某种同质的可贸易商品的价格应该是一致的，这即是开放经济条件下的一价定律。

同质商品是指不存在质量或者其他方面差别的商品。如果同质商品在不同地区的价格不同，那么就会带来地区间的商品套利活动（Commodities Arbitrage），或称商品套购。套利者可以无风险地在低价市场购买该商品，然后将其转运到高价市场销售。商品套利利润为价格差价减去运输费用、占用资金的利息费用以及税收等的交易成本。套利活动的结果是使两地商品的供求关系发生变化，直到这种价差趋于消失。如果交易成本为零，那么同质商品在各地区的价格应完全一致。但是，如果商品的交易成本过大，套利活动就无利可图，也就不会发生，地区间的价格差异就不可能通过套利活动来消除了。

因此，我们可以据此将一国内部的商品分成两种类型，一种是可贸易商品（Tradable Goods），指的是地区间的价格差异可以通过套利活动消除的商品；另一种是不可贸易商品或非贸易商品（Non-Tradable Goods），是指地区间的价格差异不能通过套利活动消除的商品，主要包括不可移动的以及套利活动交易成本无限高的商品，比如房地产等不动产和个人劳务项目等。

在封闭经济条件下，一种同质的可贸易商品，当其价格可以灵活地调整，且不存在交易成本时，其在国内不同地区的价格应该是一致的，否则地区间的商品套利活动会使价格趋于一致，这种关系就是一价定律的体现。

当我们把这种封闭经济条件下的情形引入到开放经济条件下，道理是一样的，结果也是类似的，即体现出开放经济条件下的一价定律。但是，由于不同国家货币不同，商品价格的比较就必须经过汇率的折算；除了商品买卖外，还需要进行外汇交易，由此产生了汇率风险；跨国套利活动又面临关税和非关税壁垒，这都会使得跨国套利的交易成本高于国内地区间的套利成本。

如果我们忽略交易成本因素，那么，开放经济条件下的一价定律可以用公式表示为：

$$P_i = E \cdot p_i^* \tag{4-1}$$

其中，E 表示直接标价的汇率，P_i 和 P_i^* 分别表示一定时期可贸易商品 i 的价格，带 * 号的变量表示外国的变量，以下同。

在固定汇率制度下，套利活动将带来两国物价水平的调整；在浮动汇率制度下，套利活动产生的外汇交易会使外汇市场供求关系发生改变，进而引起汇率的变动，因此，两国通过汇率调整而不是价格调整来实现平衡。

2. 其他假设条件

由于一价定律的成立需要满足以下条件，而购买力平价说以一价定律为前提，因此，这些条件也是购买力平价说隐含的假设前提：

(1)市场完全竞争。不同国家的可贸易商品是同质的；商品价格具有完全弹性，市场要素的变化均能反映到商品价格的变化上，不存在任何价格上的黏性，这就为套利者在不同国家采取套利策略奠定了基础。

(2)本国和外国的价格体系完全相同。

(3)不需考虑运输成本、保险及关税等交易成本。

(4)贸易自由化。商品劳务等要素可在各国市场之间自由流动，使得国际商品和劳务市场上的套利活动成为可能。

(三)主要内容

购买力平价说的核心观点是：本国人之所以需要外国货币或外国人之所以需要本国货币，是因为这两种货币在各发行国均具有对商品的购买力。因此，货币的价格取决于它对商品的购买力，两国货币购买力之比决定了汇率的高低，两国货币购买力之比的变化决定了汇率的变化。而购买力的变化又取决于两国的价格变化，因此，汇率的变化最终是由两国物价水平比率的变动决定的。购买力平价说包括绝对购买力平价(Absolute PPP)和相对购买力平价(Relative PPP)两种形式。

1. 绝对购买力平价

绝对购买力平价是购买力平价说最典型的形式，它指的是在某一时点上，不同国家货币的兑换比例取决于其货币购买力的对比，而购买力可以表示为一般物价水平的倒数，因此，根据一价定律，可将绝对购买力平价说用公式表示为：

$$E = P/P^*\tag{4-2}$$

其中，E 为汇率（直接标价法），P 和 P^* 分别表示本国和外国的综合物价水平。

当本国价格水平相对上升时，则本国货币的购买力相对下降，即本币贬值，汇率下跌；反之亦然。

假设购买一篮子商品的价格，在美国需要花费 300 美元，在英国需要 250 英镑，则意味着英镑的购买力是美元的 1.2 倍，英镑和美元的汇率即为＄1.2/￡。

如果英镑和美元的即期汇率为＄1.5/￡，则一篮子商品用同一种货币所表示的价格就出现差异，即＄1.5/￡×￡250＝＄375＞＄300。这样，套利者可以在美国市场按照 300 美元的价格购入商品，然后在英国市场按照 375 美元价格销售，在不考虑各种运输、交易等成本的条件下，每单位商品可以无风险地套利 75 美元。当大量的套购者从美国低价买进，到英国高价卖出，则美元价格就会上涨，而英镑则会下跌，最终两地的潜在套利利润会完全消失。此时，两国间的货币汇率仍然可以表示为两国商品价格之比。可见，商品套利活动是绝对购买力平价说的基础。从式 4-2 可以看出，绝对购买力平价实际上是一价定律的扩展。

2.相对购买力平价

购买力平价说的绝对形式考虑的是某一特定时点上一般物价水平汇率的关系，在此基础上，我们可以去考虑一个时间间隔内一般物价水平的相对变化与汇率的相对变化率之间的关系。相对购买力平价就是指在一定时期内，汇率的变化与两国物价水平的相对变动成比例。

若以 E_t 和 E_0 分别表示 t 时刻和基期的汇率水平，P_t，P_0 和 P_t^*，P_0^* 分别表示本国与外国在 t 期和基期的物价水平，相对购买力平价可用公式表示为：

$$\frac{E_t}{E_0}=\frac{P_t/P_0}{P_t^*/P_o^*}\tag{4-3}$$

如果以 πt 和 πt^* 分别表示 t 时刻国内和国外通货膨胀率，我们有 $P_t/P_0=1+\pi_t$，$P_t{}^*/P_0^*=1+\pi_t{}^*$

将上式代入 4-3 式得：

$$\frac{E_t}{E_0}=\frac{1+\pi_t}{1+\pi_t^*}\tag{4-4}$$

等式两边各减去 1 整理得：

$$\frac{E_t-E_0}{E_0}=\frac{\pi_t-\pi_t^*}{1+\pi_t^*}\tag{4-5}$$

其中，$\frac{E_t-E_0}{E_0}$为汇率的变化率，如果国外通胀率 π_t^* 不高，我们可以将其忽略，那么 4-5 式简化为：

$$\frac{E_t-E_0}{E_0}=\pi_t-\pi_t^*\tag{4-6}$$

可见,相对购买力平价表明汇率变化率等于同期本国与外国通货膨胀率之差。如果本国通货膨胀率超过外国,则本币将贬值。比如某时期美国的通货膨胀率为8%,英国同期的通货膨胀率为12%,则根据相对购买力平价说,英镑对美元的汇率预计下跌4%或美元对英镑的汇率将升值4%。当然,如果这两个国在同一时期内的通货膨胀率相同,那么此间汇率保持不变。

为了更通俗地说明问题,我们可以用图形来表示相对购买力平价。在图4-1中,凡是在购买力平价线上的点都是处于平衡位置的,如A点和B点;而购买力平价线外的各点,如C点和D点,则都是购买力不平衡点。

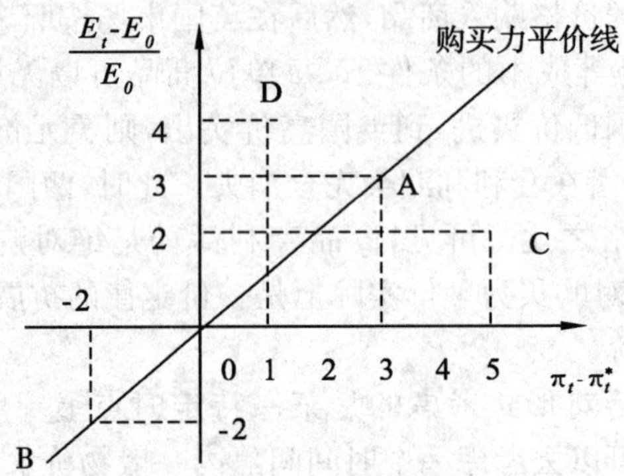

图4-1 相对购买力平价

在图4-1中的A点,本国通胀率高于外国3个百分点,与此相对应,外币相对于本币升值3个百分点。当然,本国的消费者在国内的购买力降低了,而且他们的购买力降低这一事实是无论在哪里都难以逃避的:在本国,要面对物价的高涨;而想到国外去购买相对低廉的商品和劳务,又逃不过本币对外币贬值这一事实。同理,再看B点,本国通胀率低于外国2个百分点,本币对外币升值2个百分点,这样,无论在国内还是国外市场,本国的消费者都会享受到低通胀带来的购买力提高的好处。

那么,图中的C点和D点适合到何处去消费呢?C点表明本国通胀率比外国高出5个百分点,而外币比本币只升值2个百分点,当然,明智的消费者要把本币换成外币到国外去购买。显然,在购买力平价线以下的各个点都是适合到国外购买商品和劳务的。而在D点还是留在本国消费为妙:因为本国通胀率只比外国高1%,而外币比本币升值了4%,与其把本币兑换成外币遭受损失,不如留在国内面对轻微的通胀之苦,同样,在购买力平价线以上的各个点,也都最好留在本国市场消费。

由此我们可以看出相对通货膨胀率对于汇率的变化起着怎样重要的作用了。

(四)绝对购买力平价与相对购买力平价的区别与联系

绝对购买力平价与相对购买力平价之间既有密不可分的联系，又有区别，主要表现在：

1. 绝对购买力平价说明的是某一个时间点上汇率决定的基础，相对购买力平价解释的是某个时间段汇率发生变动的原因。所以前者反映的是两国价格水平与汇率水平的关系，后者反映价格变动与汇率变动之间的关系。

2. 绝对购买力平价是相对购买力平价的基础，绝对购买力平价成立，则相对购买力平价必然成立；而相对购买力平价成立则绝对购买力平价不一定成立。

3. 相对购买力平价比绝对购买力平价更具有实用价值，因为它有助于人们从动态的角度分析和预测汇率的运动。

(五)简要评价

购买力平价说是最有影响的汇率决定理论，从货币购买力的角度分析问题，逻辑性强，公式简单，易于理解。购买力平价说的基础是货币数量说，它开辟了从货币数量角度对汇率进行分析的先河。但也存在一定的不足：

1. 购买力平价说以一价定律为基础

但是由于不同国家的生产与消费结构不同，同一种商品在不同国家规格也会有一定的差异，即使完全相同的商品，由于社会环境和自然环境等因素的影响，价格可能同价也可能异价。

2. 购买力平价说没有阐述清楚汇率和价格之间的因果关系

该理论过分强调了价格对汇率的影响，但汇率变化也会影响价格。从汇率实际变动来看，生产成本、资本流动、贸易条件等因素都会影响到汇率的变化。

3. 购买力平价说虽然揭示了汇率长期变化的趋势，但是并没有解释短期与长期汇率的变化趋势

20 世纪 70 年代之后，浮动汇率制逐步取代固定汇率制成为汇率制度的主流，购买力评价说虽然可以一定程度解释汇率的长期行为，但是它根本无法解释汇率的短期行为。因此，购买力平价说被看做是均衡汇率的长期理论。

4. 购买力平价说只考虑可贸易商品，忽略了不可贸易商品及可贸易品的交易成本、贸易壁垒等问题

现实生活中，很多商品无法进入国际流通，加上存在的政府管制与干预，货币汇率无法真实的反映购买力水平；当贸易的交易成本发生变化，即使两国物价水平不变，汇率也会出现变动。所以，如果我们考虑了国际运输、保险等交易成本和关税等因素，购买力平价就需要被修正。

我们假设交易成本占商品外币价格的比例为 δ，加上交易成本后的外币标价变为 $P^*(1+\delta)$。再假设关税占价格的比例为 t，则此外币标价就又上升为 $P^*(1+\delta)(1+t)$。那么，考虑交易成本和关税后的购买力平价就变为：

$$E=P/P^{*}(1+\delta)(1+t) \tag{4-7}$$

可见，随着交易成本和关税的增加，汇率已经不再是一价定律下的均衡汇率了。

5.购买力平价说在各国物价指数编制方法、范围、基期选择等方面存在许多技术性困难。比如，一般物价指数如何去编制，是按照居民消费价格指数(CPI)、GDP平减指数还是其他指数；选定物价指数后，样本商品如何选定；基期选择哪一年等问题，这使得购买力平价说很难得到强有力的实证检验。

(六)扩展的购买力平价说

扩展的购买力平价说是在传统的购买力平价说的基础上提出来的。传统的购买力平价说是以两国总的价格水平对比来衡量购买力平价，从而产生均衡汇率。在分析过程中，它只考虑可贸易商品，而没有考虑因为人为限制或其他原因不能进入国际商品流通领域的、只能在国内进行交易的商品。只在国内交易的商品，不会影响汇率的供求，其价格与汇率之间也无直接联系。因此，为了克服这一缺陷，购买力平价说的支持者提出了扩展的购买力平价说，他们认为以一般物价指数比率计算的购买力平价不能反映两国货币的实际均衡汇率水平。从而，扩展的购买力平价说把总价格水平(即一般物价水平)分成可贸易商品物价水平和不可贸易商品物价水平。即

$$P=\alpha P^{T}+(1-\alpha)P^{N} \tag{4-8}$$

$$P^{*}=\alpha P^{T*}+(1-\alpha)P^{N*} \tag{4-9}$$

其中，$*$ 表示国外(以下同)

P 为总价格水平(即一般物价水平)

P^{T} 为可贸易商品物价水平

P^{N} 为不可贸易商品物价水平

α 为可贸易商品权数(即可贸易商品开支在总支出中的比重)

假定两国的权数相等，可将两国的总物价水平之比表示为

$$\frac{P}{P^{*}}=\frac{\alpha P^{T}+(1-\alpha)P^{N}}{\alpha P^{T*}+(1-\alpha)P^{N*}} \tag{4-10}$$

考虑到不可贸易商品的存在，传统的购买力平价的公式表达为

$$E=P^{T}/P^{T*} \tag{4-11}$$

$$P^{T}=E\cdot P^{T*} \tag{4-12}$$

由于(4-12)，所以可将(4-10)公式右边的分子和分母分别除以 P^{T} 和 EP^{T*} 中，可得

$$\frac{P}{P^{*}}=E\,\frac{\alpha+(1-\alpha)P^{N}/P^{T}}{\alpha+(1-\alpha)P^{N*}/P^{T*}} \tag{4-13}$$

将(4-12)代入上式变形，可得

$$E=\frac{P}{P^{*}}\times\frac{\alpha+(1-\alpha)P^{N*}/P^{T*}}{\alpha+(1-\alpha)P^{N}/P^{T}} \tag{4-14}$$

公式(4-14)所表示的即为扩展的购买力平价说。它的含义为，在考虑到可贸易商品和不可贸易商品对购买力平价的影响作用之后，两国的实际均衡汇率应该等于两国的物价水平之比与某个系数的乘积，而该系数表示的外贸依存度在汇率决定中的作用。从上式中可以看出，当 $\alpha=1$ 时，即某国全部商品均为可贸易商品，则扩展的购买力平价说与传统的购买力平价说内容一致，即 $E=P/P^*$。而 α 越小，则 E 与 P/P^* 的差别就越大。

(七)购买力平价说的检验

1. 实证检验

购买力平价说被提出之后，引起学术界广泛关注。许多学者对购买力平价说进行检验，检验结果普遍认为，购买力平价说在短期内是不成立的，在长期内该理论是否成立不同学者的观点也未得到统一。

购买力平价说的实证检验主要从两个方面展开，一个是从计算实际汇率方面展开，二是从计量经济学的角度对购买力平价的公式加以验证，最早采用简单回归技术检验，随后应用单位根检验方法检验实际汇率是否服从随机游走，以及应用协整方法研究购买力平价。

弗兰克(Frankel, 1978)通过分析 20 世纪 20 年代高通货膨胀国家德国马克汇率发现购买力平价成立，但是如果检验数据来自低通货膨胀国家，则大多数检验结果不成立。弗兰克(Frankel, 1981)通过研究 20 世纪 70 年代主要工业化国家的购买力平价发现购买力平价不成立。因此，弗兰克总的观点认为购买力平价在短期内因为某些因素无法成立，但是在长期内购买力平价说仍然成立。但是弗兰克在进行检验中并没有分析模型中扰动项的性质。后来的检验在弥补上述缺陷的基础上，检验实际汇率是否服从随机游走(即是否长期购买力平价不成立)。米斯和罗戈夫(Meese&Rogoff, 1988)通过单位根检验分析了工业化国家汇率双边汇率数据，认为购买力平价不成立。

总的来看，20 世纪 90 年代以前的研究检验结果显示，购买力平价说除了在高通胀时期(如两次世界大战期间)能够较好地成立外，绝大多数的实证检验并不支持购买力平价。对此，学者们分别从理论本身的缺陷和检验技术方面进行了解释。

此后，玛克(Mark, 1990)以 1973～1988 年间欧洲货币体系内部的双边汇率为研究对象，结果对大多数欧洲内部双边汇率购买力平价成立，即拒绝随即游走假设。乔德亨利和斯德戈蒂(Chowdhury&Sdogati, 1993)研究 1979～1990 年间欧洲货币体系内的货币汇率发现，欧洲货币对马克汇率符合购买力平价，而欧洲国家货币对美元汇率则拒绝购买力平价。弗兰克(Frankel, 1986)、约翰逊(Johnson, 1990)以及阿包夫和约利奥恩(Abuaf&Jorion, 1990)通过采用更长时间数据检验购买力平价均发现，检验结果拒绝随机游走假设，购买力平价成立。佩德罗尼(Pedroni，1997)通过群体协整技术分析了25个中等收入国家和工业化国家汇率，发现长期购买力平价成立。

2.经验检验

在对购买力平价说的经验检验比较多，较为大家容易接受的是用“巨无霸汉堡”指数(Big Mac Index)来测量两种货币的汇率在理论上是否符合购买力平价。经济学家们认为，价格指数的选择很困难但也很重要，解决问题的关键在于找到一种合适的参照物，使得各国的价格水平都能得到合理的反映。终于他们发现，有一种商品在多个国家均有供应，而且在各地的制作规格基本相同，这就是巨无霸汉堡包。该商品的价格指数可以简便且相对比较准确地反映各地货币的实际购买力。于是，从1986年开始，伦敦《经济学家》(Economist)杂志每年都要发布“巨无霸汉堡”指数。该刊选取了麦当劳连锁店中的巨无霸汉堡作为购买力平价参照物，并假设它在全球所有地区的售价一样，由此来决定各国货币比价。

最新的2009年“巨无霸汉堡”指数显示，新兴市场国家的货币都在一定程度上被低估，比如，人民币的指数为1.83，这意味着按照人民币对美元汇率计算，在美国买一个巨无霸的钱，在中国几乎可以买到两个。根据该指数，人民币的汇率被低估了48%，这也曾经成为西方要求人民币升值的依据之一。港币的巨无霸汉堡指数更低，为1.72。而挪威、瑞士等欧盟的边缘国家货币多被高估，如表4-1所示。

表4-1　　部分国家和地区2009年的“巨无霸汉堡”指数

国家	对美元比价	对美元比价(+高估，-低估)%
美国	3.54	—
挪威	5.79	63
瑞士	5.60	58
丹麦	5.07	43
瑞典	4.58	29
以色列	3.69	4
加拿大	3.36	-5
日本	3.23	-9
新加坡	2.61	-26
中国台湾	2.23	-37
中国内地	1.83	-48
中国香港	1.72	-52

数据来源:《经济学家》网站 http://economistweb.com/。

一些学者们认为，长期来看，购买力平价，包括巨无霸汉堡指数，的确是汇率变动的良好指南。国际货币基金组织的经济学家李莲盎(Li Lian Ong)更是推出了这一领域的专著——《巨无霸汉堡指数：购买力平价的应用》(The Big Mac Index："Applications of Purchasing Power Parity")。她认为"巨无霸汉堡"指数在跟踪汇率长期趋势方面有着惊人的准确性。而在短期，币值可能仍然会在一定时间里偏离购买力平价。尽管"巨无霸汉堡"指数只是个非正式的经济指数，也并不精确，但它构思奇特，通俗易懂，使购买力平价理论获得了更为广泛和便捷的应用，在国际金融领域具有的一定的指导意义，有时甚至十分灵验。

类似的指数还有2004年1月《经济学家》推出的"中杯拿铁咖啡指数"(Tall Latte Index)和2006年美国《商业周刊》推出的"ipodnano指数"。无论是哪种指数，所选择的商品都是在全球市场成本几乎相同的规格化商品，这些指数也都可以用来比较不同国家的货币购买力，从而据此判断汇率水平是否符合购买力平价。

总之，尽管对购买力平价说的争论仍在继续，但是反映出该理论的强大影响力，它的基本思想成为后来汇率决定理论研究的基础。

三、利率平价说

从金融市场角度分析汇率与利率之间的关系，就是利率平价说(the Theory of Interest Rate Parity)。利率平价说也被称为"利率裁定理论"和"远期汇率论"，在西方汇率决定学说中与购买力平价说具有同等重要的地位。购买力平价说考查的是商品市场的套利行为，而利率平价说考查的是金融市场的套利行为。

随着20世纪20年代各主要国家的宏观经济局面相对稳定，国际资本流动加快，利率的变动成为影响货币汇率的一个重要因素，人们开始意识到购买力平价说忽略了国际资本流动的缺陷。英国著名的经济学家约翰·梅纳德·凯恩斯(John Maynard Keynes)于1923年在《货币改革论》一书中深入研究了汇率与利率的关系，提出了古典利率平价理论。但是，凯恩斯只分析了利率的差额与即期和远期汇率差价之间的均衡状态，而没有分析这一均衡状态是如何建立的。之后，英国经济学家保罗·艾因齐格(Paul Einzig)在古典利率平价理论基础之上，运用动态均衡的思想，把外汇理论和货币理论结合起来，真正完成了古典利率平价理论体系，开辟了现代利率平价说。进入20世纪70年代之后，现代利率平价说被逐步补充、完善，与现实情况更加相符，被广泛应用于实践之中。目前，利率平价说已成为汇率决定的主流理论之一。利率平价说可以分为抛补的利率平价说(Covered Interest Rate Parity)和非抛补的利率平价说(Uncovered Interest Rate Parity)。

(一)理论假设

利率平价说的基本假设是：(1)本国和外国的金融资产可以根据到期的时间和风

险完全替代;(2)投资者拥有无限的套利资本;(3)资本可以在国际间自由流动;(4)存在信息有效流动的即期和远期外汇市场;(5)交易成本和税收很低,可以忽略不计。

(二)基本思想

1. 抛补的利率平价说

抛补的利率平价说(Covered Interest Rate Parity, CIP)认为,两国货币的利差,尤其是货币短期存款的利差影响并决定了远期汇率与即期汇率的关系。其基本思想是:投资者投资于国内所得到的短期利率收益应该与按即期汇率折成外汇在国外投资并按远期汇率买回本国货币所得到的短期投资收益相等。一旦出现由于两国利率之差引起的投资收益的差异,投资者就会进行套利活动,其结果是使远期汇率固定在某一特定的均衡水平。

抛补的利率平价说允许套利活动的存在,所以它并未对投资者的风险偏好做出假定。套利者进行套利时,可以在期汇市场签订与套利方向相反的远期外汇合同(掉期交易),确定到期日交割时所使用的汇率水平,这样套利者就可以免于承担汇率波动引起的汇率风险。

如图 4-2 所示,假设本国的投资者用 1 单位的本币进行金融资产投资,他有两种投资方式可以选择,一个是购买国内一年期利率为 i 的债券,获得 $(1+i)$ 的收益;另一个选择是购买外国的一年期利率为 $i*$ 的债券。他需要首先按照即期汇率 S 把本币兑换成外币,之后再购买外国同期债券,收益为 $1/S\times(1+i^*)$,再按照远期汇率 F 折合成本币 $F/S\times(1+i^*)$。该汇率是本国投资者为了避免汇率风险采用一个远期合同对在外国的投资进行抛补(Cover)时确定的汇率。

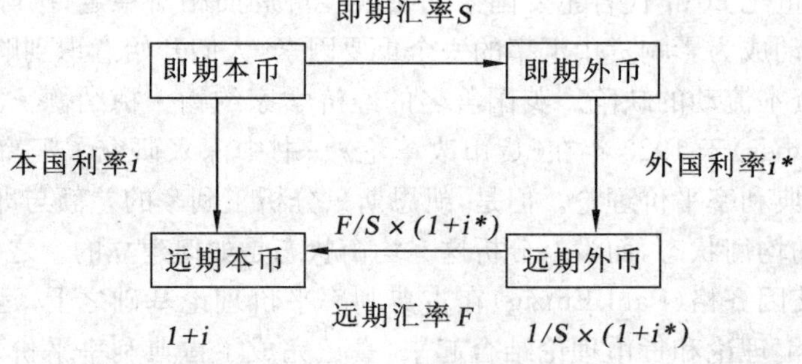

图 4-2 两种货币的即期和远期资产

如果两种投资选择收益不同,该投资者则可以进行金融市场无风险套利活动,直到套利活动终止,此时两种投资收益应该相等,即

$$1+i=1/S\times(1+i*)\times F \tag{4-15}$$

因为,

$$F/S=S/S+(F-S)/S=1+(F-S)/S \tag{4-16}$$

所以,

$$1+i=[1+(F-S)/S]\times(1+i^*)$$

$$=1+i^*+(F-S)/S+i^*\times(F-S)/S \tag{4-17}$$

因为 $i^* \times (F-S)/S$ 比较小，计算时可以忽略不计，整理得

$$(F-S)/S=i-i^* \tag{4-18}$$

其中 $(F-S)/S$ 为汇率远期升贴水率。

(4-18)式即为著名的利率平价表达式，它建立了远期汇率的升贴水率与两种货币利差之间的关系，其经济含义是：汇率的远期升贴水率应该近似地等于两国的货币利率之差。如果 i 大于 i^*，即本国利率高于外国利率，则远期外汇汇率必将升水，即本币在远期将贬值；如果本国利率低于外国利率，则本币在远期将升值。汇率的变动会抵消两国间的利率差异，从而使金融市场处于均衡状态。

为了进一步说明抛补的利率平价说，我们令

$$CD=(F-S)/S-(i-i^*) \tag{4-19}$$

凯恩斯把 CD 称为抵补利差(Covered Interest Differential)，其含义是，当一国利率相对较低时，其货币汇率倾向于升水，以补偿较低的利率；但是，当一国货币汇率倾向于下跌时，其利率就会相对较高，以补偿汇率的下跌，即利差与汇率升水相互抵补。

如果以两国的利差 $i-i^*$ 为横坐标，以汇率的远期升贴水率 $(F-S)/S$ 为纵坐标，则利率平价线就是一条通过原点且与坐标轴成 45°角的直线，如图 4-3 所示。

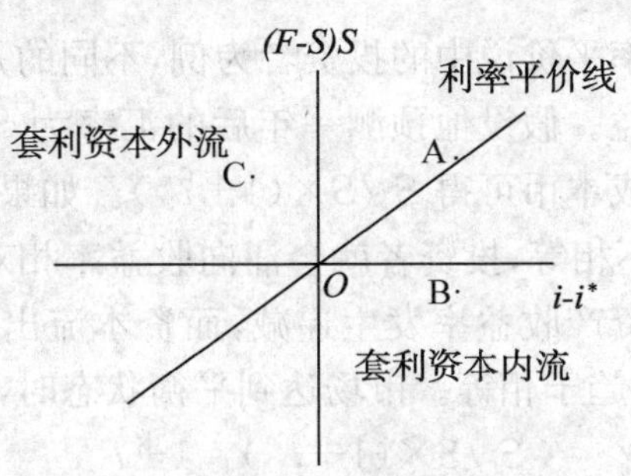

图 4-3　利率平价

(1)在利率平价线上，$CD=0$，$(F-S)/S=i-i^*$，任何套利活动都不可能获利，或者说在国内外投资没有任何差别，因此，没有跨国资本流动。如 A 点，虽然本币利率高于外币，对投资者很有吸引力，但是，外币远期升水(直接标价法)，这又使国外投资有利可图，利差和汇差相互抵消，所以资本流动处于平衡状态，这时抛补利率平价成立。

(2)在利率平价线上方，$CD>0$，$(F-S)/S>i-i^*$，远期升水(直接标价法)，买进即期外币、卖出远期外币的套利活动能够获利，因此资本外流。如 C 点，本国利率低于外国，而外币远期又是升水状态，对本国双重不利，自然资本会外流。

(3)在利率平价线下方，$CD<0$，$(F-S)/S<i-i^*$，远期贴水(直接标价法)，卖出即期外币、买进远期外币的套利活动能够获利，因此资本内流。如 B 点，本国

既有较高的利率，外币在未来又趋于疲软，所以对本国利差汇差双重有利，当然会吸引资本流向本国。

2. 非抛补的利率平价说

在抛补的利率平价说中，投资者在将利率较低的货币兑换为利率较高的货币进行投资时，还利用远期外汇交易来避免风险。在现实中，还有另外一种选择，就是不进行远期外汇交易，而是根据对未来的即期汇率变动的预测来计算预期的收益，投资者在承担一定的汇率风险的情况下进行投资活动，这就是非抛补的套利行为。非抛补的利率平价说（Uncovered Interest Rate Parity，UIP）的基本思想就是，预期的汇率远期变动率等于两国货币利率之差。

非抛补的利率平价说的基本原理跟抛补的利率平价说的基本原理是相同的，二者的根本区别在于对投资者的风险偏好的假设不同。非抛补的利率平价说假设投资者是风险中性（Risk Neutral）的，投资者的收入效用曲线是线性的。投资者的效用由预期收入的期望值决定，预期收入的期望值越高，投资者所获得的效用就越大。如果两种资产组合的预期收入的预期值相等，而风险不同，则投资者对两种资产组合的偏好相同。之所以进行风险中性的假设，是因为汇率风险的存在使非抛补利率平价不成立。

我们仍以抛补的利率平价说中的投资者为例，不同的是，该投资者通过对未来汇率的预测计算投资收益。假设他预测一年后的汇率为 S^e，那么一年后其外币债券的投资本息之和兑换成本币可得 $S^e/S\times(1+i^*)$。如果该收入与在本国金融市场进行投资所得 $(1+i)$ 不相等，投资者就会涌向收益率相对高的资产，这样资本流入国会因投资的增加使资产收益率发生递减，而资本流出国的资产收益率则会被抬高，直到两者的收益率趋于相等。市场达到平衡状态时，下式成立：

$$S^e/S\times(1+i^*)=1+i \tag{4-20}$$

整理得：

$$(S^e-S)/S=i-i^* \tag{4-21}$$

这就是非抛补的利率平价说的一般形式，其中，$(S^e-S)/S$ 为预期的汇率远期变动率。其经济含义为：预期的汇率远期变动率等于两国货币利率之差。当本国利率高于外国利率，则市场预期远期汇率升水（直接标价法），本币在远期将贬值；反之，市场预期远期汇率贴水，本币在远期将升值。

（三）简要评价

利率平价说是一种与其他的汇率决定理论相互补充的理论，其把汇率决定的因素从商品市场扩充到资本市场，从资本流动的角度指出了汇率和利率之间的关系，对于正确认识现实外汇市场上汇率的形成机制，有特别的实践价值，主要被应用在短期汇率的决定上。

但是由于历史背景的限制，利率平价说也存在一定的缺陷：

1. 没有考虑交易成本

实际上，如果交易成本过高，套利收益会受到影响，那么国际间的抛补套利活动在达到利率平价之前就会停止。

2. 该学说假定资本可以无障碍地在国际间流动

事实上，只有少数国家拥有完善的期汇市场，大部分国际间的资本流动会受到外汇管制和外汇市场不发达等因素的影响。

3. 该学说假定套利资金规模是无限的

但是因为持有国外资产具有的额外的风险，以及随着套利资金的增加而加大的机会成本的存在，从事抛补套利的资金不是无限的。所以在现实生活中，利率平价说往往难以成立。

4. 利率平价说认为汇率的决定只取决于利差一个因素

而实际上预期通货膨胀率、购买力以及投机者的参与等因素都会影响到汇率的变化。

(四)引入交易成本的利率平价说

在现实中，实际的远期汇率和由利率平价决定的远期汇率常常出现偏差，从而引发人们对偏差原因的探索。沃费科尔(Officer)、威利特(Willett)、斯托尔(Stoll)、弗伦克尔和莱维奇(Frenkel & Levich)等的研究从交易成本、风险报酬等角度进行了探讨，认为交易成本是实际远期汇率与利率平价决定的远期汇率之间产生偏差的主要原因。其中，交易成本不仅包括买卖差价、经纪费用等显性的交易成本，还包括由于利率管制、外汇管制、市场不完善等体制性因素导致的制度上的隐性成本。

交易成本的存在，意味着在利率平价线附近持有一条"中性带"(Natural Band)，如图 4-4 所示。在这条中性带范围之内，任何套利活动都不能获利，这样就得到了一个套利资本外流和内流的临界线。在资本外流临界线之上，资本外流的套利活动有利可图；而在资本内流临界线之下，资本内流的套利活动可以获利。

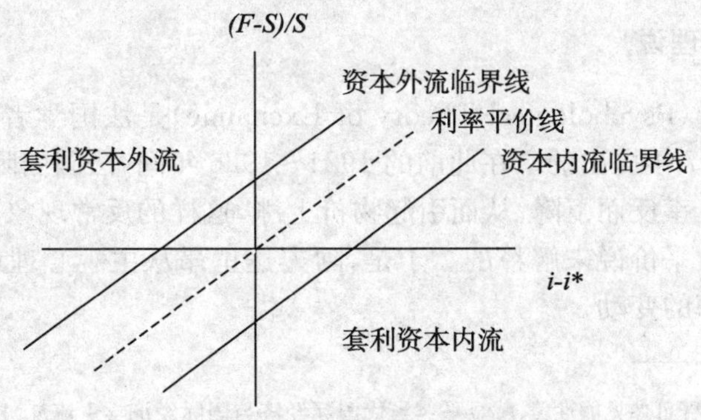

图 4-4　引入交易成本的利率平价中性带

另外，传统的利率平价说还忽略了投机行为对远期汇率和利率平价的影响，而发展的利率平价说认为，外汇市场的交易者除了套利者之外，还包括投机者和商品交易者（与套利者行为相似）。因此，均衡的远期汇率是由套利者与投机者行为共同决定的。这一补充为远期汇率的决定提供了更为准确的解释，并为运用利率平价说来解释短期内即期汇率的决定与变动提供了理论基础①。

（五）利率平价说的实证检验

利率平价说通过严谨的数学推导展示了汇率与利率之间的关系，理论上来讲，它是成立的。如果把它放在整个现实经济当中，该理论是否成立，需要采用现实数据来进行检验。

对抛补的利率平价的检验方法主要是通过三种途径，进行回归分析，或者计算利率平价的偏差是否显著不等于 0，或者比较国内利率和国外利率之差与远期升贴水是否是共同波动。大量学者的研究基本上都支持抛补的利率平价说。其中最为著名的研究是弗兰克尔和利维兹（Frenkel&Levich，1975）的检验。他们利用英国和美国、美国和加拿大的 3 月期的国库券利率检验利差和远期汇率是否相等。结果表明利率在利率平价的一个固定范围内波动，抛补的利率平价说能够较好地成立。布兰森（Branson，1969）、马斯滕（Marston，1976）、弗兰蒂尼和维克曼（Fratianni&Vakeman，1982）的回归检验结果也支持抛补的利率平价。但是泰勒（Taylor，1987，1989）对检验的数据质量和方法提出了质疑。

对非抛补的利率平价的检验是在理性预期的条件下进行的，因此对非抛补的利率平价的实证研究更多地体现在对外汇市场有效性假说的检验上。哈茨和托尼德（Hacche&Townend，1981）、卡比和奥伯斯特菲尔德（Cumby&Obstfeld，1981）、戴维德森（Davidson，1985）的研究均拒绝了非抛补的利率平价说。

而利率平价的现代理论因为大量使用了投资者对未来即期汇率的预期，相应的参数很难获得，因此检验结果的可信度不大。到目前为止，对该理论的评价仍然褒贬不一。

四、汇兑心理说

汇兑心理说（Psychological Theory of Exchange）是法国学者阿夫达里昂（A. Aftalion）于 1927 年提出的。在此前的 1924～1926 年间，法国国际收支均为顺差，但法国法郎的汇率反而下降，从而引起物价上涨，这样的反常现象是无法用国际借贷说或者购买力平价说来解释的。于是，阿夫达里昂从主观心理评价的角度来探讨一国货币汇率的变动。

① 进一步的解释可参见熊性美、戴金平：《当代国际经济与国际经济学主流》[M]，东北财经大学出版社，2004 年，第 234～237 页。

他认为，人们之所以需要外币，是为了满足某种欲望，如支付、投资、投机等等，这种主观欲望是使外国货币具有价值的基础。人们依据自己的主观欲望来判断外币价值的高低，而这种主观评价又是依据使用外币的边际效用(Mariginal Utility)所作出的。根据边际效用理论，外汇供应增加，单位外币的边际效用就递减，外汇汇率就下降。在不同的主观判断下，就产生了外汇的供给与需求，外汇供求相等时所达到的汇率，就是外汇市场上的实际汇率。当人们对某种货币的主观评价发生变化时，汇率也会随之变动。当然，尽管这种评价是主观的，但也要受到国际贸易、国际收支、资本流动、国际经济政治局势等客观因素的影响。

汇兑心理说独辟蹊径，从主观心理评价的角度来探讨一国货币汇率的升降关系，把主观评价的变化同客观事实的变动结合起来考察汇率，以客观事实为基础来说明汇兑心理是有道理的，因为心理因素的确能对汇率产生影响。因此，该学说还是有一定的地位的，尤其是近年来行为金融学的发展，显示出心理预期因素对汇率的影响越来越受到重视。但是该学说是以西方主观价值论——边际效用价值论为理论基础，把汇兑心理的变动当作影响与决定汇率的依据，是一种主观唯心论，缺乏科学性和说服力。

第二节　现代汇率决定理论

现代汇率决定理论的代表理论是资产市场说(Asset Market Approach)，是在20世纪70年代国际资本市场空前发展和国际资本流动大量增加的背景下产生的。资产市场说将商品市场、货币市场和证券市场结合起来分析汇率的决定因素，认为货币是一种资产，汇率作为资产市场的一种价格，它的确定应该与普通资产价格的决定相同，应当反映市场对该资产的价值评价变化。这样，即使在没有交易发生的情况下，因为心理预期等因素的影响，汇率也会出现频繁、剧烈的波动。

根据国内外资产的可替代程度不同，资产市场说可以分为货币分析法(Monetary Approach)和资产组合平衡模型(Portfolio Balance Model)。货币分析法假设国际间资产可以完全替代，不同资产的预期收益率相同，投资者对于本国资产和外国资产没有任何偏好；而资产组合平衡法假定两者不可完全替代，投资者可以根据风险收益来调整手中持有的资产组合结构。其中，根据对价格弹性的假定不同，货币分析法又可以分为弹性价格货币模型和黏性价格货币模型。

一、货币分析法

(一)弹性价格货币模型

弹性价格货币模型(Flexible Price Monetary Model)是由弗兰克尔(1976)和

比尔森(1978)推导而成的，是开放经济条件下货币数量理论的扩展。

1. 理论假设

弹性价格货币模型是建立在以下假设的基础之上：

(1)本国资产和外国资产可以完全替代。这就意味着国内的债券市场和国外的债券市场变为单一的市场。

(2)所有商品的价格是完全弹性的，购买力平价成立。因此汇率可以自由调整，商品市场、外汇市场和劳动力市场可以自动实现均衡。

(3)货币需求是相对稳定的，只有一国实际经济活动会影响到货币的需求，比如国民收入、利率等因素，货币需求跟货币市场存量无关。

2. 基本思想

弹性价格货币模型是建立在购买力平价说和货币供求理论的基础上，它认为当货币市场出现失衡后，商品市场和金融市场能够同样迅速地做出调整，从而使得货币市场通过价格和汇率的变动恢复均衡。

根据卡甘(P·Cagan，1956)的货币需求函数，货币需求是一国收入、利率和价格的函数。当货币市场处于均衡状态时，货币供给等于货币需求。

$$M/P=L(Y,i)=Y^{\alpha}i^{-\beta} \tag{4-22}$$

其中，M/P 为实际货币供给量，Y 为国民收入，i 为利率，α 为货币需求的收入弹性，β 为货币需求的利率弹性。对函数两边取对数，整理得

$$\ln M=\ln P+\alpha\ln Y-\beta\ln i \tag{4-23}$$

假设两国货币需求函数相同，令国外货币需求函数相关变量为 *，则

$$\ln M^{*}=\ln P^{*}+\alpha\ln Y^{*}-\beta\ln i^{*} \tag{4-24}$$

(4-23)式和(4-24)式相减，整理得

$$\ln M-\ln M^{*}=(\ln P-\ln P^{*})+\alpha(\ln Y-\ln Y^{*})-\beta(\ln i-\ln i^{*}) \tag{4-25}$$

由于假设购买力平价说成立，即 $E=P/P*$，因此

$$\ln E=\ln P-\ln P^{*} \tag{4-26}$$

由(4-25)式和(4-26)式，可得

$$\ln E=(\ln M-\ln M^{*})-\alpha(\ln Y-\ln Y^{*})+\beta(\ln i-\ln i^{*}) \tag{4-27}$$

(4-27)式是弹性价格货币模型最核心的方程式，其含义为：影响汇率变动的因素主要有本国与外国的货币供给量、本国与外国国民收入以及本国与外国利率水平。在其他变量不变的情况下，国内货币供给量相对于国外货币供给量增加，将导致本币贬值；当国内国民收入相对于国外国民收入增加，国内对本币的交易需求上升，则本币升值；国内利率水平相对于国外利率水平上升，国内货币需求下降，则本币贬值。

3. 简要评价

弹性价格货币模型有助于解释汇率的长期趋势，使人们充分认识货币均衡对

汇率决定的影响。大量的实证检验表明，该理论大致可以解释汇率的决定和变动。但是该理论的假设是国内外资产可以完全替代，这使得它成立的基础非常脆弱；而且假设货币需求稳定，将汇率变动完全归因于货币市场失衡具有片面性。另外，实证研究表明，汇率符合购买力平价的情况极为少见。

（二）黏性价格货币模型

黏性价格货币模型（Sticky Price Monetary Model），又称为汇率超调模型（Overshooting Model），是1976年鲁迪格·多恩布什（Rudiger Dornbusch）在《预期与汇率动态论》中提出来的。

1. 理论假设

黏性价格货币模型基于如下假设条件：（1）短期内价格具有黏性，因此短期内购买力平价说不成立，汇率可以偏离长期均衡值，但是长期内购买力平价说仍然是成立的。（2）货币需求稳定。（3）资本市场可以自由流动，资产可以完全替代，非抛补利率平价连续存在。

2. 基本思想

黏性价格货币模型作为货币分析论的一个分支，仍然承认汇率变动是由货币失衡引起的。但是就短期而言，当市场受到外部冲击时，货币市场和商品市场的调整速度存在很大的差异：商品市场价格的调整缓慢，具有黏性，不会对货币市场失衡做出迅速调整，这是由于商品本身的特点和缺乏及时准确的信息造成的。而证券市场反应灵敏，利率会立即发生变动。在短期内利率调整的幅度会超出货币市场失衡的变动幅度，即出现超调现象。在资本可以自由流动的假设下，利率的变动必然引起套利活动，使汇率做出过头反应而偏离长期均衡值，即出现汇率超调。在长期内，随着价格慢慢开始调整，汇率就由商品市场和证券市场共同作用，慢慢达到货币主义汇率决定论说明的长期汇率均衡水平。这就在一定程度上解释了短期内购买力平价说不成立，而长期内却成立的原因，因此该理论是一种动态分析模型。

如图4-5所示，假设在时间 t_0 本国名义货币供应量 M 增加，由于短期内价格黏住不动，则市场的实际货币供应量就会增加。部分宏观经济变量将对这个外部冲击作出如下反应：（1）名义货币供应量 M 一次性增加，此后处于稳定状态，如图4-5（a）；（2）短期内利率 i 先出现快速下降，因为在实际货币供应量增加后，要实现货币市场均衡，实际货币余额的需求也要增加。而实际货币需求是国民收入和利率的函数，在短期内国民收入难以增加的情况下，必然要求利率的下降。此后，实际货币供应量逐渐下降，利率逐步回升，如图4-5（b）；（3）由于商品市场价格黏性，价格水平 P 短期里缓慢调整，随着价格黏性逐步消除，货币供给的增加逐步推动商品价格上涨；同时利率的下降又会刺激总需求的扩张，加之本币汇率的下降也会引发世界需求向本国的转移，这些都会加速本国商品市场价格的回升，直到 t_1 才提高至均衡水平，如图 4-5(c)；(4)随着利率的下降，短期内汇率 E 出现超调现象，外汇汇率上升，本币过分贬值。但是随着利率的提高，资本内流，导致本币汇率上涨，直到 t_1 汇率趋向均衡，如图 4-5(d)。

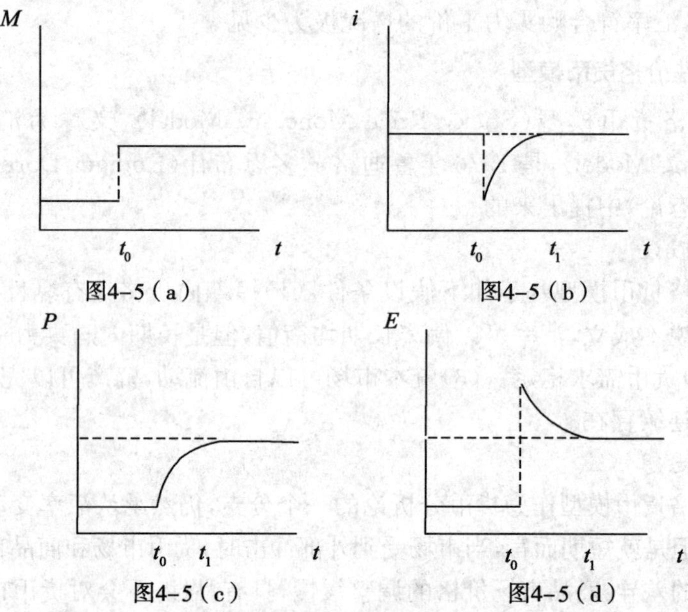

图 4-5　黏性价格货币模型中的价格黏性与汇率超调

3. 简要评价

黏性价格货币模型是一种动态的货币论模型，解释了汇率如何从货币市场的失衡到短期内超调，随后达到长期均衡的水平。这是首次涉及汇率动态调整问题，开创了汇率动态学。同时，该模型用汇率超调理论说明短期汇率变动与购买力平价是偏离的，更加符合现实。而且该模型中由于汇率超调现象的存在，说明完全浮动的汇率制度是不合理的，为政府干预汇市提供了理论依据。

但是黏性价格货币模型仍然是建立在资本自由流动和货币需求稳定的基础之上。而且该模型较为复杂，很难进行计量验证。同时，因为黏性价格货币模型是建立在货币需求模型基础之上，所以同样忽略了国际收支流量分析。

二、资产组合平衡模型

20 世纪 70 年代浮动汇率制实行之后，各国货币比价经常变动，投资者手中持有的国内国外金融资产的价值也随着汇率的变动而变动，使货币分析法中假设国内和国外资产风险相同，两者可以完全替代的假设与现实出现很大的差距。因此，1975 年，美国普林斯顿大学教授布朗森(W. Branson)等为代表的经济学家把詹姆斯·托宾的“资产组合选择理论”引入到汇率理论分析当中，建立了资产组合平衡模型，它强调的是财富和资产组合平衡在汇率决定中的作用。

(一)理论假设

1. 国内资产和国外资产是不完全替代的，因此非抛补利率平价理论不成立。各国的政治风险、违约风险、外汇风险不同，各种资产的流动性不同，以及各国之间资产税收的差异，使得投资者在进行国内、国外资产投资时，会考虑到风险等因素对其收益的影响。

2. 以小国为模型，意思是外国居民不持有该小国的资产，但是本国居民可以持有外国资产。

3. 本国居民可以持有三种金融资产：本国货币、本国有价证券和外国金融资产。投资者在对其财富进行分配时，三种金融资产预期收益的变化会使得投资者调整手中的资产投资组合。投资者的财富定义式为：

$$W = M + B + EF \tag{4-28}$$

其中，W 为财富，M 为本国货币，B 为本国债券，F 为外国债券等金融资产，E 为直接标价法表示的即期汇率。

4. 投资者财富短期内是固定的，长期内可以发生变化。

(二)基本思想

资产组合平衡模型的基本思想是：在财富一定的条件下，投资者持有各种金融资产的比例取决于各种金融资产相对收益率的大小和预期汇率的变化。如果资产持有者自愿保持其现有的本币资产与外币资产的构成而不加以调整，那么，此时的汇率就是均衡汇率。汇率的变化是由投资者调整其外币资产比率导致的。

在货币市场上，货币供给是政府控制的外生变量，货币需求是本国利率 i 和外国利率 i^* 的减函数和财富 W 总量的增函数；在本国债券市场，本国债券供给量是由政府控制的外生变量，本国债券需求是本国利率和财富总量的增函数，外国利率的减函数；在外国债券市场，外国债券的供给是通过经常账户的盈余获得的，假定短期内经常账户不发生变动，因此，它是一个外生的固定值。外国债券的需求是本国利率的减函数，是外国利率和资产总量的增函数。因此有下式：

$$M = \alpha(i, i^* + \Delta E)W \quad \text{(本国货币市场均衡)} \tag{4-29}$$

$$B = \beta(i, i^* + \Delta E)W \quad \text{(本国债券市场均衡)} \tag{4-30}$$

$$F = \lambda(i, i^* + \Delta E)W \quad \text{(外国债券市场均衡)} \tag{4-31}$$

$$\alpha + \beta + \lambda = 1$$

其中，式(4-29)、(4-30)和(4-31)分别为三个资产市场的均衡条件，ΔE 为预期外汇汇率上升率，$i^* + \Delta E$ 为外国资产收益，α, β, λ 分别为私人部门愿意持有的本国货币、本国证券和外国证券占总财富的比例。当三个市场同时出清(Market Clear)达到均衡时，均衡汇率 E_0 也就决定了。

根据三个市场的均衡条件等式，我们可以建立资产结构的平衡线，即 MM-BB-FF 曲线模型，分别代表本国货币市场、债券市场和外币债券市场均衡时的汇率和利率的组合。

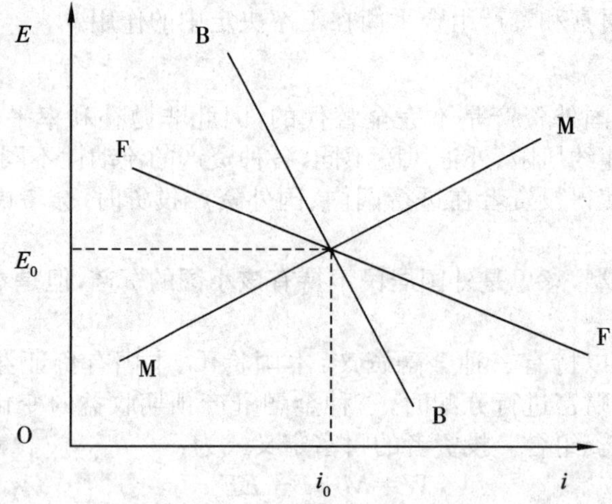

图 4-6 市场出清与均衡汇率

如图 4-6 所示，当一国的汇率 E 上升时，外国资产价值的重估使用本币表示的总财富增加。为恢复资产组合的均衡，人们对本币和本币资产的需求增加。

在货币市场上，其他条件不变，货币需求的增加要求本国利率上升来抵消，较高的汇率与较高的利率相联系，因此 MM 曲线向右上方倾斜。当该国货币供给增加时，在每一个汇率水平下，超额货币供给将降低本国的利率，表现为 MM 曲线左移。

在本国债券市场上，情况恰恰相反，对本国的债券需求增加使得债券价格提高，利率下降，因此较高的汇率同较低的利率相联系，BB 曲线向下倾斜。当本国的债券供给量增加时，在原来的水平上，要求更低的价格，从而是更高的利率来抵消超额供给，因此 BB 曲线随着债券存量的增加而右移。在外币债券市场上，对外币的超额需求要求相对较高的本国收益率 i 来抵消，因此，FF 曲线也是向下倾斜的，当外汇资产存量增加时，FF 曲线向左移动。

总之，从短期来看，汇率是这样决定和变动的：由于 $\alpha+\beta+\lambda=1$，也即对任何一种资产增加需求的唯一方法，就是用另一种资产去交换，那么，当财富总量和资产供给一定时，MM、BB 和 FF 曲线中任意两条曲线的交点产生均衡的汇率—利率组合，第三条曲线也必定通过该均衡点。如果投资者根据各种资产的收益和风险情况调整他的资产组合，到资产组合重新达到平衡时，就会产生新的均衡汇率。

从长期来看，与黏性价格货币分析模型不同，资产组合分析模型认为汇率、国际收支、财富水平和风险收益等因素会相互作用，使汇率达到长期动态均衡的状态。就长期而言，实际经济因素，特别是经常账户会对汇率产生影响。短期均衡汇率决定经常账户，而经常账户的变动会影响净国外资产的变动，又会导致汇率变动。只有经常账户达到均衡，汇率的长期均衡才能实现。例如，当某国经常账户出现赤字时，则私人部门持有的净国外资产就会减少，投资者会拿本国货币和证券去交换净外汇资产，导致外汇汇率上升；反之，当经常账户盈余时，外汇汇率下降。

资产组合分析基本模型为：

$$\ln E_t = c_0 + c_1(\ln M_t - \ln M_t^*) + c_2(\ln Y_t - \ln Y_t^*) + c_3(\ln P_{t-1} - \ln P_{t-1}^*) + c_4(\ln W_t - \ln W_t^*) + c_5\rho \quad (4\text{-}32)$$

式中，E_t为t时间的即期汇率，M为货币供应量，Y为实际产出或国民收入，P_{t-1}为前一期价格水平，W为财富，$*$为外国变量，ρ为风险收益，c为系数。

从(4-32)式中可以看出，资产组合模型增加了两国相对财富和风险收益两个重要变量来分析汇率的变动，此外，相对货币供应量，相对实际产出和前期相对价格对汇率的影响程度也发生了变化。

（三）资产组合平衡模型下货币政策的效应

这里我们在资产组合平衡模型下分析货币政策对汇率和国内利率的短期效应。使用的货币政策工具包括公开市场操作、非冲销的外汇市场干预和冲销的外汇市场干预。这三种操作会带来基础货币（即货币供给量）、本国债券和外国债券供给的变化，从而对本国利率和汇率产生影响。我们以货币供给增加为例。

1. 在公开市场上购买本国债券的效应

央行在公开市场上购买本国债券，会导致投资者财富结构的改变，即发生本国货币存量和债券存量等量但相反的变化：$\Delta M + \Delta B = 0$，其中，$\Delta M > 0$，$\Delta B < 0$，货币供给增加，国内资产减少。如图4-7所示，原有的资产组合平衡被打破，MM和BB线左移至M′M′和B′B′，但是，MM比BB线位移更大，这是因为在国内利率下降时，国外资产变得更具吸引力了，国外资产需求的溢出效应减弱了公开市场操作对债券市场的影响，所以对货币市场的直接影响比债券市场大。最终本国债券供给减少，债券价格上升，利率从i_0下降到i_1，均衡汇率从E_0上升到E_1，本币贬值。同理，如果是卖出本国债券的操作，则会使得MM和BB线右移，导致本国利率上升，汇率下降，本币升值。

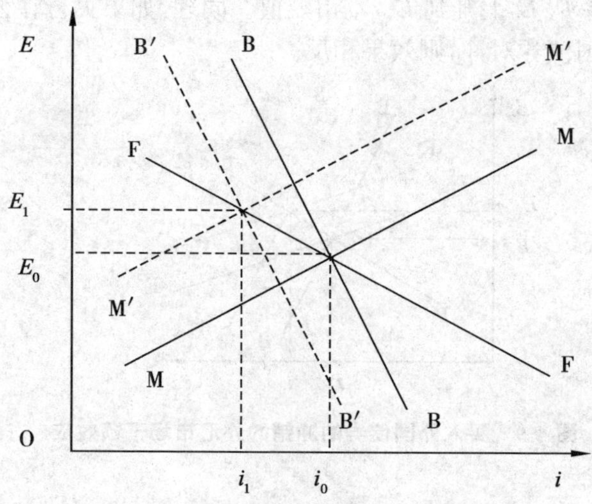

图4-7 在公开市场上购买本国债券的效应

2. 非冲销的外汇市场干预效应

央行在公开市场上以本币购买外国债券时，没有同时进行卖出本国债券的对冲操作，同样会导致投资者财富结构的改变，即发生本国货币存量和外币债券存量等量但相反的变化：$\Delta M+\Delta F=0$，其中，$\Delta M>0$，$\Delta F<0$，货币供给增加，外汇资产减少。如图 4-8 所示，在非冲销的外汇市场干预情况下，BB 线不发生移动，MM 线左移至 M′M′，FF 线右移至 F′F′，国内利率从 i_0 下降到 i_1，均衡汇率从 E_0 上升到 E_1，本币贬值。同理，如果央行在公开市场上抛售外国债券，则会带来相反的效果。

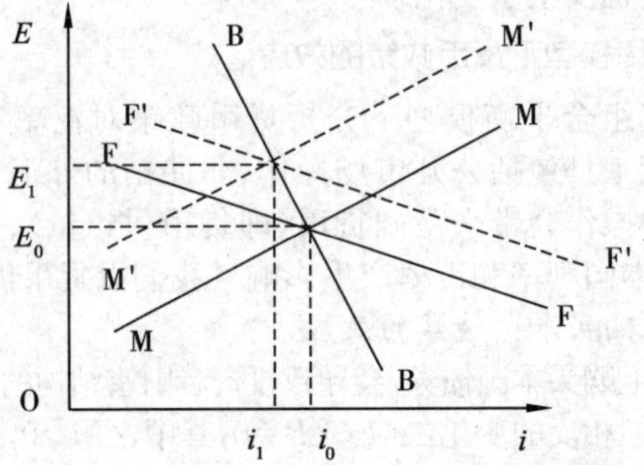

图 4-8　非冲销的外汇市场干预效应：扩张政策

3. 冲销的外汇市场干预效应

央行在公开市场上以本币购买外国债券时，同时卖出本国债券对冲，以抵消对国内货币供应量的影响，因此，M 不变，$\Delta B+\Delta F=0$，其中，$\Delta B>0$，$\Delta F<0$。如图 4-9所示，MM 线不发生移动，BB 线右移至 B′B′，FF 线右移至 F′F′，国内利率从 i_0 上升到 i_1，均衡汇率从 E_0 上升到 E_1，本币贬值。同理，如果央行在公开市场上抛售外国债券，买进本国债券对冲，则效果相反。

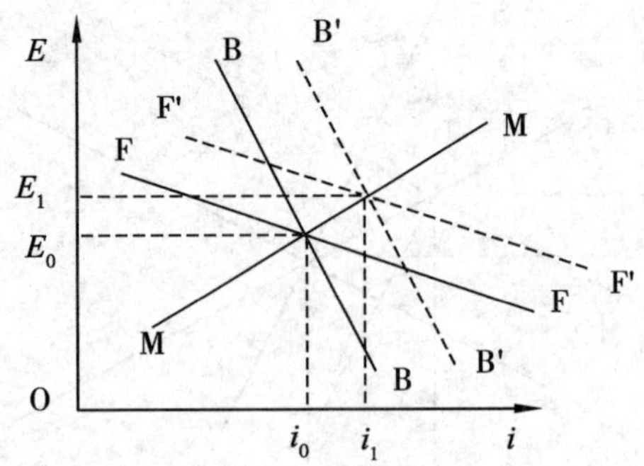

图 4-9　买入外国债券的冲销的外汇市场干预效应

(四)简要评价

资产组合平衡模型主要有以下优点：(1)不但区分了国内与国外资产的不完全

替代性，而且将经常账户这一流量因素纳入存量分析中，使汇率模型对各种影响因素的综合程度更高。(2)更加符合现实，被广泛运用到货币政策的分析中，具有更高的政策分析价值。

但它也存在部分不足：(1)过多的假设前提和过于复杂的模型，使其很难获得统计数据，对其进行实证分析；(2)虽然引入经常账户这一流量因素，但是没有对经常账户的影响因素进行分析，而只是简单地以经常账户长期内必然平衡作为前提。

第三节　汇率决定理论的新发展

20 世纪 80 年代初期，随着经济学家对于资产市场分析法的检验，逐渐发现相关模型中的变量之间存在自相关问题，因此他们考虑在模型中引进新的解释变量，使汇率决定模型与实际更加相符。这一时期的汇率决定理论更加注重微观分析，应用计量学和统计学工具建立汇率模型，或者对前提假设进行质疑和修正，或者寻找新的基本经济变量，或者在影响汇率变动的基本因素的框架上引进了预期和信息等非基本因素的概念，或者引进外汇市场上用于实际操作的基本分析和技术分析等手段进行量化。这里主要介绍市场有效性理论、汇率决定的新闻模型和汇率决定的混沌理论。

一、市场有效性

有效市场最早是法玛(Fama)在进行商品市场和资本市场研究的时候提出来的，后来由格威克和费格(1979)等人将其引入到外汇市场。有效市场，指的是“对未来证券价值进行预测的是大量理性的、彼此竞争的利润最大化者；市场参与者在市场上能自由地获得当时重要的信息”。为此，有效市场成立的前提是：(1)市场具有足够的自由资本，可以随时进行套汇投机活动；(2)资本可以自由流动；(3)没有交易成本；(4)每个市场参与者的各种金融信息能够自由、公开、及时地获取。

在有效市场下，即期汇率和远期汇率能够反映所有相关的市场信息，投资者不可能赚取超额利润。投资者可以根据资产的价格及时调整投资比例，从而实现资本市场的供求平衡。

根据获得的信息不同，市场的有效性可以被分为弱有效性、次强有效性和强有效性三种有效性。弱有效性即市场交易者利用过去外汇价格变化信息不能赚取超额利润，次强有效市场指的是市场参与者不能利用任何公开的信息获得超额利润，而强有效市场认为基于公开或私人的信息来获取超额利润是不可能的，任何投资者都不可能获得超过平均利润以上的收益。

早期的即期外汇市场有效性假设的研究主要是检验汇率变动的随机性。卡比和奥布斯特福尔德(Cumby&Obstfeld,1981)对偏离非抛补利率平价关系的随机性检验,结果拒绝了汇率随机游走,杜利和沙法(Dooley&Shafer,1983)对浮动汇率制度下主要货币的汇率进行了时间序列分析,认为很难否定随机游走。

后来经济学家对远期外汇市场有效性的检验,主要从三个方面展开了研究:对预测误差进行分析(Aliber, 1974; Giddy&Dufey, 1975, Kolhagen, 1975; Levich, 1979),利用即期汇率和远期汇率的回归分析进行检验(Fama, 1984; Froot & Richard, 1990),以及对远期汇率预测性误差的正交性进行检验(Hansen&Hodrick,1980)。前者实证结果表明,外汇市场相对有效;而后两者对远期外汇市场有效性的研究,基本上都拒绝了市场的有效性。

二、汇率决定的新闻模型

为了解释外汇市场有效性失败的原因,出现了汇率决定的新闻模型。新闻模型的分析方法实际上是汇率决定的资产市场分析方法和理性预期假说相结合的产物。在资产市场分析方法,决定汇率的一个非常重要的因素就是预期。汇率决定的新闻模型是把资产市场分析方法中的决定汇率的预期因素扩展为理性预期。所谓理性预期,指的是当投资者对未来汇率的主观预测与一组包含有可公开得到的信息为条件的数学期望值相同时的预期。

根据泰勒(Taylor, 1988)、雷斯曼和斯蒂格利茨(1987;1990)、弗里德曼(1989)等学者的所做的数据验证的结果表明,依据理性预期理论对汇率的预测经常会出现错误。新闻模型就是为了解决理性预期理论在汇率预测过程中的误差问题而发展起来的。

所谓"新闻",是指那些令经济代理人感到意外的或未预见到的,并能引起他们对汇率的预期值进行修正的任何新的信息。新闻模型表明,未预见到的即期汇率的变化是由基本经济变量的新闻引起的,这也就意味着任何新闻因素通过外汇市场的交易者的预期都能够及时有效的融入即期或远期汇率当中。

新闻模型为借助实际汇率数据而发现的几个明显的汇率运动的经验规则提供了理论说明,具有重要的理论价值。但是它也存在一定的缺陷,如(1)不可能将基本模型的分析与实证检验区分开来。新闻模型认为新闻是影响汇率变动的关键因素。但是要验证该模型的正确性,必须将相关新闻从所有新闻中分离出来,并将其量化,这是非常困难的。(2)新闻模型中某些变量,如货币存量、实际产出和利率对汇率的影响是不确定的。在某些时期影响可能为正，某些时期可能为负，甚至可能是反复无常的。(3)不能解释与基本经济变量的运动不一致的自我强化的汇率运动——投机泡沫现象。

新闻模型的实证研究表明意外的新闻信息，的确会对即期汇率产生某种影响，如多恩布什(Dornbusch，1980)、弗兰克尔(Frenkel，1981)等学者的早期实证研究支持这一结论，Engel(1984)、Ito&Roley(1990)通过"公告效应"研究也得出类似的结论。但是根据Copeland(1984)的实证检验，新闻模型只能部分解释汇率波动，而David(1985)也指出，现实中汇率的变动要比传统新闻变动幅度更大、频率更高。

三、汇率决定的混沌理论

20世纪90年代之前，关于汇率决定理论的研究都把汇率决定的因素和汇率间的作用关系假定为线性关系。这一假定的结果使得一些汇率决定理论模型得不到数据的支持，即使该理论所确定的汇率决定的因素是正确的。因此汇率决定理论的研究开始进入混沌的研究阶段，即将非线性系统引入到汇率的研究上。混沌理论主要包括两方面的研究，一是是否能够找到一个合理的具有混沌特征的汇率决定模型，另一个是能否从实证的角度验证混沌的确存在于汇率的时间序列之中。

混沌理论最具有代表性的应该是比利时经济学家保罗·德格劳森(Paul De Grauwe)等人的研究。Paul De Grauwe&Hans Dewachter(1990)首次提出了汇率决定的混沌模型，然后通过Paul De Grauwe&Embrechts(1993)、Paul De Grauwe&Grimaldi(2002)进行了扩展。它假设外汇市场上的经济个体主要包括两类，图表分析者和基本因素分析者。图表分析者在交易过程中遵循的是正反馈的原则，即从过去的汇率变化中推测未来的汇率行为。图表分析者不考虑基本汇率的信息。而基本因素分析者认为汇率是由基本因素决定的，也就是说预期市场的汇率会按照商品市场的调整速度所决定的某个速度向基本汇率调整。而这一调整遵循的是非线性动态特征。同时，他们假定会经过二次调整过程。基本因素分析者在进行预期时，会将这一非线性动态调整考虑在内。从保罗·德格劳森等人的研究中发现，通过不同参数组合，某些组合得到的是固定解，某些组合得到是周期解，而某些组合是遵循混沌状态的。

后来，很多学者对混沌理论进行了实证研究，即检验实际的汇率数据是否真的存在混沌运动状态。总的来说，有的支持该理论模型，有的否定了该理论模型。拉姆赛和袁(Ramsey&Yuan，1989)运用2000个数据对汇率进行研究，认为汇率不存在混沌特征。Bajo&Rubio(1992)发现混沌存在于西班牙货币比塞塔和美元的汇率中,Paul De Grauwe&Embrechts(1993)研究发现在美元和日元、美元和英镑的汇率间也存在混沌特征,但是美元和马克的汇率间找不到混沌存在的证据。而巴斯克(Milael Bask,1998)和琼森(Jansson,1997)运用不同的利雅普夫指数估计方法,对瑞典克朗和美元的汇率进行研究,分别得出混沌和不存在混沌的结论。

靳玉英(Yuying Jin,2005)在保罗·德格劳森(Paul De Grauwe)模型的基础之上,引入了国与国之间竞争型的经济关系,来分析该关系对汇率行为的影响。结果发现,在加入竞争型经济关系之后,本来在保罗·德格劳森(Paul De Grauwe)模型中不存在混沌的某些参数组合下,也出现了混沌。这为东亚建立货币合作提供了有力的理论支撑。

【思考题】

1. 名词解释:

绝对购买力平价、相对购买力平价、超调模型

2. 判断题:

(1)资产组合平衡模型描述了三个市场的均衡,分别是商品市场、外汇市场及国外债券市场。

(2)根据利率平价理论,高利率货币的即期汇率会下跌,而远期汇率则会上升。

3. 选择题

(1)一价定律不能总是存在的原因是(　　)。

A. 交易成本　　B. 产品品质的不一致性　　C. 国与国之间存在关税

D. 非关税壁垒　　E. 政府保护价格

(2)购买力平价说无法说明的是(　　)。

A. 汇率的短期与中期变动趋势　　B. 汇率的长期变化趋势

C. 汇率变动的本质　　D. 不同国家的经济增长率的差异

E. 物价水平与购买力之间的关系

(3)利率平价理论认为远期汇率取决于(　　)。

A. 两国的物价水平　　B. 两国的利差

C. 两国的货币供应量之比　　D. 两国居民的心理预期

(4)试图从资产调节和资产评价的过程阐述市场汇率决定的理论是(　　)。

A. 货币主义汇率理论　　B. 资产组合理论

C. 汇兑心理说　　D. 国际借贷说

4. 简答与论述

(1)汇率决定理论的研究经历了哪些阶段？主要包括什么理论？

(2)简述绝对购买力平价说与相对购买力平价说的区别。

(3)利率平价说、汇总心理说的主要观点是什么？如何评价？

(4)从利率平价的角度分析汇率与利率之间的关系。

(5)资产市场说包含哪些模型和内容？如何评价？

(6)汇率决定理论的新发展有哪些内容？

(7)试运用学过的汇率理论对人民币汇率进行分析。

【案例分析】

在开放经济环境下，利率和汇率是调节宏观经济，维护国家经济安全和金融稳定的两大重要政策工具，与此同时，利率和汇率相互影响、相互制约，具有较强的联动机制。协调的利率和汇率政策是一国减少外部冲击，保持金融稳定的关键，对经济实现内外均衡具有重要作用。

据资料显示，1994～1997 年，中国利率高于美国利率，人民币名义汇率 1994 年升值 1.3%，1995 年升值了 3%，1996、1997 年人民币继续保持稳中有升的势头，正好与利率平价理论所预测的相反。1998～2002 年，中国利率低于美国利率，由利率平价理论揭示，人民币汇率应该降低，人民币具有升值的趋势，但实际上并非如此，人民币汇率基本保持不变。2003～2004 年，中国利率再一次高于美国利率，从利率平价的角度看，人民币应该贬值，但人民币汇率依旧基本保持不变，与利率平价所预测的结果相反。2005～2006 年，中国利率低于美国利率，从利率平价可知，人民币应当升值，但实际从 2005 年 7 月 21 日人民币汇率制度改革以来，人民币从 1 美元兑换 8.11 元人民币，升值到 1 美元兑换 7.8087 元人民币。币值变化的方向恰好与利率平价利率所预测的相一致，但变化幅度远没有达到利率平价理论所预测的那么大，但相对以前的分析结果相对有所改善。

为了缓解次债危机给美国带来的金融风险，促进本国经济增长，2007 年 9 月 18 日，美联储(Federal Reserve Board，FRB)决定将联邦基金目标利率(Federal Funds Rate)下调 50 个基点至 4.75%。同时，美联储还决定将贴现率下调 50 个基点至 5.25%。这是美联储自 2003 年 6 月以来的首次降息，之后，美元利率连续下调。到 2008 年 12 月 16 日，美联储公开市场委员会(FOMC)将联邦基金利率降到 0 到 0.25%的区间，从此美国进入到接近“零利率”的时代。与此相对应，自 2006 年 8 月 19 开始到 2007 年底，中国央行进行持续小幅度加息，总共七次上调利率，到2007年12月21日一年期人民币存款基准利率升至4.14%。中国人民银行加息和美联储减息，产生的直接影响就是中美利差进一步扩大。随着金融危机的进一步深化，结合我国的国情，从2008年9月16日我国开始进入到降息周期。到2008年11月27日，一年期人民币存款基准利率降到2.52%，人民币对美元汇率下降为6.8284。

(1)根据1994～2006年中美利率差和汇率资料分析，为什么利率平价理论在实际生活中没有完全成立?

(2)结合2007年以来中美利率及汇率的变化，运用利率平价模型，分析人民币汇率的走势。

第五章　汇率制度与外汇管制

汇率制度是国际货币体系的重要组成部分，长期以来，关于不同汇率制度的利弊及其选择一直是理论和实践中争论的热点问题。尤其是 1997 年东南亚金融危机以后，汇率制度的选择问题显得更为重要。汇率制度与外汇管制是有机联系的两个概念，人民币汇率制度和中国外汇管理体制的改革对中国和世界经济的发展举足轻重，因此，学习和比较各种汇率制度，掌握外汇管制的方式，了解中国的相关现实，具有很大的意义。

【本章学习目标】

1. 识记汇率制度、固定汇率制度、浮动汇率制度、中间汇率制度、货币局制度、爬行钉住制、汇率目标区制、外汇管制、复汇率制、货币国际化等概念。

2. 理解汇率制度选择理论，并能用相关理论来解释现实中各国汇率制度选择的依据与特点。

3. 了解外汇管制的方式，并理解外汇管制的经济效应。

4. 了解当前我国外汇管理的状况，并能分析当前人民币汇率制度的主要内涵以及人民币国际化的趋势。

第一节　汇率制度

一、汇率制度及其分类

汇率制度（Exchange Rate Regime）又称汇率安排（Exchange Rate Arrangement），指一国货币管理当局对本国货币汇率的确定、汇率变动方式等所作的一系列安排或规定。主要内容包括确定货币汇率的原则与依据、货币汇率的波动界限、维持和调整汇率的措施以及相应的管理法规和机构等。

从各国实践看，汇率制度主要可以分为固定汇率制度、浮动汇率制度以及介于二者之间的中间汇率制度。

(一)固定汇率制度

固定汇率制度(Fixed Exchange Rate Regime)指一国货币管理当局采用行政的或法律的手段,确定、公布并维持本国货币与某一参照物(黄金、某国货币、某一篮子货币)之间固定比价的汇率制度。在固定汇率制度下,货币管理当局对本国货币规定了货币平价,市场汇率围绕平价只有一个很小的波动幅度,政府有义务在汇率出现波动时对其进行干预(Intervention)。如果在合意的名义汇率下,外汇供不应求,政府将入市出售不足部分;反之,政府就要买入供大于求的部分。

如图5-1所示,假设以A国为本国,B国为外国,春夏季节为A国出口淡季,外汇供不应求,外汇B的供给曲线为左侧的S_{B1},与外汇需求曲线D_B的交点为直接标价法下的汇率E_1。为了维持官方汇率水平E_0,A国政府就要通过外汇市场卖出Q_0-Q_1单位的外汇B;秋冬季为出口旺季,外汇供大于求,外汇B的供给曲线为右侧的S_{B2},汇率为E_2,为防止本币升值,A国政府就要通过外汇市场买入Q_2-Q_0单位的B外汇,使汇率回到E_0附近。

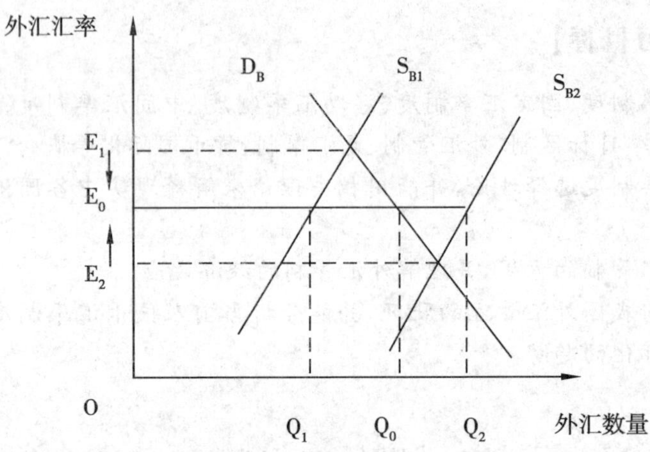

图5-1 固定汇率制度下政府对外汇市场的干预

当然,在纸币流通条件下,固定汇率并非意味着汇率绝对不动。不同货币之间的比价往往是人为规定的,在经济形势发生较大变化时可以进行调整,因此固定汇率制度也可以称为可调整的钉住汇率制(Adjustable Pegging System)。

1.金本位制下的固定汇率制度

在金本位制下,各国货币都是用一定重量和成色的黄金铸造的。两国货币的法定含金量之比,称为铸币平价。市场汇率则受供求关系的影响,围绕铸币平价在黄金输送点的范围内波动。因此,在金本位制下,汇率的波动幅度是自动而不是靠人为措施维持的，汇率能够自动调节回到上下限之间。而且由于货币的含金量是固定的，所以各国之间的汇率能够保持真正的稳定。但是由于货币数量的增长主要依靠黄金产量的增长，伴随着世界经济总量的不断扩张，黄金产量无法满足经济增长的需要，使金本位制的物质基础不断削弱，固定汇率制度无法维持。

2. 纸币流通下的固定汇率制度

(1)布雷顿森林体系下的固定汇率制度。在国际金本位制彻底崩溃后，国际金融领域处于混乱状态，各国先后实行了纸币流通制度。二战结束后，资本主义国家建立了一个以美元为中心的国际货币体系，即布雷顿森林体系。

在布雷顿森林体系下，实行黄金——美元本位制，即双挂钩机制。一是美元与黄金挂钩，保持 1 盎司黄金兑换 35 美元的官价，美国政府承担准许外国及其中央银行按照黄金官价向美国兑换黄金的义务。二是其他国家的货币与美元挂钩，各国货币均与美元保持可调整的固定比价，汇率波动幅度为上下各 1%，各国当局有义务在外汇市场上进行干预以保持汇率的稳定，只有当一国发生根本性国际收支不平衡时，才允许改变汇率(升值或贬值)，因此各国货币之间实际上也保持着可调整的固定比价，从而使整个货币体系成为一个固定汇率的货币体系。

由于"特里芬难题"①的存在是布雷顿森林体系下固定汇率制度无法克服的一个根本性缺陷，因此，进入 20 世纪 60 年代以后，在频繁的经济危机和货币危机的冲击下，美国持续出现国际收支逆差、经济增长缓慢，先后爆发了三次美元危机，最终在 1973 年 2 月，布雷顿森林体系彻底崩溃。

(2)货币局制度(Currency Board)。布雷顿森林体系崩溃后，各个国家纷纷根据自身情况选择汇率制度，浮动汇率制度、中间汇率制度纷纷涌现，但是仍有一些国家选择了固定汇率制度，其中较为特殊的是货币局制度。

所谓货币局制度是指在法律中明确规定本国货币与某一外国可兑换货币保持固定的兑换率，并且对本国货币的发行做出特殊的限制以保证履行这一法定的汇率制度。货币局制度通常要求本国货币的发行必须以一定(通常是百分之百)的该外国货币作为准备金，并且要求在货币流通中始终满足这一准备金要求。在此制度中的货币管理当局被称为货币局，而不是中央银行，原因就在于货币局没有自主发行货币的权利，无法根据经济运行情况调整流通中的货币量，货币发行完全取决于可用做准备的外币数量的多少。被钉住的外国可兑换货币称为锚币，通常选择与本国有密切贸易往来，在本国对外结算以及外汇储备中占比最大的货币来充当。

香港的联系汇率制就是一种货币局制度。自 1983 年起，香港开始实行联系汇率制度。香港政府授权汇丰银行、渣打银行和中国银行为发钞银行，要求发钞银行

---

① 特里芬难题是指在布雷顿森林体系下，美元与黄金挂钩，美元承担的两个责任，即保证美元按官价兑换黄金、维持各国对美元的信心和提供足够的国际清偿力(即美元)之间是矛盾的。

在增发港元纸币时，必须按1美元兑换7.8港币的固定汇率水平向外汇基金缴纳等值的美元，以换取港币的债务证明书，作为发钞的法定准备金；当货币回笼时，外汇基金保证以同一汇率向发钞行赎回负债证明书。同时，发钞银行以同样汇率向其他持牌银行提供港币现钞以及接受这些银行交回的港币现钞。因此香港并存着两个平行的外汇市场，即银行间按固定汇率兑换港币与美元的同业外汇市场，以及由众多投资者参加的公开外汇市场。相应的，也就存在着官方固定汇率和市场汇率两种平行的汇率。那么，香港政府是靠什么机制来保证港币和美元的固定汇率的呢？

当市场汇率为1美元兑换7.9港币时，如果某个非发钞银行当前有780万多余港币现钞，它就会在同业外汇市场上将港币现钞交还给发钞银行，按照1美元兑换7.8港币的联系汇率换得100万美元，并在公开市场上抛出，可获利10万港币利润。同时，发钞银行也会将780万港币的债务证明交还给外汇基金，按照联系汇率换回美元，并在公开市场上抛出获利。这种行为将增加公开市场上美元的供给，增加港币需求，导致美元贬值、港币升值，回到联系汇率7.8。

货币局制度(联系汇率制)虽然减少了国际贸易和经济生活中大量存在的外汇风险，但是由于货币管理当局不能推行独立的货币政策，不能利用汇率政策来对外部经济运行进行调整，使本国经济严重的依赖和受制于锚币国。因此，多是小型开放经济体采用此种汇率制度。

(3)美元化(Dolarication)。美元化指一国或经济体的政府让其他国家或地区的货币取代自己的货币并最终自动放弃本币发行权或金融主权的行动。被用作美元化的货币主要有美元、欧元等。美元化是比货币局制度更激进的一种固定汇率安排。

之所以出现美元化，主要是因为国内对本国货币的币值稳定失去信心或本国货币资产收益率相对较低，使本国法偿货币的功能受到严重削弱，从而公众不愿意接受其作为交换媒介。被用来美元化的货币，通常具有较强的内在稳定性和较高的内在价值，较之频频波动的本国货币更能抵御投机冲击。直接采用这些货币，可以稳定本国金融市场，增强政策可信度，让本国经济与世界经济联系更加密切等。关于美元化更详细的内容见第十二章第三节，在此仅作一个简单的介绍。

(二)浮动汇率制度

浮动汇率制度(Floating Exchange Rate Regime)指汇率水平完全由外汇市场的供求决定，政府不加任何干预的汇率制度。从各国的实践来看，浮动汇率制度主要可以分为以下类型：

1. 自由浮动(Free Floating)与管理浮动(Managed Floating)

前者又称清洁浮动(Clean Floating)，指一国政府对汇率不采取任何干预措施，完全由市场供求决定汇率水平。由于汇率作为资产价格，频繁剧烈的波动是常态，这会对一国经济运行带来巨大的冲击和破坏，导致外汇市场秩序混乱，严重影响国际贸易和投资的开展。因此世界各国政府都不会任由汇率无限制的波动，都会或多或少对本国货币汇率进行干预，纯粹的、绝对的自由浮动是不存在的。

管理浮动，也称肮脏浮动(Dirty Floating)，指政府对汇率进行程度不同的干预，使得汇率波动符合本国经济发展的浮动汇率制度。从实践来看，当前世界上实行浮动汇率制度的国家大都属于管理浮动，一国货币管理当局通过公开市场业务操作或其他政策，直接或间接对本国货币汇率波动进行干预，缩小汇率波动幅度，降低汇率风险，并使汇率朝有利于本国的方向波动。

2. *单独浮动*(Single Floating)*和联合浮动*(Joint Floating)

从汇率浮动的形式上看，浮动汇率制度可以分为单独浮动和联合浮动。前者指一国货币与其他国家货币不发生固定联系，其汇率根据外汇市场供求的变化而单独调整的汇率制度。世界上很多货币都采取单独浮动形式，如美元、英镑等。

联合浮动又称共同浮动或集体浮动(Group Floating)，指某些国家出于经济发展的需要，组成某种形式的经济联合，建立稳定的货币区。货币区内各成员国之间货币汇率相对固定，并制定汇率的波动幅度，各成员国有义务共同维持汇率的稳定。同时，各成员国货币对外(其他非成员国)联合浮动。1973 年 3 月欧共体 6 国(联邦德国、法国、比利时、荷兰、卢森堡、丹麦等)开始率先实行联合浮动，6 国之间实行固定汇率制度，其汇率波动幅度定为平价上下各 1.125%，对欧共体外的其他国家的货币实行联合浮动。欧共体各成员国相互之间货币汇率总波幅为 2.25%，比对区域外其他货币的汇率波动幅度少一半。如果用图来描绘各成员国货币对内汇率的波动(见图 5-2)，形似于一条蛇在洞中上下蠕动，因此欧共体当时实行的汇率也可以成为蛇形浮动(Snake in the Tunnel)汇率制。联合浮动在货币区内创造了一个稳定的汇率环境，有利于各成员国之间的经济、贸易与投资的发展。

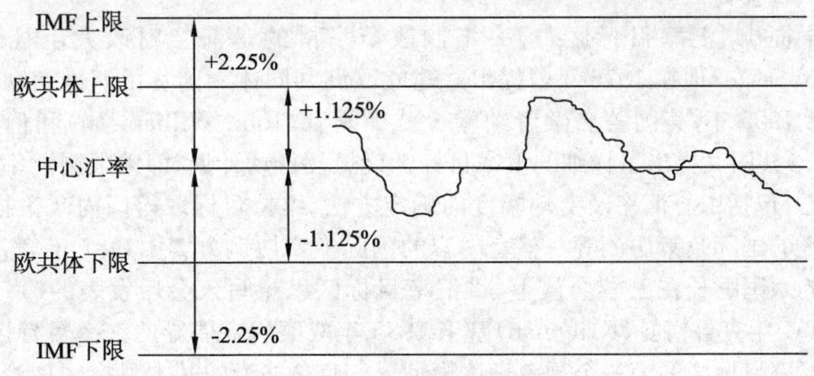

图 5-2 欧共体货币的蛇形浮动

(三)中间汇率制度

中间汇率制度(Intermediate Exchange Rate Regime)指介于固定汇率制度与浮动汇率制度之间的汇率制度。主要包括爬行钉住汇率制度和汇率目标区制。

1. 爬行钉住汇率制度

爬行钉住汇率制度(Crawling Pegging)指在短期内将本币汇率钉住某平价,但可根据一组选定的指标经常地、小幅度地调整所钉住的平价的汇率制度。这一制度有两个基本特征:一是,实行此种制度的国家有义务维持某种平价,因而具有固定汇率制度的特点;二是,这一平价可以频繁的进行小幅度调整,又使其具有浮动汇率制度的一些特点。当然,此制度下的汇率调整与固定汇率制度下的汇率调整不同,后者是偶然的、幅度较大的调整,前者是经常的、小幅度的调整。当一国汇率所要调整的幅度较大,为了避免采用一次到位的调整方式对经济产生较大的冲击,故而采用爬行钉住汇率制度,以一系列很小的幅度逐渐调整(见图 5-3)。自 20 世纪 60 年代起,部分拉美国家采用了此种汇率制度,比如智利(1965～1970,1973～1979)等。

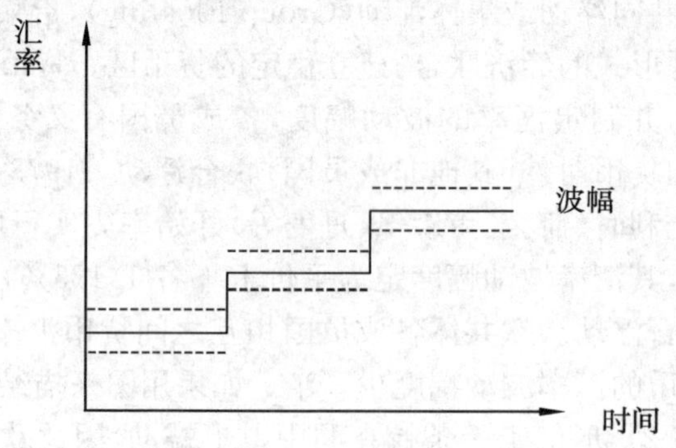

图 5-3　爬行钉住汇率制度

2. 汇率目标区制

最早提出"汇率目标区"这一汇制改革举措的是荷兰财政大臣杜森贝里(Duilsenbery)。他在 1976 年曾提出过建立欧洲共同体六国货币汇价变动的目标区计划。1985 年,美国著名学者约翰·威廉姆森(John Williamson)和伯格斯坦(Bergsen)共同又提出了详细的汇率目标区设想及行动计划,即以限制汇率波动范围为核心,包括中心汇率及变动幅度的确定方法、维持目标取得国内政策搭配、实施目标区的国际政策协调等一整套内容的国际汇率协调方案。1987 年 2 月,七国集团中的六国财长在巴黎会议上,将汇率目标区思想写入会后发表的《卢浮宫协议》。1991 年克鲁格曼(Krugman)基于 1985 年威廉姆森倡导的汇率目标区方案,创立了汇率目标区的第一个规范理论模型——克鲁格曼的基本目标区理论及模型(克鲁格曼汇率目标区理论),并引起了学术界对汇率目标区问题的浓厚兴趣。

汇率目标区制(Exchange Rate Target-zone)指将汇率浮动限制在一定区域内(如中心汇率的上下10%)的汇率制度。依据目标区区域的范围、目标区调整的范围、目标区公开程度以及对目标区进行维持的承诺程度,目标区制度可以分为严格的目标区与宽松的目标区。前者指目标区区域较小,区域上下限极少变动,目标区公开,政府负有较大的维持目标区责任的制度;后者指目标区区域较大,经常进行调整,目标区保密,政府只是有限度地用货币政策来维持汇率目标区。

一般而言,汇率目标区制具有以下特点:首先,在目标区制下,货币管理当局在一定时期内对汇率波动有比较明确的区间限制;其次,在目标区制中,货币当局更关注汇率变动幅度,必要时要利用货币政策等措施将汇率波动尽可能的限制在目标区内;第三,目标区制下,政府并不严格承诺在任何情况下都对外汇市场进行干预,只有当汇率波动超过上、下限时,政府才会进行干预;第四,目标区制度下,汇率变动的范围较大。

我们假定汇率目标区是完全可信的,也就是交易者确信汇率永远将在目标区内变动,政府仅在汇率变动至目标区的上下限时才进行干预,经济基本面的变动完全是随机的。在这种情况下,当汇率的变动逐渐接近目标区边缘时,交易者将会预期汇率将会很快做反向调整,重新趋近于中心汇率。这一预期将会产生稳定性作用,交易者在这一预期下的交易行为将会使汇率重新回归中心汇率。因而,汇率的变动在不存在政府干预时也不会超过目标区范围,而是保持在目标区边缘并且常常会自动向中心汇率调整。这一情况就像热恋中的情侣短暂分离一段时间后就会尽可能的抗拒进一步的分离,急于寻求重新相聚,因而被称为"蜜月效应"(Honeymoon Effect)(见图5-4)。

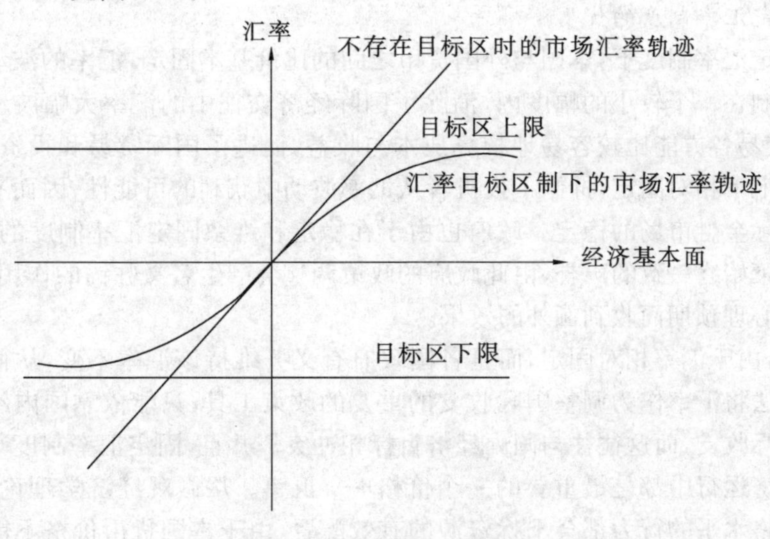

图5-4 汇率目标区示意图

当汇率目标区变得不可信时，政府的政策成本非常高，市场汇率将不再自动向中心汇率调整。尤其是当经济基本面朝着某一方向的变动程度很大而且已经表现为长期趋势，市场交易者普遍预期汇率目标区的中心汇率将会有较大调整时，投机的力量驱使汇率远离中心汇率，而政府采取政策将汇率拉回到中心汇率附近，两种力量的较量使得市场汇率波动非常剧烈，就如同一对长期生活的夫妻由于性格不合无法维持婚姻，经常因为一些小事大动干戈，即为“离婚效应”(Divorce Effect)。

二、汇率制度选择理论

面对如此之多的汇率制度，各国应该如何选择最适合本国国情的汇率制度呢？20 世纪 60 年代关于这一问题争论的焦点集中在固定汇率制与浮动汇率制孰优孰劣上。70 年代后，争论的焦点开始转向确立什么样的标准来进行汇率制度的选择，出现了如经济结构论、依附论、政策配合论、中间制度消失论、政府信誉说等等从各个不同角度来阐述与汇率制度选择相关的理论。

(一)固定汇率制度与浮动汇率制度的优劣之争

固定汇率制度和浮动汇率制度孰优孰劣是国际金融领域长期争论不休的一个问题。从 20 世纪 60 年代以来，学者们关于此问题进行了一系列的争论，赞成浮动汇率制度的经济学家有弗里德曼(M. Friedman)、约翰逊(H. Johnson)、哈伯勒(G. Haberler)等，赞成固定汇率制度的学者有纳克斯(R. Nurkse)、蒙代尔(R. Mundell)和金德尔伯格(C. Kindleberger)等。尽管有多位诺贝尔经济学奖得主参与讨论，但是至今为止，仍未有一个统一的、确定的答案。

1. 固定汇率制度的优劣

在固定汇率制度下，本国与外国货币之间的比价基本固定，汇率的波动范围被人为地控制在一个较小的幅度内，消除了国际经济交往中的汇率大幅波动带来的风险，使交易各方能比较容易地核算成本与收益，促进了国际贸易和投资的发展。同时由于汇率相对固定，抑制了投机者从汇率波动中获利的可能性，因而有利于国内以及国际金融市场的稳定。政府也由于在稳定和维系固定汇率制度的表现，获得执行政策始终一致的声誉，由此政府的政策调整会产生名义驻锚的作用，通过影响人们的心理预期而收到额外的效果。

但是，由于汇率相对固定，而且各国政府有义务维持该汇率不变，从而使得各国政府无法将汇率作为调整国际收支的重要的政策工具，只能依靠国内经济政策来平衡国际收支，而这往往与国内经济目标相冲突。并且，固定汇率制度下固定了在任何经济运行中都是最重要的一个价格——汇率。从微观经济学理论来看，任何固定价格水平的行为都会干扰资源的有效配置，由于本国货币价格不能对外自由浮动，往往会出现名义汇率越来越偏离均衡汇率的情况，就会导致大范围的价格扭曲，并产生误导信号，从而抑制资源的有效配置。在固定汇率制下，很容易发生通货膨胀的国际传播，一方面，国外通货膨胀通过一价定律造成本国商品、劳务价格直接上涨；另一方面，国外通货膨胀通过外汇市场干预和外汇储备的增加，造成本国货币供给增加。

2.浮动汇率制度的优劣

在浮动汇率制度下，汇率水平是由外汇市场的供求决定，与固定汇率制度下的汇率相比，处于相对合理的水平，这一方面有利于资源的有效配置，另一方面由于汇率扭曲程度较小，留给外汇投机者牟利的余地较小，有助于遏制大规模的外汇投机风潮。同时，政府在此制度下没有义务维持某一平价固定不变，因而可以防止本国国际储备的大量流失。汇率的自由浮动也具有自发调节国际收支的功能。例如当一国出现国际收支逆差，导致本币贬值，这会促进该国出口，抑制进口，从而有助于国际收支恢复平衡。最为重要的是，浮动汇率制度使各国政府摆脱了固定汇率制度对经济政策自主权的约束，增加了货币政策的独立性，让货币政策从对汇率政策的依附中解脱出来，让汇率自发调节实现外部均衡，货币政策和财政政策则可以专门用于内部均衡的调整，有利于实现内外均衡。

但是，也因为汇率的自由的、剧烈的、大幅度的波动，使交易者难以核算成本和利润并承担较大的外汇风险，因而不愿签订长期合约，不利于国际贸易和投资的发展。在浮动汇率下，贸易品部门会不断地受到汇率波动的激励去调整生产，并不一定能提高资源的配置效率，相反，由于要素不断地在贸易品部门和非贸易品部门之间转移，可能会出现资源的分配缺乏效率的情况。并且在浮动汇率下，投机者的心理往往是非理性的，其投机行为也往往表现为非稳定性的投机，主要是往往在价格上涨时争相买进，而在价格下跌时争相卖出，其结果是扩大而非缩小了市场汇率的波动幅度。浮动汇率制度也不可能完全真正隔绝外国通货膨胀对本国的影响，本国汇率波动会通过货币工资机制等多种途径对国内物价水平发生作用，任何较大幅度的货币贬值总会或多或少地推动本国物价水平的上涨。

(二)经济结构论

汇率制度选择的经济结构论主要是由美国前总统肯尼迪的国际经济顾问罗伯特·海勒(Robert Heller)于1978年提出的，他认为一国选择汇率制度的主要依据包括：(1)经济规模，即国民生产总值(GNP)和人均GNP的规模，一般而言，经济规模越大，越倾向于采取浮动汇率制度；(2)经济开放度，表现为对外贸易依存度，即一国对外贸易总额与GNP之比，对外贸易依存度越高、经济开放度越高，越倾向于采用固定汇率制度；(3)国内金融市场发达程度以及与国际金融市场一体化程度，国内金融市场发达并与国际金融市场联系紧密，可供采用的规避汇率风险的手段越多，且货币管理当局平衡国际收支、稳定汇率的资金融通越通畅，越倾向于采取浮动汇率制度;(4)进出口商品结构和对外贸易的地域差别,如果一国进出口商品结构和地域分布多元化,则越适合采用浮动汇率制度;(5)通货膨胀率与世界平均水平的差异,通货膨胀低于世界平均水平,则适合采用浮动汇率制度。

此外,波尔森(Poirson)2001 年在一份 IMF 的工作报告中提出,除了海勒论及的五个结构性影响因素之外,一国的外汇储备、外币定值债务等指标也会对当今世界各国汇率制度选择产生重要影响。一般来说,一国的外汇储备水平越高,其对外汇市场的干预力越强,越宜于选择固定汇率制;一国的外币定值负债越多,汇率变动可能引起的风险效应越大,也适合采用固定汇率制度。

(三)依附论

发展中国家经济学家针对发展中国家汇率制度选择的现实,提出了"依附论"。认为汇率制度的选择取决于一国经济、政治、军事等方面对外的依附关系。发展中国家在选择汇率制度时,采取哪一种货币作为"参考货币",取决于该国对外经济、政治关系的集中程度,亦即取决于经济、政治、军事等方面的对外依附关系。例如,一国对美国的贸易额在其对外贸易总额中所占比重越大,或者从美国得到大量的军事援助或军需物资,或与美国订立了较为复杂的条约关系,往往选择将本国货币钉住美元。而同美国等主要发达国家的政治、军事、经济关系较为"温和"的国家,则往往选择将本国货币钉住一篮子货币。这一理论同时还指出,选择哪一种参考货币,反过来又会影响一国对外贸易的经济关系和其他各方面关系的发展。

(四)政策搭配论

这种理论认为,汇率制度的选择要注意与宏观经济政策、相关制度安排和资本管制状况的相搭配,其中最为著名的是蒙代尔——弗莱明模型和三元悖论。

20 世纪 60 年代初期,蒙代尔在分析了不同汇率制度下财政政策和货币政策的效应的基础上,与弗莱明共同提出了蒙代尔——弗莱明模型。该模型表明,在没有资本流动的情况下,货币政策在固定汇率下在影响与改变一国的收入方面是有效的,在浮动汇率下则更为有效;在资本有限流动情况下,整个调整结构与政策效应与没有资本流动时基本一样;而在资本完全可流动情况下,货币政策在固定汇率下对影响与改变一国的收入方面是完全无能为力的,但在浮动汇率下,则是有效的。尽管蒙代尔——弗莱明模型的原意是分析在不同的汇率制度下财政政策和货币政策的效应,但是,其结论也为汇率制度的选择提供了独特的视角,即在汇率制度的选择过程中,必须注意汇率制度与宏观经济调节和资本流动管制的协调和搭配。

根据蒙代尔——弗莱明模型,蒙代尔得出了著名的"蒙代尔三角"理论,即货币政策独立性、资本自由流动与汇率稳定这三个政策目标不可能同时达到。在开放经济中,任何一个国家只能同时实现其中一个或两个经济目标,而不能同时实现三个。1999 年,美国经济学家保罗·克鲁格曼(Paul Krugman)根据上述原理画出了一个三角形(见图 5-5),他称其为“永恒的三角形”(The Eternal Triangle),从而清晰地展示了“蒙代尔三角”的内在原理,此理论也被称为“三元悖论”。

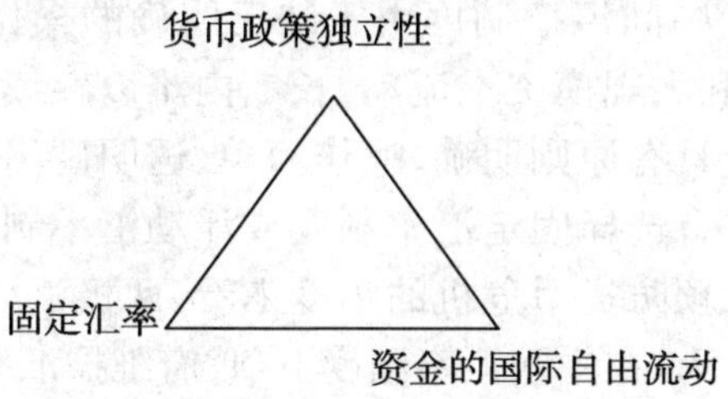

货币政策独立性

固定汇率

资金的国际自由流动

图 5-5　蒙代尔三角(三元悖论)

根据蒙代尔三角(三元悖论),在资本流动,货币政策的独立性和固定汇率制度三者之间只能进行以下三种选择:

第一种选择:保持本国货币政策的独立性和资本的完全流动性,必须牺牲汇率的稳定性,实行浮动汇率制。这是由于在资本完全流动条件下,频繁出入的国内外资金带来了国际收支状况的不稳定,如果本国的货币当局进行干预,亦即保持货币政策的独立性,那么本币汇率必然会随着资金供求的变化而频繁的波动,从而导致无法维持固定汇率制度。而利用浮动汇率制度可将汇率调整到真实反映经济现实的水平,可以改善进出口收支,影响国际资本流动。

第二种选择:保持本国货币政策的独立性和汇率稳定,必须牺牲资本的完全流动性,实行资本管制。这表示如果一国希望实行固定汇率制度并且同时保持本国货币政策的独立性,必然要实行资本管制,限制资本的跨国自由流动,否则只要国内外利率存在差异,就会有跨国资本频繁的流入流出,从而使其难以维持住汇率的固定不变,且货币政策执行和效果也会受到国外因素的干扰,无法保持独立性。

第三种选择:维持资本的完全流动性和汇率的稳定性,必须放弃本国货币政策的独立性。根据蒙代尔—弗莱明模型,资本完全流动时,在固定汇率制度下,本国货币政策的任何变动都将被所引致的资本流动的变化而抵消其效果,本国货币丧失自主性。在这种情况下,该国货币管理当局基本上很难根据本国经济情况来实施独立的货币政策对经济进行调整,最多是在发生投机冲击时,短期内被动地调整本国利率以维护固定汇率。可见,为实现资本的完全流动与汇率的稳定,本国经济将会付出放弃货币政策的巨大代价。

(五)中间制度消失论

美国加州大学伯克利分校的埃尘格林(Eichengreen)于 1994 年提出了中间制度消失论(也称汇率制度两极论),此后,奥伯斯特菲尔德和鲁格夫等经济学家也提出了相同的观点。中间制度消失论是建立在蒙代尔和克鲁格曼的三元悖论的基础之上。该理论认为,唯一可持久的汇率制度是自由浮动制或是具有非常强硬承诺机制的固定汇率制,介于两者之间的中间性汇率制度,包括"软"的钉住汇率制,都正在消失或应当消失。中间汇率制度由于缺乏明确的操作规则和必要的信息披露,容易引发单向投机和大规模资本流动,长期内难以存续,而极端的固定汇率或自由浮动汇率制度恰恰具有原则明确、操作简单、透明度高的特点,能够稳定投资者的信心,因此,一国只有选择固定汇率制度或浮动汇率制度,其汇率制度才可能长期存续下去。并且从预防货币危机的角度来看,两极汇率制度要比中间汇率制度更为安全。该理论认为,在中间汇率制度下,政府维护汇率稳定的努力容易助长短期资本流入,当短期资本流入超过外汇储备时,政府将丧失维护汇率稳定的能力;另外,中间汇率制会助长未保值短期对外借款,这一状况会削弱金融部门和企业对货币贬值的承受能力。

(六)害怕浮动论

针对新兴市场经济国家爆发的金融危机,卡夫(Calvo)和瑞哈特(Reinhart)于2000年提出了害怕浮动论。所谓"害怕浮动",可定义为这样一种现象:一些归类为实行弹性汇率制度的国家,却将其汇率维持在对某一货币(通常为美元)的一个狭小幅度内,这反映了这些国家对大规模的汇率浮动存在一种长期的害怕,原因是害怕汇率大幅度浮动对其经济造成的巨大的损害。因此,许多国家声称离开了可调整的钉住汇率制度,这未必确实,由于"害怕浮动",许多号称实行弹性汇率制度的国家,实际采用的是"软"的钉住汇率制。

(七)原罪论

根据 Hausmann,Panizza 和 Stein 在 2000 年以及 Eichengreen & Hausmann 在 1999 年阐述的定义"原罪"(Original Sin)是指这样一种状况:一国的货币不能用于国际借贷(外国银行或其他机构不能用该货币提供贷款),甚至在本国市场上,也不能用本币进行长期借贷。由于金融市场的这种不完全性(Incompleteness),一国的国内投资不出现货币错配(Currency Mismatch),便出现期限错配(Maturity Mismatch)。因此,企业面临一种"魔鬼的选择"(the Devil's Choice):要么借美元而招致货币错配,要么用短期贷款来做长期用途而出现期限错配。

这种"原罪"除了使一国金融变得脆弱(Financial Fragility)之外,对汇率政策也有很大的影响。该理论指出,由于"原罪"的存在,汇率变动会产生资产平衡表效应(the Balance Sheet Effect)。设有企业用美元向外借款,但在其资产负债表上这种负债须记为本币。此时如汇率变动,比如说本币贬值,则其资产负债表上的负债数额立即上升。如其对外借款余额很大,则贬值可使其立刻在账面上变得资不抵债,乃至破产。另一方面,如政府变动利率,也可能发生问题。例如,提升利率,会明显地加重企业负担，甚至拖垮企业。所以，由于“原罪”的存在，在汇率政策方面的直接后果便是，首先，无论是企业还是政府都不愿汇率变动，更不愿贬值，久而久之，汇率便会变得浮动不起来；其次，政府的汇率政策会陷入两难之地。当投机袭来之时，一方面，政府无法用货币贬值来缓解压力，另一方面也不能用提高利率来保卫本国货币，最后只得听任金融崩溃。该理论还指出，对大多数发展中国家而言，无论采取浮动汇率制度还是固定汇率制度，“原罪”状况及其不利后果都会存在。因此，最好的办法便是把部分美元化变为全部美元化。或者说，发展中国家应当干脆没有汇率，方法是放弃本国货币而采用某种国际货币，实行美元化或某种类似于欧元的制度。

(八)政府声誉论

政府声誉说是近年来兴起的一种汇率制度选择理论。该理论是以合理预期为基础，认为在不同的汇率制度形式下，公众对汇率水平形成不同的预期，进而对政府的“公信力”效果产生重要影响。政府为了合理引导公众预期、增强“公信力”以获得良好的声誉，不得不“选择”恰当的汇率制度，实际上，汇率制度成为政府提高其声誉的手段，因而汇率制度的选择本身是政府虑及声誉而派生的一种需求。

第二节　外汇管制

一、外汇管制概述

(一)外汇管制的含义及其历史演进

外汇管制(Foreign Exchange Control)是指一国或地区的政府或货币管理当局为了平衡国际收支、稳定汇率或其他目的，对本国或本地区的外汇交易、外汇汇率以及外汇资金来源和运用所采取的限制性措施。

外汇管制是资本主义经济发展到一定阶段的产物。第一次世界大战以前，资本主义国家实行金本位制，汇率的波动受黄金输送点限制，汇率基本稳定，国际收支是自动调节的，因此资本主义国家在当时不必实行外汇管制。第一次世界大战爆发后，参战的英、法、德、意等国因战争的巨额消耗，发生了严重的国际收支逆差，本国货币汇率猛跌，大量资本外逃。为了稳定本国经济，筹措支付战争所需的大量资金，防止资本外逃，参战各国纷纷取消了金本位制度，实行纸币流通制度，取消了外汇自由买卖，禁止黄金输出，纷纷实行外汇管制。

第一次世界大战结束后，西方各国经济逐步恢复和发展，国际经济与金融领域进入了一个相对稳定的时期。从 1923 年起，一些西方国家先后建立起金块本位制和金汇兑本位制，并取消了在第一次世界大战期间所实行的外汇管制，外汇买卖的自由与国际间多边结算制度基本恢复。

1929～1933年，资本主义世界爆发了规模空前的、严重的、持久的经济危机，几乎所有的主要资本主义国家经济都陷入严重的萧条，国际收支恶化、信用紧缩、国际支付无法正常维持，这导致金本位制全面崩溃，纸币流通普遍实行，通货膨胀居高不下，许多国家为了争夺国际市场采取了侵略性保护贸易政策，实行了很多新的、严格的、奖出限入的对外贸易政策手段。在这种情况下，欠发达国家以及债务国又不得不先后重新恢复了外汇管制，采取包括全面集中分配外汇、严格控制用汇等一系列限制外汇自由出入国境的措施。经济实力强、外汇资金充裕的国家则采用设立外汇平准基金等手段，控制汇率，争取扩大出口，争夺国际市场，以平衡国际收支。

第二次世界大战期间，为了适应战时巨额开支的需要，除了远离战场未受破坏的美国外，绝大多数国家普遍实行了比以往更为严格的外汇管制，纷纷禁止自由外汇的存在、禁止外汇的自由交易等。据统计，到1940年资本主义世界实行外汇管制的国家达到100多个。战争结束后，由于大多数国家受到战争的严重破坏，经济困难，通货膨胀严重，国际收支大量逆差，黄金外汇储备枯竭，为了恢复经济，把有限的外汇资金集中用于建设，解决国际收支困难，这些国家都进一步加强了外汇管制。而美国则在两次世界大战中取得了政治、经济的巨大利益，集中了世界2/3的黄金储备，因而没有实行外汇管制，并成为布雷顿森林体系的核心国家。1944年7月，国际货币基金组织成立，它的一个重要宗旨就是消除阻碍国际贸易和资金流动的外汇管制。

20世纪50年代以后，西欧、日本等资本主义国家经济迅速恢复，国际收支也有了很大改善，再加上美国利用美元的特殊地位，抬高美元汇率，大量输出资本，掠夺廉价原料和劳动力，并一再对西欧、日本各国施加放松外汇管制的压力。1958年起，英国、法国、荷兰、卢森堡、意大利、比利时等14个欧洲国家实行了有限度的货币自由兑换，对贸易收支解除了外汇管制，但对其余的外汇收支仍维持管制。进入20世纪60年代以后，西方主要工业化国家进一步解除了外汇管制措施，实行全面的货币自由兑换。与此同时，亚太地区的一些新兴工业化国家及地区和中东一些富裕的石油输出国，也逐步放宽以至取消了大部分外汇管制。到了20世纪80年代后，随着全球经济、金融一体化趋势的加强，取消外汇管制成为一种明显的发展趋势。但时至今日，绝大多数国家尤其是发展中国家还实行外汇管制，即使名义上取消了外汇管制的国家，在对非居民的资本项目或对居民的非贸易收支还时时采取间接的限制措施。

(二)外汇管制的主要原因与对象

1.外汇管制的主要原因

各国货币管理当局之所以实施外汇管制,主要是因为当经济运行中出现种种问题时,单纯依靠市场经济的自发调节是难以解决问题并实现经济目标,因而必须用政府来弥补市场失灵。具体而言,政府之所以采取外汇管制,主要是出于以下几方面原因:

(1)短期冲击因素。在现实经济运行中,短期冲击是常见的现象。短期冲击主要包括货币性冲击(货币供给一次性扩张或收缩、通货膨胀率的变动等)、投机性冲击(出于投机获利、套期保值或各种因素所导致的心理预期变化带来的投机行为变动等)和实际性冲击(意外因素导致的消费者偏好转移等)。这些冲击往往会导致经济失衡,甚至出现混乱和动荡。但是政府采取宏观经济政策,在实施过程中存在时滞效应,因而政府往往采取见效迅速且针对性强的直接管制政策,应对短期冲击的负面影响。

(2)宏观经济因素。一国政府调节本国宏观经济运行,实现内外均衡目标,通常采用财政政策、货币政策以及其他宏观经济政策,而这些政策往往需要政府采用直接管制相配合。比如根据蒙代尔——弗莱明模型,在资本完全流动时,浮动汇率制度下的财政政策无效,因此政府要想充分发挥财政政策的效力,就必须与资本流动管制相配合。此外,当政府采取了不恰当的宏观经济政策导致经济形势恶化时,往往也被迫采取直接管制以避免危机。

(3)微观经济因素。微观经济因素也会引发政府实施外汇管制政策,尤其是对于一些处于国际分工下游的发展中国家而言,国内产品缺乏国际竞争力、外汇短缺是其面临的较大问题,因而发展中国家政府往往采取直接管制措施。一方面人为的限制外汇资本的流出,另一方面采用汇率管制等政策鼓励国内产品出口换汇并保护国内幼稚产业。

2.外汇管制的对象

外汇管制的对象可分为人和物两个方面。

对人的外汇管制通常分为居民和非居民。居民又称境内户,它指长期居住在本国境内的自然人(包括本国人和外国侨民),依照本国法律在本国境内设立的具有法人地位的本国和外国机关、团体、企业以及本国驻外外交、领事、商务机构和派往国外的工作人员。非居民也称境外户,它指长期居住在本国境外的自然人,依据当地法律设立的本国和外国机关、团体、工业及外国派驻本国的外交、领事、商务等机构及其工作人员。对居民和非居民的外汇管制往往采取不同的政策和规定。多数国家对居民实行严格外汇管制,而对非居民的外汇管制较宽。

对物的管制,即对外汇及外汇有价物进行管制,其中包括外国货币(钞票、铸币)、外币支付凭证(汇票、本票、支票、银行存款凭证、邮政储蓄凭证)、外币有价证券(政府公债、国库券、公司债券、股票、息票),以及其他在外汇收支中所使用的各种支付手段和外汇资产。大多数国家把黄金、白银等贵金属也列入管制对象之中。

外汇管制是一国外汇政策的重要组成部分,它的实施必须有政府支持。因而实施外汇管制的国家一般由政府授权中央银行代表政府执行外汇管制的职能,还有一些国家则成立专门的外汇管制机构,在中央银行的领导下执行外汇管制职能。此外,还有一些国家将外汇管制的不同职能分别交给若干个政府部门执行。

二、外汇管制的方式

无论是经济危机还是经济状况相对较好时期,无论是战争时期还是和平时期,只要一国利用一般经济手段不能使国际收支和汇率维持在符合本国利益的水平时,就会动用外汇管制这种强制性手段,以达到平衡国际收支、稳定汇率和金融秩序等目的。各国对于外汇的管制往往由于各自的经济特点和对外经济关系的不同,所采取的方式、管制范围及松紧程度也各不相同。即使同一国家也会因时间不同、条件不同而出现管制或松或严、范围或宽或窄的差异。一般而言,各国实施的外汇管制主要有以下方式:

(一)外汇数量管制

1. 贸易外汇管制

贸易收支是一国国际收支的基本组成部分,是反映一国自我创汇能力的重要指标。因而,实施外汇管制的国家往往对贸易外汇收支实行严格的直接或间接的管制。

(1)对出口外汇收入的管制。在此管制方式下,出口商必须向外汇管理机构申报出口商品的价格、金额、结算货币、收汇方法及期限等,收到的出口外汇必须按照官方汇率部分或全部出售给指定外汇银行,即实行出口结汇制,以确保国家能集中外汇收入,统一支配使用。同时为了鼓励出口创汇,国家还采取了其他措施与之配合,如实行出口优惠信贷、出口补贴、出口退税等政策。

(2)对进口外汇支出的管制。对进口外汇支出的管制,就是对进口商品对外支付外汇的限制,主要采用许可证制度、计划供给制度等。许可证制度要求进口商只有获得进口许可证才能购买进口所需要对外支付的外汇。计划供给制根据在一定时期内国际收支平衡表贷方的外汇供给量和主要借方交易的外汇需求量,决定出每个借方项目的外汇使用限额,然后根据申请人的顺序或资格分配外汇,直至该项目下的外汇额度分配完毕为止。此外,为了限制某些商品的进口或减少外汇支出,一国政府往往还采取其他的一些措施,主要有:①实行进口存款预交制,即进口企业在进口某些商品时,先向指定银行存上一定数额的款项,银行对这笔款项不支付利息；②进口企业在购买所需外汇时，必须缴纳一定数额的外汇税；③限制进口商对外支付的外汇币种。

2.对非贸易外汇收支的管制

非贸易外汇收支涉及范围非常广，主要包括与资本输出入有关的股息、红利等；特许权使用费、专利费以及技术劳务等支出；与文化交流有关的版权、稿费、留学生费用等；旅游等提供或享受服务的外汇收支以及赡养家庭汇款等外汇收支。非贸易外汇收支比较零散，管理较为困难，一般而言，对其的外汇管制主要有以下方式：①许可证制，即向境外汇款或携带外汇出境必须向有关外汇管理机构提出申请，得到核准，取得购买外汇的许可证后方可购汇；②规定限额制，即对某些费用，特别是个人所需的某些费用，如差旅费用、留学费用等规定一定的限额，在限额以内，可以到指定外汇银行购汇；③预付存款制，即将购汇款项预先存入银行一定时间后方可办理购汇；④规定购买非贸易外汇的时间间隔。

3.对资本输出入的管制

第二次世界大战结束以来，资本输出输入对一国国际收支和国内经济的影响明显加强，无论是发达国家还是发展中国家都十分重视对资本的输出与输入的管理。对此，国际货币基金组织也持较为宽容的态度，允许各成员国对资本输出入进行管制。

从战后的历史发展来看，长期国际收支保持顺差的国家为了避免本币汇率过分上升并影响其出口竞争力，防止国际游资冲击，减轻国内通货膨胀的压力，经常采取限制资本输入的措施。主要管制措施有：①规定本国银行吸收非居民存款必须缴纳较高的存款准备金，如原西德曾规定对银行吸收非居民存款必须交纳90～100％的存款准备金；②规定本国银行对非居民活期存款不支付利息甚至倒扣利息，如瑞士等规定对非居民存款超过10万瑞士法郎的，按照年息40％倒收利息，并按季度收取10％的手续费；③限制非居民购买本国有价证券，如股票、债券等；④限制本国企业借用外国资本，如原西德曾规定本国企业凡利用外国资本或贷款超过8000德国马克时，必须经过本国中央银行批准。

反之，国际收支长期保持逆差的国家，为了防止资本外流，稳定汇率，保护国内经济发展，则往往采取限制资本输出、鼓励资本输入的措施：①冻结非居民在本国的账户，未经批准，非居民账户的资产不能动用或汇出；②限制本国银行和企业向国外提供贷款；③限制本国企业进行海外投资和本国居民购买外国有价证券；④对本国居民在国外的投资收益征收利息平衡税，从而使其对外投资收益等于国内投资收益；⑤鼓励外国投资者对本国直接投资，并在税收和利润汇出等方面给予优惠。

上述管制措施根据一国不同时期国际收支和本国货币汇率的不同状况而有所不同，时而采取放宽政策，时而采取控制的政策。

(二)货币兑换管制

所谓的货币自由兑换指在外汇市场上能自由的用本国货币购买(兑换)外国货币,或用外国货币购买(兑换)本国货币。货币兑换管制按照范围可以分为经常账户下的货币兑换管制和资本与金融账户下的货币兑换管制;按照对象可以分为企业用汇管制和个人用汇管制。一般而言,对资本与金融账户的货币兑换管制要严于经常账户下的货币兑换管制,对个人用汇的管制严于对企业用汇的管制。

货币兑换管制是外汇管制的最重要、最基本的管制。第二次世界大战结束后的初期,世界上除了美国等极个别国家外,所有其他国家均实施不同程度的兑换管制。20 世纪 60 年代以后,一方面,西欧及日本等国先后放松汇兑管制;另一方面,许多发展中国家也实行不同程度的兑换管制。

根据国际货币基金组织章程第八条的二、三、四款,规定凡是能对经常性支付不加限制、不实行歧视性货币措施或多重汇率,能够兑付外国持有的在经常性交易中所取得的本国货币的国家,该国货币就实现了经常账户下的货币自由兑换,否则即实行经常账户下的货币兑换管制。而资本与金融账户的货币兑换管制主要指对资本流出和流入的货币兑换实施管制。到目前为止,世界上绝大多数国家实现了经常账户下的货币自由兑换,并且大多数国家对资本与金融账户下的货币兑换仍实行严格的管制。

(三)外汇汇率管制

1. 直接汇率管制

对汇率的直接管制,主要是政府对各项外汇收支分别规定不同的汇率,以影响外汇供求,即实行了复汇率制度。复汇率制度是指外汇管理当局人为地、主动地制定并实施两种或两种以上汇率的制度。

按照复汇率制度的表现形式可以分为公开的和隐蔽的两种。公开的复汇率是政府明确公布针对不同交易所适用的不同汇率。例如国家可以针对进口和出口,或者其中具体的商品种类来规定并实施不同的汇率,对于鼓励进口的商品可以采用本币被高估的汇率,对于限制进口的商品以及鼓励出口的商品可以采取本币被低估的汇率。实践中,这种复汇率形式极为复杂,有的国家的复汇率可以多达几十种,高低相差几十倍。隐蔽的复汇率表现形式有很多种:①对出口商品按照不同类别分别给予不同的财政补贴或给予减免税收的优惠,产生不同的实际汇率。②在一国已存在官方汇率和市场汇率的条件下,对不同的企业或不同的出口商品实行不同的外汇留成比例,并允许企业将其留成外汇在平行市场或外汇调剂市场上按照市场汇率出售,这等于变相的给予补贴。留成比例高的企业得到的变相补贴就多,留成比例低的企业所得到的补贴就少,从而有多少种留成比例,就形成了多少种实际汇率(见表 5-1)。③采用影子汇率。所谓影子汇率指附加在不同种类进出口商品之后的一个不同的折算系数。该系数值的确定除了要考虑该类产品的进出口成本外，还取决于政府的政策意图。由于不同种类的进出口商品具有不同的影子汇率，因而也构成了实际上的复汇率(见表5-2)。

表5-1　　收汇留成比例与复汇率的关系

企业	出口收入	留成比例	按照官方汇率1$＝5￥折算的本币收入	按照市场汇率1$＝8￥折算的本币收入	本币总收入	实际平均汇率
A企业	100美元	0%	500￥	0	500￥	1$＝5￥
B企业	100美元	10%	450￥	80￥	530￥	1$＝5.3￥
C企业	100美元	20%	400￥	160￥	560￥	1$＝5.6￥

表5-2　　影子汇率与复汇率的关系

企业	出口收入	影子汇率	官方汇率	考虑影子汇率的实际折算汇率	本币总收入
A企业	100美元	1	1$＝8￥	1$＝8￥	800￥
B企业	100美元	1.5	1$＝8￥	1$＝12￥	1200￥
C企业	100美元	3	1$＝8￥	1$＝24￥	2400￥

2.间接的汇率管制

对汇率的间接管制，是指外汇管理机构通过入市买卖外汇和对国际收支各项目的控制，间接影响外汇供求关系及汇率的管制方法。主要包括：①建立外汇平准基金作为缓冲体，影响外汇市场上的供求关系，起到稳定汇率的作用。当市场汇率剧烈波动时，中央银行便利用外汇平准基金买入或卖出外汇与本币，使市场汇率稳定。央行的这种买卖活动，对汇率的上下波动起到缓冲和稳定的作用，但并不直接规定汇率的波动幅度，从而构成了一种隐蔽的、间接地对汇率的控制。②通过双边清算关系，利用双方协定的货币和汇率处理对外贸易发生的外汇收支。

三、外汇管制的经济效应分析

外汇管制是开放经济实现内外均衡目标的政策搭配中经常采用的措施，具有见效迅速且针对性强的特点，而且在实现经济目标的同时对国内经济影响或冲击较小，因而是一种平衡国际收支和稳定汇率的重要的调整政策。但同时，外汇管制带来的副作用也是十分明显的。一般认为，外汇管制会带来各种扭曲，进而影响到一国经济的长期健康运行。因此，在采取外汇管制时，必须要权衡利弊，对其进行有限的和合理的使用，并与其他政策恰当配合，以维持经济的稳定和增长。

(一)外汇管制的收益

1.平衡国际收支、稳定本币汇率

一方面，长期的国际收支逆差会给一国经济带来显著的消极影响，维持国际收支平衡是政府的基本目标之一。政府可以用多种方法来调节国际收支，但是对于发展中国家来说，其他调节措施可能意味着较大代价。例如，政府实行紧缩性财政政策或货币政策可能改善国际收支，但它会影响经济发展速度，并使失业状况恶化。而如果采用外汇管制，可以在不损害国内经济正常运行的情况下，迅速有效地调整国际收支恢复平衡。另一方面，汇率的频繁的大幅度波动所造成的外汇风险，会严重阻碍一国对外贸易和国际借贷活动的进行。拥有大量外汇储备的国家或有很强的借款能力的国家，可以通过动用或借入储备来稳定汇率。对于缺乏外汇储备的发展中国家来说，外汇管制则是稳定本币对外币的汇率的重要手段。

2.防止资本外逃或大规模的投机性资本流动，维护本国金融市场稳定

在国际流动资本空前发达的今天，资本快速地流入或流出一国，将会引起汇率剧烈波动，并对国内金融市场和经济的稳定造成巨大冲击。而且，许多经济实力较弱的国家普遍存在着非常多的可供投机资本利用的缺陷。例如，在经济高速发展时期，商品价格、股票价格、房地产价格往往上升，高于其内在价值。在没有外汇管制的情况下，这会吸引投机性资本流入，后者会显著加剧价格信号的扭曲。一旦泡沫破灭，投机性资本外逃，又会引发一系列连锁反应，造成经济局势迅速恶化。外汇管制是这些国家维护本国金融市场稳定运行的有效手段。

3.有效利用外汇资金，促进本国重点产业的发展

外汇管制使政府能集中本国尽可能多的外汇资源，并拥有更大的对外汇运用的支配权。通过外汇管制，政府不仅可以控制或禁止国外商品大量涌入对本国产品生产及销售构成的冲击，而且可以集中有限的外汇资源鼓励进口国内急需的原材料和先进设备等。这一方面，保护了本国的幼稚产业；另一方面，也扶植了重点产业的优先发展。

4.有利于国内财政政策、货币政策的推行

一国在推行相应的经济政策时，总希望外来干扰因素越少越好。例如当一国实施扩张性政策时，因为公共投资增加、货币供给量增加会引起国内物价水平的上涨，如果不对外国商品进口加以限制，则进口增加、出口下降，造成国际收支逆差，影响本国经济政策的效果。实行外汇管制可以阻隔国外因素对本国的影响，对于实施扩张性的或者紧缩性的财政政策和货币政策，外汇管制都可以减弱外国不利因素对政策效果的抵消。

(二)外汇管制的成本

1.汇率扭曲，不利于资源合理配置

在外汇管制下，一国货币管理当局人为地对汇率进行干预，汇率不是由外汇市场供求自由决定的，无论是政府规定官方汇率，还是政府限制外汇买卖，都会使汇率偏离市场均衡汇率。当汇率偏高时，不利于出口；当汇率偏低时，不利于进口。

这对国际贸易的正常进行是非常不利的。在市场机制不能充分发挥作用的前提下，就不能进行国际间贸易成本和价格的比较，从而影响资源配置的有效性。

另外，实行外汇管制的国家，国际收支多为长期逆差，外汇需求经常大于外汇供给，因此货币管理当局采取的管制将使外汇供给等于外汇需求，此时汇率必然是本币被高估的汇率。如图 5-6 所示，由市场供求决定的均衡汇率为 E_0，均衡外汇数量为 Q_0。如果一国外汇短缺，政府规定的汇率水平为 E_1，低于均衡汇率，此时外汇供给量为 Q_1，但是需求量却为 Q_2，有 Q_2-Q_1 的过剩需求得不到满足(AB)。但由于外汇汇率被限制在 E_1，不能通过外汇汇率的上升减少过剩需求，这样就会产生如下情况：分配外汇额度，抑制外汇需求；外汇黑市交易猖獗，形成黑市汇率等。对发展中国家来说，本币汇率过高还不利于吸引外资，它使外资只能支配较少数量的该国实际资源；从长远来看，这不利于该国的经济发展、技术进步和国际竞争能力的提高。

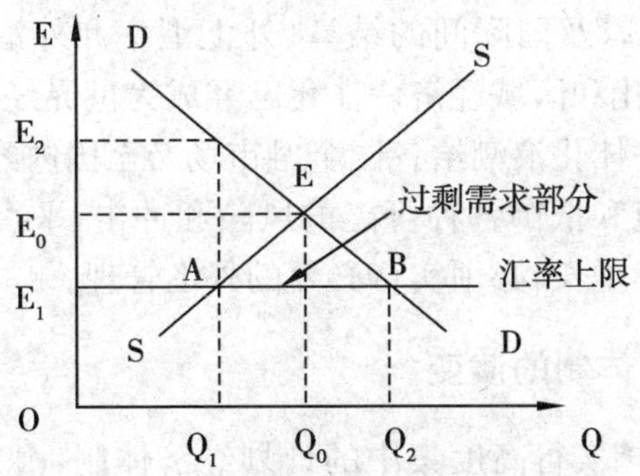

图 5-6　汇率管制中本币高估的效应

2. 在一定程度上影响国际贸易的发展和对外开放的进程

从世界范围来看，外汇管制阻碍着自由多边结算体系的形成，自然阻碍了国际贸易和国际资本流动的正常进行。对发展中国家来说，高估本币汇率和限制外汇自由交易会打击出口企业的创汇积极性，而外汇短缺也影响该国进口贸易的发展。限制资本外流和限制投资收益回流的做法也会打击外商对该国投资的积极性。

3. 导致一系列非法现象，管理成本较高

在外汇管制下，由于人为地控制了外汇供给和需求，往往会产生一个较大规模的外汇黑市，这会直接影响一国的经济秩序。交易者在进口交易中倾向于高报进口，以便尽可能地从政府获得较多的外汇，同时在出口交易中倾向于低报出口，从而减少向政府出售外汇，致使政府外汇收入减少、外汇支出增加。同时大量的外汇资源控制在政府手中，在外汇资源的分配上容易引致官僚腐败。在复汇率制度下，由于汇率种类繁多，必然涉及大量的人力成本。如果管理人员主观知识上的缺陷、信息不通，都会导致复汇率的错误运用，使经济运行的整体效率下降。

4. 不利于国内产业的长远发展

在长期实行外汇管制的国家，对某些国内生产部门或产品给予特殊的优惠，阻挡来自国外产业和产品的竞争，这有可能导致这些受保护的产业或产品生产效率低下，生产成本较高，一旦外汇管制取消，难免会因为竞争力低下而处于劣势。同时，在外汇管制下，有可能人为地创造垄断局面，使一些部门在国家的支持和保护下，获得垄断利润，使国内企业也处于不同的竞争地位，不利于公平竞争关系的建立和透明的市场关系的形成。

第三节　中国的外汇管理与人民币汇率制度

外汇管理，是指一国政府授权国家货币金融管理当局或其他国家机关，对外汇收支、买卖、借贷、转移以及国际间的结算、外汇汇率和外汇市场等实行的管理措施。近年来，经济全球化和区域经济一体化已经成为世界经济发展的主流，世界范围内的金融自由化和一体化浪潮给各国金融市场乃至国内经济运行带来了巨大的冲击和风险。为了防范和抵御各种可能的风险和冲击，平衡国际收支、稳定汇率、保证国民经济健康持续增长，必须实行必要的外汇管理。

一、中国外汇管理体制的演变

改革开放以前，中国实行高度集中的计划经济体制，由于外汇资源短缺，中国一直实行比较严格的外汇管制。1978 年实行改革开放以来，中国外汇管理体制改革沿着逐步缩小指令性计划，培育市场机制的方向，有序地由高度集中的外汇管理体制向与社会主义市场经济相适应的外汇管理体制转变。1996 年 12 月中国实现了人民币经常项目可兑换，对资本项目外汇进行严格管理，初步建立了适应社会主义市场经济的外汇管理体制。新中国成立以来，中国外汇管理体制大体以下三个阶段：

（一）计划经济时期的中国外汇管理体制（1953～1978 年）

1949 年新中国成立的初期，即国民经济恢复时期，中国实行外汇集中管理制度，通过扶植出口、沟通侨汇、以收定支等方式积聚外汇，支持国家经济恢复和发展。当时私营进出口商在对外贸易中占很大的比重，国内物价波动较大，中国采取机动调整人民币汇率来调节外汇收支。人民币汇率政策以出口商品国内外价格的比价为主，同时兼顾进口商品国内外价格的比价和侨汇购买力平价，逐步调整，起到鼓励出口，奖励侨汇，兼顾进口的作用。

1953 年起，中国实行计划经济体制，对外贸易由国营对外贸易公司专管，外汇业务由中国银行统一经营，逐步形成了高度集中、计划控制的外汇管理体制。国家对外贸和外汇实行统一经营，用汇分口管理。外汇收支实行指令性计划管理，一切外汇收入必须售给国家，需用外汇按国家计划分配和批给。国际收支平衡政策“以收定支，以出定进”，依靠指令性计划和行政办法保持外汇收支平衡。实行独立自主、自力更生的方针，不借外债，不接受外国来华投资。由此，人民币汇率作为计划核算工具，要求稳定，逐步脱离进出口贸易的实际，形成汇率高估。

(二)经济转型时期的中国外汇管理体制(1979～1993 年)

中共十一届三中全会以后，中国实行全面的对外开放政策，国际间的交往日益频繁，外汇收支日益增多。为了适应新形势的变化，中国于 1979 年实行了外汇管理体制改革，并成立了国家外汇管理总局(1982 年更名为外汇管理局)，统一对我国的外汇收支进行管理。在这一时期，为改革统收统支的外汇分配制度，调动创汇单位的积极性，扩大外汇收入，改进外汇资源分配，从 1979 年开始实行外汇留成办法。在外汇由国家集中管理、统一平衡、保证重点的同时，实行贸易和非贸易外汇留成，区别不同情况，适当留给创汇的地方和企业一定比例的外汇，以解决发展生产、扩大业务所需要的物资进口。在实行外汇留成制度的基础上，产生了调剂外汇的需要。为此，1980 年 10 月起中国银行开办外汇调剂业务，允许持有留成外汇的单位把多余的外汇额度转让给缺汇的单位。以后调剂外汇的对象和范围逐步扩大，开始时只限于国营企业和集体企业的留成外汇，以后扩大到外商投资企业的外汇、国外捐赠的外汇和国内居民的外汇。调剂外汇的汇率，在原由国家规定的官方汇率的基础上加一定的幅度。1988 年 3 月放开汇率，由买卖双方根据外汇供求状况议定，中国人民银行适度进行市场干预，并通过制定“外汇调剂用汇指导序列”对调剂外汇的用途(或外汇市场准入)加以引导，市场调节的作用日益增强。1981 年，中国制定了一个贸易外汇内部结算价，按当时全国出口商品平均换汇成本加 10%利润计算，定为 1 美元合 2.8 元人民币，适用于进出口贸易的结算。同时继续公布官方汇率，1 美元合 1.5 元人民币，沿用原来的“一篮子货币”计算和调整，用于非贸易外汇的结算。两个汇率对鼓励出口和照顾非贸易利益起到了一定作用，但在使用范围上出现了混乱，给外汇核算和外汇管理带来不少复杂的问题。随着国际市场美元汇率的上升，我国逐步下调官方汇率，到 1984 年底，官方汇率已接近贸易外汇内部结算价。1985 年 1 月 1 日取消内部结算价，重新实行单一汇率，汇率为 1 美元合 2.8 元人民币。随后，根据国内物价水平的变化，人民币汇率逐步调整至 1990 年 11 月 17 日的 1 美元合 5.22 元人民币。为配合对外贸易，推行承包制，取消财政补贴，1988 年 3 月起各地先后设立了外汇调剂中心，外汇调剂量逐步增加，形成了官方汇率和调剂市场汇率并存的汇率制度。

在这一时期内，国务院于 1980 年 12 月发布了新中国成立以来第一个全面的、系统的、具有法律效力的、全国统一的《中华人民共和国外汇管理暂行条例》,并于1981年3月1日起开始实行。此后又陆续出台了十多项实施细则,从此我国的外汇管理进入了一个制度相对比较完善的新阶段。

(三)1994年开始建立社会主义市场经济以来的中国外汇管理体制

1993年,党的十四届三中全会通过的《中共中央关于建立社会主义市场经济体制若干问题的决定》中明确要求,"改革外汇管理体制,建立以市场供求为基础的、有管理的浮动汇率制度和统一规范的外汇市场,逐步使人民币成为可兑换货币"。这为外汇管理体制的进一步改革指明了方向。1993年12月,国务院授权中国人民银行发布《中国人民银行关于进一步改革外汇管理体制的公告》,决定自1994年1月1日起,实现人民币官方汇率与调剂价格并轨,实行以市场供求为基础的、单一的、有管理的浮动汇率制度,并轨时的人民币汇率为1美元合8.70元人民币;人民币汇率由市场供求形成,中国人民银行公布每日汇率,外汇买卖允许在一定幅度内浮动;取消各类外汇留成、上缴和额度管理制度,对境内机构经常项目下的外汇收支实行银行结汇和售汇制度;成立了银行间外汇市场——中国外汇交易中心,采用会员制,实行撮合成交与集中清算制度;中国人民银行根据宏观经济政策目标,对外汇市场进行必要的干预,以调节市场供求,保持人民币汇率的稳定;禁止在境内外币计价、结算和流通,停止发行外汇券;取消外汇收支的指令性计划,国家主要运用经济、法律手段实现对外汇和国际收支的宏观调控。通过上述各项改革,1994年中国顺利地实现了人民币经常项目有条件可兑换。

随后,从1996年7月起,外商投资企业的外汇买卖被纳入银行结售汇体系,同时,大幅提高居民因私兑换外汇的标准,扩大了供汇范围,还取消了出入境展览、招商等非贸易、非经营性用汇的限制,并允许驻华机构及来华人员在境内购买的自用物品、设备、用具等出售后所得人民币款项可以兑换外汇汇出。经过上述改革后,中国取消了所有经常性国际支付和转移的限制,达到了国际货币基金组织协定第八条款的要求。1996年12月1日,中国正式宣布接受IMF第八条款,成为IMF第八条款国。至此,中国实现了人民币经常项目可兑换,对资本项目外汇进行严格管理,初步建立了适应社会主义市场经济的外汇管理体制,并不断得到完善和巩固。

1998年以来,在亚洲金融危机影响蔓延深化的背景下,针对逃、套、骗汇和外汇非法交易活动比较突出的情况,在坚持改革开放和人民币经常项目可兑换的前提下,中国不断完善外汇管理法规,加大外汇执法力度,保证守法经营,打击非法资金流动,维护了人民币汇率稳定和正常的外汇收支秩序,为创造公平、健康的经营环境,保护企业、个人和外国投资者的长远利益做出积极努力。尤其是在2001年中国加入世界贸易组织后,中国对外经济交往迅速发展,国际收支持续保持较大顺差，改革开放进入了一个新的阶段。中国的外汇管理也主动顺应加入世贸组织和融入经济全球化的挑战，进一步深化改革，继续完善经常项目可兑换，稳步推进资本项目可兑换，推进贸易便利化。

二、当前中国外汇管理体制的主要内容

根据2008年8月1日国务院第20次常务委员会修订通过的《中华人民共和国外汇管理条例》，国务院外汇管理部门及其分支机构(以下统称外汇管理机关)依法履行外汇管理职责，对境内机构、境内个人的外汇收支或者外汇经营活动，以及境外机构、境外个人在境内的外汇收支或者外汇经营活动进行管理，其主要内容包括以下几方面：

(一)人民币经常项目可兑换

1996，我国正式接受国际货币基金组织协定第八条款，实现了人民币经常项目可兑换。为了区分经常项目和资本项目交易，防止无交易背景的逃骗汇及洗钱等违法犯罪行为，我国经常项目外汇管理仍然实行真实性审核(包括指导性限额管理)。根据国际惯例，这并不构成对经常项目可兑换的限制。

对于经常项目下的外汇收入，实行限额结汇制度。除国家另有规定外，经常项目下的外汇收入都须及时调回境内。凡经国家外汇管理局及其分支局批准开立经常项目外汇账户的境内机构(包括外商投资企业)，可在核定的最高金额内保留经常项目外汇收入，超过限额部分按市场汇率卖给外汇指定银行，超过核定金额部分最长可保留90天。境内机构经常项目用汇，除个别项目须经外汇局进行真实性审核外，可以直接按照市场汇率凭相应的有效凭证，用人民币向外汇指定银行购汇或从其外汇账户上对外支付。同时，实行进出口收付汇核销制度。货物出口后，由外汇局对相应的出口收汇进行核销；进口货款支付后，由外汇局对相应的到货进行核销。以出口收汇率为主要考核指标，对出口企业收汇情况分等级进行评定，根据等级采取相应的奖惩措施，扶优限劣，并督促企业足额、及时收汇。

(二)资本项目部分管制

按照“循序渐进、统筹规划、先易后难、留有余地”的改革原则，中国逐步推进资本项目可兑换。截至2004年底，按照国际货币基金组织确定的43项资本项目交易中，我国有11项实现可兑换，11项较少限制，15项较多限制，严格管制的仅有6项。

目前，除国务院另有规定外，资本项目外汇收入均需调回境内。境内机构(包括外商投资企业)的资本项目下外汇收入均应向注册所在地外汇局申请在外汇指定银行开立外汇专用账户进行保留。外商投资项下外汇资本金结汇可持相应材料直接到外汇局授权的外汇指定银行办理，其他资本项下外汇收入经外汇管理部门

批准后才能卖给外汇指定银行。除外汇指定银行部分项目外，资本项目下的购汇和对外支付，均需经过外汇管理部门的核准，持核准件方可在银行办理售付汇。

在证券资金流入环节，境外投资者可直接进入境内B股市场，无需审批；境外资本可以通过合格境外机构投资者(QFII)间接投资境内A股市场，买卖股票、债券等，但合格境外机构投资者的境内证券投资必须在批准的额度内；境内企业经批准可以通过境外上市(H股)，或者发行债券，到境外募集资金调回使用。证券资金流出管理严格，渠道有限。除外汇指定银行可以买卖境外非股票类证券、经批准的保险公司的外汇资金可以开展境外运用外，其他境内机构和个人不允许投资境外资本市场。

中国对外债实行计划管理，金融机构和中资企业借用1年期以上的中长期外债需纳入国家利用外资计划。1年期以内(含1年)的短期外债由国家外汇管理局管理。外商投资企业借用国际商业贷款不需事先批准，但其短期外债余额和中长期外债累计发生额之和要严格控制在其投资总额与注册资本额的差额内。所有的境内机构(包括外商投资企业)借用外债后，均需及时到外汇局定期或者逐笔办理外债登记。实行逐笔登记的外债，其还本付息都需经外汇局核准(银行除外)。地方政府不得对外举债。境内机构发行商业票据由国家外汇管理局审批，并占用其短贷指标。

(三)对金融机构外汇业务的监督和管理

对金融机构外汇业务的管理包括两个方面：一是对金融机构经营外汇业务的规定；二是对金融机构经营外汇业务的检查、监督。

金融机构经营或者终止经营结汇、售汇业务，应当经外汇管理机关批准；经营或者终止经营其他外汇业务，应当按照职责分工经外汇管理机关或者金融业监督管理机构批准。外汇管理机关对金融机构外汇业务实行综合头寸管理，金融机构的资本金、利润以及因本外币资产不匹配需要进行人民币与外币间转换的，应当经外汇管理机关批准。外汇管理机构可对经营外汇业务的金融机构进行现场检查；进入涉嫌外汇违法行为发生场所调查取证；询问有外汇收支或者外汇经营活动的机构和个人，要求其对与被调查外汇违法事件直接有关的事项作出说明；查阅、复制与被调查外汇违法事件直接有关的交易单证等资料；查阅、复制被调查外汇违法事件的当事人和直接有关的单位、个人的财务会计资料及相关文件，对可能被转移、隐匿或者毁损的文件和资料，可以予以封存；经国务院外汇管理部门或者省级外汇管理机关负责人批准，查询被调查外汇违法事件的当事人和直接有关的单位、个人的账户，但个人储蓄存款账户除外；对有证据证明已经或者可能转移、隐匿违法资金等涉案财产或者隐匿、伪造、毁损重要证据的，可以申请人民法院冻结或者查封。有关单位和个人应当配合外汇管理机关的监督检查，如实说明有关情况并提供有关文件、资料，不得拒绝、阻碍和隐瞒。

三、人民币汇率制度

人民币汇率制度是中国外汇管理体制的重要组成部分，人民币汇率也是调节中国内外经济均衡的一个重要的杠杆。伴随着中国经济实力的不断壮大以及世界经济全球化的发展，人民币汇率制度及相关改革已经愈发成为国际社会所关注的重大问题。

（一）人民币汇率制度的发展历史

1. 人民币汇率初始制定和连续大幅度调整阶段（1949～1952 年）

1949 年新中国成立，中国工农业生产遭受到严重破坏，物资供给严重不足，国内商品价格不断上涨，外贸几乎陷于停顿，外汇资金十分匮乏。为了尽快发展对外贸易，恢复国民经济正常秩序，国家制定了“奖励出口、兼顾进口、照顾侨汇”的方针，根据“物价对比法”为基础来计算人民币汇率，并依据国内外物价水平的相对变动对汇率进行调整，人民币币值随着整个国民经济的恢复和好转而不断提高。

2. 人民币汇率僵化不变阶段（1953～1973 年）

自 1953 年起，我国进入了有计划的社会主义建设时期，当时国内工业品成本高，而国际市场价格相对低廉，出口发生亏损，就采取以进口补贴出口，进出口统算的办法。这样，人民币汇率实际上对进出口贸易已不再起调节作用，仅仅用于内部核算。为了维护人民币币值的稳定，原则上人民币在原定汇率基础上，参照各国政府公布的法定汇率变动情况来制定与调整。由于此时期世界范围内普遍实行固定汇率制度，因此这一时期的人民币汇率也基本上处于相对固定状态。1955 年调整汇率为 1 美元兑换 2.4676 人民币，直到 1971 年底人民币对美元的汇率始终保持在这个水平上没有变动。

3. 人民币汇率双轨制阶段（1973～1993 年）

1973 年布雷顿森林体系崩溃，西方国家纷纷实行浮动汇率制度，为了避免汇率波动带来的损失，人民币汇率在原有汇率基础上按“一篮子货币”计算与调整。1978 年后，我国开始实施改革开放政策，为了鼓励出口、限制进口，并加强外贸的经济核算和适应外贸体制改革，从 1981 年开始，实行人民币双轨制。一是继续保持人民币的公开牌价，1 美元兑换 1.5 人民币，主要用于非贸易外汇的兑换和结算，其定值沿用了原来的按照一篮子货币加权平均计算的方法。二是制定了贸易外汇的内部结算价，主要用于进出口贸易的外汇结算和外贸单位经济效益核算。1985 年，我国取消了贸易外汇内部结算价，重新实行单一汇率。1988 年 3 月起各地先后设立了外汇调剂中心，外汇调剂量逐步增加，形成了官方汇率和调剂市场汇率并存的汇率制度。

4. 人民币汇率并轨改革阶段(1994～2005 年)

1993 年 12 月中国人民银行发布《关于进一步改革外汇管理体制的公告》,规定自 1994 年 1 月 1 日起,改革我国外汇体制,实行人民币并轨,建立以市场供求为基础的、单一的、有管理的浮动汇率制度。中国人民银行每日根据前一日银行间外汇市场成交汇率的加权平均数,公布当天人民币基准汇率,各外汇指定银行对外挂牌的汇率可以在规定的幅度内波动,外汇指定银行对外挂牌公布的汇率具有统一性,适用于所有的外汇与人民币的结算或兑换、国内企业与三资企业。虽然我国实行的是"有管理的浮动汇率制",但在实际操作和汇率实际变动中,人民币汇率波动幅度很小,交易品种单一,因此国际货币基金组织于 1999 年将我国的人民币汇率制度列为"其他传统的钉住汇率制"。

(二)2005 年改革以来的现行人民币汇率制度

1997 年以前,人民币汇率稳中有升,海内外对人民币的信心不断增强。但此后由于亚洲金融危机爆发,为防止亚洲周边国家和地区货币轮番贬值使危机深化,中国作为一个负责任的大国,主动收窄了人民币汇率浮动区间。随着亚洲金融危机的影响逐步减弱,近年来,我国经济持续平稳较快发展,经济体制改革不断深化,金融领域改革取得了新的进展,外汇管制进一步放宽,外汇市场建设的深度和广度不断拓展,为完善人民币汇率形成机制创造了条件。

1. 人民币汇率制度改革的原则

每个国家都有权选择适合本国国情的汇率制度和汇率政策,因此人民币汇率制度改革应坚持主动性、可控性和渐进性等原则。所谓主动性,就是主要根据我国自身改革和发展的需要,决定汇率改革的方式、内容和时机。汇率改革要充分考虑对宏观经济稳定、经济增长和就业的影响,考虑金融体系状况和金融监管水平,考虑企业承受能力和对外贸易等因素,还要考虑对周边国家、地区以及世界经济金融的影响。所谓可控性,就是人民币汇率的变化要在宏观管理上能够控制得住,既要推进改革,又不能失去控制,避免出现金融市场动荡和经济大的波动。所谓渐进性,指有步骤地推进改革,不仅要考虑当前的需要,而且要考虑长远的发展,不能急于求成。

2. 2005 年改革后的人民币汇率制度

2005 年 7 月 21 日,中国人民银行发布《中国人民银行关于完善人民币汇率形成机制改革的公告》,我国开始实行以市场供求为基础、参考一篮子货币进行调节、有管理的浮动汇率制度。同年 9 月,中国人民银行为了进一步发展外汇市场,增强外汇指定银行制定挂牌汇价的自主性和灵活性,满足企业和外汇指定银行规避汇率风险的需要,发布了《中国人民银行关于进一步改善银行间外汇市场交易汇价和外汇指定银行挂牌汇价管理的通知》。2008 年 8 月 1 日,国务院第 20 次常务会议修订通过并自公布之日起开始实行《中华人民共和国外汇管理条例》。这些法规和政策明确地对当前我国人民币汇率制度进行了规定与规范。

2005年改革及当前人民币汇率制度的主要内容如下：

(1)起始汇价的调整。2005年7月21日19时，美元对人民币交易价格调整为1美元兑8.11元人民币，作为次日银行间外汇市场上外汇指定银行之间交易的中间价，外汇指定银行可自此时起调整对客户的挂牌汇价。

(2)汇率调控方式。实行以市场供求为基础、参考一篮子货币进行调节、有管理的浮动汇率制度。人民币汇率不再盯住单一美元，而是参照一篮子货币、根据市场供求关系来进行浮动。这里的"一篮子货币"，是指按照我国对外经济发展的实际情况，选择若干种主要货币，赋予相应的权重，组成一个货币篮子。同时，根据国内外经济金融形势，以市场供求为基础，参考一篮子货币计算人民币多边汇率指数的变化，对人民币汇率进行管理和调节，维护人民币汇率在合理均衡水平上的基本稳定。篮子内的货币构成，综合考虑在我国对外贸易、外债、外商直接投资等对外经贸活动中占较大比重的主要国家、地区及其货币。参考一篮子表明外币之间的汇率变化会影响人民币汇率，但参考一篮子货币不等于盯住一篮子货币，它还需要将市场供求关系作为另一重要依据，据此形成有管理的浮动汇率。这将有利于增加汇率弹性，抑制单边投机，维护多边汇率稳定。

(3)人民币汇价的管理。中国人民银行于每个工作日闭市后公布当日银行间外汇市场美元等交易货币对人民币汇率的收盘价，作为下一个工作日该货币对人民币交易的中间价格。每日银行间即期外汇市场非美元货币对人民币的交易价在中国人民银行公布的该货币当日交易中间价上下3%的幅度内浮动。外汇指定银行对客户挂牌的美元对人民币现汇卖出价与买入价之差不得超过中国人民银行公布的美元交易中间价(上一日银行间市场美元收盘价，下同)的1%([现汇卖出价－现汇买入价]/美元交易中间价×100%≤1%)，现钞卖出价与买入价之差不得超过美元交易中间价的4%([现钞卖出价－现钞买入价]/美元交易中间价×100%≤4%)。在上述规定的价差幅度范围内，外汇指定银行可自行调整当日美元现汇和现钞买卖价。取消非美元货币对人民币现汇和现钞挂牌买卖价差幅度的限制，外汇指定银行可自行决定对客户挂牌的非美元货币对人民币现汇和现钞买卖价。政策性银行、国有商业银行、股份制商业银行总行应在每个工作日上午9:00之前向国家外汇管理局报送本行上一工作日初始挂牌汇价、最高价、最低价、结束挂牌汇价以及当日营业初始挂牌汇价。政策性银行、国有商业银行、股份制商业银行的分支机构，城市商业银行、农村信用社(含农村商业银行、农村合作银行)、外资银行以及其他金融机构按照上述要求报送所在地国家外汇管理局分局或外汇管理部。

人民币汇率制度调整是我国经济发展与改革深化的必然结果，2005年汇率制度改革以来，人民币汇率形成机制不断完善，在自主性、可控性、渐进性原则指导下，涉及汇率水平调整、外汇交易品种、汇率管理等各方面的主要改革措施陆续推出，市场机制在人民币汇率形成中的作用不断加强。人民币汇率呈现出逐步升值的态势，反映出国民经济持续快速增长的特点。然而人民币汇率制度改革还没有完全到位，必然会伴随着经济形势的变化不断完善和调整。

2008年以后，随着美国"次贷危机"迅速转化为全球性的国际金融危机，国内外经济金融环境发生重大变化，我国于2008年8月暂停"汇改"进程。取消了"参考一篮子货币进行调节"的管理原则，人民币汇率重新与美元挂钩，基本维持在6.82元兑1美元的稳定水平。2010年以后随着以美国为首的西方国家开始走出危机，全球经济逐渐复苏，6月19日中国人民银行宣布，"将进一步推进人民币汇率形成机制改革，以增强人民币的汇率弹性"，被称为"二次汇改"。此次"汇改"最显著的特征是人民币汇率的定价权开始由完全的货币当局掌控逐渐向市场化演进。

此后，在2012年和2014年中国人民银行先后两次发布公告，宣布进一步扩大汇率波幅，银行间市场人民币兑美元的交易价浮动幅度先后由0.5%逐步扩大至2%，银行为客户提供的美元买卖价差逐步由1%扩大至3%。进入2014年以后人民币兑美元汇率一改长期单边升值态势，进入双向波动"新常态"，双向波幅明显增大。

四、人民币国际化问题

(一)货币国际化的含义

一般认为，货币国际化是指一国货币突破国家和主权的限制，在国际范围内发挥交换媒介、价值尺度和贮藏手段的职能，成为国际货币的过程。所谓的国际货币，对于私人部门而言，能用于国际贸易的结算和国际金融债务的偿还，能用于国际金融工具和外贸交易的计价，能用于存款、贷款和债券的计价；对于官方部门而言，能用于外汇市场干预和国际结算融资，能用于表示汇率关系和作为其他货币的锚，能用于货币当局的国际储备。

判断一国货币是否国际化，一般主要有以下几个标准：

①该国货币在国际交易支付中所占的比重；

②该国货币是否发挥执行价格标准、国际清算货币的作用；

③该国货币在国际投资中所占的比重；

④该国货币是否发挥国际储备资产的职能(国际储备货币)；

⑤该国货币在国际借贷活动中所占的比重；

⑥该国货币是否具有国际干预货币的作用；

⑦该国货币是否在世界范围内发挥价值尺度功能。

一国货币能否国际化是由该国综合经济实力及其在世界经济中的地位决定的，也受该国参与世界经济程度的制约。一般而言，货币国际化的途径主要有三条：

第一种途径，通过国际货币制度的中心货币演变为国际货币（关键货币），诸如英镑和美元。其国际化首先是由经济基础决定，然后凭借大国在政治经济上的优势，以国际协议的形式确定下来。19 世纪至 20 世纪初，英国通过战争和殖民扩张确立的海上霸权和自由贸易政策，奠定了英镑的霸主地位。伴随着国际金本位的确立，加上英国当时的经济实力，世界货币进入了英镑时代。到 20 世纪初叶，英镑一直是资本主义世界最重要的国际支付手段和储备货币。两次世界大战的爆发，使得英国经济出现严重衰退，英镑的国际储备货币地位趋于衰落，并最终逐渐被美元所取代。第二次世界大战后，美国经济实力急剧增长，并成为世界最大的债权国。美国的黄金储备从 1938 年的 145.1 亿美元增加到 1945 年的 200.8 亿美元，约占世界黄金储备的 59%。随着 1945 年布雷顿森林体系的建立，美元取代英镑成为国际结算和支付、国际储备的主要货币。

第二种途径，主权国家放弃一定的货币发行权，在区域范围内甚至全球范围内实现货币的统一，诸如欧元。欧盟内区域经济一体化是政府强势政策推动的结果，欧元的诞生是区内各国协调与合作的结果，是货币国际化的一种创新。欧元区内各成员国放弃各自的货币主权，创立了一种新的区域性货币——欧元，这种单一货币的流通有利于提高各国经济的开放性，推进生产要素在各成员国之间的流动，消除欧元区成员国之间经济交流的汇率风险。欧元的出现，对以美元为主的国际外汇储备格局形成了冲击，在国际贸易中，以欧元结算的比例逐步提高，欧元的储备货币的性质有所加强。

第三种途径，通过对外贸易和投资等途径推动本币成为国际货币。目前，日元国际化是这种途径的典型，很多新兴工业化国家本币国际化也采取这种方式。日元国际化和金融资本市场的自由化同步迅速发展，欧洲日元市场的放开和东京离岸市场的建立是日元国际化的关键步骤。在其经济鼎盛时期，世界贸易中对日元的需求大量增加，日元的国际化进程是自然发展的。但是在日本经济出现衰退后，日本政府开始积极地推动日元国际化进程，借助日元国际化的进程带动国内金融改革，改变了日本经济二重结构的特点，从而提高金融业效率，推动金融改革。

（二）人民币国际化问题

近年来，中国经济实力迅速增长，对外经济交往不断扩大，尤其是 1997 年亚洲金融危机以来，人民币汇率表现坚挺，使其在周边国家和地区被接受的程度不断提高，在新加坡、中国香港和东京还出现了一定规模的人民币离岸远期市场，说明人民币正在走向国际化。

早在20世纪80年代，国内就已有学者进行了人民币国际化的研究，大多数学者支持人民币实现国际化，认为：首先，人民币国际化最大的收益之一是分享国际铸币税。所谓铸币税，指货币发行者凭借发行货币的特权所获得的纸币发行面额与纸币发行成本之间的差额。当一国货币管理当局发行本币时，铸币税来源于国内；而如果一国货币成为国际货币，则铸币税部分来源于国外，是对他国资源的占有，是一种额外的国际收入。其次，人民币国际化有助于降低汇率风险，促进国际贸易和对外投资的发展。国内企业能够用人民币结算对外贸易和投资，减低企业的汇率风险和交易成本。第三，人民币国际化有助于提高我国的国际地位，增强中国对世界经济的影响力。人民币实现国际化后，中国就掌握了一种国际货币的发行和调节权，将使那些在国际经济交往中采用人民币的国家和地区对中国经济产生一定程度的依赖性，中国在全球经济调节中将获得更大的发言权和影响力。

人民币国际化也是一把“双刃剑”，既给中国带来收益，也会产生消极影响，这主要表现在：一方面，人民币国际化将削弱我国货币政策的独立性。人民币成为国际货币后，其流通范围将会扩张到世界范围，这会影响中央银行执行货币政策的效果，降低货币管理当局控制基础货币、调控国内经济的能力，国内货币政策将面临更加严重的内外均衡冲突问题。另一方面，人民币国际化使得中国经济金融遭受外来冲击的可能性增大。人民币国际化意味着中国经济与世界经济紧密地联系在一起，通货膨胀、经济或金融危机都可能较为容易地传递到国内。在金融自由化和全球金融一体化快速发展的今天，大量的资本在国际间自由流动，人民币被外国大量持有后，国外货币偏好的变化，往往会引起大量资本流动，从而产生资本外逃或大规模资本流入，给本国经济带来冲击和影响。

尽管一国货币国际化会给该国带来种种消极影响，但从长远看，国际化带来的利益整体上远远大于成本。美元、欧元等货币的国际化现实说明，拥有了国际货币发行权，就意味着获得了制定或修改国际事务处理规则方面的巨大的经济利益和政治利益。

人民币国际化不是一蹴而就的事情，虽然当前中国经济实力和综合国力不断增强，对外贸易和外汇储备总额在世界上位居前列，人民币币值长期稳定且较为坚挺，在越南、蒙古、缅甸等周边国家已经发挥着国际储备货币的功能。但是，要真正成为一种国际货币，人民币尚需具备以下条件：

首先，人民币必须实现完全可自由兑换并被世界各国普遍接受。只有一种货币实现自由兑换后，才能被普遍地用于国际经济交往，才能充当国际结算和储备货币。同时，货币是信用经济的产物，超越国家主权而成为其他国家愿意持有的货币，关键在于公众信心，即境外持有人民币的人们相信人民币的币值是稳定的。虽然1997年亚洲金融危机以来，人民币汇率一直表现出稳中有升的态势，树立了人民币币值稳定可信的形象。然而，人民币自1996年实现了经常项目下自由兑换以来，对于资本与金融账户仍然实行较为严格的兑换管制。人民币尚未实现完全可自由兑换，这限制了人民币国际化进程的推进。

其次，国内市场开放度大、市场经济体系完善且市场机制能充分发挥作用。这主要表现在本国外汇管制相对放松，国内金融市场较为成熟且具有发达的金融衍生工具和交易，同时利率和汇率已经实现市场化、自由化。人民币作为国际储备被其他国家接受之后，这些境外的货币需要保值增值，也就是需要一个功能齐全的人民币金融市场。美、英、日及欧元区都有发达的金融市场来满足各国政府、企业和个人保值增值要求。从我国发展状况看，虽然2005年人民币汇率改革后，汇率相对浮动范围扩大，但国内利率尚未实现市场化，且国内金融市场相对落后，功能尚不齐全，金融体系也有待健全，还缺乏能对冲外汇风险的有效的金融衍生工具。

最后，宏观经济相对稳定，政府能够对宏观经济进行有效的调控。这主要在于一国的财政政策、货币政策等宏观经济政策能够创造一个有助于本国货币国际化的宏观经济环境，并能适应国际、国内经济周期变化，能够应对货币国际化后来自外部的冲击和影响，并通过以经济手段为主的有效宏观调控，保持币值的相对稳定性。当前中国宏观经济形势稳定，国民经济呈现出快速健康发展的态势，但是由于国内利率等尚未实现市场化、金融市场相对落后，因此有关宏观经济政策对内外均衡的调整效力受到影响。

虽然受国内外某些条件的约束，人民币尚不能快速实现国际化，但是从长远看，人民币国际化是体现中国软实力的标志之一，应该成为中国发展的长远战略目标之一。当前国内已经采取了一系列重大的经济、金融体制改革，体现在货币国际化方面主要有：2001年以来我国加快了资本项目可兑换过程，目前，外资不仅可以进入中国的B股市场，还能够通过参与国有企业的改组、改造以及QFII制度进入中国的A股市场；2003年4月起，外资还可以对境内企业进行股权和资产并购；允许外汇指定银行的分支机构在边贸地区加挂人民币对边贸国货币的汇价，建立和完善边境地区银行结算机构等；2005年改革了人民币汇率制度，完善了人民币汇率形成机制；2009年4月，决定率先在上海市和广东省的广州市、深圳市、珠海市和东莞市五市开展跨境贸易人民币结算试点，这将迈开人民币走向国际化的关键一步，有利于人民币国际地位的逐步提升。而上海多功能金融中心的形成，特别是金融市场体系的完善将为推进人民币国际结算试点、逐步走向国际化提供基础支持，有助于提升人民币在国际货币体系中的地位，成为未来国际货币多元化中的“一极”。

由此，我们可以规划出未来人民币国际化的路线：首先要实现准周边化，即人民币在周边地区以“硬通货”的形式出现，将来人民币可以由准周边化发展为正式周边化，进而发展为正式区域化及准国际化，最终人民币将真正实现国际化；同时，与之相配合，人民币可依次成为周边国家贸易结算货币和区域性的投资货币，最后人民币将成为国际储备货币，为全球各国所接受。

【思考题】

1. 什么是固定汇率制度和浮动汇率制度？试分析二者的优劣之处。

2. 试述依附论、制度消失论、原罪论、经济结构论、政策搭配论、害怕浮动论、政府声誉论等汇率制度决定理论的中心内容。

3. 试从正反两个方面思考开放经济下三元悖论的含义。

4. 试分析一国货币管理当局进行外汇管制的原因与具体方式。

5. 请结合我国具体情况，分析外汇管制的利弊。

6. 当前中国外汇管理体制的主要内容有哪些？请结合理论，分析今后我国外汇管理体制的改革方向。

7. 什么是货币国际化？结合现实，分析人民币能否实现国际化？要实现人民币国际化，国内还需进行哪些配套改革？

【案例分析题】

人民币国际化的新突破

近年来，随着中国经济实力的增强和对外经济交流的扩展，人民币国际化问题变得越来越重要。鉴于此，管理层开始着力推动人民币的国际化，并在这一领域取得了许多重要的突破。

首先，跨境人民币结算业务飞速发展。2011 年 8 月，中国人民银行会同五部委发布《关于扩大跨境贸易人民币结算地区的通知》，跨境贸易人民币结算的地域范围扩大至全国。此外，跨境人民币业务从经常项目扩展至部分资本与金融项目。2011 年 1 月和 10 月，中国人民银行分别发布《境外直接投资人民币结算试点管理办法》和《外商直接投资人民币结算业务管理办法》，允许境内企业以人民币进行对外直接投资和境外投资者以人民币到境内开展直接投资。人民币在跨境贸易和直接投资中的使用规模稳步上升。2014 年，经常项目人民币结算金额 6.55 万亿元，对外直接投资人民币结算金额 1865.6 亿元，外商来华直接投资人民币结算金额 8620.2 亿元。

其次，资本与金融项目逐步放开。2011 年 10 月《关于境内银行业金融机构境外项目人民币贷款的指导意见》，明确了商业银行开展境外项目人民币贷款的有关要求。2013 年 7 月，境内非金融机构可以开展人民币境外放款业务和对外提供人民币担保。2011年12月，中国证监会、中国人民银行、国家外汇管理局联合发布《基金管理公司、证券公司人民币合格境外机构投资者境内证券投资试点办法》，允许符合一定资格条件的境内基金管理公司、证券公司的香港子公司作为试点机构，运用其在港募集的人民币资金在经批准的人民币投资额度内开展境内证券投资业务。2013年3月，人民银行、证监会、外汇局修订RQFII试点办法，扩大试点机构范围，放宽投资比例限制。2014年11月，出台人民币合格境内机构投资者(RQDII)制度，合格的境内机构投资者可以运用来自境内的人民币资金投资境外金融市场的人民币计价产品。2014年11月17日，沪港通试点正式启动。此外，人民币国际债券市场发展迅速。根据国际清算银行(BIS)的统计，截至2014年年末，以人民币标价的国际债券余额5351.18亿元，其中境外机构在离岸市场上发行的人民币债券余额5304.8亿元，在中国境内发行的人民币债券(熊猫债)余额46.3亿元。

最后，人民币国际化的基础条件趋于完善。第一，中国人民银行与多国政府签订双边本币互换协议。截止到2015年5月，中国人民银行已与32个国家和地区的货币当局签署了互换协议，协议总规模约3.1万亿元人民币。第二，与多个国家建立了人民币清算安排。截至2015年5月，人民银行共在15个国家和地区建立了人民币清算安排。人民币清算安排的建立，有利于这些国家和地区的企业和金融机构使用人民币进行跨境交易，进一步促进贸易投资便利化。第三，人民币离岸交易中心逐步建立起来。继中国香港之后，伦敦、新加坡、巴黎、卢森堡、法兰克福、首尔等都纷纷成为人民币离岸交易中心，这对人民币的国际化起到巨大的推动作用。

目前，人民币已成为全球第二大贸易融资货币、第五大支付货币、第六大外汇交易货币。2015年12月1日凌晨1时，国际货币基金组织(IMF)公布将人民币正式纳入特别提款权(SDR)货币篮子，所占权重为10.92%，位于美元、欧元之后，超过日元和英镑，成为SDR第三大篮子货币。这代表着各国对人民币国际化程度的一种认可，并会进一步提高国际金融市场对人民币的信心，提升人民币的国际地位。

思考：人民币国际化对于人民币汇率制度的进一步改革有什么影响？中国实施的“一带一路”战略可以在哪些方面对人民币国际化起到显著的促进作用？

第六章　国际金融市场

随着国际经济一体化和现代通讯技术的发展，国际资本流动的规模早已超过了国际贸易额，形成了庞大的国际金融市场。国际金融市场在世界经济中发挥着日益重要的作用，商品、劳务、资本的国际性转移，外汇、黄金、证券等的国际交易，以及国际货币体系的运转等各种国际经济活动都离不开发达的国际金融市场，创新的融资技术、金融交易工具和交易规则等为各类投资者提供了一个广阔又充满魅力的国际舞台。而国际金融市场的稳定与否也直接关系到世界各国经济的稳定与发展。

【本章学习目标】

1. 了解国际金融市场的构成，欧洲货币市场的形成过程，以及二战以来国际金融创新的主要内容。

2. 掌握国际金融市场的结构，国际货币市场、国际资本市场、国际黄金市场的发展现状。

3. 学会正确理解“欧洲”一词在经济上的含义，能够对国际金融市场的走势做出分析与判断。

第一节　国际金融市场概述

一、国际金融市场的概念

国际金融市场(International Financial Market)是指从事各种国际金融业务活动的场所或以现代化通信设施相连接的网络体系，包括国际货币市场、国际资本市场、国际外汇市场、国际黄金市场以及金融衍生工具市场等。

国际金融市场可以是有形的市场，作为国际性金融资产交易的场所，往往是国际性金融机构聚集的城市或地区，也称为国际金融中心。它们已经遍布于北美、欧洲、亚太、中东和拉美及加勒比海地区，其中既有传统意义上的国际金融中心，也有新型的离岸金融中心。在这些金融中心有相当数量的具体市场如各国的证券交易所，交易非常活跃；另一方面，国际金融市场也可以是无形的，这个无形的市场由各国经营国际金融业务的机构如银行、非银行金融机构或跨国公司构成。它们在国际范围内进行资金融通、有价证券买卖及其有关的国际金融业务活动，是通过电话、电传、计算机等现代化的通信设施相联系的网络体系来完成的。

国际金融市场可以分为传统的国际金融市场和新型的国际金融市场。传统的国际金融市场又称在岸金融市场(Onshore Market)，是指从事市场所在国货币的国际借贷，并受市场所在国政府政策与法令管辖的金融市场。传统的国际金融市场是国际金融市场的起点，一般都是以本国雄厚的综合经济实力为后盾，依靠国内优良的金融服务和较完善的银行制度发展起来的。传统的国际金融市场与国内金融市场存在密切的内在联系，是在国内金融市场的基础上自然形成的，世界上一些主要的国际金融市场如早期英国的伦敦，两次世界大战前后美国的纽约及二战后日本的东京等都是如此的轨迹。国内金融市场是本国居民之间发生金融资产交易的场所，交易的对象一般是本国货币，空间范围也仅限于本国境内。当金融资产交易的主体扩大到非居民，交易范围超越国境之外，国际金融市场就逐步形成了。传统的国际金融市场之所以被冠以“在岸”名称，这个“岸”不是地理意义的概念，其主要特点是：①该市场要受到市场所在国法律和金融条例的管理和制约，各种限制较多，借贷成本较高。②交易活动是在市场所在国居民和非居民之间进行。③通常只经营所在国货币的信贷业务，本质上是一种资本输出的形式。因此，传统的国际金融市场还称不上真正意义上的国际金融市场。

新型的国际金融市场又称离岸金融市场(Offshore Market)或境外市场(External Market)，是指非居民的境外货币存贷市场。“离岸”不是地理意义上的概念，而是指不受任何国家国内金融法规的制约和管制。因此，离岸金融市场有如下特征：①市场参与者是市场所在国的非居民，即交易关系是外国贷款人和外国借款人之间的关系。②交易的货币是市场所在国之外的货币，包括世界主要可自由兑换货币。③资金融通业务基本不受市场所在国及其他国家的政策法规约束。离岸金融市场的产生主要是制度和政策推动的产物，它突破了国际金融市场首先必须是国内金融市场的限制，使国际金融市场不再限于少数发达国家的金融市场，而是向亚太地区、中东、拉美和全世界范围扩展。以上特征表明离岸金融市场是国际化的金融市场，是真正意义上的国际金融市场。

国际金融市场的构成如图 6-1

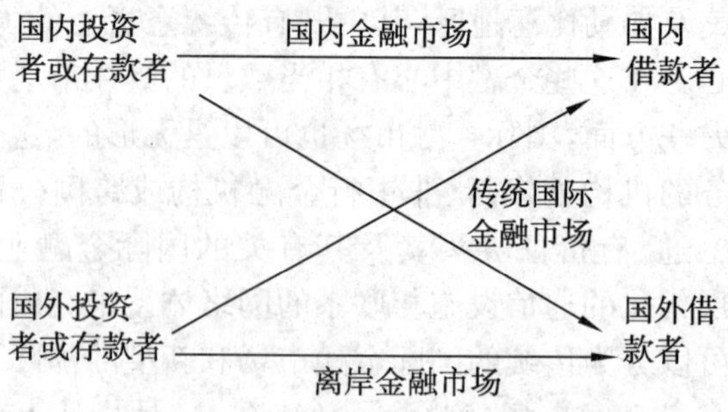

图 6-1 国际金融市场的构成

二、国际金融市场的结构

国际金融市场的结构一般是按市场功能的不同来划分的。在广义上包括国际货币市场、国际资本市场、国际外汇市场、国际黄金市场以及金融衍生工具市场。

(一)国际货币市场和国际资本市场

从狭义的角度讲,国际金融市场就是国际资金借贷和融通的市场。根据融资期限长短划分,国际金融市场由国际货币市场和国际资本市场构成。

国际货币市场(International Money Market)是资金融通业务和借贷期限在一年(含一年)以下的短期资金市场。国际货币市场的主要功能是为政府、中央银行、工商企业及个人等参与货币市场交易的各方调节短期资金余缺,解决临时性资金周转困难。货币市场具有期限短、资金周转速度快、数额巨大、金融工具流动性强、货币性较强、价格波动小、投资风险较低等特征。国际资本市场(International Capital Market)是指经营一年期以上的国际性中长期资金借贷和证券业务的国际金融市场。其主要功能,一是提供一种使资本从剩余部门转移到不足部门的机制,使资本在国际间进行优化配置;二是为已发行的证券提供充分流动性的二级市场,以保证市场的活力。国际资本市场与国际货币市场相比,其特征是期限较长,资产价格波动和投资风险较大。

(二)国际外汇市场

国际外汇市场(International Foreign Exchange Market)是进行国际性货币兑换和外汇买卖的场所或交易网络,是国际金融市场的核心。外汇市场作为国际经济联系的纽带,集中反映了国际经济、世界金融及各国货币汇率变化的趋势,为促进国际贸易、信贷、投资及各种国际资金活动的实现提供了便利条件。随着现代通信技术和国际金融业的迅猛发展,外汇交易日益脱离实物经济。电子技术的广泛应用,现代化通信设施使世界各外汇市场的交易都可以通过电传、电报、计算机网络进行,从而形成全球统一市场。由于外汇市场的国际化和全球化,外汇市场动荡在各市场间迅速传递和扩张的可能性增强。

(三)国际黄金市场

国际黄金市场(International Gold Market)是世界各国集中进行黄金交易的场所,是国际金融市场的特殊组成部分。虽然随着国际金本位制的消亡以及信用货币制度的建立,黄金已退出货币流通领域,黄金市场逐渐在名义上成为一种贵金属商品市场。但由于黄金市场既是国家调节国际储备资产的重要手段,也是居民调整个人财富储藏形式的一种方式,黄金的保值、清偿功能的现实延续,使黄金在实质上仍然保留货币的作用,黄金市场仍然属于国际金融市场。

目前世界上有五大国际性黄金市场:伦敦、苏黎世、纽约、芝加哥和香港,它们都可以进行现货和期货交易,但都有侧重。如伦敦是历史最悠久也是最重要的现货市场;苏黎世黄金市场的交易也以现货交易为主,而且也是世界最重要的金币市场;纽约和芝加哥的黄金市场期货交易量巨大,是世界黄金期货交易的中心;香港黄金市场既有现货交易也有期货市场,但以期货交易为主。由于黄金交易方式和类型的不同,这五大黄金市场形成了两大黄金集团:伦敦—苏黎世集团,纽约、芝加哥—香港集团,其市场价格的形成及交易量的变化对世界上其他市场有很大影响。20世纪70年代以来,国际黄金市场发展很快,黄金期货市场发展迅猛,交易手段日益先进,市场规模进一步扩大,数量不断增加,全世界已经有大约40多个国际黄金市场,时差因素也把分布在世界各地的黄金市场连为一体,基本上形成了一个24小时进行交易的全球性黄金市场。

(四)金融衍生工具市场

金融衍生工具市场(Derivatives Market)也称派生市场,是相对于商品市场、资本市场、证券市场等基础市场而言的。该市场交易的对象是金融衍生工具,它是当代金融创新最重要的成果之一。金融衍生工具是一种交易者为转嫁风险的双边合约,其价值取决于基础市场工具或资产的价格及其变化。金融衍生工具市场既包括标准化的交易所,也包括场外交易(柜台交易),即OTC交易。金融衍生工具市场主要有金融期货市场、期权市场、互换市场、远期合约市场等。金融衍生工具市场的出现导致了整个金融体系结构性的变革。

三、国际金融市场的新发展

2007年底以来,美国次贷危机爆发,逐步演变为金融危机并向国外扩散。特别是2008年9月份以来,国际金融形势急剧恶化,迅速演变成上世纪大萧条以来最严重的国际金融危机。金融危机又迅速影响实体经济,全球性经济衰退的风险明显增大。全球各国政府相继或联合采取了一系列的措施来加强对金融机构和金融市场的支持,除直接对金融机构的接管以及通过货币政策大量注入流动性以外,

还涉及一些制度调整方面的内容，将给未来的国际金融发展造成一些长远的影响。国际金融市场发展目前呈现出新的特征和趋势：

（一）重构国际货币体系

1944年形成的布雷顿森林体系，以黄金为基础、以美元作为最主要的国际储备货币，美元直接与黄金挂钩，各国货币与美元固定汇率挂钩，并可按35美元一盎司的官价向美国兑换黄金。1973年布雷顿森林体系正式瓦解后，尽管美元不再承担兑换黄金的义务，欧元、日元实力日强，但美元的核心地位没有改变。

美国作为国际货币的主要发行者，本应该恪守世界金融制度，增强美元的货币责任意识，防止滥用货币发行权。但从这几十年特别是近十来年的实践看，美国没有肩负起相应的职责，利益和责任失衡。2005年，美国GDP12.5万亿美元，贷款余额18万亿美元，超过GDP50％，股票市值20万亿美元，超过GDP60％。美国政府欠债超过10万亿美元，人均负债3万美元。各项金融指标的狂涨意味着大量的泡沫，必将带来金融动荡。从宏观上看，这次国际金融危机是现有世界货币体系的积弊所致。因此，重构适应国际经济新秩序的货币体系是必然趋势。

未来的世界货币体系可能是美元、欧元、亚元（以人民币和日元为主的亚洲货币）三大世界主体货币三足鼎立的新体系。三大货币之间实行相对稳定的浮动汇率，各国货币与三大货币挂钩。三大主体货币对应的国家应实行"G本位"——以GDP为本位。即GDP与银行贷款余额、与股市市值、与房地产市值应该大致相当，虚拟经济与实体经济保持合理的比例。

（二）金融全球化的新趋势

金融全球化首先表现为金融机构设置的全球化、金融业务活动的全球化、资本流动的全球化和金融市场的全球化。同时，随着国际金融市场联动效应日益加强，金融监管也呈现全球化的趋势。

金融市场电脑化、网络化，把全球主要国际金融中心融为一体，打破了不同地区市场时差的限制。通信技术的迅速发展，现代网上金融交易以其快速、不分时间地点的交易方式正在冲击传统的交易所交易方式。在金融证券化趋势推动下，资金能在不同类型市场之间迅速转移，使各类金融市场相互联结，贯通了直接金融和间接金融，并使商业银行、金融公司、投资银行、保险公司及各类基金业务经营上的关系日益密切。

金融的全球化趋势，使各国的金融市场联动效应越来越强。比如头天晚上美国道琼斯指数暴跌，第二天的亚洲股市一般会大幅低开。这就要求各国政府在运用货币政策工具时，要考虑其他国家的反应。特别是面对全球的金融危机时，各国政府在进行金融监管时应加强协商，统一行动。

(三)混业经营遭受质疑

回顾分业经营和混业经营的演变历程，1929～1933年美国的大萧条后，各界进行了系统反思和总结，其中一个结论就是混业经营使大量的银行资金流入股市，一旦股市大幅下跌，就会直接损伤银行，导致美国有20%以上的银行倒闭。1934年，美国制订了《格拉斯-斯蒂格尔法案》，切断了银行和证券之间资金流动渠道，进行分业经营。随后在分业经营的银行与欧洲多元化的银行的竞争中，美国的银行遇到了挑战。因此又逐步恢复为混业，促进多元化经营，并于1999年制订《金融服务现代化法案》，彻底取消了对金融机构混业经营的限制，使金融衍生品市场迅速发展，包括次贷证券在内的大量衍生品被推向市场。

这次引发全球金融危机的次级债危机，使花旗、摩根大通等金融大鳄遭受重创，重要原因就是混业经营使银行在大量介入证券化业务之后，不能有效地在信贷与金融工具投资之间划清界限，防止短期资金流入长期性的金融投资。在这次危机中，欧洲银行的损失整体上要大于美国银行，这在很大程度归因于欧洲银行更长期的混业经营传统，以及构造"全能银行"的理念。经历了这一次金融危机后，诸多大型银行的运营在短期内发生了巨大的反转。为了进行风险隔离、防止风险传染，分业经营可能在一定的时期内重新成为主流。

第二节　国际货币市场

一、国际货币市场的作用和影响

国际货币市场一般借款期限短、数额巨大、借款成本低、风险小。银行同业拆借在国际货币市场中占主导地位，而且其金融交易多为不需交纳抵押品的纯信用交易，均无需签订协议，手续简便。货币市场资金周转量大，周转速度快，而且交易的证券大多具有准货币或近似货币的性质，变现性极高，所以该市场一般成为中央银行实施其货币政策的主要对象，在世界经济和国际金融市场的发展中发挥了重要作用。

(一)国际货币市场推动了二战后世界经济的恢复和发展

国际货币市场资金充足，规模巨大，流动速度快，为战后欧洲经济的复兴、日本经济的高速增长以及发展中国家民族经济的起飞注入了大量资金。从1973年开始，国际贸易增长的速度一直大于世界生产的增长速度。国际贸易的快速增长与国际货币市场的资金支持是密不可分的，国际贸易的发展又推动了整个世界经济的发展。国际货币市场对缓解全球性的国际收支不平衡发挥了很大作用。国际货币市场为资金的短期流动提供了方便的途径，使资金盈余国家和资金短缺国家可以通过国际货币市场调剂资金需求，从而缓解了许多国家国际收支状况。

(二)国际货币市场推动了国际金融市场一体化

国际货币市场的产生和发展打破了传统的国际金融市场相互分割的状态，遍布世界的离岸金融市场通过现代化通信设备使不间断的交易活动联系起来，适应了世界经济一体化以及生产国际化发展的需要，并促进了国际金融市场全球一体化的进程，使国际金融市场的各种潜力得到最大限度的发挥。国际金融市场一体化打破了地区界限，一国的经济发展不再严格受到国内储蓄限制，资本可以得到更加有效的运用，从而在世界范围内优化资源配置。全球一体化的市场能为国际贸易融通大量资金，并为国际贸易中的风险管理创造条件，从而促进国际贸易发展。国际金融市场全球一体化扩大了信息传播的范围，信息的分布更加迅速、均匀，为金融市场运行效率的提高创造了条件。

(三)国际货币市场加速了金融创新的过程

国际货币市场由于没有管制，交易自由，为金融创新提供了良好的外部环境。50 年代至今金融创新都非常活跃，金融工具创新层出不穷，如欧洲债券、平行贷款、浮动利率票据、票据发行便利、远期利率协议、长期贷款的证券化等都出现在国际货币市场。

(四)国际货币市场的负面影响

国际货币市场利率不受任何国家政府法令限制，资金通过银行的多次转存，形成极为复杂的连锁关系，若个别银行发生清偿困难或倒闭时，就会引起连锁反应。就像这次金融危机中的雷曼兄弟破产后，许多的大银行纷纷倒下。国际货币市场没有一个中央银行作最后融资的支持者，本位主义和保护主义的存在，使各国中央银行也很难达成一致的意见，采取一致行动。所以这对国际银行体系的安全运转埋下了隐患，一定程度上也削弱了各国货币政策的效力，影响国际金融市场和各国货币金融的稳定。

二、欧洲货币市场的形成和发展

欧洲货币(Eurocurrency)又称境外货币(Off-shore Currency)，是在货币发行国境外被存储和借贷的各种货币的总称。它并非指欧洲国家的货币，“欧洲”一词也不是地理意义上的概念，而被赋予了经济上的含义，是“境外”、“离岸”和“在货币所在国管辖之外”的意思。最早出现的欧洲货币是欧洲美元，即境外美元，后来扩展到欧洲英镑、欧洲马克、欧洲日元、欧洲瑞士法郎等等。货币名称之前被冠以“欧洲”，是因为欧洲美元最初是在欧洲地区的银行被交易的。欧洲货币市场起源于20 世纪 50 年代末的英国伦敦，其货币是欧洲美元(Euro—dollars)，因而也叫欧洲美元市场。后来这个市场逐渐扩大，其主要借贷货币不仅有欧洲美元，还有其他国家的货币，如英镑、马克、法国法郎、瑞士法郎和日元等。这些货币和美元一起形成范围广泛的欧洲货币市场。欧洲美元在欧洲货币市场的交易量中所占比重最大，一直是欧洲货币市场交易的主体。

欧洲货币市场是以欧洲美元的出现而产生的。欧洲美元是指存放在美国境外银行的美元存款。第二次世界大战后，美国对西欧所提供的大量经济援助和军事援助，使大量的美元流入西欧。当时英国政府出于振兴战后经济和恢复英镑地位的考虑，准许伦敦的商业银行接受美元存款和办理美元信贷业务。另外，早在50年代初期，由于冷战期间东西方关系恶化，苏联和一些东欧国家鉴于美国冻结了中国在美国的存款这一情况，便把它们持有的美元转存到美国境外的银行中去，多数存在伦敦，这是最早的欧洲美元。于是首先在伦敦开始了以欧洲美元为主的外币交易，但数量不大。

1957年发生英镑危机，英国政府为保卫英镑加强了外汇管制，禁止英国商业银行用英镑对英镑区以外的国家和地区进行贸易融资，致使英国商业银行纷纷转向经营美元，开始大量地吸收美元存款，利用美元存款贷给国际贸易商，这就使欧洲美元的数量大大增加起来。这样，一个在美国境外经营美元存放款业务的新兴欧洲美元市场即后来的欧洲货币市场便形成了。

1958年以后，美国国际收支逆差逐渐扩大，对外负债逐年增加，获得国际收支盈余的国家将大量美元存放在西欧各国的银行，为欧洲美元市场提供了大量资金。同时，50年代末，西欧一些国家取消了外汇管制，恢复了货币的自由兑换和资本的自由流动，于是不但美元在欧洲可以自由买卖，而且欧洲的境外货币种类也大为增加，这就为欧洲货币市场的顺利发展铺平了道路。

除了以上欧洲货币市场形成的原因之外，二战后产生的国际化和资本的国际化发展，也是推动欧洲货币市场形成的重要原因。二战后，国际贸易和国际直接投资迅猛发展，跨国公司和跨国银行的活动范围日益扩大，资本的国际化迅速发展。在跨国公司的经营活动中，一方面有大量的暂时闲置资金要获得收益，另一方面又要大量地筹集资金以满足国际经营和投资的需要。这就要求货币的国际化和金融市场的国际化，以便资金可以在国际间灵活地运用和相互调拨，而不受一国政府的管制。这是欧洲货币市场产生和发展的最深厚的经济根源。

进入60年代，美国的国际收支逆差越来越大，美国为了平衡国际收支，采取了一系列限制资本外流的措施，如1963年7月实行的利息平衡税，规定美国购买国外有价证券所获得的高于本国证券利息的差额，必须作为税款上缴。1965年1月的“自动限制贷款计划”限制美国银行对外国人的贷款数额。1968年1月美国政府又对对外投资实行强制性控制。这些都使美元通过跨国公司和外国公司转向欧洲货币市场，以逃避管制。此外，美国联邦储备银行的“Q条例”对银行定期存款利率规定了上限,但此项措施不适用于境外银行,境外银行的利率水平完全随市场的供求而浮动,不受任何法规的管制。在60年代中期,市场利率上升后,大量存款便从美国银行提出,转存于欧洲货币市场。美国联邦储备银行的"M条例"规定,美国商业银行对国外银行的负债必须缴纳存款准备金,而美国国外分行不受此项条例的约束,国外的欧洲美元不必缴纳任何存款准备金,这又使大量的国内存款变成欧洲美元存款,而美国的海外企业也不愿意将海外经营利润汇回国内,而投向欧洲货币市场。

20世纪60年代末70年代初,由于投机性短期资本的冲击,西德、瑞士等国曾采取对非居民存款不付利息,甚至倒收利息的限制性措施,导致大量资金涌向欧洲美元市场。有的国家为遏制通货膨胀,采取鼓励持有外币的措施,以减少本国货币的流通和供应,从而造成境外居民的本币户改成境外居民的外币户,助长了欧洲美元市场的扩大。

20世纪70年代以后,一些新的因素推动欧洲货币市场继续扩张。第一,美国持续巨额的国际收支逆差,使国际市场美元供给增多。1971年美国宣布停止黄金与美元兑换,使各国中央银行及商业银行的美元大部分流入欧洲货币市场。第二,1973年后,国际市场石油大幅提价,石油输出国获得巨额盈余资金,即石油美元,石油美元大量地投入到欧洲货币市场生息获利,使欧洲货币市场存款总额急剧增加和市场规模迅速扩大。第三,跨国公司巨额资金的借贷活动继续成为欧洲货币市场发展的推动力。第四,发展中国家和社会主义国家为发展民族经济,也到欧洲货币市场筹措资金。

进入20世纪80年代,欧洲货币市场的资产总额继续成倍增长。从80年代中期到90年代初,欧洲货币市场的增长速度因金融自由化的影响稍有回落,但90年代中期以后,其增长规模又有所扩大。欧洲货币市场经过几十年的发展,已从开始的欧洲地区扩展到世界各地。分布在西欧、加勒比和中美洲、中东、亚洲和美国等主要区域的离岸市场已有40多个,经营的币种已扩展到20多种可自由兑换货币。

第三节　国际资本市场

一、国际资本市场的概念

国际资本市场(International Capital Market)是长期资金融通市场,通常是指经营一年期以上的国际性中长期资金借贷和证券业务的国际金融市场。其主要功能是筹措和运用各类国内、国际资金,以满足本国的生产建设和国民经济发展的需要。通常1～5年为中期,5年以上为长期。

国际资本市场的资金主要供应者是商业银行、保险公司、投资公司和信托公司等。资金需求者主要是国际金融机构、各国政府、工商企业、信托公司、房地产公司以及金融公司。国际资本市场从融通资金的方式来看，具体分为银行中长期信贷市场和证券市场。从地域角度看，它是由分布在世界各地的国际资金集散中心所组成，比如伦敦、纽约、东京、法兰克福、巴黎、苏黎世、卢森堡、香港和新加坡等，这些资本市场各自有独特的形成渊源和不尽相同的成长环境，因此其国际资本交易活动也呈现出不同的特点。

二、国际资本市场的构成

国际资本市场是整个国际金融体系中的重要组成部分。国际资本市场的构成见图 6-2。

- 国际资本市场
  - 中长期信贷市场
    - 双边贷款市场
    - 国际银团贷款市场
  - 国际证券市场
    - 国际债券市场
      - 外国债券市场
      - 欧洲债券市场
    - 国际股票市场

图 6-2　国际资本市场的构成

(一)国际银行中长期信贷市场

国际银行贷款(International Bank Loan)指在国际金融市场上，一国银行向另一国借款人提供资金融通的业务。它具有以下主要特点：(1)资金来源广泛。国际上众多的商业银行和银团的资金都可作为借款人的资金来源。(2)有较强的选择性和灵活性。可以借到各种自由兑换的外汇，且无附加条件，手续简便，资金的用途一般不受贷方限制，还本付息的方法较多。(3)成本相对高。贷款利率多以浮动利率为主，与政府贷款或国际金融机构贷款相比，有利率高、期限短的特点。(4)风险大。由于利率水平相对高且普遍采用浮动利率计息，利率、汇率的频繁变动增大了借款人的利率风险和汇率风险。

国际银行的中长期贷款主要分为双边贷款和国际银团贷款两种类型。双边贷款又称独家银行贷款(One Bank Loans)，是一国银行向另一国的政府、银行、企业等借款者发放的贷款。双边贷款信用规模受限于单个银行的贷款限度，期限较短，一般 3～5 年；借款方可以自由支配贷款用途而没有限制；利率水平较低，借款人借贷成本相对较小。借贷双方须签订贷款协议，有时还需借款人所属国家的政府或官方机构担保。

国际银团贷款又称辛迪加贷款(Syndicated Loans)，是由若干家银行组成银团，按共同的条件向借款人提供巨额信贷的一种国际中长期贷款。20 世纪 70 年代以来，辛迪加贷款已成为国际信贷市场上的主要贷款形式。

国际银团贷款对借贷双方都有利。对借款人来说，只需一个贷款协议，一次向国际银团贷款成员银行报告其信用要求，而不必在需要巨额资金时分别告贷于数家银行；对贷款人来说，可以避免对单个借款人过多债权的风险，银行可以参与不同的国际银团贷款，从而达到信用风险分散化目的。另外，许多本来无力单独从事国际贷款的小银行，可以获得大银行的信用分析和判断，以大银行为后盾进入银团。银团贷款尤其对国家借款人非常必要，因为弥补国际收支不平衡以及国内大规模的建设所需巨额资金等只有多家银行共同贷款才能满足。

国际银团贷款与双边贷款相比，具有如下特点：(1)贷款金额很大，最多可达几亿、几十亿美元。(2)贷款期限长，5～15年不等，一般为7～10年，属长期贷款。(3)贷款成本相对较高，除利息之外借款人还需负担代理费、牵头费等各项费用。(4)贷款风险分散，参与辛迪加贷款的各成员银行按各自提供的贷款额的大小分担风险。

国际银团贷款主要由以下银行构成：(1)牵头银行(Lead Manager)。是负责整个银团的组织工作，与借款人联络接洽，准备有关文件，签订贷款合同的银行。借款人一般先要找到一家与自己有密切往来的银行作为贷款牵头银行。如是几家银行牵头，则分别称为牵头银行、经理银行和共同经理银行。(2)代理银行(Agent Bank)。是整个银团的代理人，负责与借款人的日常联系，通知各银行及时拨款，负责计算和收取应偿还的本金和利息等具体工作。代理行可由牵头银行兼任，也可由经理集团指定一家银行担任。(3)参与银行(Participating Bank)。是受牵头银行邀请参与银团提供一部分贷款的银行。参与银行只与牵头行或代理行发生关系，不与借款人发生关系。

近年来，大银行在管理国际银团贷款方面朝着专业中间人的方向发展，即这些大银行组织起一笔国际银团贷款的目的只是为了收取管理费，然后把贷款份额中的大部分卖给较小的银行或其他金融机构。这种方式能够充分发挥辛迪加贷款中各银行的比较优势。

(二)国际有价证券市场

国际有价证券市场是各种有价证券发行和买卖的场所，通常称证券或股票交易所。只有交易所成员发行的证券才能通过证券交易商和经纪人在场内进行买卖。纽约证券交易所、伦敦证券交易所、巴黎证券交易所、东京证券交易所是世界上最大的证券交易所。国际有价证券市场又可分为国际债券市场和国际股票市场。

1. 国际债券市场

国际债券是指一国政府、企业、金融机构等为筹措外币资金在国外发行的以外币计值的债券。按照是否以发行地所在国货币为面值划分为外国债券(Foreign bond)和欧洲债券(Eurobond)。外国债券是发行者在某外国债券市场上发行的以市场所在国货币为标价货币的国际债券,通常把外国债券称为传统的国际债券。欧洲债券是在面值货币所在国以外的国家用欧洲货币发行的债券,债券的发行人、发行地点和计值货币分别属于不同的国家,主要计价货币为美元、英镑、瑞士法郎、日元等可自由兑换货币。

扬基债券、武士债券与龙债券是外国债券常见的三个品种。扬基债券是美国以外的政府、金融机构、工商企业和国际组织在美国国内市场发行的、以美元为计值货币的债券。“扬基”一词英文为“Yankee”,意为“美国佬”。由于在美国发行和交易的外国债券都是同“美国佬”打交道,故名扬基债券。武士债券是日本以外的政府、金融机构、工商企业和国际组织在日本国内市场发行的以日元为计值货币的债券。“武士”是日本古时的一种很受尊敬的职业,后来人们习惯将一些带有日本特性的事物同“武士”一词连用,“武士债券”也因此得名。我国金融机构进入国际债券市场发行外国债券就是从发行武士债券开始的,1982 年 1 月,中国国际信托投资公司在日本东京发行了 100 亿日元的武士债券。龙债券是以非日元的亚洲国家或地区货币发行的外国债券。

发行国际债券一般需要国际公认的评级机构对债券资信进行等级评定,目的是将债券资信状况公布于众,保护广大投资者的利益。债券评级的主要内容包括:第一,债券发行人还本付息的清偿能力;第二,债券发行人在金融市场上的声誉,历次偿债情况,有无违约记录;第三,发行人破产的可能性大小。美国作为评级制度发源地,评级业最为发达。目前美国主要有 5 家评级公司,分别是标准普尔公司(S&P)、穆迪投资者服务公司(Moody)、菲奇公司(Fitch)、达夫公司(D&P)及麦卡锡公司(M&M),其中穆迪、标准普尔两家公司历史最悠久,实力也最雄厚,其他国家的评级制度多受他们影响。有关债券的等级对债券发行人筹资成本影响很大,等级越高,债券的资信越好,支付的利率也越低。但值得注意的是,评级不是发行新债券必须履行的手续,因而欧洲债券的购买者通常并不会很依赖债券评级,发行者的知名度、声誉、承销商的信用是发行价格好坏的主要决定因素。

国际债券发行后,投资者可在债券市场买卖债券。债券的流通市场也称二级市场,是向投资者提供债券交易转让的场所或网络。该市场的存在和发展增强了债券的流动性,也是新发行市场扩大的条件。国际债券的流通一般通过证券交易所和场外交易两种方式进行。场外交易又称店头交易,是债券流通的主要方式。

欧洲债券二级市场的主要交易中心是伦敦、法兰克福、阿姆斯特丹及苏黎世的场外交易市场,交易者通过主要银行间的电信网络进行交易,这个市场的交易者来自欧洲之外许多国家,因而欧洲债券的买卖遵守外汇交易的规范。欧洲债券买入价格和卖出价格的报价者是伦敦、苏黎世、香港等地的一些银行,称为造市者。造市者同时报出债券的买卖价格,两者之间的差额称为价差,只有交易商作为经纪人收到两头投资者的购单和卖单，做成交易，这个价差才成为交易商的赚金。当然交易商不一定同时做债券的买和卖，常常是在找到买主之前，可以先从投资者中购入债券，做多头；或者在从其他投资者购入债券之前，他可以从自己的债券库存中出售部分给投资者，做空头。证券交易商做多头或空头是二级市场增强流动性的重要因素，可以补充债券市场上暂时缺少的需求者或供应者，而不致中断交易。当一笔交易成交后，国际债券的价格就随之确定，但实际的付款与取得债券要在结算日才进行。

国际债券在交易后，便通过会计结算来转移有关各方的债券所有权，而债券本身则极少甚至不会被转移，这一过程就是清算。清算目的是减少因债券交易而发生的成本，使参与者避免交割风险。目前国际债券清算通常委托欧洲清算系统(Euro Clearing System，ECS)和总部设在卢森堡的清算系统塞得尔(Cedel)等两大清算系统进行清算的。这两大系统拥有先进的通信设备，服务周到，安全及时，而且在世界主要国际金融中心都相应设立了债券清算、存放代理机构和货币清算行，对客户很有吸引力。

2. 国际股票市场

国际股票市场是指在国际范围内发行并交易股票的场所或网络。国际股票市场有两种存在形态：一是有形市场，证券交易所是其典型形态；二是无形市场，它是各种现代化通信工具联系起来的交易网络。随着科学技术的迅猛发展，无形市场的地位日益突出。与国际债券市场相比，股票市场国际一体化进程比较缓慢，所有主要的股票市场从根本上讲仍然是国内市场。全球国际股票发行额在整个资本市场资金来源中所占比例远远小于国际债券市场。但 70 年代后期以来，各国逐步取消有关资本国际流动的限制，各国股票市场的国际化步伐加快，跨国股票投资也迅速膨胀，国际股票市场正在经历一个加速发展阶段。

(1)国际股票发行市场。国际股票发行市场又称一级市场，是国际股票发行人发行新股票，投资者购买新股票的运营网络。一级市场是一个无形市场。国际股票的发行分为两种情况，一种是新设立股份公司第一次发行股票，另一种是原有股份公司增资扩展而发行新的股票。

股票的发行方式总的来说有私募和公募两种。私募(Private Placement)是发行公司通过经纪商对少数特定的股票投资者发行股票。国际股票私募对象主要有机构投资者以及与发行人有密切业务联系的公司等。私募发行方式费用低，发行成功可能性大，节省时间，但股票流通性差，且股票的集中使发行公司的经营管理易受干预和控制。公募(Public Placement)是发行公司向社会上的投资者公开发行股票。公募的程序复杂，难度较大，发行人必须达到一定发行资格并向发行地证券管理部门办理注册登记或审核手续并公开信息。但公募发行有活跃的流通市场，筹资潜力大，还可以提高发行人的信誉和国际知名度。公募发行又可分为直接发行和间接发行两种方式。直接发行是指发行公司在市场上一次性直接将股票销售给投资者，不通过发行中介机构。主要用于已上市公司的增资发行如向股东配股、发行红利股和股票分割等。间接发行是发行公司委托投资银行或证券公司代理发行和销售股票。大多数公司到国外首次募股，通常采用间接发行，具体采用三种方式：

①包销发行(Firm Commitment)。即投资银行或证券公司等承销商以低于发行价的价格一次性买下发行公司的全部股票，然后向社会公众销售，买卖差价即为承销商的收入。包销形式对发行人来说可以及时得到资金，风险完全由承销商承担，但发行费用较大，发行人也无法获得可能出现的发行溢价的好处。包销是最常见的承销方式，流行于美国。

②推销(Best Efforts)。即发行公司委托投资银行或证券公司代理发行销售股票，承销商不承担承购股票的义务。发行风险仍由发行公司承担，包括发行的失败。

③助销(Stand-by Underwriting)。即发行公司和投资银行或证券公司签订公开募集合同，证券公司保证全部买下剩余未推销出去的股票，前提是发行公司支付较高的费用。对发行人来说，支付较高的发行费用能保证按计划筹集到资金，并可享受可能的溢价好处。

(2)国际股票流通市场。国际股票流通市场又称二级市场，是指已发行的国际股票在投资者之间转让买卖的场所或交易网络。它是国际股票市场最为活跃的部分，它为国际股票提供了流动性，推动了整个国际股票市场的发展。

国际股票流通市场的组成成分包括证券交易所、证券交易自动报价系统、证券经纪人、证券自营商、投资人、证券交易清算系统以及证券监管机构等。国际股票流通市场目前可分为四个层次，其中主要国际性证券交易所处于核心地位，此外还有迅速发展的场外交易市场，就是常说的 OTC 市场。OTC 市场近年来又分离出两个市场，即第三市场和第四市场。

①证券交易所。证券交易所是有组织地进行股票集中交易的有形固定场所。证券交易所提供完备的交易设施和快捷的清算信息服务，流动性很强。证券交易所一般有会员制和公司制两种组织形式。公司制证券交易所是以股份公司形式设立的，以盈利为目的的法人实体；交易所与证券商的关系是契约关系，注册合格的证券商进场买卖，交易所收取股票成交的佣金。会员制证券交易所是由会员出资共同设立不以盈利为目的的法人实体，交易所的会员必须是出资的证券经纪人或证券商，只有会员才能参加证券交易，非会员的交易只能通过会员在交易所中代为买卖。会员制是当前国际股票市场主要采用的组织形式。

目前世界三大证券交易所为东京证券交易所(TSE)、伦敦证券交易所(LSE)和纽约证券交易所(NYSE)。它们位于不同的时区，交易时间正好衔接。另外，代表国际股票市场发展潮流的伦敦国际股票市场，采用先进的国际证券交易自动报价系统，通过卫星线路与东京、纽约等地的报价系统联网，在计算机上对国际股票进行实时报价，从而形成24小时不间断的股票交易。

②场外交易市场(Over-the-Counter Market，OTC)。场外交易市场也称柜台市场或店头市场，它是主要的场外市场，是在证券交易所外从事股票交易的无形市场。柜台市场是一个广泛而分散的市场，证券商在自己的营业网点为许多未上市的股票提供柜台交易，众多的证券商是柜台交易方式的造市者(Market Maker)，对股票实行双向报价，即报出股票的买卖价格，一方面证券商用自己的资金买入股票，另一方面将股票转卖给投资者，使潜在的供求双方结合起来。投资者在柜台市场买卖股票时，可以委托证券经纪人也可以通过电话、电报、电传等形式与证券交易商直接交易。

③第三市场。它是通过将原来在证券交易所上市交易的股票移至场外交易而形成的无形市场。第三市场已从柜台市场发展成独立的市场。第三市场的发展原因是股票投资机构化，由于机构投资者需要为场内交易的大额股票交易支付大笔佣金，一些证券商为吸引这类业务，就适当缩小买卖差价，把上市股票的交易拉到场外进行。第三市场近年来发展极为迅速。

④第四市场。第四市场也是场外交易市场的一种扩展，是投资者直接进行股票交易的市场。第四市场也是因机构投资者的大额交易需求产生的。机构投资者的一些大额股票交易甚至不通过证券商，而是直接寻找交易对方，私下协商成交，主要目的也是节约交易费用。近年来，由于计算机自动报价和交易系统的发展，投资者之间的联系更方便，第四市场得以发展。

目前国际股票市场的特点是：国际股票市场国际化趋势日益明显，全球各大股票市场联动效应日趋加强，经常出现同涨同跌的局面。金砖四国为代表的新兴发展中国家由于经济的强劲增长，股票市场在国际股票市场中发挥越来越大的影响作用。

(3)股票价格指数。国际股票市场行情是反映所在国政治经济和世界政治经济情况变化的重要指标，而反映股票市场走势的是股票价格指数。所谓股票价格指数就是市场上部分或全部股票平均价格变动的百分比，即以某时间作为基期(通常基期的市场平均价格为100)，再用以后各时期的股价除以基期价格而计算出来的百分比。世界各国的股票市场都有自己的股价指数，有较大影响的股票价格指数主要有：

①道·琼斯股票价格平均指数。这是美国历史最悠久的股票价格指数，也是世界上影响最大、使用最广的股价指数，由道·琼斯公司创始人查尔斯·道于1884年开始编制。1928年10月1日首次公布了30家工业股票平均指数。目前的道·琼斯股票价格平均指数是以1928年10月1日为基期，基数为100，以后各期股票价格都是同基数相比计算出的百分数。道·琼斯股票价格平均指数共分四种：第一种是道·琼斯工业平均指数，由美国30家有代表性的大工业公司的股票价格加权平均计算出来。第二种是道·琼斯运输平均指数，由美国20家铁路、轮船、航空等公司的股票价格加权平均计算出来。第三种是道·琼斯公用事业平均

指数，由15家最大的煤气、电力公司的股票价格加权平均计算出来。第四种是平均价格综合指数，是由上述三个平均数的65种股票加权平均计算出来。

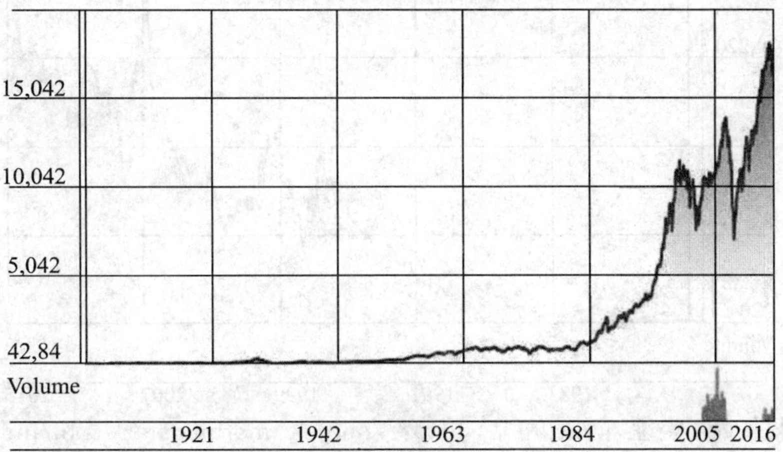

资料来源：晨星官方网站，http://quotes.morningstar.com/indexquote/quote.html? t=＄INDU，2016年1月18日。

图6-3　美国道琼斯指数历史走势

②日经股票价格指数。全称是《日本经济新闻社》道氏股票价格平均指数。这是日本显示股价动向最具代表性指标。该指数由日本经济新闻社编写，采用美国道·琼斯指数的计算方法（日本经济新闻社于1975年5月向道·琼斯买进商标），以东京证券交易所的225种（现又扩大到500种）上市股票价格加权计算求出。

资料来源：晨星官方网站，http://quotes.morningstar.com/indexquote/quote.html? t=0P00006MR4，2016年1月18日。

图6-4　日本日经指数历史走势

③香港恒生股票价格指数。这是香港股票市场上衡量股市行情的一种综合指标，也常常成为分析亚洲地区股票行市变动的重要参考数据。恒生指数由恒生银行根据上市的33种具有代表性的股票成分股，按其每天的收市价，算出当前这些上市公司的总

市值，再与基日(1964 年 7 月 31 日)的资本总市值相比，乘以 100 即为当前的指数。

资料来源：晨星官方网站，http://quotes. morningstar. com/indexquote/quote. html? t=0P00001FL8，2016 年 1 月 18 日。

图 6-5　香港恒生指数历史走势

第四节　国际黄金市场

一、国际黄金市场的功能

从国际经验上来看，黄金市场的参与者可分为金商、银行、对冲基金等金融机构、各个法人机构、私人投资者以及在黄金期货交易中有很大作用的经纪公司。黄金市场不但为广大投资者增加了一种投资渠道，而且还为中央银行提供了一个新的货币政策操作的工具。

(一)黄金市场的保值增值功能

因为黄金具有很好的保值、增值功能，这样黄金就可以作为一种规避风险的工具，这和贮藏货币的功能有些类似。黄金市场的发展使得广大投资者增加了一种投资渠道，从而可以在很大程度上分散了投资风险。

(二)黄金市场的货币政策功能

黄金市场为中央银行提供了一个新的货币政策操作的工具，也就是说，央行可以通过在黄金市场上买卖黄金来调节国际储备构成以及数量，从而控制货币供给。虽然黄金市场的这个作用是有限的，但是由于其对利率和汇率的敏感性不同于其他手段，从而可以作为货币政策操作的一种对冲工具。随着黄金市场开放程度的逐步加深，它的这个功能也将慢慢显现出来。

二、影响国际黄金市场的因素

(一)黄金的计量问题

1. 黄金的重量标准

与任何物品一样，无论是金块、金条或金币，黄金都有其重量规格。国际上计算黄金、白银等贵重金属的基本单位是金衡盎司，也称“特洛伊”盎司。盎司旧称“英两”，系英制中的容量、重量和质量单位。金衡盎司是重量、质量盎司中的一种，其质量折算表如下：

1 金衡盎司＝31.103477 克＝0.62207 市两＝1.09714 常衡盎司＝0.8310106 司马两。

金块的质量大小不等，既有仅仅 10 克左右(轻于 1/3 盎司)的薄片形式的小块状金锭，也有重达数百盎司的金条。同时还可以根据需要铸造成任何形状与规格的黄金条块，不过购买这些金块时需要支付铸造费用。对于标准规格 100 盎司或 400 盎司条金的购买，则不必支付铸造费用，当然，与其他投资一样，经纪人或零售商品的“佣金”是必不可少的。

对于投资者来讲，根据自己的资金状况与喜好选择恰当规格的黄金进行投资十分重要。一般而言，对于喜欢购买小于 10 盎司条金的投资者来说，购买金块并不经济，因为购买较轻的金块不但要支付铸造费用，同时要付出较高的额外价格(溢价)与经纪佣金。例如，一盎司金块的额外价格可能是 10 盎司金块每盎司额外价格的 10 倍。因此，如果你只想购买少量的黄金，最好是投资金币或纸黄金(黄金券、黄金储蓄户口、黄金抵押贷款户口和保证金交易合约等都称为纸黄金)。不过，通常只有小额投资者才对金币感兴趣，如果你拥有较雄厚的资金或对金条有偏好或者较大的金块符合你的预算与投资理念时，则就购买大的条金，这样可相对地支付较低的溢价(因为大小与重量不同的条块金，各自需要支付的溢价所差无几)，获得规模经济效益。

2. 成色要求与“K”金

成色是指金属货币、金银条块或饰品的金属纯度，一般以千分比表示，也可用百分比表示，还可用“开”或“K”表示。黄金的成色是指金币、金块及黄金饰品的纯度，其可分为 24 分，1 分为 1 开(K)，纯金为 24 开(K)。

K 金也称洋金，其成分除黄金外，还含有铜、银等。其成色以 K 为计算单位，一般分为 24K、22K、20K、18K、14K、12K，每 K 含金量为 4.15％。

K 金计算成色的方法是：

成色＝K 数×4.15％(每 K 含金量)

24K 成色金为 24×4.15％＝99.6％

18K 成色金为 18×4.15%=74.7%

12K 成色金为 12×4.15%=49.8%

以上分别表示 24K、18K、12K 的含金量为 99.6%(或 996‰)、74.7%(或 747‰)、49.8%(或 498‰)。

由于 K 金多用于镶嵌珠宝饰品、表壳、眼镜等,人们在购买金饰时,常常发现饰品上标有 24K、18K 等纯度。不过,饰品上打印的 K 数,只能作为鉴定成色时参考,不能作为依据,要以实际成色为准。

就黄金条块而言,目前可买到最纯的金块其纯度为 0.9999,即专家所称的“四九纯金”。

对于黄金的成色要求,一般都有明确规定,比如香港政府 1985 年实施的金饰标注法令指出,所有售出的黄金饰品,均须附有标示黄金含量成色的标记,而出售者也须就所供应的每件制品给出详细的发票或收据。

(二)影响国际黄金市场价格的因素

1. 黄金供求数量的变化,对国际黄金市场黄金价格的涨跌有着直接的影响

一般来说,在供应量有限、需求量较大、供不应求的时期,国际黄金市场上的金价就会上涨;反之,金价就会下跌。南非是生产和供应黄金最多的国家,它所生产的黄金已占到西方世界黄金产量的 70%以上。因此,南非的黄金年产量的变化,对世界黄金市场的供应量的增减有着举足轻重的影响。

2. 经济因素对国际黄金市场黄金价格亦有很大的影响

(1)世界经济周期发展趋势的影响。一般来说,在经济危机或发生经济“衰退”的时期,利润率会降低到最低限度,人们对经济前景缺乏信心,于是纷纷抛售纸币去抢购黄金,以求保值。这时对黄金的需求就会增加,从而刺激黄金价格上涨。反之,在经济复苏时期,由于对资金的吸收量大,利润率增高,人们反过来愿意把黄金抛出,换成纸币进行投资,以获得更多的利润。这时候如果持有黄金非但不能获取利息,还要支付保管费等。因此,在这一时期,人们对黄金需求就会减少,黄金价格便会呈现疲软局面。本次国际金融危机爆发以来,在其他金属原材料价格暴跌之际,国际黄金价格却走势坚挺,就反映了这一规律。

(2)通货膨胀率和利率对比关系变化的影响。一般来说,通货膨胀会使人们手中持有的货币无形地贬值。当利息收入不足以抵消通货膨胀所带来的损失时,人们也会对纸币失去信心,认为持有黄金比持有纸币更稳妥、更安全,对黄金的需求增加,金价就会上升。但如果利率与通货膨胀率变化不一致,在通货膨胀率低于利率时(即实际利率较高的时候)不仅会抑制金价的上涨,甚至可以迫使金价下跌。因为这时候将资金投入证券市场或存入银行,不仅可以保值,而且还可以获取较高的收益。

(3)石油价格变动的影响。石油一向以美元标价,如果石油价格上涨,美元就会贬值,而美元的贬值又会导致人们抛售纸币抢购黄金来保值,进而刺激黄金价格上涨。如1973年10月第4次中东战争爆发,为了抵制以色列对阿拉伯国家的侵略,中东产油国决定对非友好国家实行石油禁运,同时大幅度提高油价,使油价上涨近4倍,对西方的经济产生了深刻的影响。一方面西方工业国家石油进口费用急剧增加,国际收支状况普遍恶化,通货膨胀加剧,货币信用低落;另一方面,产油国美元收入显著增加。为了减少美元汇价下跌造成的损失,这些产油国便将出口石油所得的部分美元抛向黄金市场,形成黄金价格节节上涨的局面。

(4)外汇市场变动的影响。一般来说,当某种货币地位疲软,出现汇率下跌,导致货币实际贬值时,人们就会急于抛售持有的该种货币去抢购黄金,以求保值。这样以该种货币所表示的黄金价格就会上涨。以美元为例,由于美元仍是目前国际清算、支付以及储备中使用最多的货币,在国际货币市场中所占比例也最大,所以,当美元汇价出现波动时,国际黄金市场上的黄金价格,就会相应的出现波动。当美元汇价出现"疲软"时,往往会引起大量抛售美元抢购黄金的风潮,从而导致金价的大幅度上涨。反之,当美元汇价出现"坚挺"时,金价一般都处于比较平稳或稳中略有下降的趋势。

3.政治局势与突发性重大事件,对国际黄金市场上的黄金价格也有一定的影响

黄金是一种非常敏感的投机商品,任何政治、经济的大动荡,都会在国际黄金市场的金价上反映出来。如1979年11月,美国和伊朗的关系恶化后,伊朗停止向美国出售石油。美国则采取了冻结伊朗在美国存款的报复行为,伊朗扣留美国人质的问题也迟迟得不到解决。同年12月,前苏联出兵阿富汗,立即加剧了中东地区的紧张局势,美苏关系也呈现出紧张状态。由于上述两个政治事件的发生,增加了西方人士的忧虑。他们害怕政治局势的恶化使自己的美元财产遭到损失,便大量抢购黄金,从而使金价急剧地大幅度地上涨。在伦敦国际黄金市场上,黄金的价格每盎司连破500、600、700美元大关,到1980年1月21日,竟达到每盎司850美元的高峰。

三、国际黄金市场的交易方式和特点

国际黄金市场的交易方式主要有现货交易和期货交易两种方式。

(一)黄金现货交易及其特点

国际黄金市场上黄金现货交易的价格较为特殊。在伦敦国际黄金市场上的黄金现货交易价格,分为定价交易和报价交易两种。

定价交易的特点是提供客户单一交易价,即无买卖差价,按所提供的单一价格,客户均可自由买卖,金商只收取少量的佣金。定价交易只在规定的时间里有

效。短则一分钟，长则一个多小时，具体时间视供求情况而定。

报价交易的特点就是有买、卖价之分。一般是在定价交易以外的时间进行报价交易。国际黄金市场上的报价交易由买卖双方自行达成，其价格水平在很大程度上受定价交易的影响。但一般说来，报价交易达成的交易数量要多于定价交易达成的现货交易数量。在黄金市场上进行现货交易，除支付正常的黄金价格外，还要支付给金商一定的手续费。伦敦国际黄金市场的手续费一般为0.25%。由于市场竞争日益激烈，近年来，支付给金商的手续费已有下降的趋势。

（二）黄金期货交易及其特点

在国际黄金市场上进行的期货交易，又分保值交易和投机交易两种。

保值交易是指人们为了避免通货膨胀或政治动乱，出于寻求资产价值"庇护所"的意图，而购买黄金的活动。当然，也有的是以避免由于金价变动而遭受损失为目的而进行黄金买卖的，如套期保值交易。

国际黄金市场上的投机交易，则是利用市场金价波动，通过预测金价在未来时期的涨跌趋势，买空或卖空，从中牟取投机利润。在进行期货投机时，金投机者预测市场金价将会下跌时，便卖出期货，即所谓的做"空头"或"卖空"。如果届时金价果然下跌，他就可以按跌落后的价格买入黄金，以履行卖出期货的义务，从而赚取先贵卖后贱买的差额投机利润。但在一般情况下，他并不必购买黄金现货来履行卖出期货的义务，而只是收进价格之间的差额。反之，当投机者预测未来市场金价趋涨时，他买进期货，即所谓的做"多头"或"买空"。期货到期后，如果金价真的上涨，他可以将原来低价买入的期货，再按上涨后的价格卖出，从中赚取先贱买后贵卖的差额利润。同样，一般情况下也不需要在买卖时交割实际黄金，而只由投机者收取金价差额即可。当然，投机者可以一面做"空头"，又可另一面做"多头"。例如，当投机者预计1个月后金价会上升，但到3个月后金价又会下降，那么，他可以一面做购进1个月的远期黄金合约，另一面出售3个月的远期黄金合约。

（三）黄金的交割方式及其特点

在国际黄金市场上所交易的黄金，不论是期货还是现货，其大宗交易，特别是在国际金融机构、国家之间，以及大的垄断金融机构之间的黄金买卖，一般是采用账面划拨方式，把存放于某金库的属于某一国家或集团的寄存黄金改变一下标签即可，很少采用直接以黄金实物进行交割的方式。但是在黄金市场上，私人或企业集团对新开采出来的黄金进行交易时，一般多按实物进行交割。在黄金交易活动中，成交额较大的是各种成色和重量的金块。其中，专业金商和中央银行交易的对象一般是重量为400盎司、成色为99.5%的大金锭。进入世界黄金市场的大金锭，必须有国际公认的鉴定机构的印记。世界上的主要产金国，如南非、加拿大、苏联等，所开采的黄金一般都以这种形式投放市场。各金库储存的大量黄金，也大多是这种规格的金锭。普通私人黄金储存者交易的对象一般是成色和重量不等的小金条，最常见的是1公斤重的金条（合32.150742盎司），小金条的成色分为99.5%、99.9%和99.99%几种。小金条的售价要高于大金锭。

在国际黄金市场上交易的黄金，除金锭、金条外，还有各种金币和黄金券。作为贮藏手段，1盎司1枚的金币，不仅比400盎司一块的大金锭和1公斤一条的小金条便于转移，而且在很多西方国家还可以逃避遗产税。因此，不少人对金币趋之若鹜，争相购买，用于贮藏。金币有旧金币和新金币两种。旧金币的可供量有限，是一种稀有金币，一般为古玩收藏家购买的对象。因此，旧金币的价值可高于其本身所含金量实际价值的30%～50%。新金币的购买者多为以保存贵金属价值为目的的投资者。新金币价格的涨落直接依存于黄金市场黄金价格的变动。

黄金券是黄金的凭证，持有人可随时向发行银行兑换黄金或与其等价的货币。黄金券的面额有多种，最小的仅0.5盎司。黄金券有编号和姓名，不得私自转让，遗失可以挂失。对于购买人来说，由于黄金券可以随时兑现，与持有黄金实物无异，既可以用于保值，又可以用于投资，而且比持有黄金实物更为安全，所以很受欢迎。对于发行银行来说，由于黄金交易逐渐增大，而黄金的可供量有限，往往不能满足交易的需要。而通过发行黄金券，不仅可以扩大黄金交易量，还可以增加自身的收益。所以，近些年来黄金券的交易量逐年增加。

四、全球主要的国际黄金市场

（一）伦敦黄金市场

伦敦黄金市场历史悠久，也是世界主要现货市场，由5家大黄金交易公司组成。二次世界大战前，伦敦是世界上最大的黄金市场，黄金交易的数量巨大，约占全世界经营量的80%，是世界上唯一可以成吨买黄金的市场。

二次大战后，英国的政治、经济地位下降，伦敦黄金市场已经不是世界最大的黄金市场，但仍不失为世界主要的黄金现货交易市场，其价格变化被看做国际黄金市场价格的晴雨表。伦敦黄金市场多采用批发交易，该市场现货交易由美元计价，期货交易为英镑计价。

（二）苏黎世黄金市场

苏黎世黄金市场是二次世界大战后发展起来的世界性黄金自由市场。它以瑞士三大银行为中心，联合经营黄金。与伦敦金商不同的是，他们不但充当经纪人，还掌握大量黄金储备进行黄金交易。瑞士是著名的西方各国的资金庇护所，每逢国际政治局势发生动荡或货币金融市场发生波动时，各地大量游资纷纷涌向瑞士，购金保值或从事投机活动。加之瑞士利率低，持有的黄金可以列为现金项目，市场交易没有任何限制，已成为世界最大的黄金现货交易中心。

（三）纽约黄金市场

纽约黄金市场是目前世界上最大的黄金期货市场。每年有2/3的黄金期货契约在纽约成交,但交易水分很大,投机活动充斥整个市场。纽约黄金市场的发展历史很短,但发展速度相当快。纽约黄金市场的建立和发展,使得世界黄金市场的格局发生了重大变化。纽约黄金期货市场巨大的交易量,使伦敦黄金市场的每日定价制的权威受到影响,有时还不如纽约黄金市场的定价更具适合性。

(四)香港黄金市场

香港黄金市场已有90多年的历史,其形成是以香港金银贸易场的成立为标志。1974年,香港政府撤销了对黄金进出口的管制,此后香港金市发展极快。由于香港黄金市场在时差上刚好填补了纽约、芝加哥市场收市和伦敦开市前的空当,可以连贯亚、欧、美,形成完整的世界黄金市场。其优越的地理条件引起了欧洲金商的注意,伦敦五大金商、瑞士三大银行等纷纷来港设立分公司。他们将在伦敦交收的黄金买卖活动带到香港,逐渐形成了一个无形的当地"伦敦金市场",促使香港成为世界主要的黄金市场之一。

目前,香港黄金市场由三个市场组成:(1)香港金银贸易市场,以华人资金商占优势,有固定买卖场所,主要交易的黄金规格为99标准金条,交易方式是公开喊价,现货交易;(2)伦敦金市场,以国外资金商为主体,没有固定交易场所;(3)黄金期货市场,是一个正规的市场,其性质与美国的纽约和芝加哥的商品期货交易所的黄金期货性质是一样的。交投方式正规,制度也比较健全,可弥补金银贸易场的不足。

第五节　国际金融市场创新

一、金融创新的概念

"创新"(Innovation)一词首先见于西方著名经济学家熊彼特(J. A. Schumpeter)的理论之中。他对创新所下的定义为新的生产函数的建立,也就是企业家对生产要素和生产条件实行新的结合,包括五种情形:(1)新产品的出现;(2)新的生产方法或技术的应用;(3)开辟新的市场;(4)发现新的原料供应来源;(5)推行新的管理方式或组织形式。引用这一概念,我们可以把金融创新定义为在金融领域内建立"新的生产函数,它是各种金融要素新的结合,是为了追求利润机会而形成的市场改革"。它泛指金融体系和金融市场上出现的一系列新事物。

金融创新并不是最近十几年才有的。整个金融业的发展史就是一部不断创新的历史。例如,古罗马货币的发明,十二世纪意大利商业银行的出现,十八世纪英国中央银行的建立,十九世纪支票的广泛应用,都可以成为历代金融创新的里程碑。金融创新是一个连续不断的过程,但又带有突发性,会在某个时期集中出现,

20 世纪 70 年代中期以后的创新浪潮就是如此。

国际金融市场的创新是金融创新的重要组成部分，是指国际金融市场上出现的一系列新事物，包括新的交易对象、新的交易形式和新的交易场所等等。国际金融市场的创新对世界经济产生了重大而深远的影响。

二、国际金融市场创新的主要内容

当代金融活动的创新种类之多、范围之广、速度之快令人目不暇接。20 世纪 70 年代以来国际金融市场创新的内容主要包括以下几个方面：

(一)新市场的不断出现

20 世纪 60 年代和 70 年代，美国银行在世界各地建立分支机构，进行国际贷款、支付、清算和外汇交易，此后美国的证券公司纷纷在国外设立分支机构进行国际证券交易，带动了全球性证券市场的逐渐形成，这个市场的实质是跨越边境的股票和债券发行及交易。20 世纪 80 年代的主要创新是国际股票市场的建立。具体而言，国际股票市场的创新经历了三个阶段：首先，复合证券如可转换债券的发展，使得债券和股票在国际金融市场的联系加强，差别减少，这样国际性股票发展已初见端倪；第二阶段，带有股票性质的金融工具的创新，使得各国的许多投资机构和个人进入外国股票市场；第三阶段，把欧洲债券发行技巧广泛应用于股票发行上，形成欧洲股票市场。

第二个新市场是在商品期货基础上发展起来的国际性金融期货市场。20 世纪 70 年代初金融期货首先在芝加哥商品交易所推出，到 20 世纪 80 年代已形成伦敦、新加坡、东京、巴黎等全球性的金融期货市场，它主要包括利率期货、货币期货和股票指数期货三种主要形式。因为它能将未来的风险和收益率锁住，因而被广泛用于国际金融市场套期保值。

还有一个新市场是在原有欧洲辛迪加信贷市场和欧洲债券市场的基础上形成的把信贷和债券流动性结合起来的欧洲票据市场，它逐步取代了 20 世纪 70 年代欧洲大额存单而成为短期借贷活动的主要方式，因为它在某种程度上兼有短期银行贷款和流动性有价证券两方面的属性。

(二)金融工具和融资技术的创新

金融工具是表示债权债务关系的一种凭证。金融工具的创新是 20 世纪 70 年代以来国际金融创新的核心内容。它包括三种类型：

1. 传统金融工具和融资技术不断推陈出新

20 世纪 60 年代，随着银行的国际化，银行经营战略也更趋国际化，其国际业

务的重点已从传统的贸易融资转向直接进行大规模的境外贷款活动，从而创立了欧洲辛迪加贷款市场。20世纪70年代，这个市场最主要的创新是把循环技术与辛迪加技术结合起来，使国际信贷得以飞速发展。循环技术是在银行参加的贷款中，承诺在一个给定的阶段提供资金，它可以延续10～12年，而贷款的利率每隔一个阶段都进行调整，通过这种方法使得银行在长期贷款时最大限度地降低了融资的利率风险。

但到了20世纪80年代，由于国际金融市场利率和汇率的激烈变动，发展中国家的债务危机加上来自其他金融机构的竞争促使欧洲信贷市场朝着加强流动性方面创新。其中主要的两项创新工具是贷款出售和可转让贷款。贷款出售创新于1983年，它是20世纪80年代国际金融市场走向证券化时大银行为了夺回它们失去的份额而进行的创新。到1984年在欧洲信贷市场上可销售贷款的概念已发展成为可转让贷款，它包括基于转让基础上发展起来的可转让贷款工具(TLIF)和基于新基础上的可转让贷款存单(TLC)，前者给予贷款人在贷款全部发放后可以把贷款转成TLIs，而后者给予贷款人在将来某一时间可以把它的贷款面额变成TLCs出售给他人，而借款的债务关系也相应发生变化。

近几年来，随着信贷市场的再次复兴，多种选择贷款正取代传统的信贷方式，成为银行信贷的又一创新。而且许多贷款是作为商业票据发行活动的备用贷款，它带有的选择包括商业票据发行、银行承兑、贷款承诺等等多种形式，当然它并不需要包括所有这些形式，其主要的目的是把多种融资技术最大限度地结合在一起。

传统的可转让性工具也在不断创新，其中欧洲可转换债券使股票与债券之间的差别不断减少；另外一种把股票与债券结合起来的创新工具就是认股证书，这种认股证书是一种按照固定价格在未来某一时间购买一定数量股票的权利，它本来是附在债券上，但由于它本身具有市场价值而分离开来进行单独交易。

2.新的金融工具与融资技术的出现

20世纪70年代之后，资产价格、信用风险普遍扩大，所以就自然产生了以避免或转移价格风险、信用风险的一些新的金融工具和融资技术。比如，期货、期权、互换等等。

金融期货交易产生于本世纪70年代的美国市场，1972年，美国芝加哥商业交易所的国际货币市场开始国际货币的期货交易。1975年芝加哥商业交易所开展房地产抵押券的期货交易，标志着金融期货交易的开始。现在，芝加哥商业交易所、纽约期货交易所和纽约商品交易所等都进行各种金融工具的期货交易，货币、利率、股票指数等都被作为期货交易的对象。目前，金融期货交易在许多方面已经走在商品期货交易的前面，占整个期货市场交易量的80%以上，成为西方金融创新成功的例证。

金融期权是指以金融商品或金融期货合约为标的物的期权交易。具体地说，其购买者在向出售者支付一定费用后，就获得了能在规定期限内以某一特定价格向出售者买进或卖出一定数量的某种金融商品或金融期货合约的权利。金融期权赋予其购买者在规定期限内按双方约定的价格，简称协议价格(Striking Price)或执行价格(Exercise Price)购买或出售一定数量某种金融资产的权利。这种交易的金融资产被称为潜含金融资产或标的资产(Underlying Financial Assets)，股票、外币、短期和长期国库券以及外币期货合约、股票指数期货合约等都可成为潜含金融资产。

金融互换是指有关的双方或三方，通过互换协议约定在将来一段时期交换一系列现金流量，以得到某种利益(如节约筹资成本等)。金融互换最基本的两种类型是利率互换和货币互换。

3. 综合性金融工具不断推出

20 世纪 80 年代之后，单纯的信贷、债券在国际金融市场上所占的份额越来越少，新的综合金融工具不断被创造出来。这些工具的主要特征是将现存的金融工具和融资技术综合起来，为了适合不同投资者的需要而特别创造出来。它们种类繁多，主要有：(1)与认股证书相联系的金融工具(Warrant—Linked Instrument)。其特点是把现有的金融工具与选择权认股书联系起来，给予投资者在将来某一时间以某一固定价格购买另一种资产的权利。(2)与期权相关的工具(Option-linked lnstrument)。其特点是将金融工具的发行与期权联系起来，在将来的一定时间投资人可以进行利率或货币的期权交易，如期货期权、调换期权等。(3)与调换联系的工具(Swap—linked Instrument)。其特点是带有调换业务，它可以进行利率、汇率等调换业务。如它是按浮动利率发行的工具，投资人可以将它与另外一种固定利率的金融工具进行调换。(4)复合证券(Hybrid Securities)，其特点是将不同货币的不同金融工具复合成一种证券，如双重货币债券以一种货币发行而以另一种货币赎回；可转换股票债券使得债券可以在一定时期转成股票。(5)指数债券(Index-Linked Bond)，其特点是将债券的本金及利率和某一商品或股票的价格指数联系起来，使得这类债券的投机性增加。

(三)金融交易过程的创新

计算机广泛运用于金融服务业大大提高了金融市场的效率，使电脑代替传统电话成为主要的交易手段。这一电子化过程在国际金融市场上首先伴随着银行的国际化发展起来。它表现在通过计算机终端把各个银行联络起来，形成银行的电子计算机网络，并成为银行同业交易的最重要工具。它主要有“奇普斯系统”(Chips)，连接这些银行的计算机终端，全世界用美元结算的交易额90%以上是通过它来结算的。另外一个世界性银行通讯网络是SWIFT系统，它在50多个国家和地区拥有1000多家银行成员。与此同时，电脑在各国的证券业和证券交易所广泛应用，形成了以电脑屏幕为基础的交易过程，逐步代替了在交易大厅公开竞价的方法，如美国的NASOAQ、英国的SEAQ系统。在此基础上，各个市场的交易所正在逐步向外建立正规的电脑网络系统，促进金融产品交易的国际化，从而使它们适用于不同时区的投资者的需求，这也使得全球性二十四小时证券交易市场正在形成。

最著名的金融交易方式的改变是欧洲债券灰色市场(Grey Market)的建立，这种形式的金融过程创新使得证券正式发行前有一个前市场，它可以使债券等金融工具的发行有一个适应的价格水平，使债券供给与现有的需求达到均衡。

三、金融市场的创新与金融管制

金融市场的创新必然涉及金融杠杆的使用，涉及结构产品的使用，涉及不同金融市场之间的联系和风险的相互转移。当其中的杠杆率被随意地、过快地放大，风险在不同市场之间的转移得不到有效管理和监管的时候，就有可能导致金融泛滥。本次美国次贷危机就是一个因金融创新缺乏适当的风险管理和风险监控，从而演变为金融危机的一个典型事例。

美国次贷危机的发生，造成了全球的金融危机。究其危机发生的原因，与金融市场创新缺乏有效金融监管密不可分。其金融监管的严重滞后突出表现在两方面：

一方面，监管人手不足。在欧美成熟金融市场，大多以政府部门的宏观监管、行业协会的自律监管和交易所的一线监管共同构成三级监管体系。但作为其龙头和核心的政府监管部门，实际中往往是危机爆发之后的“救火队”。原因在于创新品种越来越多，牵涉范围和环节与经济和社会的关联度越来越深，监管成本越来越大，国际金融监管的合作压力也越来越高而难以为之。面对衍生品在资产证券化链条上的代理机构呈几何级增长、场外交易日趋泛滥的局面，监管当局几乎束手无策，轻松违规而不受惩罚的现象普遍存在。

另一方面，监管手段落后。金融创新迅猛发展，大量金融衍生品特别是银行之间进行的金融衍生品交易不断增加，使金融会计报表的真实性和各项数据的准确性大打折扣，从而也使得对风险的识别、划分、评估日趋复杂，金融监管面临着虚假信息和不实财务数据的严重挑战。

处理好金融市场创新和金融管制的关系,应关注以下几个方面:

(一)金融市场的创新不可因噎废食

这次全球的金融风暴并不能全面抹杀金融市场创新的积极作用。美国以占世界不足5%的人口,每年创造着超过全球GDP 1/4 的社会财富,金融市场的创新是其巨大生产力的重要组成部分。即使次贷闯下"滔天大祸",金融市场的创新对美国仍是"功大于过",美国和世界都不会因此而否定金融创新。

(二)金融监管应与时俱进

此次金融危机使大家深刻认识了金融市场创新的双重作用,会促进各国政府强化金融监管的力度,对金融和监管体系进行改革和完善,使全球未来的金融体系更加健康和稳定。发展中国家应在借鉴美国经验和教训的基础上,规范各国的金融市场创新并完善金融监管制度。

在金融全球化背景下,为了防止金融风险和金融危机,金融监管当局在制定金融机构稳定性指标和有关措施时,应时时掌握创新动态,充分考虑未来金融机构资产的可能变化,未来金融市场的可能变化,制定具有前瞻性的金融监管制度,制定适应金融业发展和变化趋势的政策措施。同时,要建立金融监管的预警系统,加强对金融体系安全性的监测,保证金融体系的稳健运行。

【思考题】

1. 国际金融市场由哪些部分组成?
2. 什么是欧洲货币市场?什么是欧洲美元?
3. 国际资本市场由哪些市场构成?
4. 全球几大黄金市场各有哪些特点?
5. 2008年全球蔓延的金融危机将对国际金融市场产生哪些重大影响?

【案例分析题】

一枝独秀的国际黄金市场

纵观震荡不平的2008年全球市场,股市暴跌、楼市下滑、美元动荡,原油、有色金属、农产品等大宗商品遭遇重挫。在保值避险买盘的推动下,黄金市场"一枝独秀",在2008年底终于守住了八年的黄金牛市的局面,与其他惨跌的市场形成巨大反差。

国际现货黄金价格从2001年9月11日每盎司271.3美元开始上涨,一路走高至2008年12月31日每盎司878.8美元收盘,暴涨了607.5美元,涨幅为

223.92%。八年来，金融市场动荡促使投资者进入黄金市场避险保值，黄金成了金融危机的“避风港”。如图 6-6 所示：

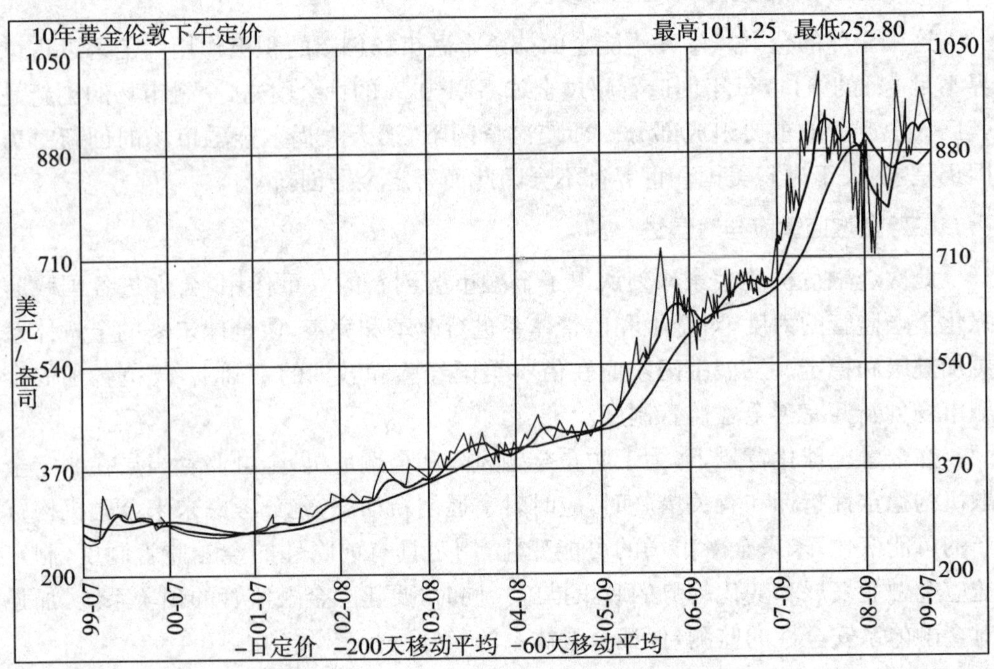

图 6-6 1999～2009 年国际黄金价格走势

受国际金融危机的影响，2008 年 10 月 24 日，当金价跌至每盎司 680.8 美元时，中国、印度和中东地区以及东南亚一些国家购买黄金需求旺盛，给这一价位带来很好支撑。

为阻止经济进一步下滑，美联储 2008 年 12 月 16 日决定将联邦基金利率即商业银行间隔夜拆借利率降到历史最低点，并表示将通过一切可以利用的途径来应对金融危机和经济衰退。此举促使美元大挫，导致金价突破每盎司向 880 美元进军。

业内人士认为，不论是下调利率，还是向金融市场注入流动资金，都使美元汇率进一步走低，而给黄金价格带来提振。减息将减少美元资产的投资收益，所以很多投资者会因此转向黄金市场。注资则是刺激通货膨胀的行动，鉴于通货膨胀会导致美元购买力下降，因此也将削弱美元的投资吸引力。而黄金却被视为防范通货膨胀的最佳选择。

问题：1. 影响黄金市场价格的因素有哪些？

2. 根据金融危机下世界经济可能出现的不同情况，分析国际黄金的可能走势。

第七章　国际资本流动

国际资本流动是国际金融学的重要组成部分之一。随着经济全球化的不断深入与发展，国际资本流动日趋频繁。同时国际资本的流动，加速了经济全球化的发展，推动了世界资源的最优分配，促进了世界经济的发展。

【本章学习目标】

1. 学会国际资本流动的概念、分类及其特点。
2. 掌握国际资本流动的原因及其效应。
3. 了解国际资本流动的理论、资本管制及我国利用外资和对外直接投资的概况。

第一节　国际资本流动概述

国际资本流动看似离我们很遥远，但是随着经济全球化的发展，它可能随时发生在我们身边。例如我们周围的洋超市、洋快餐、跨国公司及跨国银行等，这些以前的珍奇东西在我国加入世贸组织之后，迅速增加，这都是国际资本流动的产物。本节首先对资本、国际资本及国际资本流动进行简要概述。

一、资本和国际资本

资本，简言之，是指能够带来剩余价值的价值。资本，从不同的角度来考察，形式多种多样。从资本的构成物来看，可分为实物资本和货币资本；从资本的周转时间来看，可分为长期资本和短期资本；从资本的投机性来看，可分为投资资本和投机资本；从资本的构成部门来看，可分为商业资本、产业资本、银行资本等。它从本质上讲，不受国家或民族地段疆域的限制，是国际性的，国际资本就是从这个角度来论述的。在国际间运行的货币资金、股票、债券等，就是国际资本。资本、生产、市场等的国际化，是世界经济国际化的一个重要标志。

二、国际资本流动

国际资本流动,是指资本在国际间的转移,或者说,资本在不同国家或地区之间作单向、双向或多向流动,具体包括:贷款、援助、输出、输入、投资、债务的增加、债权的取得,利息收支、买方信贷、卖方信贷、外汇买卖、证券发行与流通等等。

国际资本流动,按其流动方向,可分为国际资本流入(表示资本从境外流入境内)和国际资本流出(表示资本从境内流往境外)。

资本流入(Capital Inflows),表现为本国对外国负债的增加和本国在外国的资产的减少,或者说,外国在本国资产的增加和外国对本国负债的减少。资本流出(Capital Outflows),表现为本国对外国负债的减少和本国在外国资产的增加,或者说外国在本国的资产减少和外国对本国负债的增加。对一个国家或地区来讲,总存在资本流出入,只不过是流出入的比例不同而已。一般来说发达国家是主要资本流出国,发展中国家是主要资本流入国。当今世界,国际资本倾向于在发达国家之间对流。

国际资本的输出和输入,是国际资本流动的最主要的形式。因此,有时两者被看成是通用的,但严格来讲,它们仍然有所区别。

首先,国际资本输出入所涵盖的内容比国际资本流动狭小,它仅是国际资本流动的一个重要组成部分,而国际资本流动还包括诸如动用黄金、外汇等资产来弥补国际收支逆差等行为;其次,国际资本输出入的途径和目的比较单一,它一般是指与投资和借贷等活动密切相关的、以谋取利润为目的的一种资本转移,而国际资本流动则还包括一些非盈利性的资本转移。

国际资本流动与国际资金流动也有所区别。一般来说,资金流动是一种不可逆转性的流动,即一次性的资金款项转移。其特点是资金流动呈单向性。资本流动则是一种可逆转性的流动,例如,投资或借贷资本的流出,伴随着的是利润或利息的回流,以及投资资本或贷款本金的遣返。其特点是资本流动呈双向性。

国际资本流动是实现当今资本资源在世界范围内合理配置的重要手段。一般而言,国际资本流动的顺利进行必须具备以下条件:第一,取消外汇管制或放松外汇管制;第二,必须有健全、完善、发达的国际金融市场。

第二节　国际资本流动的主要类型

20 世纪 80 年代开始,国际资本流动的规模在迅速扩大,对世界经济发展的作用亦愈加明显。国际资本流动的类型多种多样,一般从国际资本流动的时间来考察,可分为短期资本流动和长期资本流动。本节在分别对其进行分析的基础上,阐述了 20 世纪 80 年代以来国际资本流动的特点。

一、短期国际资本流动

(一)短期国际资本流动的概念

短期国际资本流动，是指期限为 1 年或 1 年以内或即期支付资本的流入与流出。这种国际资本流动，一般都借助于有关信用工具，并通过电话、电报、传真等通信方式来进行。这些信用工具包括短期政府债券、商业票据、银行承兑汇票、银行活期存款凭单、大额可转让定期存单等。

由于通过信汇、票汇等方式进行国际资本转移，相对来说，周转较慢，面临的汇率风险也较大，因此，短期国际资本流动多利用电话、电报、传真等方式来实现。

国际游资亦称热钱(Hot Money)，从广义来讲，应包括各种形式的短期资本，但从狭义来说，应该指短期资本中的投机性资本。这种资本大规模的流动，所造成的影响是巨大的。

(二)短期国际资本流动的形式

1. 贸易资本流动

贸易资本流动是指国际间贸易往来的资金融通与资金结算而引起的货币资本在国际间的转移。世界各国在贸易往来中，必然会形成国际间的债权债务关系，而为结清这些关系，货币资本必然从一个国家或地区流往另一个国家或地区，贸易资本流动就形成了。一般来说，这种资本流动，是资本从商品进口国向商品出口国转移，具有不可逆转的特点，因此，严格来说，它属于国际资金流动。

2. 银行资本流动

银行资本流动是指各国经营外汇业务的银行金融机构，由于相互之间的资金往来而引起的资本在国际间的转移。这些流动在形式上包括套汇、套利、掉期、头寸调拨以及同业拆放等。

3. 保值性资本流动

保值性资本流动是指短期资本持有者，为了避免或防止手持资本的损失而把资本在国际间进行转移。这种资本的流动，亦称资本逃避(Capital Flight)。这种资本流动的动机是为了资本的安全性和盈利性。引起资本流动的原因是国内政局动荡、经济状况恶化、国际收支失衡以及严格的外汇管制等。

4. 投机性资本流动

投机性资本流动是指投机者为了赚取投机利润，利用国际市场上汇率、利率及黄金、证券等价格波动，通过低进高出或通过买空卖空等方式而引起的资本在国际间的转移。

投机性资本流动又可包括以下四种具体方式：(1)在没有外汇抵补交易下，利用货币谋求更高收益的资本流动。例如，在汇率稳定的前提下，各国政府为了改善国际收支状况而提高贴现率所吸引的短期资本流动。(2)对暂时性的汇率变动作出反应的资本流动，它包括两种情况：一是一国发生临时性国际收支逆差引起的汇率暂时性下跌，由于投机者预期到这种货币汇率不久会回升，因此买进该国货币，致使短期资本向该国流动；二是一国发生临时性顺差，其结果恰好相反，会导致投机资本流出该国。(3)预测汇率将有永久性变化的资本流动，即当投机者预期某种货币汇率会持续下跌或上升时，就会卖出或买进该种货币。这种资本流动会加剧国际金融市场的动荡。(4)与贸易有关的投机性资本流动，即通常所说的“超前”与“掉后”，亦即人们认为币值即将调整而加速或延迟抵补交易的过程，进出口商根据对今后某一特定货币价值的估算而要求客户尽快支付货款或准许客户延迟支付货款。

(三)短期国际资本流动的特点

短期国际资本流动，是国际资本流动中数量巨大、形式复杂的一种，它具有以下四个特点：

1. 复杂性

它包括两个方面的内容。一是形式复杂多样，如上所述的贸易、银行、保值性、投机性等资本流动；二是资本流动借用的工具复杂多样，既包括货币现金和银行活期存款，也包括货币市场上的其他各种信用工具，如各种短期证券和票据等。

2. 政策性

即指各国政府的系列经济政策如利率、汇率政策对短期国际资本流动的影响很大。某个国家利率相对提高，国际资本就会往该国流动，反之，国际资本会流出该国。此外，如果一个国家没有外汇管制或外汇管制较松，也容易发生短期国际资本流动。

3. 投机性

在浮动汇率制下，短期国际资本流动具有很强的投机性。尤其短期资本中的“热钱”，更具有投机色彩。投机性构成短期国际资本流动的一个显著特点。

4. 市场性

即游资真正遵循“市场原则”，哪里利润高就往哪里流动。就是没有行情，也会人为制造利多利空的消息，哄抬或打压某国或某区域的货币，造成区域或全球范围内劣币(汇率贬值的货币)追逐良币(汇率升高或坚挺的货币)的资本流动现象。

二、长期国际资本流动

与短期资本国际流动相对应的是长期国际资本流动，它是指期限在1年以上的资本流入与流出。作为国际资本流动的重要方式，它与短期资本流动一样，也分为政府和私人的长期资本流动。其基本形式可包括直接投资、证券投资和国际借贷。引起长期国际资本流动的根本原因是世界生产力的发展与国际分工的不断深化。

长期国际资本流动形成的基本条件是各国拥有的相对优势，如所有权优势、内部化优势和区位优势等，而长期国际资本流动的动机则是多样化的，包括利润驱动、生产要素驱动、市场驱动以及政治性投机等。

长期国际资本流动主要有以下几个形式：

(一)直接投资

1. 直接投资的概念

直接投资是指一个国家的投资者直接在另一个国家的工矿、商业和金融服务业等领域进行投资，并取得投资企业的部分或全部管理控制权的一种活动。

直接投资按投资人不同可分政府(官方)直接投资(指由政府举办的对外投资)和私人直接投资(指私人投资者以自己的名义举办的对外投资)，在直接投资中，有货币和实物投资两种形态。从投向来看，外国对本国直接投资，表明外国资本流入，本国对外国直接投资，表明本国资本流出。但如果供给或筹措直接投资的资金是在本国境内进行的，则一般不会产生国际资本流动。

2. 直接投资的形式

直接投资的形式多种多样，如果从投资资本的构成来看，有单一资本形式的直接投资和联合资本的直接投资，如果从直接投资的手段来看，则有以下四种直接投资形式：

(1)创办新企业。即指投资者在另一个国家直接创办独资企业、设立跨国公司分支机构或创办合资企业。

(2)直接收购。创办与收购是国际投资的重要方式。直接收购是指投资者在另一个国家直接购买现有出售的企业。这种直接投资方式相对于创办新企业来说，有如下特点：其一，可以节省创办新企业的时间和资本，简化不必要的环节和手续，其二，可以拥有原来企业的技术、管理经验和营销市场，把产品迅速打入国际市场，其三，可以降低经营成本，提高经济效益。

(3)购买另一个企业股票，并达到一定比例。如若干个美国居民合作拥有外国企业 50%以上的有投票权的股票，就算为直接投资。但这种比例因国而异。

(4)利润再投资。这是指投资者把在另一国投资所获利润的一部分或全部留下，对原企业或其他企业进行再投资。这种投资实际上并不存在真正的国际资本流入或流出。

3. 直接投资的特点

(1)投资者以其所投资的资本大小取得所投资企业部分或全部管理控制权，方便企业贯彻经营策略与管理措施。

(2)投资者可提供资金、技术和管理经验，同时获取被投资国的市场、人力和资源。

(3)对接受国来说，直接投资可带来较先进的技术和管理经验，可带来不同形态的资本，如果接受国能够正确对待、运用直接投资的话，将会很大程度上推动该国经济的发展。

(4)对接受国来说，直接投资是重要的利用外资的渠道，但不构成它的对外债务，因为直接投资企业只是在能够取得纯利润的情况下，才有按企业章程对外国投资者支付和汇出利润的义务，且外国投资者应得的利润亦可作为再投资的资金来源。

各国经验表明，无论是发达国家还是发展中国家，国际直接投资在加速其经济发展方面都发挥了重要的作用。20 世纪以来，国际直接投资一直是不发达国家资金、技术和专门知识的一个主要来源，最初是投资修建铁路、电力系统与开发矿山等，后来逐渐投资于制造业和服务业。现在国际直接投资的主体主要是美国、日本、英国、德国等十大投资国，这些国家二战以后大都分投资于拉美及东南亚国家和地区，这些地区吸引外国直接投资的主要条件是，拥有广阔的国内市场、丰富的自然资源和实行出口导向型的经济发展战略。到了 70 年代后，由于通货膨胀的加剧及利率、汇率的波动，金融资产的吸引力大为减弱，国际直接投资迅速增加。进入 80 年代，由于发展中国家的经济发展速度下降，贸易条件恶化，发达国家高利率及贸易保护主义的抬头，国际直接投资增长速度减慢，国际资本逐渐倾向于在发达国家之间对流并由此构成了当代国际资本流动的一个典型特点。80 年代后半期以后，国际直接投资又借助于世界经济发展的大背景而高速增长，资本更多地在发达国家之间互为流动，对发展中国家的投资也逐渐由原来向拉美国家转向东亚、南亚、东南亚等国家和地区，尽管东南亚、韩国、日本、台湾、香港等国家和地区，都遭受到 1997 年爆发的货币危机的重大打击。

我国的经贸往来与投资也受到东南亚金融危机的很大影响，不少资本也撤出该地区，但包括我国在内的亚洲地区，仍然是经济活跃的一个源泉。因此，从长远来看，亚洲仍将是国际直接投资的热点地区。

(二)证券投资

1. 证券投资的概念

证券投资是指投资者在国际证券市场上购买外币有价证券而进行的一种投资方式。对于一个国家来说，在国际证券市场上买进有关证券称投资，它意味着国际资本流出；反之，在国际证券市场卖出有关证券称筹资，它意味着国际资本流入。国际证券市场，可包括短期的证券市场和长期的资本市场。证券市场里的投资者和筹资者，可以是政府或企业，投资者还可以是个人，筹资者还可以是国际金融机构。证券投资是国际资本流动的重要方式，尤其20世纪80年代以来，受各种因素的影响，国际投资证券化趋势有增无减，对各国经济的发展发挥了重要的作用。

2.证券投资的主要形式

证券投资形式很多，主要包括股票投资和债券投资。

债券投资者所投资的债券，按发行者不同可分为政府债券和公司债券，按发行市场地点和面值货币不同又可分为外国债券和欧洲债券。

3.证券投资的特点

(1)证券投资涉及的是金融资本的国际转移，直接投资涉及的主要是实物资本的国际转移；(2)证券投资的目的在于凭股票、债券等获得股息、红利和债息，对企业一般没有直接的管理控制权，而直接投资的目的在于获得经营利润，且对企业有直接的管理控制权；(3)证券投资必须有健全的国际证券市场，证券可随时买卖与转让，而直接投资则要求有完善优良的投资环境，不涉及到证券在市场上的买卖；(4)证券投资涉及债权债务关系，即证券市场的筹资方发行债券便构成外债，而直接投资的接受方吸引的资金并不构成外债。总之，证券投资与直接投资各有长短，在实际运用当中互相弥补各自的不足，刺激国际资本的流动，推动有关国家经济的发展。

(三)国际信贷

1.国际信贷的概念

国际信贷是指各国政府、国际金融机构和国际银行等单方面或相互间提供的中长期贷款。国际信贷的主要特点是：它是单纯的借贷货币资本在国际间的转移，不像直接投资那样，涉及在他国设立企业实体或收购企业股权，也不像证券投资那样，涉及证券的发行与买卖。国际贷款的收益以利息及有关费用来体现，贷款风险主要由借款者承担。

2.国际信贷的形式

(1)政府贷款：是指各国政府或政府机构之间的贷款。该贷款一般都有优惠条件。其特点是：①期限较长，偿还期平均为30年，最高可达50年，还本付息的宽限期为10～15年，②利率较低，一般为2.5%～3%，最高为4%左右，具有援助的性质；③附带一定的条件(包括政治条件)，如西方国家提供政府贷款时，主要考虑的对象是与本国经济政治关系密切的国家，贷款一般限于购买贷款国的商品与劳务，包括设备、物资、专利技术和咨询服务等。这种条件限制近年有所放宽。

(2)国际金融机构贷款：是指全球性的和区域性的国际金融机构，对其成员国提供的各种贷款。全球性国际金融机构主要指国际货币基金组织和世界银行。

(3)国际银行贷款：是指国际上的商业银行所提供的中长期贷款。它分有双边贷款(指国际商业银行对外国银行、企业、政府所提供的贷款)和银团贷款两大类。

以上是主要的国际信贷形式，其他的具体形式还很多，如出口信贷、租赁信贷、补偿贸易信贷等。

(四)国际经济援助

1. 国际经济援助的概念

国际经济援助，是指有关国家经济组织对发展中国家的赠与和提供的优惠贷款。它实际上亦是长期国际资本流动的一个组成部分。战后初期典型的国际经济援助，是1947～1950年美国实行的援助欧洲复兴的马歇尔计划。从20世纪50年代开始，国际经济和金融组织转而对众多的发展中国家提供国际经济援助。援助的比例，70年代初联大曾议定应达到各国国民生产总值的1%，其中官方开发援助要达到0.7%。但在实际中，包括美国等在内的发达国家并没有达到这个要求，相反，从80年代以来，这个比例还有所下降。国际经济援助已成为国际社会处理南北关系中的一个重要问题。

2. 国际经济援助的形式

(1)官方开发援助。这是国际经济援助的主要形式，它分为双边援助和多边援助两类。

(2)其他官方资金。是指由政府支持贴补的出口信贷，以及由国际金融组织和商业银行联合发放的联合贷款。

(3)民间资金。主要指非官方的出口信贷保险机构所支持的出口信贷，以及非盈利团体和个人基金会主办的捐赠与资助等。

3. 国际经济援助机构

(1)提供官方开发援助的机构，包括：①政府设立的专门机构，如美国国务院的国际开发署(USAID)设有私人企业局，加拿大国际开发署(CIDA)设有工业合作司等。②专门的官方援助性基金会，如比利时发展合作基金会(FCD)，瑞典与发展中国家工业合作基金会(SWEDFUND)、丹麦促进发展中国家工业化金库(IFC)、芬兰工业发展合作基金会(FINNFUND)、法国援助与合作基金会(FAC)等。③兼有援助职能的官方投资开发公司或机构，如德国对发展中国家投资金融公司(DEF)，是政府执行“对发展中国家中小企业贷款”援助计划的主要机构；美国的海外私人投资金融公司(OPIC)及私人直接投资金库；英国的联邦发展合作公司(CDC)；法国的经济合作中央金库(CCCE)和对外工业开发信贷(DIE)；日本的进出口银行、海外经济协力基金(OECD)及日本国际合作署(JICA)等。④多边援助机构主要是国际经济和国际金融组织，如世界银行集团、亚洲开发银行、联合国农业发展基金会、欧盟的欧洲发展基金、阿拉伯经济社会开发基金等。

(2)协商援助问题的国际性机构。主要指联合国贸易发展会议(其成员国与

IMF 等接近)、经合组织的开发援助委员会等。后者由 18 个执行委员会国家的委员(英、美、法、德、意、荷、比、丹、挪、奥、芬、瑞典、澳大利亚、新西兰、日、加、爱尔兰)与欧盟委员会组成。

第三节　国际资本流动的原因及效应

本节主要分析国际资本流动的原因，论证国际资本流动对世界经济的影响。

一、国际资本流动的原因

引起国际资本流动的原因很多，有经济性的，也有政治性的，归结起来主要有以下几个方面：

(一)过剩资本的形成或国际收支大量顺差

过剩资本是指相对过剩的资本。随着资本主义生产方式的建立，资本主义劳动生产率和资本积累率提高，资本积累迅速增长，在资本的特性和资本家唯利是图的本性的支配下，大量的过剩资本就被输往国外，追逐高额利润，早期的国际资本流动就由此产生了。随着资本主义的发展，资本在国外获得的利润也大量增加，反过来又加速了资本积累，加剧了资本过剩，进而导致资本对外输出规模的扩大，加剧了国际资本流动。近 20 年来，国际经济关系发生了巨大变化，国际资本、金融、经济等一体化趋势有增无减，加之现代通信技术的发明与运用，资本流动方式的创新与多样化，使当今世界的国际资本流动频繁而快捷。总之，过剩资本的形成与国际收支大量顺差是早期也是现代国际资本流动的一个重要原因。

(二)利用外资策略的实施

无论是发达国家，还是发展中国家，都不同程度地通过不同的政策和方式来吸引外资，以达到一定的经济目的。美国目前是全球最大的债务国，而大部分发展中国家，经济比较落后，迫切需要资金来加速本国经济的发展，因此，往往通过开放市场、提供优惠税收、改善投资软硬环境等措施吸引外资的进入，从而增加或扩大了国际资本的需求，引起或加剧了国际资本流动。

(三)利益的驱动

增值是资本流动的内在动力，利润驱动是各种资本输出的共有动机。当投资者预期到一国的资本收益率高于他国，资本就会从他国流向这一国；反之，资本就会从这一国流向他国。此外，当投资者在一国所获得的实际利润高于本国或他国时，该投资者就会增加对这一国的投资，以获取更多的国际超额利润或国际垄断利润，这些也会导致或加剧国际资本流动。在利润机制的驱动下，资本从利率低的国家或地区流往利率高的国家或地区，这是国际资本流动的又一个重要原因。

(四)汇率的变化

汇率的变化也会引起国际资本流动，尤其是20世纪70年代以来，随着浮动汇率制度的普遍建立，主要国家货币汇率经常波动，且幅度大。如果一个国家货币汇率持续上升，则会产生兑换需求，从而导致国际资本流入，如果一个国家货币汇率不稳定或下降，资本持有者可能预期到所持的资本实际价值将会降低，则会把手中的资本或货币资产转换成他国资产，从而导致资本向汇率稳定或升高的国家或地区流动。

在一般情况下，利率与汇率呈正相关关系。一国利率提高，其汇率也会上浮；反之，一国利率降低，其汇率则会下浮。例如，1994年美元汇率下滑，为此美国连续进行了7次加息，以期稳定汇率。尽管加息能否完全见效，取决于各种因素，但加息确实已成为各国用来稳定汇率的一种常用方法。当然，利率、汇率的变化，伴随着的是短期国际资本(游资或热钱)的经常或大量的流动。

(五)通货膨胀的发生

通货膨胀往往与一个国家的财政赤字有关系。如果一个国家出现了财政赤字，该赤字又是以发行纸币来弥补，必然增加了对通货膨胀的压力，一旦发生了严重的通货膨胀，为减少损失，投资者会把国内资产转换成外国债权。如果一个国家发生了财政赤字，而该赤字以出售债券或向外借款来弥补，也可能会导致国际资本流动，因为当某个时期人们预期到政府又会通过印发纸币来抵债务或征收额外赋税来偿付债务，则又会把资产从国内转往国外。

(六)政治、经济及战争风险的存在

政治、经济及战争风险的存在，也是影响一个国家资本流动的重要因素。政治风险是指由于一国的投资气候恶化而可能使资本持有者所持有的资本遭受损失。经济风险是指由于一国投资条件发生变化而可能给资本持有者带来的损失。战争风险，是指可能爆发或已经爆发的战争对资本流动造成的可能影响。例如海湾战争，就使国际资本流向发生重大变化，在战争期间许多资金流往以美国为主的几个发达国家(大多为军费)。战后安排又使大量资本涌入中东，尤其是科威特等国。

(七)国际炒家的恶性投机

所谓恶性投机，包含两种含义：第一，投机者基于对市场走势的判断，纯粹以追逐利润为目的，刻意打压某种货币而抢购另一种货币的行为。这种行为的普遍发生，毫无疑问会导致有关国家货币汇率的大起大落，进而加剧投机，汇率进一步动荡，形成恶性循环，投机者则在“乱”中牟利。这是一种以经济利益为目的的恶性投机。第二，投机者不是以追求盈利为目的，而是基于某种政治理念或对某种社会制度的偏见，动用大规模资金对某国货币进行刻意打压，由此阻碍、破坏该国经济的正常发展。但无论哪种投机，都会导致资本的大规模外逃，并会导致该国经济的衰退，如1997年7月爆发的东南亚货币危机。一国经济状况恶化→国际炒家恶性炒作→汇市股市暴跌→资本加速外逃→政府官员下台→一国经济衰退，这几乎已成为当代国际货币危机的"统一模式"。

（八）其他因素

如政治及新闻舆论、谣言、政府对资本市场和外汇市场的干预以及人们的心理预期等因素，都会对短期资本流动产生极大的影响。

二、国际资本流动的影响

（一）长期国际资本流动的影响

1. 对世界经济的一般影响

(1)实现全球利润的最大化。长期资本流动可以增加世界经济的总产值与总利润，并趋于最大化。因为资本在国际间进行转移的一个原因，就是资本输出的盈利大于资本留守在国内投资的盈利，这意味着输出国因资本输出，在资本输入国创造的产值，会大于资本输出国因资本流出而减少的总产值。这样，资本流动必然增加了世界的总产值和总利润，而且资本流动一般是遵循哪里利润率高往哪里流动的原则，最终会促使全球利润最大化。

(2)扩大世界经济的国际化。生产国际化、市场国际化和资本国际化，是世界经济国际化的主要标志。这三个国际化之间互相依存，互相促进，推动了整体经济的发展。二次大战后，资本流动国际化已经形成一个趋势，20世纪80年代以来更有增无减。尤其是资本流动国际化的外部环境与内部条件不断充实，如全球金融市场的建立与完善，高科技的发明与运用，新金融主体的诞生与金融业务的创新，以及知识的累积、思维的变化等等，这些都使资本流动规模增大，流速加快，影响更广，而其所创造的雄厚的物质基础，又反过来推动生产国际化与市场国际化，使世界经济在更广的空间、更高的水平上获得发展。

(3)加深货币信用国际化。首先，加深了金融业的国际化。资本在国际间的转移，促使了金融业，尤其银行业在世界范围内广泛建立，银行网络遍布全球，同时也促使了跨国银行的发展与国际金融中心的建立，这些都为国际金融市场增添了丰富的内容。目前，不少国家的金融业已成为离岸金融业或境外金融业而完全国际化。其次，促使以货币形式出现的资本遍布全球，如国际资本流动使以借贷形式和证券形式体现的国际资本大为发展，渗入到世界经济发展的各个角落。再次，国际资本流动主体的多元化，使多种货币共同构成国际支付手段。目前，几个长期资本比较充裕的国家，其货币都比较坚挺，持有这些货币，意味着更广泛地在世界范围

内实现购买力在国际间的转移或可更有选择余地地拥有清偿国际间的债权债务的手段。可见,这些都在不同程度上加深了货币信用的国际化。

2. 对资本输出国的影响

在一般情形下,长期资本流动对资本输出国的影响有积极与消极两个方面。

对资本输出国的积极影响:

(1)提高资本的边际效益。长期资本输出国一般是资本较充裕或某些生产技术具有优势的国家。这些国家由于总投资额或在某项生产技术领域的投资额增多,其资本的边际效益就会递减,由此使新增加的投资的预期利润率降低。如果将这些预期利润率较低的投资转投到资本较少或某项技术较落后的国家,便可提高资本使用的边际效益,增加投资的总收益,进而为资本输出国带来更可观的利润。

(2)带动商品出口贸易。长期资本输出会对输出国的商品出口起推动作用,从而增加出口贸易的利润收入,刺激国内的经济增长。如某些国家采用出口信贷方式,使对外贷款(即资本输出)与购买本国的成套设备或某些产品相联系,从而达到带动出口的目的。

(3)迅速地进入或扩大海外商品销售市场。

(4)为剩余资本寻求出路,生息获利。

(5)有利于提高国际地位。资本输出,一般来说意味着该国的物质基础较为雄厚,意味着该国更有能力加强同其他国家的政治与经济联系,有利于提高自己的国际声誉或地位。

对资本输出国的消极影响:

(1)当今世界经济和世界市场错综复杂,资本输出一不小心,如投资方向错误,就会产生经济业务的风险。此外,还得承担投资的政治性风险。这体现在资本输入国发生政变或政治变革,就可能会实施不利于外国资本输出的法令,如没收投资资本,甚至拒绝偿还外债等。在国际债务历史上,曾经发生过有的国家因陷入债务危机而停止还债的现象,便是一个明证。

(2)会对输出国经济发展造成压力。在货币资本总额一定的条件下,资本输出会使本国的投资下降,从而减少国内的就业机会,降低国内的财政收入,加剧国内市场竞争,进而影响国内的政治稳定与经济发展。

3. 对资本输入国的影响

对资本输入国的积极影响:

(1)弥补输入国资本的不足。一个国家获得的间接投资,通过市场机制或其他手段会流向资金缺乏的部门和地区;一个国家获得直接投资,则在一定程度上会弥补国内某些产业的空心化现象。其结果,既解决了资金不足问题,也促进了经济的发展。

(2)引进先进技术与设备,获得先进的管理经验。长期资本流动的很大一部分是直接投资。该投资的特点就是能给输入国直接带来技术、设备,甚至是销售市场。因此，只要输入得当，政策科学，资本输入无疑会提高本国的劳动生产率，增加经济效益，加速经济发展进程。

(3)增加就业机会，增加国家财政收入。资本输入的目的很大程度上是用来创建新企业或改造老企业，这对发达国家或发展中国家都是如此。这样，就有利于增加就业机会，有利于增加国民生产总值，进而有利于增加国家财政收入，提高国民的生活水平。

(4)改善国际收支。一方面，输入资本可建立外向型企业，实现进口替代与出口导向，就有利于扩大出口，增加外汇收入，进而起到改善国际收支的作用；另一方面，资本以存款形式进入，也可能形成一国国际收支的来源。

对资本输入国的消极影响：

(1)可能会引发债务危机。若输入国资本输入过多，超过本国承受能力，则可能会出现无法偿还债务的情况，导致债务危机的爆发。

(2)可能使本国经济陷入被动境地。输入资本过多且又管理不善，并使本国经济不能获得长劲发展的话，输入国就会对外产生很强的依赖性。这样，一旦外国资本停止输出或抽走资本时，本国经济发展就会陷入被动的境地，甚至使本国的政治主权受到侵犯。

(3)加剧国内市场竞争。大量外国企业如果把产品就地销售，必然会使国内市场竞争加剧，从而使国内企业的发展受到影响。

(二)短期国际资本流动的影响

1.对国际贸易的影响

在国际贸易中，买卖双方(或银行)提供的短期资金融通，如预付货款、延期付款及票据贴现等，都有利于国际贸易双方获得资金便利，从而有利于国际贸易的顺利进行。

2.对各国国际收支的影响

(1)当一国出现暂时性的国际收支失衡时，短期资本流动有利于调节失衡。当一国的国际收支出现暂时性逆差时，该国的货币汇率就会下跌，如果投机者意识到这种汇率下跌仅是暂时的，预期不久就会上升，于是就按较低汇率买进该国货币，等待汇率上升后再以较高的汇率卖出，这样就形成了该国的短期资本流入之势，这种趋势显然有利于调节该国的国际收支逆差。反之，一国的国际收支出现暂时性顺差时，该国汇率会上升，如果投机者意识到该汇率上升只是暂时的，预期不久会回落，于是就按较高的汇率卖出该国货币，等待汇率回落后再以较低的汇率买进该国货币。这种投机行为形成该国的短期资本流出，这也显然有利于减少该国出现的暂时性顺差。

(2)当一国出现持续性国际收支不平衡时，则投机性和保值性短期资本流动会加剧该国的国际收支失衡状态。当一个国家出现持续性逆差时，该国的货币汇率就会持续下跌，如果投机者预期到该国货币汇率还会进一步下跌时，他就会卖出该国货币，买进其他货币，以期该国货币贬值，其他货币升值后获利。这种投机行为，会使该国的资本流出，从而会扩大逆差，加剧国际收支失衡。反之，当一个国家出现持续性顺差时，这个国家的货币汇率就会持续上升，如果投机者预期到这种汇率还会上升，他就会卖出其他货币，买进该国货币，以期该国货币升值后获利。这种投机行为，会使该国顺差扩大，从而也加剧了国际收支失衡。

3. 对国际金融市场的影响

短期资本流动会加剧国际金融市场动荡，表现在它会造成汇率大起大落，投机更加盛行。如上所述，一国发生短期性国际收支不平衡时，汇率将发生波动。因为投机者这时是在外汇供不应求，本币汇率偏低时，卖出外汇、买进本币，或在外汇供大于求，本币汇率偏高时，买进外汇、卖出本币。这种投机性资本流动，既有利于国际收支平衡的调节，又有利于保持市场汇率的稳定。但相反，一旦一国发生持续性国际收支失衡时，投机者是在外汇供不应求时买进外汇，而在外汇供大于求时卖出外汇，这种行为显然不利于国际收支平衡，也不利于汇率的稳定。因此，这种投机行为会促使国际金融市场动荡不安，不过有一种情况例外，即如果一国发生持续性国际收支失衡，是因为汇率偏高或偏低没有得到及时调整所致，此时，这种投机又会强迫该国适时进行调整，从而使汇率置于合理水平。

第四节　国际资本流动理论

国际资本流动理论是用以解释国际资本流动原因、动机、方式、变动因素及影响的重要国际金融学说。它是随着国际经济交往的不断扩大而发展与深化的。从历史上看，在 20 世纪 70 年代以前，存在的主要是古典国际资本流动理论。该理论以传统的比较利益原则来解释国际资本流动，认为导致资本国际流动的原因与导致商品国际流动的原因是一致的。该理论认为，比较利益决定国际分工，自然禀赋和制度上的差异决定着资本积累率，二者的结合又决定进出口贸易的顺差与逆差，并引起国际资本流动。之后，以国际收支为分析出发点的资本流量理论、资本存量理论及货币分析法则，从利率、资本流动的存量规模和一国的货币供应等不同的角度对古典资本流动理论作了补充。70 年代后，随着国际直接投资的发展，以国际直接投资为主要分析对象的国际投资理论成为主要的国际资本流动理论。该理论又随着国际经济与金融的发展而发展，形成了以产业组织理论为基础的、侧重于国际投资条件的、从金融角度出发的投资理论体系，阐述解释了古典国际资本流动理论不能回答的有关问题。本节针对上述主要理论进行介绍及简单评析。

一、国际资本流动一般模型(古典经济学理论)

国际资本流动的一般模型,亦称麦克杜加尔(G. D. A. Macdougall)模型,或称完全竞争理论,是一种用于解释国际资本流动的动机及其效果的理论,它实际是一种古典经济学理论。

该理论认为:国际资本流动的原因是各国利率和预期利润率存在差异,认为各国的产品和生产要素市场是一个完全竞争的市场,资本可以自由地从资本充裕国向资本稀缺国流动。例如,在 19 世纪,英国大量资本输出就是基于这两个原因。国际间的资本流动使各国的资本边际产出率趋于一致,从而提高世界的总产量和各国的福利。

(一)模型的分析

国际资本流动一般模型如图 7-1 所示。

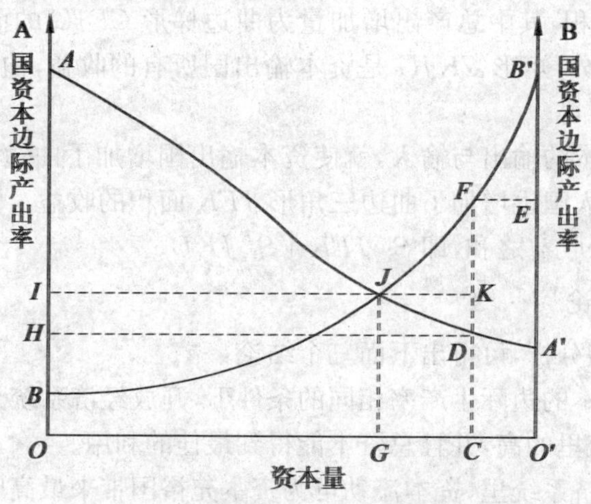

图 7-1　国际资本流动模型图

该模型的假定条件是:整个世界由两个国家组成,一个资本充裕,一个资本短缺。世界资本总量为横轴 OO',其中资本充裕国资本量为 OC,资本短缺国资本量为 $O'C$。曲线 AA' 和 BB' 分别表示两个国家在不同投资水平下的资本边际产出率。它意味着:投资水平越高,每增加单位资本投入的产出就越低,亦即两国投资效益分别遵循边际收益递减规律。现在,我们分两种情况来分析:

1. 对于封闭经济系统

指资本没有互为流动的经济系统。无论是资本充裕国,还是短缺国,资本只能在国内使用。

(1)如果资本充裕国把其全部资本 OC 投入国内生产,则资本的边际收益为 OH,总产出为曲边梯形 $OADC$ 的面积,其中资本使用者的收益是曲边三角形

HAD 的面积,资本所有者的收益是矩形 $OHDC$ 的面积。

(2)如果短缺国也将全部资本 $O'C$ 投入国内生产,则其资本的边际收益率为 $O'E$,总产出为曲边梯形 $O'B'FC$ 的面积。其中,资本使用者的收益是曲边三角形 $EB'F$ 的面积,资本所有者的收益是矩形 $O'EFC$ 的面积。

2. 对于开放经济系统

如果资本充裕国把总资本量中的 OG 部分投入本国,而将剩余部分 GC 投入资本短缺国,并假定后者接受这部分投资,则两国的效益会增大,并且达到资本的最优配置。

(1)就资本输出国而言,输出资本后的国内资本边际收益率由 OH 升高为 OI,国内总产出变为曲边梯形 $OAJG$,其中资本使用者的国内收益为曲边三角形 IAJ 的面积,资本所有者的国内收益是矩形 $OIJG$ 的面积。

(2)就资本输入国而言,输入资本后的国内资本总额增为 $O'G$,总产出为曲边梯形 $O'B'JG$ 的面积,其中总产出增加量为曲边梯形 $CFJG$ 的面积。这部分增加量,又被分为两部分,矩形 $CKJG$ 是资本输出国所有的收益,曲边三角形 JFK 则是资本输入国的所得。

这样,由于资本的输出与输入,就使资本输出国增加了曲边三角形 JKD 面积的收益,而资本输入国也增加了曲边三角形 JFK 面积的收益。资本流动增加的总收益就为这两部分收益之和,即 $S_{\triangle}JFK+S_{\triangle}JKD$。

(二)分析的结论

从上面的模型分析,可得出下面三个结论:

(1)在各国资本的边际生产率相同的条件下,开放经济系统里的资本利用效益远比封闭经济系统里的高,并且总资本能得到最佳的利用。

(2)在开放经济系统里,资本流动可为资本充裕国带来最高收益;同时,资本短缺国也因输入资本使总产出增加而获得新增收益。

(3)由于上述两个原因,再加上资本可自由流动,结果在世界范围内可重新进行资本资源配置,使世界总产值增加并达到最大化,促进了全球经济的发展。

二、国际证券投资理论

国际证券投资理论主要研究的是在各种相互关联的、确定与不确定结果的条件下,理性投资者该如何进行最佳投资选择,以降低投资风险,实现投资收益最大化的目标。该理论主要有两种,一是古典国际证券投资理论,二是现代证券投资组合理论。

(一)古典国际证券投资理论

古典国际证券投资理论产生于国际直接投资和跨国公司迅猛发展之前。它认为，国际证券投资的起因是国际间存在的利率差异，如果一国利率低于另一国利率，则金融资本就会从利率低的国家向利率高的国家流动，直至两国的利率没有差别为止。进一步说，在国际资本能够自由流动的条件下，如果两国的利率存在差异，则两国能够带来同等收益的有价证券的价格也会产生差别，即高利率国家有价证券的价格低，低利率国家有价证券的价格高，这样，低利率国家就会向高利率国家投资购买有价证券。

有价证券的收益、价格和市场利率的关系可表示如下：$C=I/r$

上式中，C 表示有价证券的价格，I 表示有价证券的年收益，r 表示资本的市场年利率。

例如，假设在 A、B 两国市场上发行面值为 1000 美元、附有 6%息票的债券，A 国市场上的利率为 5%，B 国市场上的利率为 5.2%。根据上述计算得出，每一张债券在 A 国的售价为 1200 美元，在 B 国的售价为 1154 美元。可见，由于 A 国的市场利率比 B 国的市场利率低，则同一张债券在 A 国的售价比在 B 国的售价更高。这样，A 国的资本就会流向 B 国购买证券，以获取较高的收益或花费更小的成本，其行为直至两国的市场利率相等为止。

该理论的不足表现在：

(1)仅说明资本从低利率国家向高利率国家的流动，而未能说明资本为何存在大量的双向流动。

(2)它以国际资本自由流动为前提，这与现实不符，在现实中各国对资本流动的管制处处可见。

(3)即使国家间存在利率差异，也并不一定会导致国际证券投资。

(4)该理论仅以利率作为分析问题的基点，有失准确性。

(二)现代证券投资组合理论

现代证券投资组合理论，亦称资产选择理论，是美国学者马科维茨（H. M. Markovitz）于 20 世纪 50 年代在其《有价证券选择》一书中首先提出，后来托宾（J. Tobin）又发展了该理论。该理论采用“风险—收益考察法”来说明投资者如何在各种资产之间进行选择，形成最佳组合，使投资收益一定时，风险最小，或投资风险一定时，收益最大。

该理论认为，所有资产都具有风险与收益两重性，在证券投资中，一般投资者的目的是获得一定的收益。但是收益最高伴随着的风险也是最大，可能本金也会损失掉。风险由收益率的变动性来衡量，采用统计上的标准差来显示，投资者根据他们在一段时期内的预期收益率及其标准差来进行证券组合，即投资者把资金投在几种证券上，建立一个“证券组合”，通过证券的分散而减少风险。但是在一段时间内投在证券上的收益率高低是不确定的，这种不确定的收益率，在统计学上称为随机变量，马科维茨借用它的两种动差，即集中趋势和分散趋势来说明证券投资的预期收益及其标准差。预期收益用平均收益来代表，它可以看做是衡量与任何组合证券投资相联系的潜在报酬。标准差则说明各个变量对平均数的离散程度，以表示预期收益的变动性大小，来衡量与任何组合的证券投资的风险大小。因此投资者不能只把预期收益作为选择投资证券的唯一标准，还应该重视证券投资收入的稳定性。多种证券组合可以提高投资收益的稳定性，同时也降低了投资风险，因为在多种证券组合中不同证券的收益与损失可以相互抵补，起到分散风险的作用。作为投资者可能选择不同国家的证券作为投资对象，从而引起资本在各国之间的双向流动。

现代证券组合理论指出了任何资产都有收益和风险的两重性，并提出以资产组合方法来降低投资风险的思路，揭示了国际间资本互为流动的原因，因此有其进步性和合理性。但该理论主要用于解释国际证券资本流动，而对国际直接投资却未作任何解释。此外，该理论假设市场是充分有效的，参与者都同时可以得到充分的投资信息，这与现实情况不符，因此，该理论也有它的缺陷。

三、国际直接投资理论

(一)以产业组织理论为基础的投资理论

20 世纪 70 年代是跨国公司迅猛发展的年代。据联合国跨国公司中心公布的资料，1973 年全球共有跨国公司 9481 家，拥有子公司 30000 家以上。跨国公司的发展，使它日益成为国际投资的主体，引起了人们的普遍关注。仅以美国为例，美国的跨国公司在整个 70 年代对发达国家的直接投资就从 510 亿美元增至 1571 亿美元，增长 2.08 倍。跨国公司的海外投资活动，给国际投资带来了一系列的新问题，并向传统的国际资本流动理论提出了挑战。因为跨国公司海外投资的原因不能从传统的利润差异上得到解答，尤其是在一个有效益的资本市场可以将货币从低利率国转移到高利率国的情况下，纯粹的利益无法解释海外的直接投资。于是，“产业组织论”便应运而生了。

1. 垄断优势论

该理论最早由美国学者金德尔伯格(C. P. Kindleberger)和海默(S. A. Hymer)等人提出。所谓垄断优势，是指跨国公司所拥有的“独占性的生产要素优势”，包括资本集约程度高、技术先进、高强的开拓新产品的能力、完善的销售系统以及科学的经营管理方式等。

他们认为，应从产业组织形式上，从跨国公司拥有的垄断优势上去寻找一国为什么进行对外投资的答案。他们指出，一个公司之所以到海外投资就是因为这些公司在技术、专利、资金及管理上有垄断优势，而且这些优势能够通过产业组织转移到国外又不被当地竞争对手所掌握。因此，虽然在与当地企业的竞争中，这些公司在运输、通信成本及了解当地法律经济环境上处于不利地位，但垄断优势完全可以抵消这些劣势，从而使跨国公司海外投资获得高于国内的收益。金德尔伯格还认为，拥有这些优势的多数是一些大寡头垄断企业，它们既可在国内，也可在全球发挥其生产、营销上的规模经济效益。

他们的理论后来被众多学者在不同的角度上加以发展和完善。如赫希(S. Hirseh)从生产和科研开发的规模经济效益上强调了直接投资的成本降低作用；夏派罗(D. M. Shapiro)在研究了外国在加拿大的投资后得出结论，大型的高科技企业，比一般性的企业更具有进入或退出某行业的能力，资本流动性更强更灵活，因此，它们有能力在合适的地方投资，而不受国界限制；克鲁格曼(P. R. Krugman)和凯夫斯(R. E. Caves)观察到直接投资通常分两类，一类是"平行投资"，另一类是"垂直投资"。他们通过产品模型论证了垂直投资是为了整个生产过程一体化，在海外设立分支机构以保障供给，避免上游产品或原材料价格扭曲和供给波动，降低成本，增加垄断实力。

2. 市场内部化理论

在产业组织论基础上作出的另一种投资理论即巴克利(P. J. Buekley)和卡森(M. C. Casson)的市场内部化理论或市场不完善论。所谓市场内部化，主要是指把市场建立在公司内部，以公司内部市场取代公司外部市场。该理论的出发点是探讨外部市场的不完全性，从这种不完全性与跨国公司分配其内部资源的关系，来说明对外直接投资的决定因素。

该理论认为，由于外部市场的不完全性，如果将企业拥有的半成品、工艺技术、营销诀窍、管理经验和人员培训等"中间产品"通过外部市场进行交易，就不能保证企业实现利润的最大化。企业只有利用对外直接投资方式，在较大的范围内建立生产经营实体，形成自己的一体化空间和内部交换体系，把公开的外部市场交易转变为内部市场交易，才能解决企业内部资源配置效率与外部市场的矛盾。这是因为内部化交易会使交易成本达到最小化，在内部市场里，买卖双方对产品质量与定价都有准确的认识，信息、知识和技术也可得到充分的利用，从而减少贸易风险，实现利润最大化。

该理论认为，外部市场的不完全性体现在很多方面，主要有：(1)垄断购买者的存在，使议价交易难以进行；(2)缺乏远期的套期市场，以避免企业发展的风险；(3)不存在按不同地区、不同消费者而实行差别定价的中间产品市场；(4)信息不灵；(5)政府的干预等。为了减少这些市场不完善所带来的影响，使企业拥有的优势和生产的中间产品有理想的收益，企业一般都会投资于海外。

该理论进一步指出，市场最终能否内部化，取决于以下四个因素：产业特定因素(产品性质、外部市场结构和规模经济等)、地区特定因素(地理距离、文化差异、社会特点等)、国家特定因素(国家的政治制度、财政制度等)和公司特定因素(不同企业组织内部市场管理能力等),其中最关键的是产业特定因素。

这种理论,是对付市场不完全性的一种有力措施。它解释了通过直接投资所建立的跨国公司,可以取得内部化的优势——降低交易成本并减少风险。它也在一定程度上或一定范围内解释了战后各种形式的对外直接投资,包括跨国经营的服务性行业的形成与发展,如跨国银行等。但这种理论仅是一种微观的分析,没有从世界经济一体化的高度分析跨国公司的国际生产与分工,并且也忽视了工业组织与投资场所等问题。

3. 产品周期论

与产业组织理论相关的另一个国际投资理论是弗农(R. Vernon)的“产品周期论”。弗农认为,企业产品生产周期的发展规律,决定了企业需要占领海外市场并到国外投资。他指出,产品在其生命周期的各个阶段各有特点。在产品创新阶段,创新国占有优势,一般是国内市场需求较大,这时最有利的是安排国内生产,国外的需求通过出口就可以得到满足。产品进入成熟阶段之后,产品性能稳定,国外市场日益扩大,消费的价格弹性增大,这时就迫切需要降低成本。如国内生产边际成本加运输成本超过了在国外生产的平均成本,如果还存在着国外的劳动力价格差异,那么在国外生产就更为有利。而且在这个阶段,国外的竞争者也会出现,因为随着产品的输出,技术也会逐渐外泄,这时就会出现创新的产品技术优势丧失的危险。为了维持市场,阻止海外竞争,就需要到国外去建立分支。这个阶段上的投资对象往往是与母国需求相似、技术水平差异不大的国家。当产品最后进入标准化阶段,生产已经规范化时,价格竞争便成为主要方面,相对优势就不再是技术,而成了劳动力。为了取得竞争优势,企业加快了对外直接投资的步伐,到生产成本低的国家或地区建立子公司或其他分支机构。

(二)侧重于国际投资条件的理论

1. 折衷主义论

从20世纪70年代中期开始,国际投资出现了一些新的现象和新的特点:在发达国家继续大量输出资本的同时,一些发展中国家也开始对外直接投资,并有不断发展的趋势。尤其是第一次石油危机之后,石油输出国的海外投资大量增加,针对这些新的现象,以发达国家跨国公司为主要分析对象的产业组织理论的国际投资学说便很难解释清楚,这时就需要新的理论诞生。邓宁(J. H. Dunning)的“折衷主义理论”便是这时候出现的一种有代表性的理论。

邓宁试图将国际贸易和产业组织的理论融合在一起分析国际投资。按他的说法:“之所以称之为‘折衷主义的国际投资理论’,是因为该理论:(1)吸收了过去20年来解释国际投资的主要理论;(2)适用于所有类型的国外直接投资;(3)或许最有趣的是：它包括了企业走向国际的三种主要形式，即直接投资、商品出口、合约性资源转让，并建议企业在何种情况下应采取何种方式。”

邓宁理论的要点包括：

(1)首先分析了一个公司进行对外直接投资的充分与必要条件。该理论指出一个国家的企业从事国际经济活动有三个形式：直接投资、出口贸易和技术转移。直接投资必然引起成本的提高与风险的增加。跨国公司之所以愿意并能够发展海外直接投资，是因为跨国公司拥有了当地竞争者所没有的所有权特定优势、将所有权特定优势内部化的能力和区位特定优势等三个比较性优势。前两个是对外直接投资的必要条件，后者是充分条件。这三种优势及其组合，决定了一个公司在从事经济活动中到底选择哪一种活动形式。

如果一个公司独占所有权特定优势，则只能选择技术转移这个方案进行国际经济活动；如果具备了所有权特定优势，又具备内部化优势，则可出口；如果三个优势都具备，就可对外直接投资。

(2)进一步指出了所有权特定优势的主要内容。包括：①技术优势，又包括技术、信息、知识和有形资本等；②企业规模优势，又包括垄断优势和规模经济优势；③组织管理能力优势；④金融优势(包括货币)。

(3)指出区位特定优势内容。包括：①劳动成本；②市场需求；③关税与非关税壁垒；④政府政策等。

邓宁理论重点分析的是直接投资的条件，就这些优势构成的国际投资条件而言是正确的，它可以解释不同类型国家的国际直接投资现象，并且它对企业选择不同的国际化发展战略也很有参考价值。但是，这一理论把一切国际投资都归结为三个优势因素，难免绝对化。某些类型的企业，如服务性的企业，到海外投资并无明显的区域优势，而之所以投资到海外，是由它所提供的服务必须和消费者处于相同的地点这一特性决定的。

2. 分散风险论

20 世纪 70 年代中期发展的有关投资条件的另一种理论是“分散风险论”。其前期代表人物是凯夫斯(R. E. Caves)和斯蒂文斯(G. V. Stevens)。他们从马科维茨的证券组合理论出发，认为对外直接投资多样化是分散风险的结果，因此，证券组合理论的依据也是该理论的基础。凯夫斯认为，直接投资中的“水平投资”通过产品多样化降低市场不确定，减少产品结构单一的风险；而“垂直投资”是为了避免上游产品和原材料供应不确定性风险。斯蒂文斯认为，厂商分散风险的原则和个人一样，总要求在一定的预期报酬下，力求风险最小化。但个人投资条件与企业不一样，个人主要投资于金融资产，厂商则投资于不动产，投资于不同国家和地区的工厂和设备。

该理论的后期代表人物阿格蒙(T. Agmon)和李沙德(D. Lessard)还认为，跨国公司对外直接投资是代表其股东进行分散风险的投资，不同国家和地区直接投资收益的不相关性为个人分散风险提供了很好的途径，甚至是证券投资无法提供的途径，因为证券市场，资本移动成本较高且制度不完善。另一学者阿德勒(M. Adler)认为，既然跨国公司是直接代表股东作出投资决策的，个人证券投资上的限制不一定会导致对外直接投资，只有当外国证券市场不完善，不能满足个人投资需要时，跨国公司的直接投资才会进行。在这种情况下，跨国公司起到了分散风险的金融中介作用。

分散风险论把证券投资与直接投资联系起来考察，把发展中国家证券市场的不完善看成是直接投资的一个因素，应该说有它正确的一面，它从另一个角度补充了以前投资理论的不足。80 年代以来，随着发展中国家证券市场的逐步完善，证券投资逐渐成了最主要的投资形式。这证明，直接投资与证券投资具有互补作用。我国目前正在大力改善外商投资环境，争取吸引更多的外国投资。但我们不应忽视进一步发展和完善我国证券市场的作用，因为根据分散风险理论，证券投资是外国企业首先考虑的投资形式。随着我国证券市场的不断完善，通过这一途径吸收的外资一定会大大增加。

(三)从金融角度出发的投资理论

跨入 80 年代后，国际投资的格局发生了很大的变化。美国从最大的资本输出国地位上逐渐衰败下来，日本、德国等其他发达国家的海外投资急剧上升。美国成了它们竞相投资的对象，到 1985 年，美国竟成了最大的资本输入国。与此同时，一些新兴的工业化国家也开始大举向海外投资。与国际投资格局变迁相应的变化是国际金融市场的作用在国际资本流动中越来越大，新兴的国际金融中心一个个出现并借助于科技革命的成果联为一体，新创的融资手段和融资方式也层出不穷。国际银团和金融寡头已取代产业性的跨国公司成为国际投资的主宰。所有这些，都对以往的国际投资理论提出了新的挑战。于是，从金融角度出发研究分析国际投资便成为 80 年代以来新投资理论的共同特点。

1. 货币汇率论

阿里伯(R. Aliber)的“货币汇率论”是较早从金融角度提出来的一种投资理论。他认为，以往所有理论既未能回答为什么这些企业具有获得外国资产的优势，也未提供任何投资格局上的意见，即为什么某些国家输出资本，另一些国家输入资本，更不能解释投资格局为什么会变化。

他指出，20 世纪 60 年代美国资本市场上有一种优势，这种优势来源于美国及世界各国的投资者有以美元计算债务的偏好，这反映了以美元计算的利率在用预期汇率波动调整后比其他货币的利率低。由此可以得出同样结论，即投资者将要以较高的代价去获得 1 美元的股息收入，反过来这就意味着美国公司在购买外国股权时能够比其他国家的公司付更高的价格。他认为,整个 60 年代美国海外投资的高涨是美元高估的结果。随着 70 年代浮动汇率的实行,美元大幅度下跌,美国股市价格就下降,外国股市价格上涨。此时,总部在欧洲、日本的企业就愿付较高的价格购买美国的企业了。阿里伯指出,国际投资的格局可以从总部设在不同国家的企业市价涨落中得到衡量。总部所在地公司的市价下跌,资本就流入;市价上升,资本就输出。总部所在地不同的企业市场价格上的变化是名义汇率、通货膨胀率变化的反映。因此,他认为硬货币国家会向软货币国家进行直接投资。

阿里伯的这个理论比较正确地分析了汇率变动对国际直接投资的影响,他试图用汇率来解释他所观察到的国际投资格局的变化和美国对外投资的相对萎缩。但是,汇率是货币实际价格变化的反映,是国际经济实力变化的反映,而不是这种变化的原因。因此,汇率对直接投资的影响只是现象,真正导致国际资本流动格局变化并制约国际投资行为的力量,是各国垄断资本相对优势和相对发展速度的变化,而这种变化又是资本主义发展不平衡规律起作用的结果。

2. 国际金融中心论

另一从金融角度分析国际投资理论的是里德(H. C. Reed)于 20 世纪 80 年代提出的"国际金融中心化"。里德认为,所有以前的国际投资理论都忽视了国际金融中心在决定国际投资区域、规模和格局中的作用,而国际金融中心对国际投资活动是非常重要的,它不仅是国际清算中心、全球证券投资管理中心、通信交流中心、跨国银行中心,而且还是国际直接投资中心。里德指出,国际化公司追求的不是一般观点所认为的收入最大化或成本最小化,而是营运效益最优化,即其发行的股票价格和其债券利息最大化,这可以使企业在商品市场和资本市场两个方面增强竞争力。跨国公司的经营效益是由国际金融中心来评估的,而评估的结果是通过跨国公司发行的股票债券的价格升降来反映的。国际金融中心通过跨国公司资本比例、经营政策的评估,对国际直接投资发生作用。例如,当国际金融中心认为某个公司的借贷比例过高,海外资产发展过快时,就会降低该公司证券的市场价格,该公司经营效益就下降,公司股东和债权者收益也就下降,这实际上意味着公司整个资本分布的效益可能很低。于是,这就会迫使该公司调整投资战略和经营方针,收缩其在海外的投资。如果该公司对金融中心的评估不予理睬,那么金融中心可能会进一步降低其证券的价格,迫使该公司作出反应。这样,国际金融中心及在金融中心的融资活动中占统治地位的大银行、保险公司、共同基金等金融垄断资本就控制了国际直接投资活动。

里德的国际金融中心说,正确地指出了 80 年代以国际金融中心为代表的国际金融寡头对国际资本流动的控制和影响。正是这些国际垄断财团在操纵着国际证券市场价格与国际资本的流向和流量,在全球范围内追逐高额垄断利润。但是,里德虽然正确地指出了国际金融中心的影响,却并未把握住它的本质,产业资本与金融资本并不是截然可分的，它们是融在一起的。而且这个理论分析上的错误也是明显的。它将企业证券价格的涨跌与企业经营效益的关系颠倒了，好像企业经济效益下降是由企业证券价格下跌所致，其实证券价格下跌只是企业经营不佳的反映。虽然金融中心的垄断资本可以操纵影响企业证券的价格，但是这个关系不会颠倒，因为垄断资本不会也无法将一个经营不良、赢利不佳的企业的证券维持在一个高价位上。

3. 投资发展阶段论

邓宁在1982年对折衷主义理论作了动态化的发展，提出了投资发展阶段论。这种理论要点在于：

(1)一个国家的投资流量与该国的经济发展水平有着密切的关系。

(2)提出了对外投资周期的概念。该理论对利用外资与对外投资进行阶段性划分，各阶段是：①利用外资很少，没有对外投资；②利用外资增多，少量对外投资；③利用外资与对外投资增长速度都很快；④对外投资大致等于或超过利用外资。邓宁据此认为，发达国家一般都已经历了这四个阶段，发展中国家已由第一阶段进入第二阶段，台湾、香港、新加坡、韩国等新兴工业群正在迅速从第二阶段转入第三阶段或已进入第三阶段。

(3)利用动态化的国际生产综合理论或折衷主义论来解释投资的发展阶段，并由此证明一国的国际投资流量总是与经济发展水平密切相关的。

这一理论还认为，在经济发展的第一阶段，本国几乎没有所有权特定优势和内部化优势，有的话也是极其脆弱，外国的区位优势本国也不能予以利用，而本国的区位优势对外国投资者又欠吸引力。因此，没有资本输出，只有少量的资本流入。在第二阶段，国内市场得到了扩大，购买力也相应有所提高，市场交易成本下降，资本流入开始增加，这时资本流入(即利用外资)可分为两种类型，即进口替代型和带动出口型。在这一阶段引进外资是关键一着，为此，该国就要创造区位优势，如改善投资环境，健全法律制度以及疏通专业渠道等。第三阶段，国内经济水平有较大幅度的提高，对外投资又有可能，因为前阶段引进的技术对本国资源的开发使所有权特定优势不断增强，原来外国投资者的优势相对消失，而外国市场区位也有较大的吸引力。第四阶段，经济已相当发展或高度发达，一般都拥有所有权特定优势、内部化优势，并且能利用其他国家的区位特定优势，这时该国就积极向外进行直接投资了。

可见，这个理论与折衷主义论是一脉相承的，只是把后者予以动态化而已，用动态化的四个阶段阐明了直接投资与经济发展的相关性，并阐明一国之所以能参与对外直接投资，是因为具有所有权、内部化和区位等三个方面的相对优势并予以配合的结果。

需要指出的是，这个理论有一定的现实意义，有助于发展中国家充分利用外资创造区位条件,也有助于发展中国家利用自己的相对优势对外进行适当的投资,向国际市场挺进。

4. 产业内双向投资论

产业内双向投资论是根据近20年国际资本流向发生的重大变化,特别是资本在发达国家之间流动,并集中利用相同产业内部的现象提出来的。经济学家对此进行了广泛的研究,并试图解释这一现象。E. M. 格雷汉指出,之所以会出现双向投资,是在于"跨国公司产业分布的相似性",相似的东西容易接近。

邓宁则指出,双向的投资主要集中在技术密集型部门,传统部门则投资比例不高。这是因为:(1)发达国家间水平相近,但没有一个企业拥有独占的所有权特定优势,而若干个公司才能拥有几乎相近的所有权优势。(2)各公司为了获得联合优势,以及获得规模经济的利益,同时为得到东道国较低成本的好处,就进行双向投资。(3)发达国家收入水平相近,需求结构也基本相似,这样对异质产品的需求不断扩大,就会产生发达国家之间的产业内国际贸易的倾向,一旦产业内贸易受到阻碍,则市场内部化的要求就会导致产业内双向投资的出现。

海默和金德尔伯格也对这一现象进行了解释,提出"寡占反应行为"说。他们认为,各国寡头垄断组织为获取或保住在国际竞争中的地位,会通过在竞争对手的领土上占领地盘即"寡占"这个形式来进行,而产业内直接投资则是这种"寡占"竞争的重要手段。

此外,近年来出现的安全港理论,也能解释双向投资的行为。该理论的核心观点是:在发展中国家投资收益虽较发达国家高,但安全性弱,法律保障程度小,即要承担极大的政治经济风险。因此,宁愿把资本投往发达国家,取得较为稳定的收益,而产业内部条件相近,投资见效也较快,亦可更迅速地获得利润。可见,该理论的运用很容易导致双向投资的增长。

第五节　资本管制

所谓资本管制,指对跨境资本交易及相关货币汇兑进行限制。资本管制的核心是交易限制,汇兑管理处于从属、配合的地位。我国跨境资本交易和汇兑管理职能分属不同部门。例如,外商直接投资产业政策、中长期外债和国内企业对外直接投资审批等由发展改革部门负责,居民对外证券投资和海外证券发行、非居民投资境内证券市场的市场准入由证券管理部门审批,外商直接投资项目审批由商务部门负责,短期外债、资金汇兑和流出入、金融机构结售汇业务等由中国人民银行(国家外汇管理局)统一负责管理。

长期以来,我国对资本流动实行"宽进严出",即对资本流出的管理和限制严于对资本流入的管理。但实际上，对居民借用外债、企业到海外发行证券融资、非居民投资境内证券市场等仍有较多限制。例如，非居民只能投资境内 B 股市场和通过合格境外机构投资者(QFII)制度在一定额度内投资境内 A 股市场；企业到海外上市融资须经审批。不少人认为我国资本流入管理无效，主要理由是近年来外汇大量净流入，其中贸易顺差、外商直接投资以外部分的比例提高，加大了人民币升值压力和货币政策操作的难度。这种说法很有市场，一定程度上说明我国外汇流入渠道日趋多元化，需要引起我们对短期资本流入的高度关注。但仅此就认为流入管理无效，则过于简单化，明显与实际不符。

贸易、外商直接投资以外的项目并非都是热钱流入。相对而言，外贸顺差和外商直接投资流入较为直观，容易与真实的经济活动相对应。但其他各类项下资金流入大都也有真实的交易背景，符合现行法规和政策。例如，根据国际收支平衡表，2007 年我国吸收境外证券投资 210 亿美元，其中境内银行、企业发行股票筹资 126 亿美元，合格境外机构投资者(QFII)净流入 10 亿美元；投资收益 213 亿美元，与中国以外汇储备投资为主的对外资本输出迅速增长有密切关系；登记外债增加 215 亿美元，其中中长期外债都经过发展改革部门逐笔审批，短期登记外债指标由外汇局核定；非政府部门的经常转移顺差 388 亿美元，其中很大部分是居民个人正常的侨汇和赡家款收入等等。将上述流入的资金都视为热钱，显然是不合理的。

资本管制作为预防与控制货币危机的政策工具，正逐渐得到各国，特别是发展中国家的重视。发展中国家普遍存在的问题是金融体系不够完善，资本的大量流动会对经济和金融产生严重的冲击，加大经济的不稳定性。同时，目前的国际金融市场也不完善，缺乏协调的国际货币体系，国际金融市场的监管还存在着很大的漏洞，这就使资本自由流动具有很大的风险性。利用资本管制抑制短期资本的流动，对于促进经济和金融的稳定发展具有积极作用。大量的经验表明，资本管制对于预防与控制货币危机具有一定的作用。考察资本管制在货币危机中的影响及其潜在的成本，研究如何实施资本管制抑制资本流动对经济的不利影响，具有理论和应用上的价值。

首先是资本管制的成本与收益比较。只有当资本管制的收益大于成本时，才值得采取资本管制。精确地衡量资本管制的收益与成本几乎是不可能的，大多数国家采取资本管制往往是客观经济条件的要求和根据其他国家经验的判断。尽管自由市场经济和经济全球化理念几乎统治了世界的各个角落，但是不同程度的资本管制也几乎是无处不在。尤其对于发展中国家来说，资本管制尽管没有经过精确的成本收益比较，但却是国家宏观经济管制体制中举足轻重的一部分。其次是资本管制的效率。资本管制的主要问题是如何尽可能地减少资本管制成本以扩大资本管制收益。评价资本管制的效率，首先要明确资本管制目标，然后在这个目标的基础上确定评价资本管制有效性的各个标准，最后根据这些标准评价资本管制的有效性。

一、明确资本管制目标

现代经济学主流观点认为资本自由流动与其他要素或者是商品流动一样，在多数情况下可以增进社会福利水平。具体来看，资本的自由流动可以改善消费者福利水平，提高投资者的资产收益率，并可以通过全球资产组合投资最大限度地回避风险。但是，西方发达国家 20 世纪 30 年代的经济危机、拉美国家债务危机、ERM 解体、东南亚金融危机等事件表明，资本自由流动具有一系列的负面作用，主要体现为：(1)固定汇率下的资本自由流动使得国内货币当局丧失货币政策独立性，从而丧失了利用货币政策稳定宏观经济的政策空间；(2)当投资者对宏观经济基本面或者是国内微观经济结构的信心动摇时，资本的自由流动可能会带来货币危机或者金融危机；(3)很多发展中国家的经验表明，资本管制放松之后带来的大量资本流入会导致国内需求的膨胀和价格上升，真实汇率在价格上升的作用下升值，国内产业的出口竞争力降低；(4)当国内资本市场发育还不完善、市场监管还很不健全时，资本的自由流动会带来很多投机性资本，破坏国内资本市场的稳定和持续发展；(5)当国内对于产权或者是收入保护不力时，资本自由流动可能会带来大量的财富转移，破坏国内资本积累的经济增长。鉴于资本自由流动带来的诸多有利和不利影响，资本管制的目的在于克服资本自由流动带来的不利因素，同时又尽量利用其对于经济具有促进作用的一面。在资本自由流动的各种弊端当中，货币当局丧失货币政策独立性，从而丧失调节宏观经济能力的不利影响显得尤为突出。宏观经济基本面的不稳定会直接导致资本自由流动带来的其他不利影响的膨胀。一系列货币危机和金融危机的事实表明，当宏观经济基本面不稳定时，国际资本往往会在短时间内大量外流，居民财富转移，从而导致资本市场急剧动荡，甚至发生货币危机或者金融危机。因此，资本管制目标和其他宏观经济政策目标一样，可以定义为稳定宏观经济基本面，或者说是稳定宏观经济的同时保障经济增长。

有学者建议我国也可以把维护货币政策独立性作为衡量资本管制有效性的标准，并定义资本管制的最终目标是维护宏观经济稳定和经济增长。对于中国的资本管制，将目标直接定义到这个终极目标而不是其他中间目标上，有利于整体认识和评价中国的资本管制，也有利于在以后的资本管制工作中明确其方向和重点。

二、确立资本管制有效性标准

我国由于其独特的国情，单纯的货币政策独立性将不足以作为全面衡量资本管制有效性的标准。进一步细分宏观经济稳定和经济增长目标，有利于寻找衡量资本管制有效性更全面的标准。宏观经济稳定一般可以进一步细分为价格稳定、产出稳定和国际收支平衡，经济增长主要依赖于资本积累和资源配置效率。因而，资本管制的目标可以包括：产出稳定，价格稳定，国际收支平衡以及国内适当的资本积累速度和资源配置效率（经济增长）。这也就是平时经常提到的宏观经济四大目标。

资本管制通过维护货币政策独立性来间接稳定国内产出和国内价格。在稳定产出和价格的意义上，衡量资本管制有效性的主要标准是货币政策独立性。需要进一步指出的是，西方国家往往采用保持同种金融工具国内外利率或者是价格的差异来反映货币政策的独立性，这当然也是衡量中国资本管制在维护货币政策有效性方面的一个重要标准。

资本管制主要通过稳定名义汇率和国内价格来稳定真实汇率，进而保持国际收支平衡。在稳定国际收支平衡的意义上，评价资本管制有效性的标准是真实汇率稳定。真实汇率波动的原因非常复杂，国内价格、国外价格、名义汇率波动都是其影响因素，在长期中，中国相对其他国家的经济增长速度也是决定真实汇率趋势的重要原因。资本管制作用于真实汇率主要通过两个渠道：稳定名义汇率和国内价格。如果资本管制确实降低了资本流动导致的人民币汇率和国内价格剧烈波动，那么它在稳定真实汇率这个标准上就应该是有效的，达到了促进国际收支平衡的目标。

在经济增长意义上，衡量资本管制的主要标准是防止资本外逃和维护国内资本市场的健康发展。在中国的资本外逃当中，存在着大量的过渡性资本外逃，资本先流出再流入以骗取税收方面的政策优惠。但是这部分资本外逃并不构成对国内资本积累的威胁。因此，在资本外逃这个标准上，有必要做出区分。对于过渡性资本外逃，由于它不危害国内资本积累，应该从资本外逃总额中扣除，更有意义的标准应该是属于财富转移性质的资本外逃。在维护国内资本市场发展意义上，衡量资本管制有效性的标准在于国际资本流动是否有利于国内资本市场的健康发展，是否有利于防止国际资本流动带来的国内资本市场剧烈波动和价格扭曲。

在价格稳定、产出稳定、国际收支平衡和经济增长四个目标下，衡量资本管制有效性的标准是：保持同种金融工具价格差异的能力；降低货币供给中外汇占款的波动；降低由于资本流动带来的名义汇率和国内价格的剧烈波动；防止属于财富转移性质的资本外逃；防止国际资本流动导致的国内资本市场剧烈波动和价格扭曲。

这五个标准综合反映了资本管制对于稳定国内价格、产出、国际收支平衡和经济增长的贡献。与西方国家惯用的资本管制有效性标准（同种金融工具的国内外利差）相比较，这些标准直接针对资本管制的终极目标，更加综合地评价了资本管制在经济中发挥的作用。利用这套体系评价资本管制有效性的积极意义，还在于它能够及时有针对性地发现资本管制过程当中存在的问题。从资本管制存在的根本意义上看，资本管制过程中出现的很多问题都是一些假象，比如说过渡性资本外逃,尽管反映为资本外逃,但是它的存在根本不会威胁资本管制的有效性。克服过渡性资本外逃主要应该从调整国内税收体系着手,而不应该把责任推到资本管制部门。资本管制部门可以帮助遏制过渡性资本外逃,但是,出现了资本外逃不能说明中国资本管制丧失了有效性,因为实施资本管制的意义不在于此①。

我国已加入WTO,与国际市场接轨是必然的发展趋势。人民币实现资本项目条件下的可自由兑换在不久的将来将会实现。目前,中国实行有管理的浮动汇率制,若资本项目实现自由兑换,资本流动的程度将大大提高,货币危机问题可能要成为我国必须面对的问题。因此,研究如何控制资本流动的程度,降低货币危机发生的可能性,以及在危机发生时如何采取应对措施,对于保障中国经济的持续、健康增长,具有重要的现实意义。

第六节　我国利用外资与对外直接投资

改革开放以来,我国在利用外资和对外直接投资上取得了巨大的成就,使我国经济日益融入全球化,从而加速了经济发展。

一、我国利用外资概况

1979年7月1日,我国第一部涉外经济法律《中外合资经营企业法》出台,随后《外资企业法》、《中外合作经营企业法》相继实施,形成了我国吸收外资的三项基本法律。这些法律法规为我国吸引和利用外资提供了基本的法律依据,也为营造一个有利于外商投资的环境奠定了基础。

20世纪80年代我国抓住了以轻纺产品为代表的国际劳动密集型产业向发展中国家转移的历史机遇,完成了轻重工业结构的合理调整,纺织品成为我国第一大类出口产品。

20世纪90年代我国通过吸收外资,先后承接了大量制造业的国际转移,进入了承接国际产业转移的快速发展阶段,使机电产品成为我国出口主导产品。

21世纪以来,我国又积极承接以IT为主导的国际产业转移,使我国成为外商直接投资的首选地之一,促进了我国高新技术产业的迅速发展,成为全球IT制造基地。

目前,我国与主要投资来源国(地区)建立了畅通的双边投资促进和保护渠道,与其他国家(地区)建立183个双边投资促进机构,商签了121项投资保护协定,有

① 具体请参考,张斌如何评价资本管制有效性——兼评中国过去的资本管制效率[J]　世界经济2003.(3)。

效保护了中外投资者和企业的合法权益。

吸收外资是我国对外开放基本国策的重要内容，改革开放37年以来，我国吸收外资取得了举世瞩目的成就。据商务部统计，2015年中国吸收非金融类外商直接投资金额约达1260亿美元，中国依然是吸收外商直接投资最多的发展中国家。截至2015年12月底，我国累计设立外商投资企业83.6万家，实际吸收外商直接投资超过16423亿美元，对华投资的企业来自世界近200个国家和地区。在外商投资规模不断扩大的同时，吸收外资结构不断优化。外资企业在促进国民经济增长、带动产业技术进步和产业结构优化以及扩大出口和提供就业机会等方面发挥着日益重要的作用。

二、我国的对外直接投资

改革开放之初，我国对外直接投资规模极小，其目的地仅限于美、日、英、德和香港等少数国家和地区。

20世纪90年代末期，随着我国经济又好又快发展，面对经济全球化深入发展的趋势，为适应我国产业结构调整、经济可持续发展等各方面需要，我国政府提出实施“走出去”战略，鼓励有比较优势的各类所有制企业开展对外直接投资和跨国经营，推动中国有实力的企业通过对外投资不断发展壮大。

伴随着中国经济国际竞争力的不断增强和“走出去”战略、“一带一路”战略的逐步实施，中国已成为新兴的对外直接投资来源地。据商务部的统计，2015年我国全口径对外，直接投资额达1280亿美元，跃居发展中国家的首位，世界第三位。

(一)我国对外直接投资的目标与定位

随着我国对外直接投资规模不断扩大，理论界和决策层对于“对外直接投资如何定位?”的讨论也越来越多，同时还应该讨论一个重要的问题:中国政府和企业应当通过对外直接投资实现哪些目标？当然，投资的第一要义是“收益第一”，讲求的是短期或长期的投资收益率。从宏观决策和微观经营角度来看，中国的对外投资应当有明确的目标与定位。

1.致力于提升中国的国际实力

对于中国而言，总体和人均国内生产总值的不断提高只是国际实力提高的基础之一，却远不是全部。国际实力需要依靠有自主创新能力的产业体系，以及有国际竞争力的国际企业集团，尤其是制造业领域的巨型企业。通过对外的直接投资，可以为国内有条件的企业开拓更为广阔的市场，获得更为先进的技术，有望在未来10～20年为中国培育一批像丰田、三菱、松下的跨国集团，增加中国的软实力。

2.在国际生产梯度中提升中国的地位

经过过去30多年的经济增长，中国在全球的地位与影响力已经显著提高，但客观地说，中国仍然处于国际生产梯度中的下层，中国的地位和影响力更多的时候体现在局部，而不是综合的实力。通过对外直接投资，中国又增加了一个参与全球经济的途径，也增加了提升自身地位的筹码。中国可以面向最不发达地区和一些发展中国家，以及发达国家的细分市场(小市场)，进行以收益和市场为目标的投资。同时，面向发达国家进行“学习型”投资，通过多种途径逐步提高中国在全球生产梯度中的地位。

3. 建立有“宽度”和“深度”的产业体系

随着大飞机等项目的上马，中国已经逐步形成了全面覆盖的产业体系，中国的产业体系的宽度已经有了明显的改进。所谓“宽度”是指产业的种类、各行各业。但是，中国产业体系的深度却远远不够。所谓“深度”，是一个产业从研发、设计、生产、销售到服务的整个流程，从深度上看，中国的许多产业仍然停留在生产和销售环节，最多延伸到设计和服务。发展对外直接投资，可以给中国企业提供更多了解国外产业的机会，也给中国企业向研发、设计和服务环节延伸提供了更为有利的条件。

4. 部分纠正中国的外部不平衡

在美国金融危机之前，国内在讨论热钱、资产泡沫和通货膨胀问题时，外汇资产给货币政策造成的压力是一个重要的议题，时过境迁，现在又开始讨论通货紧缩了。尽管如此，如果不扩大中国对外投资的规模，双顺差给货币政策和汇率造成的压力仍然会长期存在，虽然它可能暂时消失。如果扩大对外直接投资后，国内过量的储蓄将会转化为对外投资头寸(国际储蓄)，有助于缓解宏观决策上的压力。同时，由于对外直接投资会将一部分国内的生产转移到国外，也会减少中国的出口，因此，可以从资本流动和贸易流动两个途径部分来纠正中国的贸易不平衡。

5. 打通获得技术和信息的渠道

在中国对外开放之初，曾经试图通过“市场换技术”的策略，为国内产业发展获得相应的技术，但这一策略并未获得预期的效果。没有获得预期效果的原因是多方面的，一个重要的原因就是跨国公司越来越把产品的生产环节进行细分、散布，把一些核心的、技术含量高的环节(比如研发)放在本土，导致核心技术上的溢出效果不是很明显。在发展对外直接投资的过程中，中国的企业可以直接到国外的产业集群地设立分支机构，相当于打通了国内企业获得技术、了解技术创新方向和产品市场信息的渠道，增加对核心技术、最新技术和信息等知识的获取，主动获得核心技术的溢出。

(二)我国对外直接投资的现状

积极开展对外直接投资，不仅是我国企业寻找新的市场空间、应对贸易壁垒、充分发挥比较优势和获取先进技术信息的理想选择，也是我国经济发展和对外开放到了一个特定阶段后必然出现的趋势。据《2014 年度中国对外直接投资统计公报》统计，我国对外直接投资的现状如下：

1. 对外投资流量快速增长，与吸引外资规模首次接近

2014 年，中国对外直接投资继续高速增长，创下 1231.2 亿美元的历史最高值，同比增长 14.2%。自 2003 年中国发布年度对外直接投资统计数据以来，连续 12 年实现增长，2014 年流量是 2002 年的 45.6 倍，2002～2014 年的年均增长速度高达 37.5%。2014 年，中国对外直接投资与中国吸引外资仅差 53.8 亿美元，双向投资首次接近平衡。

2. 对外投资的存量规模不断扩大，首次步入全球前 10 行列

2014 年年末，中国对外直接投资存量 8826.4 亿美元，较上年末增加 2221.6 亿美元，占全球外国直接投资流出存量的份额由 2002 年的 0.4%提升至 3.4%，在全球分国家地区的对外直接投资存量排名中较上年前进 3 位，位居第 8，首次步入全球前 10 行列。

3. 投资遍布全球近八成的国家和地区，投资地域高度集中

截至 2014 年年底，中国 1.85 万家境内投资者设立对外直接投资企业近 3 万家，分布在全球 186 个国家（地区）。中国对外直接投资地域分布高度集中，2014 年年底对外直接投资存量前 20 位的国家地区存量占总量的近 90%，对“一带一路”沿线国家的直接投资流量为 136.6 亿美元，占中国对外直接投资流量的 11.1%。

4. 投资行业分布广泛，门类齐全，第三产业投资流量、存量均超七成

2014 年，中国对外直接投资涵盖了国民经济的 18 个行业大类，按三次产业划分，投资流量占比分别为 1.3%、25.3%和 73.4%；2014 年年底三次产业存量占比分别为 1%、24%和 75%。投资存量规模超过 1000 亿美元的行业有 4 个，依次分别为：租赁和商务服务业、金融业、采矿业、批发和零售业，上述 4 个行业累计投资存量达 6867.5 亿美元，占我国对外直接投资存量总额的 77.8%。

5. 并购项目亮点突出，但传统采矿领域交易金额大幅下降

2014 年，中国企业共实施对外投资并购项目 595 起，实际交易总额 569 亿美元，其中直接投资324.8亿美元，占并购交易总额的 57.1%。涉及制造业、农林牧渔业等领域的对外投资并购亮点突出。同时受大宗商品市场低迷等因素影响，采矿业并购金额虽仍保持首位，但从上年的 342.3 亿美元大幅下滑到 179.1 亿美元，同比下降 47.7%。

6. 股权和收益再投资占八成，债务工具比重下降明显

2014 年，中国对外直接投资流量中，股权和收益再投资共计 1001.3 亿美元，占到流量总额的 81.3%；由于境外融资成本低于境内，企业通过境外融资再进行对外投资的活动日益增多，由境内投资主体直接给境外企业提供的贷款减少，债务工具投资较上年下降了 40.7%。

7. 地方企业投资占比首次过半，超过中央企业和单位对外直接投资规模

2014 年，地方企业非金融类对外直接投资流量达 547.26 亿美元，同比增长 50.3%，占全国非金融类流量的 51.1%，首次超过中央企业和单位对外直接投资规模。

8. 境外企业对东道国税收和就业贡献明显，对外投资双赢效果显著

2014 年，境外企业向投资所在国缴纳的各种税金总额达 191.5 亿美元，雇佣外方员工 83.3 万人，来自发达国家的雇员 13.5 万人，较上年年末增加 3.3 万人。

尽管我国的对外直接投资已经取得了显著的成绩，但无论是从对外直接投资的发展阶段，国际地位还是跨国公司的发展来看，我国对外直接投资都还尚处于初级阶段，与国际水平相比还有相当大的差距。当然，换个角度来看，这种差距也意味着我国对外投资的深厚潜力。伴随着我国经济国际竞争力的不断增强和“走出去”战略的进一步实施，势必会激发国内企业积极开展对外直接投资的热情和潜力。

【思考题】

1. 国际资本流动的内涵是什么？

2. 当今国际资本流动的特点表现在哪几个方面？

3. 简述国际资本流动的原因是什么？国际资本流动对世界经济的影响是什么？

4. 当今国际资本流动的理论主要有哪几种？请简述其基本原理

5. 什么是资本管制？我国资本管制的有效性标准如何确立？

6. 我国利用外资的主要作用是什么？简述目前我国对外直接投资存在的问题。

【案例分析】

国际资本流动与国际金融危机

金融危机在过去的二十年中可谓连续不断，这给发生国经济造成的影响相当严重。首先，我们回顾一下在过去二十年中世界上发生的几次金融危机：20 世纪 80 年代初发生的拉美国家的债务危机；80 年代到 90 年代初美国储贷银行业的危机；90 年代的日本金融危机；1994 年的墨西哥金融危机；1997 年的东南亚金融危机和 2007 年美国引发的金融危机。

其中三次发生在发展中国家、三次发生在发达国家，特别是美国引发的金融危机遍及世界，它们有着惊人的相似之处：首先，在危机发生之前，这些国家都是经济发展的希望之星，都吸引和融合了大量外资。其次，在危机发生过程中，这些国家

的政府一直是一个关键的参与者。第三,金融危机使这些国家蒙受了巨大的损失,同时也迫使这些国家的经济做出痛苦的调整。下面我们简单地描述一下发生的这几次金融危机。

1. 拉美国家的债务危机

70 年代两次石油涨价使得石油输出国积累了大量美元。这些美元主要存在美国和欧洲的商业银行里。当时在发达国家的资本市场上,美元的供给较充足,而美元的需求稳定,因而利率较低。为了寻找高回报的投资机会,商业银行把目光投向拉美国家和东亚。商业银行愿意向拉美和东亚的发展中国家放贷,一是因为这些国家经济发展的势头看好,二是这些放贷大多有发展中国家的政府担保,其信用可谓主权级。到 1983 年为止,西方主要商业银行对发展中国家的贷款总量超过了发展中国家总负债的一半,达 3350 亿美元。但随着 70 年代末和 80 年代初美国利率大幅度提高,投向拉美国家的资本有减少的趋势。这时,拉美国家的负债已经很重了,拉美国家的主要借款国(墨西哥、巴西、阿根廷、智利等国)平均每年要用其出口创汇的 50%以上来还本付息。于是,以 1982 年墨西哥政府宣布不能按时还债为先导,开始了拉美发展中国家的债务危机。

2. 东南亚金融风暴

东南亚 1997 年的金融风暴是从泰国开始的。1997 年 7 月 2 日,泰国政府和金融当局宣布放弃长达 13 年之久的泰铢与美元挂钩的汇率制,随后泰铢贬值高达 48%左右。泰国的危机波及菲律宾、马来西亚、印尼、新加坡等国的金融市场,造成一场席卷整个东南亚的金融风暴。

3. 美国引发的金融危机

危机的爆发导致国际投资连续 4 年高速增长的势头将发生逆转,国际资本流动加剧动荡。2008 年上半年国际并购较 2007 年同期已下降 29%。联合国贸发委估计,2008 年全球海外直接投资将下降 10%。美元持续贬值导致国际投资流向发生变化,一方面刺激了外国对美投资增长,另一方面导致发展中国家对外出口下降、吸收投资能力弱化,甚至转而向海外投资。据 UNCTAD 调查显示,目前全球拟增加投资额超过 30%的跨国公司比例从去年的 32%下降为 21%,而拟减少投资的企业比例则由 10%上升为 16%。该机构初步估计,受金融危机影响,2008 年全球 FDI 流量将比 2007 年减少 10%～30%。据摩根斯坦利和汇丰银行统计,全球金融市场热钱总额已由 2007 年 8 月份的 12 万亿美元峰值骤降至 2008 年 10 月的 6 万亿美元左右。

纵观以上三个案例,我们发现一个共同的特点:这些国家的金融危机都与国际资本流动有关。在危机发生之前,这些国家的形势是“一片大好”。可能是由于国际形势的变化,或者是这些国家改革开放的努力,外资对这些国家的预期较好。为了吸引更多的外资,这些国家都采取了许多措施如开放资本市场等。因此,这段时期外资大量流入这些国家。外资的流入可以弥补国内储蓄的不足,可以补偿经常账户的赤字,可以带来新的投资项目和管理技术,可以使国内的房地产兴旺,可以使国内的有价证券升值。总之,外资的大量流入带来了到处莺歌燕舞的局面。应该说这对参与国来说是一次机会。如果抓住时机搞好国内金融体制的基本建设,规范金融业,加强监管,则可能使本国的金融业走上现代化的轨道并保持经济的持续增长。但是这一切来得太快,这些国家很难将全国金融法规和监管体系建立起来,危机就来临了。

问题:根据以上案例,从资本流动的角度分析危机发生的特点以及给我们的启示。

第八章　国际收支

开放经济条件下，商品与要素的国际流动使得一国市场与国际市场紧密相连，一国经济与他国经济相互依存，国际收支是衡量经济开放性的主要工具与依据。然而，国际收支仅仅是国内经济活动在开放经济下的外在表现，将国际收支置于整个经济体系中进行考察，将宏观经济学的主要分析工具——国民收入在开放经济下的衡量作为分析国际收支的切入点，更有利于分析国际收支及其组成部分与主要宏观经济变量之间的基本关系，准确把握国际收支状况的本质。本章在分析开放经济下的国民收入账户的基础上，介绍国际收支的概念、国际收支平衡表的基本账户与记账原则、国际收支平衡与失衡，从而有助于理解中国国际收支反映以及暴露的整个宏观经济运行中深层次的问题与矛盾。

【本章学习目标】

1. 掌握国际收支相关的基本概念、国际收支平衡表的编制原理。
2. 了解国际收支失衡的类型与影响。
3. 学会运用国际收支失衡的统计口径剖析国际收支与主要宏观经济变量之间的基本关系，理解一国国际收支失衡(又称外部经济失衡)与国内经济失衡的内在联系。

第一节　开放经济下的国民收入

国民收入(National Income)是反映一国一定时期内(通常为1年)投入的生产资源所产出的最终产品和服务的市场价值或由此形成的收入的一个数量指标。国民收入是一个流量概念，其衡量方法有支出法与收入法两种。相对于封闭经济而言，开放经济下的国民收入等式构成、国民收入的含义以及宏观经济变量之间的关系都发生了深刻变化，我们对此逐项进行分析。

一、国民收入等式

(一)封闭经济下的国民收入等式

在封闭经济下,全部产品与服务都是由本国居民在本国领土内生产出来的。从产品的最终支出角度,国民收入可以分解为私人消费 C(Consumption)、私人投资 I(Investment)、政府支出 G(Government Procurement);从收入来源角度,它则可以分解为私人消费 C(Consumption)、私人储蓄 S_p(Private Saving)、政府税收 T(Tax)。这两种衡量方法是等价的,即:

$$C+I+G=Y=C+S_p+T \tag{8-1}$$

上式可变为:

$$I=S_p+(T-G) \tag{8-2}$$

其中,(T−G)为政府税收与支出之间的差额,可以视为政府储蓄 S_g(Government Saving),那么作为总支出中未被用于私人消费和政府购买的部分——国民储蓄 S,它是由私人储蓄 S_p 和政府储蓄 S_g 两部分构成的($S=S_p+S_g$)。

据式 8-2,得:

$$I=S \tag{8-3}$$

即在封闭经济下,国民储蓄与投资必然相等。

(二)开放经济下的国民收入等式

商品的跨国流动是开放经济首要的特征。在开放经济下,一国产品和服务可以销售给外国居民,这意味着该国通过出口增加了本国的国民收入。同时,该国也可能购买外国产品和服务,也就是私人消费、私人投资、政府购买所构成的国内支出的一部分用于进口外国的产品和服务,这一部分支出不形成本国的国民收入,因此应该将其扣除。如果用 X(Export)代表出口,M(Import)代表进口,开放经济下的国民收入等式可表示为:

$$Y=C+I+G+X-M=C+S_p+T \tag{8-4}$$

化简得:

$$I+X-M=S \tag{8-5}$$

产品和服务的出口与进口之间的差额通常称为贸易余额,记为 TB(Trade Balance),即:

$$TB=X-M \tag{8-6}$$

则有:

$$I+TB=S \tag{8-7}$$

贸易余额同私人消费、私人投资、政府支出一样是开放经济下国民收入的重要组成部分。在很多国家,贸易余额在国民收入中所占比重相当大;并且,在经济增长过程中，贸易余额对国民收入增长率的贡献非常突出。

(三)开放经济与封闭经济下国民收入等式的比较

上述分析表明，开放经济下的国民收入等式可以概括为 I+TB=S；而封闭经济下的国民收入等式为 I=S。这是否意味着开放经济推翻了投资与储蓄的恒等关系呢？显然，TB 也即贸易余额代表着净出口，可以视为一国的对外投资（External Investment），这样，式 8-7 的左侧代表一国的对内投资与对外投资之和，也即开放经济下的国民投资，仍等价于右侧的开放经济下的国民储蓄。然而，这种形式上的差异仍然显示了开放经济不同于封闭经济的特点。

(1)从储蓄的角度对比开放经济下的 S=I+TB 与封闭经济下的 S=I，不难发现，一个开放经济既可以通过积累资本存量（Ⅰ），也可以通过获得外国财富（TB>0）来进行储蓄；而一个封闭经济则只能通过积累资本存量（Ⅰ）来进行储蓄。可见，开放经济拓宽了一国储蓄的来源与渠道。

(2)从投资的角度对比开放经济下的 I=S−TB，即 I=S+(−TB)与封闭经济下的 I=S，不难发现，一个开放经济既可以通过储蓄(S)，也可以通过净进口（TB<0）来进行投资；而一个封闭经济则只能通过储蓄(S)来进行投资。可见，开放经济拓宽了一国投资的来源与渠道。

开放经济与封闭经济下国民收入等式这种形式上的差异显示了开放经济不同于封闭经济的充分有效地利用两种资源、两个市场的优势。

二、开放经济下的国民收入

随着一国开放程度的不断提升，经济的开放性就不仅体现在商品流动这一较低形式上，还会体现为资本、劳动等生产要素的独立的国际间流动。例如，外国企业的来华投资，中国的劳务输出。这样，外国企业会在中国境内取得利润，而中国工人也会在境外取得劳务收入，这些收入究竟应该记录在中国还是外国的国民收入中呢？这涉及国民收入的统计标准问题。

(一)国内生产总值 GDP（Gross Domestic Products）与国民生产总值（Gross National Products）

当存在着生产要素的国际间流动时，进行国民收入统计势必遇到一个问题，即计算一国国民收入时应该以一国领土（Territory）为标准，还是以一国国民（National）为标准？这一问题导致了开放经济的国民收入分为两种，即国内生产总值(GDP)与国民生产总值(GNP)。前者是以一国领土为标准，指的是在一定时期内一国境内生产的产品与服务的总值；后者则是以一国国民为标准，指的是在一定时期内一国国民生产的产品与服务的总值。

计算开放经济的国民收入时，涉及两国国民、两国领土的四种收入指标：本国国民本国境内(Home national Home territory,记为 H_nH_t)、外国国民外国境内(Foreign national Foreign territory,记为 F_nF_t)、本国国民外国境内(Home national Foreign territory,记为 H_nF_t)、外国国民本国境内(Foreign national Home territory,记为 F_nH_t)。

则有:

$$GNP = H_nH_t + H_nF_t \quad (8\text{-}8)$$

$$GDP = H_nH_t + F_nH_t \quad (8\text{-}9)$$

式 8-8 减式 8-9,有:

$$GNP = GDP + (H_nF_t - F_nH_t) \quad (8\text{-}10)$$

其中,(H_nF_t-F_nH_t)代表本国国民在外国境内的收入减去外国国民在本国境内的收入,即本国从外国取得的净收入,这些收入是由生产要素资本与劳动的国际间流动引起的,故称为净要素收入 NFP(Net Factor Products),则有:

$$GNP = GDP + NFP \quad (8\text{-}11)$$

具体来看,净要素收入包括付给工人的净报酬、净投资收入。当存在着一国向另一国无偿捐赠的现金或其他实际资源时,这一单方面转移也应包括在其中。净要素收入这一指标的大小与正负,决定着一国在一定时期内国民生产总值与国内生产总值的对比关系,这通常被视为衡量一国财富所有与财富所在的重要指标。

(二)开放经济下的国民收入

当我们考虑了要素的国际流动而采用 GNP 计算国民收入时(在本书分析中,主要采用 GNP 这一国民收入概念),国民收入等式可表示为:

$$Y = GNP = C + I + G + TB + NFP \quad (8\text{-}12)$$

上式中,私人消费、私人投资、政府支出构成国内居民的总支出,我们常称之为"国内吸收"(Domestic Absorption),以 A 表示;贸易余额与净要素收入之和常被称为"经常账户余额"(Current Account Balance),以 CA 表示,这一名称的含义将在下一节中具体解释。这里显然有下式成立:

$$Y = A + CA \quad (8\text{-}13)$$

其中,$A = C + I + G$,$CA = TB + NFP$。国内吸收部分的私人消费、私人投资、政府支出为宏观经济学的主要研究对象,而经常账户余额则为国际金融学,即开放的宏观经济学的主要研究内容。

三、经常账户的宏观经济内涵

国民收入账户是宏观经济的基本分析框架,宏观经济的主要变量及其相互关系都可以在这个框架内得到初步认识。在开放经济下,经常账户进入了这一分析框架之中,它和原有的宏观经济变量之间存在着重要联系,对宏观经济运行发挥着深刻影响。经常账户的宏观经济内涵可以从以下四个角度去分析。

(一)经常账户与进出口贸易

1.关系等式

如果不考虑净要素收入(NFP=0),经常账户则最为直接的反映进出口贸易的情况,即:

$$CA=X-M \tag{8-14}$$

2.等式内涵

从经常账户与进出口贸易的上述关系不难看出,经常账户体现了一国进出口贸易的国际竞争力,进而反映出一国的产业结构、产品质量和劳动生产率状况。因此长期以来,经常账户由于可以提供进出口贸易的情况而被重视,人们也一般将经常账户仅仅视为与进出口贸易有关。在进一步的分析中,我们将会看到这一看法是不全面的,不能充分揭示出经常账户的经济内涵,这仅仅是经常账户最表浅的含义。

(二)经常账户与国内吸收

1.关系等式

由式8-13,得:

$$CA=Y-A \tag{8-15}$$

2.等式内涵

从经常账户与国内吸收的上述关系不难看出,经常账户体现了国民收入与国内吸收的关系。在封闭经济下,一国的国民收入与国内吸收必须相等;然而在开放经济下,一国的国民收入与国内吸收可以不必相等。当一国的国内吸收超过其国民收入($Y<A$)时,可以通过进口来满足,从而经常账户表现为逆差($CA<0$);当一国的国民收入超过其国内吸收($Y>A$)时,可以通过出口来满足其国民收入增长的需要,为剩余产品寻找出路,从而经常账户表现为顺差($CA>0$)。可见,在开放经济下,通过充分利用两种资源、两个市场,一方面使得较小的国民收入可以满足较大的国内吸收;另一方面,市场的扩大为国民收入的扩张提供了条件和可能。从这一角度来说,以进出口为直接表现的经常账户在本质上反映的是国民收入与国内吸收之间的关系。

(三)经常账户与储蓄、投资

1.关系等式

我们已经知道,国民收入可以用支出法与收入法两种方法进行衡量,即:

$$Y=C+I+G+CA=C+S_p+T \tag{8-16}$$

上式经整理可得:

$$CA=S_p+(T-G)-I=(S_p+S_g)-I=S-I \tag{8-17}$$

即：$$CA=S-I \tag{8-18}$$

2. 等式内涵

从经常账户与储蓄、投资的上述关系可以看出，经常账户体现了一国储蓄与投资的关系。在封闭经济下，一国投资与储蓄必须相等；然而在开放经济下，一国投资与储蓄可以不必相等。当本国储蓄不足以支持本国投资（$S<I$）时，可以通过产生经常账户逆差（$CA<0$）的方法来以产品的净进口满足投资需要，形成国内资产，这会产生对外债务，实际上就是利用国外资本弥补本国的储蓄缺口；当本国储蓄超过国内投资需要时（$S>I$），则可以通过产生经常账户顺差（$CA>0$）的净出口带来的资本流出而形成海外资产。因此，各国出现的经常账户顺差或逆差，就意味着资本从经常账户顺差国家流入逆差国家，为后者国内资本存量的增加提供融资，这体现了经常账户逆差的融资功能。从这一角度看，以进出口为直接表现的经常账户在本质上反映的是一国储蓄与投资之间的关系。

（四）经常账户与财政政策

1. 关系等式

利用式 8-17，有：

$$CA=S_p+(T-G)-I \tag{8-19}$$

2. 等式内涵

从经常账户与政府税收、政府支出的上述关系可以看出，如果认为私人部门的储蓄、投资行为比较稳定，那么政府收支因素即财政政策将直接导致经常账户的相应变动。一国紧缩型的财政政策即（T－G）的上升有助于改善经常账户状况；而扩张型的财政政策即（T－G）的下降将恶化经常账户状况。美国 20 世纪 80 年代上半期的经常账户赤字（即逆差）与预算赤字都很突出，有的研究者就从这一角度分析“双赤字问题”，认为预算赤字导致了经常账户赤字。这一分析角度实际上强调了经常账户与财政政策之间的密切关系。

以上是从不同角度对经常账户的宏观经济内涵进行的分析，可见，衡量外部经济的经常账户在本质上反映的是内部经济状况，是内部经济的外在表现。需要说明的是：

第一，上述分析中所利用的都是会计等式，只能说明这些变量之间存在的联系，而不能从这些关系式本身推出各种经济变量之间必然的因果关系。然而在理论研究中，根据研究者不同的分析角度，可以利用上述某些关系式，在赋予式中各种变量之间具有某种逻辑关系的基础上而得出结论。

第二，上述分析中的不同的会计等式是相互联系而不是相互对立的。尽管不同的研究者会根据研究角度的不同而强调不同的因素，但这些分析本身具有内在的一致性。只要对研究方法进行恰当界定，我们会从不同角度得出相近的结论。

第三，经济的开放性使原有宏观经济变量之间的关系发生了深刻变化。经常账户作为反映经济开放性的重要经济变量，它与其他变量之间存在着密切的关系，因而，一方面，我们可以通过经常账户自身的调整影响其他宏观经济变量，使宏观经济获得许多封闭经济下不具备的条件，使经济运行的更好，从而体现出经济开放的合理性；另一方面，我们可以通过各个宏观经济变量与财政政策的调整，来改善经常账户余额，这应该是对经常账户的宏观经济内涵的分析带给我们的思考与启示。

第四，经常账户作为反映经济开放性的重要经济变量，它仅仅代表了商品等实际资源的国际间流动，并不能反映一国包括资产所有权变更在内的全部对外经济交易，因此，我们有必要进一步学习包含经常账户收支的能够反映一国全部对外经济交易的国际收支。

第二节　国际收支

一、国际收支的概念

国际收支（Balance of Payments，简称 BP）的概念最初出现于 17 世纪初期。根据当时的国际经济情况，重商主义学派认为贸易顺差可以聚集金银，因此只是把国际收支简单的解释为一个国家的对外贸易差额。此后，随着资本主义国际经济交易内容、范围的不断扩大，国际收支的内涵经历了由狭义到广义的演变。

（一）狭义的国际收支概念

狭义的国际收支概念是在第一次世界大战以后，到第二次世界大战结束，各国所采用的概念。狭义的国际收支是指一国在一定时期内（通常为 1 年），同其他国家为清算到期的债权债务所发生的外汇收支的总和。它有两个特点：

（1）以支付为基础，即只有现金支付的国际经济交易才能计入国际收支。

（2）外汇的收支必须是立即结清的，即未到期的债权债务不计入该报告期的国际收支。

（二）广义的国际收支概念

广义的国际收支概念则是从第二次世界大战以后才广泛流行起来。二战后，由于国际经济交易的内容更加丰富，随着补偿贸易、无偿援助的发展，广义的国际收支概念便应运而生，并逐渐被人们所接受。广义的国际收支是指“在一定时期内（a period of time）一国居民（resident）与非居民（non-resident）之间全部经济交易（economic transaction）的系统的货币记录（monetary record）”。这也正是国际货币基金组织(International Monetary Fund，IMF)在1993年第5版的《国际收支手册》(Balance of Payments Manual)中对国际收支的界定。这一概念的内涵非常丰富,可以从以下五个方面加以把握:

1. 国际收支是一个流量的概念

根据统计学的定义,流量是"一定时期内"发生的变量变动的数值。国际收支一般是对一年内的交易进行总结,所以它是一个流量的概念。

2. 国际收支是一个事后的概念

定义中的"一定时期内"一般是指过去的一个会计年度,所以它是对已发生事实进行的记录。

3. 国际收支记录的是一国居民与非居民之间的交易

判断一项交易是否应当包括在国际收支的范围内,是依据交易双方是否有一方为本国居民。因而,居民与非居民的界定成为关键,根据居民类型的不同,其判断标准略有差异。

(1)企业居民(Enterprise Resident)。判断标准是经济利益中心(Economic Interest-center)或者说是所在地(Location)。显然,一国企业居民是指在该国经济领土上从事生产、经营的企业,包括本国企业以及外资、合资、合作企业;境内企业设立在境外的子公司是本国的非居民,是所在国居民。

(2)个人居民(Individual Resident)。判断标准是居住地点和居住时间,而并非其国籍(Nationality)。那么,一国个人居民是指在该国经济领土内居住时间在一年以及一年以上不代表政府的任何个人。

(3)官方居民(Official Resident)。判断标准是国籍(Nationality),而非居住时间和地点。一国外交使节、驻外军事人员,不论在国外时间长短都属派出国的官方居民。

(4)国际机构(International Institution)。国际机构,如联合国、IMF、世界银行集团等不是任何国家的居民,而是所有国家的非居民。

4. 国际收支记录的是经济交易

国际收支中的经济交易是指经济价值从一个经济体向另一个经济体的转移。包括以下四类:

(1)交换(Exchange)。交换是指一经济体向另一经济体提供一宗经济价值并从对方得到相等价值的回报。它包括三类:金融资产与商品和劳务之间的交换;商品、劳务和商品、劳务之间的交换;金融资产和金融资产之间的交换。

(2)转移(Transfer)。转移是指一经济体向另一经济体提供经济价值但并不得到回报。转移包括:商品和劳务的转移;金融资产的转移。

(3)移居(Migration)。移居是指居民将住所从一经济体搬至另一经济体的行为。由此造成的资产、负债关系在两个经济体之间的变化必须反映在国际收支中。

(4)推定交易(Presumptive Transaction)。推定交易是指尽管未发生实际的资本流动,但根据推论确定交易存在。如投资收益的再投资等。

5.国际收支是系统的货币记录

国际收支涉及的一些国际交易可能并不涉及货币收支。在国际收支中,除了记录有货币收支的交易外,未涉及货币收支的交易也须折算成货币加以记录。

二、研究国际收支的重要性

(一)国际收支是世界各国国民经济的重要组成部分

国际收支虽然反映了一国的国际经济交易,然而这一外向型指标从本质上反映着一国的国内经济情况,国际收支状况只不过是国内经济运行状况的外在表现而已。

(二)国际收支决定着一国在国际金融领域中的地位和实力

国际收支反映一国经济活动的范围及经济发展的趋势,反映该国在世界经济中所处的地位和发挥的作用。因此,一国国际收支的变化也经常成为新闻界的头号新闻,受到广泛的关注。比如截止 2009 年 9 月,中国外汇储备余额达 22725.95 亿美元,这大大增强了中国在全球经济事务中的发言权,这在全球国家在应对此次金融危机的联合行动中得以充分的体现。

(三)国际收支是国际金融学科的重要研究对象

国际收支是分析一国国内经济状况和对外金融关系的重要依据。国际收支状况对汇率产生很大的影响,继而进一步影响微观的企业经营、一国的金融市场以及宏观的调控政策等国际金融学科的主要研究内容。因此,国际收支是国际金融学科的重要分析工具。

第三节　国际收支平衡表

为了全面认识开放经济,有必要对经济的开放性本身进行精确度量,也就是要对一国与他国之间的全部经济交易的方向、数量等有一个完整的记录。国际收支平衡表就是衡量经济开放性的主要工具。

一、国际收支平衡表的概念

国际收支平衡表(Balance of Payments Statements)是一国将其一定时期内(通常为 1 年)的全部国际经济交易,根据交易的内容与范围,按照特定账户分类(Specific Accounts)和复式记账原则(Double-entry Bookkeeping)表示的会计报表。

可见，从动态上讲，国际收支活动描述了一种经济现象，反映了一国在一定时期内全部国际经济交易；就静态而言，国际收支描述了一国与他国之间经济交易的对比结果，把这种结果加以系统的记录，则形成了国际收支平衡表。国际收支侧重从动态的角度强调一国对外经济交易活动，而国际收支平衡表则侧重从静态的角度强调这种经济交易活动的结果。

全球统一的国际收支制度是IMF成立后着手建立的。IMF于1948年首次颁布了《国际收支手册》第一版，以后又先后于1950年、1961年、1977年和1993年修改了手册。目前成员国编制国际收支平衡表主要依据的是IMF第五版《国际收支手册》的规定，下面将按照这一最新规定从概念中的核心要素“特定账户分类”和“复式记账原则”两个角度对国际收支平衡表进行分析。

二、国际收支平衡表的特定账户

按照IMF的标准构成，国际收支账户可分为经常账户、资本与金融账户、错误与遗漏账户三大类。

(一)经常账户

经常账户(Current Account)是指对实际资源在国际间的流动行为进行记录的账户，它包括货物、服务、收益和经常转移4个子项目。

1.货物

货物(Goods)包括一般商品、用于加工的货物、货物修理、各种运输工具在港口购买的货物和非货币黄金。IMF建议，货物按边境的离岸价(FOB)计价。

2.服务

服务(Services)包括运输、旅游、通讯、建筑、金融、保险、计算机和信息服务、专有权的使用费和特许费以及其他商业服务。

3.收益

收益(Income)包括居民与非居民之间的两大类交易：

(1)职工报酬(Compensation of Employees)。职工报酬是指支付给非居民工人(如季节性的短期工人)的工资报酬。

(2)投资收益(Investment Income)。投资收益包括直接投资、证券投资和其他投资的收入和支出，以及储备资产的收入。最常见的投资收益是股本收入(红利)和债务收入(利息)。

4.经常转移

一经济体居民向其非居民无偿提供实际资源或金融产品的行为称为转移。在《国际收支手册》第五版中，转移包括经常转移与资本转移。经常转移(Current

Transfer)排除了下面三项资产所有权转移(即资本转移):一是固定资产所有权的资产转移;二是同固定资产收买/放弃相联系的或以其为条件的资产转移;三是债权人不索取任何回报而取消的债务。经常转移包括各级政府的转移(如政府间经常性的国际合作、对收入和财政支付的经常性税收等)和其他转移(如工人汇款)。

(二)资本与金融账户

资本与金融账户(Capital and Financial Account)是指对资产所有权在国际间流动行为进行记录的账户,它包括资本账户和金融账户两大部分。

1. 资本账户

资本账户(Capital Account)包括 2 个子项目:

(1)资本转移(Capital Transfer)。指三项资产所有权的转移,即固定资产所有权的资产转移;同固定资产收买/放弃相联系的或以其为条件的资产转移;债权人不索取任何回报而取消的债务。

(2)非生产、非金融资产的收买或放弃(Acquisition/Disposal of Non-product, Non-financial Assets)。指非生产性有形资产(土地和地下资产)和无形资产(专利、版权、商标和经销权等)的收买与放弃。应该注意的是,经常账户的服务项下记录的是无形资产运用所引起的收支,资本账户记录的是无形资产所有权的买卖所引起的收支。

2. 金融账户

金融账户(Financial Account)包括了引起一个经济体对外资产和负债所有权变更的所有权交易。根据投资类型或功能,金融账户可以分为直接投资、证券投资、其他投资、储备资产四类。与经常账户不同,金融账户的各个项目并不按借贷方总额来记录,而是按净额来计入相应的借方或贷方。

(1)直接投资(Direct Investment)。直接投资的主要特征是,投资者对另一经济体的企业拥有永久利益。这一永久利益意味着直接投资者和企业之间存在着长期的关系,并且投资者对企业经营管理施加着相当大的影响。直接投资可以采取在国外直接建立分支企业的形式,也可以采用购买国外企业一定比例以上股票的形式。在后一种情况下,《国际收支手册》中规定这一比例最低为10%。

(2)证券投资(Portfolio Investment)。证券投资的主要对象是股本证券和债务证券。股本证券包括股票、参股和其他类似文件(如美国的存股证);债务证券可以分为期限在一年以上的中长期债券、货币市场工具(如国库券、商业票据、银行承兑汇票、可转让的大额存单等)和其他派生金融工具(如金融期货和期权交易)。

(3)其他投资(Other Investment)。这是一个剩余项目,它包括所有直接投资、证券投资或储备资产未包括的金融交易。如贸易信贷、贷款、货币和存款等。

(4)储备资产(Reserve Assets)。储备资产包括货币当局可随时动用并控制在手的外部资产。包括货币黄金、特别提款权、在基金组织的储备头寸、外汇资产和其他债权。储备资产的相关问题我们将在第十章详细介绍。

(三)错误与遗漏账户(Errors and Omissions Account)

国际收支平衡表的编制采用复式记账法,借方总额和贷方总额应相等。但是,统计数字出现错漏是不可避免的,这是因为:

1. 资料来源不一

即商务部、财政部、海关、税务和银行等各部门的统计口径不一致;

2. 资料不齐全

如资本外逃、走私及私自携带现钞出入国境等,难以掌握和统计;

3. 资料本身错漏

统计数字也不总是准确无误,有的仅仅是估算数字。

由于上述原因,会造成结账时出现净的借方余额或贷方余额。错误与遗漏正是为此而人为设立的一个抵消账户,其数额与上述余额相等而方向相反。

此外,需要特别说明的是,中国国际收支平衡表的编制采用IMF《国际收支手册》这一最新版的特定账户分类,然而略有差异的是,中国把资本与金融账户中的储备资产单列为一项,即中国国际收支账户包括经常账户、资本与金融账户、储备资产账户和错误与遗漏账户四项,具体的中国国际收支平衡表指标说明参见附录。

三、国际收支平衡表的记账原则

(一)记账法则

国际收支平衡表是按照现代会计学的复式簿记(Double-entry Bookkeeping)原理编制的,也即以借、贷作为符号,每个项目都有借方和贷方两栏,借方(Debit)记录资产的增加和负债的减少,贷方(Credit)记录资产的减少和负债的增加。每笔交易都会产生一定金额的一项借方记录和一项贷方记录,也即"有借必有贷、借贷必相等"。对此,记账法则是:

(1)凡引起本国外汇收入的项目,亦称正号项目(Plus Item),记入贷方;

(2)凡引起本国外汇支出的项目,亦称负号项目(Minus Item),记入借方。

(二)具体说明

依据上述基本记账法则,主要账户记录的具体说明如下:

(1)进口属于借方项目,出口属于贷方项目。

(2)非居民为居民提供服务或从该国取得收入,属于借方项目;居民为非居民提供服务或从外国取得收入,属于贷方项目。

(3)居民对非居民的单方面转移,属于借方项目;居民得到的非居民的单方面转移,属于贷方项目。

(4)居民获得的外国资产属于借方项目,非居民获得本国资产属于贷方项目。

(5)居民偿还非居民债务属于借方项目,非居民偿还本国债务属于贷方项目。

(6)储备资产增加属于借方项目,储备资产减少属于贷方项目。

储备资产是平衡经常账户和资本与金融账户差额的,当该差额表现为贷方余额时,表示国际收支收入大于支出,是正号项目;表现为借方余额时,表示国际收支支出大于收入,是负号项目。所以,平衡此差额的储备资产必须以相反的符号表述,才能达到国际收支的平衡。因此,储备资产和其他账户的记录方向相反,其增加用负号表示,而减少用正号表示。

四、国际收支平衡表的记账日期

一笔交易在什么时间被记录为国际收支,这涉及国际收支平衡表的覆盖范围。IMF 建议采用“权责发生制”,即采用与所有权变更相一致的原则。只要两国发生了债权债务关系,即参与交易的实际资源或金融资产的所有权在法律上发生转移,即使并未实现现金收付,也要按转移时间即交易发生日期进行记录,记入国际收支。反过来,倘若即使已经发生现金收付,但参与交易的实际资源或金融资产的所有权并未在法律上转移,也不能进行记录。

五、国际收支记账实例

下面,我们用实例来说明国际收支平衡表的特定账户分类和复式记账原则。对具体交易的分析不仅有助于正确掌握国际收支账户中的记账原则,同时也有助于我们理解各账户之间的关系。

(一)记账实例

我们以甲国为例,列举 6 笔交易来说明国际收支账户的记账方法。

(1)甲国政府向乙国出售了价值 30 万美元的剩余库存小麦,并得到由乙国政府支付的价值 30 万美元的黄金。

这笔交易可记为:

借:储备资产　30 万美元

　　贷:货物　30 万美元

(2)作为甲国公共事业公司的某天然气公司向一家乙国公司购买了价值 40 万美元的天然气,并以其海外银行存款支付。

这笔交易可记为:

借:货物　40 万美元

　　贷:其他投资　40 万美元

(3)乙国球迷们在一次足球锦标赛中作为旅游者在甲国支出 50 万美元,乙国球迷们以其在甲国的存款支付住宿、餐饮以及交通费用。

这笔交易可记为：

借:其他投资　50万美元

　　贷:服务　50万美元

(4)甲国财政部为其过去向乙国投资者借的债而支付25万美元的利息,支付方式为银行支票。

这笔交易可记为：

借:收益　25万美元

　　贷:其他投资　25万美元

(5)甲国某企业在海外投资所得利润150万美元。其中75万美元用于当地的再投资,50万美元购买当地商品运回国内,25万美元调回国内结售给政府以换取本国货币。

这笔交易可记为：

借:直接投资　75万美元

　　货物　50万美元

　　储备资产　25万美元

　　贷:收益　150万美元

(6)甲国政府向乙国提供相当于60万美元的粮食药品的无偿援助。

这笔交易可记为：

借:经常转移　60万美元

　　贷:货物　60万美元

上述各笔交易可编制成一完整的国际收支账户(见表8-1)。

表8-1　　六笔交易构成的国际收支账户　单位:万美元

项目	借方	贷方	差额
货物	40＋50	30＋60	0
服务	—	50	50
收益	25	150	125
经常转移	60	—	－60
经常账户合计	175	290	115
直接投资	75	—	－75
证券投资	—	—	—
其他投资	50	40＋25	15
储备资产	30＋25	—	－55
资本与金融账户合计	180	65	－115
总计	355	355	0

(二)小结

通过上面的理论分析和实例分析,我们可以对国际收支平衡表的记账原则作如下的总结。

(1)当一笔交易发生后,其基本记账环节分两步:一是根据交易的具体内容确定该交易所涉及的账户(至少两个或更多);二是依据“引起外汇流入记贷方、引起外汇流出记借方”的记账原则判断每个账户应记录的方向。

(2)国际收支平衡表中的每项账户,都反映着一定性质的经济行为,不同账户之间有密切的联系,也就是说不同性质的经济行为之间有着密切联系。通过对它的分析,可以了解一国国际经济交往的概况,从而为各国政府分析与制定政策提供参考与依据。

(3)国际收支平衡表的最终差额恒等于零。这是由国际收支平衡表的复式记账原则所决定的。平时,我们可能经常听到“国际收支顺差”或“国际收支逆差”这样的术语,而没有任何一个国家称其“国际收支平衡”,尽管所有国家的国际收支平衡表的最终差额都恒等于零。那么,何谓“国际收支平衡”或“国际收支失衡”呢?我们将在下一节解决这个问题。

第四节 国际收支平衡与失衡

如前所述,依据复式记账原理编制的、包含错误与遗漏这一平衡项的国际收支平衡表总是平衡的。然而现实中,为什么人们总是常常听到国际收支失衡这样的说法呢?判断一国国际收支平衡与否的标准是什么?一国国际收支失衡有哪些基本类型?国际收支的失衡又会对一国经济产生何种影响?这就是本节的主要内容。

一、国际收支平衡与失衡的概念

(一)自主性交易与补偿性交易

为了区分国际收支平衡与国际收支失衡,我们有必要介绍在国际收支研究中影响较广的两个概念:自主性交易与补偿性交易,这一划分的依据是交易动机的不同。

1. 自主性交易(Autonomous Transactions)

所谓自主性交易,是指个人和企业为某种自主性目的(比如追逐利润、旅游、汇款赡养亲友等)而从事的交易,又称事前交易(Ex-Ante Transactions)。在国际收支平衡表中表现为经常账户、资本与金融账户中的资本账户和金融账户中的直接投资、证券投资以及其他投资，即整个国际收支平衡表中截止到其他投资项目，因而，在一些著作中，又称自主性交易项目为线上项目（Superlying Items），即其他投资项目之上的所有项目。

2. 补偿性交易（Compensatory Transactions）

所谓补偿性交易，是指为弥补国际收支不平衡而发生的交易，比如为弥补国际收支逆差而向外国政府或国际金融机构借款、动用储备资产等等，又称事后交易（Ex-Post Transactions）。在国际收支平衡表中表现为储备资产以及错误与遗漏两个账户，即整个国际收支平衡表中其他投资项目之下的所有项目，因而，在一些著作中，又称补偿性交易项目为线下项目（Underlying Items）。

（二）国际收支平衡与国际收支失衡

显然，补偿性交易的存在使得任何国家的国际收支都表现为平衡。因而，所有国家追求的平衡应是自主性交易的平衡，这才是真正意义上的国际收支平衡。

1. 国际收支平衡（Balance of BP）

所谓国际收支平衡是指自主性交易平衡，即自主性交易余额为零。在国际收支平衡表中表现为经常账户余额加资本与金融账户中的资本账户和金融账户中的直接投资、证券投资以及其他投资项目余额之和为零。

2. 国际收支失衡（Imbalance of BP）

所谓国际收支失衡是指自主性交易不平衡，即自主性交易余额不为零。在国际收支平衡表中表现为经常账户余额加资本与金融账户中的资本账户和金融账户中的直接投资、证券投资以及其他投资项目余额之和不为零。当这一余额为正时，就称为“国际收支顺差”（Surplus or Favorable Balance）；当这一余额为负时，就称为“国际收支逆差”（Deficit or Unfavorable Balance），两者统称为“国际收支失衡”（Imbalance of BP）。由于国际收支失衡代表的是一国对外经济活动的不平衡，所以又简称“对外失衡”或“外部失衡”。

（三）国际收支平衡与国际收支均衡

国际收支平衡即自主性交易平衡代表的是一国对外经济活动的平衡，由于一国的对外经济活动与国内经济活动是密切相联的，因此，把国际收支平衡同国内经济的均衡联系起来考察，便产生了国际收支均衡这一更深刻的概念。

所谓国际收支均衡，是指国内经济处于均衡状态下的自主性交易平衡，即国内经济处于充分就业、物价稳定和经济增长下的自主性交易平衡。国际收支均衡是一国达到福利最大化的综合政策目标。在世界经济日渐一体化的同时，国际收支的调节就不仅仅要实现国际收支平衡，还要实现国际收支均衡这一目标。

二、国际收支失衡的统计口径

一般而言，各国政府和国际经济组织都将国际收支平衡作为金融运行良好的

指标，而把国际收支失衡作为政策调整的重要对象。但是，我们仅仅依据国际收支失衡的定义难以真正实现"对症下药"，还需要以定量分析为基础，即按照国际收支失衡的口径进行政策决断。从广泛的意义上来讲，国际收支平衡表中的每一个项目都可以作为国际收支失衡的统计口径，然而这样逐一项目的分析是不现实的，也是没有必要的。按照人们的传统习惯和国际货币基金组织的做法，国际收支失衡的主要统计口径包括以下四个。

(一)贸易收支差额(Trade Balance, TB)

1.差额等式

贸易收支差额是指商品(货物与服务)进出口收支差额，即：

$$TB = X - M \tag{8-20}$$

2.差额内涵

这是传统上用得比较多的一个口径，即使在战后出现的许多新的国际收支调节理论中，也有几种将贸易收支作为国际收支的代表。实际上，贸易收支账户仅仅是国际收支的一个组成部分，绝不能代表国际收支的整体。但是，对某些国家来说，贸易收支在国际收支中所占的比重相当大。因此，出于简便，我们仍然可将贸易收支作为国际收支的近似代表。

贸易收支在国际收支中有其特殊的重要性。对该口径情况的分析，综合反映了一国的产业结构、产品质量和劳动生产率状况，反映了该国产业在国际上的竞争能力。因此，即使像美国这样资本与金融账户比重相当大的国家，仍然十分重视贸易收支的差额。

(二)经常账户差额(Current Account Balance, CA)

1.差额等式

经常账户差额是指贸易收支、收益以及经常转移收支的差额，即：

$$CA = TB + NFP \tag{8-21}$$

然而，仅仅通过对经常账户差额这一单一数据的考察，既不能说明贸易收支的状况也不能表明净要素收入的大小。因此，对这一口径的考察，不能仅仅停留在账户包含的项目上，而是应该从更深的层次观察这一账户差额所反映的问题，即经常账户所反映的宏观经济内涵，这一问题我们在本章第一节中有所提及。即从本质上来看，反映外部经济活动的经常账户的状况只不过是内部经济活动的外在表现而已。经常账户反映了以下几种关系：

$$CA = Y - A \tag{8-22}$$

$$CA = S - I \tag{8-23}$$

$$CA = S_p + (T - G) - I \tag{8-24}$$

2.差额内涵

上述几种关系表明，部分代表国际收支的经常账户差额从本质上反映了一国内部国民收入与国内吸收(CA=Y−A)、国民储蓄与国民投资(CA=S−I)之间的关系,从而成为一国制定宏观调控政策[比如财政政策 $CA=S_p+(T-G)-I$]的重要依据。该口径更多的反映了一国实体经济以及整个国内经济运行状况,因而成为国际经济协调组织在对成员国经济进行衡量时经常采用的指标,例如国际货币基金组织就特别重视各国经常账户的收支状况。

(三)资本与金融账户差额(Capital and Financial Account Balance, KA)

1. 差额等式

由于国际收支平衡表采用复式记账原则,因此不考虑错误与遗漏因素时,经常账户的差额必然对应着资本与金融账户在相反方向上的数量相等的差额。即:

$$CA+KA=0 \tag{8-25}$$

或:

$$KA=-CA \tag{8-26}$$

2. 差额内涵

资本与金融账户差额的分析,具有两方面的作用:

一方面,通过资本与金融账户差额可以看出一个国家资本市场的开放程度与金融市场的发达程度,从而对一国货币政策和汇率政策的调整提供有益的借鉴。一般而言,资本市场开放的国家资本与金融账户的流量总额较大。由于各国在利率、金融市场成熟度、本国经济发展程度和货币价值稳定程度等方面存在较大的差异,资本与金融账户差额往往会产生较大的波动,要保持这一余额为零是非常困难的。

另一方面,资本与金融账户和经常账户之间具有融资关系(CA+KA=0),所以资本与金融账户差额可以折射出一国经常账户的状况和融资能力(KA=−CA)。然而,资本与金融账户为经常账户提供融资受到诸多因素的制约:

(1)如果一国很难从境外融资,这也许源于本国相对严格的外汇管制或者是境内缺乏吸引外资流入的各种优势,那么,只能主要通过本国政府持有的金融资产(即资本与金融账户中的储备资产)进行融资,这势必会对一国的储备资产造成压力。

(2)如果提供融资的主要是外国资本(即资本与金融账户中的直接投资、证券投资和其他投资),那么,这种融资方式将受到稳定性和偿还性两方面的限制。首先,资本的逐利性本质导致了流入的资本本身并非是稳定的。一国经济环境的变化、国际资本市场上的供求变动、乃至于突发事件等因素都有可能引起资本的大规模撤出。同时,这些资本中有相当部分是以短期投机为目的的国际游资(Hot Money),一国的经常账户赤字如果主要依靠这类资本融资,很难长期维持下去。其次,利用外国资本进行融资势必面临着偿还问题。如果因各种因素导致对借入的资金使用不当,这一偿还就会发生困难。特别是当吸引资本流入的高利率并非自然形成，而是存在人为扭曲的因素时，更容易发生偿还困难。资本流入为经常账户赤字融资，意味着资本的所有与使用分离，从而蕴涵了发生债务危机的可能性。可见，在经济处于开放状态时，这一开放性在使经济可以获得更多有利条件的同时，其自身的稳定性也受到了来自外部的冲击。

可见，资本与金融账户具有非常复杂的经济涵义，应当对它进行综合的分析和谨慎的运用，这将有利于对一国的金融市场和资本流动进行有效的调控。

(四)综合账户差额(Overall Balance, OB)

1. 差额等式

综合账户差额又称总差额，是指自主性交易差额，也就是将国际收支账户中的储备资产账户剔除后的余额(不考虑错误与遗漏因素时)。即：

$$OB=CA+KA \tag{8-27}$$

这里的 KA 不包括储备资产或者说官方储备 R。又因为：

$$CA+KA+R=0 \tag{8-28}$$

故：

$$R=-OB \tag{8-29}$$

2. 差额内涵

上式表明，综合账户差额必然导致官方储备的反方向变动，因而综合账户差额可以用来衡量国际收支对一国储备造成的压力。这一压力在不同的汇率制度下有所差异。

(1)在固定汇率制度下，政府有着维护固定汇率的义务。当国际收支的各种交易行为使得本国货币与外国货币的比价发生变动时，为维护固定汇率制度，政府必然会动用官方储备介入市场以求本、外币供求平衡，这势必对官方储备造成较大的压力。因而，综合账户差额的分析在政府有义务维护汇率稳定的固定汇率制度下是极其重要的。

(2)在浮动汇率制度下，政府原则上可以不动用储备而听任汇率变动，如清洁浮动(Clean Float)时；或是使用储备调节的任务有所减轻，如肮脏浮动(Dirty Float)或称有管理的浮动时。可见，在普遍采用浮动汇率制度的现代，这一差额在分析意义上略有弱化。然而，这一差额比较综合的反映了自主性国际收支的状况，是全面衡量和分析国际收支状况的指标，具有重大的意义。

从上述介绍可以看到，国际收支失衡的统计口径有许多种。从广泛的意义上来讲，国际收支平衡表中的每一个项目都可以作为国际收支失衡的统计口径；然而在现实的分析中，上述四个差额为主要的统计失衡的口径，不同的国家往往根据自身情况选用其中一种或若干种，来判断自己在国际交往中的地位和状况，并采取相应的对策；在上述四个口径中，更普遍被世界各国尤为重视的是经常账户差额。比如，某个国家的经常账户连年发生巨额赤字，而资本与金融账户则连年盈余。这样的国家虽然综合账户处于平衡,但从长期看,国际收支状况不容乐观。因为长年的经常账户赤字反映了该国产业的国际竞争力低下,国内产出与需求、储蓄与投资长期失衡,国际收支的长久平衡没有坚实的基础,眼前的平衡是依靠利用外资来维持的,外资逐利性与偿还性的特点极可能加剧下一个时期国际收支逆差失衡的潜在风险。由此可见,反映一国产业国际竞争力、具有广泛宏观经济涵义的经常账户差额是各国最为关注的重要指标。经常账户盈余和资本与金融账户赤字并存下的综合账户平衡是各国追求的最为理想的国际收支平衡。

然而,国际收支平衡仅仅是一种理论上的、理想的状态,在现实中,由于影响国际交往的因素极为复杂,实际的国际收支不可能平衡,即每个国家或多或少都会出现不平衡。如果一国出现了国际收支失衡,就需要采取措施来加以纠正。为了更有效地调节国际收支,我们有必要了解国际收支失衡的主要类型。

三、国际收支失衡的主要类型

为了做到"对症下药",我们从国际收支失衡的原因这一角度入手,依据造成失衡的原因的不同,把国际收支失衡划分为以下五种。

(一)偶发性失衡

1. 失衡的原因

偶发性失衡(Accidental Imbalance)又称临时性失衡(Temporary Imbalance),即短期的、由非确定或偶然因素引起的国际收支失衡。国内外政局动荡(Political Upheavals)、自然灾害(Natural Disaster)等都有可能影响国际收支的变化。例如,由于气候等的异常变化造成的农产品欠收(Harvest Failure),使得一国的粮食作物产量下降,则出口供给减少,进口需求增加,贸易收支逆差。

2. 失衡的特点

这种类型的国际收支失衡程度一般较轻、持续时间不长、带有可逆性,可以认为是一种正常现象。在浮动汇率制度下,这种类型的国际收支失衡有时根本不需要政策调节,市场汇率的波动有时就能将其纠正。在固定汇率制度下,一般也不需要采用政策措施,只需动用官方储备便能加以克服。

(二)周期性失衡

1. 失衡的原因

周期性失衡(Cyclical Imbalance)是指一国经济周期波动所引起的国际收支失衡。当一国经济处于衰退期时,社会总需求下降,进口需求也相应下降,而出口相应增加,这是因为经济相对繁荣的贸易伙伴国的需求相对旺盛,从而导致国际收支发生盈余;反之,如果一国经济处于扩张和繁荣时期,国内投资与消费需求旺盛,进口需求相应增加,而出口相应下降,这是因为经济相对衰退的贸易伙伴国的需求相对不足，从而导致国际收支出现逆差。这种变化反映了经济的自动调节机制。

2. 失衡的特点

这种类型的失衡与国民经济的循环性波动密切相关，然而宏观调控政策的实施与运用会推动并加快经济的自动调节，因而，这种类型的国际收支失衡程度一般较轻、持续时间不会太长。

(三)收入性失衡

1. 失衡的原因

由于经济条件的变化引起的国民收入的变动而造成的国际收支失衡称为收入性失衡(Income Imbalance)。一国国民收入发生变化的原因很多，一种是经济周期变动引起的国民收入变化，这属于周期性失衡。另一种是经济增长引起的国民收入变化，即收入性失衡。如果一国的经济增长处于高速增长期，该国的国民收入增加，国内的个人消费需求和企业的投资需求增加，进口的增长超过了出口的增长，国际收支容易发生逆差失衡。

2. 失衡的特点

随着一国经济的不断增长与国民收入的持续增加，收入性失衡不可避免，具有一定的长期性。然而，国际收支失衡的表现在不同的时期有所差异。短期来看，国民收入增加引起的需求增加将导致国际收支逆差；长期来看，国民收入增加带来的产能扩张会进一步引起出口的增长，因而极有可能扭转前期的逆差失衡，从而表现为顺差失衡。

(四)政策性失衡

1. 失衡的原因

由一国宏观调控的财政与货币政策的实施与运用引起的国际收支失衡称为政策性失衡(Policy Imbalance)。扩张型的财政政策($CA=S_p+(T-G)-I$)将会导致国际收支的逆差失衡；以货币供给增加为表现的扩张型的货币政策引起的物价水平的上涨，将导致出口成本的提高与进口收益的上升，从而抑制出口、刺激进口，使得国际收支发生逆差失衡。可见，扩张型的政策(包括财政与货币政策)将会导致国际收支的逆差失衡。

2. 失衡的特点

这种类型的失衡持续时间的长短与政府宏观调控政策实施的时间有密切的联系。从本质上讲，与其说政府宏观调控政策的运用和实施是国际收支失衡的原因，不如说这种政策的运用和实施是对前期国际收支失衡的政策性调节。

(五)结构性失衡

1. 失衡的原因

结构性失衡(Structural Imbalance)是指国内经济、产业结构不能适应世界市场的变化而发生的国际收支失衡。这种失衡有两层含义：

(1)因经济和产业结构变动的滞后和困难所引起的国际收支失衡。比如,一国的国际贸易在一定的生产条件和消费需求下处于均衡状态。当国际市场发生变化、新产品不断淘汰老产品、新款式高质量产品不断淘汰旧款式低质量产品、新的替代品不断出现的时候,如果该国的生产结构不能及时根据形势加以调整,那么其原有的贸易平衡就会遭到破坏,贸易逆差就会出现。

(2)因一国的产业结构比较单一、或其产品出口需求的收入弹性与价格弹性低而进口需求的收入弹性与价格弹性高所引起的国际收支失衡。

2. 失衡的特点

这种类型的失衡具有长期的性质,扭转起来具有一定的难度。第一层含义的结构性失衡,在发达国家和发展中国家都有发生;第二层含义的结构性失衡在发展中国家表现的尤为突出,扭转起来相当困难。

在上述五种类型的国际收支失衡中,最为严重、也是包括中国在内的发展中国家应尤为警惕与重视的当属结构性失衡。为了更有效地调节国际收支,实现“标本兼治”,我们有必要把握国际收支失衡的经济影响。

四、国际收支失衡的经济影响

在现实经济生活中,一国的国际收支失衡是不可避免的,而且是十分正常的,这势必对一国经济产生一定的影响。我们分别从外汇储备与国内经济运行两个角度,以国际收支顺差失衡为例分析其经济影响(国际收支逆差失衡的影响与其互为利弊)。

(一)对外汇储备的影响

1. 有利影响

一国适度的国际收支顺差会带来外汇储备的适度增长,这势必会增强一国抵御游资冲击、抗击金融风险的能力,从而提高国家、国民以及该国货币的国际信誉与稳定性。1997 年由泰铢贬值引发的东南亚金融危机就是一个反例。

2. 不利影响

然而,长期的、持续的国际收支顺差将会带来外汇储备的急剧膨胀,这必然会引起一些负面效应。

(1)从商品市场的角度看,长期的、持续的国际收支顺差意味着一国实际资源的大量输出、国内可供使用资源的减少,在生产资源有限的情况下,势必影响一国

国内需求的满足,特别是一些高投入、高耗能、高污染商品的持续大量出口将进一步加大国内资源与环境的压力,不利于产业结构的调整与经济发展方式的转变,从而严重制约一国长期的可持续发展。

(2)从货币市场的角度看,长期的、持续的国际收支顺差意味着外汇资金的大量净流入,即使在有管理的浮动汇率制度下,伴随外汇储备增长的是市场中本币的投放,这无疑会带来一国通货膨胀的压力,从而引起系列负面影响。

(3)从货币政策的角度看,长期的、持续的国际收支顺差带来的外汇储备规模的持续增大直接影响了一国货币政策的独立性与有效性。一国货币当局在本外币市场上的公开市场操作(顺差下回笼外币时被迫投放本币、逆差下投放外币时被迫回笼本币)势必削弱其独立性的货币政策的实施效果。

(二)对国内经济的影响

一国长期的、持续的国际收支顺差在影响外汇储备的同时,必然亦会对国内经济产生正反两方面的影响。

1. 有利影响

(1)从商品市场的角度看,长期的、持续的国际收支顺差意味着一国商品市场由国内向国际市场的持续扩张。广阔的市场为一国国民收入的增长、就业的扩大提供了条件和可能。

(2)从货币市场的角度看,长期的、持续的国际收支顺差意味着一国外汇储备的增长,这不仅会增强一国抵御游资冲击、抗击金融风险的能力,而且进一步增强一国的进口能力,特别是对于发展中国家而言,这无疑有助于提高国民经济发展的速度、规模与效益。

2. 不利影响

(1)从商品市场的角度看,长期的、持续的国际收支顺差意味着一国国内需求的难以满足或有效需求的不足,这势必不利于一国商品市场的培育与完善。

(2)从货币市场的角度看,长期的、持续的国际收支顺差意味着国内通货膨胀的压力,物价水平的上涨会导致出口成本的提高与进口收益的上升,从而抑制出口、刺激进口。

(3)从外汇市场的角度看,长期的、持续的国际收支顺差意味着一国本币、外币供求关系的长期失衡,由此将造成外汇储备增长的压力(固定汇率制度下),或是本币的升值(浮动汇率制度下)。外汇储备增长的不利影响在前面已作分析,本币的升值将会削弱出口商品的价格优势,从而不利于出口的扩大。

(4)从国际经济关系的角度看,国际收支顺差国会比较普遍的成为国际争端与贸易摩擦的焦点。

此外,从产业结构调整的角度来看,长期的、持续的国际收支顺差使得出口面临的压力减少，从而影响国内产业结构的调整；然而，长期的、持续的国际收支顺差造成的本币升值在削弱出口商品的价格优势的同时，又会加快与促进一国外贸增长方式与国内产业结构的调整。从这一角度有助于理解一国汇率制度由固定汇率制度向浮动汇率制度的变迁与转变。

当国际收支发生不平衡时，一国将对其进行调节。国际收支调节的目的，从简单和直接的意义上讲是要追求国际收支的平衡；从更深一层的意义上讲，尤其是当国内经济处于不平衡的情况下，是要追求国际收支的均衡。从上面的分析中，我们知道，只有透过原因认清国际收支失衡的类型与影响，才能"对症下药"、"标本兼治"的采取恰当的手段，实现这一目的。在下一章，我们将详细研究国际收支失衡的调节，并学习经济学家对国际收支调节所作的理论研究。

第五节　我国的国际收支

一、我国国际收支统计发展

(一)第一阶段(1949～1980 年):编制外汇收支平衡表阶段

新中国成立以后，我国开始编制外汇收支平衡表。在这个阶段，国家实施高度的计划经济体制，实行"以收定支，收支平衡，略有节余"的方针，强调自力更生。外贸规模小，出口商品单一，国际收支的主要项目是外贸收支和侨汇收入。当时，我国与西方国家的借贷很少，虽然有些对外援助，但我国将这些援外的支付以及后来援款的归还视为财政收支。因此，我国并没有一个系统的国际收支平衡表，而用外汇收支平衡表来反映国际收支情况。在这个外汇收支平衡表中，并没有反映我国与外国的资金往来情况的资本与金融账户。

十一届三中全会以后，我国推行了"对外开放，对内搞活"的方针，积极发展对外贸易。一方面，从 1979 年开始，我国大量引入国外先进的设备和技术，外汇收支出现逆差，加重了财政负担，给国民经济的调整带来了很大的困难，这使得政府开始关注我国国际收支平衡问题；另一方面，我国经济获得了空前的发展，引进外资也不断增多，外国以及港澳台地区的直接投资不断扩大。同时，我国政府与国外政府签订了各种贷款协议，国内商业银行与国外商业银行的代理业务也获得了有效的拓展。在这种情况下，外汇收支平衡表已经很难全面反映我国的国际收支状况了，有必要建立起真正适合我国实际需要的国际收支统计制度。

另外，1980 年，随着我国在国际货币基金组织和世界银行的合法席位相继得到恢复，作为国际货币基金组织的成员国，我国有义务定期向其报送国际收支平衡表。为此，我国开始建立国际收支统计体系，分季度按年编制国际收支平衡表。

(二)第二阶段(1981～至今)编制国际收支平衡表阶段

1981年，国家统计局会同原国家进出口管理委员会、国家外汇管理局以及中国人民银行等部门，依据国际货币基金组织的规定，制定了第一个国际收支统计制度。根据该制度，我国从1982年开始正式编制国际收支平衡表，以反映我国对外经济交易的全部情况。1984年，国家统计局和国家外汇管理局在原有制度基础上进行了补充修改，制定了新的《国际收支统计制度》。1985年，我国首次正式公布了1982～1984年中国国际收支平衡表。

1995年，在借鉴国外发达国家国际收支统计体系建设经验的基础上，国家外汇管理局制定了《国际收支统计申报办法》(以下简称《申报办法》)，1995年8月经国务院批准，1995年9月以中国人民银行行长第2号令发布，并于1996年1月1日开始正式施行。《申报办法》遵循了《国际收支手册》第五版的概念、原则和方法。《申报办法》颁布之后，国家外汇管理局随即发布了《国际收支统计申报办法实施细则》和《通过金融机构进行国际收支统计申报的业务操作规程》。1997年1月1日起，国家外汇管理局又相继颁布实施了直接投资统计申报、金融机构对外资产负债及损益申报、证券投资统计申报和汇兑业务统计申报的业务操作规程。1997年起，我国正式采用《国际收支手册》第五版的定义和原则编制我国的国际收支平衡表。

为配套实施《申报办法》及相关的操作规程，国家外汇管理局于1998年相继开发国际收支统计监测系统等用于统计数据收集的计算机处理系统。《申报办法》及其相关操作规程的颁布实施，为我国的国际收支统计、外汇管理和宏观经济管理决策水平的提高奠定了坚实的基础，提高了我国国际收支统计体系的国际化程度。国际货币基金组织对我国的国际收支统计工作所取得的成绩给予了高度的评价，并在之后的工作中给予了积极有效的技术支持。

但是，随着近年来国际收支交易规模不断扩大，交易内容、交易类型、交易方式日益多样化，跨境证券投资、金融衍生交易等新产品，以及电子银行、银行卡等新业务不断涌现，国际收支统计监测和分析预警对数据及时性和完整性的要求不断提高，历时十余年的《申报办法》已不能适应当前的国际收支形势。同时，国际货币基金组织已于2008年12月发布《国际收支和国际投资头寸手册(第六版)》，在统计原则、经常项目、资本与金融项目等方面均有多处修订，进一步提高了数据的国际可比性，强调了国际投资头寸统计和存量数据的地位。上述变化对我国国际收支统计数据和方法提出了更高的要求，也为我们大力发展符合国际标准的国际收支统计体系提供了良好的契机。2009年10月，中国人民银行报请国务院修订《申报办法》，此后更名为《中华人民共和国国际收支统计申报条例》。

二、我国国际收支现状分析

(一)经常账户、资本和金融账户

表 8-2 显示了自 1997 年以来我国国际收支平衡表中经常账户、资本和金融账户的情况。1997 年，经常账户差额为 36962715 千美元，到了 2008 年，经常账户差额为 426107395 千美元，增幅高达 1291.11%。同样我们可以看到，从 1997 年到 2008 年，除了个别年份(如 1998 年)资本与金融账户差额为负以外，其他年份都保持着高额的双顺差。

表 8-2　中国 1997～2008 年经常账户以及资本与金融账户情况表(单位：千美元)

年份	经常账户	资本与金融账户
1997	36962715	21015390
1998	31471279	−6321439
1999	21114138	5179515
2000	20519248	1922224
2001	17405275	34775427
2002	35421968	32290837
2003	45874812	52725942
2004	68659162	110659756
2005	160818311	62963916
2006	253267862	6662034
2007	371832620	73509250
2008	426107395	18964877

数据来源：根据国家外汇管理局历年公布的国际收支平衡表整理而来。

按照国际收支平衡的原理，一国出现经常项目顺差应该导致资本项目逆差，像中国这样的大国，持续保持双顺差，在国际经济史上绝无仅有。造成国际收支双顺差既有内部原因，即国内经济发展不平衡；又有外部原因，即国际因素的影响。

1. 国内经济发展不平衡

(1)我国经济中储蓄大于投资的结构性失衡。如果一国储蓄率相对国内投资率较高，国内剩余储蓄就要通过经常账户顺差的方式把商品与劳务输出去。因此，过高的储蓄率维持了经常项目下大规模的顺差。据国家统计局的数据显示，2006 年末我国居民储蓄存款达 161587.3 亿元，而 2007 年末我国居民储蓄存款达 172534 亿元，2008 年再增 26.3%。

(2)消费低于投资,使得内需不足。与居民储蓄相比,我国目前消费需求并不旺盛,2006年与2007年,我国居民的消费支出分别是80476.9亿元和93317.2亿元,显然消费占储蓄的比例大约是50%。在这种居民限制消费进行预防性储蓄的情况下,拉动经济发展的主要动力就集中在出口。这样就使经济陷入一种恶性循环模式:为保持经济持续增长,必须保持较高的出口增长,而由于技术上又缺乏优势,只能依赖于我国劳动密集型产品在国际市场继续保持低廉的价格。这意味着我国劳动力收入将维持在较低水平,居民收入增长过慢,收入预期降低,从而进一步严重限制了消费水平,进口增加缓慢,所以高储蓄和国内消费不足造成了经常项目的顺差。

(3)政府对出口采取优惠政策,使出口增加。改革开放以来,为了解决资金、外汇短缺与经济发展的矛盾,我国采取了一系列鼓励出口的优惠政策,发展沿海外向型经济。各种有利于外向型经济发展的政策措施促使出口高速增长,形成了大量的贸易顺差。

(4)中国长期推行吸引FDI的优惠政策,导致资本项目大量顺差。长期以来,我国对外开放经济政策的基本点是对外贸易奖出限入、资本流动宽进严出,结果我国一直是资本的净流入国,企业对外直接投资的规模远远小于外商在我国的直接投资规模。

2.国际市场的影响

(1)国际产业结构的变化导致贸易顺差的转移。自20世纪80年代以来,发达国家把一些劳动密集型产业转移到了新兴市场国家,而把一些高新技术产业和高端服务业留在了本国。其结果是新兴市场经济国家对欧美市场的贸易顺差加大。在这种国际生产力布局发生变化的情况下,我国以传统的加工贸易为主的外贸结构使得我国处于制造业的终端,承担了许多亚洲国家的转移顺差。

(2)全球流动性快速增长,人民币升值预期强烈,国际资本大量涌入国内。在全球范围持续宽松的货币政策下,积累了大量流动性,而美元贬值仍在继续,因此国际资本相应加大了对新兴市场的投入。同时,中国推进金融市场改革和发展,进一步扩大境外战略投资者对中国金融市场的参与。另外,部分"热钱"利用我国资本账户管理的漏洞流入,进行套利活动。这样,全球急速增长的流动性大部分涌入了以中国为代表的亚洲新兴经济体。

(二)储备资产账户

一国的储备资产实际上包括黄金储备、外汇储备、在基金组织的储备头寸和特别提款权,在这里我们主要分析外汇储备的现状。

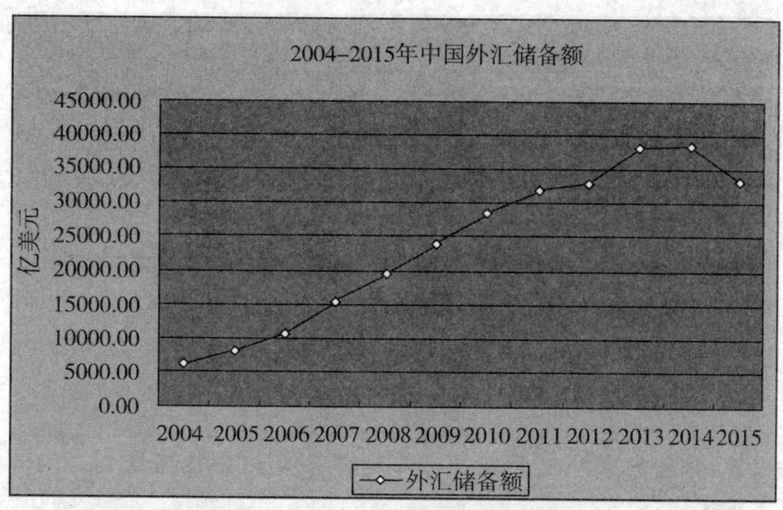

数据来源：根据国家外汇管理局公布的各年度相关数据绘制。

图 8-1　2004～2015 **年中国外汇储备额**

图 8-1 显示了 2004～2015 年以来我国外汇储备的情况。高额的外汇储备是国际收支“双顺差”的产物，虽然可以增强宏观调控的能力，有利于维护国家和企业在国际上的信誉，但超额外汇储备是近年来人民币升值的主要原因，巨额外汇占款使我国货币政策的独立性和灵活性的发挥受到了很大影响。具体内容在第十章有专门讲解。

(三)错误与遗漏账户

错误与遗漏账户是平衡账户，用来平衡经常项目、资本与金融账户项目差额的项目。事实上，它是国际收支在统计的过程中，由于各种因素造成的统计误差。当今的国内外学者对其成因做出了一定的探讨，认为其与汇率变化、贸易流向、资本流动以及违法经济和走私等诸多因素有关。既有统计方法欠科学产生的误差，也有统计范围不全面发生的遗漏；既有可能是国际热钱跨境运动未被记录，也有可能是黑钱外逃难以监测。

根据对国际收支平衡表数据的考察和分析，特别是对错误与遗漏项目出现借方“偏好”的现象，国内外一些经济学家普遍认为：如果错误与遗漏项目中以统计误差为主，则该项目的差额应该有时在借方，有时在贷方，具有随机性。如果一个国家错误与遗漏项目一直反映在借方，则不能排除其中隐藏着较大份额未被记录的资本流出(即资本外逃)的可能性。

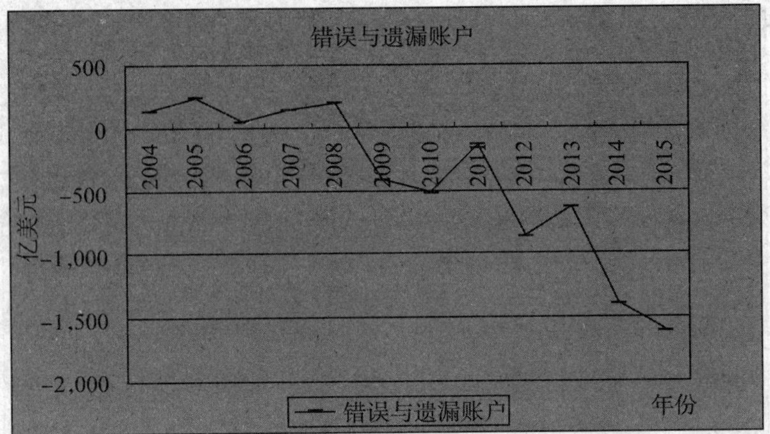

数据来源：根据国家外汇管理局公布的各年度相关数据绘制，2015 年数据截止到第三季度末。

图 8-2 2004～2015 **年我国国际收支平衡表中错误与遗漏账户余额**

据专家估计和国家外汇管理局预测，我国一年资本外逃大约 200 亿美元。其外逃的主要形式有：一是一些贪污、受贿、寻租以及走私等非法途径获取的巨额财富秘密流出境外；二是通过假进口文件非法套取外汇；三是以投资收益的名义非法套取外汇；四是一些企业为了骗取出口退税和逃避进口关税，不择手段地采取出口高报或假出口、进口低报等办法转移资金。

【思考题】

1. What is the current account balance of a nation with a government budget deficit of ＄128 billion, private saving of ＄806 billion, and domestic capital formation of ＄777 billion?
2. 从国民收入账户的角度看，开放经济与封闭经济有哪些区别？
3. 如何完整理解经常账户的宏观经济涵义？
4. 国际收支平衡表的账户构成及其编制原理是什么？
5. 国际收支平衡与国际收支均衡有何区别和联系？
6. 国际收支失衡的统计口径有哪些？
7. 请简述国际收支失衡的主要类型及其经济影响。

【案例分析题】

表 8-3　　　　2008 年中国国际收支平衡表分析　　　　（单位：百万美元）

项目	差额	贷方	借方
一、经常项目	426107	1725893	1299786
A. 货物和服务	348870	1581713	1232843
a. 货物	360682	1434601	1073919
b. 服务	—11812	147112	158924
1. 运输	—11911	38418	50329
2. 旅游	4686	40843	36157
3. 通讯服务	60	1570	1510
4. 建筑服务	5965	10329	4363
5. 保险服务	—11360	1383	12743
6. 金融服务	—251	315	566
7. 计算机和信息服务	3087	6252	3165
8. 专有权利使用费和特许费	—9749	571	10319
9. 咨询	4605	18141	13536
10. 广告、宣传	262	2202	1941
11. 电影、音像	163	418	255
12. 其他商业服务	2885	26006	23121
13. 别处未提及的政府服务	—254	666	920
B. 收益	31438	91615	60177
1. 职工报酬	6400	9137	2736
2. 投资收益	25038	82478	57441
C. 经常转移	45799	52565	6766
1. 各级政府	—182	49	231
2. 其他部门	45981	52516	6535
二、资本和金融项目	18965	769876	750911
A. 资本项目	3051	3320	268
B. 金融项目	15913	766556	750643

续表

项目	差额	贷方	借方
1.直接投资	94320	163054	68734
1.1 我国对外直接投资	—53471	2176	55647
1.2 外国来华直接投资	147791	160878	13087
2.证券投资	42660	67708	25048
2.1 资产	32750	57672	24922
2.1.1 股本证券	—1117	3845	4962
2.1.2 债务证券	33867	53828	19960
2.1.2.1 (中)长期债券	37563	53828	16265
2.1.2.2 货币市场工具	—3696	0	3696
2.2 负债	9910	10036	126
2.2.1 股本证券	8721	8721	0
2.2.2 债务证券	1189	1315	126
2.2.2.1 (中)长期债券	1189	1315	126
2.2.2.2 货币市场工具	0	0	0
3.其他投资	—121067	535794	656861
3.1 资产	—106074	32563	138638
3.1.1 贸易信贷	5867	5867	0
长期	411	411	0
短期	5456	5456	0
3.1.2 贷款	—18501	478	18979
长期	—6569	0	6569
短期	—11932	478	12410
3.1.3 货币和存款	—33528	17716	51244
3.1.4 其他资产	—59912	8502	68414
长期	0	0	0
短期	—59912	8502	68414
3.2 负债	—14992	503231	518223
3.2.1 贸易信贷	—19049	0	19049

续表

项目	差额	贷方	借方
长期	−1333	0	1333
短期	−17716	0	17716
3.2.2 贷款	3621	442836	439215
长期	6724	20129	13405
短期	−3103	422707	425810
3.2.3 货币和存款	2702	59226	56524
3.2.4 其他负债	−2267	1169	3435
长期	−2236	35	2271
短期	−30	1134	1164
三、储备资产	−418978	0	418978
3.1 货币黄金	0	0	0
3.2 特别提款权	−7	0	7
3.3 在基金组织的储备头寸	−1190	0	1190
3.4 外汇	−417781	0	417781
3.5 其他债权	0	0	0
四、净误差与遗漏	−26094	0	26094

资料来源：国家外汇管理局网站(http://www.safe.gov.cn/model_safe/index.html)

一、2008 中国国际收支概况："双顺差"(A Dual Surplus)

参阅国家外汇管理局网站 2008 中国国际收支分析

(http://www.safe.gov.cn/model_safe/index.html)

二、不同统计口径下的国际收支状况："顺差失衡"(Surplus Imbalance)

(一)贸易收支差额(Trade Balance，TB)：顺差 3489 亿美元

(二)经常账户差额(Current Account Balance，CA)：顺差 4261 亿美元

(三)资本与金融账户差额(Capital and Financial Account Balance，KA)：顺差 190 亿美元

(四)综合账户差额(Overall Balance，OB)：顺差 4451 亿美元

三、中国国际收支中的"顺差"问题

(一)从经常项目余额(CA)看

根据国民收入核算等式,CA=S-I,即CA反映了一国的储蓄与投资之间的关系。经常项目顺差,也就是CA>0,意味着储蓄大于投资。可见,经常项目顺差失衡是我国储蓄持续大于投资,国内需求相对不足的外在表现。近年来,我国投资需求虽然增长较快,但国民储蓄增长更快,导致储蓄与投资的剩余进一步扩大,形成经常项目顺差。具体来讲,储蓄包括政府储蓄、企业储蓄与家庭储蓄三部分。国家财政收入的持续增长推动了政府储蓄的增加;企业又分为国有企业与民营企业,由于国有企业内部利润分配机制的不健全,导致企业利润很少向国有股东分红派息,提高了其储蓄率;相对来讲,民营企业从正规金融体系融资有一定的难度,为了满足扩大生产的需要,他们唯有通过储蓄来保留收益;家庭储蓄率居高不下是受传统观念的影响,存钱是为了"以防万一"、存钱是为了"买房子"、存钱是为了"供孩子上学"。

(二)从资本与金融项目余额(KA)看

KA=流入-流出,即KA反映了一国的外汇资金流出入之间的关系。资本与金融项目顺差,也就是KA>0,意味着流入大于流出。这说明我国经济发展保持良好势头,投资环境继续改善,对外资的吸引力仍然较强;与此同时随着合格境内机构投资者制度(QDII)的不断完善,合格境内机构投资者主体和代客境外理财产品范围进一步扩大,我国机构和个人对境外证券投资组合更加多样化。但受全球性金融危机的影响,我国该项目顺差额大幅下降。

(三)从经常项目余额(CA)+资本与金融项目余额(KA)看

"经常项目顺差+资本与金融项目顺差"即"双顺差"所暴露的问题:CA>0,意味着国内储蓄大于投资,也就是说"有钱"花;KA>0,意味着外资流入大于流出,也就是说"借钱"花。一方面国内存在高额的储蓄,另一方面境内企业赴境外融资。这种矛盾的现象说明对于境内企业而言,借用国内储蓄不如借用外资来的合算。也就是说,国内储蓄不能被有效地利用,境内融资渠道有限且成本较高。

(四)从外汇储备的增长看

2008年,国家外汇储备继续增长,年末达到19460亿美元。外汇储备的增长有助于提高本国的货币信用、增强政府干预外汇市场稳定汇率的能力。然而外汇储备的持续增长直接导致了央行以外汇占款的形式大量地被动投放基础货币,很可能加剧国内金融体系的流动性过剩问题。

讨论题：1. 中国国际收支不同统计口径下的顺差暴露了什么问题？如何解决？

2. 中国国际收支长期的“双顺差”对外汇储备管理提出了什么样的挑战？

第九章　国际收支调节

国际收支失衡会造成一国的某些经济变量的变化，如货币供应量、利率、物价、国民收入和汇率等等，对该国商品市场和货币市场都可能产生不利的影响，同时这些变量又会反过来对国际收支产生作用。这就使得国际收支的调节问题尤为重要。而国际收支的失衡是一种常态，那么各国对国际收支的调节也就成为一项长期的任务。本章将在第八章内容的基础上，讲解关于国际收支的自动调节机制和政策调节机制，介绍西方有代表性的国际收支理论。

【本章学习目标】

1. 理解国际收支的自动调节机制，尤其是纸币流通制度下国际收支的自动调节机制。
2. 掌握国际收支失衡的各种政策调节措施及其利弊。
3. 熟悉西方主要的国际收支理论的主要内容，并能进行简要评价。
4. 学会分析一国的国际收支状况，并试着讨论可以采取何种政策措施来进行调节。

第一节　国际收支的自动调节

所谓国际收支的自动调节，又称国际收支的市场调节，是指由国际收支失衡引起的国内经济变量变动对国际收支的反作用的过程，即通过市场机制的自发作用来实现对国际收支的调节。根据货币制度的不同，这种自动调节又分为两种情况：金本位制度下的自动调节以及纸币流通制度下的自动调节。

一、金本位制度下的国际收支自动调节

(一)金本位制度下的内部均衡与外部均衡

在金本位制度下，政府通过用黄金来固定本国货币价格，以限制国际经济中货

币的增长,从而保证国际价格的稳定。但是以黄金来稳定价格,面临一个很大的难题:如果黄金与其他商品的相对价格发生变动,则价格就很难稳定了。而且一方面,由于金本位制是一种固定汇率制度,中央银行失去了货币政策的独立性,因此实行金本位制的国家就很难维持充分就业的内部均衡目标;另一方面,金本位制的游戏规则要求各国的内部均衡要让位于外部均衡。

为了维持本国货币与黄金的平价关系,中央银行必须拥有充足的黄金储备。要达到外部均衡目标,就是要使得本国与外国之间的黄金流量达到平衡,力求避免国际收支余额,即既不要有大量黄金的净流出,也不要有大量黄金的净流入,这就是金本位制下的国际收支平衡,也就是其外部均衡。

金本位制下存在着自动调节国际收支的机制,其中最重要的是“物价-铸币流动机制”(Price Specie-flow Mechanism)。

(二)物价-铸币流动机制的作用过程

在金本位制度下,黄金可以自由输出入,汇率在黄金输出点和黄金输入点之间的范围内波动,国际收支的自动调节是通过“物价-铸币流动机制”来实现的,最早提出这一理论的是英国的大卫·休谟(Hume David,1711～1776),所以又称“休谟机制”。

休谟认为,如果一国的国际收支持续发生逆差,其汇率即会下跌至黄金输出点,继而发生黄金外流现象;而黄金的外流又会使该国的货币供给量减少,根据货币数量论,货币供给量的减少会导致该国物价水平下降,致使该国商品的国际竞争力增强,于是会促进出口、减少进口,结果收入增加而支出减少,逆差减少乃至消失,国际收支逐渐恢复均衡。反之,如果一国国际收支出现顺差,其自动调节过程完全一样,只是各经济变量的变动方向相反而已。

休谟以英国为例来说明这种价格机制的自动调节过程。假设英国的货币一夜之间消失了4/5,那么一切商品和劳动的价格会有相应比例的下降。在这样低的价格下,没有任何一个国家能在国际市场上与英国竞争。于是,不久以后,英国就会弥补它所损失的货币量,并赶上邻国的水平。而此时,英国就会立刻丧失其商品和劳动的价格优势,外国货币也就不再流入英国;相反,如果英国货币在一夜之间增加了4倍,那么各种商品和劳动的价格也将相应提高,这时还有哪个国家能买得起英国的货物呢?英国将无法阻止相对便宜的外国商品的进口,即无法限制本国货币外流,直到英国的货币量降低到与邻国相等为止。

物价-铸币流动机制的作用过程我们可以用图9-1来直观地描述。

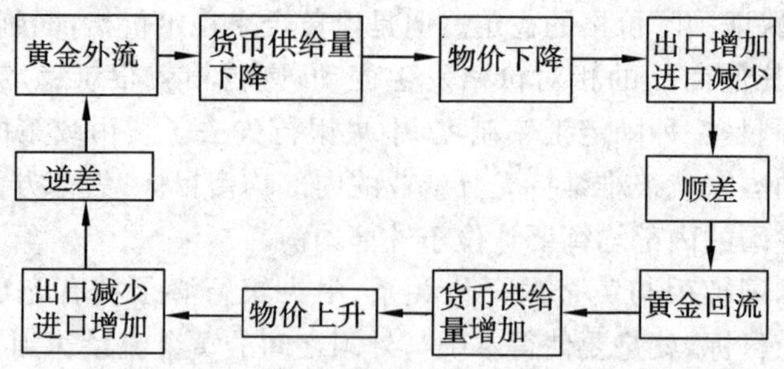

图 9-1 国际金本位制度下的物价-铸币流动机制

总之，在金本位制下，只要允许金本位制的内在自动调节机制充分发挥作用，无需政府的任何干预，国际收支失衡的现象就可以自动得到纠正，国际收支均衡即可自动实现。

(三)大卫·李嘉图对休谟理论的继承和发展

西方古典经济学的集大成者大卫·李嘉图(David Ricardo，1772～1823)继承和发展了休谟的理论。与休谟一样，李嘉图也极力反对政府干预而提倡自由贸易，强调自动调节。他以货币数量论为研究的方法，认为货币的国际流动，能够自动调节各国流通中所需要的货币量，从而达到国际收支均衡。

具体说，如果流通中的货币量增加，商品价格就会上涨，黄金的名义价值就会跌至实际价值之下，从而导致黄金流出，商品输入；反之，如果流通中的货币量减少，商品的价格就会下跌，黄金的名义价值就会升到实际价值之上，从而导致黄金输入，商品输出。这样，通过货币的国际流动，解决了各国货币量的过多与不足的问题，也平衡了国际收支。如果把上述两个过程置于统一的经济整体中考察，则这种自动调节过程就是：

流通中的货币过多→价格上涨→出口减少→进口增加→本币汇率下降→外汇汇率上升→黄金输出→国内货币流通量减少→价格下跌→进口商品减少→出口商品增加→黄金输入→货币回流。

休谟的思想甚至对亚当·斯密都产生过较大影响，在《国民财富的性质和原因的研究》一书中，亚当·斯密曾经多次论述了价格对于出口量的自动调节机制①。

(四)对物价-铸币流动机制的评价

物价-铸币流动机制的意义在于，它揭示了汇率在调节各国货币供应量差异方面所起的重要作用，从而在汇率和价格、国际收支和汇率变动之间建立起了联系。在休谟所处的时代，一国国际收支逆差引起黄金外流和货币供给减少，而国际收支

---

① 关于休谟的思想对亚当·斯密的影响，可以参见陈岱孙、厉以宁主编的《国际金融学说史》第 62～64 页，中国金融出版社，1991 年 7 月出版。

顺差引起黄金净流入和货币供给增加，也就是说，国际收支直接表现为货币储备量的变动。在整个国际金本位制盛行的年代，各主要资本主义国家的国际收支也大体上保持了均衡，这说明物价-铸币流动机制理论在当时的确具有一定的现实意义。因此在20世纪30年代以前的金本位制时期，该理论为西方各国政府在国际收支调节方面所奉行。

但是，物价-铸币流动机制的局限性也是很明显的。一方面，该机制作用的发挥以金本位制为前提，而金本位制只有在世界贸易规模小，且参加贸易的各国货币都比较稳定的条件下才能维持下去，目前，世界上已经不存在金本位制，那么以此为前提的物价-铸币流动机制显然已无意义；另一方面，基于货币数量论的物价-铸币流动机制理论从货币量变动—国内物价变动—贸易差额变动的推理，事实上还需要一个基本的既定条件，那就是进出口弹性条件，他没有就此进一步分析。

不过从理论沿革看，休谟的这种价格调整机制对以后国际收支理论的发展产生了巨大的影响，下一节我们要讲到的马歇尔、勒纳、罗宾逊夫人等的弹性分析法，实际上就是在此基础上的一个延伸；而在当代西方国际收支理论中占支配地位的货币分析说，也可以从休谟的物价-铸币流动机制中找到理论上的渊源。

二、纸币流通制度下国际收支的自动调节

在金本位制度下，国际收支调节表现为货币存量与一般物价水平变动对国际收支的影响。而在信用货币体制下，国际收支调节是通过（相对）价格机制、利率机制以及收入机制来对国际收支产生影响，而这些影响在固定汇率和浮动汇率制度下又不尽相同。下面以国际收支逆差为例来进行分析，顺差则同理反之。

（一）价格机制

1. 固定汇率制度下价格机制的自动调节

在固定汇率制度下，当一国国际收支出现逆差时，该国外汇市场上将出现超额外汇需求。当局为了维护固定汇率，不得不抛出外汇储备，其实这也是回收本币的过程。本币供给的减少必会引起国内价格水平的下降，这样与其他国家的出口产品价格相比，本国产品的相对价格下降，出口品的国际竞争力得以提高，进口品变得昂贵，从而增加出口需求，减少进口需求，这就通过改善经常账户状况来纠正了国际收支的不平衡现象。整个过程如图9-2所示。

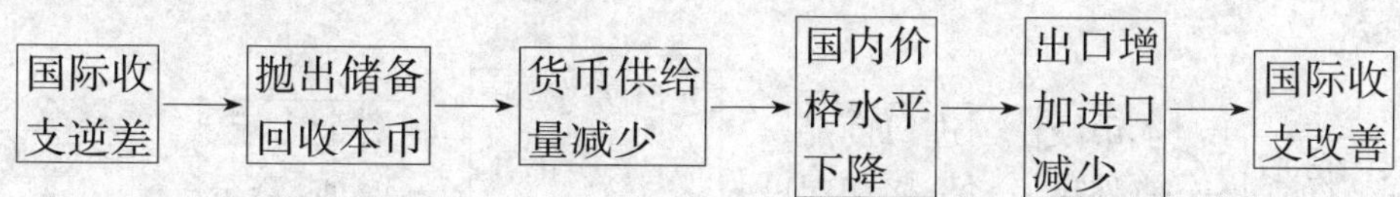

图9-2　固定汇率制度下价格机制的自动调节过程

2. 浮动汇率制度下价格机制的自动调节

在浮动汇率制度下，一国当局不对外汇市场进行干预，即不通过储备增减来影

响外汇供给或需求，而任由市场的外汇供求来决定汇率的上升和下降。那么，如果一国国际收支发生逆差，外汇需求就会大于外汇供给，外币升值、本币贬值；本币的贬值使得本国产品在国际市场上更有国际竞争力，从而增加了本国的出口，减少了本国的进口，最终也是通过经常账户渠道来改善了本国的国际收支。因此，在浮动汇率制度下，随着外汇供求的变动，汇率相应升值或者贬值，汇率的变动又会使得国际收支失衡现象得以消除。整个过程如图 9-3 所示。

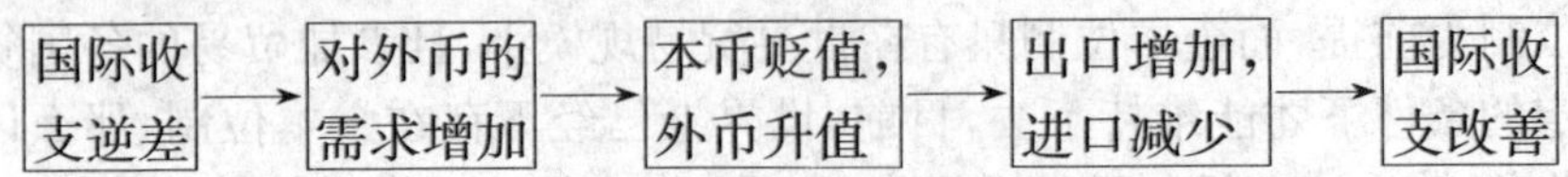

图 9-3 浮动汇率制度下价格机制的自动调节过程

(二)利率机制

1.固定汇率制度下利率机制的自动调节

在固定汇率制度下，当国际收支发生逆差时，为了维护汇率的稳定性，该国不得不抛出外汇储备，回购本币；本币的回购又会导致货币供给量的减少，市场银根紧缩、利率上升；而利率上升则表明本国金融资产的收益率上升，从而对本国金融资产需求增加，对外国的金融资产需求萎缩；于是本国资本外流减少，外国资本流入增加，结果通过资本与金融账户收支的改善来纠正了国际收支失衡状况。这一过程如图 9-4 所示。

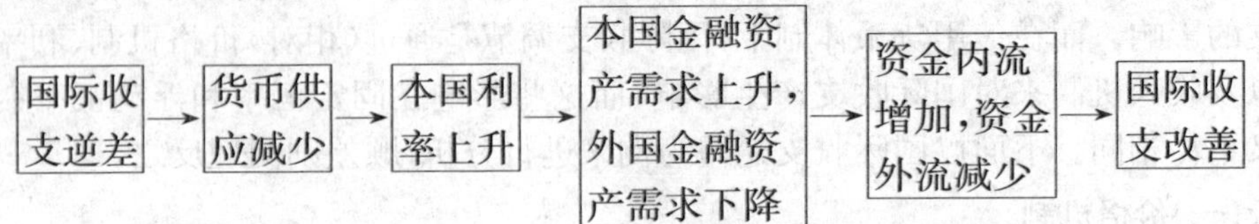

图 9-4 固定汇率制度下利率机制的自动调节过程(货币供给渠道)

2.浮动汇率制度下利率机制的自动调节

在浮动汇率制度下，通过价格机制的自动调节，国际收支会自动趋于平衡。但是，利率机制也同样发挥着作用。比如，逆差导致本币贬值，外币升值，这样进口品更加昂贵，而出口品相对便宜，结果会导致对进口品需求的下降(对外币需求下降)，对出口品需求的上升(对本币需求上升)；对本币需求上升就会导致本国利率上升，并引起资金内流，改善资本与金融账户，平衡国际收支。整个过程如图 9-5 所示。

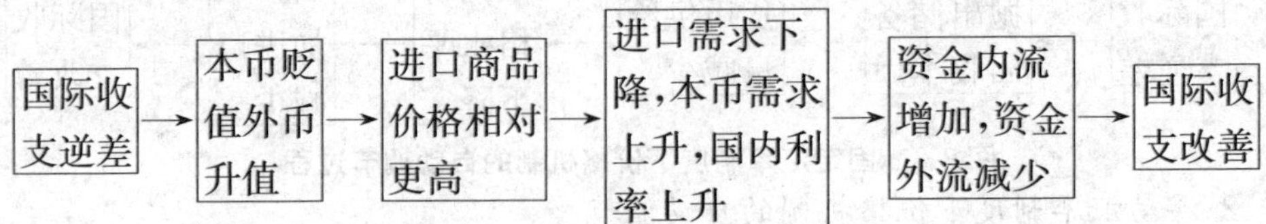

图 9-5 浮动汇率制度下利率机制的自动调节过程(货币需求渠道)

(三)收入机制

所谓收入机制，是指国际收支出现逆差时，国民收入水平下降，而国民收入水平的下降就会引起社会总需求的下降，这样，国内的投资和消费就会减少，进口需求也会随着减少，也即资金外流减少，从而改善经常账户，使国际收支逐渐恢复平衡。收入机制对于固定汇率和浮动汇率制度都是成立的。其作用过程如图 9-6 所示。

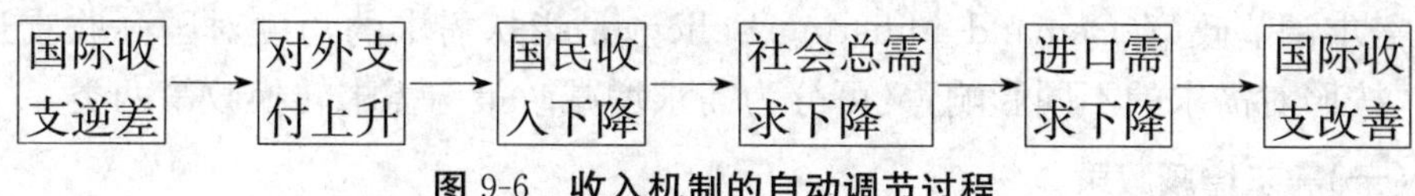

图 9-6　收入机制的自动调节过程

三、国际收支自动调节机制的局限性

国际收支自动调节机制能够自发地促进一国的国际收支趋向平衡，其作用的发挥不需要政府付出调节代价，并可避免各种人为的价格扭曲。因此，各国政府都不同程度地为市场调节机制创造适宜的环境。但是，国际收支的自动调节机制也具有很多局限性，主要表现在以下几个方面：

首先，国际收支的自动调节机制只有在纯粹的自由经济中才能产生作用。而在现实生活中，纯粹的市场调节机制是不存在的，各国政府总会在不同程度上干预经济运行。自西方国家盛行凯恩斯主义以来，大多数国家都不同程度地加强了对经济的干预，而政府的干预会不同程度地削弱国际收支自动调节机制的作用。

其次，国际收支的自动调节机制只有在进出口商品的供给和需求弹性较大时，才能发挥其调节的功能。如果进出口商品的供给和需求弹性较小，就无法有效地减少进口、扩大出口，或扩大进口、减少出口，通过经常账户改变国际收支失衡的状况。

最后，国际收支的自动调节机制要求国内总需求和资本流动对利率变动有较敏感的反应。如果对利率变动的反应迟钝，那么，即使是信用有所扩张或紧缩，也难以引起资本的流入或流出和社会总需求的变化，从而通过经常账户以及资本和金融账户改善国际收支。

正是由于国际收支的自动调节机制存在以上诸多不足，且见效缓慢，因此，当一国发生国际收支不平衡时，政府往往根据各自的利益采取不同的经济政策，对国际收支进行人为干预和调节，使国际收支尽快恢复平衡。

第二节　国际收支的政策调节

国际收支的政策调节是指一国通过改变其宏观经济政策和加强国际间的经济

合作，主动地对本国的国际收支进行调节，以使其恢复平衡。政府调节国际收支的政策措施很多，主要可以归纳为需求调节政策、供给调节政策与资金融通政策三大类。另外，随着金融全球化的不断深入，加强国际经济与金融合作在调节国际收支方面的作用也越来越大。

一、需求调节政策

需求调节政策(Demand-adjusting Policy)是指从需求的角度对国际收支进行调节，按照对需求的不同影响，又可分为需求增减政策与需求转换政策两类。

(一)需求增减政策

需求增减政策(Demand-changing Policy)又称支出增减/变更政策(Expenditure-changing Policy)，是指通过改变社会总需求或国民经济中支出总水平，来改变国内居民对外国商品、劳务和金融资产的需求，从而达到调节国际收支失衡目的的政策。这类政策主要包括财政政策和货币政策。财政政策与货币政策不仅可以通过直接影响社会总需求来调节内部平衡，同时，社会总需求的变动又可以通过边际进口倾向影响进口和通过利率影响资金流动，由此调节外部平衡。

比如，扩张型的财政政策或货币政策具有增加社会总需求和总支出的作用，当社会总需求和总支出增加时，对外国商品、劳务和金融资产的需求也会增加，从而可以纠正国际收支顺差；紧缩型的财政政策或货币政策具有减少社会总需求和总支出的作用，当社会总需求和总支出的减少时，对外国商品、劳务和金融资产的需求也会减少，从而可以纠正国际收支逆差。

具体而言，财政政策和货币政策可以通过以下三个渠道来影响国际收支，分别称为收入效应、利率效应和相对价格效应(或称替代效应)。下面以国际收支逆差条件下，当局采取紧缩型的财政政策和货币政策为例来加以说明其对国际收支的作用渠道，并对其发挥作用的条件进行简要分析。

1. 收入效应

紧缩型的财政政策和货币政策通过乘数效应来减少国民收入，由此造成本国居民商品劳务支出的下降，这就是收入效应。具体而言，无论是削减政府财政预算、压缩财政支出，提高税率，还是提高利率导致国民收入减少，只要它能够降低本国的进口支出，就可以达到纠正国际收支赤字的效果。所以，财政政策和货币政策都可以用来调节国际收支的收入性失衡。

但是，收入效应的作用大小取决于一国边际进口倾向的大小。边际进口倾向越大，即每一单位增量国民收入中用于进口的比重越大，国民收入下降导致的进口需求下降也越大，收入效应也就越明显；若边际进口倾向较小，该政策的效果就难以保证。同时，财政政策和货币政策的实施需要兼顾国内经济状况，如果本国经济正处于衰退期，那么用于调节国际收支逆差的紧缩型政策就会使国内经济更不景气，从而产生经济的内外均衡之间的矛盾。

2. 利率效应

紧缩型货币政策促使本国利率的上升，吸引资金内流，进而改善资本账户收支，这就是利率效应。当国际收支出现逆差时，政府可实行紧缩型货币政策，比如提高再贴现率或法定存款准备金率，或者在公开市场上出售有价证券，使市场利率上升，以抑制社会总需求，迫使物价下跌，出口增加，进口减少，资本大量流入本国，从而逆差逐渐消除，国际收支恢复平衡。由于货币政策的变动对经济影响广泛，可谓牵一发而动全身，所以该机制对于各种国际收支失衡的情况均有调节作用。

但是，利率效应的大小还要取决于货币需求的利率弹性。这是因为：

(1)只有国内投资、消费对利率升降较为敏感，利率的调整才能起到调节国际收支失衡的效果。反之，若国内投资、消费对利率反应迟钝，利率提高时，国内投资、消费不能因此减少，则进口需求也不会减少，出口也难以提高，国际收支逆差也就难以改善。

(2)利率的高低只是影响国际资本流向的因素之一，国际资本流向很大程度上还要受国际投资环境因素的影响，如一国政治局势和金融市场较为稳定，在这里投资较安全，可能吸引资本流入，否则，即使利率较高也难以奏效。

(3)尽管提高利率短期内有可能吸引资本流入本国，起到暂时改善国际收支的作用，但从国内经济角度看，由于利率上升，经济紧缩，势必削弱本国的出口竞争力，从而不利于从根本上改善国际收支。相反，为了促进出口而活跃经济必须降低利率，这又会导致资本外流，加剧国际收支不平衡，因此通过利率机制调节国际收支也容易产生内外不均衡的矛盾。

3. 相对价格效应

紧缩型财政政策和货币政策还通过诱发国内生产的出口品和进口替代品的价格下降，提高本国产品在国际市场的价格竞争能力，刺激国内外居民将需求转向本国产品，从而获得增加出口或减少进口的效果，这就是相对价格效应。

但是，相对价格效应的大小主要取决于进出口供给和需求弹性。只有进出口供给和需求弹性足够大，也即进出口数量对于价格变动有较大反应，才会真正增加出口收入，减少进口支出，从贸易收支的角度改善国际收支。

(二)需求转换政策(Demand-swithing Policy)

需求转换政策又称支出转换政策(Expenditure-swithing Policy)，是指不改变社会总需求和总支出水平，而改变需求和支出方向进而调节国际收支的政策。这类政策主要包括汇率政策和直接管制政策。当局可以通过汇率制度的选择和汇率水平的变化、外汇管制以及贸易管制等等政策工具，通过改变进口商品和进口替代品的相对价格或相对可获得性(对直接管制而言)来达到支出转换的目的。

1. 汇率政策

汇率政策是指通过调整汇率来调节国际收支的不平衡。这里所谓的"调整汇率"是指一国货币金融当局公开宣布的货币法定升值与法定贬值,而不包括金融市场上一般性的汇率变动。

在不同的制度背景下,汇率政策的实施有如下不同的做法,不论具体做法如何,汇率政策对国际收支的影响都是通过改变汇率水平来实施的。

(1)汇率制度变更。在一国原先采用固定汇率制度或钉住汇率制度的情况下,如果国际收支出现巨额的逆差,政府可以用浮动汇率制或弹性汇率制,允许汇率由市场供求自行决定,让汇率的作用来纠正国际收支逆差。

(2)外汇市场干预。在汇率由市场决定的情况下,若发生国际收支逆差,一国政府当局可以参与外汇市场交易,在外汇市场上购入外币,售出本币,通过操纵本币汇率贬值来达到增加出口、减少进口的效果,从而减少或消除国际收支逆差。如果发生国际收支顺差,则进行相反方向的操作。

(3)官方汇率贬值。在实行外汇管制的国家,汇率由一国政府当局人为规定,而非由市场供求决定,政府当局可以通过公布官方汇率贬值,直接运用汇率作为政策杠杆来实现国际收支平衡。本币一旦贬值,就会使进口商品的价格相对上升,从而使消费者将一部分支出转移到购买进口替代品上来,从而改变了支出的方向。

同上述财政政策、货币政策相比较而言,汇率政策对国际收支的调节无论是表现在经常账户、资本和金融账户上都更为直接、更为迅速。因为汇率是各国间货币交换和经济贸易的尺度,同国际收支中的贸易往来、资本往来的"敏感系数"较大。但是,汇率调整对一国经济发展也会带来多方面的副作用。比如说,贬值容易给一国带来通货膨胀压力,从而陷入"贬值→通货膨胀→贬值"的恶性循环;它还可能导致其他国家采取报复性措施,从而不利于国际关系的发展等等。

同时,汇率政策对国际收支不平衡的调节不一定能立竿见影,因为其调节效果还取决于以下经济和非经济因素:第一,汇率变动对贸易收支的调节受进出口商品价格弹性和时间滞后的影响;第二,汇率变动对资本与金融账户收支的影响要视外汇市场情况而定。如果一国汇率下跌使得市场形成下跌预期,则国内资金将会外逃,资本与金融账户收支势必恶化,若预期相反,则会吸引资本流入,同时,资本输出入还要看一国的利率政策、融资环境等等;第三,汇率变动对国际收支的调节还受制于各国对国际经济的管制和干预程度,包括贸易壁垒的设置、外汇管制政策的松严等。因此,一般只有当财政、货币政策不能调节国际收支不平衡时,才使用汇率手段。

2. 直接管制政策

由于财政、货币和汇率政策的实施效果要通过市场机制方能实现,同时其发挥效应的过程较长。因此，在某种情况下，各国还必须采取直接的管制政策来干预国际收支。直接管制政策包括外汇管制和贸易管制两个方面：

(1)外汇管制。如第五章所述，外汇管制主要包括数量管制和汇率(价格)管制，二者都可以影响本国商品及劳务的进出口和资本流动，从而调节国际收支。

(2)贸易管制。贸易管制就是通过对进出口的鼓励和限制措施来调节国际收支，其主要内容就是奖出限入。在奖出方面常见的措施有出口信贷优惠、出口补贴、出口退税等；而在限入方面，主要是提高关税以及实行进口配额制、进口许可证制以及绿色贸易壁垒等非关税壁垒的限制措施。

比如我国曾根据国际收支情况多次对出口退税率进行调节，在贸易顺差大、外汇储备过快增长的情况下，取消或者降低部分商品尤其是“两高一资”(高能耗、高污染、资源型)商品的出口退税率；而在国际金融危机爆发后，出口企业陷入困境之时，又部分调高了出口退税率，在很大程度上保证了出口的继续增长。

实施直接管制政策调节国际收支不平衡见效快，同时选择性强，比较灵活，不仅对偶发性、局部性的国际收支不平衡可以采取有针对性的措施直接加以调节，不必涉及整体经济，收效迅速，而且对于改善国际收支的结构性失衡状况效果显著。

例如，一国可以进口那些维持生产和生活水平所必需的中间产品和消费品，对扩大生产能力所需的资本品(机器设备等)进口不实行限制，或者限制程度轻一些，而对奢侈品进口严加控制；在出口方面可以重点奖励非传统的产品生产和出口等。因此，适当地运用直接管制措施，可以在纠正国际收支逆差的同时不影响整个经济局势。

但是，采用直接管制政策来维持国际收支平衡，往往是变显性逆差为隐性逆差。一旦政策取消，除非经济结构得到相应的改善，否则国际收支逆差仍然会重新出现，因此许多国家采用直接管制措施，一定要配合产业政策的实施。同时，直接管制会导致造成本国产品生产的效率低下，对外竞争力不振，以及引致一系列行政弊端，如行政费用过大，官僚、贿赂之风盛行等。另外，它还容易引起贸易伙伴国的报复。所以，在实施直接管制调节国际收支不平衡时，各国一般都比较谨慎。

二、供给调节政策

供给调节政策(Supply-adjusting Policy)是从供给的角度进行调节，又可称为结构政策，旨在通过改善一国的经济结构和产业结构，提高产品质量，降低生产成本，增强社会产品的供给能力来达到调节国际收支的目的。供给调节政策包括产业政策、科技政策、制度创新政策等。

(一)产业政策

产业政策的核心在于优化产业结构，根据国内、国际市场的变化制定出正确的产业结构规划,一方面鼓励发展和扩大一部分产业,另一方面对一些产业部门进行调整、限制,乃至于取消。政府实施产业政策的重要目的,在于克服资源在各产业部门间流动的障碍,使本国产业结构的变动适应国内外市场的情况,在保障经济发展水平的同时减少乃至消除结构性的国际收支失衡。

(二)科技政策

现代各国之间的竞争越来越体现为科技水平的竞争,发挥知识在经济增长中的核心作用已成为各国的共识。对于发展中国家而言,科技政策包括以下三个方面:

1. 推动技术进步

技术进步一般应从一国内部和外部两个方面着手。从内部看,主要是重视和加强科学技术的研究、应用和推广,重视技术教育,鼓励技术发明和创新,使原有的传统技术不断得到改进;从外部看,主要是通过引进国外先进技术,在原有企业或新建企业直接采用国外先进生产方法或工艺,代替传统的生产方法和工艺技术。政府应在这两项工作中都发挥指导作用,引导企业实现技术进步。

2. 提高管理水平

科学技术的发展要求管理制度与之相适应,现代管理是经济发展的结果,它反过来又大大促进了经济的进一步发展。提高管理水平的重点在于采用先进的管理方法和管理经验,改进管理手段,培养企业家阶层。

3. 加强人力资本投资

人力资本在社会经济发展中具有十分重要的作用,它是运用科技进行管理的主体。对于发展中国家来说,真正制约其经济发展和现代化的决定因素,不只是物质资本和技术,而是缺乏人力资本优势,低下的劳动力素质是无法对现代化技术设备进行使用和管理的。增加人力资本投资主要是增加投资强度,调整教育结构,改革教育体制,鼓励国际交流,从而最终提高本国劳动力的素质。

(三)制度创新政策

制度创新政策是针对经济中存在的制度性缺陷而提出的。主要表现为企业制度改革,包括企业创立时的投资制度改革、企业产权制度改革,以及与此相适应的企业管理体制改革。富有活力的、具有较高竞争力的微观经济主体始终是实现内外均衡目标的基础。如果一国经济中存在的低效率具有普遍的制度性原因,比如规模大、效率低的国有企业问题,那么,进行制度创新就显得尤为重要。

可见,供给调节政策的特点是长期性,在短期内难以有显著的效果,但它可以从根本上提高一国的经济实力与科技水平,从而为实现内外均衡创造条件。

三、资金融通政策

资金融通政策(Financing Policy)简称融资政策,又称外汇缓冲政策,是指一国政府当局运用国际储备的变动或临时向外筹借资金等资金融通的方式，弥补国际收支失衡以实现经济稳定的一种政策，包括国际储备的使用和国际信贷的使用。

从一国宏观调控角度看，资金融通政策主要体现为国际储备政策，即一国可以运用所持有的一定数量的国际储备，主要是黄金和外汇，作为外汇平准基金（Exchange Stabilization Fund），在外汇市场上买卖外汇，调节外汇供求，消除国际收支不平衡产生的消极影响，避免汇率上下剧烈动荡。

当一国国际储备不足时，政府还可以通过国际信贷来达到弥补缺口的目的，比如政府可以进入国际金融市场，通过发行外币债券或通过向银行贷款来筹措所需的外汇，也可以向外国政府或国际金融机构借贷，来抵消市场超额外汇供给或需求，从而改善其国际收支状况。

资金融通政策是解决一次性或季节性、偶发性国际收支不平衡的简便而有利的政策措施。但是，该政策也有其局限性，它不能用于解决持续性的长期国际收支逆差，比如结构性失衡问题。因为一国国际储备毕竟有限，特别是当一国货币币值不稳定，人们对该国货币的信心动摇，因而引起大规模资金外逃时，国际储备的作用无异于杯水车薪；而在这种情况下的国际借贷条件也比较苛刻，这又势必增加将来还本付息的负担，使国际收支状况更加恶化。所以，对于中长期因素导致的失衡势必需要运用其他政策进行调整。

可见，融资政策与需求调节政策之间具有一定的互补性与替代性。比如，当一国发生国际收支逆差时，既可以采取需求调节政策，也可以采取资金融通政策，或者二者结合起来使用。

四、国际经济与金融合作

如前所述，当国际收支不平衡时，各国根据本国的利益采取的调节政策和管制政策措施，而这些措施又不可避免地在一定程度上对其他国家产生不利的影响，有可能引起国家之间的利益冲突和矛盾。这样一来，各国正常的经济秩序就会遭到破坏。于是，第二次世界大战后，西方发达国家企图通过国际金融机构等国际经济组织来协调各自的经济政策，加强国际经济与金融合作，最终达到平衡国际收支的目的。近年来，随着全球经济金融一体化的深入，单边调整政策效果在下降，国际经济与金融合作将在各国调整外部失衡过程中起着主导作用。进一步的内容可参见本书第十四章“国际金融机构与国际金融协调”。

总之，国际收支不平衡的调节政策很多，但是每一种调节政策都有自己的特点，对国际收支不平衡调节的侧重点也不同，因此，在国际收支不平衡时选择适当的调节措施是非常重要的。一般来说应按照国际收支不平衡产生的原因和种类来选择调节政策和方式，并尽量不与国内经济发生冲突。为了兼顾经济的内外均衡，还必须合理地对各种政策进行搭配。关于宏观经济政策的搭配问题，在第十一章有专门讲解。

第三节　西方国际收支理论

国际收支理论是国际金融理论的重要组成部分，是研究一国国际收支的决定因素和保持国际收支平衡的调节政策的理论。国际收支理论研究的目的是为了有效地调节国际收支失衡，因此，又称为国际收支调节理论。随着经济形势的变化和时代的更迭，国际收支理论也在不断发展。金本位制的存在曾使以此为前提的"物价-铸币流动机制"长期占据理论上的统治地位。20世纪30年代金本位制崩溃，促使各国的经济学家对国际收支问题进行了新的理论探索。如英国经济学家琼·罗宾逊(Jane Robinson)和美国的A·勒纳(Abba Lerner)进一步发展了马歇尔(Afred Marshell)的供求弹性局部均衡分析，系统地提出了国际收支的"弹性分析法"；40年代，哈罗德(R·F·Harrod)和马克鲁普(F·Machlupritz)等经济学家提出的"乘数分析法"将凯恩斯的乘数理论用于对国际收支问题的分析；50年代亚历山大(S·S·A1exander)采用凯恩斯的宏观经济模式，提出了国际收支的"吸收分析法"；随着货币学派的兴起，60年代出现了将货币主义封闭经济条件下的原理推衍到开放经济的"货币分析法"；80年代诞生了英国保尔·史蒂芬爵士(Paul Stephen)等的"结构分析法"；70年代末到90年代以后，随着国际金融危机的频发，国际收支理论又取得了新的进展。这些理论都大大地丰富了国际收支的理论分析方法，为各国货币当局调整国际收支提供了重大的理论依据和政策参考。

一、弹性分析法(The Elasticities Approach)

(一)理论背景

弹性分析法是研究汇率变动通过国内外产品之间，以及本国生产的贸易品和非贸易品之间的相对价格变动来影响一国的进出口供给和需求，从而作用于国际收支的理论。金本位制瓦解后，为弥补国际收支逆差，各国货币纷纷贬值，建立在金本位制基础之上的物价-铸币流动机制无法继续奏效。既然传统的国际收支理论已不再起作用，那么，怎样才能保持国际收支均衡呢？各国竞争性的货币贬值(Competitive Devaluation)是否真的达到了改善国际收支的效果呢？或者说，要满足什么条件才能使贬值奏效呢？20世纪40年代，在早期英国经济学家A·马歇尔(Alfred Marshall)国际收支的弹性分析的基础上，美国经济学家A·勒纳、英国经济学家琼·罗宾逊(罗宾逊夫人)等进一步发展了前人的思想,逐渐形成了国际收支的弹性分析法(弹性论),对以上问题进行了回答。

(二)基本假设

弹性分析法是以马歇尔局部均衡理论为基础的,它基于以下假设:

(1)假设最初贸易是平衡的,汇率变化很小。

(2)假设没有资本流动,国际收支等于贸易收支。

(3)所有贸易商品的供给弹性为无穷大,即供给曲线与横坐标平行,其斜率为零,即进出口的变化并不影响进出口商品的供给价格。

如图 9-7 所示,由于假设进出口供给具有完全弹性,$S_x=S_m=\infty$,供给曲线 S_d 和 S_f 均为水平线,这样,即使出口量从 Q_{x1} 增加到 Q_{x2},出口品的本币价格 p_d^x 仍保持不变,处于 p_{d0}^x 水平;同理,即使进口量从 Q_{m1} 增加到 Q_{m2},进口品的外币价格 p_f^m 亦保持不变,处于 p_{f0}^m 水平。这说明弹性分析法实际上是以古典理论的完全竞争条件为基础的。

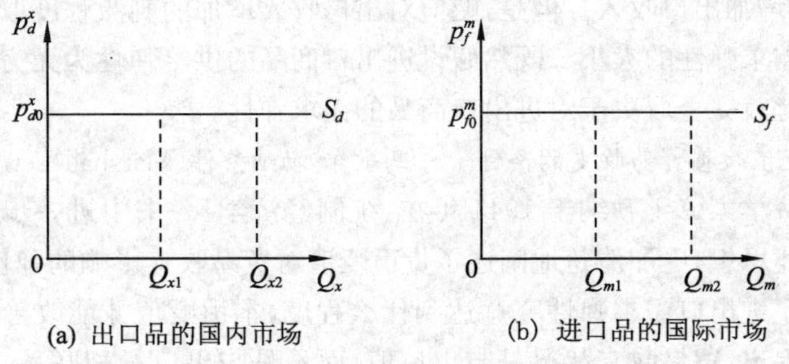

(a) 出口品的国内市场　　(b) 进口品的国际市场

图 9-7　供给弹性无穷大条件下的进出口

(4)只考虑汇率变动对贸易收支的影响,而收入、商品价格等其他条件不变,因而货币贬值的收入效应和价格效应被省略。

(三)主要内容

弹性分析法主要研究三个问题:(1)汇率变动能否改善贸易收支?(2)汇率变动是否使贸易条件恶化?(3)汇率变动后能否影响国民收入和就业量?其中,最重要的是汇率变动尤其是货币贬值对一国贸易收支差额的影响,下面就将重点讨论这个问题。

1.进出口弹性的概念

1923 年,英国经济学家马歇尔在《货币、信用和商业》一书中,把由他最先提出的供给和需求弹性理论引申到国际贸易领域,提出了进出口需求弹性概念,并对不同进出口需求弹性条件下汇率变动与贸易收支的关系进行了初步的探讨。1937

年，琼·罗宾逊在马歇尔上述分析的基础上作了进一步的研究，她在这一年出版的《就业理论论文集》中，补充提出了四种弹性概念，即国外对本国出口商品的需求价格弹性，简称出口需求弹性；本国出口商品的供给价格弹性，简称出口供给弹性；本国对进口商品的需求价格弹性，简称进口需求弹性；进口商品的国外供给价格弹性，简称进口供给弹性。这四种弹性概念用公式表示分别为：

出口需求弹性＝出口商品需求量的变动率/出口商品价格的变动率

出口供给弹性＝出口商品供给量的变动率/出口商品价格的变动率

进口需求弹性＝进口商品需求量的变动率/进口商品价格的变动率

进口供给弹性＝进口商品供给量的变动率/进口商品价格的变动率

在此基础上，琼·罗宾逊分别考察了货币贬值对一国进出口的不同影响，从而系统地提出了国际收支调节的弹性分析法。根据以上基本假设前提，弹性分析法认为，本币贬值之所以能够改善本国的贸易收支，是因为本币贬值意味着出口商品的外币价格下降，因而有利于增强本国出口商品在国际市场的价格竞争优势，扩大出口量，从而增加出口收入。但是，贬值对出口收入增加的刺激程度取决于出口商品的供给和需求弹性的大小。既然假设进出口商品的供给弹性为无穷大，那么，贸易收支的变化就完全取决于对进出口商品的需求弹性。

2.本币贬值改善贸易收支的条件——马歇尔-勒纳条件(Marshall-Lerner Condition)

美国经济学家 A·勒纳于 1944 年在《统制经济学》一书中进一步发展了琼·罗宾逊的上述思想，更加清楚地阐述了货币贬值对贸易收支影响的弹性临界问题，也就是回答了进出口需求弹性究竟达到什么程度，本币贬值才能改善贸易收支的问题。勒纳提出，贸易收支状况是与出口值，而不是与出口量相联系，本币贬值固然可以增加出口，抑制进口，但不等于改善贸易收支。

具体而言，如果一国货币贬值，在国内商品价格(绝对价格)不变的情况下，本国商品和劳务的相对价格就会下降，结果是一国出口量增加，进口量减少。那么，此时贸易收支一定会得到改善吗？

答案是不确定的。因为本币贬值后，出口量的增加不一定使得出口值(出口收入)上升，因为出口价格低了；同理，进口量的减少不一定带来进口值(进口支出)的降低，因为进口价格提高了，单位商品和劳务的进口支出是增加的。在什么条件下本币贬值能够达到改善贸易收支的效果呢？

假设 TB(Trade Balance)为以外币表示的贸易收支差额，X 和 M 分别为以本币表示的出口值和以外币表示的进口值，e 代表间接标价法下的汇率，即单位本币的外币价格，那么就有：

$$TB=eX-M \tag{9-1}$$

本币贬值后，上式中的三个变量 e、X 和 M 都发生了变化：e 降低，X 增加，M 减少。

显然，e 的降低对 TB 的影响是不确定的。由于假定进出口供给弹性无穷大，即进出口的变化并不影响进出口商品的供给价格，那么本币贬值对 TB 的影响就取决于 e、X 和 M 的变动幅度的对比，即取决于一国进出口的数量对汇率变动的反应程度，也即进出口需求弹性。如果最终 $\frac{dTB}{de}<0$，就意味着本币贬值改善了贸易收支。

对 9-1 式微分得：

$$\frac{dTB}{de}=X+e*\frac{\partial X}{\partial e}-\frac{\partial M}{\partial e} \tag{9-2}$$

由于假定贸易最初是平衡的，即 $eX=M$，将其带入 9.2 式整理得

$$\frac{dTB}{de}=X\left(1+\frac{e}{X}*\frac{\partial X}{\partial e}-\frac{e}{M}\frac{\partial MM}{\partial e\,eX}\right) \tag{9-3}$$

根据上述弹性的定义，$-\frac{e}{X}*\frac{\partial X}{\partial e}$ 等于出口需求弹性的绝对值（以 E_x 表示），$\frac{e}{M}\frac{\partial M}{\partial e}$ 等于进口需求弹性的绝对值（以 E_m 表示）。则 9-3 式变为：

$$\frac{dTB}{de}=X(1-E_x-E_m) \tag{9-4}$$

所以，要使 $\frac{dTB}{de}<0$，即贸易收支得到改善，只要满足下式：

$$E_x+E_m>1 \tag{9-5}$$

琼·罗宾逊将上述公式称为"马歇尔-勒纳条件"（Marshall 1923; Lerner 1944）。这个著名条件的经济含义可以表述为：在进出口供给弹性无穷大的情况下，只要出口需求弹性与进口需求弹性的绝对值之和大于 1，本币贬值就会改善贸易收支。

同理，如果 $E_x+E_m=1$，那么 $\frac{dTB}{de}=0$，则本币贬值对贸易收支没有影响；

如果 $E_x+E_m<1$，那么 $\frac{dTB}{de}>0$，此时本币贬值反而会恶化本国贸易收支状况。

3. 对马歇尔-勒纳条件含义的说明

以下我们用供求曲线来对马歇尔-勒纳条件的含义加以说明。以英美两国模型为例，按照弹性分析法的假设条件，假设进出口供给弹性无穷大，两国贸易在目前汇率上达到平衡。

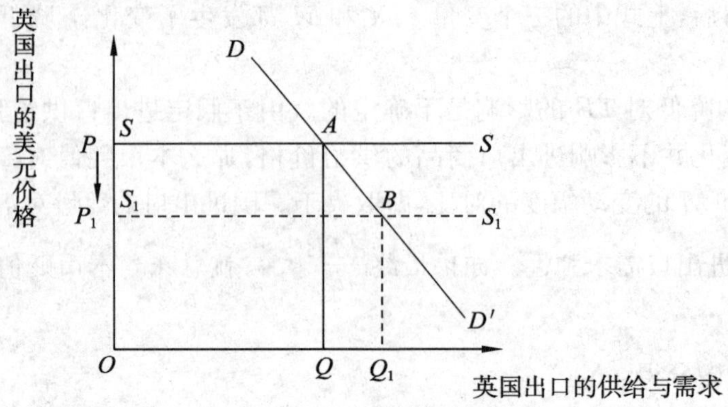

图 9-8　英国的出口供给与需求

图 9-8 表示以美元价格计算的英国的出口供给和需求。从英国的出口情况来看，英镑贬值使英国出口的美元价格从 P 点下降至 P_1 点，使得供给曲线由 SS 向下平移到 S_1S_1，相应地，供求均衡点也由 A 移动至 B，出口的美元收入由贬值前的 $OPAQ$ 的面积变为 OP_1BQ_1。OP_1BQ_1 和 $OPAQ$ 的面积究竟哪个大，也即英镑贬值后英国的出口收入是否有所增加，取决于图中 DD 曲线的斜率，DD 曲线越平坦，说明出口量对价格变动越敏感，出口需求弹性 E_x 就越大；反之，DD 曲线越陡峭，E_x 就越小。若 $E_x>1$，则面积 $OP_1BQ_1>OPAQ$，说明出口收入增加；同理，$E_x=1$，面积 $OP_1BQ_1=OPAQ$，出口收入不变；$E_x<1$，出口收入下降。

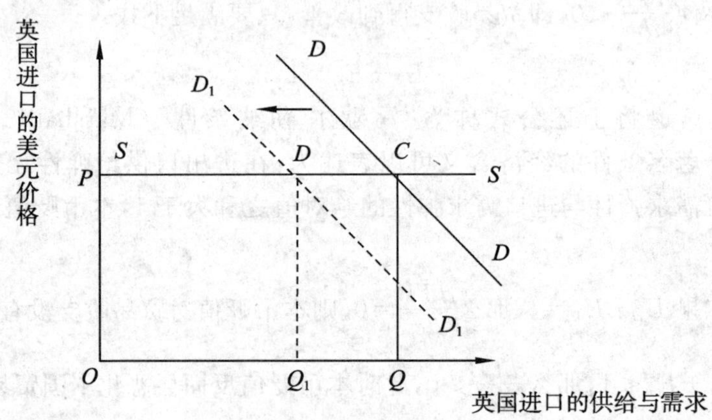

图 9-9　英国的进口供给与需求

图 9-9 表示以美元价格计算的英国的进口供给和需求。从英国的进口情况来看，英镑对美元贬值后，进口的美元价格不变，但是进口的英镑价格提高了。只要英国进口需求不是无弹性的，那么，英镑贬值必然减少国内进口需求，表现在图中

是需求曲线由 DD 向左移动至 D_1D_1，进口量由 Q 降至 Q_1，进口的美元支出则由贬值前的 $OPCQ$ 的面积降至 $OPDQ_1$。如果出口需求无弹性，$E_x=0$，则进口需求弹性至少要达到单位弹性，即 $E_m=1$，才能抵消出口外汇收入减少的损失；而如果进口需求完全无弹性，$E_m=0$，则出口需求弹性也至少要达到单位弹性，即 $E_x=1$，以防止外汇收入减少。

可见，本币贬值后，贸易收支改善的百分比近似地等于出口量增加的百分比和进口量减少的百分比之和，再减去本币对外贬值的百分比，即间接标价法下的汇率 e 降低的程度。这种关系可以用下式来表示：

$$\begin{aligned}&\left(\frac{dX}{X}+\frac{dM}{M}-\frac{de}{e}\right)\times 100\%\\ =&\frac{de}{e}\left(\frac{dX/X}{de/e}+\frac{dM/M}{de/e}-1\right)\times 100\%\\ =&\frac{de}{e}(E_x+E_m-1)\times 100\% \qquad (9\text{-}6)\end{aligned}$$

由式 9-6 我们可以很直观地看出本币贬值改善贸易收支的条件（马歇尔-勒纳条件）和贸易收支改善的程度。

下面以人民币对美元贬值为例来说明不同出口需求弹性下贬值对出口收入的影响。

表 9-1　　不同出口需求弹性下贬值对出口收入的影响

	出口品人民币单价	汇率（USD/CNY）	出口品美元单价	出口数量	价格变动率	出口数量变动率	出口需求弹性 Ex	出口的美元收入
0	7	7	1	1000	——	——	——	1000
1	7	8	0.875	1100	14.3%	10%	0.7	962.5
2	7	8	0.875	1143	14.3%	14.3%	1	1000
3	7	8	0.875	1200	14.3%	20%	1.4	1105

从表 9-1 中看到，假设人民币贬值之前，即在第 0 种情况下，汇率为 USD/CNY＝7，出口收入为 1000 美元。若为了刺激出口，将人民币汇率从 USD/CNY＝7 贬值到 USD/CNY＝8，这样，折算成美元的出口商品单价就相应的从 1 美元下降到 0.875 美元。由于价格的下降，出口数量有所增加。

在第 1 种情况下，假定出口数量从 1000 增加到 1100 个单位，但是我们发现出口的美元收入不但没有增加，反而从 1000 美元下降到 962.5 美元；在第 2 种情况下，出口数量从 1000 增加到 1143 个单位时，出口收入不变；只有在第 3 种情况下，出口数量从 1000 增加到 1200 个单位时，出口的美元收入才从 1000 美元增加到 1105 美元。这个例子说明，只有当出口数量的变动率大于贬值引起的价格变动率时(出口需求弹性大于 1,第 3 种情况),出口的美元收入才会增加,贸易收支才会改善;而出口需求弹性小于 1 或者等于 1(第 1 和第 2 种情况)时,贸易收支甚至会恶化或者不变。

同理,我们可以得出在不同的进口需求弹性下,本币贬值对于进口支出的影响,以及在不同的进口和出口需求弹性下,贬值对进出口的共同影响和最终贸易收支差额的变化,这些可以自己举例验证。

4. 对马歇尔-勒纳条件的修正——毕肯戴克-罗宾逊-梅茨勒条件(Bickerdike-Robinson- Metzler Condition)

马歇尔-勒纳条件是在严格的条件下才能成立的,它假定最初贸易是平衡的,也没有考虑进出口供给弹性,因此,在理论上存在着修正的必然。如果放松假设条件,情况会如何呢?

(1)放松最初贸易是平衡的假设。马歇尔-勒纳条件假定最初贸易是平衡的,而如果现实并不一定满足这个条件,马歇尔-勒纳条件就必须修正。此时,由式 9.3 可得出本币贬值改善贸易收支的条件变为:

$$E_x + E_m(M/eX) > 1 \tag{9-7}$$

由上可见,最初的贸易逆差即 M-eX 的差越大,进出口需求弹性对贬值是否成功改善贸易收支所发挥的作用就越小。

(2)放松进出口供给弹性无穷大的假设。如果进出口的供给弹性均不是无穷大的话,马歇尔-勒纳条件就不能仅仅考虑进出口需求弹性条件,而是要将进出口供给弹性纳入其中,因此,马歇尔-勒纳条件还需要修正。在通常情况下,随着出口量的增加,国内供给价格也会随之上涨;进口量增加时,国际市场的供给价格也相应提高,这才是一般供给曲线下的状况。

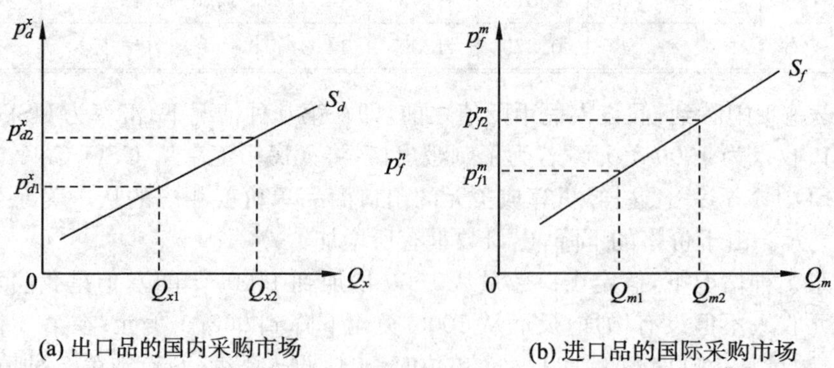

图 9-10 不完全弹性条件下的进出口供给

如图 9-10 所示，由于假设进出口供给不具有完全弹性，进出口供给曲线 S_d 和 S_f 均为斜率为正的直线，当本币贬值使得出口量从 Q_{x1} 增加到 Q_{x2}，进口量从 Q_{m1} 增加到 Q_{m2} 时，出口品的本币价格 P_d^x 和进口品的外币价格 P_f^m 都相应的分别从 P_{d1}^x 上升至 P_{d2}^x，从 P_{f1}^m 上升至 P_{f2}^m 了。这就意味着汇率变化不仅通过出口品的外币价格和进口品的本币价格（即相对价格）的变动来引起进出口量的变动，而且进出口量的变动又会反过来引起出口品的本币价格和进口品的外币价格（绝对价格）的进一步变动。这种互相作用超越了马歇尔-勒纳条件，但这却是一种更为普遍的经济现实。

美国经济学家梅茨勒（L. A. Metzler，1948）在《国际贸易》一文中放弃了进出口供给具有完全弹性的假设，在琼・罗宾逊等研究的基础上，将进出口供给弹性加入到马歇尔-勒纳条件中，得出了一般情况下本币贬值改善贸易收支的充分必要条件：

$$\frac{S_x(E_X-1)}{S_x+E_X}+\frac{E_m(S_m+1)}{S_m+E_m}>0 \tag{9-8}$$

或者整理为

$$\frac{E_xE_m(S_x+S_m+1)+S_xS_m(E_X+E_m-1)}{(S_x+E_X)(S_m+E_m)}>0 \tag{9-9}$$

由于毕肯戴克（Bickerdike）在其 1920 年的一篇论文（The Instability of Foreign Exchange）中就已提到过汇率变动与贸易收支的问题，所以这一条件被称为毕肯戴克-罗宾逊-梅茨勒条件，也称罗宾逊-梅茨勒条件。根据毕肯戴克-罗宾逊-梅茨勒条件，即使进出口需求弹性不够高，未能满足马歇尔-勒纳条件，但是只要供给弹性不是无穷大，本币贬值仍有可能改善贸易收支差额。这样，马歇尔-勒纳条件就成为本币贬值改善贸易收支的一个充分条件，而不是必要条件。

同时，我们可以看到，如果对 9-9 式求极限，假设 $S_x=S_m=\infty$，便可得：

$$\lim_{S_x,S_m\to\infty}\frac{E_xE_m(S_x+S_m+1)+S_xS_m(E_X+E_m-1)}{(S_x+E_X)(S_m+E_m)}=E_x+E_m-1>0 \tag{9-10}$$

该式回到了 9-5 式，即马歇尔-勒纳条件。可见，马歇尔-勒纳条件仅仅是毕肯戴克-罗宾逊-梅茨勒条件的一个特例。

如果将最初贸易是平衡的和进出口供给弹性无穷大的假设同时放松的话，即 $M\neq eX$，进出口供给弹性也不是无穷大的，9-8 式就变为：

$$eX*\frac{S_x(E_X-1)}{S_x+E_X}+M*\frac{E_m(S_m+1)}{S_m+E_m}>0 \tag{9-11}$$

可见，经过以上修正和改进，毕肯戴克-罗宾逊-梅茨勒条件能够更全面和准确地说明本币贬值对贸易收支的改善条件，但是这个条件看起来比较复杂。相反，马歇尔-勒纳条件简单易懂，而且基本上能够说明主要问题，所以，与毕肯戴克-罗宾逊-梅茨勒条件相比，马歇尔-勒纳条件更加广为人知。

(3)三国模型中的货币贬值效应。以上我们讨论的是两国模型,如果扩展到三国模型,货币贬值的效应如何呢?假设有A、B和C三个国家,A和B两国是贸易竞争国,他们都向C国出口某种同质商品,且均以C国货币计价。如果A国宣布本币对C国货币贬值,而B国货币汇率不变,如果满足马歇尔-勒纳条件,A国的贸易收支可能改善;但是,如果B国也宣布其货币对C国货币贬值,而且贬值的幅度大于A国,即B国的货币汇率对A国货币汇率变动的弹性大于1,那么,即使满足马歇尔-勒纳条件,A国的本币贬值政策不仅不能改善贸易收支差额,反而会使其进一步恶化,这就是以邻为壑的竞争性货币贬值政策的后果。

5. 货币贬值效应的进一步分析——J曲线效应

(1)对J曲线效应的描述。由于从进出口商品相对价格的变动到贸易数量的增减需要经过一段时间,即存在"时滞"(Time Lag),所以,即使满足马歇尔—勒纳条件,贬值也并不能立即引起贸易数量的变化和国际收支的改善,反而有可能导致其先恶化再慢慢改善。由于本币贬值后贸易收支差额变化的时间轨迹类似于大写字母"J"的形状,所以把这一过程称为"J曲线效应"(J-curve Effect)。

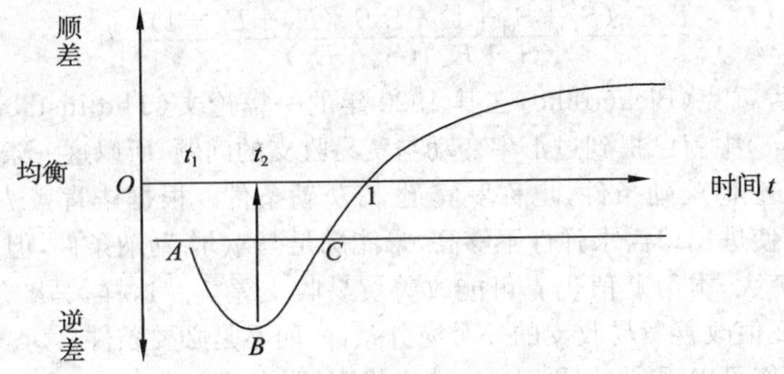

图 9-11　本币贬值的J曲线效应①

由图9-11可见,本币贬值初期(t_1-t_2),出口量没有马上增加,进口量也不会立即减少,但是,本币贬值却使得出口收入减少、进口支出增加立刻成为事实,所以,此时贸易收支不但没有改善,反而还要继续恶化(由 A 点-B 点);中期效果较好,相对价格的变动使得出口数量增加,进口数量减少,开始纠正贸易逆差(由 B 点-C 点),若此后满足马歇尔—勒纳条件,则会沿 C 上行至 D 点,使贬值的损失(由 A 点-C 点)得到补偿,贸易收支达到均衡,D 点后转入顺差。但是后期由于本币贬值,进口原料价格上升,生产成本提高,出口产品逐渐缺乏竞争力,这就抵消了本币

① 一般讨论国际收支逆差条件下本币贬值的J曲线效应,事实上如果一国存在严重国际收支顺差,在采用本币升值进行调节的情况下,同理也存在J曲线效应,只不过其在时间上的分阶段反应与贬值的J曲线效应图形相反。读者可以参照图9-9自己尝试绘制出来。

贬值带来的好处,甚至转变为劣势。

至于J曲线效应持续的时间,英国财政部曾对本国情况进行的估计发现,贸易收支最初的恶化(由A点-B点)要持续两个季度,而贬值的损失(由A点-C点)要一年以上才能消除。一般认为,适度的充分调整可能需要3～4年的时间,可见贸易收支对于价格变化的反应相当缓慢。

(2)J曲线效应的三个阶段。美国经济学家马吉(S. P. Margee)将J曲线效应的过程也即货币贬值后直至贸易收支改善的全部过程划分为三个阶段:

①货币合同阶段(Currency-contract Period)。在这个阶段,由于进出口合同是事先签订好的,进出口价格和数量不会由于货币贬值而改变,这样,以本币表示的贸易差额就取决于进出口合同规定的计价货币。在进出口以外币计价的情况下,这部分进出口商品的本币价格就会与贬值成同比例上升,如果贬值前进口支出大于出口收入,贸易逆差就会进一步扩大。

②传导阶段(Passthrough Period)。在这个阶段,进出口价格在签订合同时开始可以改变,而进出口数量却由于进出口的供求黏性还不会改变。由于进口本币价格上升而数量不变,以本币表示的进口支出就会增加;另一方面,出口供给黏性又往往使得出口商品的外币价格以贬值的同样幅度下降,结果以本币表示的出口收入没有增加,因此贸易逆差就不会减少。当然,这个阶段并不是不可逾越的。

③数量调整阶段(Quantity Adjustment Period)。在这个阶段,进出口商品的数量可以变动,这时,货币贬值对贸易收支的正常效应开始得以发挥,贸易收支差额开始改善。

(3)产生J曲线效应的原因分析。为什么本币贬值后,在短期内进出口数量不变或者变化较小呢?西方经济学家提出了许多理由来加以解释,主要原因如下:

①消费者反应时间滞后(A Time Lag in Consumer Response)。对于消费者来讲,相对汇率的变化需要花费时间来调整自己的消费行为。例如,当本币贬值后,国内消费者除了考虑贬值因素外,还要把变得较贵的外国商品与变得较便宜的国内同种商品在质量可靠性和信誉等方面进行比较后,才会根据个人的偏好决定是否转向购买国产商品。

②生产者反应时间滞后(A Time Lag in Producer Response)。虽然货币贬值改善了国内出口商品的竞争地位,但进出口的实际变动情况还要取决于供给对价格的反应程度,即国内生产者仍然需要时间来调整,以达到扩大出口商品生产的目的;同时,进口商品的合同在贬值前就已经签订,不可能在短期内取消,国内生产者也不愿意随意取消对主要生产投入和原材料的订单。所以即使在马歇尔-勒纳条件成立的情况下,贬值也不能马上改善贸易收支。

③不完全竞争(Imperfect Competition)。由于在外国市场上获得一席之地需要耗费时间和成本,因此外国出口商不会轻易放弃它在贬值国已经占有的市场份

额,他们或许会通过降低出口商品的价格来对他们可能丧失的竞争能力作出反应。与此类似,面对贬值国可能增加出口的威胁,外国进口竞争行业也会作出降低在国内市场上他们出售商品的价格的反应。外国进出口商对于价格变化的反应能力的大小,取决于其所处的市场结构。如果外国进出口商处在高度竞争状态并且仅仅能够获得正常利润,那么其就无力降低自己商品的价格;如果外国进出口商处在不完全竞争状态并且能够获得超额利润,其就可以降低自己商品的价格以提高竞争能力。

(四)政策主张

在各国汇率竞争性贬值的背景下,弹性分析法提出本币贬值通过进出口商品价格的相对变化来影响本国进出口商品的数量,可能会改善贸易收支,但是必须满足马歇尔--勒纳条件。这就意味着进出口需求弹性不同,贬值效果也不同,因此,是否采取本币贬值政策,必须根据本国实际情况而定,不能盲目。工业发达国家的进出口多是高弹性的工业制成品,因此在一般情况下,货币贬值的效果较为明显;相反,发展中国家的进出口多是低弹性的商品,所以货币贬值的作用不大。这就是说,发展中国家只有改变进出口的商品结构,由出口低弹性的初级产品转为出口高弹性的制成品,才能通过汇率的变化来改善国际收支的状况。

(五)简要评价

1.理论贡献

弹性分析法不仅指出了在纸币流通条件下,可以通过本币贬值来调节国际收支,而且提出了本币贬值改善贸易收支的前提条件。它之所以在西方经济学界长期流行,一方面是因为它适合当时西方各国政府制定政策的需要,因为在汇率战频繁发生的时期,该理论明确指出本币贬值改善国际收支必须满足相应的条件,对于各国的政策选择和汇率体系稳定是及时而有益的;另一方面也是因为它产生于20世纪30年代大危机与金本位制度崩溃时期,在理论上填补了古典国际收支理论失效后西方国际收支理论上的空白。在凯恩斯主义占领国际收支理论领域的统治地位之前,弹性分析法是当时各种国际收支理论中影响最大的一种。它曾被许多国家应用,并在调节国际收支方面取得了一定效果。

2.理论缺陷

弹性分析法也存在着许多重大的缺陷,主要表现在以下几个方面:

(1)弹性分析法关于货币贬值前贸易收支处于平衡状态的假定不符合实际情况。这是因为,货币贬值的目的不在于创造贸易收支顺差,而是为了消除已有的逆差。然而,既然贸易收支已经平衡,那还有什么必要进行货币贬值呢?这就是弹性分析法无法回答的问题。

(2)进出口供给弹性无穷大的假定不适合于经济充分就业的情况。弹性分析法是在20世纪30年代经济大萧条的条件下产生的,当时国内外有大量的闲置资源未被利用,出口供给和进口供给基本上可以在成本不变的条件下扩大或收缩。但是,在经济周期的复苏和高涨时期,经济实现充分就业,这种假定就不成立了。同时,它还忽视了贬值过程中的供给条件和成本的变化。由于许多产品的资源是有限的,除了规模经济成本递减或不变情况外,大多数产品的成本是随产量的扩大而递增的,这就会在很大程度上抵消货币贬值带来的有利影响。

(3)弹性分析法不涉及资本流动。弹性分析法把本币贬值的影响仅局限于贸易收支,事实上,本币贬值对劳务进出口和资本流动也会有影响。当然,那时的国际收支主要是贸易收支,而非贸易收支和资本流动很少,可以忽略。但是,现阶段这两项在国际收支中占有相当比重,尤其是资本流动数额早已超过贸易收支额,如果仍然忽略本币贬值对资本流动的影响,那么该理论的适用性就显得非常不足了。

(4)该理论在分析方法上存在局限性。弹性分析法是一种局部均衡分析,其特点是假定其他条件不变,而集中分析某一个变量的影响。这里它只考虑了汇率变动对贸易收支的影响,忽略了其他重要的经济变量对国际收支的影响。比如,本币贬值会影响到一国国民收入,而国民收入变动反过来又会在很大程度上抵消货币贬值对贸易收支的作用①。

(5)弹性分析法只是一种比较静态分析。弹性分析法集中于汇率变动短期效果的分析,而没有考虑到时滞因素的作用,这一点已在J曲线效应部分体现,故不再赘述。

二、乘数分析法(Multiplier Approach)

(一)理论背景

乘数分析法也称乘数论、收入论或收入分析法(Income Approach)等,是将凯恩斯的乘数理论用于对国际收支问题的分析,从国民收入与贸易收支的关系来揭示国际收支调节政策的理论。

1936年凯恩斯发表的名著《就业、利息和货币通论》,建立了现代宏观经济学的理论体系,凯恩斯经济学逐渐成为西方经济学界的主流,国际收支理论也不可避免地要受到凯恩斯主义的影响。20世纪30～40年代,凯恩斯主义原理就在国际收支领域得到了初步运用。凯恩斯的主要追随者、美籍奥地利人马克鲁普(1943)

① 马歇尔-勒纳条件未考虑货币贬值的收入效应。实际上,在存在着失业的情况下,货币贬值将增加贬值国的收入,导致进口增加;同时,如果非贬值国的收入下降,也将减少对贬值国的进口需求(贬值国出口减少)。所以,不仅要把贸易收支作为汇率变化的函数,还要将其作为收入变化的函数。琼·罗宾逊、布朗、哈伯格和斯特恩等学者分别将贬值的收入效应引入到马歇尔-勒纳条件中,得出了不同的结论。在乘数分析法中介绍的哈伯格条件和国外反响效应就是其中有代表性的内容。要进一步了解,还可参见陈岱孙、厉以宁:《国际金融学说史》,中国金融出版社,1991年,第356～357页,等。

和英国著名的经济学家哈罗德(1948)将凯恩斯的乘数理论推广到开放经济条件下,把对外均衡与对内均衡联系起来,揭示了国际收支的收入调节机制,以此形成了国际收支的乘数分析法。与弹性分析法不同的是,弹性分析法重点分析收入不变时汇率的变动对国际收支的影响,而乘数分析法分析的是在汇率和价格不变条件下收入变动对国际收支的效应。

(二)基本假设

乘数分析法来源于凯恩斯,它的基本假设条件是:

(1)价格(在开放经济中要包括汇率)保持不变。

(2)经济在低于充分就业水平的情况下运转,从而产出能够对需求的变动作出反应。

(3)货币供给被动地对货币需求变动作出调整。

(4)没有资本的国际流动,国际收支等同于贸易收支。

从以上几个假设条件看,乘数分析法强调的是数量调整而不是价格调整,之所以不涉及价格调整,关键是因为经济在低于充分就业水平的情况下运行。

(三)主要内容

乘数分析法的理论核心是考察收入变动对国际收支状况的影响,认为在以上假定前提下,进口支出是国民收入的函数,自主性支出的变动通过乘数效应引起国民收入的变动,进而影响进口支出,且影响程度取决于一国边际进口倾向的大小,或者换言之,取决于一国进口需求的收入弹性的大小以及开放程度的高低。

1. 进口函数与开放经济中的乘数

乘数分析法的起点是凯恩斯的国民收入恒等式,假定政府仍然不干预经济生活,同时,对外开放经济的国家是一个小国,它的国际交易活动仅仅影响本国经济,对世界其他国家的经济没有影响。由于开放经济下均衡收入的大小不仅由国内消费、投资和储蓄决定,而且还要受进出口的影响:

$$Y=C+I+G+X-M \tag{9-12}$$

各变量的含义同第八章。其中,I、G 和出口 X 都是外生变量,C 和进口 M 为内生变量。从进出口角度看,X 由外国的收入水平决定,与本国的国民收入水平没有直接关系。但是,一国的进口(M)大小却直接取决于本国国民收入水平的大小,是国民收入的函数。进口函数的形式为:

$$M=M(Y)=m_0+mY \tag{9-13}$$

其中,m_0 代表自主性进口(初始的进口),与国民收入没有关系,m 代表边际进口倾向,它表示收入额外增加一个单位所引起的进口的额外增加量,即 $m=\Delta M/\Delta Y$。mY 代表诱发性进口,即随着国民收入变动而变动的进口。一般来说,一国国民收入增加之后,该国居民不仅会增加对本国商品的购买,还会增加对进口商品的购买，但是他们又不会把增加的收入全部用来购买进口商品，所以，边际进口倾向 $0 < m < 1$。进口函数曲线可以用图 9-12 来表示。

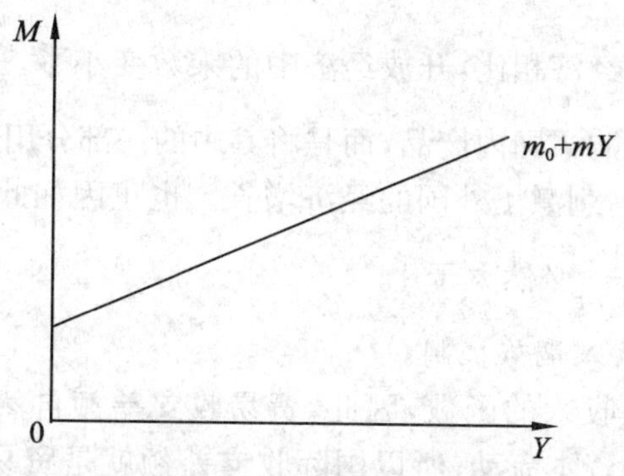

图 9-12　进口函数曲线

在图 9-12 中，进口函数曲线 $m_0 + mY$ 为一条向右上方倾斜的曲线。它表明进口是收入的递增函数，随收入的增加而增加。进口函数曲线的斜率就是边际进口倾向。由于自主性进口 m_0 的存在，进口函数曲线不是从原点出发，而是从原点以上的某一点出发。

又由于消费函数为：

$$C=C(Y)=c_0+cY \tag{9-14}$$

其中 c_0 为自主性消费，c 为边际消费倾向，cY 为诱发性消费。将 9-13 和 9-14 式带入 9-12 式可得：

$$Y=(c_0+cY)+I+G+X-(m_0+mY) \tag{9-15}$$

整理得：

$$Y=\frac{1}{1-c+m}(c_0+I+G+X-m_0) \tag{9-16}$$

上式中的$\frac{1}{1-c+m}$就是开放经济中的乘数，也叫对外贸易乘数。由于 $1-c=s$，其中 s 为边际储蓄倾向，所以，开放经济中的乘数又可以写成$\frac{1}{s+m}$，它与边际储蓄倾向和边际进口倾向负相关，是边际储蓄倾向和边际进口倾向之和的倒数。

由 9-16 式可见，c_0、I、G、X、m_0 的变化都会带来国民收入的变化，并且通过乘数作用成倍变化，这个倍数即为$\frac{1}{s+m}$。这说明在其他因素不变的情况下，自主性消费、投资、政府支出和出口每各自增加或减少一个单位，国民收入就增加或减少$\frac{1}{s+m}$个单位。自主性进口 m_0 每增加或减少一个单位，国民收入则减少或增加

$\frac{1}{s+m}$个单位。边际进口倾向和边际储蓄倾向越小，则乘数越大，国民收入增加幅度越大。

我们看到与封闭经济相比，开放经济中的乘数变小了，$\frac{1}{s+m}<\frac{1}{s}$，原因是增加的收入没有全部用来购买国内产品，而是将其中的一部分用来购买外国产品了，这部分收入流到国外去，刺激了外国的经济增长。也正因如此，$s+m<1$，换句话说，开放经济中的乘数$\frac{1}{s+m}$必然大于 1。

2. 国际收支的收入调节机制

鉴于进口是国民收入的函数，因此，贸易收支差额自然也受到国民收入的影响。由于假设不考虑资本流动，所以国际收支差额就是贸易收支差额（TB），结合式 9-13 和 9-16 可得：

$$\begin{aligned} TB &= X-M=X-(m_0+mY) \\ &= X-m_0-\frac{m}{1-c+m}(c_0+I+G+X-m_0) \\ &= \frac{1-c}{1-c+m}X-\frac{1-c}{1-c+m}m_0-\frac{m}{1-c+m}(c_0+I+G) \\ &= \frac{s}{s+m}X-\frac{s}{s+m}m_0-\frac{m}{s+m}(c_0+I+G) \end{aligned} \tag{9-17}$$

上式说明了以下两方面的内容：

一是说明了影响贸易收支的各种因素，即国民收入各个组成部分对贸易收支产生的是积极作用还是消极作用。从上式可以看出，只有出口的变化方向与贸易收支的变化方向相同，出口增加，贸易收支改善，出口减少，贸易收支恶化。自主性进口、消费、投资和政府支出这四个部分中任何一部分的增加或同时增加，贸易收支恶化；反之则贸易收支改善。

二是说明了国民收入各个组成部分对贸易收支产生的作用有多大。由于$0<s<1$和$0<m<1$，所以，收入的各个组成部分的变化对于贸易收支所产生的影响都是不完全的，不能从根本上改变贸易收支的状况。

(1)出口增加一个单位，不能使贸易收支改善一个单位，只能改善$\frac{s}{s+m}$个单位；同理，自主性进口增加（减少）一个单位，贸易收支也不能恶化（改善）一个单位，只能恶化（改善）$\frac{s}{s+m}$个单位，$\frac{s}{s+m}<1$。

(2)消费、投资、政府支出增加（减少）一个单位，只能使贸易收支恶化（改善）$\frac{m}{s+m}$个单位，$\frac{m}{s+m}<1$。

这意味着尽管收入变化可以调节国际收支，但其作用是有限的，不完全的，因此必须与其他调节措施相配合，这就自然引出了相应的国际收支调节政策——需求管理政策。

（四）哈伯格条件（Harberger Condition）——对马歇尔-勒纳条件的修正

在现实中，出口和自主性进口的变动不仅能够直接带来国际收支的变动，而且会通过国民收入的变化导致诱发性进口的变动，从而进一步影响国际收支状况。基于此，一些西方经济学家如哈伯格（A. C. Harberger）等将货币贬值由弹性分析法中的相对价格效应与乘数分析法中的收入效应结合起来，修正了贬值能够改善国际收支的条件。这一条件是考虑了收入效应后对马歇尔-勒纳条件的修正，成为更加严格的哈伯格条件：

$$E_x + E_m > 1 + m \tag{9-18}$$

哈伯格条件的经济含义为：在收入效应存在时，只要出口需求弹性与进口需求弹性的绝对值之和大于1加本国边际进口倾向之和，本币贬值就会改善贸易收支。显然，这一条件要比马歇尔-勒纳条件更富有现实意义，因为它考虑了货币贬值通过收入的变动对国际收支所产生的影响，并且出口供给弹性无穷大的假定更接近于非充分就业的现实。

（五）国外回响效应（Foreign Repercussion）——对哈伯格条件的修正

现在取消小国假定。在相互贸易的两国均非小国的情况下，任何一方的进出口变化都会对贸易对手国不可忽视的影响。为分析方便，假设只有A、B两个贸易国，A国的出口就是B的进口，同理，A国的进口就是B国的出口。因此，当A国的国民收入由于某种原因增加（或减少）时，A的进口即B国的出口会发生相应的增加（或减少），从而使B国的国民收入增加（或减少）。B国国民收入的增加（或减少）又会引起其进口即A出口的增加（或减少），从而使A的国民收入进一步增加（或减少）……如此不断进行下去，直到国民收入达到新的均衡为止。对本国而言，这种本国国民收入的变动，使贸易对手国的国民收入发生变动，进而使本国国民收入进一步发生变动的反馈效应，称为为国外回响效应。

例如，当A国（本国）出口增加ΔX时，B国（外国）的进口相应增加ΔX，这不仅将使A国因收入增长而增加进口，而且B国也会因国民收入减少而减少进口，其进口减少额ΔM_f由其收入下降额ΔX和边际进口倾向m_f决定，即

$$\Delta M_f = m_f \Delta X \tag{9-19}$$

9-19式就是国外回响效应的大小，意味着A国的出口将因为B国进口的减少而产生相应的变动，结果是A国净出口将在考虑了收入效应的马歇尔-勒纳条件下的国际收支差额基础上，再减少$m_f \Delta X$。

如果在分析货币贬值对一国国际收支的影响时，进一步将国外反响效应考虑

在内，那么，哈伯格条件就要进一步修正为：

$$E_x + E_m > 1 + m + m_f \tag{9-20}$$

9-20 式也称为总弹性。其含义为，在进出口供给弹性无穷大的条件下，大国只有在进出口需求弹性之和大于 1 加本国和外国的边际进口倾向之和时，货币贬值才能有效地改善国际收支。修正前的哈伯格条件即 $E_x + E_m > 1 + m$ 的条件则适用于小国①。

(六)政策主张

乘数分析法认为，一国可以通过需求管理政策来调节国际收支。当一国国际收支出现逆差时，可以实行紧缩型财政政策和货币政策，即压缩投资和政府支出，降低国民收入，以减少进口支出，改善国际收支；当一国国际收支出现顺差时，政府当局则可以实行扩张型财政政策和货币政策，提高国民收入，以增加进口支出，减少国际收支顺差。

至于通过需求管理政策来调节国际收支的效率高低，则取决于边际进口倾向 m 的大小，而这又进一步取决于一国进口需求的收入弹性(Income Elasticity of Import Demand)的大小与开放程度的高低。其中，进口需求的收入弹性是指进口需求量的变动率 $\Delta M/M$ 与国民收入变动率 $\Delta Y/Y$ 之间的比例关系，说明了进口需求量变动对国民收入变动的敏感程度，等于$\frac{\Delta M/M}{\Delta Y/Y}$。当一国国民收入增加时，该国进口需求量会随之增长，反之则减少。开放程度则是进口与国民收入之比，M/Y 越大，开放程度越高。边际进口倾向 $\Delta M/\Delta Y$ 正好等于进口需求的收入弹性与开放程度的乘积，这表明，一国进口需求的收入弹性和开放程度越大，一定规模的紧缩或扩张政策所带来的国际收支改善程度就越大，政策效果越显著。

(七)简要评价

1. 理论贡献

乘数分析法首次引入开放经济国民收入等式，融入了凯恩斯主义一般均衡的思想，阐述了进出口贸易与国民收入之间的关系，同时还揭示了开放经济条件下各国经济通过进出口途径的相互依赖性。不仅为政府采用需求管理政策调节国际收支失衡问题提供了理论依据，而且对于经济周期的世界同步性问题作出了合理的阐释。

2. 理论缺陷

乘数分析法也存在着一定的局限性，主要表现在：

---

① 关于哈伯格条件和国外回响效应的推导过程，可以参见王光伟：《国际收支与汇率金融学》，东南大学出版社，2006 年，第 132～134 页；何国华：《国际收支调节论》[M]，湖北人民出版社，2002 年，第 121～129 页。

(1)它假定一国经济在低于充分就业水平的情况下运转,从而出口扩大能够刺激收入增加。如果一国国内已经处于充分就业状态,出口增加就意味的是过度需求,将造成需求拉上的通货膨胀,这会部分抵消需求管理政策的效果。

(2)没有考虑资本的国际流动,国际收支等同于贸易收支,因此对于国际收支的分析并不全面。这反映出该理论仍然没有彻底摆脱凯恩斯之前传统经济学的局部分析方法。

(3)乘数分析法认为进口是消极的使国民收入减少的因素。但是如果进口品为资本品,进口增加的结果就是投资增加,国民收入提高。若该种投资还能引起诱发性投资,则投资将进一步增加,并触发投资乘数,使本国国民收入成倍增加;同时,本国要素生产率提高,出口品的国际竞争力加强,出口增加,国民收入增加,由此形成了一种出口导向的经济增长模型。因此,资本品进口的增加对本国国民收入不仅没有收缩效应,反而有扩张效应。

三、吸收分析法(The Absorption Approach)

(一)理论背景

吸收分析法,也称吸收论或者支出论(Expenditure Approach),是从国民收入和总需求的角度,系统地研究货币贬值的政策效应的宏观均衡分析法。20 世纪 40 年代,英、法等西欧国家以及墨西哥等国在国际收支逆差的情况下都曾先后使本币贬值,但其国际收支并未有显著的改善。弹性分析法的缺陷在实践中日渐暴露,一些继续使用弹性分析法的经济学家围绕“弹性悲观论”(Elasticity Pessimists)和“弹性乐观论”(Elasticity Optimists)展开了争论。20 世纪 50 年代,在关于弹性分析法的激烈争论中,詹姆士·米德(James Meade)和当时就职于国际货币基金组织的西德尼·亚历山大等认为,经济中的总弹性既非固定,更难测定,应舍弃弹性分析法。因此,他们以凯恩斯宏观经济理论为基础,借鉴了乘数分析法的研究,将贸易收支与国民经济各变量(总量)联系起来进行分析,系统地提出了吸收分析法。该理论弥补了弹性分析法关于贬值效应研究中只进行局部均衡分析的不足。由于亚历山大将支出称为“吸收”(Absorption),吸收分析法由此而得名。

(二)基本假设

吸收分析法假定国民收入与支出的变化决定一国的国际收支,同时还隐含了如下重要的假设条件:

(1)贬值是出口增加的唯一原因。

(2)生产要素的转移机制运行顺畅。

(3)国际收支等同于贸易收支。在分析中,吸收分析法以国际收支的经常账户为中心,忽略了资本账户。在经常账户分析中,又忽略了资本利息收入,因此,吸收分析法考察的国际收支实际上与弹性分析法一样，也是贸易收支。

(三)主要内容

凯恩斯主义的宏观经济模型是吸收分析法的基础，其基本思路是：国际收支差额由国民收入与国内吸收间的差额决定，只有增加收入或者减少吸收，才能改善国际收支。因此，该理论从一国的国民收入和支出(吸收)的关系出发研究国际收支调节。

在封闭经济中引入进口 M 和出口 X，得到开放经济中均衡的国民收入等式为：

$$Y=(C+I+G)+(X-M)$$

移项得：

$$(X-M)=Y-(C+I+G) \tag{9-21}$$

亚历山大将$(C+I+G)$称为支出或吸收，用 A 表示；将$(X-M)$反映一国的国际收支，此处指贸易收支，用 TB 表示，则有：

$$TB=Y-A \tag{9-22}$$

式 9-22 即是吸收分析法的基本公式。虽然这只是个会计等式，但吸收分析法将其赋予了逻辑上的因果关系：等式左边的 TB 为果，等式右边的$=Y-A$为因。这表明贸易收支顺差是收入大于吸收的结果，贸易收支逆差是收入小于吸收的结果。因此贸易收支差额由总收入 Y 与总支出 A 的对应变化来决定：

$Y=A$，$TB=0$，贸易收支平衡。

$Y>A$，$TB>0$，贸易收支顺差。

$Y<A$，$TB<0$，贸易收支逆差。

因此，国际收支的调节就必须注意两个关键的渠道：收入和吸收。调节国际收支的方法无非是增加收入 Y 和减少支出(吸收)A，或者二者兼具。因此，吸收分析法又称“收入-吸收”理论。

那么，本币贬值为什么会改变收入与吸收之间的关系进而改善国际收支呢？这是吸收分析法的中心问题。亚历山大认为，要回答这个中心问题，必须要解决如下三个基本问题：贬值是怎样直接影响收入的？收入水平的变动是怎样(间接)影响吸收的？在任一收入水平上，贬值是怎样直接影响吸收的？

为了解决这三个基本问题，亚历山大把总吸收进一步分解为两个部分，一部分为诱发性吸收，即随收入 Y 变化而变动的吸收 $a\Delta Y$，其中 a 为边际吸收倾向(Marginal Propensity to Absorb)，即吸收的增长占收入增长的比例，只有当这个比例小于 1 时，整个社会总收入的增加才会大于总吸收的增加，国际收支才能改善；另一部分为自主性吸收，即独立于收入之外的吸收，是贬值对吸收的直接效应，以 ΔA_d 表示。

对吸收分析法的基本公式取增量形式，可得：

$$\Delta TB = \Delta Y - \Delta A \tag{9-23}$$

整理得：

$$\begin{aligned}\Delta TB &= \Delta Y - (a\Delta Y + \Delta A_d) \\ &= (1-a)\Delta Y - \Delta A_d\end{aligned} \tag{9-24}$$

9-24 式解决了上述三个基本问题：ΔY 反映了贬值如何影响收入，a 反映了收入变化如何影响吸收，即诱发性吸收 $a\Delta Y$，这二者即 $(1-a)\Delta Y$ 构成了贬值的收入效应；ΔA_d 反映了贬值如何直接影响吸收，即贬值的吸收效应。

由 9-24 式得出本币贬值改善贸易收支的条件是：

$$\Delta TB = (1-a)\Delta Y - \Delta A_d > 0$$

整理得：

$$(1-a)\Delta Y > \Delta A_d \tag{9-25}$$

9-25 式指明了进一步研究的方向：要得出本币贬值能否改善贸易收支，必须要考察贬值对收入的直接效应 ΔY、边际吸收倾向 a 以及贬值对吸收的直接效应 ΔA_d。

(四)贬值的收入效应

以下解决的是亚历山大提出的三个基本问题中的前两个：贬值是怎样直接影响收入的？收入水平的变动又是怎样进一步(间接)影响吸收的？

贬值对收入的效应主要可以归纳为三种：资源闲置效应、贸易条件效应和资源配置效应。

1. 资源闲置效应(Idle-resources Effect)

资源闲置效应的作用机理是：如果一国存在闲置资源，一方面，本币贬值对收入的基本影响表现为出口增加，并通过外贸乘数来增加国民收入，$\Delta Y > 0$；另一方面，在收入增加的同时，国内投资和消费(吸收)也相应增加了，即 $a\Delta Y > 0$。在收入和吸收都有所增加的情况下，只有当收入的增加量大于吸收的增加量，即 $\Delta Y > a\Delta Y$，才有可能改善该国的贸易收支，而这就必须满足边际吸收倾向 $a < 1$。

因此，货币贬值导致的收入增加改善国际收支的条件为：$a < 1$。

当 $a < 1$ 时，说明国内吸收的增加小于国民收入的增加，国际收支改善；

当 $a > 1$ 时，说明国内吸收的增加大于国民收入的增加，国际收支恶化；

当 $a = 1$ 时，说明国内吸收的增加等于国民收入的增加，即增加的国民收入完全被国内吸收，国际收支不变。

关于边际吸收倾向 a 的值，亚历山大认为，由于经济周期的存在，边际吸收倾向 a 往往大于 1。从式 9-12 可以看出，如果 $a > 1$，即 $1 - a < 0$，那么 $\Delta TB < 0$。这样，资源闲置效应就受到了制约，即本币贬值就不能改善贸易收支了。而如果没有闲置资源存在，无论 a 值大小，贬值都只会引起国内物价的上涨，而不会引起国际

收支的改善。

2. 贸易条件效应(Terms-of-trade Effect)

贸易条件效应的作用机理是:本币贬值将使得以外币表示的出口商品价格下降,进口商品价格上升,这样贸易条件将恶化,并由此导致国民收入下降,收入的下降又会带来吸收的减少。亚历山大认为,贸易条件恶化的理由是一国的出口往往比进口更加专业化,而货币贬值导致的出口商品外币价格下降,大于以外币表示的进口商品价格下降。

亚历山大把本币贬值对贸易收支差额的贸易条件效应分为两级:第一级效应是通过价格变化的最初效应;第二级效应是通过收入引致的吸收变化。他认为,本币贬值的正常结果是:先导致其贸易收支最初恶化 t,其数量等于一国与贸易条件恶化相联系的实际收入的减少(亦为 t),也就是说,最初效应表现为贸易差额与实际收入的同步等量减少;第二级效应,即收入下降引致的吸收减少为 at,其数量将取决于边际吸收倾向 a。

因此,贸易条件效应的结果是,一方面使国民收入下降,另一方面也使国内的吸收下降,贸易条件对贸易收支的总效应为 $t-at$,或者 $(1-a)\ t$。这样,最终的结果如何,也取决于 a 的大小。由于当贸易条件的恶化使贸易收支恶化时,t 值为负,那么,货币贬值增加改善国际收支的条件为:$a>1$。

当 $a>1$ 时,说明国内吸收的下降大于国民收入的下降,国际收支改善;

当 $a<1$ 时,说明国内吸收的下降小于国民收入的下降,国际收支恶化;

当 $a=1$ 时,说明国内吸收的下降等于国民收入的下降,国际收支不变。

从上述两个效应的分析可以看出,贬值对收入的影响是一正一负的,资源闲置效应与贸易条件效应具有相互抵消的作用,所以,贬值对收入的最终影响是不确定的。既然如此,那么贬值对贸易收支的影响就还要看贬值对吸收的直接效应 ΔA_d 了。

3. 资源配置效应(Resource-allocation Effect)

贸易条件效应的作用机理是:货币贬值放松了金融管制,使得进口替代或者出口品的产量提高,资源从国内生产率较低的部门流向相对较高的部门,生产率的提高可以抵消贸易条件的恶化,净结果是提高实际收入,改善贸易收支差额。资源配置效应是由弗里茨·马柯卢普补充提出的,在亚历山大的分析中没有提到这一点。当然,资源配置效应的实现要以贬值前的资源配置不是最优为前提。从长期看,资源的更有效配置是改善贸易收支差额的最关键因素。

(五)贬值对吸收的直接效应

如果贬值对贸易差额的影响不是通过对收入的影响来实现,而只与既定收入下的吸收变化相联系,这种效应就被称为吸收的直接效应。若在充分就业条件下,没有闲置资源可被用于扩大生产，国民收入无法增加，贬值就只能通过压缩吸收来改善贸易收支。贬值减少吸收的直接效应表现在以下四个方面：

1. 现金余额效应(Cash-balance Effect)

现金余额效应是指人们愿意以实际货币余额形式持有固定比例的实际收入。如果该国货币供应量不变，贬值后物价上涨使公众手中的现金余额减少，为保持原有现金余额，就会减少直接吸收。最先对这种效应进行研究的是英国经济学家庇古(Arthur. C. Pigou)，因此，实际余额效应亦称为庇古效应(Pigou Effect)。

2. 收入再分配效应(Income-redistribution Effect)

贬值导致的物价上涨能促进收入再分配。由于各收入层次的边际吸收倾向不同，就会影响吸收。一般来讲，物价上涨有利于利润收入者，不利于工薪收入者，但是前者的边际吸收倾向低于后者，所以，收入再分配的结果是整个社会的吸收总额减少，减少的幅度则取决于各阶层的边际吸收倾向 a 的差别。

3. 货币幻觉效应(Money-illusion Effect)

在充分就业的条件下，贬值会造成价格水平的上升以及货币收入的提高。在价格水平较高时，即使人们的货币收入也成比例提高了(实际收入没有变化)，但是他们依然以为现在的货币购买力同以前一样。出自这种货币幻觉，人们用货币表示的支出数量会与贬值前相同，即他们不会按价格水平上升的比例去相应的增加货币支出，从而导致实际消费支出的下降，亦即降低了直接吸收的水平，改善了国际收支。

4. 价格预期效应(Price-expectation Effect)

贬值引起物价上涨后，人们更愿意持有流动性强的现金，而不愿持有长期有价证券。这样他们会抛售长期证券，使得证券价格下降，市场利率上升，投资和消费受到抑制，直接吸收减少，从而改善国际收支。

以上考察了货币贬值对收入和吸收的直接效应，以及收入变化通过边际吸收倾向对吸收的间接影响。但是，吸收变化也会影响收入，这是亚历山大最初没有考虑到的，也体现出贬值效果的复杂性。因此，进一步的完整的分析还应该将收入变化对吸收的效应和吸收变化对收入的效应结合起来，对公式 9-23 进行扩展。

(六)收入变化和吸收变化的相互作用

接下来我们就将吸收变化的收入效应结合到模型中。令收入的总变动量等于由吸收变动导致的贬值对收入的直接影响(ΔY_d)与间接影响(ΔY_i)之和，即

$$\Delta Y=\Delta Yd+\Delta Yi \quad (9\text{-}26)$$

用 β 表示国内产品吸收量占总吸收量的比例($0<\beta\leqslant 1$)，并令

$$\Delta Yi=\beta\Delta A \quad (9\text{-}27)$$

同理，令吸收的总变动量等于由收入变动导致的贬值对吸收的直接影响

(ΔA_d)加上间接影响(ΔA_i)之和,即

$$\Delta A = \Delta A_d + \Delta A_i \tag{9-28}$$

$$\Delta A_i = a\Delta Y \tag{9-29}$$

分别将式 9-27 代入 9-26 中,将式 9-29 代入 9-28 中,可得:

$$\Delta Y = \Delta Yd + \beta\Delta A \tag{9-30}$$

$$\Delta A = \Delta A_d + a\Delta Y \tag{9-31}$$

将式 9-30 和 9-31 联立求解,可得:

$$\Delta Y = (\Delta Y_d + \beta\Delta A_d)/(1 - a\beta) \tag{9-32}$$

$$\Delta A = (\Delta A_d + a\Delta Y_d)/(1 - a\beta) \tag{9-33}$$

因此,货币贬值导致的贸易收支变动为:

$$\begin{aligned}\Delta TB &= \Delta Y - \Delta A = [(\Delta Y_d + \beta\Delta A_d) - (\Delta A_d + a\Delta Y_d)]/(1 - a\beta) \\ &= [(1-a)\Delta Y_d - (1-\beta)\Delta A_d/(1-a\beta)]\end{aligned} \tag{9-34}$$

这样,本国货币贬值改善贸易收支的条件就变为:

$$[\Delta Y_d(1-a)]/(1-a\beta) > [(1-\beta)\Delta A_d]/\ (1-a\beta) \tag{9-35}$$

如果对式 9-25 和式 9-34 进行比较,我们依然可以发现,就收入而言,只有 $a<1$,本币贬值才能提高收入,从而改善贸易收支。至于改善的幅度,则取决于 $a\beta$。如果 $0< a\beta<1$,改善的幅度将大于简单模型;如果 $a\beta>1$,那么,结果是不稳定的。就吸收而言,如果贬值直接减少吸收,当 $\beta<1$ 时,贬值将改善贸易收支,一般来看,只要吸收的下降不是全部落在国内产品上,这个条件就很容易满足。贸易收支改善的幅度取决于 $1-\beta/\ 1-a\beta$,如果 $1-\beta/\ 1-a\beta$ 小于 1,吸收减少对于贸易收支的影响小于简单模型中的影响。

(七)政策主张

吸收分析法认为,在一国国际收支出现逆差时,如果要改善国际收支,无非就是增加总收入 Y 或减少总吸收(支出)A 的政策,这从吸收分析法的基本公式 $TB=Y-A$ 即可看出来。约翰逊将这两种政策分别称为支出转换政策和吸收政策。

1. 支出转换政策

支出转换政策的实质是在总需求的内部进行结构性的调整,使得总需求的构成在国内吸收与净出口之间保持恰当的比例。如果经济尚未实现充分就业,还有未被利用的资源,那么,把这些资源重新使用,就可以提供额外的产量,增加出口;然而,如果经济已经处于充分就业状态,那么,所需要的额外产量就不能通过增加生产来提供,此时可以运用贬值政策可以使资源从非贸易品部门转移到贸易品部门,以增加出口。

但是,出口扩大会引起国民收入和国内吸收同时增加,只有当边际吸收倾向小于 1,即吸收的增长小于收入的增长,贬值才能最终改善国际收支。

2. 吸收政策

吸收政策也称支出减少政策，即在生产规模不变的情况下减少吸收，节约支出。这样，不管经济是否已实现充分就业，都不影响该政策的实施。要使得该政策有效，在贬值的同时，还必须要辅之以紧缩的财政政策和货币政策，否则吸收不可能为负。但是这往往会减少收入和就业，因此政策的选择将取决于当时的经济是处于通货膨胀状态还是处于通货紧缩状态。如果一国不仅有国际收支逆差，而且还伴有通货膨胀压力，那么，吸收政策将兼顾到经济的内外均衡；反之，如果国内存在严重的失业，吸收政策会顾此失彼。

(八)简要评价

1. 理论贡献

吸收分析法比先前的各种国际收支理论前进了一大步，尤其是集中考察了被弹性分析法所忽视的贬值对国民收入的影响等重要因素，并将其用于分析国际收支。其理论贡献主要表现在：

(1)吸收分析法建立在一般均衡的基础上，将一国的国际收支的决定和变动与整个宏观经济活动联系了起来。这样，该理论克服了弹性分析法局部均衡分析的局限，从而确定了国际收支的宏观理论。

(2)吸收分析法强调了弹性分析法所忽视的充分就业的情况。如前所述，弹性分析法关于进出口供给弹性无穷大的假定只适合于经济未充分就业的情况，但是，吸收分析法提出，在充分就业的条件下，只要采取支出减少政策，贬值一样可以成功调节国际收支。

(3)吸收分析法指出了国际收支平衡的宏观原因，并注意到了国际收支失衡的货币方面因素。在国际收支调节理论的发展过程中，吸收分析法具有承前启后的作用，成为20世纪70年代出现的国际收支调节的货币分析法的先驱。

2. 理论缺陷

(1)吸收分析法以国际收支中的贸易收支为主要研究对象，忽略了国际资本流动的作用，这样就不能全面地判断一国的国际收支状况。这一点与弹性分析法是一致的，同当时经济历史条件有关。目前来看，不仅商品的国际流动(贸易)与各国的国内收入和吸收密切相关，而且资本的国际流动也会通过影响一国货币的供给、生产要素的配置和还本付息的负担而影响该国的收入水平、物价水平、投资支出和消费支出，进而影响国际收支。

(2)在货币贬值分析中，吸收分析法几乎没有考虑相对价格变动在国际收支调节过程中的作用。事实上，在贬值后，贸易品价格相对于非贸易品价格上升，必然会导致资源的再分配。如果此时资源已接近充分利用，贸易收支的改善则主要依靠吸收的减少。然而，若所减少的主要不是进口支出，而是对非贸易品的支出，那么贸易收支又如何会得到改善呢？显然，贬值所引起的贸易品相对价格的上升在这个过程中的作用还是被忽视的。

(3)吸收分析法只看到了收入和吸收对贸易收支的影响，没能进一步研究贸易收支对收入和吸收的反作用。正因如此，吸收分析法片面地强调采取压缩国内需求的宏观经济政策，忽略了经济长期稳定增长是政府决策时必然要考虑的问题，这使它对处于国际收支逆差和亟需经济增长的发展中国家意义不大。

(4)吸收分析法忽略了本币贬值的通货膨胀效应，这种效应有可能使公众的实际财富下降，而为了防止公众的实际财富下降，贬值也可能引起价格-工资螺旋上升，最终物价水平的上升抵消了本币贬值的作用。

(5)吸收分析法以一国经济为分析对象，没有考虑各国经济的相互影响，由此所获得的结论是无法完全令人信服的。因为一国进出口数量的多少和价格的高低是由本国和贸易伙伴国的出口供给和进口需求所共同决定的。

四、货币分析法(The Monetary Approach)

(一)理论背景

货币分析法(The Monetary Approach)是侧重于从货币角度讨论国际收支状况的国际收支理论，认为国际收支本质上是一种货币现象，决定国际收支的关键是货币需求和供给之间的关系。货币分析法产生于20世纪60年代末到70年代，这个时期西方世界发生了很大的变化，一方面，各西方国家的经济不同程度地陷入了“滞胀”的境地，国际收支出现巨额逆差；另一方面，进入20世纪70年代以后，出现了高度发达的金融市场，国际资本流动规模迅速增大，这就需要考虑金融资产的作用，把经常账户和资本账户合并起来，全面分析国际收支平衡问题。而此前的弹性分析法和吸收法等都是分析经常账户中贸易收支的理论，没有涉及资本账户。因此，随着以芝加哥学派为中心的货币主义崛起，货币分析法应运而生，且盛极一时，至今仍是分析国际收支问题的一种重要理论。其主要代表人物是美国芝加哥大学和英国伦敦经济学院的哈里·约翰逊(H·G·Johnson)和他的学生雅各布·A·弗兰克尔(J·A·Frenkel)以及1999年诺贝尔经济学奖得主罗伯特·蒙代尔(R·A·Mudell)等。

货币分析法有悠久的学术渊源，可以追溯到大卫·休谟的物价-铸币流动机制，因为休谟的国际收支自动调节的机制就是建立在相对价格变化和货币流动基础上的。约翰逊认为，与休谟理论不同的是，当代国际收支理论更加强调后者，即过多的货币供给或需求对国际收支平衡的直接影响，而不研究相对价格变化的影响。蒙代尔则指出，既然各国既不愿意采取贬值或升值来促进国际收支平衡，也不愿实施外汇管制和贸易限制等措施，那么，在资本流动的世界，中央银行应当控制的就应是国内信贷数额，国际收支的货币分析法就是由此而展开的。

（二）基本假设

货币分析法是以货币的数量论为依据，对大卫·休谟的物价-铸币流动机制进行改造和发展而来的。货币分析法基于以下假设：

（1）经济处于长期充分就业的均衡状态。这样可以关注长期经济问题，对于二战之后全世界的世纪经济情况来说，这一假设比大规模失业的假设更加适用。

（2）从长期看，一国的货币需求是收入、价格和利息率等变量的稳定函数。

（3）贸易商品价格和利率由世界市场决定。从长期看，购买力平价关系成立，国际间的套利活动能够保证一国的价格水平接近世界市场的价格水平，保持刚性。

（4）货币供给的变化不影响实际经济变量，即货币中性。

（5）货币供给与外汇储备水平同方向变动。

（6）采取钉住汇率制度，国际收支的调节依靠储备变化进行。

（三）主要内容

货币分析法认为，国际收支从根本上来说是一种货币现象，一国的国际收支失衡是由货币供给和货币需求失调引起的，国际收支逆差是由货币供给过多（大于货币需求）导致的，顺差则是源于货币需求过多。因此，国际收支失衡是一种货币现象，应该以货币供求失衡来解释，用货币政策来调节。

该理论认为，从长期来看，货币供给与货币需求相等。如果以 M_s 表示名义货币供给，M_d 表示名义货币需求，那么

$$M_s = M_d \tag{9-36}$$

若以 P 表示本国价格水平，Y 为国民收入，i 为利率，即持有货币的机会成本，那么，根据货币需求方程式，货币需求是这几个宏观变量的函数，即有

$$M_d = P_f(Y, i) \tag{9-37}$$

其中，$Pf(Y, i)$ 为对名义货币的需求，$f(Y, i)$ 为货币的实际需求函数。

假设货币供给由中央银行的国内信贷和外汇储备两个部分构成，令 D 代表国内信贷，即国内提供的货币供给基数；R 代表外汇储备，即来自国外的货币供给基数，通过国际收支盈余获得；m 代表货币乘数，根据货币供给理论，货币供应量和基础货币之间的关系可以写成下式：

$$M_s = m(D + R) \tag{9-38}$$

为叙述方便，令货币乘数 $m = 1$，则货币市场均衡时，上式简化为：

$$M_s = D + R = M_d \tag{9-39}$$

整理得：

$$R = M_d - D \tag{9-40}$$

公式 9-40 即为货币分析法的基本方程式。该方程式告诉我们，一国的国际收

支状况如何，完全是由该国的货币供求关系所决定的：

若 $M_d > D$，国内名义货币需求大于货币供给，$R > 0$，国际收支顺差；

若 $M_d < D$，国内名义货币需求小于货币供给，$R < 0$，国际收支逆差；

若 $M_d = D$，国内名义货币需求等于货币供给，$R = 0$，国际收支均衡。

(四)政策主张

货币分析法的政策主张归纳起来主要有以下几点：

1. 所有国际收支不平衡本质上都是货币现象，因此都可以由国内货币政策来解决

货币分析法认为国际收支不平衡的主要原因在于国内货币供求失调。如货币供应过多，会引起外汇流出，造成国际收支逆差，因此对国际收支不平衡主要应从货币政策方面去调节。

2. 国内货币政策主要指货币供应政策

由于货币需求是收入和利率的稳定函数，而货币供给在很大程度上可由政府控制，因此，国内货币政策实际上就是调节货币供应量的政策。当发生国际收支逆差时，表明国内货币供应超过货币需求，这时应该采取紧缩型的货币政策，使 D 减少；当一国发生国际收支顺差时，表明国内货币需求超过货币供应，此时应该采取扩张型的货币政策，使 D 增加，以平衡国际收支。

3. 货币贬值、关税政策及贸易与金融限制等政策作用的发挥需要一定条件

只有在提高货币需求，尤其是提高国内价格水平的时候，这些政策才能改善国际收支，而且这种影响是暂时的，如果这些政策伴随着国内信贷膨胀，则国际收支状况不一定会改善，甚至可能恶化。

总之，货币分析法的政策主张的核心是在国际收支发生逆差时，应注重国内信贷的紧缩。由于紧缩信贷经常会导致国内经济萧条，所以，这意味着在内外均衡的两难取舍中，货币分析法更注重外部均衡。

(五)简要评价

1. 理论贡献

货币分析法的主要贡献在于唤醒了人们在国际收支分析中对货币因素的重新重视。自从凯恩斯主义统治西方经济学界后，国际收支分析只强调实际因素，而货币因素逐渐为人们所淡忘。货币分析法试图解决国际收支和货币市场的最终的、长期的均衡问题，是对传统国际收支理论的挑战。其理论贡献可以归纳为以下几点：

(1)把国际收支变化的分析范围扩大到经常项目和资本项目，重视了资本流动对国际经济发展的影响。这一点弥补了弹性分析法和吸收分析法的不足，使得货币分析法更有现实性。比如，此后以荷兰经济学家、国际货币基金组织的理论权威、研究部主任波拉克(J. J. Polak)命名的波拉克模型就是货币分析说实践中的政

策模型，该模型引入了时间变量，突出了货币自动调整机制的作用，使货币分析法的理论动态化，成为调节国际货币基金组织成员国特别是发展中国家国际收支失衡时所运用的一种政策模型，并据此提出了著名的波拉克稳定方案。

(2)强调了国际收支差额会引起货币存量的变化，进而影响一国的经济活动。

(3)指出了贬值对国际收支的影响在本质上的暂时性的。因为贬值导致货币需求上升后，本国利率会上升，引起资金流入，国内货币供应量随之增加，即D会相应上升，这样，开始时贬值对国际收支的改善效果也就不复存在了。

2.理论缺陷

(1)货币分析法颠倒了国际经济的因果关系。在商品、货币问题上，它把货币因素看成影响一国国际收支的决定性因素，而收入、支出政策、贸易条件等因素是只有通过影响货币供给与货币需求才能发生作用的次要因素。但实际上是商品流动决定着货币流动，而不是相反，因此，它颠倒了商品流动与货币流动之间的关系。

(2)货币分析法关于货币需求函数相当稳定的假设条件不符合现实。事实上，货币需求函数往往是很不稳定的，尤其是在短期内，很难不受货币供给变动的影响。

(3)货币分析法强调一价定律的作用。现实中，一价定律往往是不能成立的，从短期来看就更是如此。

五、结构分析法(The Structural Approach)

(一)理论背景

货币分析法诞生后，成为国际货币基金组织制定国际收支调节政策的理论基础。当成员国国际收支发生困难而需向基金组织借取款项时，成员国必须按基金组织国际收支调节规划的要求制定相应的调节政策，并在基金组织监督下实施。由于货币分析法的政策核心是紧缩需求，以牺牲国内经济增长来换取国际收支平衡，因此，在国际收支发生普遍困难的20世纪70年代，国际货币基金组织众多成员在执行国际基金组织的国际收支调节规划后，经济活动普遍受到制约，国内经济萎靡甚至发生政治动荡，国际收支调节亟需理论创新。

于是，一些经济学家开始反思货币分析法的观点和政策主张，20世纪80年代诞生了结构分析法(结构论)，即从经济结构的角度探讨国际收支失衡问题的理论。其理论渊源同发展经济学密切相关，主要倡导者大都是从事发展问题研究的学者。其中，英国萨塞克斯大学发展研究院院长保尔·史蒂芬爵士(Paul Stephen)、英国海外发展署(Overseas Development Association，ODA)的托尼·克列克(Tony Klik)、英国肯特大学的瑟沃尔(A·Thirwall)以及英国曼切斯特大学的一批经济学家，是来自发达国家的该理论的积极倡导者；发展中国家的代表人物有著名学者

普雷维什(R·Prebisch)和辛格(H·W·Singer)。

(二)基本思想

结构分析法认为,货币分析法以及以前的吸收分析法,都是从需求角度研究国际收支调节问题,忽视了经济增长和供给因素对国际收支的影响。比如货币分析法主张通过压缩国内名义货币供应量来减少实际需求;吸收分析法主张的是通过紧缩型财政和货币政策来减少国内投资消费需求。而结构分析法指出,国际收支逆差尤其是长期性的国际收支逆差,既可以是长期性的过度需求引起的,也可以是长期性的供给不足引起的,而后者往往是由经济结构问题引起的。

引起国际收支长期逆差或长期逆差趋势的经济结构问题有以下三种表现形式:

1. 经济结构老化

这是指由于科技和生产条件的变化以及世界市场的变化,使一国原来在国际市场上具有竞争力的商品失去了竞争力,而国内因资源没有足够的流动性等因素,经济结构不能适应世界市场的变化,由此造成出口供给长期不足,进口替代的余地持续减少,结果是国际收支的持续逆差。

2. 经济结构单一

经济结构单一主要从两个方面导致国际收支的经常性逆差:一是由于出口商品单一,其价格易受国际市场价格波动的影响,任何程度的价格下降,都会直接导致国际收支的恶化,因而国际收支呈现不稳定现象。而如果出口多元化的,一种出口商品的价格下降,会被另一种出口商品价格的上升所抵消,整个国际收支呈稳定状态。二是由于经济结构单一,经济发展将长期依赖进口,进口替代的选择余地几乎为零。比如一个以矿产资源为主要出口品的国家,其经济发展所需要的采矿机械、电力设备、交通工具等,只能依靠进口。经济发展的速度和愿望越高,国际收支逆差或逆差倾向就会越严重。

3. 经济结构落后

这是指一国生产的出口商品需求对收入的弹性低而对价格的弹性高,进口商品的需求对收入的弹性高而对价格的弹性低。

当出口商品的需求对收入的弹性低时,别国经济和收入的相对快速增长不能导致该国出口的相应增加;当进口商品的需求对收入的弹性高时,本国经济和收入的相对快速增长却会导致进口的相应增加。因此,在这种情况下,只会发生国际收支的收入性逆差,不会发生国际收支的收入性顺差,即国际收支的收入性不平衡具有不对称性。

当出口商品需求对价格的弹性高时,本国出口商品价格的相对上升会导致出门数量的相应减少；当进口商品需求对价格的弹性低时，外国商品价格的相对上升却不能导致本国进口数量的相应减少。在这种情况下，货币贬值不仅不能改善国际收支，反而会恶化国际收支。同时，由货币和价格因素引起的国际收支不平衡，也具有不平衡性。

总之，国际收支的结构性不平衡是长期以来经济增长速度缓慢和经济结构老化、单一和落后的产物，而反过来它又成为制约经济发展和经济结构转变的瓶颈，如此形成一种恶性循环，使经济发展和结构转变变得举步维艰。因此，吸收分析法和货币分析法等的紧缩政策不仅不能从根本上解决问题，有时甚至无异于饮鸩止渴。

(三)政策主张

结构分析法认为，既然国际收支失衡是由经济结构问题导致的，那么调节国际收支不平衡的政策重点自然应该放在改善经济结构和加快经济增长方面，以此来增加出口商品和进口替代品的数量和品种供应。而改善经济结构和加快经济增长的主要手段是增加投资，改善资源的流动性，使劳动力和资金等生产要素能顺利地从传统行业流向新兴行业。因此，经济结构落后的国家要积极增加国内储蓄，而经济结构先进的国家要增加对经济落后国家的投资。前者通过改善经济结构，发展经济，一方面可以改善自身的国际收支状况，另一方面有助于增加从后者的进口，由此提高其出口和就业率。

(四)简要评价

结构分析法看到了经济结构问题对于国际收支失衡的影响，为发展中国家指出了改善国际收支的长期对策。但是由于其否定了传统的国际收支理论，尤其是否定了货币分析法，因此，不可避免地招致了“非结构论”者的批评，他们的意见集中在以下几个问题上。

首先，结构分析法实际上研究的是经济发展问题，而不是国际收支问题。“非结构论”者认为，结构分析法把国际收支失衡完全归咎于结构问题后，使得国际收支问题长期化了，因为结构的调整常常需要很多年的时间，那么，这是否就意味着结构调整之前国际收支就无法改善了呢？长期的经济发展政策如何能用于短期的国际收支失衡的调节？这是结构分析法无法回答的问题。

其次，出口商品的需求对收入的弹性低而对价格的弹性高，结构分析法认为是缺乏价格竞争力，而“非结构论”者认为这是缺乏非价格因素竞争力的表现。

另外，向经济结构落后的国家提供长期性的国际收支贷款，不能不制定必要的调节纪律。结构分析法不提倡国际货币基金组织以紧缩政策为条件而提供援助援助，但是，“非结构论”者认为，如果没有一定的约束，无异于把基金组织的贷款投入了无底洞，在客观上讲，国际货币基金组织是很难做到的，因为这不仅违背了国际货币基金组织的性质和宪章，也不利于发展中国家的长期发展。

五、国际收支理论的比较与发展

（一）国际收支理论的演进脉络及简要比较

如果将前面介绍的主要国际收支理论按照提出的时间顺序加以排列，产生最早的是物价-铸币流动机制，以下依次为弹性分析法、乘数分析法、吸收分析法、货币分析法和结构分析法等。

从这些理论演进的脉络特征来看，物价-铸币流动机制从黄金流入流出影响一国的货币供给量和一般价格水平入手，理论角度是宏观的，强调的是货币因素的作用。

弹性分析法以收入不变为前提，着重于分析价格变动的国际收支效应，强调的是真实因素，分析方法是局部均衡分析法，它解决了一国进行货币贬值所必须解决的进出口商品的需求弹性问题，但未能涉及国内经济与国际收支的关系，未考虑资本流动。

乘数分析法以价格不变为前提，探讨了弹性分析法忽视的收入效应。该理论首次引入开放经济国民收入等式，融入了一般均衡的思想，为吸收分析法做了理论铺垫。

吸收分析法将收入和价格对国际收支的效应进行了综合考察，并放宽了以前理论中关于非充分就业的假设。该理论亦从凯恩斯国民收入决定的宏观模型入手，采用整体均衡方法分析国民经济中真实因素与国际收支的关系以及调节国际收支的政策，论证了一国国际收支的改善必须通过减少总吸收或增加总收入才能成功。该理论继承和发展了弹性分析法和乘数分析法的观点，而有关逆差的货币方面论述又为货币分析法奠定了基础。

货币分析法重拾休谟的思想，从货币角度看待国际收支，强调了货币因素对国际收支的影响。其对均衡的理解也从短期扩展到长期，指出国际收支的失衡从长期来看是一种货币现象，货币供应量和货币政策的变化是造成一国国际收支失衡的根本原因。理论角度也是宏观的，弥补了弹性分析法、吸收分析法在考察整个国际收支账户方面忽视资本账户的缺陷，将资本账户和经常账户一并考察。

结构分析法从经济结构的角度探讨了国际收支失衡尤其是发展中国家长期逆差的原因，为国际收支理论研究开辟了一个新的思路。

由上可见，国际收支理论之间存在着一种继承、扬弃、发展、补充的关系，而不是互相替代的，它们只是各自从不同的视角来解释国际收支及其调节问题而已。

由于物价-铸币流动机制可以视为货币分析法的学术渊源,在弹性分析法之后诞生的乘数分析法与吸收分析法是同一理论思潮的产物,可以在吸收分析法中得到解释,结构分析法的影响相对较小,所以,国际收支理论的核心就是弹性分析法、吸收分析法和货币分析法。表 9-2 将这三种理论进行了简要对比。

表 9-2 弹性分析法、吸收分析法和货币分析法的简要比较

	分析方法	分析对象	本币贬值影响国际收支的条件	应对逆差的政策主张
弹性分析法	以微观经济学为基础的局部均衡分析法,注重短期和中期的均衡条件分析,强调商品市场流量均衡	非充分就业条件下国际收支中的贸易收支	进出口需求弹性的绝对值之和大于 1	货币贬值政策
吸收分析法	以宏观经济学为基础的一般均衡分析方法,注重短期和中期的均衡条件分析,强调商品市场流量均衡	非充分就业和充分就业条件下的贸易收支	存在资源闲置;边际吸收倾向小于 1	增加总收入,减少总吸收
货币分析法	以宏观经济学为基础的一般均衡分析方法,注重长期均衡条件的分析,强调货币市场存量均衡	充分就业条件下的整个国际收支	汇率政策只有通过对货币需求产生效应才能起作用	调整货币供应政策,国内信贷紧缩

(二)国际收支理论的发展

1. 国际收支理论不断融合和扩展

以往国际收支理论以不同的研究方法从不同的视角研究了国际收支及其调节问题,应该说各有贡献和局限性,因此,出现了将国际收支理论进行融合和扩展的趋势,以便从整体上说明一国的内外均衡。

比如,亚历山大本人就曾采纳马克鲁普的建议,企图把传统的弹性分析说与他自己所提倡的吸收分析说结合起来,对货币贬值的综合影响进行探讨。后来又有不少其他学者建立数学模型印证亚历山大的研究结论,如日籍学者高山晟(A. Takayama)等。

目前,能够将上述各种学说加以综合,全面说明国际收支问题的理论模型,可以首推 20 世纪 60 年代经济学家罗伯特·蒙代尔建立的国际收支的一般均衡理论。该理论是在米德的内外均衡国际收支理论的基础上,通过建立 IS-LM-BP 模型,研究了在价格不变的条件下,商品市场、货币市场以及国际收支同时达到均衡时汇率、国际收支与国民收入的关系。并且指出在开放经济条件下,应该用财政政策来实现内部平衡目标,而用货币政策来实现外部平衡目标。理论研究表明,IS-

LM-BP 模型与休谟的物价-铸币流动机制、弹性分析法、吸收分析法、货币分析法以及米德综合等都可以达到相容①。IS-LM-BP 模型的提出，一般均衡理论的建立，开创了开放宏观经济学的先河，对开放经济条件下寻求内部和外部双重均衡的国家提供了重要的政策参考。该部分内容在第十一章有详细展开。

2. 国际收支理论中纳入国际金融危机因素

20 世纪 70 年代以后，在经济开放和自由化浪潮主导下，国际资本流动及其影响日益突出，汇率经常性地大幅波动，国际收支危机发生频率越来越高，影响越来越大，使得世人对国际金融领域的动荡尤其是国际收支问题关注有加。针对国际收支危机的发生，在过去的三十年里经济学家们建立了三代国际收支危机(也称货币危机，金融危机)模型，他们分别从宏观经济基本因素的恶化、预期引致以及金融机制的作用等方面来解释了国际收支危机的产生及其调节问题。进入 21 世纪后，保罗·克鲁格曼等经济学家在此基础上，从"资产负债表效应"角度又对货币危机提出了一些新的解释，称为第四代货币危机模型。关于国际收支危机(金融危机)模型在第十五章有详细阐述。

3. 国际收支理论研究开始注重微观基础的融入

20 世纪 70 年代以来，宏观经济学研究开始注重微观基础，西方经济学界出现了若干将宏观经济学和微观经济学结合起来的理论探讨。但是在经典的国际金融文献中，既没有考察宏观经济政策的微观基础问题，又没有用统一的框架对动态的经济问题进行解释。具体到国际收支理论研究领域，也尚未出现比较成熟的将宏观分析与微观分析融为一体的新理论。但是，理论界也进行了一些积极的尝试，主要引入了时间偏好和跨时动态分析以及理性预期等因素，对前期理论进行修正和完善，使之更接近现实。

英国经济学家 Buiter(1981)在国际收支吸收分析法的基础上引入消费时间偏好和叠代模型(Overlapping Generation Model)，该模型允许不同年龄的消费者之间存在异质性。该模型认为，人口变化趋势和税收的代际影响也是决定国民收入和经常账户的重要因素。那么，根据叠代模型的分析框架，导致美国低储蓄率、高经常账户赤字的部分原因是其在 20 世纪 80 年代的巨额预算赤字以及随之而来的庞大的养老金支出；而日本高储蓄率和高经常账户盈余亦可部分归结为其相对年轻的劳动力的储蓄行为。果真如此的话，随着大批劳动力在 21 世纪初的同时退休，日本经常账户盈余将会急剧下降。这些推论对于政府提前制定相关的调节措施提供了参考。

在 Buiter 引入时间偏好因素后，美国学者 Sachs(1982)又将理性预期引入了国际收支分析，提出国际收支经常账户差额是居民和企业跨时期预期行为的结果，

① 详细阐述可参见何国华:《国际收支调节论》，湖北人民出版社，2002 年。

是当前经济变量与未来经济变量的函数，而不是出口和进口需求变化的函数。一国的宏观经济政策调节，很大程度上受经济主体跨时选择和跨时预期行为的约束。

1995 年美国著名经济学家 Obstfeld 和 Rogoff 发表了"再论汇率动态变化"(Exchange Rate Dynamics Redux)一文，其建立的 Redux 模型分析中融入了微观经济基础、名义价格刚性和不完全竞争，开创了新开放经济宏观经济学(New Open-economy Macroeconomics)，标志着国际宏观经济学的研究进入了一个新的纪元，成为国际金融一个新的发展领域和方向，此后又有学者对 Redux 模型进行了扩展。Redux 模型为国际收支理论研究的进一步发展提供了一个新的基点，成为国际收支理论发展的一个主流方向。目前在 Redux 模型框架下关于经常账户的跨时均衡分析(Intertemporal Equilibrium Approach)已经展开，未来将有全新的国际收支理论问世。

【思考题】

1. 国际收支自动调节机制有哪些？其作用过程是怎样的？自动调节机制在什么条件下才能产生效用？

2. 国际收支弹性分析法、乘数分析法、吸收分析法、货币分析法和结构分析法的基本内容和政策主张是什么？如何评价其各自的理论价值和缺陷？

3. 举例说明国际收支理论对现阶段各国国际收支调节的适用性。

4. 试分析 J 曲线效应存在的原因。

5. 找到最新公布的一国的国际收支平衡表，结合当前的国际经济形势对其进行分析。

6. Refer to table 9-3. Which nation has the most inelastic import demand? Which nation has the most elastic import demand?

Table 9-3　　Measures of the Price Elasticity of Import Demand

	Source Country				
IMPORTING COUNTRY	Canada	Germany	Japan	U. K.	U. S.
Canada	—	−0.84	−1.30	−0.46	−0.98
Germany	−0.67	—	−1.51	−0.12	−0.88
Japan	−0.36	−1.29	—	−0.74	−0.70
U. K.	−1.56	−0.49	−0.28	—	−0.87
U. S.	−0.75	−1.77	−1.10	−0.33	—

7. Refer to table 9-3. Suppose the U. S. dollar depreciate by 1 percent relative

to the Japanese yen.

a. What is the percentage change in the U. S. quantity of imports demanded from Japan?

b. What is the percentage change in Japan's quantity of imports demanded from the United States?

c. Explain, based on your answer to (a) and (b), the impact of the depreciation on the U. S. trade balance with Japan.

8. Consider your answer to Question 7(c). Explain why the trade balance between the United States and Japan may not respond immediately to the depreciation of the dollar relative to the yen.

【案例分析题】

现有的多数国际收支理论大都讨论过本币贬值政策对国际收支调节的效应，也都给出了一定前提条件或假设条件，但是，当这些假设不成立或前提不满足时，其结论便会出现偏差，也即贬值效应失灵。回望 20 世纪 90 年代以来国际金融的发展，不难发现贬值效应失灵的现象比比皆是。

比如，从 1997 年 7 月到 1998 年 1 月，东南亚金融危机中的各国为了走出困境，纷纷对本币实行了 20%至 50%、甚至 100%以上的大幅贬值，累计跌幅高达泰铢 46%，马来西亚林吉特 35%，印尼盾 137%，菲律宾比索 30%以上，韩元 100%以上。然而，这些国家的国际收支却在相当长时期内没有得到根本改善。此后发生了俄罗斯金融危机、土耳其金融危机、巴西金融危机、阿根廷金融危机、中东欧金融危机等，这些国家的货币也严重贬值，但货币贬值的国际收支改善效应却不明显。

从理论上讲，本币升值的效应与贬值同理反之。但是，中国的实际情况却没有对理论的结论提供支持。在东南亚金融风暴的冲击下，中国不仅坚持人民币不贬值，在危机期间和危机过后的十余年间，银行间外汇市场美元对人民币汇率的中间价从 1997 年的 8.2 左右升至 2010 年 1 月 15 日的 6.8271。而中国的国际收支状况却连年顺差，外汇储备不断快速增长，从 1997 年底的不足 1400 亿美元增长到 2009 年底的近 2.4 万亿美元。

东南亚国家汇率贬值政策为什么失效，而在人民币升值的情况下，中国国际收支顺差反倒增加，这一问题值得大家认真探讨。

问题：结合国际收支理论和以上各国的实际，探讨为什么通过汇率政策来调节国际收支却往往达不到预期的效果？

第十章　国际储备

国际储备是国际货币体系的核心，也是国际金融领域的重要问题。它不仅关系到各国调节国际收支和稳定货币汇率的能力，而且会影响世界物价水平和国际贸易的发展。因此，自第二次世界大战以来，它一直受到国际金融机构、各国政府以及经济学家们的普遍关注和重视。随着以美元为中心的国际货币体系的崩溃，国际储备问题与国际货币体系的改革紧密联系在一起，更成为各方关注的焦点。

【本章学习目标】

1. 学习和掌握国际储备的概念及构成。
2. 熟悉和掌握国际储备管理的原则和内容。
3. 了解适度储备规模理论的基本内容。
4. 了解我国国际储备的发展概况及特点。

第一节　国际储备概述

一、国际储备的概念

（一）国际储备的含义与特征

国际储备（International Reserve），一般是指一国货币当局为弥补国际收支逆差、维持本国货币汇率稳定以及应付各种紧急支付而持有的、在国际间可以被普遍接受的那部分流动资产。

一个国家用于国际储备的资产通常被称作国际储备资产。国际储备资产一般具有以下三个特征：

1. 官方持有性。作为国际储备的资产必须是该国货币当局（中央银行或财政部）集中掌握的，而非官方金融机构、企业和私人持有的资产都不是国际储备资产。

因此,国际储备有时也被称为官方储备。

2. 普遍接受性。作为国际储备的资产,必须能够被世界各国普遍认同和接受,否则就不能作为国际支付手段用于弥补国际收支逆差了。

3. 充分流动性。作为国际储备资产,必须具有充分的流动性,能够在各种储备形式之间自由兑换,而且各国政府或货币当局必须能随时动用。

(二)国际储备与国际清偿能力

国际清偿能力(International Liquidity)又称国际流动性,是指一国的对外支付能力,即各国中央银行或金融当局持有的被国际间普遍接受的、能支付国际收支逆差或偿付外债的能力。美国经济学家弗·伯格斯坦(C. Fred Bergsten)曾指出,能表达一国对外支付能力、支持其货币汇率的资产并非仅仅局限于国际储备,还应包括其他一些资产。这些资产可以分为三个同心圆(图 10-1):位于核心的是该国的国际储备,用 L1 表示;位于第二圈的是该国政府的无条件提款权以及该国政府能够借入的储备,用 L2 表示,L2 与 L1 一样直接归政府使用,但 L2 的使用一定程度上要受到他国政府或国际货币基金组织的限制;位于最外一圈的(用 L3 表示)首先是在必要时货币当局可以迅速得到的私人部门(特别是商业银行)的短期外汇资产,其次是流动性比较差的一国的对外长期债权(主要是私人的),它也有支持汇率的作用。伯格斯坦的这一看法与国际货币基金组织的观点是一致的。

由此可见,国际清偿能力与国际储备的区别在于:国际清偿能力所强调的是对外支付能力而不是所有权关系。在分析一国货币当局弥补国际收支逆差、干预货币汇率的能力时,无疑它更为合理,更具操作性。判断一国国际清偿能力的依据:一是政府获得国际流动资产的可能性;二是政府利用这些资产直接偿付外债或干预外汇市场的方便性和充分性。

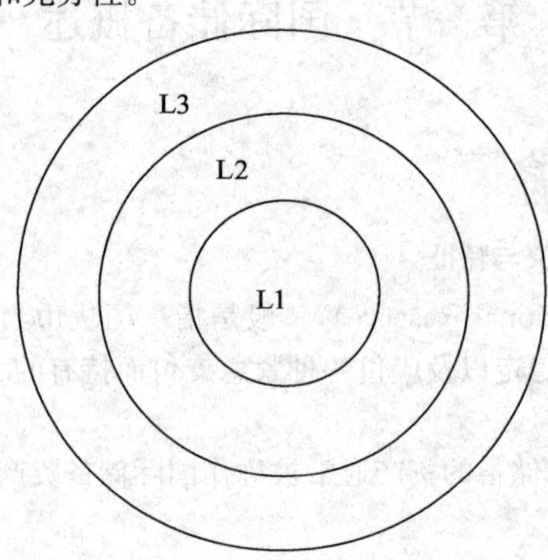

图 10-1　国际清偿能力

(三)国际储备的作用

各国政府都持有一定数量的国际储备,其作用主要有:

1. 弥补国际收支逆差

国际储备的主要作用就是在一国的国际支出大于收入时,可以弥补国际收支逆差,从而保持该国国际收支的平衡。在这一过程中,国际储备实际上作为缓冲库,能够使国内经济免受国际收支变化的冲击。这种缓冲作用表现在:(1)在一国因偶然性或季节性因素出现暂时性国际收支困难时,可以动用国际储备予以弥补,而无须采用压缩进口等紧缩国内经济的措施,从而使国内经济免受外部影响;(2)在国际收支呈现长期恶化的情形下,动用国际储备进行弥补虽然不能从根本上解决问题,但国际储备可以使政府赢得时间,从而有步骤地对国民经济进行调整,从而减少了因采取紧急措施而付出的代价。

2. 干预外汇市场,维持本国货币汇率的稳定

各国货币当局持有的国际储备反映了一国干预外汇市场、保持汇率稳定的能力。市场经济国家通常都利用国际储备建立"外汇平准基金",通过它来对外汇市场进行干预。当外汇市场上本国货币的汇率波动剧烈时,就会利用国际储备进行干预,使本国货币的汇率稳定在与国内经济政策相适应的水平上。如果一国货币贬值太快,货币当局就可以通过"外汇平准基金"进入外汇市场,抛售外汇,平抑汇价;而当一国货币遭受国际资本冲击,面临升值压力时,货币当局则会通过"外汇平准基金"收购外汇,通过增加国际储备的方式稳定汇率。当然,国际储备的这种作用的发挥要以存在充分发达的外汇市场和本国货币的自由兑换为先决条件。

3. 可以作为国家对外借款的信用保证

在国际上,无论是国际金融机构、国际银团还是政府,在对外贷款时,首先考虑的是借款国的偿债能力。而国际储备是一国金融实力的标志,是国际银行贷款时评估国家风险的重要指标之一。因此,国际储备充裕可以提高一国的资信水平,吸引国外资金流入,以促进本国经济发展。

4. 维持并增强国际上对本国货币的信心

对于实行货币自由兑换的国家,尤其是那些货币在国际储备体系中占有重要地位的发达国家来说,掌握雄厚的国际储备能在心理上和客观上稳定本国货币在国际上的信誉。

二、国际储备的构成与来源

国际储备的构成,是指用于充当国际储备资产的资产种类。在不同的历史时期,充当国际储备资产的资产种类及其各自的比重均有所变化。国际储备资产发展至今,已经具有四种主要形式:黄金储备、外汇储备、在货币基金组织的储备头寸

以及特别提款权。其中前两项资产是任何一个国家都具有的储备形式，而后两种储备资产则只有国际货币基金组织的成员国才可能获得。

(一)国际储备的构成

1.黄金储备

长期以来，黄金一直是各国国际储备中的重要储备资产。历史上，它曾经作为“天然”的国际货币被各国所普遍接受。由于黄金具有可靠的保值手段和不受超国家力量干预的特点，它一直是国际储备的主要来源之一。用黄金充当国际储备资产的做法，最早可以追溯到19世纪的金本位时期。到了20世纪30年代，资本主义国家相继放弃了金本位制，纸币不再能兑换黄金，但黄金仍然是主要的国际储备、国际支付和清算的最后手段。布雷顿森林体系崩溃以后，随着黄金非货币化，黄金现在已经不能直接用来支持汇率，也不能按照某种确定的兑换机制换成实现上述目的的资产，即使要用黄金弥补国际收支逆差或清偿国际债务，通常也是先将黄金作为商品换成外汇后再进行支付。因此，严格来说已不符合国际储备的标准，也就不再是国际储备资产了。然而由于历史的原因，大多数国家货币当局仍然持有黄金，并将其作为国际储备的组成部分。国内有学者称黄金为“潜在的二级储备资产”，十分恰当地刻画了当前黄金在国际储备中的地位。

但并不是一国货币当局所持有的全部黄金都可以充当国际储备资产，因为某些国家往往规定以黄金作为国内货币发行的准备，因此，充当国际储备资产的黄金储备只是货币当局持有的全部黄金储备中扣除充当国内货币发行准备后的剩余部分。另外，受黄金产量的限制，世界黄金储备的总量一直比较稳定，不过由于外汇储备的不断增长，黄金储备在国际储备中的比重趋于下降。尽管如此，黄金所具有的财富价值、储备价值和货币价值仍被许多发达国家高度重视，目前发达国家黄金储备占外汇储备的比例已升至1/3以上，而许多发展中国家的黄金储备不到外汇储备的1/50，比例明显偏低。

2.外汇储备

外汇储备是一国货币当局持有的国际储备货币。充当国际储备货币必须具备下列条件：(1)能自由兑换成其他储备货币；(2)在国际货币体系中占据重要地位；(3)其购买力必须具有稳定性。在各国的非黄金储备资产中，外汇储备的比例是最高的，占到90%以上。

最早充当国际储备货币的是英镑。第二次世界大战后，美元取代英镑成为最重要的储备货币。从20世纪70年代开始，外汇储备货币逐渐走向多元化，目前充当外汇储备的国际货币主要有美元、欧元、日元、英镑等。

3.在国际货币基金组织的储备头寸

一国的储备头寸是指该国在国际货币基金组织的储备档头寸加上债权头寸。储备档头寸又称“储备档贷款”，它是指成员国以外汇储备头寸向国际货币基金组织认缴的那部分资金，其额度是基金组织分配给该国份额的25%，因成员国可以无条件地使用其在IMF中的储备头寸以支付国际收支逆差，因而也称为普通提款权。债权头寸又称“超黄金档贷款”，是指基金组织因将某一成员国的货币贷给其他成员国使用而导致其对该国货币的持有量下降到不足该国本币份额75%的差额部分，以及成员国在国际货币基金组织超过份额的贷款部分（最高为份额的125%）。

4. 特别提款权（Special Drawing Rights，简称SDRs）

特别提款权是国际货币基金组织为了解决国际储备不足问题，经过长期的谈判后于1969年在基金组织第24届年会上创设的新国际储备资产，实质上是用以补充原有储备资产的一种国际流通手段。成员国根据其在IMF中的份额分配到的SDRs是无附带条件的使用流动资金的权利。只要一国发生国际收支逆差，要求通过动用其掌握的SDRs来弥补这一逆差，IMF就有义务指定另一成员国接受SDRs或者由它自己动用其库中持有的现金来换回这些SDRs。但是作为取得特别提款权的条件，成员国必须承担两项义务：一是要支付利息；二是在需要时，按照国际货币基金组织指定的原则，接受特别提款权并兑出相应的货币。一般情况下，只有那些在本国国际收支以及国际储备方面实力较强的国家才会被指定接受特别提款权。但是当一国持有的特别提款权超过其累计分配净额的300%时，该国就不能再被指定以现金兑入特别提款权。尽管特别提款权是一种价值比较稳定的资产，但是由于其数额是由国际货币基金组织分配额刚性固定的，因而各国持有的特别提款权占所有国家国际储备总量的比例还不足5%，其作为弥补国际收支逆差手段的作用相当有限。

（二）国际储备的来源

国际储备的来源主要有以下途径：

1. 国际收支顺差

对于非储备货币发行国来说，国际储备资产大多是以国际收支顺差积累而成的。在汇率固定的情况下，国际收支顺差就意味着该国国际储备存量的增加，而国际收支逆差则意味着国际储备存量的减少。在国际收支平衡表中，如忽略“错误与遗漏”一项，则储备项目变动额等于经常项目差额与资本项目差额之和。其中，经常项目顺差是较为可靠、稳定的储备来源，而资本项目顺差，特别是短期资本项目顺差，并不是增加储备的稳定来源。

2. 国际信贷

一国政府或中央银行向国外借款，如从国际金融机构或他国政府取得贷款，以及中央银行间的互惠信贷等均可补充其外汇储备。随着各国资本市场的对外开放，各国中央银行互换货币安排的增加，以及国际金融市场的迅速发展，各国通过国际借贷弥补国际收支逆差和官方储备不足的能力有了很大提高。

3. 干预外汇市场所得外汇

当本币受到对外升值的压力时，该国货币当局可以通过干预外汇市场来稳定汇率。具体做法就是抛售本币，收进外币，这部分外汇可以增加国际储备存量。但是这一途径并不是一条增加国际储备的通常途径，只是那些“硬币”发行国在本币面临升值压力时被迫采取的一种临时性措施。

4. 收购黄金

中央银行持有的黄金储备来源主要有两条渠道：一是从国内收购并由中央银行窖藏的黄金；二是在国际黄金市场上收购黄金。但是对于大多数国家来说，由于其货币不被国际间普遍接受，所以在国际黄金市场上通过外汇收购黄金只是改变了国际储备的构成，而国际储备的总量并没有改变，改变的只是黄金储备与外汇储备的比例。只有当一国从国内收购黄金时才会通过增加黄金储备而增加国际储备。

5. 特别提款权的分配

特别提款权作为国际储备资产的形式之一，其来源主要是通过国际货币基金组织的分配。但是与其他来源相比，这一来源受到较多的限制：一方面，这种资产还不是主要的国际储备资产；另一方面，特别提款权的分配方案主要有利于发达国家，而对发展中国家却存在明显不利。因此，少数发达国家持有的特别提款权所占的份额比重依然较高(见表 10-1)。

表 10-1　　2015 年 IMF 主要成员国的 SDR 分配一览表

国别	分配数额(百万 SDRs)	比例(%)
美国	35855.40	17.56
日本	13042.00	6.39
法国	9354.60	4.58
德国	11930.30	5.84
中国	7417.30	3.63
沙特阿拉伯	6497.80	3.18
加拿大	5685.30	2.78
俄罗斯	5691.90	2.79
意大利	5920.50	2.90
合计	101395.10	49.66

资料来源：IMF Financial Statements , Quarter Ended October 31, 2015 http://www.imf.org/external/pubs/ft/quart/2016fy/103115.pdf ,作者整理。

6. 在国际货币基金组织的储备头寸

尽管从表面来看，各成员国在基金组织的储备头寸的获得是平等的，各国对其份额都是以 25%的黄金和 75%的本币认缴，但由于各成员国的货币在现实中并不都是国际货币，因此，事实上这种储备形式也仅集中于少数几个发达国家。

第二节　国际储备的规模管理

一个国家国际储备的规模不仅对一个国家关系重大，而且对整个世界经济和国际金融都有极大的影响。如果一个国家的国际储备不足，往往会引起支付危机，既使对外借款，由于储备不足，通常借款成本较高；但一国国际储备太高则会造成资源的浪费，影响一国经济的发展，同时还可能引发国内的通货膨胀。因此对一国国际储备进行适度规模管理，不仅是一个重要的理论问题，而且更是一个意义重大的现实问题。

一、国际储备规模管理的含义

国际储备规模，也称为国际储备水平，是指一国在一个时点上持有的国际储备额同该国一些经济指标的对比关系。国际储备管理是指一国政府及货币当局根据一定时期内本国的国际收支状况和经济发展的要求，对国际储备的规模、结构及储备资产的运用等进行计划、调整、控制，以实现储备资产规模适度化、结构最优化、使用高效化的整个过程，是国民经济管理的一个十分重要的组成部分。其中国际储备规模管理就是根据本国的经济状况，确定适合本国国情的最适规模及其增长率。既要防止国际储备太少对经济稳定产生不利影响，又要避免国际储备过多影响本国经济的增长。

二、国际储备适度规模理论

国际储备适度规模理论产生于 20 世纪 40 年代，目前已发展成为国际金融领域关于国际储备方面的最有影响力的理论。该理论的主要观点认为：储备资产的数量应该保持在一定水平，不宜过大或过小。储备资产数量过大会增加其持有成本，同时因过量占用资金而影响一国经济发展；储备数量过小则可能因无法满足国际支付紧急需要而产生更为严重的后果。因此，适度规模理论强调，应该把一国的国际储备规模控制在一个合适的水平上，即应该保持适度的国际储备规模。

适度规模理论根据储备资产的性质和作用，通过对影响国际储备供求关系的因素进行分析，提出了确定一国国际储备适度规模的各种方法和模型，其中具有代表性的有以下几种：

(一)进口比率分析法

比率分析法的基本思想是用若干基准指标来判断一国是否持有了充分的国际储备量，文献中可以充当基准的指标有多种，其中最著名的是储备/进口比率指标。

美国经济学家特里芬(R. Triffin,1960)采用外汇储备与进口额比率确定外汇储备最优规模,开创了外汇储备最优规模比率分析理论的先河。他对 12 个主要国家的外汇储备在 1950～1957 年期间的变动情况进行了实证研究后发现,如果一国的储备/进口比率低于 20%,则该国的情况会非常糟糕;如果低于 30%,该国会感到必须调整经济政策。因此,平均来说,如一国的储备/进口比率为 35%,则该国可拥有最低安全数量的国际储备。根据这一研究,他得出如下结论:一国外汇储备对进口额的比率应以 40%为宜,低于 30%就要采取调节措施,以 25%为最低限。按照全年外汇储备对进口额比率换算成月份来计算,一国的最优外汇储备大约相当于该国 3～4 个月的进口价值额。

特里芬提出的储备/进口比率法最大的优点是简单易行,它直截了当地提出了一个明确的外汇储备量指标,因而为许多国际组织和国家政府用来作为观察和管理国际储备充分性的指标。一些国家的典型做法是:尽量争取使其国际储备额达到相当于其 3 个月进口额的水平。在学术界,关于一国储备充分性的实证研究,往往也采用这一指标来判断。

但是,该理论也存在如下缺陷:(1)只考虑了商品交易的对外支付需要,没有考虑到全部的经常项目,更不用说资本项目下的支付需要;(2)每个国家的最优外汇储备水平存在很大差异,用简单的指标来确定最优外汇储备规模,其实用性会受到很大影响;(3)只考虑了进口指标这一个变量,但是,除了进口以外,还有其他很多因素会影响到储备的需求,该指标不能反映当今错综复杂的国际经济关系对储备水平的影响;(4)把国际储备看成是直接用于国际支付,这同官方外汇储备的主要功能并不相符,因为外汇储备是用来支付一国的贸易赤字,但不是用来为贸易本身进行支付。一般而言,在市场经济下一国的对外贸易主要是由该国的厂商和贸易公司自行支付的,只有在很有限的情况下,政府机关为其自身进口付款时才有可能被用来进行贸易支付。

(二)国际收支差额论

国际收支差额论认为,国际储备的需求量主要取决于一国的国际收支差额,国际收支如果是顺差,所需储备就较少,储备额只需满足进出口之间的收支差额即可;国际收支如果是逆差,国际储备除满足特里芬制定的标准外,还必须完全弥补进出口之间的差额。既要考虑该国当年的国际收支差额状况,还必须对其国际收支的历史状况进行分析,考察该国国际收支差额的动态变化。

国际收支差额论综合考虑了影响国际收支的因素,从国际储备的功能出发,将储备规模的指标从进口扩展到包含进出口、资本收支的基本国际收支差额,而且还考虑到了国际收支不同状况下的实际情况,对原有的储备理论无疑是一种改进。但是由于该理论缺乏可操作性,在各国确定适度储备规模的实践中,常常把该理论作为进口比率分析方法的修正和调整因素加以考虑。

（三）成本—收益分析法

1966年海勒(Heller)提出了成本—效益模型，开创了国际储备研究的新方向。与进口比率分析法认为国际储备是用于国际支付的观点不同，他认为货币当局主要是基于审慎性动机而持有国际储备。基于审慎性动机的国际储备最优水平取决于三个因素：(1)因应对对外收支不平衡而进行调节的成本；(2)持有外汇储备的成本；(3)对外收支不平衡发生的概率。

在海勒看来，一国如果出现对外收支不平衡，则对这种对外不平衡进行调节所需付出的代价，实际可看成是持有外汇储备所能带来的福利；另一方面，持有外汇储备也会有一定的代价，这是因为外汇储备作为一国拥有的总的资本资源的一部分，这些资源本可以用于生产性用途。因此，持有这些作为外汇储备的资源的成本，可以用资本投资的社会收益同这些外汇储备作为金融资产进行投资时所能获得的收益两者之间的差额来衡量。如果按照微观经济学中"边际收益等于边际成本"的基本原理来确定国际储备适度规模，则当一国持有的外汇储备的边际福利等于其边际机会成本时，便可以得到最优水平的外汇储备。海勒的这一研究具有独创性：首先，他明确了一国政府对国际储备的需求主要是基于预防性的审慎动机；其次，他将在这种动机下的国际储备需求放在成本—效益框架内来分析，在最优国际储备问题的研究方面开创了新的方向。

阿尔沃尔(J. P. Agarwal，1971)把海勒的工作扩展到发展中国家。他声称，持有国际储备的机会成本，应当按一国因持有储备而牺牲的产出来衡量，从这个意义上来理解的机会成本，取决于在生产过程中所使用的必须进口的原材料所占的比例、这些原材料的生产效率和其他未被使用的资源的可得性等。相比较发达国家，发展中国家需要利用更多的国外资源来充分开发其国内资源。另外他把持有外汇储备的福利解读为：由于动用外汇储备而使不得不进行的经济调节得以避免所省下的产出损失。

以海勒(1966)、阿尔沃尔(1971)为代表的成本—收益分析法具有如下优点：(1)模型中用概率形式预测未来国际收支逆差的发生，较好地反映了外汇储备需求与国际收支之间的关系；(2)阿尔沃尔充分考虑了发展中国家和发达国家之间的经济结构和制度方面的差异，是专门为发展中国家设立的最优外汇储备规模模型，从而使对发展中国家储备需求的研究更加全面、深刻和切合实际。

尽管具有明显的优势，但该理论也存在一些缺陷：首先，海勒用资本的社会收益率与持有储备的收益率之差表示持有储备的机会成本，由于测度资源社会收益率比较困难，因此，持有储备机会成本的选择往往比较主观；其次，该理论忽视了国际收支调节中储备融资与政策调节的可替代性，忽视了多种调节政策的选择；最后,该理论忽视了发展中国家在国际金融市场筹款以及资本流动对储备需求和国际收支的影响,忽视了对储备资产收益的讨论。因此,该理论仍有许多尚待完善之处。

(四)定性分析法

通过储备/进口比率法确定国际储备规模时,由于只考虑了静态的、局部的因素,因此,按照这一方法所确定的储备规模还不能作为最适度的规模。定性分析法就是在此基础上对影响国际储备需求量的诸多因素进行分析,再根据这些因素影响力的强弱进行排序,综合计算出调整系数,对储备/进口比率法确定的基本储备规模进行修正。

具体而言,影响国际储备适度规模的因素有以下几个方面:

1.一国国际储备的范围及其货币在国际货币体系中的地位

如果一国国际储备的范围不仅包括外汇储备和黄金,还包括作为成员国从国际货币基金组织获得的普通提款权和特别提款权,则该国对外汇储备的持有量不必过多。如果一国货币是国际货币,该国在国际支付中可以使用本国货币,也会降低其对国际储备的需求,因而无需保持过大的国际储备。

2.对外贸易状况

对外贸易状况是决定一国国际储备规模的重要因素。对外贸易状况包括一国的对外贸易依存度、贸易条件以及该国出口商品在国际市场上的竞争力等方面。对外贸易依存度较高的国家需要较多的国际储备,反之,则需要较少的国际储备。一国贸易条件不利或者其出口商品缺乏竞争力,则需要较多的国际储备。

3.国际融资能力

如果一国具有较高的债信等级,能迅速、方便地获得外国政府和国际金融机构的贷款或者在国际金融市场上的筹资能力较强,则该国无需持有较多的国际储备;反之,如一国的国际资信较差,国际融资能力较低,则应该保持较高的储备规模。

4.汇率制度和汇率政策

一国的汇率政策和干预外汇市场的意愿在一定程度上影响该国的国际储备,尤其是外汇储备的规模。通常来说,实行盯住汇率制或严格维持固定汇率制的国家比实行弹性汇率制、允许汇率大幅波动的国家要持有更多的外汇储备,以有效实现对外汇市场的干预。

5.对外开放程度

如果一国实行自由贸易政策,国际收支在其国民生产总值中的比重较大,则该国外汇收支较多,对储备资产的需求就会较大;反之,对外开放程度较低、经济相对封闭的国家对国际储备的需求则较少。

6.持有国际储备的机会成本

一国持有国际储备,实际上是将这些资源储备起来,牺牲和放弃利用它们来加快本国经济发展的机会。这种经济效益的损失就是持有国际储备的机会成本，它表明了一国持有国际储备所付出的代价。一国持有国际储备的机会成本越大，对国际储备的需求就会越少。

第三节　国际储备的结构管理

一、国际储备结构管理的原则

国际储备是一种特殊资产，其本质上是一种可随时用于对外支付的准备金。因此，对国际储备资产进行结构管理应当遵循以下三个原则：

1. 流动性

流动性是国际储备结构管理应把握的第一个原则。国际储备资产的主要作用是在国际收支出现逆差时能够及时进行弥补，这就要求储备资产必须能够随时兑现并用于支付。如果一种资产的流动性较差，无法满足紧急支付的需要，则丧失了国际储备资产的功能，因此，也就不能作为国际储备资产。

2. 安全性

国际储备资产尽管主要功能是用于弥补国际收支逆差，但其储备的性质决定了资产的价值也应具有一定的稳定性，这样一方面可以避免资产价值的频繁波动带来的风险，同时也能保证支付的质量。

3. 盈利性

除了流动性和安全性外，国际储备资产在投资中还必须具有增值的效能。

国际储备在进行结构管理时，上述三种原则并不是同等对待的。其中，流动性是第一位的，安全性次之，在确保流动性和安全性的基础上，才考虑投资的收益性。

二、国际储备结构管理的内容

如前所述，国际储备资产由黄金储备、外汇储备、在基金组织的储备头寸以及特别提款权四部分组成，而这四部分资产各自具有的流动性、安全性和盈利性存在着较大差异。另外，由于不同国家在不同时期具有不同的经济发展目标，对上述三个原则的侧重也有所不同。因此，在确定了国际储备规模的基础上，各国货币当局还应根据本国在一定时期的发展目标，针对不同储备资产所具有的不同性质，兼顾流动性、安全性及盈利性的原则，适时调整不同形式储备资产的比例，以实现结构上的最优化。

从国际储备的来源看，基金组织的储备头寸以及特别提款权的数量都是由基金组织分配决定的，一国很难在短期内对其在本国储备资产中的比例进行改变；而且从整个世界的储备情况来看,这两种形式的储备资产在国际储备中的比例呈逐年下降趋势。根据国际货币基金组织的有关统计,1985 这两种储备形式的比例达到了最高值,分别为8.8%和4.2%,但之后逐年下降,至2006年均已降至0.5%(见表10-2)。由此可见,在国际储备的结构管理中,主要的内容应是对黄金储备和外汇储备的管理。

(一)黄金储备的管理

黄金由于其内在价值相对稳定,可以避免因通货膨胀而遭受贬值的风险,而且由于黄金可以避免因国际经济关系的变化而带来的政治风险,具有相对独立性,因而具有较高的安全性。世界局势越是动荡不安,通货膨胀越是严重,黄金的安全性也就越突出。但是,黄金自非货币化以来,不能直接用于国际支付,兑现能力较弱,因而流动性较差。再者,与外汇资产相比,黄金自身不能产生利息收益,其价值的增长主要取决于金价的上涨,而且其储备的费用较高,又在一定程度上抵消了其收益,因而其盈利能力较弱。由此可见,黄金具有较高的安全性,但流动性和盈利性较弱。因此,在国际储备总量中,黄金的数量不宜太多,以保持稳定为宜(见表10-2)。

表10-2　2007～2014年世界国际储备构成　单位:十亿SDRs

		2007	2008	2009	2010	2011	2012	2013	2014
黄金储备	金额	449.8	483.6	610.2	808.0	895.2	987.5	722.4	771.1
	比例	9.53%	9.13%	10.07%	11.4%	11.4%	11.7%	8.4%	8.8%
SDRs	金额	18.4	18.9	200.8	199.6	193.8	191.5	191	190.6
	比例	0.39%	0.36%	3.31%	2.8%	2.5%	2.3%	2.2%	2.2%
储备头寸	金额	13.7	25.1	38.7	48.8	98.3	103.2	97.5	94.6
	比例	0.29%	0.47%	0.64%	0.7%	1.3%	1.2%	1.1%	1.1%
外汇储备	金额	4239.4	4769.2	5208.1	6016.0	6647.4	7126.2	7588.3	7676.3
	比例	89.78%	90.03%	85.97%	85.1%	84.8%	84.7%	88.2%	87.9%
国际储备总额		4721.8	5297.1	6057.8	7072.6	7835.0	8408.6	8599.4	8732.9

资料来源:Annual Report of the Executive Board for the Financial Year Ended April 30,2014 ,IMF官方网站。

但是,在西方发达国家的国际储备资产中黄金仍占据着相当重要的地位。从世界黄金协会提供的国家官方黄金储备资料看,截至2015年,排名前几位的发达国家的黄金储备占比均在50%以上,其中美国72.4%、德国66.5%、意大利为64.1%、法国63%,而国际平均水平仅为10%(见表10-3)。

表 10-3　　　2015 年世界主要国家(地区)黄金储备状况

国家(地区)或国际组织	数量(吨)	黄金占外汇储备比例(%)	国家(地区)或国际组织	数量(吨)	黄金占外汇储备比例(%)
美国	8133.5	72.4	印度	557.7	5.4
德国	3381.0	66.5	土耳其	509.7	14.7
国际货币基金组织	2814.0	—	欧洲央行	504.8	25.8
意大利	2451.8	64.1	中国台湾	423.6	3.3
法国	2435.5	63.0	葡萄牙	382.5	68.3
中国	1743.3	1.7	委内瑞拉	361.0	65.8
俄国	1392.9	13.0	沙特阿拉伯	322.9	1.7
瑞士	1040.0	5.9	英国	310.3	8.3
日本	765.2	2.1	黎巴嫩	286.8	19.7
荷兰	612.5	55.3	西班牙	281.6	17.8

资料来源:根据世界黄金协会公布的相关数据整理。

(二)外汇储备的管理

外汇储备的价值会随着货币汇率和利率的变动而不断波动,因而其安全性与黄金储备相比来说要差一些,但是由于外汇储备可随时用于国际支付,并根据需要进行币种间转换以用于外汇市场干预,因此其流动性更胜一筹。另外,外汇储备还可以通过投资获取利息收益。因此又具有一定的盈利性。这些特点使得外汇储备成为国际储备结构管理中最重要的内容。具体而言,外汇储备的管理包括以下方面:

1. 外汇储备的比例控制

由于特别提款权与储备头寸具有数量上的稳定性,外汇储备的比例控制基本上就是指黄金储备与外汇储备的比例确定。如上所述,黄金储备与外汇储备各自具有不同的优势,因此其比例的确定一般取决于各国不同的国情需要。较高比例的外汇储备可以增强国际储备整体的流动性和盈利性,但其安全性要低于高比例的黄金储备。

从国际实践来看,发达国家黄金储备的比重一直高于发展中国家,而外汇储备的比例发展中国家则明显偏高。造成上述状况的原因主要是发达国家自身在储备

体系中具有一些优势：发达国家的货币是国际通用的可兑换货币；发达国家的国际清偿能力较强；发达国家具有较完善的金融市场、实行较为灵活的浮动汇率等等。这些优势使得发达国家不必拥有大量的外汇储备也可以通过自身制度优势灵活应对。

2.外汇储备的币种选择及比例确定

外汇储备的比例确定后，还要选择合适的储备货币并确定相应的比例。选择储备货币时应考虑的因素主要有：

(1)一国外汇贸易和其他金融性支付所使用的币种。这方面需要考虑的因素有：进出口商品的来源、流向及数量和贸易伙伴国之间的支付惯例以及外汇市场干预货币的选择等。

(2)一国外债的币种结构。如本国取得国际金融机构和政府贷款的币种构成、以何种货币发行国际债券等。

(3)国际货币体系中各主要储备货币的地位。

(4)对各种储备货币汇率走势的预测。

(5)储备货币汇率与利率的比较。

(6)一国的经济发展目标和经济政策的要求。

从国际储备的历史发展来看，各种储备货币在总储备中的比重是不断变化的。但一般说来，世界上大多数国家都是以美元作为其外汇储备构成的主体，但其地位却呈现出逐渐削弱的态势。相反，其他的储备货币，如欧元、英镑等储备货币的地位在逐渐增强(见表10-4)。

表10-4　　2005～2015年世界外汇储备的币种结构(%)

年份	2005	2006	2007	2008	2009	2010	2011	2012	2013	2014	2015
美元	44.2	41.9	40.0	37.3	35.6	35.0	33.8	34.0	33.4	32.5	36.3
英镑	2.5	2.8	3.0	2.7	2.4	2.3	2.2	2.2	2.1	2.0	2.5
日元	2.8	2.2	1.9	2.0	1.7	1.9	2.0	2.2	2.1	2.1	2.2
瑞士法郎	0.1	0.1	0.1	0.1	0.1	0.1	0.1	0.1	0.1	0.1	0.2
欧元	16.3	15.6	15.9	15.4	15.5	15.0	14.2	13.6	13.0	12.3	11.6
其他货币	1.2	1.1	1.2	1.3	1.5	2.3	2.8	3.2	3.5	2.6	3.9
未报告储备	33.0	36.3	37.9	41.2	43.4	43.5	44.9	44.6	45.8	47.4	43.3

资料来源：作者根据IMF统计数据计算整理，此数据仅为2015年第三季度末的数据。

3.储备资产的投资形式多元化管理

各国对外汇储备作为金融资产进行投资的形式一般都采取了多元化的策略。

这种策略的依据是"现代资产组合理论"。该理论的核心观点是:在相同的收益率下,通过把资本投向多种不同的资产进行投资组合,可以降低乃至消除投资的非系统性风险,从而降低投资总风险。

按照变现能力划分,储备资产可以分为以下三类:

一级储备:包括现金和准现金,如活期存款、短期债券等。这类资产的流动性最高但是收益最低,风险也最低。

二级储备:主要是指中期债券。这类储备的收益高于一级债券,但流动性差一些,风险也较大。

三级储备:指各种长期投资工具。这种投资的收益率最高,但流动性最差,风险也最大。

对储备资产的投资形式进行组合就是根据上述三级储备的变现能力及收益率的比较确定各自的比例,以最大限度地增加投资收益同时降低投资风险。

第四节　中国国际储备问题分析

一、中国国际储备的构成与管理体制

与世界上其他大多数国家一样,我国的国际储备也是由黄金储备、外汇储备、特别提款权和在国际货币基金组织的储备头寸四部分组成。

从 1983 年开始我国开始对外公布国家外汇储备的数额。但是当时我国公布的外汇储备包括了两部分:国家外汇库存和中国银行营运外汇结存。国家外汇库存是指国家对外贸易和非贸易外汇收支以及国家借用偿还外资的差额。中国银行营运外汇结存是指中国银行的自有资金加上中国银行在国内外吸收的外币存款及中国银行通过发行债券或其他方式从国际金融市场上筹集的外汇资金,减去中国银行在国内外的外汇贷款和投资所得的差额。这种统计范围与国际上通用的外汇储备的范围是有很大区别的,因为一般国际上计算外汇储备时不包括国家指定的商业银行在经营外汇业务时所形成的营运外汇结存。于是,从 1993 年开始,考虑到与国际惯例接轨和中国银行转制的需要,我国外汇储备统计中也不再包括中国银行营运外汇结存。

目前我国对国际储备的管理主要是由中国人民银行、中国银行、国家外汇管理局三家共管。其中,中国人民银行负责掌管和经营国家黄金储备、特别提款权、在国际货币基金组织的储备头寸和外汇储备。中国银行过去由于历史原因曾代理中

央银行，具体经营和管理我国的主要外汇储备，国家外汇管理局则负责对国家外汇库存中的其余部分外汇实施管理。

二、中国国际储备规模分析

(一)我国国际储备规模状况

我国的国际储备包括了黄金储备、外汇储备、普通提款权和特别提款权。其中特别提款权和普通提款权所占份额很小，增长缓慢，黄金储备和外汇储备是我国国际储备的主要构成部分。

根据我国中央银行公布的数据，我国在2000年前持有的黄金储备长期保持在1267万盎司的水平，2001年和2002年两次增持，之后黄金储备量达到1929万盎司一直没有变化，但是2009年4月份，我国增持黄金75.6%，达到了1054吨，在全球排名第五[①]。

我国外汇储备的增长历程大致可以分为五个阶段：1982～1984年，旅游等非贸易收支顺差在经常项目中占有重要地位，储备小幅增长；1985～1989年，进口急剧增长，贸易逆差严重，非贸易收入和资本净流入不足以弥补贸易逆差，储备大幅下降；1990～1994年，经常项目、资本项目顺差大幅增长，储备有较大增长；1994～2000年，汇率并轨，结售汇制促进了出口，同时吸引了大量外资流入，1997年亚洲金融危机爆发，外汇储备增幅急剧降低，随后两年缓慢增长；2001年至今，外汇储备高速增长(见表10-5)：2001年为2121亿美元，2006年2月达到8536亿美元，首次超过日本而成为世界上储备量最多的国家，截至2015年底已达到33304亿美元[②]，是2001年储备额的16倍还多。

近年来我国国际储备规模持续较快增长的主要原因与我国实施的外汇管理体制有关：首先，我国1996年实现了经常项目下的可自由兑换，但资本项目并没有放开，对个人和企业用汇进行了很多限制。在我国经济增长较快，对外资实行优惠政策的条件下，吸引了大量外资流入，使我国资本项目实现连年顺差，从而使国际收支出现大量盈余而进入国际储备。其次，我国对外汇实施强制结售汇制度。这种制度使得外汇存量的绝大部分为中央银行所控制，而商业银行和个人手中持有的外汇数量却很少。随着外汇供给的数额不断增加，我国货币当局持有的外汇储备的规模也就越来越大。

---

① 黄金储备规模排在中国之前的国家分别是美国(8133.5吨)、德国(3412.6吨)、法国2508.8吨和意大利2451.8吨，另外国际货币基金组织3217.3吨(以上数据截至2008年9月)。

② 国家外汇管理局统计数据。

表 10-5 2006～2015 年中国黄金储备和外汇储备状况

年份	黄金储备(万盎司)	外汇储备(亿美元)	年份	黄金储备(万盎司)	外汇储备(亿美元)
2006	1929	10663	2011	3389	31811
2007	1929	15282	2012	3389	33116
2008	1929	19460	2013	3389	38213
2009	3389	23992	2014	3389	38430
2010	3389	28473	2015	5666	33304

资料来源:中国人民银行及国家统计局统计数据。

(二)我国国际储备适度规模问题分析

对于我国不断增长的外汇储备,国内许多学者从不同的角度对我国国际储备的适度规模进行了分析,大多认为当前我国国际储备规模偏大。

但是,对我国国际储备适度规模的确定,不能简单地套用理论模型,应根据我国的实际情况来综合考虑。首先,我国货币当局持有的国际储备调控外汇市场的能力较弱。我国外汇储备的绝对数量增长较快,是货币当局持有的国际储备对民间储备的挤占。我国实行经常项目下强制结售汇制,使许多本应属于民间的储备转移到政府手中。其次,我国国际储备的积累具有一定刚性。这是因为我国人民币还不是国际储备货币,所持有的外汇储备往往具有不可替代性,而且我国经济的高速增长和廉价的劳动力以及人民币的升值预期吸引了大量的外资流入,优惠的出口鼓励政策都促使国际收支顺差的实现,从而引起国际储备的不断增加。最后,我国对国际储备规模的调整难度很大。国际社会都在密切注视中国货币当局的一举一动,这无形中增加了我国国际储备调整的成本。

三、中国国际储备结构分析

(一)中国国际储备结构现状及问题分析

在我国的四类国际储备资产中,特别提款权和在基金组织的储备头寸所占的份额很小,目前我国黄金储备量尽管已经位居全世界第五位,但其比例仅占外汇储备的 1.6%,远远低于发达国家平均 30～40%的水平,而我国外汇储备的比例却高达 95%以上。

当前我国外汇储备资产结构的主要特点是:外汇储备资产主要以金融资产为主,而在金融资产中又以美国国债为主。尽管中国人民银行从未公布我国外汇储备的比重、资产结构,但普遍认为美元资产的比重应高于 65%的世界平均比重,至少应占外汇储备总额的70%以上,其中美国国债及政府机构债约占70%。而从我国投资于美元资产的形式来看,长期证券投资所占比重较大,而短期投资比重较小。根据美国财政部公布的各国持有美国证券的资产组合来看,中国的长期债券投资占证券投资总额的90%以上,而短期债券投资仅占证券投资总额的7%左右。

我国国际储备的结构特点决定了我国国际储备,特别是外汇储备,面临着较高的风险。自2007年8月美国次贷危机爆发,至2008年12月,美元对人民币贬值幅度已高达9.6%,若以当时1.9万亿美元的外汇储备来计,仅汇率风险的损失就达1800亿美元。但是随着2015年以来美元对人民币汇率的双向波动,单边汇率风险将逐渐成为过去。

(二)完善我国国际储备结构管理的建议

1.增加黄金储备,保障金融安全

在金融危机背景下,黄金的保值功能得到充分体现。我国的黄金储备比例过低与我国国际储备大国的地位不符。曾有专家建议将黄金储备增加到外汇储备的8%~10%,我国目前持有黄金的数额约合300亿美元,要达到上述比例则需增加1200~1600亿美元。但不管标准如何,我国都应当适时地增加黄金储备的份额以应对金融危机带来的储备价值缩水。

2.经营管理好外汇储备

可以借鉴外汇储备管理的国际经验,实行积极的外汇管理政策,如对资产进行结构分析,增持能带来更高收益的金融工具,实行资产币种分散化等,或者根据不同目标、储备资产不同的风险特征、不同期限等构造不同的资产组合,或者成立一家独立的公司来运作某个目的、一定比例的外汇储备资产。

针对美国国债在我国外汇储备资产中比重偏高的现象,为了规避风险,应坚持外汇储备资产多元化管理,降低美国国债在中国外汇储备资产中的比重。同时,对于美元资产,在进行再投资时重点配置短期债权以提高资产流动性。

3.科学、合理地使用存量外汇储备

在对外汇储备进行科学管理时,应将储备运用同国家整个经济发展和改革开放的客观需要结合起来。在全球经济危机背景下,将部分外汇储备进行合理利用,以实现"外储内用",达到利用外汇储备刺激国内经济增长的目标。具体而言,可以通过外汇储备引进国外先进技术和关键设备,鼓励优质企业进行对外投资,将部分外汇储备投资于国计民生等方面的建设等。

总之,面对我国巨额的外汇储备,要按照"安全、流动、盈利"的原则进行经营管理,同时要拓宽储备运用途径,把储备运用同国家整体经济发展的客观需要相结合，以实现国际储备的最大效用。

【思考题】

1. 什么是国际储备？国际储备与国际清偿能力有何区别？
2. 国际储备具有哪些作用？
3. 国际储备的构成和来源分别有哪些？
4. 结合储备货币币种的变化，请分析国际储备货币的特征。
5. 确定国际储备适度规模的方法有哪些？
6. 联系我国实际，谈一谈确定国际储备适度规模应考虑的因素。
7. 如何理解国际储备结构管理中应遵循的三种原则？
8. 中国的国际储备具有哪些特点？
9. 请谈一谈你对进一步完善中国国际储备管理的建议。

【案例分析】

2009年3月23日和25日，央行网站连续发表中国人民银行行长周小川关于"改革国际货币体系"的相关文章，呼吁推进全球货币体系改革，提出"应该创造一种与主权国家脱钩、并能保持币值长期稳定的国际储备货币，从而避免主权信用货币作为储备货币的内在缺陷。"引起外媒极大关注。

美国《华尔街日报》：中国央行行长周小川提出，创造一种新的国际储备货币，最终取代美元的地位。这表明，中国在塑造金融危机全球应对机制方面正采取越来越强势的做法。前国际货币基金组织官员、康奈尔大学贸易政策教授普拉萨德(Eswar Prasad)说，没有人相信这是十全十美的解决方案，但通过这个提议，中国已经重新定义了这场争论。之前，哥伦比亚大学经济学家斯蒂格利茨(Joseph Stiglitz)在上海发表演讲时说，以美元作为外汇储备的体系是问题的一部分，我们需要一个全球性的储备体系。

中国积累了太多美元计价的证券，使自己对美国的风险敞口过高。拥有另一种安全的储备资产将符合中国的利益，但是，中国以美元为主的外汇储备不只起到保险的作用，它还支撑着中国咄咄逼人的重商主义贸易政策。中国政府保持弱势货币以推动出口，并以本国对出口依赖程度的加大来衡量成功。周小川的建议是有用而建设性的，但中国仍应该提高其国内消费比重。它不能只是用大量其他货币资产来取代大量美元资产。

英国《金融时报》：在中国提出建立世界新通货的提议之后，美国总统奥巴马非常直接地表示现在没有必要建立新的世界通货。他还表示，美元现在异乎寻常的

强势。然而中国央行行长周小川表示，世界现行的货币体制最终都是要渐渐地步入到改革之中。看美国现在的情形，手握着超过1万亿美元储备的中国忧心忡忡。对建立新世界通货的提议，中国并不是唯一的倡导者。俄罗斯也提出了类似的建议。两国都希望世界货币基金组织能对新通货起到更大的作用，而不是把世界通货的稳定寄托在一个国家身上。

问题：根据以上案例，试从国际储备管理的原则出发，分析人民币成为国际货币对国际储备体系以及我国外汇储备管理的意义。

第十一章　开放经济下宏观经济政策的搭配

开放经济下内外均衡目标(即国际收支均衡目标)的实现问题是国际金融学研究的出发点与归宿点。经济的自动平衡机制决定着这一目标的必然实现,而政府的宏观调控政策则影响着这一目标实现的速度与质量,即使在封闭经济下,市场经济的有效运行也离不开政府的宏观调控。政府对经济制定宏观调控目标并运用政策工具来加以实现,已是现代市场经济的一般规律。然而,开放经济的运行拥有许多封闭经济下不具备的特征,政府的宏观调控问题也因经济的开放性而发生着深刻的变化,从而也就产生了"内外均衡冲突"这一国际金融学研究的核心问题。前面章节的学习为这一核心问题的深入分析与根本解决提供了理论铺垫,本章在介绍"内外均衡冲突"的基础上,着重分析一国如何利用宏观经济政策的搭配来解决内外均衡的冲突问题,并借助宏观经济政策搭配的"一般均衡模型"(IS-LM-BP Model)对宏观经济政策的效力进行分析,从而为开放经济下一国宏观经济政策的选择与搭配提供一定的指导与参考。

【本章学习目标】

1. 掌握开放经济下内外均衡的冲突及其调控的一般原理。

2. 了解宏观经济政策从不同角度的分类。

3. 学会运用宏观经济政策搭配的"一般均衡模型"(IS-LM-BP Model)分析宏观经济政策在不同汇率制度下的效力,理解一国在经济发展的不同阶段宏观经济政策调整与转变的内涵,并尝试着在综合分析一国经济发展现状的基础上对今后一个时期宏观经济政策的走向作出预测和判断。

第一节　开放经济下宏观经济政策的搭配原理

开放经济条件下如何有效的运用与搭配不同类型的政策工具实现宏观经济政策目标,从而解决内外均衡冲突问题是本节的主要内容(除非另作说明,本章下述分析都基于开放经济条件)。

一、宏观经济政策的搭配目标

简单来讲,宏观经济政策的搭配目标是国际收支均衡,即经济的内外均衡。为了更好地探讨这一目标的实现,有必要对这一目标的内涵与表现作出明确的界定。

(一)内部平衡与内部失衡

1. 内部平衡(Internal Balance, IB)

一国经济内部平衡的主要标志是:经济增长、物价稳定与充分就业。就这三个具体目标而言,经济增长是长期、动态的经济问题,政策搭配对此目标的作用是有限的,短期不能发生效力。故在短期内,一国经济的内部平衡表现为物价稳定基础上的充分就业。

2. 内部失衡(Internal Imbalance)

与短期的内部平衡相对应的内部失衡无外乎表现为物价的飞涨或是失业的增加,我们可以用通货膨胀与经济衰退(失业增加)来概括。

(二)外部平衡与外部失衡

1. 外部平衡(External Balance, EB)

一国经济外部平衡的主要标志是衡量一国对外经济活动的国际收支平衡。然而国际收支平衡本身包含了价值判断因素,对不同国家、在不同阶段其具体内涵略有差异,那么被普遍接受和认可的外部平衡是指与一国宏观经济相适应的合理的经常账户余额。

2. 外部失衡(External Imbalance)

既然外部平衡是个含有价值判断的概念,那么,外部失衡的内涵也存在价值判断问题。但不管怎样,外部失衡的表现无外乎顺差失衡与逆差失衡两种。

(三)内外均衡与内外失衡

1. 内外均衡(IB & EB)

内外均衡是指内部平衡与外部平衡的同时实现,这应该是理论上成立而现实中努力追求的却很难实现的理想状态。

2. 内外失衡

内外失衡是指除内外均衡以外的所有状态,表现为以通货膨胀和经济衰退(失业增加)为特征的内部失衡与以顺差和逆差为特征的外部失衡相互组合起来的四种状态:经济衰退(失业增加)与国际收支逆差并存;经济衰退(失业增加)与国际收支顺差并存;通货膨胀与国际收支逆差并存;通货膨胀与国际收支顺差并存。这四种失衡的组合可以用表 11-1 来概括。

表 11-1　　内外失衡组合

组合	内部经济状况	外部状况
1	经济衰退(失业增加)	国际收支逆差
2	经济衰退(失业增加)	国际收支顺差
3	通货膨胀	国际收支逆差
4	通货膨胀	国际收支顺差

(四)内外失衡的解决

当一国经济出现表 11-1 中的失衡状况时,为了推动经济的尽快平衡,政府需要借助宏观经济政策加以调控。

1.内外失衡的政策调控

(1)对于第一种情况的内外失衡,内部的经济衰退(失业增加)需要政府运用扩大总需求的扩张型政策(Expansionary Policy),通过总需求的扩大来拉动经济的发展;外部的国际收支逆差需要政府实施减少总需求的紧缩型政策(Contractionary Policy),通过减少进口需求来缓解国际收支逆差的程度。

(2)对于第二种情况的内外失衡,内部的经济衰退(失业增加)需要政府运用扩大总需求的扩张型政策(Expansionary Policy),通过总需求的扩大来拉动经济的发展;外部的国际收支顺差需要政府实施扩大总需求的扩张型政策(Expansionary Policy),通过增加进口需求来缓解国际收支顺差的程度。

(3)对于第三种情况的内外失衡,内部的通货膨胀需要政府运用减少总需求的紧缩型政策(Contractionary Policy),通过总需求的下降来抑制物价的进一步上涨;外部的国际收支逆差需要政府实施减少总需求的紧缩型政策(Contractionary Policy),通过减少进口需求来缓解国际收支逆差的程度。

(4)对于第四种情况的内外失衡,内部的通货膨胀需要政府运用减少总需求的紧缩型政策(Contractionary Policy),通过总需求的下降来抑制物价的进一步上涨;外部的国际收支顺差需要政府实施扩大总需求的扩张型政策(Expansionary Policy),通过增加进口需求来缓解国际收支顺差的程度。

上述第二、三种情况下,内部失衡与外部失衡对政府的政策需要是一致的,即在采取措施实现内部平衡的同时,也对外部平衡的实现发挥了积极作用;而第一、四种情况下,内部失衡与外部失衡对政府的政策需要是相反的,即政府为实现内部平衡而采取的措施将导致越来越远离外部平衡目标,这意味着内外均衡的冲突。

2.内外均衡冲突

上述内外均衡冲突最早是由英国经济学家詹姆斯·米德(J. Meade)于 1951 年在其名著《国际收支》中提出的,因而又被称为米德冲突(Meade's Conflict)。然而，在米德的上述分析中不难发现，其所谓的宏观经济政策仅仅局限到影响社会总需求的政策，而并不包括汇率的调整等方面。可见，米德冲突是固定汇率制度下的内外均衡冲突。浮动汇率制度下，内外均衡冲突问题仍然存在，只不过其性质及表现形式与固定汇率制下会有很多不同。为区别起见，我们通常将米德冲突称为狭义的内外均衡冲突，而将一般情况下的实现某一平衡目标的努力对另一平衡目标的干扰或破坏这一现象称为广义的内外均衡冲突。

内外均衡冲突问题说明，在开放经济下，单纯运用调节社会总需求这一封闭经济的政策工具是不足以同时实现内外均衡目标的，开放经济的宏观调控需要有新的政策工具。

二、宏观经济政策的搭配原理

为了解决内外均衡冲突，开放经济下的政策调控需要采取新的思路、对政策工具需要有新的运用方法。20 世纪 50 年代以来，关于"政策协调"的"丁伯根原则"与"政策指派"的"有效市场分类原则"等理论的出现，发展了开放经济下的政策调控理论，对经济政策研究起了巨大的推动作用。

(一)关于政策协调的丁伯根原则

首届诺贝尔经济学奖得主、荷兰经济学家简·丁伯根(J. Tinbergen)最早提出了将政策目标和政策工具联系在一起的正式模型，即"经济政策理论"，也就是"丁伯根原则"(Tinbergen's Rule)："要实现若干个独立的政策目标，至少需要相互独立的若干个有效的政策工具"。

对于开放经济而言，这一结论具有鲜明的政策含义：只运用需求增减政策(我们假定财政政策、货币政策影响产出的效果一致)通过调节需求总量的途径同时实现内外均衡两个目标是不够的，必须寻找新的政策工具并进行合理配合。对于经济政策理论的发展而言，这一结论具有深远意义，为政策协调的研究奠定了基础，为决策者执行政策提供了必要的条件和准备。

然而，丁伯根原则对目标的实现过程有两个特点：一是假定各种政策工具可以供决策当局集中控制，从而通过各种工具的紧密协调实现政策目标；二是没有明确指出每种工具有无必要在调控中侧重于某一目标的实现。这两个特点暴露了该原则存在的缺陷：没有指明哪种政策工具对应于哪种政策目标；没有说明什么条件下采用哪种政策工具对其政策目标有效，而什么条件下又无效。实际上，有时一种政策目标需要几种政策工具搭配，有时几种政策目标需要较少的政策工具也能达到目的。罗伯特·蒙代尔(R. Mundell)的关于政策指派的有效市场分类原则弥补了这一缺陷。

(二)关于政策指派的有效市场分类原则

诺贝尔经济学奖得主罗伯特·蒙代尔(R. Mundell)于 20 世纪 60 年代提出了

关于政策指派的有效市场分类原则。他指出，在许多情况下，不同的政策工具实际上掌握在不同的决策者手中。如果决策者不能紧密协调这些政策，而是独立地进行决策，就不能实现最佳的政策目标。如果每一种工具被合理的指派给一个目标，并且在该目标偏离其最佳水平时按规则进行调控，那么，在分散决策的情况下仍有可能实现最佳调控目标。

针对每一工具应如何指派给相应目标，蒙代尔提出了“有效市场分类原则”(Effective Market Classification)，其含义是：每一目标应当指派给对这一目标有着相对最大的影响力，因而在影响政策目标上有相对优势的工具。如果在指派问题上出现错误，则经济会产生不稳定性而距均衡点越来越远。依据这一原则，蒙代尔区分了财政政策、货币政策对内外均衡的不同影响，提出了财政政策与货币政策的指派方案，即蒙代尔“政策搭配论”。接下来我们将具体介绍包括这一政策搭配论的三种典型的政策搭配模型。

三、宏观经济政策的搭配模型

(一)财政政策与货币政策的搭配模型：IB-EB 模型

20 世纪 60 年代，蒙代尔提出了在固定汇率下如何运用财政政策和货币政策，以便同时实现内外均衡的政策搭配理论，并运用模型验证了这种搭配的有效性。

1. 模型的建立

既然该模型用以检验财政政策与货币政策的运用，因而在选取坐标上应以财政政策与货币政策手段作为两个坐标变量(即以预算作为财政政策的代表，以货币供给作为货币政策的代表)。既然该模型用以解决内外均衡问题，故而坐标中的图形应为内部平衡与外部平衡两条曲线(即 IB 曲线与 EB 曲线)。

(1)IB 曲线：反映经济内部平衡时财政政策与货币政策组合情况的曲线。

①曲线方向。曲线的方向反映了为保证经济内部平衡财政政策与货币政策之间的关系。比如，货币扩张带来的利率下降会引起投资的增加，进而表现为总需求的增加，在总供给不变的情况下，导致内部经济出现失衡，因而需要以减少预算的方式降低总需求从而保证内部平衡。可见，为保证内部平衡，代表货币政策的货币扩张与代表财政政策的预算必然保持反方向的变动关系。即 IB 曲线为一条斜率为负的曲线(图 11-1)，反映了内部平衡条件下代表货币政策的货币扩张与代表财政政策的预算的此消彼长。

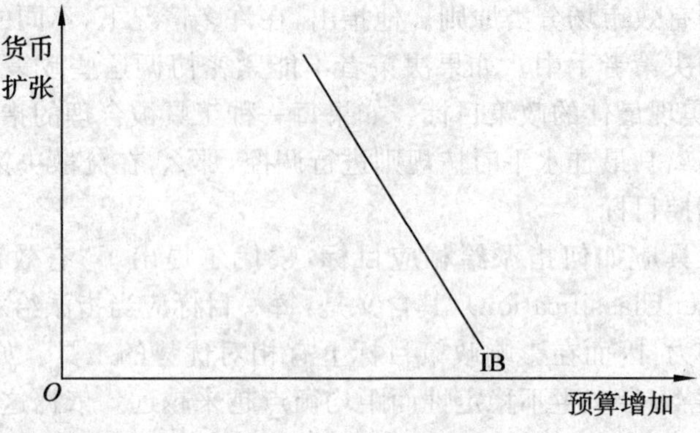

图 11-1　IB 曲线

②失衡组合。在图 11-1 中，IB 曲线以外的点都代表了内部失衡。曲线左边代表利率不变下的预算减少或预算不变下的货币紧缩，即以经济衰退或失业增加为表现的社会总需求的不足；曲线右边代表利率不变下的预算增加或预算不变下的货币扩张，即以通货膨胀为表现的社会总需求的过剩。

(2)EB 曲线：反映经济外部平衡时财政政策与货币政策组合情况的曲线。

①曲线方向。曲线的方向反映了为保证经济外部平衡，即国际收支平衡财政政策与货币政策手段之间的关系。比如，货币扩张带来的利率下降会引起的资本流出将导致国际收支出现逆差失衡，因而需要以减少预算的方式降低进口需求从而保证外部平衡。可见，为保证外部平衡，代表货币政策的货币扩张与代表财政政策的预算必然保持反方向的变动关系。即 EB 曲线为一条斜率为负的曲线(图 11-2)，反映了外部平衡条件下代表货币政策的货币扩张与代表财政政策的预算的此消彼长。

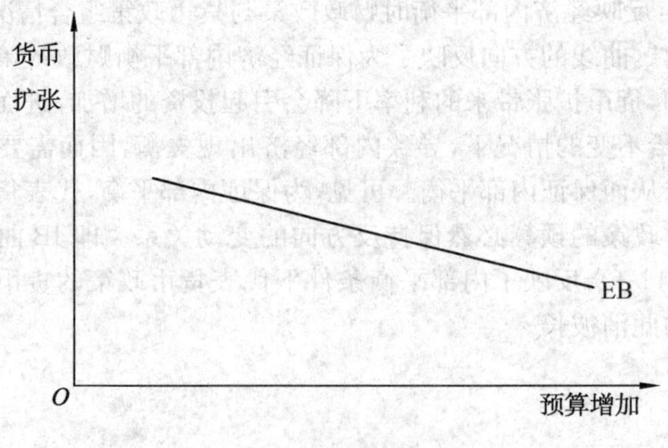

图 11-2　EB 曲线

②失衡组合。在图 11-2 中，EB 曲线以外的点都代表了外部失衡。曲线左边

代表利率不变下的预算减少，进而进口减少，或预算不变下的货币紧缩，进而利率的上升吸引资本的流入，即以国际收支顺差为表现的外部失衡；曲线右边代表利率不变下的预算增加，进而进口增加，或预算不变下的货币扩张，进而利率的下降导致资本的流出，即以国际收支逆差为表现的外部失衡。

(3)IB-EB 模型。

①IB 曲线与 EB 曲线的相对位置。

IB 曲线与 EB 曲线都是斜率为负的曲线，那么，在坐标中二者的相对位置如何？谁更陡峭？谁更平缓呢？显然，在上述以财政政策与货币政策手段作为两个坐标变量的模型中，曲线的陡峭程度取决于内部平衡与外部平衡对代表货币政策的纵坐标的反应程度，或者说敏感程度，即弹性问题。当一国运用货币政策手段时，货币供给的变化引起利率的调整，从而导致投资等社会总需求的变化，即对内部平衡的影响；这种社会总需求的变化又会通过进口影响外部平衡，与此同时，货币供给的变化引起利率的调整又会通过资本的流动影响外部平衡。可见，对于货币政策手段而言，外部平衡相对于内部平衡更敏感，利率的改变通过商品与资本的双重流动影响外部平衡，那么 EB 曲线比 IB 曲线更平缓。

②内外均衡点。IB-EB 模型(图 11-3)反映了不同财政政策与货币政策组合情况下的内外经济的组合状态。IB 曲线与 EB 曲线的交点 Q 唯一的代表了经济的内外均衡，此外所有的区域都为内外失衡状态。

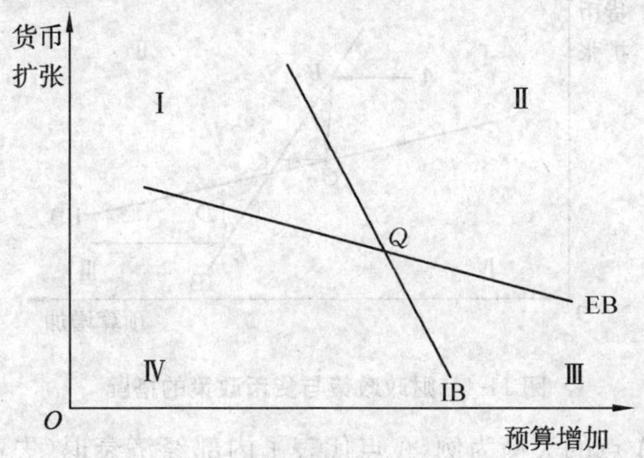

图 11-3　IB-EB 模型

③内外失衡区域。IB 曲线与 EB 曲线把整个失衡区域划分为四部分(表 11-2)。

表 11-2　　内外失衡区域

区域	经济状况
Ⅰ	经济衰退(失业增加)+国际收支逆差
Ⅱ	通货膨胀+国际收支逆差
Ⅲ	通货膨胀+国际收支顺差
Ⅳ	经济衰退(失业增加)+国际收支顺差

2. 政策的搭配

显然,表 11-2 中区域Ⅰ与区域Ⅲ为"米德冲突"区域。为了解决这一冲突,蒙代尔依据其"每一目标应指派给对这一目标有相对最大影响力的工具"的指派原则,把内部平衡、外部平衡两个政策目标与财政政策、货币政策两个政策工具进行了指派。鉴于货币政策通过利率对经常账户的商品流动与资本金融账户的资本流动的双重影响机制,蒙代尔分配给财政政策以稳定内部经济的任务,而分配给货币政策以稳定国际收支即外部经济的任务。

3. 模型的运用

下面,我们利用 IB-EB 模型(图 11-4),验证蒙代尔这一财政政策与货币政策搭配运用的有效性。

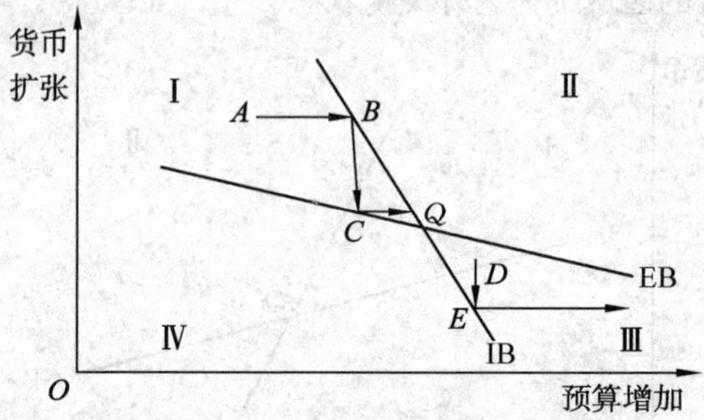

图 11-4　财政政策与货币政策的搭配

以区域Ⅰ中 A 点的失衡为例,A 点代表了内部经济衰退(失业增加)与外部国际收支逆差并存的失衡。依据蒙代尔上述指派原则,应采用扩张型的财政政策来解决经济衰退(失业增加),预算的增加,使点 A 向点 B 移动。同时,应采用紧缩型的货币政策来解决国际收支逆差,使点 B 向点 C 移动。扩张型的财政政策与紧缩型的货币政策的如此反复使用,最终会使点 A 接近并收敛于点 Q,即开放经济的内外均衡状态。

反之,如果实施相反的政策指派方式,即以财政政策解决外部平衡,以货币政策解决内部平衡,则经济将沿着发散型的运动路径越来越远离均衡点 Q。以区域

Ⅲ中D点的失衡为例，D点代表了内部通货膨胀与外部国际收支顺差并存的失衡，先以紧缩型的货币政策来解决通货膨胀问题，至E点，通货膨胀消除，但顺差加重，再以扩张型的财政政策解决顺差问题。如此下去，经济将离内外均衡点Q越来越远。

上述政策搭配的原理可同样推广到其他区域。由此，我们得到如表11-3所示的几种搭配。

表11-3　财政政策与货币政策的搭配

区域	经济状况	财政政策	货币政策
Ⅰ	经济衰退(失业增加)＋国际收支逆差	扩张	紧缩
Ⅱ	通货膨胀＋国际收支逆差	紧缩	紧缩
Ⅲ	通货膨胀＋国际收支顺差	紧缩	扩张
Ⅳ	经济衰退(失业增加)＋国际收支顺差	扩张	扩张

(二)需求增减政策与需求转换政策的搭配模型：IB-EB模型

需求增减政策与需求转换政策的搭配又称支出增减政策与支出转换政策的搭配，这一模型是1955年首次由澳大利亚经济学家斯旺(T.W.Swan)提出的。该模型在假定没有国际资本流动(即将国际收支等同于贸易收支)以及价格水平保持不变的前提下，探讨如何合理搭配使用支出增减政策与支出转换政策来同时达到内外均衡的问题。

1.模型的建立

既然该模型用以检验支出增减政策与支出转换政策的运用，因而在选取坐标上应以支出增减政策与支出转换政策手段作为两个坐标变量(即以国内支出作为支出增减政策的代表，以直接标价法下本国货币的实际汇率作为支出转换政策的代表)；既然该模型用以解决内外均衡问题，故而坐标中的图形应为内部平衡与外部平衡两条曲线(即IB曲线与EB曲线)。

(1)IB曲线：反映经济内部平衡时支出增减政策与支出转换政策组合情况的曲线。

①曲线方向。曲线的方向反映了为保证经济内部平衡支出增减政策与支出转换政策手段之间的关系。比如，实际汇率上升即本币贬值带来的出口扩大会引起总需求/支出的增加，在总供给不变的情况下，导致内部经济出现失衡，因而需要以减少国内支出的方式降低总需求从而保证内部平衡。可见，为保证内部平衡，代表支出增减政策的国内支出与代表支出转换政策的实际汇率必然保持反方向的变动关系。即IB曲线为一条斜率为负的曲线(图11-5)，反映了内部平衡条件下代表支出增减政策的国内支出与代表支出转换政策的实际汇率的此消彼长。

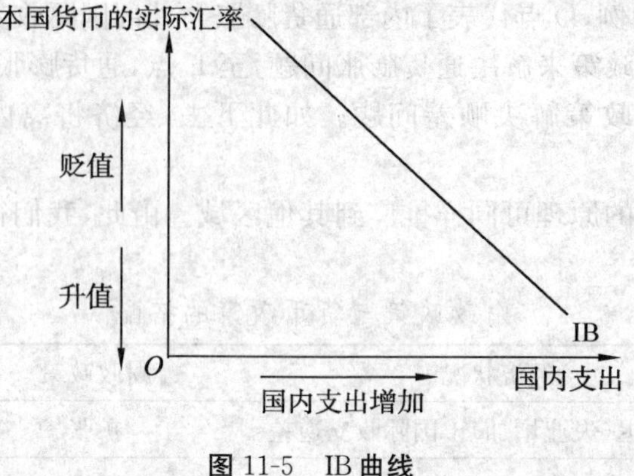

图 11-5　IB 曲线

②失衡组合。在图 11-5 中,IB 曲线以外的点都代表了内部失衡。曲线左边代表汇率不变下的国内支出的减少或国内支出不变下的本币升值,即以经济衰退或失业增加为表现的社会总需求的不足;曲线右边代表汇率不变下的国内支出的增加或国内支出不变下的本币贬值,即以通货膨胀为表现的社会总需求的过剩。

(2)EB 曲线:反映经济外部平衡时支出增减政策与支出转换政策组合情况的曲线。

①曲线方向。曲线的方向反映了为保证经济外部平衡即国际收支平衡,支出增减政策与支出转换政策之间的关系。比如,实际汇率上升即本币贬值带来的出口扩大将导致国际收支出现顺差失衡,在不存在国际资本流动的前提下,只能通过增加国内支出的方式扩大进口需求从而保证外部平衡。可见,为保证外部平衡,代表支出增减政策的国内支出与代表支出转换政策的实际汇率必然保持同方向的变动关系。即 EB 曲线为一条斜率为正的曲线(图 11-6),反映了外部平衡条件下代表支出增减政策的国内支出与代表支出转换政策的实际汇率的同方向变动。

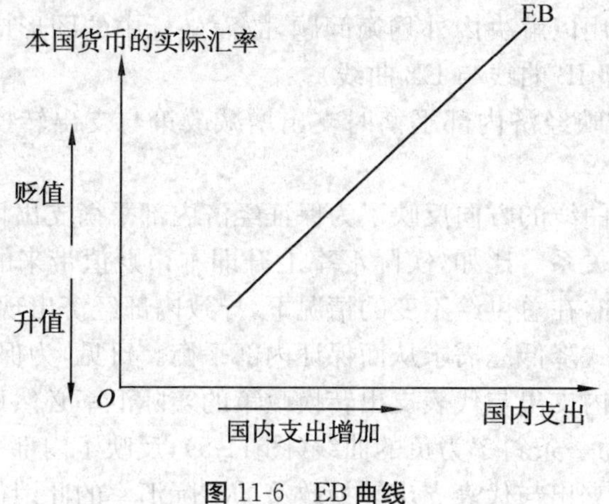

图 11-6　EB 曲线

②失衡组合。在图 11-6 中，EB 曲线以外的点都代表了外部失衡。曲线左边代表汇率不变下的国内支出减少，进而进口减少，或国内支出不变下的本币贬值，进而在一定程度上扩大了出口，限制了进口，即以国际收支顺差为表现的外部失衡；曲线右边代表汇率不变下的国内支出增加，进而进口增加，或国内支出不变下的本币升值，进而在一定程度上扩大了进口，限制了出口，即以国际收支逆差为表现的外部失衡。

(3)IB-EB 模型。

①IB 曲线与 EB 曲线的相对位置。

IB 曲线斜率为负，EB 曲线斜率为正，那么，在坐标中二者表现为十字交叉的曲线。然而，这里也存在一个谁更陡峭、谁更平缓的问题。显然，在上述以支出增减政策与支出转换政策手段作为两个坐标变量的模型中，曲线的陡峭程度取决于内部平衡与外部平衡对代表支出转换政策的纵坐标的反应程度，或者说敏感程度，即弹性问题。当一国运用支出转换政策手段即本币升值或贬值时，在没有国际资本流动的前提下，货币币值的变化直接作用于代表国际收支的贸易收支，即对外部平衡的影响；而代表支出增减政策的国内支出的变化只能先通过总支出影响内部平衡，进而作用于贸易收支。可见，对于支出转换政策手段而言，外部平衡相对于内部平衡更敏感，那么，EB 曲线比 IB 曲线更平缓。

②内外均衡点。IB-EB 模型(图 11-7)反映了不同支出增减政策与支出转换政策组合情况下的内外经济的组合状态。IB 曲线与 EB 曲线的交点 Q 唯一的代表了经济的内外均衡，此外所有的区域都为内外失衡状态。

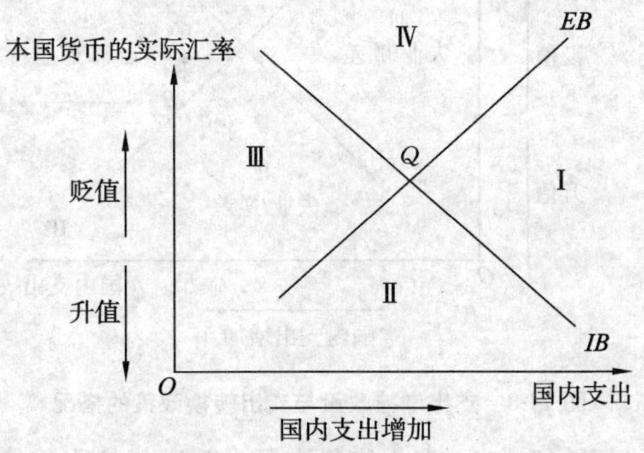

图 11-7　IB-EB 模型

③内外失衡区域。IB 曲线与 EB 曲线把整个失衡区域划分为四部分(表 11-4)。

表 11-4　　内外失衡区域

区域	经济状况
Ⅰ	通货膨胀＋国际收支逆差
Ⅱ	经济衰退(失业增加)＋国际收支逆差
Ⅲ	经济衰退(失业增加)＋国际收支顺差
Ⅳ	通货膨胀＋国际收支顺差

2. 政策的搭配

对于内部平衡、外部平衡两个政策目标与支出增减政策和支出转换政策两个政策工具的搭配，同样可以依据蒙代尔“每一目标应指派给对这一目标有相对最大影响力的工具”的指派原则。鉴于前述支出增减政策与支出转换政策对内部平衡与外部平衡不同的影响机制，应分配给支出增减政策以稳定内部经济的任务，而分配给支出转换政策以稳定国际收支即外部经济的任务。

3. 模型的运用

下面，我们利用 IB-EB 模型(图 11-8)，验证这一支出增减政策与支出转换政策搭配运用的有效性。

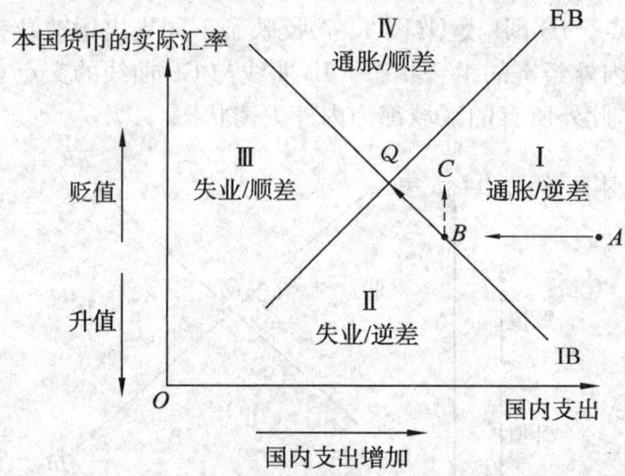

图 11-8　支出增减政策与支出转换政策的搭配

以区域Ⅰ中 A 点的失衡为例，A 点代表了内部通货膨胀与外部国际收支逆差并存的失衡。这时可以首先采用紧缩型的支出增减政策来解决通货膨胀，国内支出的减少，使点 A 向点 B 移动。同时，应采用本币贬值的支出转换政策来解决国际收支逆差。贸易逆差减少的同时，会造成国内支出仍大于维持国际收支平衡所需的国内支出，如不搭配使用压缩总需求支出的增减政策，经济状况将由点 B 沿虚

线路径向点 C 移动，通货膨胀压力仍然存在。因此，仍需要配合实行紧缩型的支出增减政策，使经济状况沿 IB 曲线向上移动到均衡点 Q，即开放经济的内外均衡状态。

上述政策搭配的原理可同样推广到其他区域。由此，我们得到如表 11-5 所示的几种搭配。

表 11-5　　　　支出增减政策与支出转换政策的搭配

区域	经济状况	支出增减政策	支出转换政策
Ⅰ	通货膨胀＋国际收支逆差	紧缩	贬值
Ⅱ	经济衰退(失业增加)＋国际收支逆差	扩张	贬值
Ⅲ	经济衰退(失业增加)＋国际收支顺差	扩张	升值
Ⅳ	通货膨胀＋国际收支顺差	紧缩	升值

上述蒙代尔提出的财政政策与货币政策的搭配和斯旺提出的需求增减政策与需求转换政策的搭配是运用政策搭配以实现内外均衡的方案中最具有影响力的。然而，蒙代尔的以固定汇率制度为前提的搭配模型忽略了汇率调节这一有效的政策工具；斯旺相对全面的考虑政策工具运用的搭配模型则是以不存在国际资本流动为假设的。可见，在经济日趋国际化的今天，汇率政策性的丧失与资本不流动的前提使得上述两个模型的现实意义大打折扣。然而，IS-LM-BP 模型在一定程度上弥补了上述缺陷，堪称政策搭配的一般均衡模型。

(三)政策搭配的一般均衡模型：IS-LM-BP 模型

IS-LM-BP 模型将一国的外部平衡即一个宏观经济的对外贸易和境内外的资本流动的平衡，引入到封闭经济下国内商品市场和货币市场的均衡即希克斯的 IS-LM 模型中，或者说是在希克斯的 IS-LM 模型中引入了外部平衡的内容，这一革命性的引入，拓展了宏观经济的分析空间，成为对开放经济内外双平衡分析的基点和重要工具。该模型针对斯旺模型的不足，分析了在资本流动的情况下，一国同时实现内外均衡的政策搭配，并将汇率不变作为一种重要的特殊情况，分析了如何使用财政、货币政策同时达到内外均衡的过程。

下面介绍这一模型的基本框架，鉴于在宏观经济学课程中对这一部分内容的学习，此处仅作简要概括。

由于 IS-LM-BP 模型是对 IS-LM 模型的拓展，因而，IS-LM-BP 模型的分析坐标与 IS-LM 模型是一样的，即分别以国民收入(Y)与利率水平(i)作为两个坐标变量。

1. IS 曲线:反映商品市场平衡时国民收入与利率组合情况的曲线

(1)曲线方程。依据商品市场的平衡条件可得 IS 曲线方程:

$$Y=\alpha(A_0-bi+T_0),\alpha=(1/1-c+m) \tag{11-1}$$

其中,A_0 表示自主性吸收,T_0 表示自主性贸易余额,b 代表投资的利率弹性,c 代表边际消费倾向,m 表示边际进口倾向,α 则为开放经济下的凯恩斯收入乘数。

(2)曲线方向。上述曲线方程描述了维持开放经济下的商品市场平衡时的国民收入与利率之间的关系,即反方向的变动。这说明 IS 曲线是一条斜率为负的曲线(图 11-9)。

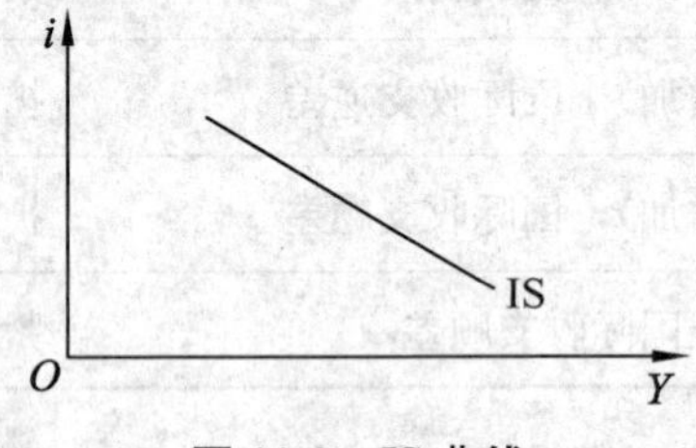

图 11-9 IS 曲线

(3)曲线移动。显然,式 11-1 中的两个坐标变量国民收入(Y)与利率(i)变动引起的是 IS 曲线上点的移动,而方程中所有其他变量(表示自主性吸收的 A_0,表示自主性贸易余额的 T_0,代表投资的利率弹性的 b,代表边际消费倾向的 c 以及代表边际进口倾向的 m)的变动都会导致 IS 曲线的平行或者旋转移动。

2. LM 曲线:反映货币市场平衡时国民收入与利率组合情况的曲线

(1)曲线方程。依据货币市场的平衡条件可得 LM 曲线方程:

$$Y=(1/K)(hi+M_0/P),k>0,h>0 \tag{11-2}$$

其中,M_0 表示名义货币供给,P 表示价格水平,K 代表货币需求的收入弹性,h 代表货币需求的利率弹性。

(2)曲线方向。上述曲线方程描述了维持开放经济下的货币市场平衡时的国民收入与利率之间的关系,即同方向的变动。这说明 LM 曲线是一条斜率为正的曲线(图 11-10)。

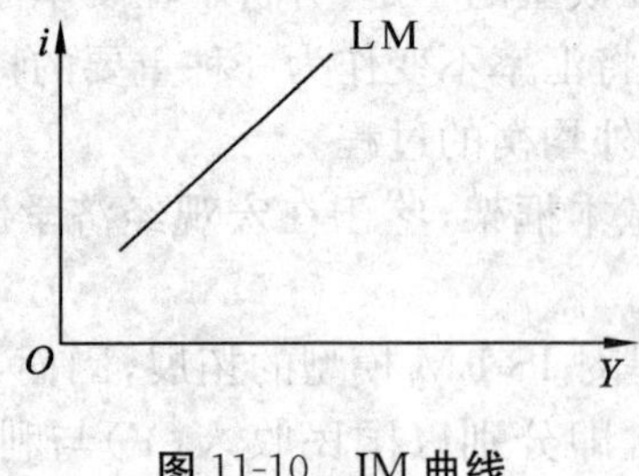

图 11-10 IM 曲线

(3)曲线移动。与 IS 曲线的移动同理,式 11-2 中的两个坐标变量国民收入

(Y)与利率(i)变动引起的是 LM 曲线上点的移动，而方程中所有其他变量的变动都会导致 LM 曲线的平行或者旋转移动。

3. BP 曲线：反映国际收支平衡时国民收入与利率组合情况的曲线

(1)曲线方程。依据国际收支的平衡条件可得 BP 曲线方程：

$$BP = CA + KA = CA(q, Y) + KA(i, i^*) = 0 \quad (11\text{-}3)$$

其中，q 表示实际汇率，i^* 表示外国利率水平。

(2)曲线方向。上述曲线方程描述了维持开放经济下的国际收支平衡时的国民收入与利率之间的关系。然而，由于资金流动性的不同，BP 曲线的形状有三种(图 11-11)。

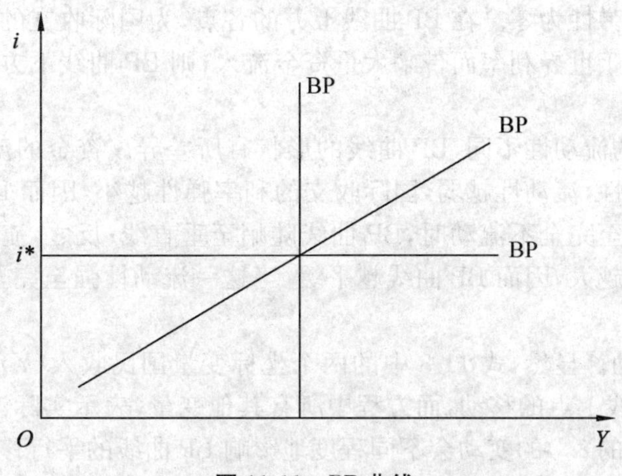

图 11-11　BP 曲线

第一种情况，资金完全不流动时，BP 曲线表现为垂直线。所谓资金完全不流动，是指国际间不存在资金的流动，即国际收支仅仅表现为经常账户收支，也就是说利率的变动对国际收支没有任何影响，意味着国际收支的利率弹性为零，BP 曲线表现为垂直线。BP 曲线左方的各点，为国际收支的顺差失衡，因为此时国内支出低于平衡时的支出水平；则 BP 曲线右方的各点，为国际收支的逆差失衡。

第二种情况，资金不完全流动时，BP 曲线表现为斜率为正的曲线。所谓资金不完全流动，是指各国金融市场的一体化程度较低时，资金流动会受到信息、交易成本等因素制约，这时本国利率与世界利率的差异只会带来一定数量资金的持续流动。此时 BP 曲线斜率为正，这是因为：随着国民收入的增加，进口也增加了，从而导致经常账户逆差，为维持国际收支平衡，一国必须相应提高利率以吸引资金流入来为经常账户逆差融资，从而使国际收支保持平衡。可见，为保证国际收支平衡，国民收入与利率之间必须保持同方向的变动关系。国际收支对国民收入与利率都有一定程度的反应或者说弹性，而且，资金流动性越大，即国际收支的利率弹性越大，为吸引一定数量的资金流入而需要提高的本国利率水平也就越小，BP 曲线也就越平缓。BP 曲线左方的各点，为国际收支的顺差失衡，因为此时代表了利率不变下国民收入的下降或国民收入不变下利率的提高；则 BP 曲线右方的各点，为国际收支的逆差失衡。

第三种情况，资金完全流动时，BP 曲线表现为水平线。所谓资金完全流动，是指各国金融市场完全一体化，资金流动极为迅速而且不存在任何成本和障碍。资金完全流动时本国利率(i)必须与世界利率(i^*)相等，否则微小的差异都会带来巨额资金的迅速流动而导致国际收支不平衡。资金的完全流动性意味着一国可以随时以世界利率借入或贷出任何数量的资金，这样对于任何水平的经常账户收支都可以通过资金流动使整个国际收支保持平衡，即国际收支的利率弹性无穷大，而收入弹性以及汇率弹性为零。在 BP 曲线上方的各点，为国际收支的顺差失衡，因为此时国内利率高于世界利率而带来大量资金流入；则 BP 曲线下方的各点，为国际收支的逆差失衡。

可见，资金的流动性不同，BP 曲线的形状有所差异。资金的流动性反映了国际收支的利率弹性，流动性越弱，国际收支的利率弹性越小，因而 BP 曲线越陡峭，当这一流动性弱至完全不流动时，BP 曲线陡峭至垂直线；反之，流动性越强，国际收支的利率弹性越大，因而 BP 曲线越平缓，当这一流动性强至完全流动时，BP 曲线平缓至水平线。

(3)曲线移动。显然，式 11-3 中的两个坐标变量国民收入(Y)与利率(i)变动引起的是 BP 曲线上点的移动，而方程中所有其他变量(表示实际汇率的 q 以及表示外国利率水平的 i^*)的变动会不同程度地影响 BP 曲线的平行移动。

第一种情况，资金完全不流动时，表现为垂直线的 BP 曲线的利率弹性为零，国民收入与汇率弹性无穷大，因而，BP 曲线方程中实际汇率 q 的变化当然会带来曲线的平行移动。

第二种情况，资金不完全流动时，表现为斜率为正的 BP 曲线对国民收入与利率都有一定程度的反映或者说弹性，因而，BP 曲线方程中实际汇率 q 的变化也会带来曲线的平行移动。

第三种情况，资金完全流动时，表现为水平线的 BP 曲线的利率弹性无穷大，而收入弹性以及汇率弹性为零，因而，BP 曲线方程中实际汇率 q 的变化不会带来曲线的移动。

4. IS-LM-BP 模型

当我们将 IS 曲线、LM 曲线以及 BP 曲线置于同一图形中，即得 IS-LM-BP 模型。显然，由于资金的不同流动性决定了 BP 曲线的三种形状，因而，IS-LM-BP 模型也因资金流动性的不同表现为三种情况(图 11-12、图 11-13、图 11-14)。图形中，代表商品市场平衡的 IS 曲线、代表货币市场平衡的 LM 曲线以及代表国际收支平衡的 BP 曲线相交于点 E，代表三个市场同时平衡，即内外均衡。

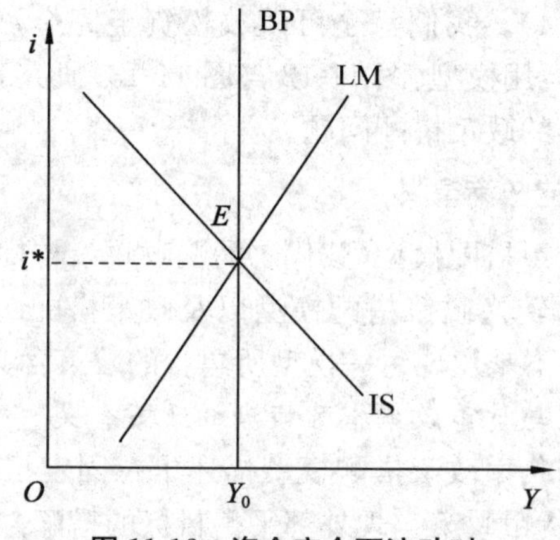

图 11-12　资金完全不流动时

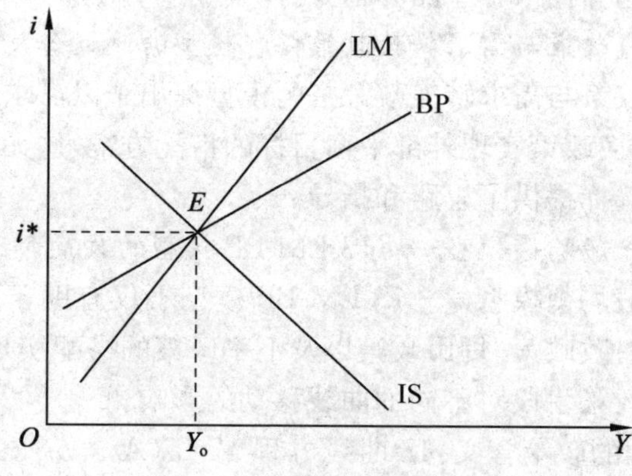

图 11-13　资金不完全流动时

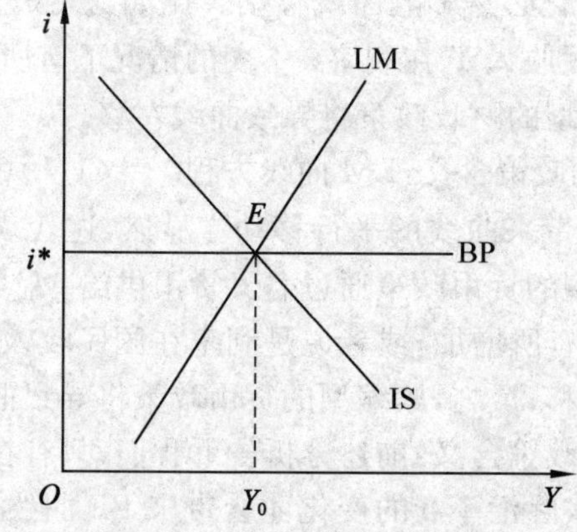

图 11-14　资金完全流动时

著名的蒙代尔——弗莱明模型(Mundell-Fleming Model)是 IS-LM-BP 模型的一个特例,特指描述资金完全流动情况下一国如何实现内外均衡的政策搭配的 IS-

LM-BP 模型(即图 11-14)。我们完全可以放松资金完全流动的假定来拓展蒙代尔——弗莱明模型,即运用模型(图 11-12 与图 11-13)研究和考察资金完全不流动以及不完全流动情况下的政策搭配问题。

(四)政策搭配模型的政策含义

从上述三大主要政策搭配模型(蒙代尔的财政政策与货币政策搭配模型、斯旺的需求增减政策与需求转换政策搭配模型以及政策搭配的一般均衡模型——IS-LM-BP 模型)的分析中不难发现每一模型所蕴含的政策含义。

1. 蒙代尔财政政策与货币政策搭配模型的政策含义

蒙代尔财政政策与货币政策搭配模型描述了在固定汇率下,实施以财政政策实现内部平衡目标,以货币政策实现外部平衡目标的搭配方案,这给固定汇率制度下宏观经济政策的选择提供了思路和指导。

2. 斯旺需求增减政策与需求转换政策搭配模型的政策含义

斯旺需求增减政策与需求转换政策搭配模型提出了以需求增减政策实现内部平衡目标,以需求转换政策实现外部平衡目标的搭配方案,这无疑给浮动汇率制度下宏观经济政策的选择提供了思路和指导。

3. 政策搭配的一般均衡模型——IS-LM-BP 模型的政策含义

政策搭配的一般均衡模型——IS-LM-BP 模型不仅有助于以更加接近现实的方式分析如何通过财政政策、货币政策以及汇率政策的搭配实现内外均衡,其政策含义表现为不同的政策手段对不同的曲线移动的影响。

(1)IS 曲线移动的政策含义:IS 曲线方程 $Y=\alpha(A_0-bi+T_0)$ 显示,自主性吸收 A_0 的变化会带来曲线的平行移动。显然,代表财政政策的政府购买作为自主性吸收 A_0 的一部分,其变化必然影响曲线移动。比如,扩张型的财政政策通过提高自主性吸收 A_0 使得国民收入 Y 在利率 i 不变的情况下有所增加,从而表现为曲线的平行右移;反之,紧缩型的财政政策将导致曲线左移。

(2)LM 曲线移动的政策含义:LM 曲线方程 $Y=(1/k)(hi+M_0/P)$ 显示,名义货币供给 M_0 的变化会带来曲线的平行移动。显然,这代表了货币政策对曲线移动的影响。比如,扩张型的货币政策通过名义货币供给 M_0 的增加使得国民收入 Y 在利率 i 不变的情况下有所增加,或者说是利率在国民收入不变情况下的下降,从而表现为曲线的平行右移;反之,紧缩型的货币政策将导致曲线左移。

(3)BP 曲线移动的政策含义:前述分析告诉我们,只有在资金完全不流动以及不完全流动的情况下,实际汇率 q 的变化才会带来 BP 曲线的移动。显然,这代表了两种情况下汇率政策即本币的升值与贬值对曲线移动的影响。比如,本币贬值的汇率政策通过对出口的刺激使得国民收入 Y 在利率 i 不变的情况下有所增加,从而使得曲线平行右移;反之,本币升值的汇率政策将导致曲线左移。

此外，以国民收入与利率为坐标变量的、基于IS-LM模型的IS-LM-BP模型不仅拓展了宏观经济的分析空间，其更有价值之处在于，在描述开放经济下政策搭配的基础上有助于进一步分析宏观经济政策的效力问题。

第二节　开放经济下宏观经济政策的效力

IS-LM-BP模型是分析开放经济下宏观经济政策效力的有效工具，其分析的基本前提是：

第一，总供给曲线是水平的。这意味着产出完全由总需求水平决定。

第二，浮动汇率制度下汇率的波动完全由国际收支状况决定，而不受购买力平价、汇率预期等因素的任何影响。

第三，名义汇率与实际汇率之间不存在区别。

第四，分析的对象是一个开放的小国。表现为不仅无力影响国际市场，而且本国利率受世界利率的影响，即 $i = i^*$ 。

鉴于不同汇率制度下宏观经济政策有所差异，因而有必要区别不同的汇率制度来分析不同资金流动性下宏观经济政策的效力问题。在各种汇率制度下，分别从宏观经济政策的作用机制与宏观经济政策的效力两个方面进行短期分析。

为了增强可读性和简化分析，特做此界定：下文表述中的“→”箭头符号代表“导致”、“带来”的含义；“↑”和“↓”箭头符号代表经济变量的“增加、上升”和“减少、下降”的含义；所有情况下宏观经济政策分析的起点为内外均衡点；判断政策效力大小的主要依据指标是国民收入的增减变化。

一、固定汇率制度下宏观经济政策的效力

(一)宏观经济政策的作用机制

1. 宏观经济政策手段

在固定汇率制度下，短期内政府可以运用的宏观经济政策主要为货币政策与财政政策，表现为货币供给量的增减与财政支出的增减。

2. 货币政策的作用机制

货币政策→LM曲线的平行移动→国民收入(Y)与利率(i)的变化→经常账户(CA)与资本与金融账户(KA)的变化→国际收支(BP)的变动→汇率(e)变动的压力→外汇储备(FR)的增减→货币供给量(Ms)的增减→LM曲线的平行移动→……

3. 财政政策的作用机制

财政政策→IS曲线的平行移动→国民收入(Y)与利率(i)的变化→经常账户

(CA)与资本与金融账户(KA)的变化→国际收支(BP)的变动→汇率(e)变动的压力→外汇储备(FR)的增减→货币供给量(Ms)的增减→LM 曲线的平行移动→……

(二)宏观经济政策的效力分析

以扩张型的政策为例分析不同资金流动性下的货币政策与财政政策的效力。

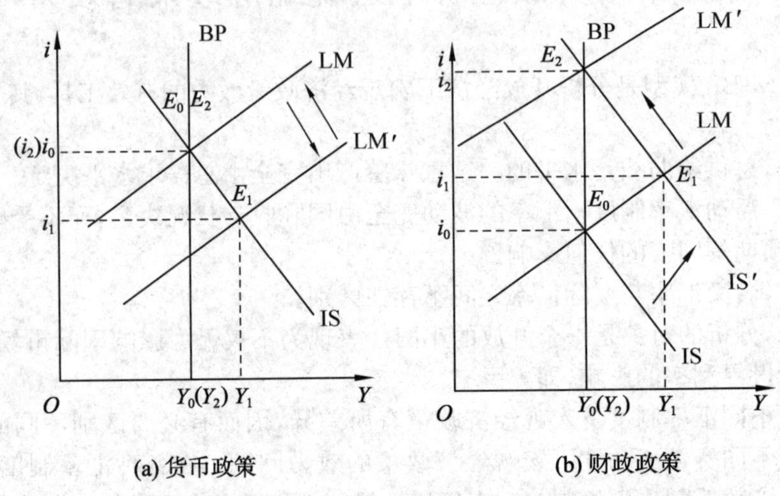

图 11-15　资金完全不流动时的货币政策与财政政策分析

1. 资金完全不流动时(图 11-15)

(1)货币政策分析,如图 11-15(a)所示。在经济的均衡点 E_0 实施扩张型的货币政策→Ms↑→LM 右移至 LM′→经济由 E_0 至 E_1→Y↑,i↓→进口(M)↑,i 的变动不会引起资金的流动→CA 即 BP 恶化至逆差→本币有贬值压力,为维持固定汇率→FR↓→Ms↓→LM′左移至 LM→经济由 E_1 至 E_2 达到均衡。

比较 E_2 与 E_0 可以考察政策的效力,上述扩张型货币政策实施的结果表现为 E_2 重合于 E_0 点,即 $Y_2=Y_0$、$i_2=i_0$,可见,此时的扩张型的货币政策无效。

(2)财政政策分析,如图 11-15(b)所示。在经济的均衡点 E_0 实施扩张型的财政政策→IS 右移至 IS′→经济由 E_0 至 E_1→Y↑,i↑→进口(M)↑,i 的变动不会引起资金的流动→CA 即 BP 恶化至逆差→本币有贬值压力,为维持固定汇率→FR↓→Ms↓→LM左移至 LM′→经济由 E_1 至 E_2 达到均衡。

同样,比较 E_2 与 E_0 可以考察政策的效力,上述扩张型财政政策实施的结果表现为 E_2 垂直位于 E_0 点的上方,即 $Y_2=Y_0$、$i_2>i_0$,可见,此时的扩张型的财政政策并没有带来产出的增长,原本扩张的政府支出完全被由此带来的利率提高导致的投资下降所抵消,即存在完全的挤出效应(Crowding-out Effect)。因而,财政政策亦无效。

2. 资金不完全流动时(图 11-16)

当资金不完全流动时，BP 曲线表现为一条斜率为正的曲线，又因 LM 曲线斜率为正，因而存在二者的相对位置问题。具体来讲，有 BP 曲线斜率小于、等于、大于 LM 曲线斜率三种情况，不同的斜率关系会影响分析的过程，然而对分析的结果并不会产生实质性的影响，因而这里仅以 BP 曲线斜率小于 LM 曲线斜率的情况作为代表来分析政策的效力，其余两种情况请读者自行分析。

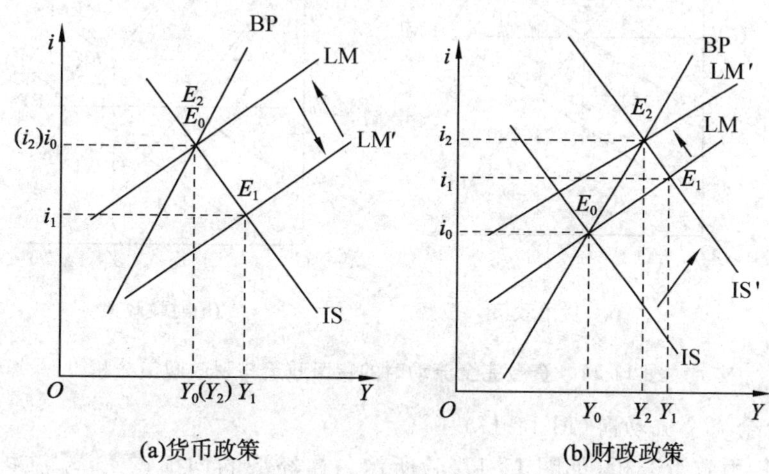

图 11-16　资金不完全流动时的货币政策与财政政策分析

(1)货币政策分析，如图 11-16(a)所示。在经济的均衡点 E_0 实施扩张型的货币政策→Ms↑→LM 右移至 LM′→经济由 E_0 至 E_1→Y↑，i↓→进口(M)↑，i 的下降引起资金外流→(CA+KA)即 BP 恶化至逆差→本币有贬值压力，为维持固定汇率→FR↓→Ms↓→LM′左移至 LM→经济由 E_1 至 E_2 达到均衡。

比较 E_2 与 E_0 可以考察政策的效力，上述扩张型货币政策实施的结果表现为 E_2 重合于 E_0 点，即 $Y_2=Y_0$、$i_2=i_0$，可见，此时的扩张型的货币政策无效。

BP 曲线斜率等于、大于 LM 曲线斜率的两种情况下的分析过程与结果和上述分析完全一样，货币政策无效。

(2)财政政策分析，如图 11-16(b)所示。在经济的均衡点 E_0 实施扩张型的财政政策→IS 右移至 IS′→经济由 E_0 至 E_1→Y↑，i↑→进口(M)↑，i 的上升引起资金内流→CA 恶化而 KA 改善，由于资金的流动性相对较弱(表现为 BP 曲线斜率小于 LM 曲线斜率)，则 BP 恶化至逆差→本币有贬值压力，为维持固定汇率→FR↓→Ms↓→LM左移至 LM′→经济由 E_1 至 E_2 达到均衡。

同样，比较 E_2 与 E_0 可以考察政策的效力，上述扩张型财政政策实施的结果表现为 E_2 位于 E_0 点的右上方，即 $Y_2>Y_0$、$i_2>i_0$，可见，此时扩张型财政政策带来了产出的增长与利率的提高，虽然存在一定的挤出效应，但财政政策有效。

BP 曲线斜率等于、大于 LM 曲线斜率的两种情况下的分析过程略有差异，表现在国际收支的不同失衡上，但结果与上述基本一致，即财政政策有效，而且不同斜率关系下财政政策的效力略有差异。读者自行分析，不难得出这样的结论，资金流动性越强，挤出效应越小，财政政策效力越大。

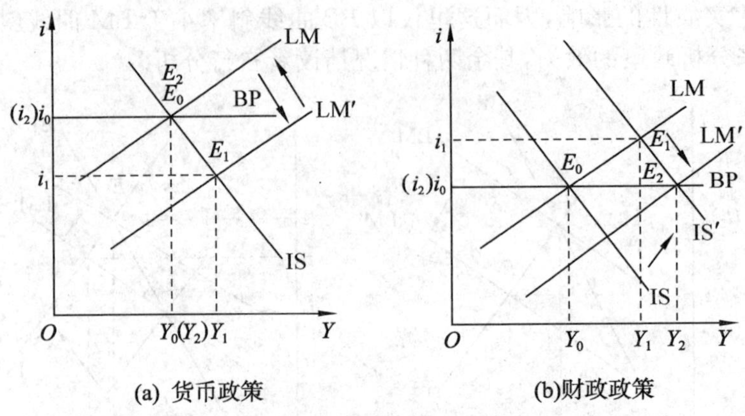

图 11-17　资金完全流动时的货币政策与财政政策分析

3. 资金完全流动时(图 11-17)

(1)货币政策分析，如图 11-17(a)所示。在经济的均衡点 E_0 实施扩张型的货币政策→Ms↑→LM 右移至 LM′→经济由 E_0 至 E_1→Y↑，i↓→由于资金的完全流动性，Y 的变动还没有来得及通过进口(M)影响 CA，i 的下降引起资金大量外流→导致 BP 恶化至逆差→本币有贬值压力，为维持固定汇率→FR↓→Ms↓→LM′左移至 LM→经济由 E_1 至 E_2 达到均衡。

比较 E_2 与 E_0 可以考察政策的效力，上述扩张型货币政策实施的结果表现为 E_2 重合于 E_0 点，即 $Y_2=Y_0$、$i_2=i_0$，可见，此时的扩张型的货币政策无效。

(2)财政政策分析，如图 11-17(b)所示。在经济的均衡点 E_0 实施扩张型的财政政策→IS 右移至 IS′→经济由 E_0 至 E_1→Y↑，i↑→由于资金的完全流动性，Y 的变动还没有来得及通过进口(M)影响 CA，i 的上升引起资金大量内流→导致 BP 表现为顺差→本币有升值压力，为维持固定汇率→FR↑→Ms↑→LM 右移至 LM′→经济由 E_1 至 E_2 达到均衡。

同样，比较 E_2 与 E_0 可以考察政策的效力，上述扩张型财政政策实施的结果表现为 E_2 水平位于 E_0 点的右方，即 $Y_2>Y_0$、$i_2=i_0$，可见，此时扩张型财政政策仅仅带来了产出的增长，而利率保持不变，即不存在任何的挤出效应，财政政策非常有效。

二、浮动汇率制度下宏观经济政策的效力

(一)宏观经济政策的作用机制

1. 宏观经济政策手段

在浮动汇率制度下,短期内政府可以运用的宏观经济政策为需求增减政策与需求转换政策,主要指货币政策、财政政策与汇率政策,表现为货币供给量的增减、财政支出的增减与本币的升值和贬值。

2. 货币政策的作用机制

货币政策→LM 曲线的平行移动→国民收入(Y)与利率(i)的变化→经常账户(CA)与资本与金融账户(KA)的变化→国际收支(BP)的变动→名义汇率(e)的变动→在名义汇率与实际汇率不存在区别的前提下,实际汇率(q)同方向、同幅度变动→IS 曲线与 BP 曲线的平行移动→……

3. 财政政策的作用机制

财政政策→IS 曲线的平行移动→国民收入(Y)与利率(i)的变化→经常账户(CA)与资本与金融账户(KA)的变化→国际收支(BP)的变动→名义汇率(e)的变动→在名义汇率与实际汇率不存在区别的前提下,实际汇率(q)同方向、同幅度变动→IS 曲线与 BP 曲线的平行移动→……

(二)宏观经济政策的效力分析

以扩张型的政策为例分析不同资金流动性下,搭配了汇率政策(本币升值和贬值)的货币政策与财政政策的效力。

1. 资金完全不流动时(图 11-18)

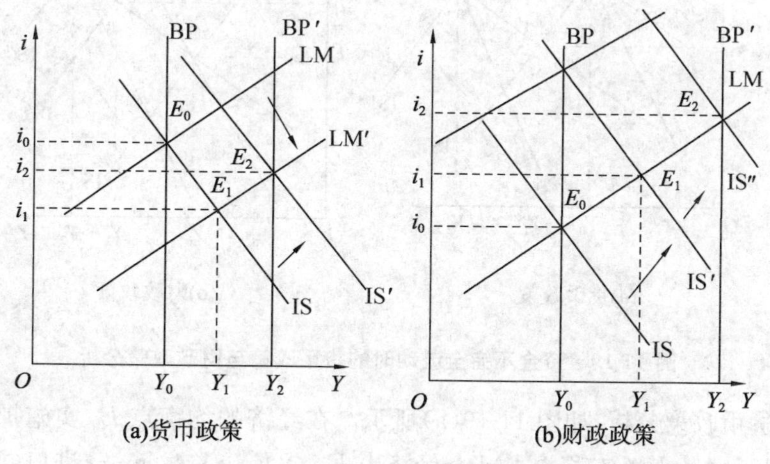

图 11-18　资金完全不流动时的货币政策与财政政策分析

(1)货币政策分析,如图 11-18(a)所示。在经济的均衡点 E_0 实施扩张型的货币政策→Ms↑→LM 右移至 LM′→经济由 E_0 至 E_1→Y↑,i↓→进口(M)↑,i 的变动不会引起资金的流动→CA 即 BP 恶化至逆差→本币贬值→IS 曲线与 BP 曲线同时右移至 IS′及 BP′→经济由 E_1 至 E_2 达到均衡。

比较 E_2 与 E_0 可以考察政策的效力,上述扩张型货币政策实施的结果表现为 E_2 位于 E_0 点的右下方,即 $Y_2>Y_0$、$i_2<i_0$,可见,此时扩张型货币政策带来了产出两次的增长与利率的下降,货币政策有效。

(2)财政政策分析,如图 11-18(b)所示。在经济的均衡点 E_0 实施扩张型的财政政策→IS 右移至 IS′→经济由 E_0 至 E_1→Y↑,i↑→进口(M)↑,i 的变动不会引起资金的流动→CA 即 BP 恶化至逆差→本币贬值→IS 曲线与 BP 曲线同时右移至 IS″及 BP′→经济由 E_1 至 E_2 达到均衡。

同样,比较 E_2 与 E_0 可以考察政策的效力,上述扩张型财政政策实施的结果表现为 E_2 位于 E_0 点的右上方,即 $Y_2>Y_0$、$i_2>i_0$,可见,此时扩张型财政政策带来了产出的增长与利率的上升,虽然存在一定程度的挤出效应,但财政政策仍然有效。

2. 资金不完全流动时(图 11-19)

当资金不完全流动时,BP 曲线表现为一条斜率为正的曲线,与斜率为正的 LM 曲线仍存在相对位置问题。这里仍然以 BP 曲线斜率小于 LM 曲线斜率的情况作为代表来分析政策的效力,其余两种情况请读者自行分析。

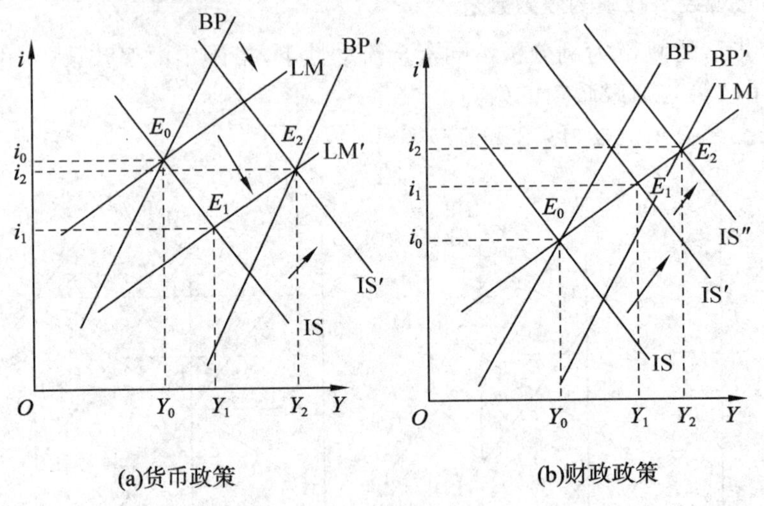

图 11-19 资金不完全流动时的货币政策与财政政策分析

(1)货币政策分析,如图 11-19(a)所示。在经济的均衡点 E_0 实施扩张型的货币政策→Ms↑→LM 右移至 LM′→经济由 E_0 至 E_1→Y↑,i↓→进口(M)↑,i 的下降引起资金外流→(CA+KA)即 BP 恶化至逆差→本币贬值→IS 曲线与 BP 曲线同时右移至 IS′及 BP′→经济由 E_1 至 E_2 达到均衡。

比较 E_2 与 E_0 可以考察政策的效力，上述扩张型货币政策实施的结果表现为 E_2 位于 E_0 点的右方，即 $Y_2>Y_0$，而 i_2 与 i_0 的关系并不唯一，具体取决于 IS 曲线右移的幅度，即本币贬值的幅度。此时扩张型货币政策带来了产出两次的增长，货币政策有效。

BP 曲线斜率等于、大于 LM 曲线斜率的两种情况下的分析过程与结果与上述分析完全一样，货币政策有效。

(2)财政政策分析，如图 11-19(b)所示。在经济的均衡点 E_0 实施扩张型的财政政策→IS 右移至 IS′→经济由 E_0 至 E_1→Y↑，i↑→进口(M)↑，i 的上升引起资金内流→CA 恶化而 KA 改善，由于资金的流动性相对较弱(表现为 BP 曲线斜率小于 LM 曲线斜率)，则 BP 恶化至逆差→本币贬值→IS 曲线与 BP 曲线同时右移至 IS″及 BP′→经济由 E_1 至 E_2 达到均衡。

同样，比较 E_2 与 E_0 可以考察政策的效力，上述扩张型财政政策实施的结果表现为 E_2 位于 E_0 点的右上方，即 $Y_2>Y_0$、$i_2>i_0$，可见，此时扩张型财政政策带来了产出的增长与利率的提高，虽然存在一定的挤出效应，但财政政策仍有效。

BP 曲线斜率等于、大于 LM 曲线斜率的两种情况下的分析过程略有差异，表现在国际收支的不同失衡上，但结果与上述基本一致，即财政政策有效，而且不同斜率关系下财政政策的效力略有差异。读者自行分析，不难得出这样的结论，资金流动性越强，挤出效应越大，财政政策效力越小。

3. 资金完全流动时(图 11-20)

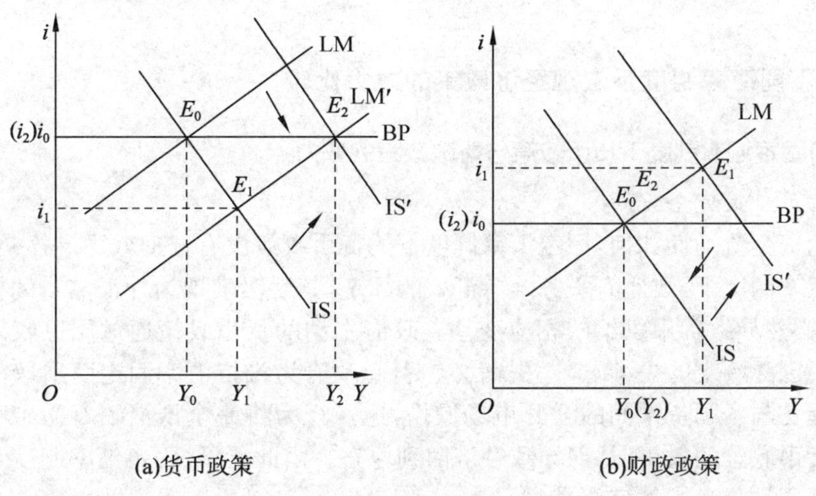

图 11-20　资金完全流动时的货币政策与财政政策分析

(1)货币政策分析，如图 11-20(a)所示。在经济的均衡点 E_0 实施扩张型的货币政策→Ms↑→LM右移至LM′→经济由E_0至E_1→Y↑,i↓→由于资金的完全流动性,Y的变动还没有来得及通过进口(M)影响CA,i的下降引起资金大量外流→导致BP恶化至逆差→本币贬值→IS曲线右移至IS′,而BP曲线由于资金的完全流动性不受本币贬值的影响→经济由E_1至E_2达到均衡。

比较E_2与E_0可以考察政策的效力,上述扩张型货币政策实施的结果表现为E_2水平位于E_0点右方,即$Y_2>Y_0$、$i_2=i_0$,此时扩张型的货币政策在带来产出两次增长的同时而保持利率不变,可见,货币政策非常有效。

(2)财政政策分析,如图11-20(b)所示。在经济的均衡点E_0实施扩张型的财政政策→IS右移至IS′→经济由E_0至E_1→Y↑,i↑→由于资金的完全流动性,Y的变动还没有来得及通过进口(M)影响CA,i的上升引起资金大量内流→导致BP表现为顺差→本币升值→IS′左移至IS,而BP曲线由于资金的完全流动性不受本币升值的影响→经济由E_1至E_2达到均衡。

同样,比较E_2与E_0可以考察政策的效力,上述扩张型财政政策实施的结果表现为E_2重合于E_0点,即$Y_2=Y_0$、$i_2=i_0$,可见,此时扩张型财政政策无效。

第三节　开放经济下宏观经济政策的选择与搭配

采取的汇率制度不同,政府宏观调控政策的效力存在着很大的差异,这无疑为实施不同汇率制度的国家进行宏观经济政策的选择与搭配提供了强有力的指导和参考。

一、不同汇率制度下宏观经济政策的效力比较

(一)固定汇率制度下货币政策与财政政策的效力

1.货币政策完全无效

无论资金流动性如何,固定汇率制度下的货币政策没有任何效力。这是因为,在固定汇率制度下,政府有义务维持汇率的固定,其手段表现为外汇储备的投放或回流,这必然导致货币供给的相应变动。政府主动的货币政策通过国民收入与利率带来了国际收支的失衡,这一失衡必然引起政府为维持汇率固定而采取的被动的外汇储备与本国货币间的公开市场操作,这一行为将完全抵消政府初始状态的主动性货币政策的效果,从而导致经济回到原态。由此可见,固定汇率制度下货币政策的独立性与自主性完全丧失。

2.财政政策相对有效

固定汇率制度下财政政策的效力在不同的资金流动性下有所不同。分析表

明，资金流动性越弱，挤出效应越大，财政政策效力越小，当资金流动性弱至不流动时，完全的挤出效应，财政政策无效；资金流动性越强，挤出效应越小，财政政策效力越大，当资金流动性强至完全流动时，不存在任何挤出效应，财政政策非常有效。

（二）浮动汇率制度下货币政策与财政政策的效力

在浮动汇率制度下，搭配了汇率政策（本币升值和贬值）的货币政策与财政政策的效力表现为：

1. 货币政策相对高效

这是因为，此时一国可以自主控制货币供给，货币政策会通过对汇率的影响而加强其效果。

2. 财政政策相对低效

这是因为，财政政策造成的利率变动会引起汇率的调整，从而削弱其政策效果。财政政策的效力在不同的资金流动性下有所不同，分析表明，资金流动性越弱，挤出效应越小，财政政策效力越大，但即使资金流动性弱至不流动时，仍存在一定程度的挤出效应；资金流动性越强，挤出效应越大，财政政策效力越小，当资金流动性强至完全流动时，财政支出的变化完全被本币币值的改变带来的经常账户反方向的变动所抵消，从而导致财政政策无效。

既然不同汇率制度下货币政策与财政政策的效力存在着如此大的差异，那么，在不同的汇率制度下宏观经济政策的选择与搭配必然不同。

二、固定汇率制度下宏观经济政策的选择与搭配

在固定汇率制度下，短期内政府可以运用的宏观经济政策主要为以货币供给量与财政支出的增减为表现的货币政策与财政政策。由于固定汇率制度下货币政策完全失效，所以从理论上来讲，政府能够运用的宏观经济政策只有以财政支出增减为表现的财政政策。然而，这一结论在现实中很难立足，包括中国在内的所有国家在实行固定汇率制度的阶段没有、也不可能放弃货币政策手段，这一现实不仅没有否定前述 IS-LM-BP 模型对开放经济下宏观经济政策效力的描述，反而从实践的角度验证了这一模型分析的有效性。

IS-LM-BP 模型分析指出，在货币政策失效的情况下，固定汇率制度下财政政策的效力在不同的资金流动性下有所不同，资金流动性越强政策效力就越大，直至资金完全流动情况下的完全有效。然而，在现实中，实行固定汇率制度阶段的国家没有任何一国是允许资金完全流动的，那么，这意味着当这些国家在运用财政政策实施宏观调控时，没有任何一国的财政政策可以达到最大效力，都存在着不同程度的挤出。这是因为，固定汇率制度下财政政策的效力随资金流动性的减弱而被弱化，或者说随资金流动性的增强而得以强化。然而，这一结论恰好给这些国家在实

践中如何增强财政政策效力提供了理论指导，这并不表现为增强资金的流动性或者说完全放开本国的资本市场，因为这对于仍处于选择固定汇率的国家而言是不可能也不现实的。那么，资金完全流动下财政政策之所以完全有效的分析过程（见图 11-17(a)所示）所带来的思考和启示是：扩张型的财政政策之所以在此情况下完全有效，表现为利率保持不变下产出的增长，即不存在任何的挤出效应[①]，是因为 IS 曲线的右移伴随了 LM 曲线的右移，这意味着扩张型财政政策与扩张型货币政策的搭配运用，也就是说，在固定汇率制度下，虽然货币政策的单独运用由于政府维持固定汇率的义务而完全失效，然而货币政策却可辅助财政政策，在采用扩张型财政政策的同时搭配以扩张型货币政策，则可抵消两种政策导致的利率上升与下降，使利率维持在一定的水平上，避免挤出效应，从而强化财政政策效力。

可见，在货币政策失效的固定汇率制度下，在实施财政政策的同时搭配以适当的货币政策将有助于增强财政政策的效力，进而达到更佳的宏观调控效果。

三、浮动汇率制度下宏观经济政策的选择与搭配

在浮动汇率制度下，短期内政府可以运用的宏观经济政策为需求增减政策与需求转换政策，主要指货币政策、财政政策与汇率政策，表现为货币供给量的增减、财政支出的增减与本币的升值和贬值。

由于在浮动汇率制度下，一国可以自主控制货币供给，货币政策会带来产出与利率的变化，而这两者又会通过对国际收支的影响引起本国汇率的变动，这将有助于加强货币政策的效力，即搭配以汇率政策（本币升值和贬值）的货币政策相对高效。然而，在多数情况下财政政策造成的利率变动带来的汇率调整通常会削弱财政政策效力（当然这也并非是绝对的，财政政策造成的利率变动带来的汇率调整会增强财政政策效力的情况请读者自行分析），但相对来讲，财政政策是低效的，尤其在资金完全流动这一必然趋势的情况下，财政政策的努力完全被由此带来的汇率调整引起的结果所抵消，财政政策完全失效。

可见，在浮动汇率制度下，依政策效力原则，货币政策与汇率政策的搭配优于财政政策与汇率政策的搭配。

然而，最后必须指出的是，无论在何种汇率制度下，上述谈及的宏观经济政策的选择与搭配仅仅是一种短期政策，这是因为，货币政策、财政政策与汇率政策所代表的需求增减与需求转换政策只是一国宏观调控政策中的需求调节政策手段，其政策特点具有短期性。因而，从中长期来看，只有具有一定的“改革”特点的供给调节政策才可以从根本上提高一国的经济实力与科技水平，从而为实现内外均衡

---

① 挤出效应指扩张型的财政政策所引起的利率上升、投资下降、需求减少的现象，是财政政策局限性的表现之一。

创造条件。

【思考题】

1. 开放经济下的宏观调控目标是什么？与封闭经济有何区别？

2. 开放经济下的宏观经济政策工具有哪些？它们各自具有什么特点？

3. 何谓“米德冲突”？有何表现？

4. 依据蒙代尔政策指派原理，谈谈你对开放经济下政策搭配的理解。

5. Explain the effect of each of the following on the IS curve：

(1)Government spending decreases.

(2)Foreign demand for the country's exports increases.

(3)The country's interest rate increases.

6. Explain the effect of each of the following on the LM curve：

(1)The country's central bank decreases the money supply.

(2)The country's interest rate increases.

7. Explain the effect of each of the following on the BP curve：

(1)Foreign demand for the country's exports increases.

(2)The foreign interest rate increases.

(3)The country's interest rate increases.

8. 利用 IS-LM-BP 模型分析固定汇率制度下，资金不完全流动时宏观经济政策的效力，并说明其政策价值。

9. 利用 IS-LM-BP 模型分析浮动汇率制度下，资金不完全流动时宏观经济政策的效力，并说明其政策价值。

10. 结合中国宏观经济政策实践，谈谈今后一个时期中国宏观经济政策的选择问题。

第十二章　最优通货区理论与实践

从20世纪60年代起，货币一体化开始成为国际金融界的研究热点，形成了诸多有启发意义的理论，部分国家和地区还对此进行了实践，以货币集团和通货区的形式在世界各个地区兴起，其中尤以欧洲联盟的货币一体化进程引人注目，“美元化”则是另一个热点。本章将对此进行简要介绍。

【本章学习目标】

1. 掌握传统通货区的主要理论，这是理解后面通货区理论成本与收益分析的基础。
2. 掌握加入通货区的成本收益分析技术，能够利用其分析一些货币区的发展趋势。
3. 了解欧元发展历程，掌握欧元实施后的成就与面临的困难。
4. 了解“美元化”内容及其利弊。

第一节　最优通货区理论

最优通货区理论是一种特殊的汇率制度选择理论，该理论以固定汇率的最佳实行范围为主要研究内容，试图解答在什么情况下实行固定汇率安排和货币一体化才是最优的这一问题。自20世纪60年代兴起后，随着国际经济与金融市场一体化的深入，最优通货区理论对现实的影响力度越来越大。这一理论的核心是寻找影响建立通货区的因素，衡量得失。从实践的层面考察，欧洲货币一体化是该理论的最佳例证，对世界产生了深远影响，正影响着未来国际货币体系的发展。

一、通货区的概念

区域内各国货币合作的程度是多样的，按照合作深度，大体可以分成三个层次。第一层次指区域货币合作，体现为参与国在货币问题上实行协商、协调乃至共同行动，合作各方都有较大的选择余地；第二层次是区域性货币同盟，合作国一般签有法律文件，规定货币金融某些重大问题需要进行合作；第三层次是通货区，主要特点是成员国货币之间的名义比价相互固定，存在一个主导货币作为成员国汇率基础，并保证与其他成员国货币自由兑换，存在一个协调和管理机构，成员国需要让渡部分货币主权给这一机构；它是货币一体化的高级形式。

世界许多地区已经进行了多种形式的货币一体化。比如：1961 年中美洲一些国家成立了中美洲经济一体化银行；1962 年西非 6 国成立了西非货币联盟；1968 年和 1977 年拉美 5 国分别成立了安弟斯开发公司和安弟斯储备基金；1972 年 21 个阿拉伯国家建立了阿拉伯货币基金；1963 年苏联和东欧诸国建立了以转账卢布为中心的经互会货币区；1972 年西欧诸国实行的货币汇率联合浮动（蛇形浮动），并进而演变成较紧密的欧洲货币体系，再发展到更紧密的欧洲货币联盟；如此等等，都是区域货币合作，区域货币同盟和通货区的具体表现。

加入通货区可以带来多项益处：通货区内实行固定汇率可以避免汇率波动对贸易和物价的不利影响，有助于商品的流通和物价的稳定；通货区内实行以主导货币为中心的货币自由兑换，有利于多边贸易和多边支付制度的建立，有利于资金在区域内的自由移动，从而有助于国际分工及投资机会和生产空间的扩大；通货区有一个协调和管理机构，有助于加强各成员国之间的在货币问题上的合作，获取资金融通，减少摩擦。不过加入通货区也会带来一些不利之处，主要表现在：通货区内的固定汇率制度使成员国运用汇率政策的自由受到了限制，对非稳定性资本流动的控制能力也下降；当本国利益与区域整体利益（或另一成员国的利益）发生矛盾时，运用货币政策加以调节的能力也下降。对存在的这些矛盾进行比较，衡量利弊，产生最优通货区理论。由于汇率、主导货币问题、货币兑换性问题都是国际货币体系中的重大课题，因此，最优通货区理论实际上也是国际货币体系理论的一个组成部分。

二、传统最优通货区理论

最优通货区理论的早期，主要侧重于单一指标分析，比较有影响的有以下几种理论。

1. 要素流动性标准

1961 年，罗伯特·蒙代尔最早提出最优通货区概念和理论，他主张用生产要素的高度流动性作为确定最优通货区的标准。

蒙代尔认为，需求转移是一国出现外部失衡的主要原因。假定有 A、B 两个区域，若原来对 B 区域产品的需求现在转向 A 区域产品，则 B 区域的失业增加；如果 A 区域正巧是 A 国，B 区域正巧是 B 国，不考虑资本项目时，当生产要素不能低成本地自由流动时，比较适合浮动汇率，此时 B 国货币汇率的下跌将有助于减轻 B 国的失业，A国货币汇率的上升有助于降低A国通货膨胀压力。如果生产要素可以低成本地从A国转移到B国，则可以缓解A国通货膨胀压力和B国就业压力，通过各自价格水平的调整恢复两国内外均衡。所以生产要素高度流动的国家之间，适合实行固定汇率制度，甚至可以考虑实现单一货币。

这一理论有其不足之处。世界各国的经济发展是不平衡的，生产要素的高度流动反而可能使货币同盟中的富有国越富，穷国越穷（因为穷国在经济增长方面受到的损害可能会超过贸易上获得的收益）。劳动力可能因为气候、生活习惯、文化和道德风俗诸方面的差异，迁移需要较长时间，成本也较高。因此，仅以生产要素的高度流动性来判断最优通货区是存在局限性的。

2. 经济开放性标准

1963年，罗纳德·麦金农提出，应以经济高度开放性作为确定最优通货区的标准。

麦金农将社会总产品区分为可贸易商品和不可贸易商品，经济开放性与可贸易商品在社会总产品中的比重成正相关关系，比重越高，经济越开放。他认为，一个经济高度开放的小国难以采用浮动汇率制度有两条理由：第一，由于经济高度开放，市场汇率稍有波动就会引起国内物价的剧烈波动；第二，在一个进口在消费中占有很大比重的高度开放的小国中，汇率波动对居民实际收入的影响非常大，使存在于封闭经济中的货币幻觉消失，进而令汇率变动丧失纠正对外收支失衡的作用。为此，麦金农强调，一些贸易关系密切的开放国家应该组成一个相对封闭的共同货币区，并在区内实行固定汇率安排，而整个货币区则对与其贸易往来关系不大的地区实行浮动（或弹性）汇率安排。

麦金农理论的局限性表现在三个方面。首先，他是以物价稳定为追求目标，而现实中，经济高度开放的国家恰恰是以浮动汇率隔绝外来的不稳定影响。其次，麦金农的分析以经济高度开放的小国为对象，如果这个小国的贸易分散于几个大国，而这些国家的货币又彼此浮动，麦金农的指标就失去了意义。第三，麦金农的分析重点在贸易收支账户方面，忽略了资本流动对汇率安排和国内经济的影响。

3. 低程度的产品多样性标准

彼得·凯南于1969年提出，应以低程度的产品多样性作为形成一个最优通货区的标准。

凯南假设国际收支失衡的主因是宏观经济的需求波动。他认为，一个产品相当多样化的国家，进口也是多样化的。在固定汇率安排下，对一个高程度产品多样性的国家而言，由于单一品种的出口商品在整个出口中所占的比重不大，其需求的下降不会对国内就业产生太大影响；相反，对低程度产品多样性的国家来说，其出口产品的多样性也是低程度的。若外国对本国出口商品的需求下降，就必须对汇率作较大幅度的变动，才能维持原有的就业水平。可见，出口产品的多样性使外部动荡对经济的冲击力变小了，出口收益相对稳定。因此，高程度产品多样性的国家可以承受固定汇率的后果；而低程度产品多样性的国家则不能，所以适宜采用汇率灵活安排的独立（最优）通货区。

多样化产品作为一国加入货币联盟的标准是值得讨论的。首先，凯南强调的是微观层面上的分析，但是作用于不同部门的需求和供给冲击可以由于贸易结构的多样化而相互抵消，从而不会对总的对外收支平衡带来多大影响。其次，多样化产品标准同贸易开放度标准可能会产生矛盾，按照多样化产品标准，该国应该维持浮动汇率。对于给定的高贸易开放度，产品的多样化程度越大，加入货币联盟的成本越小。

4. 金融一体化和资本可流动性标准

不同于以实物标准确定最优通货区，詹姆斯·伊格拉姆于 1969 年指出，在决定通货区的最优规模时，有必要考察一国的金融特征，并进而在 1973 年提出以国际金融高度一体化作为最优通货区标准的理论。

一方面，金融一体化使得为短期对外收支不平衡融资更为容易；另一方面，货币同盟成员国间通过相互持有金融资产和相互直接投资分散了由不对称冲击引起的收入及财产波动。这都有助于成员国面临不对称冲击时宏观经济的稳定。实际上，金融一体化和资本的可流动性能够成为最优通货区标准还有如下两个原因：

第一，金融一体化程度高的国家间存在较高的货币替代，进一步支持了金融一体化标准。货币替代是指外国货币部分或完全替代本国货币作为流动性资产的状况。金融一体化程度高的国家，或者是出于交易动机，或者是出于预防性动机，在居民持有的货币资产中，外国货币的占比较高。在这种情况下，浮动汇率不断改变着人们的汇率预期，可能会造成高度不稳定的外部收支平衡。

第二，较高的货币替代程度和资本流动性，大大降低了一国运用货币政策达到其预期效应的能力。从资本流动性角度考虑，较高的资本流动性削弱了用货币政策实现对内平衡的能力，原因在于为减少失业而实施的扩张性货币政策，会由于利率降低和资本外流而导致扩张性作用的失效。

伊格拉姆的金融高度一体化标准的缺陷在于，它只强调了资本要素的流动，但资本要素的流动不一定能成为国际收支的一种有效调节机制；同时，它还忽视了经常账户的作用。此外，同蒙代尔一样，伊格拉姆是从固定汇率的维护机制来分析最优通货区标准的，并局限于将资金融通视为平衡国际收支的唯一方法。而在现实世界中，即使是货币同盟内部，顺差国也不愿意无止境地向逆差国提供融资。

5. 通货膨胀率相似性分析

1970 年和 1971 年，G·哈伯勒和 G·M·弗莱明分别提出以通货膨胀率的相似性作为确定最优通货区标准的理论。

根据购买力平价理论，各国通货膨胀率不同是名义汇率变动的起因。当各国通货膨胀率有差异时，为了维持外部平衡，汇率调整就有必要。如果汇率调整由于加入货币同盟而不再可能，则经济调整的压力全要由对内调整来负担。因此通货膨胀率差别很大的国家间不适宜形成货币同盟。具体分析，国家间通货膨胀率的差别主要来源于两个方面：一是由于各国经济结构特征不同，各国的菲利普斯曲线形状各不相同；二是由于各国政策的偏好不同，即使有相同的菲利普斯曲线，各国通货膨胀政策目标值仍然可以不相同。因此结构相似性和政策目标的相容性也被认为是最优通货区的标准。

通货膨胀会使国际收支恶化，但是，把它说成是最经常、最主要的原因也是不完全符合现实的，事实证明，通货膨胀不一定是国际收支失衡的主要原因，以它作为最优通货区的唯一标准是缺乏依据的。例如，20 世纪 60 年代，美国、加拿大和西欧的通货膨胀率差异非常小，但加拿大元几次对美元实行浮动，西欧却对美国保持巨额国际收支顺差。国际收支逆差实际上是由滥用国际货币发行特权、各国经济结构差异、国际交换关系不平等、劳动生产率差异、利率差异和通货膨胀率差异等因素共同作用的结果，而且，前面几项因素有时甚至是更加重要的。

三、加入通货区的成本与收益分析

加入通货区可以带来一定的收益，同时也要承担一定的成本，政策决策是在权衡成本收益基础上做出的。其收益主要表现为：通货区内实行固定汇率制可以消除因汇率变动而对贸易和物价产生的不利影响；有利于建立多边贸易体制和多边支付的制度，实现区内资金等生产要素的自由流动，形成区内合理的国际分工格局；超国家的协调监管机构，有利于加强各成员国之间的沟通与合作，提高各项政策的调节效率。承担的成本主要表现为：区内实行固定汇率制度使各国汇率政策的操作空间受到制约，从而增大了调节成本；由于区内各成员国经济发展水平的不尽相同，会使成员国家之间在某些政策上产生摩擦与冲突。对此，克鲁格曼做了一个分析。

1. 加入通货区的收益分析

克鲁格曼认为，一个国家与一个实行固定汇率安排的通货区的经济一体化程度越高，该国通过其货币与通货区内其他货币汇率实行固定安排所得到的货币收益也就越大，而且这一收益与国际贸易和生产要素的流动正相关。我们可以借助收益曲线 GG 对此作出说明(见图 12-1)。

图 12-1 中的横轴表示加入国与通货区的经济紧密程度，可以用经济交往的量占 GNP 的百分比表示；纵轴表示加入国的货币效率收益，即加入通货区所能带来的收益。图中的 GG 线即为货币效率收益与经济紧密度的关系，其斜率为正，表明一个国家的经济与其加入的货币区的一体化程度越高，加入的收益越大。之所以

如此，是因为固定汇率的优点就在于可以简化结算，促进贸易的发展。虽然这一收益难以给出准确的值，但可以肯定的是，一国加入通货区后的这种收益要大于不加入通货区条件下与通货区成员国进行贸易的收益。如果生产要素也能够自由流动，则加入后的收益会更高。

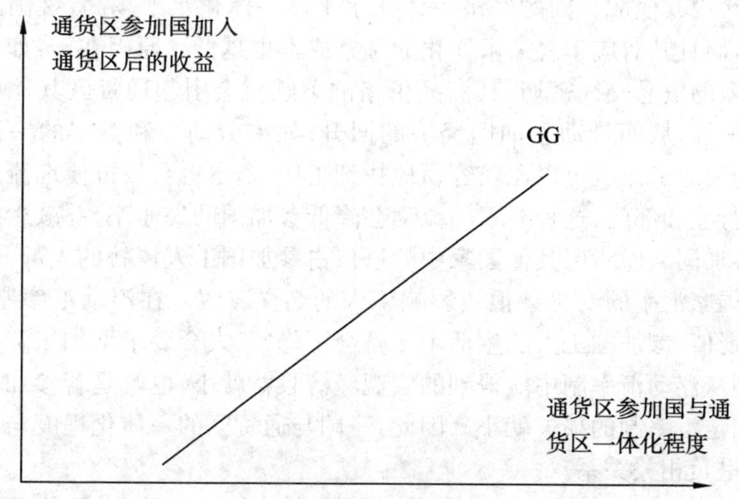

图 12-1　GG 曲线

以上分析隐含了如下假设，即通货区规模越大，其价格水平的稳定性和可预测性也越高。否则，伴随着加入通货区而产生的价格水平易变性，会将一国从通货区中获得的一部分货币效率收益抵消掉。另外，如果通货区参加国作出的固定汇率承诺没有得到市场充分信任的话，汇率变动方面的某些不确定性会继续存在，其货币效率收益也将比事先预期的要少。因此，只有在通货区内价格水平稳定且固定汇率的承诺有保证的前提下，参加国才能从固定汇率安排中获益，而且各国市场联系越紧密，这种货币效率收益也越高。此外，一国与一个低通胀通货区的结合程度越高，其国内低通胀的目标越容易实现，这是因为，通货区经济的紧密结合导致区域内各国价格水平的收敛，并缩小了各参加国价格水平的变动范围。

2. 经济一体化与固定汇率区的成本分析

加入通货区后，一国在获得收益的同时，也要付出一定的成本。即使在这一区域通货膨胀相当低的情况下也是如此。因为一国在加入通货区时，必须放弃其运用汇率工具和货币政策实现稳定国内产出和就业目标的一部分自主权，这种因固定汇率安排而产生的不稳定性被称作经济稳定性损失，它同样是和参加国与通货区其他成员国经济的一体化程度有关联的，但它们不是正相关，而是负相关。

假设一个通货区参加国面临着总需求下降的局面，则其需求曲线将发生向左的位移。第一种情况，如果区内其他参加国的需求曲线同时向左移动，那么就等同于成员国货币对区外国家货币的联合贬值，通货区的稳定性得以实现。第二种情况，如果通货区内其他参加国不采取货币贬值措施，那么面临总需求下降的那个国家只有在经历一段时间的高成本经济衰退后，才能使充分就业目标重新实现，而在衰退期间，该国的商品价格和工资水平都会下降。至于经济衰退的程度，则取决于该国与通货区内其他成员国的经济一体化水平。一体化水平越高，该国经济衰退的幅度越小，而且其对应于总需求变化的调整成本也越低。原因在于：如果参加国与通货区国家的贸易交往密切，其商品价格的下跌就会引起通货区其他国家对其产品需求的增加，从而带动参加国经济的回升；如果劳动力和资本的一体化程度高，参加国的失业工人就可以比较容易地找到工作，资本也会较方便地流向国外具有高回报的行业和部门，这种要素的流动会降低参加国的失业率，并减少投资者的亏损；如果参加国从通货区其他国家中的进口占参加国工人消费的大部分，则参加国对通货区国家汇率的变化会很快影响工人的名义工资。在浮动汇率制下，如果参加国货币贬值，参加国工人的生活水平就会下降，工人会要求增加工资。在这种情况下，一国从浮动汇率制中能得到的宏观经济收益就小，也就是若参加国加入通货区，实行固定汇率制的损失就小。因此，一国与通货区的一体化程度与加入后的经济稳定性呈负相关关系。

由此我们可以认为，一国与一个通货区保持较高的经济一体化程度，可以保证该国在加入通货区后的经济稳定性损失得以降低。我们可以用图 12-2 表示损失曲线 LL，从图中可以看到，LL 曲线是一条向右下方倾斜的曲线，其斜率为负，这就表明一国加入通货区的经济稳定性损失与它同通货区的经济一体化程度成负相关关系。

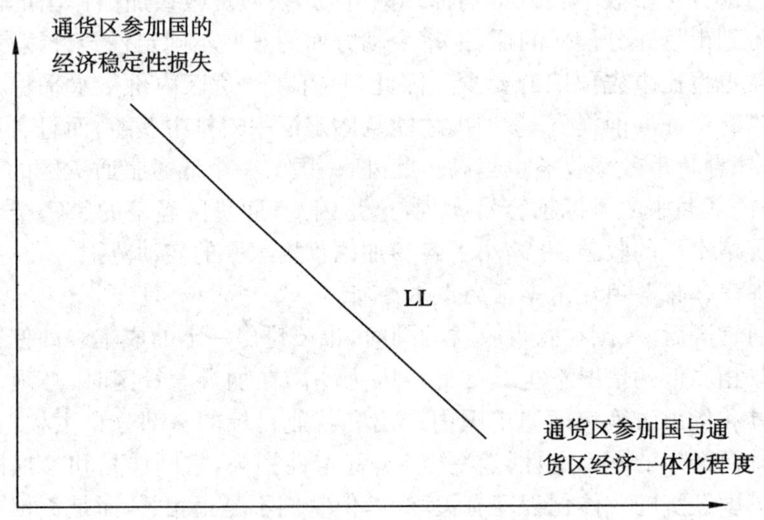

图 12-2　LL 曲线

3. 是否加入通货区的决策

将 GG 曲线和 LL 曲线像图 12-3 那样结合在一起，我们就可以看到一国是否加入通货区的决定是怎样形成的。

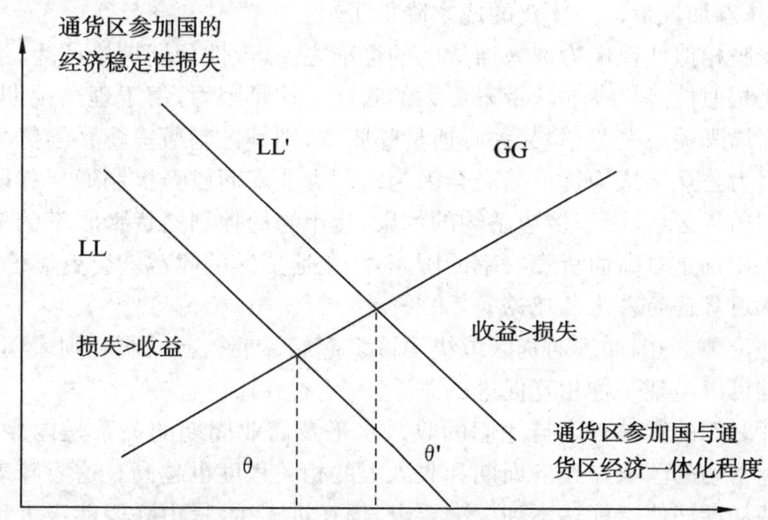

图 12-3　是否加入通货区的决策

如上图所示，一国在其与通货区的经济一体化程度高于(至少等于)θ 水平时，将决定加入通货区，此时加入通货区带来的收益大于由此带来的损失。当低于 θ 时，将选择不加入通货区。θ 为一国决定是否加入通货区的经济一体化程度的临界值。

假设外部经济环境的发生变化，推动 LL 曲线由 LL 右移至 LL′，则在同一经济一体化水平上，曲线 LL′上的产出与就业不稳定性损失较曲线 LL 有所提高，因而决定一国加入通货区的最低经济一体化水平也相应的由提升到 θ′，即曲线 GG 与曲线 LL′的交点。

四、最优通货区理论的新进展

上世纪 70 年代下半期和 80 年代初，最优通货区理论研究基本上处于停滞状态。借助于其他领域经济学的发展，最优通货区的研究自 80 年代末期开始也随之复活了，催生了新最优通货区理论的产生。

1. 理性预期与最优通货区理论

货币政策能够发生作用，主要基于工资的“货币幻觉”和向下倾斜的菲里普斯曲线这一假设前提。因此，独立的货币政策能够刺激经济，提高就业水平，是非常有效的政策工具。但是，这种通胀与失业相互替代的观点受到了弗里德曼和卢卡斯的质疑。他们认为，在长期，菲里普斯曲线是垂直的，失业率与自然失业率相关，与通货膨胀率无关，在平衡通货膨胀率和失业率方面，货币政策是无效的。这就意味着，那种认为加入通货区会降低货币政策主动性的负面影响从长期来看是不存在的，也意味着加入货币一体化的成本降低了。

通货膨胀相似性曾作为加入通货区的标准之一，理性预期理论认为，通货膨胀的差异性比相似性能给参加国带来更大的收益。这是因为，由于理性预期的存在，如果货币当局既关心失业率，又关心通货膨胀率，则其控制通货膨胀的努力是不被信任的。因为公众会认为货币当局会因为控制失业率而放弃控制通货膨胀率。当一国加入到通货区后，由于多边条约的约束，货币当局控制通货膨胀率的努力就会赢得信任。特别是对高通货膨胀率的国家，加入通货区的收益就会更显著。

2. 最优通货区的内生性理论

传统理论中，一国加入通货区取决于许多起始标准。新的研究则表明，通货区与这些标准可以呈现一种相互促进的关系。

如国际之间的贸易程度与他们的收入水平及商业周期的关系是内生的，贸易程度关系越密切的国家在经济周期和收入上的相关程度也越高。这意味着一国在加入通货期初期即使指标达不到标准要求，但在进入后，货币联盟能极大地促进货币区内的贸易，收入水平和经济周期也会随之趋同，事后达到通货区标准。不仅如此，加入通货区后，不仅成员国之间经济周期的相关度提高，而且开放度、贸易一体化、专业化分工度和价格一体化等方面，也比加入通货区前有了明显的提高。

最优通货区的内生性假设表明了，日益增加的经济一体化加强了各国之间的趋同，减少了加入货币联盟后因丧失货币政策独立性和不能使用汇率工具的成本。

第二节　最优通货区理论的实践:欧元

欧洲货币一体化的演进，被公认为是迄今为止最优通货区理论最为成功的一次实践。在欧洲货币一体化的发展过程中，成员国间建立起一个货币稳定区域，使它们得以免受区域外金融不稳定的影响，区域内的固定汇率安排更是方便了成员国间的经济交往和合作。

一、欧元产生的历史过程

1. 跛行货币区阶段

欧洲货币一体化的起源可以追溯到 20 世纪 50 年代，欧洲于 1950 年建立起欧洲支付同盟，1957 年 3 月，“罗马条约”的签订，标志着欧共体的正式成立，1958 年欧洲经济共同体各国签署了欧洲货币协定。但这些组织或协定虽提到货币一体化的形式，但是却没有涉及各国的汇率安排和储备资产形式。因此，人们一般将之称为跛行货币区。

跛行货币区虽然开始了欧洲货币一体化的尝试，但由于其内部缺乏支持其稳定存在的基础，在整个货币一体化的发展进程中，它的地位并不重要。尽管欧洲经济共同体在20世纪60年代首次提出建立欧洲货币联盟的概念，有关的巴尔报告也强调各国应采取更有效的措施，以实现区域内各国间的政策协调，并倡议建立使逆差国能从顺差国获取信贷资助的体系，但在实践中，欧洲货币一体化并没有取得实质性进展。

2.魏尔纳计划

布雷顿森林体系瓦解之际，欧洲经济共同体国家为了减少世界货币金融不稳定对区内经济的不利影响，同时也为了实现西欧经济一体化的整体目标，于1969年提出建立欧洲货币联盟的建议。1970年10月，欧共体负责此项工作的专门委员会向理事会提交了一份《关于在共同体内分阶段实现经济和货币联盟的报告》。由于此专门委员会由当时的卢森堡首相兼财政大臣魏尔纳负责，所以该报告又被称为魏尔纳报告。该报告作部分修改后，于1971年2月9日经欧共体部长会议通过。

该报告提出在10年的过渡期内(即1971到1980年)，欧洲货币联盟的主要任务是:在共同体内实行可调整中心汇率制，共同体内成员国货币汇率波幅为±1.125%；建立欧洲货币合作基金(EMCF)，进行外汇市场的干预，维持共同体内汇率稳定并对共同体逆差国提供短期信贷；建立共同体内部货币单位，即“欧洲计算单位”作为计账单位。

魏尔纳计划由于70年代整个资本主义世界经济的剧烈动荡而拖延下来。但据此进行的一些尝试还是具有重要意义。一是建立起的联合浮动机制。1972年欧共体六国达成联合浮动协议，规定汇率波动幅度不超过当时公布的美元平价的±1.125%。在图形上，欧共体6国货币汇汇率对外的集体浮动犹如隧道中的蛇，故又称其为蛇形浮动。这种联合浮动机制为随后产生的欧洲货币体系稳定汇率机制提供了参考依据。二是于1973年4月3日建立了欧洲货币合作基金，创立欧洲计账单位EUA(European Unit of Account)。欧洲货币合作基金成立后并未发挥实质作用，但作为确定联合浮动汇率机制的核算砝码，EUA实质上是共同货币的萌芽。

3.欧洲货币体系

随着欧共体的工业品与农产品共同市场的逐渐巩固和发展，资本和劳动力流动的自由化自然成为欧共体下一个亟待实现的目标，这不仅需要各国经济政策上的协调，而且有赖于共同体货币一体化的进程。20世纪70年代石油危机的冲击，使西欧各国国际收支面临极大困难，在国际金融形势动荡不定的条件下，各国也需要结成一个区域性的货币集团来提供互相的资金支持。美元汇率的剧烈波动，也给欧共体的关税同盟、统一对外贸易政策等造成极大困难。为了抗衡美元，1978年4月在哥本哈根召开的欧共体首脑会议上，联邦德国总理施特和法国总统法斯坦提出了建立欧洲货币体系的协议，且于同年12月5日在布鲁塞尔欧共体首脑会议上，达成协议，决定成立欧洲货币体系。1979年3月13日，欧洲货币体系协议正式实施运作，其目的是制止汇率的剧烈波动，促进共同体各国的经济发展。其内容主要包括以下三个方面。

(1)创立欧洲货币单位，并在欧共体内得到广泛应用。欧共体编制预算、制定农业共同价格、各货币当局相互清算都使用了ECU，ECU成为各国仅次于美元和德国马克的储备货币，欧洲汇率机制的中心汇率也以ECU作为计算标准。ECU事实上已经成为欧共体的准货币。

(2)确立“超蛇形联合浮动”机制，稳定成员国汇率。各成员国以ECU中本币权重乘以1979年3月12日与其他成员国货币的市场汇率加总得到本币对ECU的法定一篮子比价，即中心汇率；同时规定波动幅度为±2.25%。为维护汇率机制，EMS还规定了各国必须进行干预的警戒线，达到警戒线，相应国家就需要联合干预：

警戒线＝0.75×允许的汇率幅度×(1－本币在ECU中的比重)

(3)成立欧洲货币基金。EMS集中了各成员国(包括英国)黄金和外汇储备的20%，用两年时间建立起了欧洲货币基金，以便增强EMS干预外汇市场的力量，为共同货币ECU提供物质准备，以及给予国际收支困难的成员国更多的信贷支持。

4.《马斯特里赫特条约》与欧洲经济货币同盟

自20世纪80年代下半期起，受欧洲经济持续稳定增长的鼓舞，欧洲经济一体化步伐开始加快。1985年12月，欧洲理事会卢森堡会议拟就《单一欧洲法案》。该法案规定，于1992年实现的欧共体内部统一大市场是一个没有内部边界的地区，区域内实行商品、人员、劳务和资本的自由流通。据此，进一步加强欧洲货币体系就成为形成统一内部市场、实现资本流动完全自由化的必要条件，卢森堡会议也就此将欧洲货币体系确定为深化货币合作的出发点。1988年6月，欧共体汉诺威首脑会议决定，成立由当时的欧共体委员会主席雅克·德洛尔主持的经济和货币联盟委员会。1989年6月，该委员会向欧洲理事会马德里会议提交了《欧洲共同体经济和货币联盟的报告》，并获批准。

德洛尔报告继承了20世纪70年代魏尔纳报告的基本框架，认为货币联盟应是一个货币区，区域内各国的政策要受到统一的管理，以实现共同的宏观经济目标。报告指出，货币联盟的建立必须具备三个条件：保证货币完全和不可取消的自由兑换；在银行和其他金融市场充分一体化的基础上，实现资本的完全自由流动；取消汇率的波动幅度，实行不可改变的固定汇率平价。该报告虽然没有明确提出在货币联盟内部必须有单一的货币，但把单一货币看做是货币联盟的一个自然和理想的进一步发展，并提出了建立一个欧洲中央银行体系的设想。

鉴于各成员国对德洛尔报告的反应各不相同，为实现欧洲经济和货币联盟，推进欧洲的统一，欧共体成员国的首脑们又于 1991 年 12 月在荷兰的马斯特里赫特城召开会议，正式修订作为欧洲经济共同体成立基础的《罗马条约》，并在德洛尔报告的基础上签署了《欧洲联盟条约》（又称《马斯特里赫特条约》，以下简称《马约》）。《马约》的核心内容是：(1)于 1993 年 11 月 1 日建立欧洲联盟，密切各国在外交、防务和社会政策方面的联系；(2)于 1998 年 7 月 1 日成立欧洲中央银行，负责制定和实施欧洲的货币政策，并于 1999 年起实行单一货币；(3)实行共同的外交和防务政策等。《马约》的签署与实施，标志着欧洲货币一体化进程进入了一个崭新的阶段。

5. 欧元启动

1999 年 1 月 1 日，欧洲单一货币——欧元正式启动，欧元作为储备、投资、计价和结算货币，开始在货币市场、银行间同业拆借市场的所有经济活动中享有与信用卡、支票、电子货币等同的功能。2002 年 1 月 1 日，欧元纸币和硬币正式进入流通。各成员国货币经过半年时间的混合流通后宣布退出历史舞台。2002 年 7 月 1 日起，欧元成为欧元区市场流通中唯一的法定货币。欧洲中央银行也从 1999 年开始运行，负责维护欧元稳定、统一管理主导利率、货币储备及货币发行等，制定统一的货币政策，建立和完善货币政策机制。与此同时，各成员国中央银行自动成为欧洲中央银行的执行机构，不再单独制定货币政策。截至 2015 年，欧元区国家共有 19 个：奥地利、比利时、芬兰、法国、德国、希腊、爱尔兰、意大利、卢森堡、荷兰、葡萄牙、西班牙、斯洛文尼亚、马耳他、斯洛伐克、塞浦路斯、爱沙尼亚、拉脱维亚和立陶宛。

二、欧元启动对国际金融体系的意义

欧元的诞生是区域经济一体化的需要，是欧洲货币体系发展结果。欧元正式启动后，对现行的国际金融体系产生了深远的影响。

1. 对美元在国际金融格局中的主导地位直接提出了挑战

虽然布雷顿森林体系下的美元本位时代已经过去，但美元至今仍然是关键货币。统计数据表明，美元在各国外汇储备中所占比重接近 60%，占国际金融交易总额的 80%以上，作为国际贸易计价和结算货币金额也超过一半。但美国经济在世界经济中的比重却在降低，美元地位与美国综合国力之间发生了偏离。更严重的是，无论是在国际经济舞台上还是在重要的国际金融组织中，美国意志的影响似乎都在发展。这种现实对于整体实力已经接近甚至可能超过美国的欧盟来说，很难接受。欧洲要影响全球化趋势，单凭一国或几国力量根本办不到。欧洲可以充分发挥统一货币优势，完善和发展统一市场，在此基础上采取进一步行动，在参与全球化的进程中提高效率，提高竞争力，提高欧盟的地位和作用。因此，欧元的出现在某种程度上是对美元地位的纠偏。而且，欧元与美元的竞争关系必然对世界经济格局产生实质性影响。无论美国愿意与否，这都是一个不可逆转的大趋势。

2. 对现行国际货币体系提出挑战

欧元启动后，首批 11 个国家在国际货币基金组织中的份额合并达到 37%，而且这些国家已经就在国际货币基金组织及其他相关国际机构中的代表权问题达成一致。与美国不足 20%的基金份额相比，欧盟国家有望在此后的国际政治经济中掌握更多更大的话语权，改变国际政治力量对比，从根本上打破美国一家主宰国际货币和金融事务的局面。相应的，以美元为主导的国际货币体系必然发生重大变化，甚至进行彻底改革。所以学术界普遍认为，欧元的诞生标志着国际金融进入重大调整阶段，并将为现行国际货币体系乃至国际金融体系的改革创造条件。

3. 对传统的国家主权提出了挑战

金融是一国经济的命脉，货币不仅是经济主权的象征，还是一国宏观经济政策的核心。在全球化背景下，16 个国家在平等、互利的基础上，在政治主权没有合并的前提下，在区域集团利益驱使下，主动放弃本国货币，创造一个区域共同货币，以欧洲中央银行的统一货币政策替代各国独立的货币政策。这种多国一制的货币制度创新，无疑是人类文明史上的创举。从传统的国家主权来看，放弃本民族钟爱的货币，追求一种全新的仍然充满变数的区域共同货币，是各国让渡经济主权的冒险之举。在放弃了货币、汇率、贸易等诸多政策权力以后，一旦内部均衡问题的严重性超过了外部均衡，欧元区的稳定性就会面临冲击和危险，现实中统一货币政策与分散财政政策之间始终难以协调。而且，欧洲政策一体化的理想真的能够付诸实践吗？这对于已经取得经济、货币一体化阶段性成果又有怎样的意义？事实上，迄今为止对区域共同货币的怀疑态度仍旧存在，关于欧元实践能否经得起时间的考验的争议还在继续。不过从各国经济发展长远利益来看，欧元区各国获得的是超过本国领土范围几倍甚至十几倍的货币疆界，为本国和地区经济争取了前所未有的发展空间、更加充裕的生产要素、更高的全球市场份额，以及区域经济更大的稳定性。

4. 对地区和世界经济的长远发展具有深远的影响

受到欧元成功启动的鼓舞，建立区域共同货币的议题也被许多其他国际经济组织提上日程。东南亚中央银行研究和培训中心、中非和西非货币同盟、中美洲经济一体化银行、阿拉伯货币基金组织、北美自由贸易区等纷纷兴起，一时间地区性货币一体化成为国际金融领域最热门的话题。这些组织尽管在金融和货币一体化方面的成就十分有限，但仍然在区域性货币经济协调方面发挥了重要作用。近几年来，有关东亚区域合作规划的讨论也在升温，甚至已经有学者开始设想是否会在亚欧大陆的另一端诞生东亚区域共同货币——亚元。

三、欧元的运行效果

欧元自启动和运行，到现在已经十年时间，作为20世纪70年代初布雷顿森林体系瓦解和实行浮动汇率体制以来国际货币体系最为重要的事态发展，欧元取得了显著的成效，促进了成员国的经济发展，增强了欧盟的整体经济实力，也提高了欧盟与美国进行经济竞争的能力。具体表现在以下几个方面。

1.减少货币交易费用，降低生产成本

欧盟成员国之间经贸联系密切，人员往来频繁，在使用不同货币的情况下，货币交易手续繁琐，交易费用较高。据欧盟委员会公布的材料，在欧元启动之前，欧盟每年用在各种货币兑换和佣金上的支出近450亿美元。实施单一货币之后，不仅简化了手续，节省了时间，加快了商品与资金流通的速度而且还减少了大量货币交易费用，使欧盟企业无形中降低了生产成本。它们将节省的费用投向新产品、新技术的研发，必然会大大增强在国际市场的竞争力。

2.增加社会消费，刺激企业投资

在欧盟内部尽管统一大市场早已建立，但如果使用不同的货币，同样的商品和服务在不同的国家会有不同的价格。这种现象如长期存在下去将会扭曲各国的产业结构和投资结构，不利于统一大市场的健康发展。实行单一货币之后，各国的物价、利率、投资收益将逐步缩小差别或趋于一致形成物价和利率水平的总体下降，居民社会消费扩大，企业投资环境改善，最终有利于欧盟总体经济的良性发展。

3.减少内部矛盾，防范和化解金融风险

欧盟虽是当今世界一体化程度最高的区域集团，然而在浮动汇率机制下，各自为政的各国货币币值“软硬”不一，经常由于利率的差别和汇率的变动而引发欧盟内部金融秩序的混乱。在面对国际金融市场动荡的冲击时，显然缺乏抵御能力。譬如1995年的墨西哥比索危机和1996年的日元危机都曾一度导致欧盟经济出现增长滑坡、出口下降、就业减少。欧元作为单一货币正式使用后，由于其依托的是更大规模的经济体，因而防范和化解金融风险的能力大大增强。事实表明，单一货币的使用对维持欧元区内部的经济稳定发挥了重要作用。因此，一度濒临国家破产的冰岛和长期徘徊在欧元区以外的英国都在考虑使用欧元的可能性。

4.推动经济改革，实现国民经济持续和稳定发展

欧元问世有力地推动了欧洲经济改革，这主要表现在下几个领域。首先，通过统一的欧洲货币政策和协调合作的财政政策来促使欧洲经济稳定增长，避免经济出现过大的区域性差异和时间性波动；其次，要求欧洲面向新经济进行经济结构改革，包括促进企业重组与企业文化演进，推进市场自由化以及资本、技术、劳动力市场改革等，再次，要求欧洲重新调整国家与市场、政府与企业、社会与公民、雇主与雇员的关系等。通过这些领域的改革，进一步激发了欧洲经济的活力。

5. 增强经济竞争能力，改变国际货币体系格局

目前，欧元区共有19个成员国超过3.3亿的人口，欧元区的经济总量已经超过美国，成为世界上最大的经济体。欧元区经济的庞大规模及其不断扩大的影响力，支持了欧元的稳定及其各项货币职能的发挥，使其成为国际货币体系中的一个重要支柱，在国际事务、全球投资和国际贸易的竞争中发挥越来越重要的作用。

随着欧元作用、地位的日趋重要和世界经济的发展，国际货币体系将真正走向"多元化"格局，美元的垄断地位必定会弱化，当今汇率体系中过分依赖美国的现象将有所改变。一方面，欧元的出现打破了美元的垄断，世界商业交易与金融交易所使用货币的一部分从美元转到欧元，削弱了美元在国际结算货币中的超级地位；另一方面，欧元的成功推广，引发了外汇储备置换，为降低储备与资产的汇率风险，各国根据双边贸易和债务量增加了欧元储备，削弱了美元在国际储备货币中的支配地位。

四、面临的难题

人们在感受欧元取得成功喜悦的同时，也无不为其目前所面临的严峻挑战及艰难处境而忧虑。

1. 财政政策面临的挑战

一个经济体的经济要想平稳发展，需要在其货币政策和财政政策之间进行协调。然而按照《马约》的规定，欧元区的货币政策由欧洲中央银行统一制定，而财政政策则仍由各成员国自行制定。这就为欧洲经济的稳定埋下了隐患。如次贷危机爆发后，欧元区各成员国对于如何应对危机经常发生意见分歧。由于欧元区对预算赤字有着严格的规定，即预算赤字占GDP的比例不得超过3%，因而各成员国政府在通过财政赤字政策刺激经济增长方面显得缩手缩脚。相比之下，美国却不惜背负财政赤字，连续推出大手笔的财政救援计划。在这种情况下，人们就有理由怀疑，那些经济不景气、失业率过高的国家还能否遵守《马约》和《稳定与增长公约》所规定的共同财政标准。这使得欧洲经贸联盟处于两难境地，如对财政状况继续严格要求，将会使市场预期财政政策在未来收紧并影响财政刺激的效果，如听任成员国政府推行财政赤字政策，不仅会损害《马约》和《稳定与增长公约》的公信力。而且部分成员国财政状况的恶化将进一步加剧欧元区内经济失衡的状况。欧盟目前采用了折中的态度，即暂时适当放松公约的要求，但仍强调必须坚持有利于财政可持续的政策框架。

2. 货币政策面临的挑战

在货币政策方面，则存在四大问题：一是最后贷款人的问题。在一个主权国家内，中央银行扮演着最后贷款人的角色，有责任保证国家支付体系的流动性，国家的资源总存量是货币的实物基础和最后担保。名义上，欧元区的最后贷款人是欧洲中央银行，但《马约》并没有赋予欧洲中央银行行使最后贷款人的权利。即使欧洲中央银行被欧元区国家授权来承担这个责任，也由于自有资本(各成员国按比例纳缴500亿欧元)及其储备太少而不可能担此重任。实际上欧元区没有真正的最后贷款人，一旦出现流动性危机，最后贷款人的缺位就会弱化欧元。二是金融监管问题，欧元区缺乏统一的中央当局对金融体系的监管，《马约》规定了欧洲中央银行有一定的监管职能，但最主要的监管权力由各成员国的中央银行承担。这意味着一旦发生欧元区范围内的金融危机，不仅问题很难解决，欧元区金融体系的稳定性也难以得到根本保证。三是货币政策权分割，按照《马约》的规定，欧洲中央银行独立执行货币政策，但汇率机制由欧盟财政部长理事会决定。四是欧洲中央银行和欧元区的货币政策决策缺乏透明度。

3.汇率政策面临的挑战

尽管一些欧盟的银行家认为不能把汇率当作政策工具，应当把汇率交由市场来决定，但实际上欧元区一直在通过统一汇率政策的执行，试图巩固和提高欧元的地位，扩大欧元的影响。然而，就像欧元区的货币政策一样，其汇率政策也面临着严峻挑战。众所周知，近几年，欧元区国家间的经济差距扩大了。以单位劳动成本计算，如果假定1999年的欧元汇率是100，对于国际竞争力较强的德国来说，虽然欧元的汇率上升了，但是由于德国劳动生产率提高更多，欧元目前实际汇率低估了10%，对德国的出口有利，但又没有什么通胀风险。但是对于国际竞争力较差的希腊、西班牙、葡萄牙和意大利等国，欧元目前的汇率却高估了20%至30%。近来，就连法国也感到欧元的坚挺难以承受。萨科齐总统已呼吁欧行降低欧元汇率，以刺激欧盟出口，但遭到德国总理默克尔的反对，欧行夹在中间左右为难。

4.政治背景面临的挑战

欧元本身首先是欧洲政治一体化的产物，经济因素是不足以催生欧元的。正是由于战后欧洲的政治联合以及随之而来的欧洲经济一体化，才带来了货币联盟，并保证了货币联盟的成功运行。这意味着，欧洲经济货币联盟能否成功主要依赖于其成员国的政治意愿，欧洲政治的前景就是欧洲经济货币联盟的未来。然而使人担忧的是，尽管欧元已经问世10年，它的超国家和泛欧洲特征在欧洲民众中却始终存在疑虑。须知，欧洲的基本政治单元仍然是民族国家，各国政府和议会首先必须对本国选民负责。如果欧元不能带来如期的经济增长，不能为人民群众带来实惠，就有可能引发政治危机和社会危机。一旦引发政治危机和社会危机，欧元区的各国政府首先考虑的必然是他们自己的命运。这就可能导致某些国家退出经济货币联盟，甚至退出欧盟。2005年《欧盟宪法条约》相继在法国和荷兰全民公决中遭受抵制。2008年6月其修订版《里斯本条约》又在爱尔兰被民众否决，使欧洲走向政治联合的理想接连受挫。于是人们不得不为欧元未来的命运担忧，皮之不存，毛将焉附？如果政治联合最终失败，货币联盟长存的基础就不牢固。

第三节 “美元化”道路

欧元因其在欧盟形成过程中具有标志性特征，受到广泛性关注。而作为最优货币区的更普遍的形式则是美元化，两者并没有实质的区别，欧元可以看成是美元化的一种特殊形式。

一、“美元化”概述

在汇率制度选择中，许多学者认为对于那些国内经济形势极为不稳定、官方制定和实施货币政策以及调控经济的能力又比较差的国家，实行固定汇率制度，以汇率目标替代货币目标，将是一个比较理想而且可行的选择。为解决公众对货币当局的不信任，增强抑制国内通货膨胀的效果，一些国家特别采取了货币局制度。然而，与货币局制度放弃自主货币政策相比，实践中还有更加激进的做法：将本币发行权一并放弃，直接使用其他货币作为本国流通中的法定货币，这种行为被称为美元化。

美元化有狭义美元化与广义美元化之分。狭义美元化是指美元化的目标币种仅仅为美国的通货——美元的美元化，像 20 世纪初巴拿马和近几年厄瓜多尔、萨尔瓦多等国所作的那样。广义美元化指的是目标币种是任意一种外国货币的美元化。在美元化的历史和现实中，使用美元、欧元、澳大利亚元、新西兰元和瑞士法郎甚至已经退出历史舞台的法国法郎、德国马克等货币替代本国货币的现象，都属于广义的美元化。通常意义上，在国外的研究文献中研究的美元化，是指广义的美元化。

根据国际货币基金组织和国外研究文献的分类，美元化可以分成三个层次：(1)非官方美元化，即虽然政府法律规定的唯一法偿货币是本币，但某一特定的外国货币已经显著地被国内居民广泛接受，在国内流通和使用，替代了本国货币的部分职能。在一个社会经济环境持续恶化，通货膨胀率居高不下、本币汇率大幅贬值、国内居民对本币失去信心的国家，很容易出现非官方美元化。非官方美元化的持续扩张，通常会倒逼政府放弃本币、实施完全美元化；(2)半官方美元化，即政府在保留本国货币作为第一法偿货币的同时，允许某一特定的外国货币作为第二法偿货币，两种货币同时在国内流通和使用，也有人称之为二重货币体系。半官方美元化通常是一个国家由非官方美元化向官方美元化过渡的一个特殊阶段，几乎没有哪个国家能够长期坚持半官方美元化；(3)官方美元化，也称完全美元化，是一国完全放弃本国货币，法律规定将某一特定的外国货币作为本国唯一的法偿货币，完全替代本国货币的所有职能。

从操作或实施的角度，美元化可以细分为两类，其一是单边美元化，其二是双边美元化。前者指的是美元化国家在不与货币发行国签订任何条约的情况下自行让其他货币取代本国货币，巴拿马就是按照这种单边方式实行的美元化。其好处在于它不需要货币发行国政府的批准，也不会受到货币发行国金融当局的约束，还避免了复杂的谈判。后者则是指美元化国家和货币发行国签订有限的条约，以求得货币发行国的赞同。这样的好处是可以在后面提到的铸币税方面从货币发行国获得某种程度的补偿，还可以让自己的商业银行进入到货币发行国金融体系中，当遇到金融恐慌时可以获得货币发行国金融当局的救助，从而使自身的金融体系更加稳定。一般说来，如果真要实行双边美元化，货币发行国需要考虑接纳各美元化经济体为其金融体系成员，并在金融决策体系中留出位置，甚至还需要设计出某种方式补偿美元化经济体。这种过于复杂的事项让双边美元化只是处于讨论阶段，而没有实施过。

根据国际货币基金组织 2004 年统计，目前无单独法定货币的国家大约有 44 个，除去欧元区国家外，另有 29 个国家采用其他国家货币作为本国法定的流通货币，其中完全废除本国货币的国家见下表 12-1。厄瓜多尔、巴拿马等小国属于典型的美元化国家；还有一些拉美国家部分地实行了美元化，比如萨尔瓦多不再发行新的本国货币，但对于存量本币仍然允许与美元并行流通，直至钞票和硬币本身不宜继续使用为止。另外，20 世纪 90 年代后期以来，美洲的许多国家也围绕本国货币的美元化问题展开了激烈的争论。

表 12-1　　选择美元化汇率安排的国家(2014 年 10 月)

美元的美元化	厄瓜多尔、萨尔瓦多、马绍尔群岛、密克罗尼西亚、帕劳、巴拿马、东帝汶、津巴布韦
欧元的美元化	科索沃、黑山共和国、圣马力诺
其他货币的美元化	基里巴斯、图瓦卢

资料来源：Annual Report on Exchange Arrangements and Exchange Restrictions, IMF 网站, http://www. imf. org/external/pubs/nft/2014/areaers/ar2014. pdf

二、"美元化"的利弊分析

美元化对放弃货币主权的经济体而言，其成本与收益大体上可以用货币联盟理论加以分析。

(一)美元化的成本

1. 美元化经济体将失去独立的货币政策

独立的货币政策有两种相关但又不同的含义，其一为广义的政策独立性，即某经济体依据经济运行状况来实施货币政策的能力，包括利率升降、货币供应量的调节和汇率变动等；其二为狭义的政策独立性，即在实施货币政策时不受其他因素的干扰，如不必为了捍卫固定汇率而提高利率。丧失独立的货币政策，将使得美元化经济体在遇到"不对称冲击"而使经济变化对美元区内各不同成员的影响各异时，无法采取积极的、有针对性的措施加以应对。特别是当遇到对一组商品的需求向另一组商品之需求的转移时尤其难以处理。对甲经济某种商品的需求转移到乙经济将对前者的就业造成威胁。扩张的货币政策将有助于减轻甲经济失业压力，但却会加剧乙经济的通货膨胀压力。紧缩的货币政策其影响恰恰相反。此时，汇率政策便是一个很好的调整机制，即甲经济相对于乙经济的货币贬值，将会在降低甲经济的失业的同时减轻乙经济的通货膨胀之压力。但美元化使汇率政策不复存在。与之密切相关的一点是，实施美元化或建立美元区后，其统一的、并且主要是以美国利益为优先考虑的货币政策，可能因发展不平衡和周期因素而损害美元化经济体的利益。

2. 中央财政的铸币税将流失

所谓铸币税，原指铸币成本与其在流通中的币值之差，现通常指中央银行通过发行货币而得到的收入。在纸币制度下，当不存在通货膨胀时，铸币税来自于随经济增长而来的对货币需求的增加。当存在通货膨胀时，铸币税也被称之为通货膨胀税(靠印发钞票获得铸币税的做法仅在短期内有效，从长期看其效果将被人们的通货膨胀预期所抵消)。在货币局体制下，铸币税来自于货币局用储备货币购买的有价证券所带来的收益与维持货币正常流通所带来的成本之差。按照一般的估算，铸币税通常仅占一国 GDP 的 0.2%。从广义上看，美元化经济体损失的铸币税还应该包括他们所拥有的、被用来实施美元化的外汇储备。这笔储备资产或来源于经常项目盈余，或来源于资本项目盈余，且构成美元化经济体对美国或其他接受美元化经济体的债权。一旦实施上面将提到的单边美元化，不仅以储备资产之利息表现的狭义铸币税消失了，而且这笔至少理论上可动用的储备资产本身——广义铸币税也荡然无存了。

(二)美元化的收益

美元化经济体从美元化中得到的好处,尤其是对那些与美国在贸易与投资方面联系密切的经济体而言,主要表现在以下两个方面。

1. 汇率风险将消失或极大地降低

(1)美元化的积极影响表现为交易成本大大降低。交易成本在这里主要指的是因货币不同而引起的成本,其中包括货币兑换的手续费,因汇率风险的存在而阻碍的贸易机会之收益,以及为规避汇率风险而采取的措施所引发的成本。目前,全球数万亿美元的衍生金融工具市场中的相当部分,都是为了对付各国货币间的浮动汇率而存在的。另外,尽管美加自由贸易区的建立已有 10 年之久,两国在地理上为近邻,并拥有共同的语言和文化,但加拿大城市与城市之间的交易竟然是加拿大城市与美国城市之间交易的 20 倍,其主要原因,据认为当首推货币的不同和浮动的汇率。这其实也构成了欧盟坚持创立欧元的基本原因之一。

(2)币值的稳定将为美元化经济体带来一个良好的发展环境,它将使美元化经济体的实际利率降低。如 1999 年,阿根廷比索和美元 30 天贷款利率之间有 50—44 个基本点的利差,即使其美元的利息率,也比美国国内平均高出 1 个百分点。同时,它还会使因汇率波动或私人投机资本造成的经济动荡出现的可能性大为降低,有助于人们行为的长期化,基本上可杜绝那种源于通货膨胀预期的"败德行为"。也恰因为此,早已美元化了的巴拿马也是整个拉美唯一的拥有 30 年固定抵押贷款利率的国家。

(3)稳定的币值是一国参与国际分工,具体讲是吸引外国投资和促进贸易发展的必要条件之一。规模不大的美元化经济体将因此获得融入美国市场以及世界市场的更加便捷的途径,为它们吸收更多的直接投资和证券投资,美元区内的分工和贸易亦会获得长足发展,从而为真正的自由贸易区(如美洲自由贸易区——AFTA)的建立奠定基础。

2. 美元化势必为美元化经济体带来更为严格的金融纪律

美元化为美元化经济体带来的严格的金融纪律有助于将"政治化"了的经济"非政治化",进而为经济的长期稳定发展创造良好的政策条件。在许多新兴市场经济体中,当政者经常为了自身的短期政治利益需要而滥发纸币,进而引发恶性通货膨胀,最终损害了经济的持续增长。美元化将迫使当政者接受更为"硬"的预算约束,按照经济规律办事。由此得到的一个推论是:许多政治家之所以反对外币本位体制,基本原因就在于在美元化或欧元化过程中他们的权力将大为削弱,在于一旦如此其所犯的政治错误便会被立刻揭露出来,从而迫使他们为其不当的财政与管制政策承担责任。

【思考题】

1. 传统通货区理论的主要内容。

2. 加入通货区的收益与成本分析法的主要内容,试用这一分析方法分析一国加入通货区需要考虑的成本与收益。

3. 欧洲货币体系建立过程对其他地区建立通货区的借鉴意义。

4. 欧洲货币体系运行的效果和面临的挑战。

5. 国际间协调的存在的困难及路径选择。

6. 美元化道路的利弊分析。

【案例分析题】

亚元的前景

1997 年的亚洲金融危机,让亚洲国家已经认清了其中利害,问题是如何打造亚洲共同货币。目前亚洲还不可能出现以单一货币主导的“亚元(ACU)”,作为亚洲共同货币。1997 年国际货币基金组织召开年会之际,东盟就提出了建立亚洲货币基金的设想。

澳大利亚新南威尔士大学教授法瑞博兹·莫西仁在 2004 年谈到亚元时认为,目前世界经济局势动荡不安,美元持续走低,欧元一路高歌,亚洲货币七零八落,不少国家面临着高通胀的压力,需要各国加强协作,为世界经济的发展提供一个稳定和安全的环境,推动各国在经济和金融领域的一体化便是一剂良方。亚洲国家应该建立一个共同的最佳金融系统,化解因美元波动带来的金融风险。亚洲单一货币的问题需要仔细讨论,从长计议,与亚洲国家间的贸易自由化和放松管制相结合。只有削减关税、开放金融和服务市场,该地区的经济一体化程度、资源流动性更高,亚洲各国的货币才能行之有效地合作:亚元的诞生正是该地区贸易自由和金融开放的产物。

在 2004 年 11 月文莱的亚太经济论坛首脑会议上,日韩等国就“东亚货币”的可能性进行了探讨。2005 年神户的亚欧 25 国财长会议,呼吁亚洲国家采纳一种不受美元支配的货币体系以避免金融危机。表明亚洲各国希望拥有自己的单一货币,改变东亚在世界货币格局中的被动局面,实现经济的稳定。

2006 年初,负责对亚洲地区发展中国家进行金融支持业务的亚洲开发银行宣称,最快将于 2006 年 3 月对外公布亚洲共同货币“亚元(ACU)”。“亚元(ACU)”可以在韩、中、日以及东盟 10 国等 13 个国家内使用。“亚元(ACU)”不是可以当场使用的实物纸币或金属币，而是一种根据亚洲13个国家货币价值、各国国内生产总值(GDP)及贸易规模等的加权值而制定的虚拟货币。亚洲开发银行将核定亚元对美元及欧元的汇率，并通过网站对外公布。

“亚元”还只是虚拟的亚元，这只是实现亚洲共同货币的第一个阶段，可以用为各国制定汇率政策时的参考指标。在制定亚洲共同货币方面，韩中日等亚洲主要国家政府大部分持赞成意见，目前已就亚元能像欧元一样通用的具体计划达成了协定。这意味着亚洲国家面对走向区域化的美洲经济区和欧洲经济区，正在实现经济一体化。

问题：结合理论分析和欧元的实践，谈一谈“亚元”成立是否必要？如果成立，那么当下的经济、政治条件是否具备？

第十三章　国际货币体系

在国际金融领域，国际货币在国家和地区之间的贸易金融活动中发挥着至关重要的作用，但是由于没有统一的世界中央银行和世界货币存在，各国不同的金融制度安排往往是以体现自身利益为主，会对其他国家的经济产生负面影响，并可能危及全球的金融市场。因此必须建立一种能够协调国家间利益的政策体系，并制定规范国际金融秩序的共同规则，即国际货币体系，以促进国际经济与贸易的协调与健康发展。本章详细地介绍了国际货币体系的历史演变及其未来的改革方向。

【本章学习目标】

1. 掌握国际货币体系的概念、构成及国际货币制度的分类。
2. 熟悉布雷顿森林体系的主要内容和根本缺陷。
3. 熟悉牙买加货币体系的主要内容。
4. 了解国际货币体系改革的主要方案。

第一节　国际货币体系概述

一、国际货币体系的含义

国际货币体系（International Monetary System），是指国际货币制度、国际货币金融机构以及由习惯和历史沿革形成的约定俗成的国际货币秩序的总和，它既包括有法律约束力的关于货币国际关系的规章和制度，也包括具有传统约束力的各国已经在实践中共同遵守的某些规则和做法，还包括在国际货币关系中起协调、监督作用的国际金融机构——国际货币基金组织和其他一些全球或地区性的多边官方金融机构。①

① 姜波克，《国际金融新编》第四版，复旦大学出版社，2008年8月。

评价国际货币体系的主要标准有：国际收支调节效率（Adjust Efficiency）、清偿力（Liquidity）和信心（Credibility）。在国际收支调节效率方面，国际货币体系应做到两点：一是调节的全球损失最小；二是各国公平合理地承担调节的责任。清偿力是指国际货币体系应该提供充足适量的国际储备货币。信心是指国际货币体系应能保持国际储备货币价值的稳定，使得其持有者愿意继续持有该种货币，而不进行货币替换（Currency Substitution）。

二、国际货币体系的构成

国际货币体系主要是由国际汇率制度安排，国际收支调节机制，国际储备资产的确定和国际金融协调四部分构成。这四个方面各有其特定的功能，又相互联系，构成有机的整体。

1. 国际汇率制度安排

汇率的变动会影响各国的国际收支，直接影响到各国之间经济利益的再分配，因此汇率在国际货币体系中占据中心地位。国际汇率制度安排包括不同货币之间汇率的决定，能否成为可自由兑换的货币，选择浮动或是固定的汇率制度等等。

2. 国际收支调节机制

一国国际收支的平衡发展是国际货币体系正常运转的基础。当一国国际收支不平衡时，应当采取什么方法弥补这一缺口，各国之间的政策措施又如何相互协调，使整个金融体系正常的运行，是国际货币体系的重要内容之一。

3. 国际储备资产的确定

为维系国际支付原则和满足储备资产供应的需要，我们需要国际普遍接受的国际支付货币。国际支付货币币种的选择，国际社会储备资产的数量以及新的储备资产如何供应与创造等也是国际货币体系的一个主要内容。

4. 国际金融协调

各个国家经济发展程度、经济目标和宏观政策各不相同，因此国际货币机构和组织应该制定各国所共同认可和遵守的规则、惯例或制度，以此来协调各国的国际货币活动和与此有关的经济政策。

三、国际货币体系的分类

国际货币体系可以从多个角度进行划分，既可以从货币本位角度划分，也可以从汇率制度角度划分，还可以从其历史阶段的演变来划分。

1. 根据货币本位或国际储备资产性质，国际货币体系可以分为：纯粹商品本位制度、纯粹信用本位制度和混合本位制度

本位货币（Legal Tender）是一国货币制度中的基本通货，是国家法定的计价、结算的货币单位。

(1)纯粹商品本位制度:纯粹以某种商品或贵金属作为货币本位的货币制度,如国际金本位制中的金铸币本位制就是只以黄金作为国际储备资产或国际本位货币的货币制度。

(2)纯粹信用本位制度:也可称为不兑换纸币本位,指只以外汇作为国际储备资产,而与黄金无任何联系。如牙买加体系中,就以美元、英镑、德国马克、瑞士法郎、日元等外汇作为国际货币本位。

(3)混合本位制度:同时以黄金和可兑换黄金的外汇作为国际货币本位的货币制度。如国际金本位制中的金汇兑本位制以及布雷顿森林体系中的黄金——美元本位制。

2.根据汇率制度可以划分为:固定汇率制度和浮动汇率制度

(1)固定汇率制(Fixed Exchange Rates):是指汇率的制定以货币的含金量为基础,以此形成汇率之间的固定比值。这种制度下的汇率或是由黄金的输入输出予以调节,或是在货币当局调控之下,在法定幅度内进行波动,因而具有相对稳定性。固定汇率制包括国际金本位制下的固定汇率制及布雷顿森林体系下的可调整的钉住汇率制。

(2)浮动汇率制(Floating Exchange Rates):是指一国货币的汇率根据市场货币供求变化,任其自由涨落,各国政府和中央银行原则上不加限制,也不承担义务来维持汇率的稳定,这样的汇率制度就是浮动汇率制。牙买加体系采用的即为浮动汇率制,并且根据中央银行干预与否分为自由浮动汇率制和管理浮动汇率制。

3.根据国际货币体系的历史演变可以分为:国际金本位制,布雷顿森林体系和牙买加体系

(1)国际金本位制:黄金作为国际间的交易手段、支付手段和储备手段,各国都以法令的形式规定本国货币的含金量,自发的形成了以铸币平价为中心的固定汇率制和国际收支的自动调节机制。

(2)布雷顿森林体系:美元与黄金挂钩,各国通过虚拟本国货币的含金量,与美元确定一个固定比率,并要求各国政府通过干预外汇市场等方式来维持货币汇率的稳定及国际收支平衡。

(3)牙买加体系:以浮动汇率制度为特征的国际货币体系,是一种相对分散,不太稳定的国际货币制度。

表 13-1　　　国际货币体系的分类

分类依据	分类
货币本位	纯粹商品本位制度、纯粹信用本位制度、混合本位制度
汇率制度	固定汇率制、浮动汇率制
历史演变	国际金本位制、布雷顿森林体系、牙买加体系

第二节　国际金本位制

一、国际金本位制的建立

早在 17 世纪到 18 世纪，西方主要资本主义国家普遍采用黄金和白银作为本位货币，即金银复本位制，但是后来随着白银产量增加，市场上出现了劣币（白银）驱逐良币（黄金）的现象，即格雷欣法则（Gresham's Law），金银复本位制难以维系。

尽管黄金用作货币的历史迄今已经有两三千年，但是以国家法律的形式确定黄金作为本位货币并建立起金本位制度，只是到了 19 世纪初期才出现。英国政府于 1816 年率先颁布了《金本位制法案》，宣布实施以黄金为本位货币的金本位制（Gold Standard）。随后，德国、日本等国家也采用了金本位制。当时，英国在世界上具有领先的经济地位，其他国家为了获得像英国一样的经济实力，都纷纷效仿英国的各项制度，其中包括金本位制。美国于 1879 年正式颁布法案，宣布实施金本位制，以此为标志，国际金本位制进入了它的全盛时期。

国际金本位制（The International Gold Standard）的运行规则主要为①：

1. 铸币平价（Mint Parity）是各国决定汇率的基础，并允许以铸币平价进行货币的自由兑换。

2. 对私人的黄金流出入或在国际交易中使用黄金不施加任何限制。

3. 发行货币和铸币必须以黄金为准备，而且将本国银行存款的增长与本国可运用的黄金储备相联系。

4. 在出现因黄金外流而导致的短期流动性危机中，中央银行应按较高的利率自由地向国内银行提供贷款支持。

5. 假如暂时终止履行规则 1 的义务，应尽快恢复按最初铸币平价进行兑换。

6. 作为上述实践的结果，世界范围内的价格水平将由全世界黄金的供求内生地决定。

二、国际金本位制的演变

根据货币与黄金的联系程度，国际金本位制又可细分为：金铸币本位制（Gold Specie Standard）、金块本位制（Gold Bullion Standard）或生金本位制和金汇兑本位制（Gold Exchange Standard）或虚金本位制三种。

---

① 罗纳德·I·麦金农，《游戏规则：历史视角中的国际货币》，《经济文献杂志》，1993 年 3 月。

1. 金铸币本位制

金铸币本位制是金本位制的最初形态。其主要特征有:国家法定金铸币的重量、成色和形状;金币具有无限法偿权,可以自由铸造、自由熔化、自由输出入国境;国家的货币储备以及国际结算均使用黄金,并且作为国际间最后的清偿手段;各国根据金币重量以及成色确定各自的黄金官价,并以此确定各国货币之间的汇率。例如,美国于 1879～1933 年实行金铸币本位制时规定 1 美元含 23.22 格令(Grain)①纯金,即铸币平价为 1 金衡制盎司(Troy Ounce)②纯金等于 20.67 美元。同时期 1 英镑的法定含金量为 113 格令纯金,则英镑与美元之间的固定汇率为 1 英镑等于 4.8665 美元,如图 13-1 所示。

尽管金币是金铸币本位制的基础,但事实上,由于黄金运输不便,储备不能生息,所以金铸币实际上被当时世界上最发达的国家英国的货币英镑所取代。英国作为一个经济大国,其殖民地遍布全世界,伦敦又是世界贸易和金融中心,因此这种固定的可以自由兑换黄金的制度,使持有英镑比持有黄金更方便、可靠和有利可图,因此在实际中英镑成为各国普遍使用的国际结算货币和国际储备货币,所以这一时期也被称之为英镑本位制。

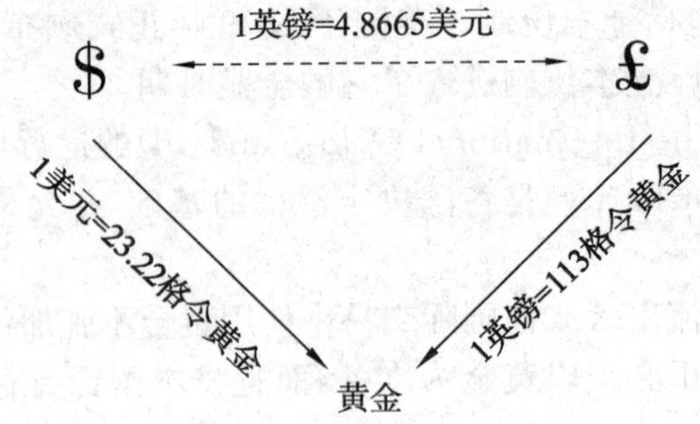

图 13-1　金铸币本位制的汇率决定

1914 年第一次世界大战爆发,各国纷纷采取严厉的资本管制,明确规定禁止银行券兑换黄金,并禁止黄金外流,至此国际金铸币本位制瓦解。战争结束后,诸多国家陷入恶性通货膨胀,各国之间的金融关系严重扭曲,而且黄金产量严重不足,跟不上世界经济的增长,另外黄金存量在各国的分配也严重不均,据统计 1913 年英国、美国、法国、德国和俄国的黄金存量占世界黄金存量的 2/3,使其他国家国内的金本位制很难继续维系。因此,一战后除美国仍能使用完整的金铸币本位制外,其他国家采用的是两种变相的国际金本位制,即金块本位制和金汇兑本位制。

① 1 格令=0.06479891 克。

② 1 金衡制盎司=480 格令=31.1 克,金衡制盎司是衡量金、银、铂等贵重金属的单位,比常衡盎司(avoirdupois ounce,相当于 28.35 克)略重。

2. 金块本位制

金块本位制的主要特点是：国家储备金块作为发行货币的储备；金币仍作为本位货币，但在国内不流通，国内只流通纸币，纸币有无限法偿权；不允许自由铸造金币，也禁止私人输出黄金，但仍规定纸币的含金量，也有黄金官价；纸币不能自由兑换黄金，但在国际支付或工业上需要黄金时，可按规定数量限制以纸币向本国中央银行兑换金块。当时，实行金块本位制的国家主要有英国和法国等。

3. 金汇兑本位制

一次世界大战以后，一部分国家的黄金储备严重不足，只能选择金汇兑本位制。该制度的主要特点有：将本国货币与一个实行金铸币本位制（如美国）或金块本位制国家（如英国或法国）的货币挂钩，保持固定汇率，并在该国存放大量外汇和黄金，以便随时干预外汇市场；国内流通纸币，并法定纸币的含金量；纸币不能直接兑换黄金，但可以兑换成外汇，用外汇在国外可兑换黄金；当国际贸易有对外支付需求时，可以用纸币向中央银行请求兑换金块、金币或外汇，由中央银行酌情决定。当时，实行金汇兑本位制的国家主要有联邦德国和意大利等。

三、国际金本位制的作用

在国际金本位制下，黄金充分发挥了世界货币的职能，对世界经济的稳定发展起到了积极的推动作用，主要表现为：

1. 汇率自动稳定机制

在国际金本位制下，金币的自由兑换，保证了金币和银行券之间的比价相对稳定，并可以抑制通货膨胀；金币的自由铸造，能使金币数量自发地满足流通的需要，有助于调节货币流通量；金币的自由输出输入，可以保证外汇市场的相对稳定，汇率波幅不会超过黄金输出或输入点。因此，国际金本位制是典型的固定汇率制度，并且是完全通过市场形成的自动稳定机制。

2. 国际收支的自动调节机制

英国经济学家休谟（D. Hume）的“价格——铸币流动机制”（Price-specie-flow Mechanism）很好地描述了国际金本位制下的国际收支自动调节机制的作用过程。当一国发生了国际收支逆差的时候，外汇供不应求，外汇汇率上升，若外汇汇率上升超过了黄金输出点，则本国商人不再用本币购买外汇付给商人，而是直接用黄金支付给外国出口商，这样黄金就大量流出。黄金外流导致本国银行存款准备金降低，从而使流通中货币量减少，物价下跌，而物价下跌使得出口成本降低，本国商品的出口竞争力增强，出口增加，进口减少，直至国际收支改善。当一国发生了国际收支顺差的时候，外汇供大于求，外汇汇率下降，当外汇汇率下降超过了黄金输入点时，则本国商人会选择用黄金收汇，这样黄金会大量流入，本国银行存款准备金上升，从而流通中货币量增加，物价上升，出口竞争力下降，国际收支顺差的形式会改善。图 13-2 描述了金本位制下国际收支的自动调节机制。

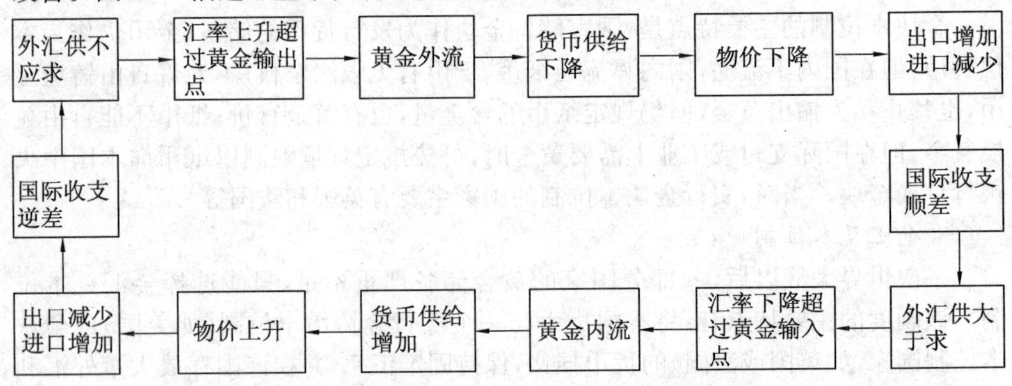

图 13-2 金本位制下国际收支的自动调节

3. 促进国际生产和国际贸易

稳定的币值，有利于商品的流通和信用的扩大，同时也使生产成本比较易于计算，生产的规模和固定投资的规模不会因币值变动而波动，从而促进了当时资本主义各国生产的发展。另外，由于汇率的相对稳定，不存在某种支付货币大幅度贬值或升值的风险，保障了对外贸易与对外信贷的安全，从而促进了国际贸易的发展。在国际金本位制刚开始实行的一段时期，给西方国家和国际贸易带来了一段"黄金时代"。

四、国际金本位制的局限与崩溃过程

尽管国际金本位制的自动稳定机制和调节机制给世界经济与贸易以极大的促进，但是也有其不可逾越的局限性：

1. 国际金本位制的最致命的缺陷是其赖以生存的基础不稳定，即世界黄金存量的增长远远跟不上世界经济的增长，因此货币供应量受到黄金产量的限制，而不能满足维持稳定汇率的需要。尤其是世界黄金存量集中在极少数国家手中，使其他国家的金本位制很难维持。

2. 纸币信用的盲目扩张促成恶性通货膨胀是国际金本位制解体的根本原因。在国际金本位制时期，英国的经济实力强大，以英镑为中心的国际贸易和投资体系覆盖全球，世界上 90%的支付是以英镑进行的，所以英镑几乎就是黄金的代名词，在实际中英镑代替黄金充当了世界货币。黄金的供应是有限的，但是纸币的供给是无限的，英镑纸币的膨胀和准备金率的下降，导致了纸币的迅速扩张，日益侵蚀着国际金本位制的根基。

3. 金本位制的正常运行是建立在各国政府都遵守对经济不加干预的基础上的。但事实上，资本主义国家政府是不可能让国民经济完全由市场摆布，特别是

20 世纪 30 年代开始，凯恩斯主义（Keynesism）的盛行，强调政府在决定产出、就业、物价等宏观经济变量过程中的积极干预作用，"有形的手"使各国中央银行或货币当局已不再听凭金本位制发挥自动调节作用，而是经常设法抵消黄金流动对国内货币供应量的影响。这样就破坏了货币发行及价格与黄金储备之间的关系。

1929 年 10 月，美国证券市场发生危机，拉开了世界经济危机的序幕。随后经济危机席卷欧洲大陆，德国大批银行倒闭，不得不于 1931 年 5 月率先放弃了金汇兑本位制。当时，各国纷纷向英国兑换黄金，导致英国大量黄金外流，国际收支发生严重困难，同年 9 月英国宣布停止金块本位制，同英镑有联系的一些国家和地区，也相继放弃金汇兑本位制。1933 年，美国也爆发了信用危机，大批银行倒闭，大量黄金外流，美国也被迫放弃独自坚持多年的金铸币本位制，改用美元纸币进行流通。由于英镑和美元是当时重要的储备货币，所以这两种货币停止与黄金的直接兑换意味着国际金本位制开始全面崩溃。而 1936 年由法国、比利时、瑞士、意大利、荷兰和波兰等国组成的"黄金集团"彻底瓦解，宣告了整个国际金本位制货币体系的全面崩溃。

第三节 布雷顿森林体系

一、布雷顿森林体系的建立

国际金本位制瓦解后，国际货币秩序遭到了严重的破坏。在此期间，竞争性的货币贬值，外汇管制，多重汇率，贸易倾销等政策措施导致了严重的国际金融动荡。在第二次世界大战即将结束的时候，重建国际金融秩序，稳定币值和汇率，恢复各国经济并进行战后重建的呼声逐渐高涨。

二战使资本主义国家之间的经济力量对比发生了巨大的变化，老牌资本主义国家英国在战争中伤痕累累，实力削弱了不少，而美国在战争中经济实力大大提高，成为世界头号经济强国。英美两国都想在新的国际金融体系中占据主导地位，以谋求更多的经济利益。1943 年 4 月 7 日，两国政府同时对外发布了以本国利益为中心的新的货币计划，即英国的财政部顾问凯恩斯（J. M. Keynes）拟订的"国际清算同盟计划"（Proposals For the International Clearing Union），亦称为凯恩斯计划（Keynes Plan），和美国财政部长助理怀特（H. D. White）拟订的"联合国平准基金计划"（Proposals For The United and Associated Nations Stabilization Fund），亦称为怀特计划（White Plan）。

从学者的角度来看，凯恩斯计划和怀特计划都存在着一定的价值和缺陷，但是，总体来讲凯恩斯计划对战后国际货币体系的制度设计是比较正确的，但是美国以其强大的军事和经济实力为后盾，在激烈的双边谈判中比英国仅做出了较小的让步，从而使后来的布雷顿森林体系较多地体现了美国怀特计划的设想。当时英国的外交大臣哈利法克斯(Halifax)就此评论说："是的，他们有钱袋子而我们有脑子。"①表 13-2 对此两项计划的内容进行了对比。

1944 年 7 月 1 日到 22 日由 44 个国家参加的"联合国货币金融会议"在美国新罕布什州(New Hampshire)的布雷顿森林镇(Bretton Woods)召开，因此此次会议又被称为布雷顿森林会议。会议通过了以怀特方案为基础的《国际货币基金协定》和《国际复兴开发银行协定》，总称为布雷顿森林协定。以此为标志，资本主义世界又确立了战后以美元为中心的国际货币体系，即布雷顿森林体系。

表 13-2　凯恩斯计划和怀特计划对比表

	凯恩斯计划	怀特计划
监管机构	国际清算同盟(世界性的中央银行)	国际基金组织
发行国际货币	班柯(Bancor)	尤尼塔(Unitas)
	等同于黄金	含金量为 $137\frac{1}{7}$ 格令(相当于 10 美元)
	可以用黄金换取班柯，但是不可以用班柯兑换黄金	可以兑换黄金，也可以在会员国之间转移
	各国货币与班柯建立固定比价，允许适当调整	各国规定本国货币与尤尼塔之间的法定平价，非经基金组织 3/4 的会员国同意不得变动
新国际货币认缴份额	以战前三年各国的进出口贸易平均额的 75%确定	以战后各国国民收入与黄金储备多少确定
计划基本原则	以透支方式进行国际间清算，即成员国不需缴纳黄金或现款，而只在国际清算同盟开设往来账户	以存款方式运营，即各国缴纳资金(总额为 50 亿美元)建立货币稳定基金，认缴份额决定各国的投票权
国际收支失衡调节	发生逆差时，各国按规定的份额申请透支，最高透支额为 300 亿美元	发生逆差时可以用本币向基金组织申购外汇，最高不得超过其认缴的份额

二、布雷顿森林体系的主要内容和作用

1. 基于《国际货币基金协定》的布雷顿森林体系的主要内容有：

(1)建立一个永久性的国际金融机构。1945 年 12 月国际货币基金组织(International Monetary Fund，简称 IMF)宣告成立，并于 1947 年 3 月正式投入运行。

① "It's true they have the money bags but we have all the brains."——Halifax

国际货币基金组织是布雷顿森林体系运转的中心机构，其主要职能是建立和监督会员国的官方汇率，审批货币平价的变更，为国际收支发生赤字的会员国融通资金，组织商讨与协调重大的国际金融问题。国际货币基金组织自成立之日起，在国际金融秩序中扮演了非常重要的角色，其协调功能不断增强。

（2）确定美元为主要国际储备货币。在布雷顿森林体系下，美元是一种关键货币（Key Currency），成为主要的国际储备资产。美元直接与黄金挂钩，每盎司黄金等于 35 美元，美国政府承担按此官价向各国中央银行和政府机构兑换黄金的义务。除美国以外的各国货币不直接与黄金发生联系，而是与美元挂钩，实行"可调整的钉住汇率制"。各国货币与美元的汇率只能在平价上下 1%的幅度内波动，超过这个界限，其中央银行有义务在外汇市场上进行干预，以维持汇率的稳定。各国的货币平价一旦确定就不得任意改变，只有当一国国际收支发生"根本性不平衡"时，才允许对本国货币进行法定贬值或升值，平价的变动必须征得基金组织同意。但是在实践中，平价变动小于 10%，一般可以自行决定，只有当变动使得 3 年内累积幅度达到或超过 10%时，才需征得基金组织的批准。由于各国货币均与美元保持可调整的固定比价，因此各国货币相互之间实际上也保持着可调整的固定比价，从而使整个货币体系成为一个固定汇率的货币体系，布雷顿森林体系的上述内容又被称为"双挂钩"，即美元与黄金挂钩，各国货币与美元挂钩，如图 13-3 所示。

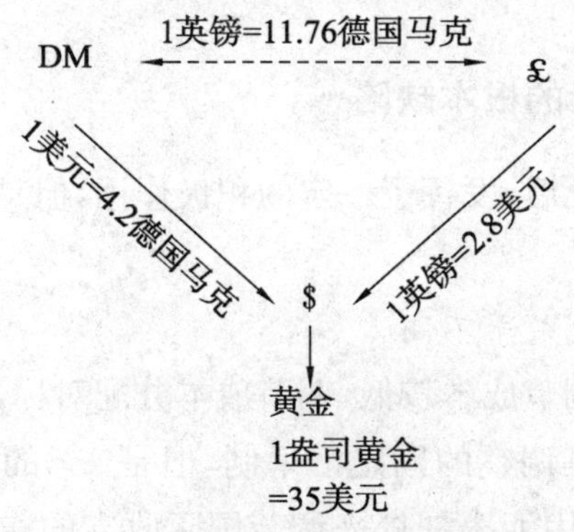

图 13-3　布雷顿森林体系的"双挂钩"

（3）安排资金融通。为了可调整的钉住汇率制的顺利进行，基金组织需要通过预先安排的资金融通措施，向各会员国提供辅助性的国际储备资产。IMF 根据会员国的国民收入及其在世界贸易中所占的比例规定会员国应认缴的基金份额，份额的 25%必须用黄金缴纳（1976 年牙买加会议后可用 SDR 或外汇缴纳），其余部分则以本币缴纳。当会员国发生国际收支逆差需要融通资金时，可以用本币向国际货币基金组织购买最多为本国份额 125%的外汇，将来在规定的期限内再以黄金或自由货币购回本币，偿还上述借用的外汇。

(4)取消对经常账户的外汇管制。《国际货币基金协定》第 8 条规定,会员国不得限制经常项目的支付,不得采取歧视性货币政策,在可兑换的基础上实行多边支付。但是,对于欠发达的会员国所采取的限制国际资本流动的措施,IMF 则较少过问,基本上持宽容的态度。

2.布雷顿森林体系的积极作用

布雷顿森林体系自建立后的 15 年间运行良好,对战后世界经济的恢复与发展,对国际贸易的顺利开展起到了相当的推进作用。

(1)与国际金本位制相比,布雷顿森林体系下黄金的中心作用开始逐渐被削弱,这就在一定程度上克服了黄金供给不足而对国际贸易和经济发展产生的约束作用。美元作为"关键货币"被当作黄金的补充,成为最主要的国际储备,可以弥补国际清偿力的相对不足,在一定程度上缓解了国际储备资产短缺与扩大经济往来的矛盾。

(2)可调整的固定汇率制的实行,使各国货币汇率在一个相当长的时间内呈现出较大的稳定性。汇率风险的降低有利于促进贸易、信贷和投资等国际经贸活动的发展。

(3)国际货币基金组织对成员国提供的短期融通资金,可以暂时缓和各国的收支失衡问题,有助于各国放松对外汇的管制和对贸易的过分保护,可以极大的促进国际经济与贸易的发展。

三、布雷顿森林体系的根本缺陷

布雷顿森林体系建立后,发挥了一定的积极作用,但是也存在着一些不可克服的历史局限性。

1.国际收支调节机制效率不高

所谓调节效率是指调节成本较低,调节成本分配对称,调节有利经济的稳定发展。布雷顿森林体系是可调整的固定汇率制,但是 1%的浮动空间仍然显得过分刚性,严格限制了各国利用汇率杠杆来调节国际收支的作用。一旦成员国发生国际收支不平衡时,只能消极的实行贸易管制,或在国内采取牺牲国内经济目标的财政货币政策来进行调节,因此各国政府面临着保持对外平衡还是牺牲国内经济稳定的两难选择。

另外,从名义上看 IMF 规定国际收支盈余国家和赤字国家都对国际收支失衡负有调节责任,但是在实践中,这种调节压力对逆差国而言更大。当发生国际收支失衡时,对于顺差国而言,从理论上讲他们应该采取货币升值或在国内采取通胀性政策措施以平抑长期过度顺差,但是很少有国家愿意做这样的牺牲,通常这些顺差国都会采取在公开市场抛出政府债券的方法来回笼基础货币，以冲销通胀的压力。而对逆差国来讲，通常需要动用其国际储备或向 IMF 借款来进行调节，但是一国的国际储备是有限的，另外 IMF 的借款也都是中、短期并有条件的，所以如果面临长期收支逆差的话，赤字国很难维系，最终不得不采取货币贬值或在国内采取紧缩性政策。

2. 单一的国际储备货币导致内在不稳定性

早在 1960 年，美国耶鲁大学的教授罗伯特·特里芬(Robert Triffin)就布雷顿森林体系的单一国际储备货币问题一针见血的提出了“特里芬两难(Triffin Dilemma)”。他指出以一国货币(美元)作为主要国际储备货币，从而使得该体系具有一种内在的不稳定性。在二次世界大战以后，黄金的生产一直停滞不前，世界范围的国际储备资产供应就完全依赖于美国的国际收支状况。如果美国的国际收支连年顺差的话，国际储备资产的供应就会严重不足，不能满足国际贸易和国际支付快速增长之需，会给各国经济带来紧缩的压力；如果美国的国际收支连年逆差的话，他不得不通过大量发行美元来弥补赤字，这会导致世界范围的通货膨胀，同时各国对美元的信心也会发生动摇，从而爆发美元危机。事实表明，“特里芬两难”是困扰布雷顿森林体系的最大的矛盾，特别是其后一种结果，最终导致了该体系的崩溃。

3. 三元悖论和冗余问题

20 世纪 60 年代初期，罗伯特·蒙代尔(Robert A. Mundell)与 J. 马库斯·弗莱明(J. Marcus Flemins)通过其经典的 Mundell-Fleming 模型，论证了一国的经济目标有三种：完全的资本开放、独立的货币政策和稳定的汇率，这三者，一国只能三选其二，而不可能三者兼得。在该模型的基础上，1999 年，美国经济学家保罗·克鲁格曼(Paul Krugman) 根据上述原理进一步提出了著名的“三元悖论”(The Impossible Trinity)，也称为“三元冲突”理论。像表 13-3 中描述的那样，在开放经济条件下，要想保持本国货币政策的独立性和资本的完全流动性，必须牺牲汇率的稳定性，实行浮动汇率制；要想保持本国货币政策的独立性和汇率稳定，必须牺牲资本的完全流动性，实行资本管制；要想维持资本的完全流动性和汇率的稳定性，必须放弃本国货币政策的独立性。布雷顿森林体系是可调整的固定汇率制，而随着国际贸易的发展和国际市场的开放，对资本流动性的要求越来越高，在各个国家要求保持相对独立的货币政策的前提下，固定汇率制只能让位于浮动汇率制，这是布雷顿森林体系无法克服的内在缺陷之一。

表 13-3　开放经济体的三元悖论

货币政策	汇率政策	资本市场
无效	固定	开放
有效	固定	管制
有效	浮动	开放

另外在布雷顿森林体系下，各国政策制定者都无法克服"冗余问题"(Redundancy Problem)。即在该体系下，由 n 个国家所形成的固定汇率制实际上只赋予了 $n-1$ 个国家对汇率有直接控制权，而第 n 个关键货币国家只能通过提高黄金的官价来间接的实现其货币的贬值。然而，由于其他国家的货币实行钉住美元的汇率制度，其币值相对于黄金也都在贬值，其结果是各国货币对美元的汇率维持不变。以美元为中心的布雷顿森林体系对美国形成了强约束，即美国必须保持整个世界的价格稳定，实施的货币政策必须满足其余 $n-1$ 个国家的需要。否则，如果所有 n 个国家的内部宏观经济目标不能得到满足的话，必将产生冲突。因此在无法达成谁制定统一货币政策以及如何制定统一货币政策的情况下，每个国家都实行固定汇率是行不通的。

四、布雷顿森林体系的崩溃过程

1. 美元的供给——从短缺到过剩

二战结束之后，许多国家都受到了不同程度的破坏，生产物资匮乏，生活必需品短缺，经济复兴导致了世界各国从美国大量进口各种商品，从而引发了对美元的大量需求，结果形成了美元荒(Dollar Shortage)。数据表明 1947 年欧洲及世界其他国家的国际收支逆差总额达 76 亿美元，美元短缺造成各国国际清偿力的不足，严重制约着世界经济的发展。从那时候起，美国打着满足国际清偿力需求的幌子，滥用关键货币的特权，不断扩大美元的发行，导致了美元泛滥(Dollar Glut)，也引发了世界范围内的对美元的信任危机。

2. 第一次美元危机及应对措施

自 20 世纪 50 年代起，美国连年出现国际收支逆差，美国的对外短期流动负债不断增加，其黄金储备不断外流。1960 年美国境外短期负债达到 210 亿美元，第一次超过美国黄金储备规模 178 亿美元，美国国内全部黄金储备已不足以抵偿国外短期债务，人们对美元的币值是否能维持黄金官价普遍产生怀疑，结果出现了抛售美元的危机。1960 年 10 月，英国伦敦市场上爆发了抛售美元抢购黄金的投机风潮，当时的金价暴涨到每盎司 41.5 美元，远远高出了 35 美元的官价，形成了第一次美元危机。

为了维护各国货币之间的固定汇率和维护美元的关键货币地位，各主要资本主义国家精心安排了一系列的信贷便利作为应急措施。

(1)1961 年 3 月，英国、法国、联邦德国、意大利、荷兰、比利时、瑞典和瑞士八国签署了“巴塞尔协议”(Basel Agreement)，规定当八国中一国货币出现危机时，其他国家应保持该国货币的头寸，并通过贷款向该国提供黄金和外汇支持，以稳定该国汇率。

(2)1961 年 10 月，美国联合英国、法国、联邦德国、意大利、荷兰、比利时和瑞士共拿出 2.7 亿美元，建立了“黄金总库”(Gold Pool)，以平抑金价。其中美国承担 50%的黄金量，其余的由其他国家分摊。英格兰银行作为黄金总库的代理机构，负责在伦敦黄金市场买卖黄金，将金价维持在 1 盎司＝35.2 美元的水平。(这一价格等于美国出口黄金的价格 35 美元，加 0.25%的手续费，加从纽约到伦敦的黄金运输成本)。

(3)1961 年 11 月，美国与英国、法国、联邦德国、意大利、荷兰、比利时、瑞典、日本和加拿大组成“十国集团”，达成一项“借款总安排”(General Arrangement to Borrow)。即以备用信贷的形式向 IMF 提供 60 亿美元的资金，以便转贷给发生危机的国家。

(4)1962 年 3 月，美国又分别同 14 个主要西方国家签订了双边性质的“互惠信贷协议”，也称“货币互换协议”(Swap Agreement)。即一旦需要时，协议双方中央银行可按照协议规定的汇率互换本国货币，从而增强本国的国际清偿力和稳定汇率的能力。这些措施对美元汇率和国际金融市场稳定发挥了一定的作用。

3. 第二次美元危机及应对措施

20 世纪 60 年代中期，美国卷入越南战争，其财政金融和国际收支状况更加恶化，黄金储备大大低于对外短期债务，同时通货膨胀加剧，美元不断贬值。1968 年美国的黄金储备从 1950 年的 250 亿美元降到 121 亿美元，而同期的美元债务却从 50 亿美元增加到近 400 亿美元，金融市场剧烈动荡，于 1968 年 3 月爆发了第二次美元危机。危机中抢购黄金的风潮猛烈，使黄金总库无力维持 1 盎司 35.2 美元的金价，改行“黄金双价制”，即官方结算仍维持在 35.2 美元的水平，而黄金的市场价格则随市场供需自由升降，在这种形式下，美元实际已经贬值。黄金双价制的实行意味着布雷顿森林体系已经局部崩溃。

为摆脱危机，1969 年 10 月 IMF 创设了被称为“纸黄金”的特别提款权(Special Drawing Right, SDR)，并以 1970～1972 年为第一阶段按会员国的份额比例无偿分配 95 亿个单位的 SDRs。特别提款权是 IMF 创立并发行的一种账面国际储备资产,1盎司黄金等于35个特别提款权,在设立之初,它只能用于官方之间的结算或用以归还IMF的贷款,而不能用于民间的贸易或非贸易支付。IMF发行SDR的最初宗旨是想扩大其贷款能力,缓解国际流通手段和支付手段的不足,并通过以名义国际储备资产来代替实物国际储备资产,为以后建立一种既能脱离黄金又不触动美元特别地位的新的国际货币体系奠定基础。目前SDR钉住欧元、日元、英镑和美元四种主要货币,其价值每天波动,截至2009年7月,1SDR约等于1.55美元。

4.第三次美元危机及应对措施

到1970年,美国对外美元负债增加到700亿美元,而同期的黄金储备仅有100亿美元,到1971年,美国又发生了自1893年以来的第一次对外贸易逆差,其国际收支状况进一步恶化(赤字近300亿美元)。国际市场上抛售美元,抢购黄金和硬通货的风潮一浪高过一浪,最终于1971年5月爆发了战后最严重的一次美元危机。同年8月15日,尼克松政府宣布实行"新经济政策",停止美元与黄金的兑换,对进口商品增收10%的临时附加税,并迫使联邦德国和日本等国实行货币升值。

为拯救布雷顿森林体系,十国集团经过长达4个月的交锋和讨价还价,于1971年12月在美国华盛顿达成了"史密斯协议"(Smith Agreement),主要内容有:

(1)美元对黄金贬值7.89%,黄金官价从35美元1盎司提高到38美元1盎司。

(2)瑞士法郎、意大利里拉和瑞典克朗分别对黄金贬值1%,联邦德国马克对黄金升值4.16%,日元升值7.66%,比利时法郎和荷兰盾各升值2.76%,法国法郎和英镑币值不变。美元对黄金的贬值和其他国家货币对黄金的升值使美元汇率平均下降了10%。

(3)各国货币对美元汇率的波动幅度从平价上下各1%扩大为2.25%。

(4)美国取消10%的进口附加税,但仍不承担按官价兑换黄金的义务。

"史密斯协议"勉强维持了布雷顿森林体系下的固定汇率制,但是由于美元同黄金的可兑换性从此中止,该体系的核心部分也随之瓦解。之后,美国的国际收支继续恶化,各国中央银行仍不愿持有和积累美元,国际金融市场上美元的信誉继续下降。于是1973年2月,美元危机再度爆发,美国政府被迫宣布第二次美元法定贬值,幅度为10%,即黄金官价从每盎司38美元提高到42.22美元。此后不久,加拿大、日本、意大利、英国、瑞士等国货币纷纷宣布与美元脱钩,改行浮动汇率制。至此,布雷顿森林体系彻底崩溃。

表 13-4　　布雷顿森林体系的演变过程

布雷顿森林体系的建立 1944 年 7 月	①美元同黄金挂钩,各国货币同美元挂钩——"双挂钩" ②美元补充黄金并等同于黄金,成为关键货币,形成黄金——美元本位制度
布雷顿森林体系的根本缺陷	①特里芬两难:国际清偿力和美元信用的矛盾 ②三元悖论:资本自由流动和独立的货币政策,使固定汇率难以维系 ③冗余问题:固定汇率制要求世界各国有统一的货币政策,但是很难实现
布雷顿森林体系的美元危机	美元按固定比价与黄金保持兑换性的危机,或当人们怀疑美元的兑换性,由此引发抛售美元抢购黄金的危机,即美元信心危机
第一次美元危机及应对措施 1960 年 10 月	①黄金总库:用其他国家的黄金来补充美国的黄金,维持黄金——美元本位制 ②借款总安排和互惠信贷协议:用其他国家的货币补充美元,维持布雷顿森林体系的固定汇率,是后来的多重储备货币体系的萌芽
第二次美元危机及应对措施 1968 年 3 月	①黄金双价制:中央银行可以按官价向美国兑换黄金,而黄金的市场价格则自由升降,意味着布雷顿森林体系的局部崩溃 ②特别提款权:黄金——美元本位制向黄金——美元/特别提款权本位制转变
第三次美元危机及应对措施 1971 年 5 月	①终止美元与黄金的兑换,布雷顿森林体系彻底崩溃 ②史密斯协议:挽救固定汇率制的最后一次尝试

第四节　牙买加体系

一、牙买加体系的建立

布雷顿森林体系崩溃后,在维护固定汇率的代价越来越大而变得无法继续承受的情况下,西方发达国家的货币几乎都开始实行单独浮动或联合浮动,但是仍然有相当多数的国家实行调控程度不同的钉住汇率制,国际货币体系一度混乱无序,西方发达国家和发展中国家之间的矛盾也趋于激烈。为此,IMF 在 1972 年 7 月成立了"国际货币体系改革和有关问题委员会"(由 11 个主要工业国和 9 个发展中国家组成,所以又称"二十国委员会"),该委员会于 1974 年 6 月提出了一份"国际货币体系改革大纲”。在此基础上，1974 年 9 月，IMF 成立了“国际货币基金组织理事会关于国际货币制度的临时委员会”。该委员会于 1976 年 1 月在牙买加首都金斯敦举行会议，并就汇率体制的选择、基金组织的份额、黄金的非货币化进程、特别提款权的地位、发展中国家的资金融通等问题进行了激烈的争论，并于同年 4 月通过了《牙买加协议》，即《国际货币基金协定第二次修正案》。该协议于 1978 年 4 月生效，自此国际货币体系进入了新的阶段——牙买加体系。

二、牙买加体系的主要内容

1. 汇率制度多样化

在牙买加体系下，承认浮动汇率制的合法性，会员国可根据国情自由选择汇率制度，固定汇率制和浮动汇率制并存。协议规定 IMF 对各成员国的汇率政策实行监督，协调其国内经济政策，促进金融稳定，缩小汇率波动幅度；实行浮动汇率制的成员国应根据条件逐步恢复固定汇率制，并防止采取损人利己的货币贬值政策；在认为国际经济条件已经具备时，经总投票权的 85% 多数通过，基金组织可以决定采用“稳定的但可调整的货币平价制度”，即恢复固定汇率制度。

从 1982 年起，国际货币基金组织(IMF)每年都根据汇率变动的灵活程度对成员国的汇率安排进行分类。在 1999 年 3 月以前，IMF 将成员国的汇率安排分为三类：钉住汇率、有限灵活的汇率、更为灵活的汇率(见表 13-5)。1999 年，欧元诞生后，国际货币基金组织将国际货币体系分为八种：放弃独立法定货币的汇率制度(Exchange Arrangements with no Separate Legal Tender)，货币局制度(Currency Board Arrangements)，通常的固定钉住汇率制度(Conventional Fixed Peg Arrangements)，水平波幅内的钉住汇率制(Pegged Exchange Rates within Horizontal Bands)，爬行钉住汇率制(Crawling Pegs)，爬行波幅汇率制度(Exchange Rates within Crawling Bands)，不事先宣布汇率轨迹的管理浮动汇率制度(Managed Floating with no Pre-determined Path for the Exchange Rate)，独立浮动汇率制度(Independently Floating)。表 13-6 对 IMF 的成员国的汇率制度安排的国家总数做了统计(截至 2014 年 6 月)。

表 13-5　　2008～2014 年的国际汇率安排

年份 国家数占比(%)	2008	2009	2010	2011	2012	2013	2014
放弃独立法定货币的汇率制度	5.3	5.3	6.3	6.8	6.8	6.8	6.8
货币局制度	6.9	6.9	6.9	6.3	6.3	6.3	6.3
通常的固定钉住汇率制度	22.3	22.3	22.3	22.6	22.6	23.6	23.0

续表

国家数占比(%)　　年份	2008	2009	2010	2011	2012	2013	2014
稳定化安排	12.8	6.9	12.7	12.1	8.4	9.9	11.0
爬行钉住汇率制度	2.7	2.7	1.6	1.6	1.6	1.0	1.0
类似爬行安排	1.1	0.5	1.1	6.3	6.3	7.9	7.9
水平波幅内的钉住汇率制度	1.1	2.1	1.1	0.5	0.5	0.5	0.5
管理浮动	20.2	24.5	20.1	18.9	18.4	18.3	18.8
独立浮动	19.7	17.6	15.9	15.8	16.3	15.7	15.2
其它有管理的安排	8.0	11.2	11.1	8.9	12.6	9.9	9.4

资料来源：Annual Report on Exchange Arrangements and Exchange Restrictions，IMF 网站，http://www.imf.org/external/pubs/nft/2014/areaers/ar2014.pdf

表 13-6　2014 年 10 月的国际汇率安排

汇率安排	国家数
放弃独立法定货币的汇率制度	13
货币局制度	12
通常的固定钉住汇率制度	44
稳定化安排	21
爬行钉住汇率制度	2
类似爬行安排	15
水平波幅内的钉住汇率制度	1
其它有管理的安排	18
不事先宣布汇率轨迹的管理浮动汇率制度	36
独立浮动汇率制度	29

数据来源：Annual Report on Exchange Arrangements and Exchange Restrictions，IMF 网站，http://www.imf.org/external/pubs/nft/2014/areaers/ar2014.pdf

2.黄金非货币化

《牙买加协议》决定，逐步使黄金退出国际货币体系，并规定：(1)废除黄金官价，各成员国中央银行之间不再以官价买卖黄金，允许黄金价格随市场供求变化自由浮动。(2)取消各成员国之间以及各成员国与 IMF 之间用黄金清算债权债务的义务。各成员国原来需以黄金缴纳基金份额的部分改以缴纳外汇。(3)IMF 所持有的各成员国原来以黄金缴纳的份额进行处理，其中 1/6(约 2500 万盎司)按市价出售，另外 1/6 由成员国按官价购回，剩余的经 85%多数投票决定是出售还是购回。

3. 增强特别提款权的作用

牙买加协议中规定，在未来的货币体系中，应以特别提款权作为主要的储备资产，作为各国货币定值的基础，成员国之间可以相互借贷 SDR 用于平衡国际收支和稳定汇率。为增强 IMF 的作用，IMF 的份额由原有的 290 亿 SDRs 扩大到 390 亿 SDRs。

4. 增加对发展中国家的资金融通

用在市场上出售黄金超过官价的部分收入建立信托基金，向最穷的发展中国家以优惠条件提供贷款，帮助它们解决国际收支方面的困难。同时，各成员国可从 IMF 获得的贷款额度由其份额的 125%上升到 145%。

三、牙买加体系的运行效率评价

1. 牙买加体系的积极作用

(1)从汇率制度来看，经过 20 世纪 70 年代中期以来的国际金融实践，浮动汇率制的运用是基本成功的。浮动汇率制的长处在于，不仅可以比较灵敏准确地反映出不断变化的国际经济状况，而且还可以调节外汇市场的供求关系，从而促进国际经济和世界贸易的发展。主要表现在：各国汇率可以根据市场供求状况自发调整，不再会长期偏离实际价值；可以解除硬通货国家在固定汇率制下维持汇率稳定的义务，避免被动地输入通货膨胀；可以使一国的财政政策和货币政策更具独立性和有效性，不再会为了外部经济而牺牲内部经济；为避免汇率风险，客观上促进了国际金融业务的创新和发展。

(2)从多元化国际储备体系来看，基本摆脱了布雷顿森林体系时期基准货币国家与依附国家相互牵连的弊端，并在一定程度上解决了“特里芬难题”——信心和清偿力的矛盾。在牙买加体系下是以美元为主导的多元化国际储备资产，其中，黄金的储备地位逐渐弱化；美元在诸多储备资产中仍占主导地位，但是逐步削弱；特别提款权在一定范围内使用，但是本位作用也不是很明显；而德国马克、英镑和日元的地位不断加强。储备资产的多元化的长处在于，改变了原先对美元的过分依赖，分散了汇率变动的风险，也促进了国际货币合作与协调。同时可以缓解国际清偿力不足，克服以美元作为唯一储备货币的“特里芬难题”。

(3)采取多种调节国际收支机制的方式。在布雷顿森林体系下，调节成员国国际收支失衡的渠道主要有两种方式：当成员国发生暂时性国际收支失衡时，通过基金组织来调节；当成员国国际收支出现根本性失衡时，通过改变货币平价、变更汇率来调节。而牙买加体系除了可以继续依靠上述办法外，还可以通过利率及国际金融市场的媒介作用、国际商业银行活动、外汇储备的变动等渠道来调节，多种调节手段还可以结合起来运用，这在一定程度上克服了布雷顿森林体系下调节机制失灵的困难。

2. 牙买加体系的缺陷

牙买加协议是国际社会在布雷顿森林体系解体后的一种权宜之计。一方面它适应了当时世界经济形势发展的需要，从而对国际贸易和世界经济的正常运转起到了一定的积极作用，另一方面，这个体系也存在着一些严重的问题，有待进一步改革与发展。

(1)汇率波动频繁剧烈。浮动汇率的特点是外汇汇率由外汇市场的供求关系自发决定，波动比较频繁。汇率频繁变动使进出口商难于核算成本和利润，承担巨大的外汇风险，从而加剧各国之间贸易冲突和贸易保护主义的盛行，阻碍了世界贸易的进展。另外汇率的变动不定，也给国际储备和外债管理带来了复杂性，因此影响国际信用的发展，导致国际信用关系的缩小。浮动汇率制还会引起外汇投机活动。很多西方工业国家针对浮动汇率制带来的诸多问题，设立了有管理的浮动汇率制，但是仍然没有办法解决这种不稳定性。

(2)多元化储备货币体系的内在不稳定性。尽管牙买加体系下储备货币实现了多元化，但是由于美元的特殊地位，美国国际收支状况仍在左右世界外汇储备的增长和国际金融市场的运行；另外多种储备货币并没有从本质上解决储备货币同时担负世界货币和储备货币所在国本币的双重身份所造成的两难，当维护世界金融秩序和支付能力目标与维护国内经济平衡的目标发生冲突时，这些国家必然侧重于后者，从而对别国乃至世界经济带来负面影响。

(3)缺乏有效的国际收支调节机制。尽管在牙买加体系下国际收支调节的渠道与措施比先前增多，但该体系运行多年来，全球性的国际收支失衡问题非但没有解决反而趋于严重。目前国际收支调节任务仍然大部分落在逆差国家身上，牙买加体系并没有吸收布雷顿森林体系的教训，建立制度来约束或帮助逆差国恢复国际收支平衡，结果导致逆差国储备锐减，债台高筑，顺差国则储备猛增。近年来，发生经常项目逆差的国家大多是发展中国家，外汇短缺严重，只能靠紧缩国内经济来防范债务危机，但是这又不利于经济的起步和发展，所以又不得不依靠外债来弥补资金的缺口，从而沦为重债国。

第五节　国际货币体系的改革

一、国际货币体系改革的原则

自牙买加体系建立以来，改革国际货币体系的探讨就一直没有停止过，但是，由于发达国家在现行的货币体系中获益颇多，所以改革迟迟没有进行。直到1994年的墨西哥金融危机，1997年的东南亚金融危机以及此后的俄罗斯、巴西、阿根廷金融危机的爆发，才使世界各国正视现行体系的缺陷与弊端，将改革的事宜提上议事日程。

国际货币基金组织提出了国际货币体系新架构，包括五要素：透明度、金融体系的稳健、私人部门参与、有序的资本市场开放，以及建立现代化的国际资本市场的原则与标准。各主要工业国家也在维护其自身利益的基础上提出了名目繁多的改革主张。但是，由于国际货币体系改革牵扯到各国的巨大的经济和政治利益，所以改革问题举步维艰，多年来只是停留在对IMF的一些改革，而大的举措迟迟未能达成共识。

2008年美国金融危机的爆发与蔓延表明，现行国际金融体系的各个方面，如国际金融监管体系、国际货币体系、国际金融机构等的内在缺陷和弊端不仅暴露得淋漓尽致，而且愈演愈烈：国际金融监管体系乏力，导致现有的国际金融体系的扩张无序而无度；国际货币体系在国际储备资产、汇率制度和国际收支调节等三方面的秩序和纪律弱化而无序；国际金融机构的决策机制偏颇，而其危机缓解救助机制更显狭隘，这都加剧了国际金融的风险因素，大大降低了其应有的功能和作用，反而对国际货币金融危机的频繁爆发起到了推波助澜的作用。此次危机的爆发，使各国政府、经济界和理论界对国际货币体系进行改革的呼声此消彼长。

国际货币体系改革的目标是要完善国际货币体系，健全储备货币发行调控机制，保持主要储备货币汇率相对稳定，促进国际货币体系多元化、合理化。为实现这一目标，国际货币体系改革应该遵循“全面性、均衡性、渐进性、实效性”四项原则。

1. 全面性，强调的是要进行总体设计，既要完善国际金融体系、货币体系、金融组织，又要完善国际金融规则和程序，既要反映金融监管的普遍规律和原则，又要考虑不同经济体的发展阶段和特征。

2. 均衡性，要注重统筹兼顾，平衡体现各方利益，形成各方更广泛有效参与的决策和管理机制，尤其要体现新兴市场国家和发展中国家的利益。

3. 渐进性，改革要循序渐进，在保持国际金融市场稳定的前提下，先易后难，分阶段实施，通过持续不断努力最终达到改革目标。

4. 实效性，要讲求效果，所有改革举措都应该有利于维护国际金融稳定、促进世界经济发展，有利于增进世界各国人民福祉。①

另外国际金融机构，特别是IMF是现行国际货币体系的重要载体，其职能是

---

① 胡锦涛主席在英国伦敦举行的二十国集团领导人第二次金融峰会上发表的题为《携手合作　同舟共济》的重要讲话，2009年4月2日。

和国际货币体系的制度性安排紧密相关的，因此国际货币体系改革也离不开对国际金融机构的改革。在布雷顿森林体系时代，IMF 承担着三大职能：一是维持固定汇率制度、协助成员国干预市场汇率的波动；二是监督成员国的国际收支状况，为发生严重逆差的成员国提供资金援助并帮助其执行调整计划；三是协助建立成员国之间经常账户交易的多边支付体系，并消除阻碍世界贸易发展的汇兑限制。随着布雷顿森林体系的崩溃，IMF 的前两项职能也几乎荡然无存，只剩下了第三项职能。由于 IMF 等国际金融机构是建立在旧的国际货币体系之上的，目前已经根本不能适应金融全球化的发展趋势和世界经济发展的需要，改革已成为不可逆转的趋势，因此，改革国际金融机构就成为构建全球金融新秩序的最重要的内容。

二、国际货币体系改革的主要方案

为了建立一个更加公正、合理、科学的国际货币体系，国际社会进行了广泛的探讨，形成了多种改革国际货币体系的方案和主张。主要分成以下几种情况：

1. 恢复和改进已有的货币体系

(1)建议恢复金本位制，即主张仍用黄金作为世界货币——例如美国经济研究所研究员沃克·托德 2008 年 12 月撰文提出“应讨论恢复金本位制以应对金融危机”。但是，恢复金本位制会遇到黄金数量不足、不均衡的困难。据国际货币基金组织数据库 2008 年 6 月公布的数据，全球黄金储备为 29813.1 吨，其中数量排名前十位中，美国第一，有 8133.5 吨，占有率为 27.28%；德国第二，有 3417.3 吨，占有率为 11.46%；国际货币基金组织第三，有 3217.3 吨，占有率为 10.79%；然后依次是法国、意大利、瑞士、日本、荷兰、中国和欧洲中央银行。

(2)建议恢复美元——黄金本位制，即重建布雷顿森林体系——例如英国首相布朗、欧洲中央银行行长特里谢、美国前任总统布什等主张建立“21 世纪的新布雷顿森林体系”、“布雷顿森林体系Ⅱ”。但是这要面对“特里芬难题”，即唯一国际货币发行国，其国际收支既不能出现顺差，也不能出现逆差。

(3)过渡为特别提款权本位制——例如约瑟夫·斯蒂格利茨主张建立一个“类似于国际货币基金组织特别提款权的系统”。但是这要解决与充当国际货币对应的经济政治实力后盾问题。

2. 建立一种全新的货币体系

近年来，关于国际货币体系的改革方案设想有了较大的创新，主要体现在：

(1)组建世界中央银行。建立一个新的国际货币体系，必须首先建立世界中央银行。国际社会应该积极推进区域性的国际货币体系或货币联盟的建设，促进世界现有的各货币联盟的改革和完善，在这些货币联盟的基础上组建世界中央银行，各货币联盟可以作为世界中央银行的分行发挥作用。世界中央银行领导决策机构如理事会由各货币联盟共同组成。各货币联盟选派世界中央银行的领导决策机构成员的办法，必须坚持避免世界中央银行被少数国家操纵或受其制约的原则，不能根据国家的经济实力确定，而应按其成员国多少来决定。

世界中央银行在国际货币金融事务中的主要任务是加强和协调国际货币金融关系的合作，制定国际货币金融法律法规并保证实施，统一制定和发行世界货币，确定和调整世界货币的定值和定值标准，为世界经济提供稳定的流通手段和支付手段。为此，世界中央银行在国际货币金融事务中必须享有最高权威。世界中央银行成立后，可以取代 IMF、世界银行、国际清算银行、巴塞尔委员会等机构目前行使的那部分世界中央银行的职能，从而撤销这些机构。使世界中央银行的职能得到统一。

(2)创建一种超主权储备货币。1943 年的凯恩斯计划中提出的班柯(Bancor)，其实质就是一种超主权储备货币。班柯是一种用 30 种有代表性的商品，包括黄金，作为定值基础而建立的国际货币单位。但是，由于美国的经济实力，迫使英国做出了巨大的让步，其中包括世界货币班柯(Bancor)的设想。随着以怀特方案为基础的布雷顿森林体系的崩溃，显示出凯恩斯的方案可能更有远见，特别是在 60 多年后的今天，关于超主权储备货币的设想又一次被推到了改革的前沿。

2009 年在美国金融危机席卷全球的背景下，中国和俄罗斯不约而同的提出了创建一种超主权储备货币的设想。所谓超主权储备货币，是指一种与主权国家脱钩、并能保持币值长期稳定的国际储备货币，从而避免主权信用货币作为储备货币的内在缺陷，是国际货币体系改革的理想目标。① 超主权储备货币不仅可以克服主权信用货币的内在风险，也为调节全球流动性提供了可能。超主权储备货币在现实中的操作还是有一定的难度的，但是我们可以在现有的特别提款权的基础上进行改革。

目前国际货币体系的改革主张都还处于探讨阶段，但是总体上看，加强和完善对银行体系的监督；加强对短期资本流动的监督，增加对投资银行和对冲基金的信息披露要求；增加所有国家宏观经济，包括财政状况和货币状况的透明度；加强国际货币基金组织提供应急贷款的机制和能力等方面已经基本达成共识，并已经开始付诸实施。

【思考题】

1. 国际货币体系的含义是什么？其主要构成内容有哪些？
2. 国际金本位制的主要内容有哪些？其主要优点和缺陷有哪些？
3. 布雷顿森林体系的主要内容有哪些？其积极作用体现在哪些方面？
4. 布雷顿森林体系的根本缺陷有哪些？

① 周小川，《关于改革国际货币体系的思考》，中国人民银行网站，2009 年 3 月 23 日。

5. 请简述布雷顿森林体系的演变过程。

6. 牙买加体系的主要内容有哪些？

7. 牙买加体系的积极作用和缺陷有哪些？

8. 国际货币体系的改革原则有哪些？

【案例分析题】

对于改革国际货币体系的议题，中国开始"举手发言"。中国央行行长周小川2009年3月23日在央行官方网站发表题为"关于改革国际货币体系的思考"的文章，提出了"国际货币体系改革的理想目标"，即"创造一种与主权国家脱钩、并能保持币值长期稳定的国际储备货币"。"此次金融危机表明，(什么样的国际储备货币才能保持全球金融稳定、促进世界经济发展)这一问题不仅远未解决，由于现行国际货币体系的内在缺陷反而愈演愈烈。"周小川在文章中说，"此次危机再次警示我们，必须创造性地改革和完善现行国际货币体系，推动国际储备货币向着币值稳定、供应有序、总量可调的方向完善，才能从根本上维护全球经济金融稳定。"

他认为，重建具有稳定的定值基准并为各国所接受的新储备货币，这一目标可能要长期内才能实现；但短期内，国际社会，特别是国际货币基金组织(IMF)至少应当承认并正视现行体制所造成的风险，对其不断监测、评估并及时预警。

巧合的是同年3月16日，俄罗斯总统府网站发布了将在伦敦G20金融峰会上提出的一份提案，其中就包括引入SDR作为一种"超国家储备货币"(Supernational Reserve Currency)。这与周小川所提出的"超主权储备货币"或可谓异曲同工。

俄罗斯提出该方案，被认为与3月14日在英国举行的G20财长和央行行长会议有关。在这场为4月2日的金融峰会"热身"的预备会议期间，除了G20共同发表的联合声明，作为主要新兴经济体的代表，包括俄罗斯、中国、印度和巴西在内的"金砖四国"，另外单独发表了共同声明文件，强烈呼吁改革国际金融机构。

俄罗斯的方案中，涉及了"超国家储备货币"、金融监管、经济刺激等多方面的建议，而未对发展SDR作为"超国家储备货币"的可行性和操作性作详细阐述。相比之下，周小川的这篇文章，则补充说明了发展SDR的理由和好处，亦提出了具体的做法。

分析题：请结合当前的世界金融形式以及发展中国家的国情，分析一下为什么发展中国家对国际货币体系改革的呼声越来越高？你认为超主权储备货币是否可行？

第十四章　国际金融机构与国际金融协调

国际金融机构是超国家的金融机构，目前全球性的国际金融机构有国际货币基金组织和世界银行集团，区域性的国际金融机构主要有国际清算银行、亚洲开发银行、欧洲投资银行、泛美开发银行和非洲开发银行等，它们的设立为各国进行协商，促进国际金融协调提供了适当的场所。本章对以上国际金融机构的产生，宗旨，组织结构和业务活动进行了详细的介绍，并对国际金融协调的相关理论和实践进行了阐述。

【本章学习目标】

1. 掌握国际货币基金组织的基本职能、资金来源及其业务活动。
2. 熟悉世界银行集团和国际清算银行的基本情况。
3. 了解区域性金融机构的概况。
4. 掌握国际金融协调的理论基础、主要方式。
5. 了解巴塞尔协议的核心内容。

第一节　国际货币基金组织

一、国际货币基金组织的产生背景

国际货币基金组织（International Monetary Fund，简称 IMF）是世界上促进国际货币合作的中心组织。它是根据 1944 年 7 月举行的布雷顿森林会议上通过的《国际货币基金协定》建立的。IMF 于 1945 年 12 月份宣告成立，并于 1947 年 3 月正式投入运行，同年 11 月 15 日成为联合国的一个专门机构，总部设在华盛顿。

20 世纪 30 年代的大萧条时期，各个国家纷纷通过限制进口，货币竞争性贬值，禁止私人持有外汇及限制购买外国商品等手段来企图改善本国日益恶化的经济状况。但是，事实证明这些政策都是背道而驰的，世界贸易迅速下滑，就业和人民的生活水平急剧下降。为了恢复有序的国际货币关系，各成员国通过协商达成一致，建立了一个监管国际货币体系以保障汇率稳定并鼓励成员国降低阻碍贸易的外汇管制的机构，即 IMF。

1945 年 12 月 27 日，最初的 29 个创始成员国签署了《国际货币基金组织协定》(Articles of Agreement of the International Monetary Fund)，IMF 宣告成立。从成立之日起，IMF 不断发展壮大，截至 2009 年 6 月 30 日 IMF 的成员国已达 186 个。中国是 IMF 的创始国之一，我国的合法席位是在 1980 年 4 月 18 日恢复的。

国际货币基金组织(IMF)，世界银行集团(World Bank Group)和关税与贸易总协定(General Agreement on Tariff and Trade，GATT)，1995 年之后改称为世界贸易组织(World Trade Organization，简称 WTO)共同构成战后国际经济秩序的三大支柱。IMF 主要负责货币金融事务，世界银行主要负责财政援助与经济开发事务，GATT(WTO)主要负责国际贸易事务。

二、国际货币基金组织的宗旨和基本职能

1. 国际货币基金组织的宗旨

根据《国际货币基金组织协定》的第一条，国际货币基金组织的宗旨为：

(1)通过设立一个常设机构就国际货币问题进行磋商和协作，以促进国际货币合作。

(2)促进国际贸易的扩大和平衡发展，从而有助于各成员国提高和保持高水平的就业和实际收入，以及开发生产性资源，并以此作为经济政策的首要目标。

(3)促进汇率的稳定，保持成员国之间有序的汇兑安排，避免竞争性货币贬值。

(4)协助各会员国建立经常性交易的多边支付体系，取消阻碍国际贸易增长的外汇管制。

(5)在有充分保障的前提下，向会员国提供临时性的资金援助，以增强其信心，使其能有机会在无需采取有损本国和国际经济繁荣的措施的情况下平衡国际收支。

(6)根据上述宗旨，缩短成员国国际收支失衡的时间并减轻失衡的程度。

货币基金组织的所有政策和决定都应以以上制订的宗旨为原则精神而做出。

2. 国际货币基金组织的职能

根据 IMF 的宗旨，我们可以看出其在国际金融领域中的职能主要表现在三个方面：

(1)监督职能。确立成员国在汇率政策、与经常项目有关的支付以及货币的兑换性方面需要遵守的行为准则，并实施监督。

(2)资金融通职能。向国际收支发生困难的成员国提供必要的临时性资金融通。

(3)协调职能。为成员国提供进行国际货币合作与协商的场所。

三、国际货币基金组织的结构

1. 理事会

IMF的最高决策机构是理事会(Board of Governors),由各成员国委派一名理事(Governor)和一名副理事(Alternate Governor)组成,通常是由各国的财政部长或中央银行行长担任。理事会的主要职责是批准增加配额,特别提款权(SDR)的分配,接纳新成员国和批准成员国的退出,以及对《国际货币基金组织协定》和相关法规的修订。理事会负责选举和任命执行董事,同时拥有对《国际货币基金组织协定》的最终裁决权。

IMF与世界银行集团的理事会于每年的9月或10月份共同举行联合年会,按照惯例,联合年会在美国华盛顿的IMF总部连续召开两次之后,下一次会选择在其某个成员国举行。年会通常包括历时两天的全体会议,在此期间理事们就目前的国际经济与金融事务进行商讨并提交他们自己国家的观点,同时就目前应该解决的国际货币事务做出决议。

2. 部长级委员会

实际上理事会的很多决策都是由两个部长级委员会(Ministerial Committee)给出的。这两个部长级委员会分别为国际货币与金融委员会(International Monetary and Financial Committee,简称IMFC)和发展委员会(Development Committee)。部长级委员会不采取投票的形式而是通过协商一致来解决问题。

国际货币与金融委员会共有24个部长级成员组成,他们是从IMF的186个理事中选举出来的,它的组成结构与执行董事会相对应,代表了24个地区。国际货币与金融委员会每年春季和秋季各举行一次会议,讨论各个国家共同关注的影响全球经济的问题,并对IMF的工作给出建议。

发展委员会是一个联合委员会,他的职责主要是向IMF和世界银行的理事会提供关于新兴市场和发展中国家经济发展的建议。该委员会也是由24个成员组成,主要是各国的财政或发展部部长,为就重要的发展问题而达成政府间的共识提供了一个论坛。

3. 执行董事会

执行董事会(Executive Board)是IMF负责处理日常事务的常设机构。执行董事会由1名总裁(Managing Director),3名副总裁和24名执行董事构成。总裁由执行董事会推选,任期5年,但没有投票权,只有在执行董事会进行表决并且双方票数相等时,才可投决定性的一票。通常IMF的总裁是由欧洲人担任,而世界银行的总裁是由美国人担任,这是权力分配中的一种默契。

24名执行董事是按照以下标准分配的,首先在IMF出资最多的美国、日本、德国、法国以及英国各指派1名，其次中国、俄罗斯和沙特阿拉伯分别选派1名，其余16名由包括若干国家和地区的16个选区分别选出，执行董事每两年改选一次。

执行董事会负责处理IMF方方面面的事务，从IMF官员对其成员国经济的年度例行检查，到密切关系全球经济的经济政策问题的研究。执行董事会下设许多职能部门，具体负责某一方面的事务。执行董事一般采取协商一致的形式达成共识，但有的时候需要通过正式的投票解决。图14-1中是IMF的组织结构图。

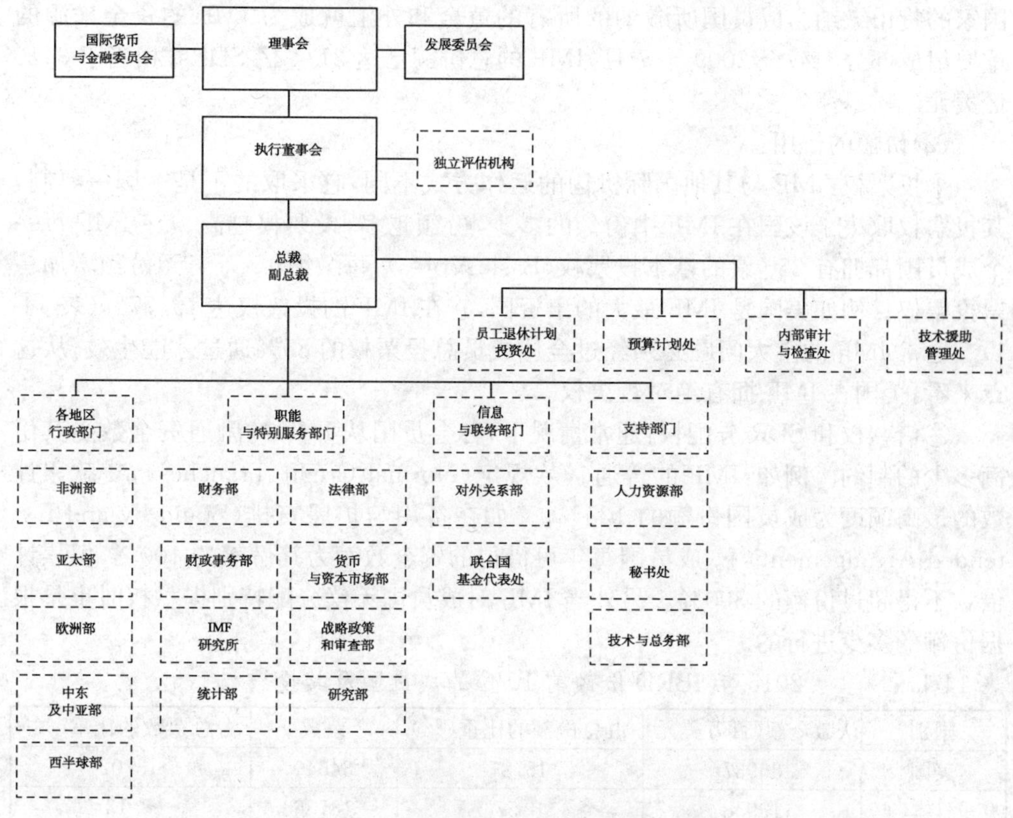

图14-1　国际货币基金组织的结构图

四、国际货币基金组织的资金来源

1. 份额

(1)份额

IMF的资金主要来源于其成员国认缴的份额(Quota)。份额体现了成员国的经济规模，是由每一个成员国的国民收入、黄金和外汇储备、平均进出口额、出口变化率等因素决定的。例如世界上最大的经济体美国就在IMF中拥有最高的份额。

理事会对各国的份额定期审定，通常为每五年一次，在必要的情况下可以提高成员国的份额。在最近一次于2008年4月进行的份额审定中，IMF成员国一致同意提高一些新兴市场国家的份额，并且决定在以后的审定中，各国的份额大小还要考虑该国在世界经济中的相对地位大小。

IMF成立之初，成员国应缴纳的份额中，25%用黄金缴纳，其余75%用本国货币支付。1978年4月1日"牙买加协议"以后，用黄金缴纳的规定被取消，改用特别提款权或者是某种主要货币缴纳，如美元，欧元，英镑或日元，剩下的75%以自己国家的货币缴纳。成员国所缴纳的所有的黄金和外汇就成为IMF的资金来源的重要组成部分。截至2009年7月，IMF的总份额已达2174亿SDRs，相当于3410亿美元。

(2)份额的作用：

①投票权：IMF与其他国际机构的运作方式不同，它采取的不是一国一票制，其投票权取决于该国在IMF中份额的多少，份额越多，投票权越高。在IMF每一个成员国都拥有250票的基本投票权(Basic Votes)，每缴纳10万美元份额增加一票投票权。例如美国是IMF最大的出资国，它在IMF的投票权达16.77%(表14-1)。通常IMF的重大问题必须经过全体成员总投票权的85%通过才能生效，从这点来看，美国在IMF拥有绝对否决权。

②借款权和SDR分配权：通常情况下，各会员国从IMF的融通资金数受其份额多少的制约。例如：IMF的普通贷款规定(Normal Credit Tranches)，贷款累计数的最高额度为成员国份额的125%；又如在备用与扩展安排(Stand-by and Extended Arrangement)下，成员国每年可借得的资金数额为其份额的100%，但累计借款不得超过份额的300%。另外当IMF对成员国无偿分配特别提款权时也是根据份额的多少进行的。

表14-1　　2015年IBRD份额前10位的成员国及其投票权

国别	认缴金额(百万美元)	占总份额的比重(%)	票数	占总票数的比重(%)
美国	36937	15.87	34640	15.02
日本	19958	8.57	18736	8.13
中国	12859	5.52	12084	5.25
德国	11159	4.79	10471	4.56
法国	9927	4.26	9314	4.06
英国	9927	4.26	9294	4.06
印度	7466	3.21	7016	3.06
加拿大	7040	3.02	6606	2.89
意大利	6147	2.64	5767	2.52
俄罗斯	5529	2.38	5195	2.27

数据来源：Moodys_IBRD_Report_2015，世界银行网站，2015年2月5日。

http://treasury.worldbank.org/cmd/pdf/Moodys_IBRD_Report_2015.pdf

2. 营运收入

IMF在营运过程中会获得一部分收入。其中包括出售黄金所得，以及在发放贷款活动中所得的收入。

黄金在二战结束后在国际经济体系中扮演了重要的角色。直到二十世纪70年代，IMF成员国25%的初始份额缴纳都是以黄金的形式完成的，这使IMF积累了大量的黄金。1976年1月IMF根据"牙买加协议"，在推进黄金非货币化的过程中，曾将其持有的黄金存量的1/6按市价出售，那时的黄金价格已经远远高于最初成员国认缴份额时候的价格，因此出售黄金所得在按认缴份额时采用的每盎司$35或$42.22的价格返还给各成员国以后，还有一部分剩余的利润，IMF就用超过官价的那部分利润在1978年专门建立起一项对低收入国家提供优惠贷款的信托基金(Trust Fund)，目前这项基金业务已告结束。

到2015年年末，IMF共持有2814吨黄金，约价值830亿美元，是世界上第三大官方黄金持有者。《国际货币基金组织协定》严格限制黄金的使用，但是在某些情况下，IMF可以出售黄金或接受成员国的黄金支付。按照IMF的规定，黄金出售的利润将不必返还各成员国，而是由IMF留存，投资于创收基金(Income－generating Fund)，以作为IMF收入的补充。

像其他金融机构一样，IMF还从其对外发放的贷款中收取一定的利息和费用作为其收入的来源。在二十一世纪初，全球经济和金融形势良好，许多新兴市场国家采取了适当的政策，提高了他们应对危机的能力，使得IMF的非优惠性贷款(Nonconcessional Loans)数量下降，其盈利能力减弱。目前IMF又在考虑出售其一部分黄金，同时开发其他的投资项目，以增加收入。

3. 借款

为了阻止各种对国际货币体系稳定可能造成威胁和伤害的事件发生，为了使IMF能更有效的处理各种货币危机与金融危机，IMF在其储备资金可能不能满足其成员国的需求时，它可以通过借款的方式补充其资金。在二十世纪70～80年代，IMF与许多国家签订了双边借款协议，目前IMF通过"最新借款安排"(New Arrangements to Borrow，简称NAB)和"借款总安排"(General Arrangements to Borrow，简称GAB)两个多边借款协议，与许多国家和机构达成了总数最高为340亿SDRs的借款协议，以备所需。同时IMF还与日本签订了一份双边借款协议(Bilateral Agreement with Japan)，可以从日本获得最高为1000亿美元的借款(约合680亿SDRs)。

五、国际货币基金组织的业务活动

IMF的基本使命即保障国际货币金融体系的稳定，为了实现这一目标，它主要

通过以下三项业务活动来实现:监督、贷款以及技术援助与培训。

1. 监督(Surveillance)

一国加入 IMF 即意味着同意其经济和金融政策接受国际社会的审查,同时承诺实施有益于有序的经济增长和稳定价格的政策,避免对汇率的操纵以达到不公平竞争的目的,并向 IMF 提供其相关经济数据。IMF 定期对全球、地区和成员国的经济与金融发展实行监督,并向其成员国提供经济政策建议。

(1)国家监督(Country Surveillance)。国家监督是一个持续的过程,IMF 通常每年与成员国进行一次全面磋商。在磋商过程中,IMF 会对成员国派驻一组由经济学家组成的考察团,对成员国的经济和金融发展进行评估,并与政府部门和中央银行的官员就经济和金融政策进行讨论,同时他们还与议员、商业、工会和民间代表座谈。在考察中,IMF 主要关注成员国以下问题:

①相关的宏观经济政策,如政府预算,货币与信贷的管理以及汇率问题。

②宏观经济表现,如政府的支出,消费者的消费,商业投资,进出口,国内生产总值,就业和通货膨胀。

③国际收支平衡。

④金融部门政策,如对银行和其他金融机构的监管。

⑤影响宏观经济表现的结构性政策,如劳动力市场、能源部门和贸易的相关政策。

考察团将考察结果提交执行董事会进行讨论,随后执行董事会的意见将被反馈给成员国政府以作为其经济和金融政策的指导性建议,同时这些讨论的摘要在 IMF 的官方网站中的新闻公告(Public Information Notices)部分发表。

(2)地区监督(Regional Surveillance)。地区监督主要是指 IMF 对一些货币联盟进行的监督,包括欧元区(Euro Area),西非经济与货币联盟(West African Economic and Monetary Union),中非经济与货币共同体(Central African Economic and Monetary Community)和东加勒比货币联盟(Eastern Caribbean Currency Union)。同时 IMF 还发表《地区经济展望》(Regional Economic Outlook Reports),对亚太、欧洲、中东和中亚、撒哈拉以南非洲以及西半球的经济和金融形势进行评估。

(3)全球监督(Global Surveillance)。全球监督是由执行董事会对全球经济发展和趋势做出的评估,其主要的观点体现在《世界经济展望》(World Economic Outlook)和《全球金融稳定性报告》(Global Financial Stability Report)中。同时 IMF 还组织少数国家进行多边磋商,以解决全球和地区经济金融问题的争端。

2. 贷款

IMF 建立的初衷之一就是对一些存在着严重的财务问题,以至于不能进行国际支付,从而对国际金融体系产生潜在影响的国家提供援助。IMF 的贷款主要是帮助成员国解决收支平衡问题，稳定其经济，恢复可持续发展，但是 IMF 不像其他发展机构，它不对特定的项目进行资助。

(1)IMF 贷款规模的演变。到目前为止大约 4/5 成员国已经至少使用过一次 IMF 的贷款，不过贷款的金额和贷款国家的数量波动很大。在 IMF 成立最初的 20 年间，超过一半的贷款都流向了工业化国家，从二十世纪 70 年代末开始，这些国家已经能够通过资本市场满足他们的资金需求；与此同时，70 年代的石油危机和 80 年代的债务危机导致许多低收入国家和中低收入国家开始向 IMF 大量借款；到了 90 年代，中东欧的经济转轨和新兴市场的经济危机导致了 IMF 信贷数量的又一次大幅上升；2004 年开始，世界经济运行良好，许多国家开始偿还 IMF 的贷款，同时对 IMF 贷款的需求大幅下降；但是 2008 年，IMF 又开始为受到金融风暴和食品与能源价格上涨袭击的国家提供贷款。据统计，2008 年末到 2009 年初，IMF 共向新兴市场国家借出了 600 亿美元。

(2)IMF 贷款的目的。《国际货币基金组织协定》明确指出 IMF 向成员国提供贷款的目的是在有充分保障的前提下，向会员国提供临时性的资金援助，以增强其信心，使其能有机会在无需采取有损本国和国际经济繁荣的措施的情况下平衡国际收支。

实际上，随着时间的演变，IMF 贷款的目的也发生了巨大的变化。从单纯的对成员国提供资金援助以使其应对短期的贸易波动，扩大到由于贸易冲击、自然灾害、冲突后局势变化、大规模的经济转轨、降低贫困和经济发展、主权债务重组以及信心驱动的银行和货币危机等原因导致的收支平衡困难。

(3)IMF 的贷款工具。IMF 通过多种贷款工具对其成员国提供贷款，每种贷款工具的贷款期限，还款条件，借款条件等都有所不同。除了低收入国家之外，其他所有的国家都只能从 IMF 获得“普通的非优惠性质”的贷款(Regular, Nonconcessional Lending)，即支付与市场利率挂钩的利率和手续费(Service Charges)以及可归还的承诺费(Commitment Fee)。IMF 不鼓励成员国大量借款，对于数额特别巨大的贷款要征收附加费(Surcharge)。IMF 向成员国提供的贷款的最高限额通常是由该国在 IMF 认缴的配额决定的，贷款通常要求存在该借款国的中央银行，以作为其国际储备的补充。IMF 的主要贷款工具有：

①备用安排(Stand－By Arrangement)。备用安排是在 1952 年建立的贷款工具，是中等收入国家寻求金融援助的主要工具，旨在帮助这些国家解决短期国际收支失衡问题。备用安排的期限一般在 12～18 个月之间，贷款预期在 2.5～4 年之间归还，经批准后可延长。另外对数额巨大的贷款要收取附加费。

②灵活信贷额度(Flexible Credit Line，简称 FCL)。2009 年 IMF 对贷款机制进行改革，推出了灵活信贷额度(FCL)。FCL 是 IMF 对经济基本面、政策及政策实施记录十分强劲的国家实行的一项新的信贷额度。贷款国出于危机防范目的利

用FCL将尤其有用。FCL要求有关国家达到事先确定的资格标准，并将在个案基础上决定FCL的贷款限额。与传统的基金组织支持的规划不同，FCL的拨款不是分阶段的，也不以政策谅解为条件，这种贷款之所以有这样的灵活性，是因为有资格利用FCL的国家有非常强的记录，使人确信其经济政策将继续保持强劲。FCL的灵活性具体包括：

确保有资格的国家能够在没有持续实施的(事后)贷款条件的情况下先期获得大量基金组织资金；可续信贷额度，有关国家可自行决定最初期限是6个月或12个月(6个月后对资格进行检查)；较长的偿还期($3_{1/4}$～5年)；对使用基金组织资金的数额没有硬性规定的上限，在个案基础上确定限额；具有在任何时候提取信贷额度或将其视为预防性工具的灵活性。

事先确定的资格标准是FCL的核心，旨在表示基金组织对合格成员国的政策及在必要时采取纠正措施的能力具有信心。确定资格过程的核心是就以下方面对成员国做出评估：拥有十分强健的经济基本面和体制政策框架；正在实施非常强劲的政策，并且过去具有持续的实施记录；以及仍然承诺在今后继续实施这种政策。评估FCL安排的资格时使用的相对标准包括：可持续的外部头寸；以私人资本流动为主的资本账户头寸；具有主权国家以有利条件稳定利用国际资本市场的记录；在预防性基础上申请FCL时具有相对充裕的储备头寸；健全的公共财政，包括可持续的公共债务头寸；在稳健的货币和汇率政策框架下，具有较低且稳定的通货膨胀；银行清偿能力不存在问题，不会立即造成系统性银行危机的威胁；有效的金融部门监管；以及具有数据透明度和完整性。不一定需要在所有这些标准下都有强劲表现才能取得FCL资格，因为确定资格过程中将考虑一些弥补因素，包括正在实行的纠正性措施。

③扩展基金贷款(Extended Fund Facility)。扩展基金贷款于1974年建立，主要是针对于那些由于结构问题而导致的国际收支失衡，并且需要较长时间才能恢复宏观经济平衡的国家。申请该种贷款的国家，IMF通常要求他们实施相关的市场和机构改革的措施，如税收和金融部门的改革，国有企业私有化，更加灵活的劳动力市场等。该贷款采用分阶段提款的形式，如果借款国不能达到IMF的要求，IMF有权停止贷款。该贷款的有效期一般为3年，贷款资金一般都是在4.5～7年之后偿还。对大额的贷款同样要收取附加费。

④补充性储备贷款(Supplemental Reserve Facility，简称SRF)。补充性储备贷款于1997年建立，主要满足那些期限比较短，但数量比较大的融资需求。在一般情况下这类贷款预期在2～2.5年内偿还，如有需要可以延长6个月。所有的SRF都收取附加费。

⑤紧急援助(Emergency Assistance)。紧急援助是IMF为那些由于自然灾害或军事冲突而造成的国际收支失衡的国家提供的援助。该种贷款采取优惠性利

率,即与低收入国家贷款利率相同。

⑥贸易一体化机制(Trade Integration Mechanism)。贸易一体化机制是 IMF 向那些由于促进双边贸易自由化而导致国际收支失衡的发展中国家提供的贷款。例如那些由于丧失了对某个市场的优先进入权而导致出口收入大幅下降,或者那些由于取消了农业补贴而导致进口食品价格上升的国家。

(4)IMF 向低收入国家的贷款。低收入国家可以从 IMF 获得利率水平非常低或者有利率优惠(Concessional Terms)的贷款,这类贷款共有两种:

①减贫与增长贷款(Poverty Reduction and Growth Facility,简称 PRGF)。PRGF 是 IMF 致力于降低贫困的主要贷款工具,其目的主要是为了促进可持续的收支平衡和可持续发展,以促进生活水平的提高和贫困的降低。最近几年,IMF 的几项大数额的贷款都是通过 PRGF 发放的。

②外部冲击贷款(Exogenous Shocks Facility,简称 ESF)。ESF 主要是用于抵抗那些由于食品和燃料价格上涨或自然灾害等这些非政府所能控制,但又会对经济造成关键性的负面影响的因素所导致的财政困难而提供的贷款。

减贫与增长贷款和外部冲击贷款的贷款利率都只有 0.5%,而且贷款可以在 5.5～10 年之间归还。

(5)IMF 的债务减免。除了可以从 IMF 获得优惠性贷款,一些低收入国家还可以通过以下两个倡议获得债务减免。一个是 IMF 与世界银行合作的"重债贫困国家行动计划"(Heavily Indebted Poor Countries,简称 HIPC),该倡议 1996 年创立,债权人以协调的方式向债务人提供债务减免,以期恢复债务人债务的可持续性①。该项倡议 1999 年又进行了提升,扩展了减免范围,加大了减免力度,并提高了减免速度,以使这些国家能腾出更多的资金用于基础设施的建设和贫困的降低。IMF 的主要任务是向这些国家提供正确的经济政策建议并付诸实施,以向外界保证这些减免的贷款没有白白浪费。

另一项是 2005 年由 G-8 国家②的财政部长和领导人通过的多边债务减免倡议(Multilateral Debt Relief Initiative,简称 MDRI)。该倡议要求 IMF、国际开发协会(International Development Association,简称 IDA)和非洲开发基金(African Development Fund,简称 ADF)取消那些符合重债贫困国家行动计划(HIPC)条件的国家在这些机构的全部债务,以帮助他们实现联合国的千年发展目标,这些减免的债务中的一部分资金由比较富裕的成员国来承担。

3.技术援助与培训

IMF 还通过向成员国提供诸如中央银行的运作,货币和汇率政策,税收政策与

---

① 一国债务的可持续性是指该国可以比较轻松地利用其出口收入、援助和资本流入支付应计利息,而不必牺牲必需品的进口。

② 加拿大,法国,德国,意大利,日本,俄罗斯,英国和美国。

管理，官方统计等方面的技术援助与培训，来提高成员国的经济政策设计和执行力度。同时IMF还对一些遭受严重的社会动荡或战争袭击的国家提供政府重建的建议。IMF大约80%的技术援助都提供给了低收入和中低收入国家，特别是撒哈拉以南的非洲地区和亚洲，其中后冲突国家是主要的受益者。技术援助的类型多样，按照需求的不同，从长期的能力建设到在金融危机下的短期的政策支持都有。

六、国际货币基金组织存在的主要问题

1.国际货币基金组织存在的主要问题

(1)贷款的限制性条款过严。IMF的贷款往往附加一些限制性条款，要求受款国在使用基金组织的贷款时必须采取一定的经济调整措施，以便在有关贷款项目结束时能够恢复国际收支平衡。但是造成国际收支不平衡的原因有很多，有些并不是能简单的通过IMF经常使用的紧缩性的政策来解决，甚至在这种政策下情况还有可能恶化。所以很多发展中国家对IMF的限制条件十分不满，强烈要求放宽条件。IMF先后对有关贷款条件作了修改，但是仍然没有从根本上解决贷款附加条件的缺陷。

(2)贷款资金分配不合理。IMF对成员国的贷款数量是与该国缴纳的份额挂钩的，而发达国家的份额远远高于发展中国家，这就导致了最需要信贷资金的发展中国家只能得到很少量的贷款。IMF虽然多次增资，但是结果表明发展中国家的份额在总份额中的比重非但没有上升，反而普遍下降，这不符合发展中国家的利益。

(3)贷款规模不能满足需要。尽管IMF从建立以来不断增资，但是一旦遭遇金融或债务危机，需要贷款的国家的数量大幅上升，IMF很难满足这些国家的贷款需求，同时IMF的对外借款手段有限，所以经常出现捉襟见肘的情况。

2.IMF的改革方向

(1)一些国家通过借贷方式为该组织提供资金只是权宜之计，应该提高各成员国的永久性认缴的份额，以增加IMF可供调配的资金。

(2)2008年这场席卷全球的金融危机表明，国际货币基金组织必须强化其监控能力。而实现这一目标的关键在于更加重视对全体成员国的公平监控，尤其是重视对那些有着巨额跨国资金流动、拥有主要国际金融中心的发达国家的监控。

(3)应立即采取措施扩大发展中国家在国际货币基金组织中的话语权和代表权。

(4)改革贷款机制。2009年IMF对贷款机制进行了改革，包括加强备用贷款安排，和设计了灵活贷款额度。另外IMF还需要从以下方面进行完善：提高贷款限额、调整和简化成本与期限结构、改革对低收入成员国的贷款机制、简化贷款工具以及增加基金组织的资金。

第二节 世界银行集团

世界银行是指在1944年7月布雷顿森林会议上决定设立的国际复兴开发银行(International Bank for Reconstruction and Development,简称IBRD),它经多数会议参加国批准后于1945年12月正式宣告成立,并于1946年6月开始开办业务。世界银行建立的初衷是帮助欧洲国家进行战后重建。它的第一笔贷款价值2500万美元,是在1947年贷给法国的。目前"重建"仍然是世界银行的一项主要业务活动,但是目前主要是针对发展中国家和转型经济体在遭受自然灾害、人道主义紧急情况以及冲突之后的重建。

世界银行的宗旨是:以满腔热情与职业精神,为取得持久成果与贫困作斗争,通过资源提供,知识共享,能力建设以及在公共与私营部门之间建立伙伴合作关系,帮助人们实现自助并改善环境。

今天的世界银行已经把降低贫困作为其全部工作的总目标,其工作重点是:最贫困国家尤其是非洲最贫困国家的减贫与可持续增长;应对后冲突国家和脆弱国家面临的特别挑战的办法;面向中等收入国家的发展方案和针对性服务以及融资;气候变化、传染病和贸易等地区性和全球性问题;阿拉伯世界的进一步发展和更多机会;集中最佳全球知识支持发展。

目前世界银行已经成为一个集团,包括5个紧密协作的发展机构。我们通常所讲的世界银行是指:国际复兴开发银行(International Bank for Reconstruction and Development,简称IBRD),和国际开发协会(International Development Association,简称IDA)。另外国际金融公司(International Finance Corporation,简称IFC),多边投资担保机构(Multilateral Investment Guarantee Agency,简称MIGA),和国际投资争端处理中心(International Center for Settlement of Investment Disputes,简称ICSID)是世界银行的3个附属机构,它们共同构成世界银行集团。

一、国际复兴开发银行(IBRD)

1. 国际复兴开发银行的宗旨和职能

国际复兴开发银行的宗旨是:致力于中等收入国家和信用良好的较贫穷国家的可持续的、公平的、增加就业的发展;降低贫困;同时关注区域性和全球性的相关重要议题。IBRD代表其186个成员国的利益,向他们提供灵活、及时和量身订制的金融产品、知识和技术服务以及战略建议。IBRD的成员国可以获得比金融市场上更优惠,期限更长并且更加可持续的贷款。

IBRD的主要职能是:向私有债权人不能提供资金的长期的人文和社会发展提供支持;当危机发生,贫困人口受到较大的负面影响时,向借款人提供援助以保存借款人的财务实力;利用融资杠杆促进关键政策和机构的改革;创造一个良好的投资环境以促进私人投资;在影响所有国家贫困人口福祉的关键领域提供资金支持。

IBRD共有186个成员国,成为IBRD成员国的前提是必须为IMF的成员国。IBRD与IMF相似,也是通过理事会和执行董事会进行管理,并且也采取加权投票权,即每一个成员国分配250票,之后在世界银行持有的每一股份都代表着一个投票权。表14-2列出了在IBRD中出资最多的11个国家的认缴金额和投票权情况。

表14-2　　IBRD份额前11位的成员国及其投票权

国别	认缴金额(百万美元)	占总金额的比重(%)	票数	占总票数的比重(%)
美国	26496.9	16.83	265219	16.36
日本	12700.0	8.07	127250	7.85
德国	7239.9	4.60	72649	4.48
法国	6939.7	4.41	69647	4.30
英国	6939.7	4.41	69647	4.30
中国	4479.9	2.85	45049	2.78
沙特阿拉伯	4479.5	2.85	45045	2.78
意大利	4479.5	2.85	45045	2.78
加拿大	4479.5	2.85	45045	2.78
印度	4479.5	2.85	45045	2.78
俄罗斯	4479.5	2.85	45045	2.78

数据来源:世界银行网站,2009年6月30日。

2. IBRD的主要业务范围

IBRD主要通过贷款、担保、风险管理产品以及分析和咨询服务来向成员国提供帮助,其主要业务范围有:

(1)战略和协调服务。世界银行为在国际复兴开发银行和国际开发协会的积极借款者编写了"国家援助战略"(Country Assistance Strategy,简称CAS)。CAS以该国自身的发展远景为出发点,通过与政府当局、社会团体、发展伙伴和其他利益相关者的磋商,制定出实现该结果的战略措施。

(2)金融服务。向成员国提供金融产品的信息并进行相关培训;向成员国提供灵活的量身订制的贷款,以满足成员国的项目和主权风险管理需求;向成员国提供一般衍生产品和特殊的风险管理产品,并提供相关产品知识的培训。

(3)知识服务。向成员国提供贫困评估、社会和结构评估、公共支出回顾、部门报告、国别经济报告、和知识共享等方面的知识传授和服务。

3. IBRD 的资金来源

IBRD 的大部分资金是来源于国际金融市场。自 1947 年发行了用于资助欧洲重建的第一支债券以来，它已经成为国际金融市场上历史最悠久的借款人之一。IBRD 发行的债券的借款利率非常有吸引力，其信用评级为 AAA 级。投资者认为将他们的钱投资于用于中等收入国家项目发展的 IBRD 债券是安全和有利可图的。IBRD 在国际资本市场上扮演了非常重要的角色，不断创新债务产品，开发新的发行市场，建立起以养老基金、保险公司、中央银行和个人为主的广泛的投资者网络。IBRD 的借款规模随发展项目的变化而有较大的起伏，目前平均每年的借款量在 1000 万到 1500 万美元。

尽管世行从其贷款挣得少量利润，但其大部分收入来自其自有资本的外贷。此类资本由两部分构成：一是过去多年来积累的储备金，二是世行 186 个成员国股东支付的会费。此外，国际复兴开发银行的收入也用于支付世界银行的经营开支，还用于资助国际开发协会及债务减免。

二、国际开发协会(IDA)

1. 国际开发协会的建立和宗旨

国际开发协会是世界银行的一个重要组成部分，它主要是援助世界上最贫穷的国家。国际开发协会成立于 1960 年，它通过向这些国家提供免息贷款和赠款来刺激这些国家的经济增长，降低不平等现象并提高人民的生活水平。

2. 国际开发协会的业务活动

截至 2009 年 8 月，国际开发协会共有 169 个成员国，它向世界上最贫穷的 79 个国家提供了大量的援助，其中 39 个在非洲。IDA 向这些国家提供优惠性质的贷款，不收取任何利息，只收取 0.75％的手续费，还款期限有 20 年，35 年和 40 年几种，其中包括 10 年的宽限期(Grace Period)①。另外，IDA 还向遭受债务困扰的贫穷国家提供赠款。自成立以来 IDA 的贷款和赠款数额已达 2070 亿美元，共有 108 个国家受益，最近几年，平均每年 IDA 的贷款和赠款的金额都新增近 120 亿美元，其中大约 50％都流向了非洲。

IDA 的援助标准取决于该国的相对贫困程度，是以人均国民收入水平衡量的，该水平每年都会调整，在 2010 财政年度该标准规定为 1.135 美元。同时 IDA 还援助部分小岛屿国家，他们的收入水平可能略高于援助标准但是达不到在 IBRD 借款的要求。另外像印度、印度尼西亚和巴基斯坦这些“混合”(Blend)国家，既符合

① 10 年的宽限期是指借款 10 年之后才开始归还本金，是对借款国的一种贷款优惠。

IBRD的借款要求又符合IDA的人均国民收入要求，因此也可以从IDA获得贷款援助。表14-3中显示的是2015财政年度从IDA获得借款最多的10个国家。

表14-3　2015财政年度IDA最大的10个借款国家

国家	金额(百万美元)	国家	金额(百万美元)
孟加拉国	1924	尼日利亚	975
印度	1687	坦桑尼亚	883
埃塞俄比亚	1395	越南	784
巴基斯坦	1351	缅甸	700
肯尼亚	1305	加纳	680

数据来源：IDA Financing，世界银行网站，http://www.worldbank.org/ida/financing.html

3. 国际开发协会的资金来源

IDA的资金主要来自于富裕的成员国的捐赠，其余的来源于IBRD的收入和IDA早期的贷款本金的回收。捐赠国每三年召开一次会议讨论并为IDA增资，到目前为止IDA共进行了17次增资。表14-4中列出了在第17次IDA增资中捐赠最多的10个国家。

表14-4　IDA第17次增资中捐赠最多的10个国家

国家	捐赠占总资金需求的比例(%)	国家	捐赠占总资金需求的比例(%)
美国	21.13	加拿大	4.88
日本	16.43	意大利	4.36
英国	12.91	瑞典	3.62
德国	10.63	荷兰	3.56
法国	7.26	瑞士	2.22

数据来源：Report from the Executive Directors of the International Development Association to the Board of Governors，世界银行官方网站，2014年3月25日。

三、世界银行集团的其他附属机构

1. 国际金融公司(IFC)

国际金融公司是世界银行集团的成员，是一个主要负责私营部门投融资的机构。它成立于1956年，到2009年8月，共有182个成员国。国际金融公司在世界银行集团其他机构的协同下开展工作，同时在法律和财务上保持独立。IFC是全球性投资机构和咨询机构，旨在促进发展中成员国的可持续性项目，使其在经济上具有效益，在财务和商业上具有稳健性，在环境和社会方面具有可持续性。

国际金融公司认为健康的经济增长是减少贫困的关键，它应根植于企业家精神和成功的私人投资发展之中，而且有利的商业环境对于后者的繁荣是必不可少的，并且会对人民生活水平的提高作出贡献。为了最大限度地发挥可持续性发展的影响力，国际金融公司特别强调以下五大战略重点：加强对边缘市场，特别是中小型企业部门的关注；与发展中国家的新兴全球商业机构建立长期的伙伴关系；通过可持续发展将国际金融公司与其竞争对手加以区分；解决私营部门投资在基础设施、健康和教育等领域的限制；通过制度建设和应用创新的金融产品开发国内金融市场。

国际金融公司主要通过以下几种方式为发展中成员国增添价值并同时注重环境和社会的可持续性：

(1)承担私营部门不会单独承担的合理风险；

(2)在边缘国家和部门开创机会，最大限度地显示 IFC 项目的示范效应和催化作用；

(3)通过开发新产品和服务的创新活动，更好地满足 IFC 客户的需求；

(4)在私营部门不愿或做不到的情况下，提供优质的咨询服务；

(5)实现知识共享，促进成功的私人投资、企业家精神和有利的商业环境；

(6)充分实施环境、社会和公司治理方面的最佳做法；

(7)对成员国需要以及私营部门客户的需求做出及时的响应。

IFC 对某个项目提供资助的标准是：该项目应该是发展中成员国的项目；属于私营部门；拥有良好的技术性；有比较好的盈利前景；对当地经济有益；环境和社会友好的，符合 IFC 和东道国的环境与社会标准。

2. 多边投资担保机构(MIGA)

作为世界银行集团的附属机构，多边投资担保机构的使命是促进在发展中国家的外国直接投资(FDI)以帮助其实现经济增长，降低贫困，提高人民的生活水平。MIGA 主要关注的焦点问题是发展中国家的基础设施建设，高风险低收入国家的市场开发，对受冲突影响的国家的投资，以及南南投资等。

目前数十亿居住在发展中国家的人口缺乏必要的基础设施，例如缺少安全饮用水和必要的污水处理系统，电力供应不足，路桥设施落后等。要解决这些问题，发展中国家政府往往缺乏必要的建设资金，而私人部门投资可以作为很好的补充。但是这些国家较差的投资环境和较大的政治风险都在一定程度上阻止了外国直接投资流向这些国家。多边投资担保机构主要就是通过以下方式来解决这些问题：为在发展中国家的外国投资提供政治风险保险；向发展中国家提供技术援助以改善投资环境，提高投资机会；对可能出现的纠纷进行调解，以消除投资在未来可能遇到的障碍。

自 1988 年成立以来，MIGA 已经为 96 个发展中国家进行过将近 900 次担保，担保项目的金额超过 174 亿美元。其担保的项目涉及社会、经济、和环境各方面，受益面广泛。

3. 国际投资争端处理中心(ICSID)

ICSID 是根据《华盛顿公约》于 1966 年建立的世界银行所属专门为国际投资争端提供调解和仲裁的机构。目前签署该公约的共有 156 个成员国，其中 143 个国家的立法机构已经批准了该公约。

ICSID 主要为私人投资在国际间自由流动所造成的非商业风险消除障碍，而且这种风险通常没有专门的解决争端的方法。国际投资争端处理中心作为一个公正的国际论坛通过调解或仲裁程序为符合资格的缔约方之间提供解决纠纷的方法。截至 2008 年 6 月在 ICSID 登记的案例总数为 268 例。

第三节　国际清算银行

一、国际清算银行的建立

国际清算银行(The Bank for International Settlements，简称 BIS)是由英国、法国、德国、比利时、意大利和日本的中央银行同美国摩根保证信托公司、纽约花旗银行、芝加哥花旗银行于 1930 年 2 月在荷兰海牙签订协议，共同出资组建。国际清算银行于 1930 年 5 月 17 日正式开始运作，是世界上历史最悠久的国际金融组织。其总部设在瑞士的巴塞尔，另外在中国香港特别行政区和墨西哥城设有两个代表处。

国际清算银行最初建立的目的是处理第一次世界大战后德国对协约国赔款的支付和处理，负责赔款年金的收取、管理和分配，同时充当道威贷款(Dawes Loams)和扬格贷款(Young Loans)的受托人，并办理协约国之间的债务清偿。

随着二战的结束，一战赔款问题已不复存在，并且随着国际货币基金组织的建立，国际清算银行的角色发生了较大的变化。目前 BIS 是一个促进国际货币和金融合作的国际组织，其客户为各国的中央银行和国际组织，它不对私人和公司实体开办业务。BIS 目前有 55 个国家的中央银行是其成员[①]。因此国际清算银行又被称之为“中央银行的银行”。我国中央银行——中国人民银行于 1996 年 9 月被接纳为成员。

国际清算银行与国际货币基金组织都是处理国际货币金融事务的组织，但是两者的工作侧重点各不相同。国际货币基金组织更多的是促进政府间的货币合作和汇率政策的协调，而国际清算银行更多的是促进各国中央银行之间的合作，加强对国际银行的监管。在国际清算银行主持下签订的《巴塞尔协议》[②]，已经约定俗成的适用于所有从事国际业务的银行机构，对国际银行监管制度的建立与完善起到了十分重要的作用。

二、国际清算银行的组织结构

国际清算银行的组织结构是由大会（General Meeting）、董事会（Board of Directors）、和管理机构（Management）组成的。大会是国际清算银行的最高权力机构，每年 6 月底或 7 月初举行一次会议，决定股利和利润分配的问题，批准银行的年度报告和账户，调整支付给董事会成员的津贴，以及选择银行的外部审计人员。

国际清算银行董事会由一名董事长、一名副董事长和 17 位董事组成。董事会主要负责 BIS 的战略和政策方向，监督管理以及履行银行章程所赋予的具体任务。比利时、法国、德国、意大利和英国的中央银行行长以及美国联邦储备委员会主席是 BIS 理所当然的董事成员，另外加拿大、中国、日本、墨西哥、荷兰、瑞典、瑞士以及欧洲央行的行长目前也是董事成员。

国际清算银行的管理机构由总经理和副总经理以及各部门办事人员组成。管理机构分为秘书处、货币经济部、银行业务部和法律部。

三、国际清算银行的职能与业务

1. 国际清算银行的职能

国际清算银行的主要职能是：为国际金融社会和各国的中央银行提供一个促进对话和政策协商的论坛；经济和货币研究中心；作为中央银行金融交易的主要对手方；作为国际金融业务的代理人或受托人。

---

① 这 55 个成员为：阿尔及利亚，阿根廷，澳大利亚，奥地利，比利时，波斯尼亚和黑塞哥维那，巴西，保加利亚，加拿大，智利，中国，克罗地亚，捷克共和国，丹麦，爱沙尼亚，芬兰，法国，德国，希腊，香港特别行政区，匈牙利，冰岛，印度，印度尼西亚，爱尔兰，以色列，意大利，日本，韩国，拉脱维亚，立陶宛，马其顿，马来西亚，墨西哥，荷兰，新西兰，挪威，菲律宾，波兰，葡萄牙，罗马尼亚，俄罗斯，沙特阿拉伯，新加坡，斯洛伐克，斯洛文尼亚，南非，西班牙，瑞典，瑞士，泰国，土耳其，英国，美国，以及欧洲中央银行。

② 有关《巴塞尔协议》的内容将在第五节详细论述。

2. 国际清算银行的主要业务活动

(1)为中央银行提供交流机会。每年有超过5000名中央银行和监管机构的高级管理人员和官员参加BIS组织的会议。其中最重要的会议是每两个月在巴塞尔举行的各中央银行的管理者与高级官员例会,与会者就世界经济和金融市场进行商讨,并就中央银行利率和其他焦点问题交换意见。这种开放、坦率和非正式的会议可以促进各方之间对相关发展、挑战和政策的理解。其他的中央银行高级官员会议主要讨论货币政策、国际金融市场的监管和中央银行的管理等问题。

(2)研究与统计工作。BIS还对经济、货币、金融和法律问题进行相关的研究,并就全球银行业,证券业,外汇和衍生市场等领域做相关的统计工作,BIS与其成员中央银行共享这些信息。

(3)研讨会和讲习班。BIS通过其金融稳定研究所(Financial Stability Institute),邀请世界上金融领域的高级管理人员,组织研讨会,同时还向高级官员提供相关培训。

(4)为中央银行提供银行服务。BIS为各国的中央银行和其他官方货币机构提供范围广泛的金融服务以帮助其管理他们的外汇储备,力求实现各中央银行对储备资产的安全性、流动性和收益性的要求。BIS目前有包括不同的国际金融机构在内的140个客户。

国际清算银行的主要产品与服务有:存贷款业务,即接受各国中央银行的存款,向各国中央银行提供短期贷款、办理政府间借款;黄金业务,即买卖、储存和保管黄金等贵金属;外汇业务,为各国中央银行管理买卖外汇;证券业务,买卖股票之外的可转让有价证券;贴现业务,办理政府国库券和其他短期债券的贴现再贴现;清算业务,为各国中央银行之间的相互清算提供便利;代理业务,充当国际组织的金融代理人。

第四节　区域性金融机构

一、亚洲开发银行

1. 亚洲开发银行的建立和宗旨

亚洲开发银行(Asia Development Bank,简称ADB)是一个国际性金融机构,亚行的宗旨是帮助发展中成员减少贫困,提高人民生活水平,以实现"没有贫困的亚太地区"这一终极目标。

亚洲开发银行成立于1966年,总部设在菲律宾的首都马尼拉。亚行在成立之初只有33个成员,包括来自亚洲和太平洋地区的区域成员,和来自欧洲和北美洲的非区域成员。如今亚行的成员数量已增至67个，其中48个成员来自亚太地区，其余19个来自于其他地区。

1986年2月17日，亚行理事会通过决议，接纳中国为亚行成员国。同年3月10日中国正式成为亚行成员，台湾以“中国台北”名义继续保留席位。在1987年4月举行的理事会第20届年会董事会改选中，中国当选为董事国并获得在董事会中单独的董事席位。同年7月1日，亚行中国董事办公室正式成立。1986年，中国政府指定中国人民银行为中国对亚行的官方联系机构和亚行在中国的保管银行，负责中国与亚行的联系及保管亚行所持有的人民币和在中国的其他资产。2000年6月16日，亚行驻中国代表处在北京成立。2008年8月，亚行董事会任命中国进出口银行副行长赵晓宇为亚行副行长。

亚洲开发银行的具体任务为：为亚太地区发展中成员国或地区成员的经济发展筹集与提供资金；促进公、私资本对亚太地区各成员国或地区成员的投资；帮助亚太地区各成员国或地区成员协调经济发展政策，以更好的利用自己的资源在经济上取长补短，并促进其对外贸易的发展；对成员国或地区成员拟定和执行的发展项目与规划提供技术援助；以亚洲开发银行认为合适的方式，同联合国及其附属机构，向亚太地区发展基金投资的国际公益组织，以及其他国际机构、各国公营和私营实体进行合作，并向他们展示投资与援助的机会；发展符合亚洲开发银行宗旨的其他活动与服务。

2. 亚洲开发银行的组织机构

亚行的最高决策机构是理事会（Board of Governors），负责接纳新成员、变动股本、选举董事和行长、修改章程等，每一个成员国都指派一名理事和一名副理事，代表其国家，理事会每年召开一次年会。

亚行的日常事务由董事会（Board of Directors）执行，董事会由12名董事组成。

亚行行长是亚行的法定代表和最高行政长官，理事会负责选举亚行行长，任期5年，可连任。亚行自成立以来，行长一直由日本人担任。

3. 亚行的资金来源

亚行的贷款和援助资金主要来源有普通资金、开发基金、技术援助基金和创新与增效计划。

(1)普通资金。普通资金（Ordinary Capital Resources）是亚行业务活动的主要资金来源，它的主要目的是用于以与市场的利率水平相当的利率借贷给经济状况较好的国家。普通资金的主要来源渠道是：

①股本：亚行建立时法定股本为10亿美元，分为10万股，每股面值1万美元，由成员国认缴。之后每5年对法定股本进行审查，并根据业务需要考虑是否增资和认缴股本。经过多次增资，到2008年末亚行的法定资本已达550亿美元。目前

亚行正在商讨进行进一步的增资，打算将其资本金提高2～3倍，以帮助亚洲新兴经济体顺利渡过2008年的金融危机。截至2009年5月，日本和美国同为亚行最大股东，各持有15.571%的股份和拥有12.756%的投票权。中国是亚行第三大股东国，持股6.429%，拥有5.442%的投票权。

②借款：作为一个AAA级信誉的发行机构，亚行以发行债券的形式在国际金融市场上筹集资金，同时还与有关国家政府、央行及其他金融机构直接安排债券销售，或直接从商业银行借款。

③普通储备金：亚行理事会每年把业务净收益的一部分留存，作为普通储备金。

④特别储备金：对1984年以前发放的贷款，亚行除收取利息和承诺费外，还收取一定数量的佣金，作为特别储备金。

⑤净收益和预交股本：亚行对其经营业务所得的净收益不做分红，会员国在法定认缴日期之前认缴的股本即是预交股本，都可以作为亚行的资金来源。

(2)开发基金。亚洲开发基金(Asian Development Fund)，始于1973年，主要用于向亚太地区最贫困的国家发放利率非常优惠的贷款或赠款。开发基金的资金主要来自于发达成员国或地区成员的捐赠。

(3)技术援助基金。技术援助基金(Technical Assistance)，1967年成立，资金来源为成员国的捐赠、亚洲开发基金拨款、亚行经营业务净收益和日本特别基金捐款等。主要用于资助发展中成员国购置设备、培训人员、聘请咨询专家、从事部门研究并指定有关国家或部门的发展计划。

(4)创新与增效计划。创新与增效计划(Innovation and Efficiency Initiative)，是亚行2005年新成立的贷款工具和方式，是为了给亚行的客户和业务团队的长期的，大的项目提供更多渠道的资金支持。

4.亚行的主要业务活动

亚行主要通过开展政策对话、提供贷款、担保、技术援助和赠款等方式支持其成员在基础设施、能源、环保、教育和卫生等领域的发展。

贷款是亚行的主要业务活动。以贷款条件划分，亚行贷款可分为硬贷款、软贷款和赠款三大类，硬贷款是用亚行普通资金提供的贷款，贷款浮动利率为6%～7%，每半年调整一次，贷款期限为10～30年，含2～7年的宽限期。软贷款，即优惠贷款，是用亚洲开发基金提供的贷款，用于还债能力有限的亚行成员。

以贷款方式划分，亚行的贷款业务大体可分为：项目贷款、规划贷款和部门贷款、开发金融机构贷款、综合项目贷款、特别项目贷款等。

亚行的贷款范围广泛，所涉及的领域有农业和农产品加工业、能源工业、交通运输、开发银行以及社会基础设施等，仅基础设施范围就非常广泛，如机场、高速路、港口、铁路、电信、供水、环境卫生、教育、城市发展、住房、人口控制等，此外，亚行还有技术赠款及软贷款，特别项目执行援助贷款以及综合项目贷款等。

亚行在贷款中严格贯彻亚行章程关于贷款的规定，对项目审查提出三点要求：第一，项目的经济效益好，第二，必须有利于受援成员国经济的发展，第三，借款成员政府必须有较好的资信，不能完全满足这三点要求的项目将不予批准。亚行的贷款项目要经过一系列的工作环节才能最终完成，每个贷款项目须经过项目确定、可行性研究、实地考察和预评估、准备贷款文件、亚行与借款成员进行贷款谈判、董事会审核、签署贷款协定、贷款生效、项目执行等若干环节。

亚行的主要贷款对象是公共部门和政府，但是亚行也对发展中国家的私营企业通过资产投资、担保和贷款的形式给予资助。2008 年亚行批准了对 86 个项目总共价值 105 亿美元的贷款，其中大部分都是流向公共部门；技术援助总计 2.75 亿美元；赠款援助的项目总计 8.11 亿美元。2008 年，亚行主要的借款成员依次是印度、中国、印尼、菲律宾、越南和巴基斯坦。

5. 亚行的 2020 战略(Strategy 2020)

2008 年亚行通过了《2020 战略——2008～2020 年长期战略框架》。根据 2020 战略，亚行将重新调整，把重点放在本地区三个关键战略议程上：共享式经济增长、环境可持续发展和区域一体化。亚行的战略定位是在促进私营部门发展、良治、性别平等、知识解决方案和伙伴合作等方面更多地扮演合作伙伴和推手的角色。亚行的业务中心将重新放在亚行具备比较优势的领域，同时发展新的伙伴关系，增加联合融资和知识传播。亚行还将采取行动，配置资源需求，调动资金，同时确保业务效率。强化人力资源和技能组合的计划正在实施当中，同时亚行将在不牺牲社会和环境效益的情况下，努力进一步降低业务成本。

二、欧洲投资银行

欧洲投资银行(The European Investment Bank，简称 EIB)是在 1958 年根据《罗马条约》建立的欧盟的长期借款机构。欧洲投资银行作为一个政策型银行，为欧盟的优先目标提供支持，特别是欧洲一体化和落后地区的经济发展问题。目前该银行还积极地为欧洲的研发项目提供资金支持，因为欧盟的战略目标之一是成为全球知识经济的领头羊。2000 年的时候欧洲投资银行与欧洲投资基金(European Investment Fund，简称 EIF)共同组建了欧洲投资银行集团。目前欧洲投资银行共有 27 个成员国。

欧洲投资银行总部设在卢森堡，并于 2007 年在芬兰的赫尔辛基开设了地区办公室，以扩大在波罗的海区域的影响力。欧洲投资银行的组织结构由理事会、董事会、管理委员会和审计委员会组成。理事会(Board of Governors)由所有欧盟成员国的财政部长担任，决定银行的贷款政策，核准资产负债表和年度报表，授权在欧盟之外的项目投资以及决定增资事宜。董事会(Board of Directors)负责批准借贷业务并保障欧洲投资银行的良好管理，由 28 名董事构成。管理委员会(Management Committee)是 EIB 的日常执行机构，处理银行的日常业务，有 9 个成员。审计委员会(Audit Committee)是一个独立的机构，直接为理事会服务，负责核查银行的日常运作和账目。

欧洲投资银行是一个国际金融机构，它由欧盟的所有成员国共有。其主要的资金来源于各成员国认缴的份额，截至 2007 年底，认缴资本已达 1640 亿欧元。同时 EIB 作为一个 AAA 评级的机构，也在国际资本市场上发行债券募集资本。

欧洲投资银行的具体贷款目的是：为了欧盟地区的衔接和融合；为中小企业提供支持；环境项目研发和创新型项目；支持交通和能源项目。欧洲投资银行的贷款条件比较优惠，但是要符合以下贷款要求：能帮助实现欧盟的目标；必须在经济、金融、技术、环境各方面良好的；有助于吸引其他渠道的资金。

三、美洲(泛美)开发银行

美洲开发银行(Inter-American Development Bank，简称 IDB)，成立于 1959 年 12 月 30 日，是世界上成立最早和最大的区域性、多边开发银行，总行设在华盛顿，分支机构设在拉美各成员国首都，巴黎和伦敦设有办事处。1964 年成立的拉美一体化研究所设在阿根廷首都布宜诺斯艾利斯，负责培养高级技术人才，研究有关经济、法律和社会等重大问题，为成员国提供咨询。

该行是美洲国家组织的专门机构，其他地区的国家也可加入，但非拉美国家不能利用该行资金，只可参加该行组织的项目投标。其宗旨是：集中各成员国的力量，对拉丁美洲国家的经济、社会发展计划提供资金和技术援助，并协助它们单独地和集体地为加速经济发展和社会进步作出贡献。

美洲开发银行的主要目标是：通过支持政策和项目使受援国更具竞争力，并提高他们在全球经济的发展潜力；通过加强公共机构，提高他们的效率和透明度，使受援国更加现代化；通过投资项目和行动，为区域内占大多数的低收入人口扩展经济机会；通过加强国家间的联系，来为他们的产品和服务提供更广阔的市场，促进区域一体化。美洲开发银行的 5 个优先发展目标是：减贫、能源与气候变化、基础设施、教育和创新以及为大多数人提供机会。

理事会是 IDB 的最高权力机构，由各成员国委派一名理事组成，每年举行一次会议。执行董事会为理事会领导下的常设机构，由 12 名董事组成，其中拉美国家 9 名，美国、加拿大和日本各一名，其他地区国家 2 名，任期 3 年。

美洲开发银行的资金来源主要为：成员国认缴；发达国家成员国提供；在世界金融市场和有关国家发放债券。

该行的主要业务活动为：向成员国提供贷款以促进拉美地区的经济发展；帮助成员国发展贸易；为各种开发计划和项目的准备、筹备和执行提供技术合作。银行的一般资金主要用于向拉美国家公、私企业提供贷款，年息通常为8%，贷款期10～25年。特别业务基金主要用于拉美国家的经济发展项目，年息1%～4%，贷款期20～40年。

截至2009年3月，该行由美国、巴西等28个美洲地区国家和日本、英国、德国、韩国、中国等20个区域外成员组成，中国于2009年3月成为IDB的第48个成员。

四、非洲开发银行

1963年7月，非洲高级官员及专家会议和非洲国家部长级会议在喀土穆召开，通过了建立非洲开发银行的协议。1964年，非洲开发银行（African Development Bank，简称ADB）正式成立，1966年7月1日正式营业，总部设在科特迪瓦的经济中心阿比让。2002年，因科特迪瓦政局不稳，临时搬迁至突尼斯至今。非洲开发银行是非洲最大的地区性政府间开发金融机构，其宗旨是促进非洲地区减贫、改善生活环境、促进经济的可持续发展。

理事会为非洲开发银行的最高决策机构，由各成员国委派一名理事组成，一般为成员国的财政或经济部长，通常每年举行一次会议，必要时可举行特别理事会，讨论制定银行的业务方针和政策，决定银行重大事项，并负责处理银行的组织和日常业务。董事会由理事会选举产生，是银行的执行机构，负责制定非洲开发银行各项业务政策。共有18名执行董事，其中非洲以外国家占6名，任期3年，一般每月举行两次会议。

非洲开发银行的资金来源主要来自成员国的认缴，截止到2008年底，非洲开发银行核定资本相当于219亿美元，实收资本相当于218亿美元。其中非洲国家的资本额占2/3，这是使领导权掌握在非洲国家中所做的必要限制。

截至2009年8月，非洲开发银行共有77个成员国，非洲53个国家全部为成员，此外还有包括中国在内的区外成员24个（中国于1985年5月加入非洲开发银行）。截至2006年底，中国在非行持股24230股，占总股份的1.117%。

第五节　国际金融协调

一、国际金融协调的含义及理论基础

1.国际金融协调的含义

国际金融协调，即世界各国政府和有关国际机构为促进国际金融体系和市场稳定与发展，在国际磋商和国际协调的基础上，在国内政策方面相互配合，或对国

际金融活动采取联合行动。实施国际金融协调的主体是各国政府和主要的国际金融组织；目的是保持国际金融市场的稳定和发展，维护各国的经济利益；协调的对象是国际金融活动；其特征是各国保持一致的立场或采取联合的行动；协调成败的关键是各国能在多大程度上对国内的金融政策做出牺牲，以及政府愿意动用多少国内资源进行干预。

2. 国际金融协调的理论基础

(1)相互依存经济学。相互依存是战后国际关系的发展趋势，一国的经济增长将会导致其他国家或国际关系敏感性增强，相互依存理论可归纳为以下几个理论要点：

第一，相互依存使各国在许多领域拥有共同利益，在国际关系中国际协调机制的作用日益重要；第二，由于各国间相互依存，传统的"高级政治"(国家安全)与"低级政治"(经济问题)已很难区分孰高孰低，经济与政治之间的相互依存、相互影响日益重要、日益加深；第三，从国际关系行为体方面来看，国家不再是唯一的国际关系行为体，跨国公司、国际恐怖组织、国际非政府组织等已成为国际关系行为体，其影响力日益上升；第四，相互依存的具体特性包括：密切性即相互依存度的大小；对称性即有关各方相互依存程度的一致与差异；敏感性即一国对另一国经济增长的敏感程度；脆弱性即相互依存的一国对另一国增长后果的承受或适应能力。

从相互依存理论可以看出，在当今的社会，政治和经济相互依存，国家与国家之间的政策变化和发展程度相互影响。国际金融关系在极大的程度上影响着各国的国内和国际经济关系与协调发展，因此促进国际金融协调，加强合作，可以在很大程度上将外部效应内部化，取得更大的政治和经济效益。

(2)博弈论中的国际经济协调与合作。一般来说，每个国家都有一个包括就业、产出和物价水平的社会经济福利函数，而政府管理经济的目标，就是要恰当地选择特定政策工具并确定其量值，以使社会经济福利极大化；或者说，使各种损失的组合极小化。然而，在世界经济相互依存性不断加深的情况下，一国的政策行为会影响到别国的社会福利函数。这样一来，各国的宏观经济政策制定或选择过程就好似一局博弈。博弈论所揭示的，就是局中人在各种状态下(如结盟或非结盟)，如何做出决策来尽可能地使自身利益或结盟整体的利益达到最大化。

利用博弈论中著名的"囚徒困境"(Prisoner's Dilemma)，我们可以用很简单的形式表示在一种特定情况下政策协调带来的利益。根据现实中国家之间实力的差异，我们可以从实力相当的国家之间的博弈(表 14-5)以及实力不同的国家之间的博弈(表 14-6)来分析。

表 14-5　　实力相当的国家之间的博弈

		美国 合作	美国 背叛
欧盟	合作	(3,3)	(1,4)
欧盟	背叛	(4,1)	(2,2)

从表 14-5 中我们可以看出，在不能确定对方策略的情况下，双方都会选择背叛的策略，因为这样会给他们带来最大的收益，所以最终的结果将是双方都选择背叛，这一纳什均衡给双方分别带来了 2 个单位的收益。但是很明显这不是一个最优的策略，如果双方能够采取合作的态度则可以实现帕累托改进，双方的收益都为 3 个单位。这说明政策合作的空间是存在的。

表 14-6　　强势与弱势国家之间的博弈

		美国 合作	美国 背叛
日本	合作	(3,4)	(2,2)
日本	背叛	(4,3)	(1,1)

如表 14-6 所示，我们假设美国是强势国家，而日本是弱势国家。对于日本而言，当美国采取合作策略时，它会选择背叛以使其获得最大的收益 4。但是美国不会允许这种情况发生，因此也会采取背叛的策略，这种纳什均衡很明显不是最优的策略。如果双方都能合作的话，那么双方的收益都会提高。这个例子说明在国家竞争实力不对等的情况下政策合作的空间也是存在的。

(3)经济政策的溢出效应。各国的经济政策具有一定的溢出效应，从而会将国内的政策通过各种渠道传递到外部，这些渠道主要是：通过国际收支中贸易账户传递的收入——支出效应；相对价格的调整通过贸易条件的运动由一国传递到另一国；资本流动性增加，使得一国的货币冲击可以通过利率和资本账户来传递。宏观经济政策制定上存在的“溢出效应”，表明本国的宏观政策会对外国产生影响，同时本国也会受到其他国家政策的影响。因此，各国的经济政策是相互影响，相互制约的。溢出效应的存在使国际金融协调能带来潜在收益，可以通过哈马达（Hamada）模型进行分析说明。

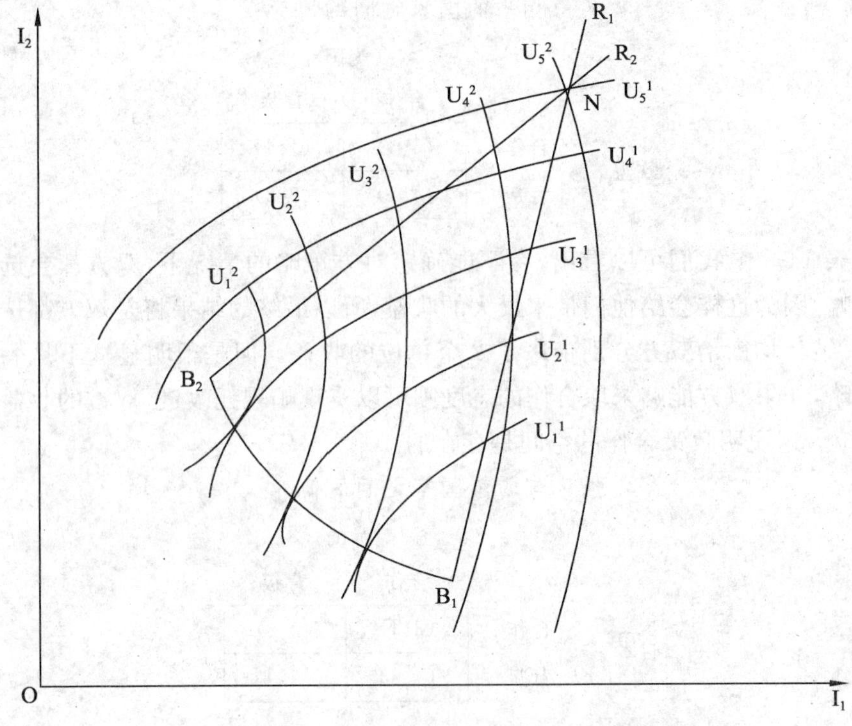

图 14-2 哈马达模型

如图 14-2 所示，图中的横轴代表国家 A 的政策工具 I_1，纵轴代表国家 B 的政策工具 I_2。A 国和 B 国政策工具组合决定的两国福利水平分别由两组无差异曲线 U^1 和 U^2 表示，每条无差异曲线上各点福利水平相等。由于存在"溢出效应"，所以 A 国的福利水平不仅同本国政策工具 I_1 有关，也受 B 国政策工具 I_2 的影响，因此 A 国的无差异曲线呈弧形，同样 B 国也是如此。

对于这两国总体而言的最优政策组合，是图中两国无差异曲线的切点，这些切点连成曲线 B_1B_2。切点上的政策使两国福利水平处于帕累托最优状态，因为一国福利只有在他国福利下降时才能增加。因此，它是两国推行国际金融协调的契约线。

非协调的经济政策不会产生契约线上的组合。例如，当 A 国制定政策时，会把国家 B 的政策当作给定的，对国家 B 的任何安排 I_2，国家 A 都将选择 I_1 来使其福利最大化，即 A 国无差异曲线和对应 I_2 的水平线相切的点。连接所有的这些切点可以得到 A 国的反应函数 R_1，同样可以得到 B 国的反应函数 R_2。采取非协调政策，两国最终必定处于两条反应函数的交点 N，该点类似博弈论中"囚徒困境"里的"纳什点"。在该点上，两个国家都在其他国家政策给定的情况下尽力达到本国福利的最优化，但这个产出是无效率的。"纳什点"至少比契约曲线上协调政策的子集更远离帕累托状态，是次优点。

哈马达模型清楚地说明从长远来看非协调政策的无效率。通过将其他国家的政策行为作为给定的，政府制定的政策总的来说不理想。如果无视其他国家的政策的影响或本国政策对外国的溢出效应，就不能实现帕累托最优。只有加强政府间的合作与政策协调，才能以最小的成本获取最大的收益。

(4)"货币替代"与国际金融协调。所谓"货币替代"(Currency Substitution)是指一国居民对本币的币值稳定失去信心，或本币资产收益率相对较低时发生的大规模货币兑换，从而使外币在价值储藏、交易媒介和计价标准等货币职能方面全部或部分地替代本币。

货币替代的经济影响主要体现在：

第一，在经济开放的条件下，货币替代会对一国的汇率水平产生影响，此时汇率水平不只取决于国内的经济变量，而必须反映货币替代条件下的相对货币需求的作用，即货币替代会造成汇率的不稳定。

第二，在货币替代的前提下，货币替代的存在会使各国的货币政策之间产生高度的相关性，同时也就减少了各国货币政策的独立性和有效性。使得各国货币当局在决策和实施时，不得不考虑其他国家的政策情况。

第三，货币替代对一国国际收支的影响将主要以负面效应为主，尤其是当货币替代刚刚开始的时候，经常项目与资本项目将出现"双逆差"的局面。此后的国际收支变化将主要取决于本币汇率的变动，国内外需求结构的差异，本国金融管制程度的变化以及国民经济的开放程度等因素。

两国货币之间的替代程度越高，它们的货币金融领域就越需要相互协调，显然这意味着两国金融当局必须在很大程度上放弃各自的货币主权。为了达到协调的目的，必要时还将以牺牲本国的经济利益为代价，而这种调整成本在国家间的分配又往往是不平衡的。为了尽量减少单方面的调整代价，人们试图建立一种有效的协调机制来规范各国的协调政策。

二、国际金融协调的主要方式

1. 货币政策的国际协调

世界各国应该从加强国际间有关货币政策信息的交换开始，在货币政策制定和实施的过程中，减少对货币总量指标的依赖，强调利率水平和公开市场操作的作用，以及强调汇率在货币政策中的作用，加强国际间金融货币合作。

2. 国际金融运行的协调

(1)促进汇率与利率之间的协调。汇率与利率作为一国宏观经济中两个重要的变量，对于开放经济条件下经济金融运行的稳定具有十分重要的意义。在开放经济条件下，汇率与利率紧密地联系在一起，还影响到国内储备在国内(本币)金融资产和国外(外币)金融资产之间的分配,影响资金的国际流动方向和程度,进而影响到国际收支。因此,为了实现开放经济条件下金融运行的平稳,这需要选择合理的利率与汇率水平,使之与国内货币政策和国际收支发展的整体趋势相适应,与整个本外币资金运行情况相适应,从而实现本国金融的平稳运行,从而达到区域内以及世界范围内的金融平稳运行。

(2)促进国际资本流动与汇率和利率之间的协调。进入20世纪90年代之后,资本流动的规模获得前所未有的发展,国际资本流动进入一个新的全球化发展阶段。目前,国际资本流动具有以下几个显著特点:资本跨国界流动对经济发展的影响力大幅上升;国际资本流动的速度加快;更多国家和地区以更有利的条件进入国际资本市场;国际资本市场的价格呈现趋同趋势,利率、汇率的波动具有明显的联动性。

国际资本流动在推动金融深化,扩大金融市场规模,提高金融市场效率的同时,也带来了金融体系波动性上升以及金融市场动荡频繁爆发等问题,资本流动与金融稳定的相关关系明显加强。在开放经济条件下,本国货币政策和实际经济的变动都将会导致本国利率与汇率的变化,进一步将导致资本内流或外流,从而冲击本国货币政策的实施和实际经济部门。因此,中央银行主要通过货币市场和外汇市场的协调操作及其他冲销干预措施抵消资本流动的影响以稳定本国的宏观经济。

(3)促进外汇储备与本外币政策之间的协调。外汇储备维系着一国宏观经济的健康发展及其金融运行的安全。在经济全球化的条件下,外汇储备成为反映本外币政策的连接点,外汇储备与汇率之间存在着十分紧密的联系。各国货币当局应当合理组建外汇储备的币种结构,建立稳定外汇市场的"外汇平准基金",严格控制外债的增长。

3.金融监管的国际协调

在经济全球化的推动下,国际资本流动的速度不断加快,经济信息跨国界传播更为迅猛,全世界范围内资源配置趋于优化,尤其在金融自由化和信息技术的推动下,金融国际交易和国际资本流动激增,造成金融市场的复杂性和风险管理难度加大,国际金融形势严峻,金融危机在世界范围内联动蔓延。因此,在经济全球化背景之下,维护金融的安全,加强国际间的协调,建立公平合理有效的国际金融监管机制,确保国际金融稳健运行,是一个亟待解决的问题。只有通过世界各国加强合作和协调,才有利于信息集中和有效监管国际金融风险,并为国际金融与经济更健康地发展创造良好的国际环境。

(1)加强对证券业的合作监管。虽然在最近的巴塞尔修正建议书中对规定银行证券活动的资本充足率做出了努力,但对非银行证券机构尚无相应的基础性协议。这表现在对银行和非银行金融机构监管方面的不平衡需要及时解决。消除在美国和其他国家特别是欧盟之间对于证券业风险管理的差异，已成为金融监管国际协调的基础性工作。另外，为获得与证券市场中介机构的更紧密配合的监管体系，需要证券业管理当局发展与针对银行业监管的《巴塞尔协议》相类似的国际性合作协议，确定与东道国相对应的母国管理当局的责任。

(2)加强对金融衍生工具和对冲基金国际监管的协调。金融衍生工具的迅速发展引起了世界金融界的普遍关注，在要不要监管和如何监管的问题上，各方曾经存在较大的意见分歧，甚至美联储主席格林斯潘也曾公开表示没有必要通过专门立法来加强对衍生工具的规范和管理。但随着衍生工具风险的日益增大，各国相继走上了监管之路。

然而在全球普遍加强衍生工具监管的同时，衍生工具也正在迅速发展，衍生产品在原来远期、期货、期权和互换的基础之上不断推陈出新，并向发展中国家扩展。因此，发达国家必须站在务实、公允的立场上加强监管，并考虑发展中国家的金融稳定与经济发展来建立对衍生金融工具监管的法律体系。

(3)完善国际金融统计、会计信息披露的国际协调。统计信息和统计数据缺乏以及缺少必要的透明度，妨碍了市场参与者的决策制定，使得市场进一步波动；同时外国投资者对投资国经济信息真实性的担心，包括经常项目逆差，大量资本流动，特别是短期私人资本流动等，加剧了市场的不确定因素。

(4)国际金融的组织性和制度性协调。布雷顿森林体系崩溃之后，全球金融货币体系不再有一个中心。对于国际货币金融制度的发展，西方主要国家扮演了重要角色，似乎也没有责任和义务来稳定国际市场，但又似乎谁也没有尽力来承担这一责任。实行浮动汇率以来，国际货币秩序几乎进入战国时代。进入 90 年代以来，频繁的金融危机爆发促使世界各国希望有一个超国家的组织和其他形式的实体来维持不平静的国际金融市场，以促进全球金融健康协调地发展。目前，国际货币基金组织，世界银行及国际清算银行是在国际金融事务中起主要作用的国际性金融机构，而 IMF 在其中起着举足轻重的作用。因此，为了达到全球金融健康稳定地发展，加强 IMF 的改革以及在处理国际金融事务的协调作用是十分重要的。此外，服务贸易总协定(General Agreement on Trade in Service，简称 GATS)的金融服务附录对国际金融服务活动做出了明确的定义，因此，它成为国际金融制度性协调的一个重要标志。

三、国际金融协调实践

1. 布雷顿森林体系下的国际金融协调

世界各国对国际金融协调的关注可以追溯到布雷顿森林体系建立之前，在 20 世纪 30 年代的经济大萧条中，由于国际贸易的急剧萎缩，各国都遭受了通货紧缩的巨大压力，纷纷采取“以邻为壑”的政策，通过竞争性的货币贬值或多重汇率安排，试图向其他国家输出失业，转嫁本国面临的危机，这种做法加剧了国际金融秩序的混乱。

缺乏应有的国际金融协调，只能使危机进一步恶化，并最终损害各国的利益。因此，以英美为首的同盟国家认识到，只有促进经济、金融领域内的合作，才能共同克服可能出现的危机，从根本上维护各国的经济利益。1944 年 7 月《国际货币基金协定》和《国际复兴开发银行协定》的制定，建立起了布雷顿森林货币体系。

布雷顿森林体系时期国际金融协调的内容主要有两个方面：一方面是实行了以美元为中心的可调整的钉住汇率制；另一方面基金组织设有多种贷款对会员国进行资金融通。

1973 年布雷顿森林体系解体之后，国际货币金融陷入了空前的混乱与动荡，主要表现为汇率变动频繁且与各国基本状况严重背离以及国际收支持续失衡。国际货币基金组织为了恢复国际货币金融秩序做了许多努力，但收效甚微，因此，西方主要国家政府之间的协调合作开始受到重视。在此期间，国际金融协调主要包括以下几个方面：美国开始同其他西方国家在汇率上采取协调立场；针对利率的金融改革展开协调；为克服债务危机展开多层次的国际资金融通。

2. 几次重大突发事件的协调

(1)70 年代发生的两次石油冲击，导致西方国家通货膨胀率大幅度上升，并提前诱发或加深了世界经济危机。因此，在美国的积极推动下，经济合作与发展组织(OECD)理事会于 1974 年决定成立由 19 个成员国参加的“国际能源机构”，其主要任务是协调各成员国的能源政策，如拟定石油消费计划，采取共同的节约措施，在发生石油短缺的紧急情况下按应急计划分享石油等。

(2)1982 年国际债务危机爆发后，西方发达国家更是加紧协调彼此的有关政策。在 80 年代举行的几次西方七国首脑会议上，发展中国家的债务问题成为重要议题。最后，在国际货币基金组织的协调下，各有关国家的政府和国际商业银行对债务国重新安排了债务，实施了金融挽救的一揽子计划，从而为缓和国际债务危机起到了重要的作用。

(3)西方发达国家在联手对付 1987 年 10 月爆发的席卷全球的股市危机方面也在相当程度上获得了成功。1987 年 10 月 19 日，由纽约股票交易所道琼斯指数的狂泻引发了一场震撼全球的股市风暴。一星期后，美元汇率又在全世界各大外汇市场上全面下跌，它对其他主要西方国家的货币汇价几乎均创战后的最低纪录。探究这次危机的原因，除了美国金融政策的突然转向和美国连年出现巨额财政赤字、贸易赤字等经济因素以外，西方七国政策协调体制的一度失灵也是重要的触发因素。

为了应对危机，美国政府努力削减财政赤字，西欧国家普遍降低了贴现率，同时日本和德国不断增加外援、刺激内需、扩大从美国的进口以削减贸易顺差等方面做出了一系列的努力。西方国家宏观经济政策的国际协调,使得这次股市风暴的危害性在相当的程度上受到了抑制,没有酿成像30年代那样的资本主义世界经济的全面危机。

(4)1997年7月开始爆发的东南亚金融危机,则再一次引起了人们对更深层次国际金融协调的关注。这次金融危机是从泰国开始的,1997年7月2日泰国政府和金融当局宣布放弃与美元的钉住汇率制度,引起泰国的货币危机。这场危机迅速波及菲律宾、马来西亚、印度尼西亚、新加坡等国的金融市场,引起了一场席卷整个东南亚的金融危机。1997年10月底,危机开始向东北亚国家和地区蔓延,韩国和日本在危机的影响下,先后发生了企业、银行和证券公司破产事件,引起了股市和汇率大幅度下降,发生严重的金融动荡。这一系列的金融动荡被人们形象地称为泰国货币危机的多米诺骨牌效应。

在这次危机的初期,亚洲一些国家提议建立亚洲货币基金,基金额为1000亿美元,以帮助部分国家克服危机。这个建议得到日本方面的响应,并立即表示愿出资500亿美元。但美国坚决反对,这一方案在9月的香港世界银行和国际货币基金年会上未获通过。

亚洲自助有限,亚洲基金流产,危机中的泰国、印尼和韩国先后向日本和美国请求援助,均被日本和美国拒绝。美日表示,一切援助必须在IMF主导下进行。于是,危机各国与IMF进行了艰难的谈判。

面对来势汹汹的金融风暴,IMF实施了最大的一次援救行动,先后向泰国、印度尼西亚和韩国投入了1000亿美元贷款,并提出了条件十分苛刻的援助方案。IMF的援助对帮助这些国家摆脱短期外债偿还危机,增加外汇储备以恢复国际投资者信心,缓解国际投机者的进一步冲击,起到了一定的积极作用。但是,IMF对受援国提出的摆脱危机的条件措施却作用有限,收效甚微。从实际情况看,IMF挽救亚洲国家的经济政策宣布以后,金融危机并没有得到有效遏制,反而有进一步恶化的趋势,金融危机向社会政治经济的深层推展。在此情况下,很多受援国家对IMF提出了强烈的批评,并开始了自救行动,致使亚洲金融危机对各个受灾国家产生了深远的影响。

(5)2001的"9·11"事件发生后,欧洲央行、美联储和其他央行采取了紧急措施确保金融机构有足够的资金继续顺畅地运转。为防止美元在"9·11"事件后崩溃性贬值,欧洲中央银行发表声明称,该行已与美联储达成一项掉期兑换协议,以方便金融市场运作,以及提供美元流动资金。美联储还和欧洲央行和日本央行协商,在一定时期内限制美元的流动。与此同时,日本央行更是直接入市干预,促使日元回落。

3.欧元启动——国际性金融协调的成功典范

欧元将使欧洲各国的证券和金融衍生工具以统一的货币计价,投资者所面对的将是可有多元化选择的整个欧洲市场，而不再是有货币区别的各个国家市场。这一重大变化将改变各国相对独立的市场状态，市场进人成本将会降低，对投资者的吸引力将会增大。同样由于各市场的打通，欧盟内部各国之间的市场竞争将会加剧，这也将从另一个角度有利于欧洲金融市场的进一步发展。从世界经济金融市场资产结构来看，以美元为主的世界金融资产格局将改变为美元、欧元和日元的多元化结构，对金融市场的发展产生深远的影响。

四、巴塞尔协议

国际清算银行下设的巴塞尔银行监管委员会是1974年由“十国集团”(G-10)[①]的中央银行行长倡议，在瑞士巴塞尔成立的银行监管组织。成立以来，巴塞尔委员会制定了一系列重要的银行监管规定，其中1988年的《巴塞尔协议》(Basel I Accord)，尽管不具法律约束力，但是鉴于其合理性、科学性和可操作性，许多非“十国集团”监管部门，特别是那些国际金融参与度高的国家也都自愿地遵守了巴塞尔协议。之后，巴塞尔委员会不断地对巴塞尔协议进行完善和更新，并于2006年推出了《新巴塞尔协议》(Basel II Accord)，内容更加丰富，监管思想更加深化，已经被很多国家接受，作为银行监管的主要方法和依据。

1.《巴塞尔协议》(Basel I Accord)

《巴塞尔协议》的出台源于前联邦德国Herstatt银行和美国富兰克林国民银行(Franklin National Bank)的倒闭。这是两家著名的国际性银行，它们的倒闭使监管机构在惊愕之余开始全面审视拥有广泛国际业务的银行监管问题。巴塞尔委员会在成立后出台了相关的监管协议，但是内容比较简单，直到1988年7月出台的《关于统一国际银行的资本计算和资本标准的报告》(简称《巴塞尔协议》)，对银行的资本比率、资本结构、各类资产的风险权数等方面做出了统一规定。

(1)《巴塞尔协议》的核心内容

①资本的分类：将银行的资本划分为核心资本和附属资本两类。核心资本包括股本和公开的准备金，这部分至少占全部资本的50%；附属资本包括未公开的准备金、资产重估准备金，普通准备金或呆账准备金，带有股本性质的债券和次级债券。

②风险权重的计算标准：根据资产类别、性质以及债务主体的不同，将银行资产负债表的表内和表外项目划分为0%、20%、50%和100%四个风险档次。资产的风险越大，赋予的加权数就越高。风险权重划分的目的是为衡量资本标准服务。

协议规定，到1992年底，所有签约国从事国际业务的银行，其资本与风险加权资产的比率应达到8%，其中核心资本对风险加权资产的比重不低于4%。

---

① “十国集团”是指：比利时，加拿大，法国，德国，意大利，日本，荷兰，瑞典，瑞士，英国和美国。

《巴塞尔协议》的推出意味着资产负债管理时代向风险管理时代过渡。由于监管思想的深刻、监管理念的新颖、考虑范围的全面以及制定手段和方法的科学合理，这个协议成了影响最大、最具代表性的监管准则。此后围绕银行监管产生的核心原则或补充规定等，都是在协议总体框架下对协议的补充和完善。尽管巴塞尔委员会并不是一个超越成员国政府的监管机构，发布的文件也不具备法律效力，但各国的监管当局都愿意以协议的原则来约束本国的商业银行。

(2)《巴塞尔协议》的修订。随着世界经济一体化、金融国际化浪潮的涌动，金融领域的竞争尤其是跨国银行间的竞争日趋激烈，金融创新日新月异使银行业务趋于多样化和复杂化，银行经营的国内、国际环境及经营条件发生了巨大变化，银行规避管制的水平和能力也大为提高。这使 1988 年制定的《巴塞尔协议》难以解决银行实践中出现的诸多新情况、新问题。为应对这些挑战，巴塞尔委员会对报告进行了长时期、大面积的修改与补充。其中比较重要的有：

①1996 年 1 月的《资本协议关于市场风险的补充规定》(Amendment to the Capital Accord to Incorporate Market Risks)。该规定认识到，市场风险是因市场价格波动而导致表内外头寸损失的风险，包括交易账户中受到利率影响的各类工具及股票所涉及的风险、银行的外汇风险和商品(如贵金属等)风险，它们同样需要计提资本金来进行约束。

《补充规定》提出了两种计量风险的办法：标准计量法和内部模型计量法。标准计量法是将市场风险分解为利率风险、股票风险、外汇风险、商品风险和期权的价格风险，然后对各类风险分别进行计算并加总；内部模型法也就是基于银行内部模型的计量方法，这是将借款人分为政府、银行、公司等多个类型，分别按照银行内部风险管理的计量模型来计算市场风险，然后根据风险权重的大小确定资本金的数量要求。

②1997 年 9 月的《有效银行监管的核心原则》(Core Principles for Effective Banking Supervision)。1997 年 7 月全面爆发的东南亚金融风暴更是引发了巴塞尔委员会对金融风险的全面而深入的思考。从巴林银行、大和银行的倒闭到东南亚的金融危机，人们看到，金融业存在的问题不仅仅是信用风险或市场风险等单一风险的问题，而是由信用风险、市场风险外加操作风险互相交织、共同作用造成的。因此，巴塞尔委员会确立了全面风险管理的理念，该文件共提出涉及银行监管 7 个方面的 25 条核心原则。

2.《新巴塞尔协议》(Basel Ⅱ Accord)

从发展历程来看，巴塞尔协议经历了一个内容不断更新、方法不断改进、思想不断成熟的深化过程。该协议实际上没有一个明确的新旧分界点。学术界一般将 1988 年的《巴塞尔协议》称为旧巴塞尔协议，而将经过三次征求意见并最终于 2006 年 6 月正式实施的协议称为《新巴塞尔协议》。

（1）《新巴塞尔协议》的形成。《旧巴塞尔协议》未涵盖信用风险以外的其他风险，而信用风险权数区分过于粗略，扭曲银行风险全貌，加上法定资本套利的盛行，以及近几年大型银行规模及复杂度的增加，也都凸显巴塞尔协议的不足。1996年的修正案将市场风险纳入资本需求的计算，于次年底开始实施。1999年6月，巴塞尔银行监理委员会公布了新的资本适足比率架构咨询文件，对《旧巴塞尔协议》做了大量修改。2001年1月公布新巴塞尔资本协定草案，修正之前的信用风险评估标准，加入了作业风险的参数，将三种风险纳入银行资本计提考量，以期规范国际型银行风险承担能力。《新巴塞尔协议》于2004年6月正式定案，2006年6月正式实施。

《新巴塞尔协议》的主要目标是：增进金融体系的安全与稳健；强调公平竞争；采用更完备的方法来应对风险；资本适足要求的计算方法能与银行业务活动保持适当的敏感度；以国际性的大型银行为重点，但也适用其他各类银行。

（2）《新巴塞尔协议》的三大支柱。《新巴塞尔协议》由三大支柱组成：最低资本要求（Minimum Capital Requirements），监管部门的监督检查（Supervisory Review Process），和市场约束（Market Discipline）。

①最低资本要求。新协议在原来只考虑信用风险（Credit Risk）的基础上，进一步考虑了市场风险（Market Risk）和操作风险（Operational Risk）。总的风险加权资产等于由信用风险计算出来的风险加权资产，再加上根据市场风险和操作风险计算出来的风险加权资产。

新协议涉及各种风险的计算问题：

信用风险可以用三种不同的方法来计算：标准法（Standardized Approach），基础内部评级法（Foundation Internal Rating-Based Approach），和高级内部评级法（Advanced Internal Rating-Based Approach）。《新巴塞尔协议》调整了风险资产的风险权数，从原来的0%，20%，50%，100%四级分法，调整为0%，20%，50%，100%，150%五级分法。资本与风险加权资产的比率没有改变，仍然维持在8%的水平。

操作风险也可以用三种不同的方法计算：基本指标法（Basic Indicator Approach），标准法（Standardized Approach），内部衡量法（Internal Measurement Approach）。

市场风险的计算推荐使用风险价值法（Value at Risk，VAR）。

②监管部门的监督检查。第二大支柱是为了确保各银行建立起合理有效的内部评估程序，用于判断其面临的风险状况，并以此为基础对其资本是否充足做出评估。监管当局要对银行的风险管理和化解状况、不同风险间相互关系的处理情况、所处市场的性质、收益的有效性和可靠性等因素进行监督检查，以全面判断该银行的资本是否充足。

在实施监管的过程中，应当遵循如下四项原则：其一，银行应当具备与其风险相适应的评估总量资本的一整套程序，以及维持资本水平的战略。其二，监管当局应当检查和评价银行内部资本充足率的评估情况及其战略，以及银行监测和确保满足监管资本比率的能力；若对最终结果不满意，监管当局应采取适当的监管措施。其三，监管当局应希望银行的资本高于最低资本监管标准比率，并应有能力要求银行持有高于最低标准的资本。其四，监管当局应争取及早干预，从而避免银行的资本低于抵御风险所需的最低水平；如果得不到保护或恢复则需迅速采取补救措施。

③市场约束。市场约束的核心是信息披露。市场约束的有效性，直接取决于信息披露制度的健全程度。只有建立健全的银行业信息披露制度，各市场参与者才可能估计银行的风险管理状况和清偿能力。新协议指出，市场纪律具有强化资本监管、提高金融体系安全性和稳定性的潜在作用，并在应用范围、资本构成、风险披露的评估和管理过程以及资本充足率等四个方面提出了定性和定量的信息披露要求。对于一般银行，要求每半年进行一次信息披露；而对那些在金融市场上活跃的大型银行，要求它们每季度进行一次信息披露；对于市场风险，在每次重大事件发生之后都要进行相关的信息披露。

五、金融服务协议

1.《金融服务协议》的产生

金融服务贸易，这个概念最早是在1986年开始的关贸总协定乌拉圭回合谈判中被提出，并在1993年底达成的《服务贸易总协定》(General Agreement on Trade in Service，简称GATS)的《金融服务附录》中作了具体解释。世界贸易组织成立后，就乌拉圭回合谈判各方的金融服务自由化承诺进行了进一步谈判，并于1995年7月达成了一个金融服务贸易的过渡性协议。由于美国对东盟等发展中国家在市场准入方面承诺不满而拒绝在协议上签字，因此该协议有一定的局限性。但经两年多的运行证明其对金融服务贸易自由化起到了积极作用，其间加上欧盟的努力，1997年又开始新一轮谈判，最终于1997年12月13日在日内瓦达成了新的《金融服务协议》(Agreement on Financial Services)，将全球95%的金融服务贸易纳入逐步自由化的进程中。70个国家和地区同意开放各自的银行、保险、证券、金融信息市场，签署了1999年3月生效的第五议定书。

世贸组织的绝大多数成员都对开放其金融服务市场和保证非歧视性经营条件做出了承诺，从而使金融服务贸易依照多边贸易规则进行，这将有助于建立一个具有预见性和透明性的贸易环境，可以稳定投资者的信心，增加对外投资的规模。

2.《金融服务协议》的主要内容

《金融服务协议》要求放宽或取消外资参与本地金融机构的股权限制，放宽对商业存在(分支机构、子公司、代理、代表处等形式)的限制,以及对扩展现有业务的限制。协议不仅包括银行、证券和保险三大金融服务的主要领域,而且包括资产管理、金融信息提供等其他方面。

承诺成员允许外国公司在国内建立金融服务公司并按竞争原则运行;外国公司享受与国内公司同等的进入市场的权利,取消跨边界服务的限制;允许外国资本在投资项目中的比例超过50%。同时,成员政府有采取审慎措施,保证金融体系完整和稳定的权利,如为保护投资者、储户、保险投保人而采取的措施。金融服务的范围包括:银行和其他金融服务,保险及其相关服务。

《金融服务协议》主要包括一个核心文件及各成员提交的承诺表和豁免清单。其承诺主要包括以下内容:

(1)关于国民待遇和市场准入。发达国家因其金融业的高度发达而普遍愿意开放金融服务市场,只对市场准入和国民待遇规定极少的限制。如,欧盟承诺,充分保证外国金融机构全面进入欧盟市场,对外国资本所占的份额没有任何限制;日本承诺开放其所有金融服务部门,在市场准入和国民待遇方面几乎没有限制;美国对市场准入和国民待遇也有类似承诺,而重要的贸易壁垒主要存在于美国各州的范围内。

发展中国家虽然也保证给予外国金融机构以国民待遇,但仍对市场准人规定了很多条件和限制。例如,印度禁止外国保险公司在其境内设立分支机构或收购本国保险公司,每年只颁发12个外国银行许可证,但条件是外国银行的资产不超过整个印度国内银行资产的15%等等。

(2)关于提供服务的方式。发达国家允许其他国家以一切可能的方式在本国设立金融机构和向本国消费者提供跨境金融服务,同时也保障本国公民在境外消费金融服务。发展中国家以保护本国消费者为由,在许多部门禁止或严格限制外国金融机构跨境提供金融服务,而只允许其以在国内设立分支机构的方式提供服务,以更利于监管和控制。

(3)关于开放的具体金融部门。绝大多数国家愿意开放再保险服务和银行业中的存款和贷款业务,而对于保险业中的人寿保险、银行业中的清算和票据交换、证券业中的衍生金融产品交易等,许多发展中国家不做出具体承诺或加以严格限制。

【思考题】

1.国际货币基金组织的宗旨和基本职能是什么?

2.国际货币基金组织的份额及其作用是什么?

3.国际货币基金组织的业务活动有哪些?

4.世界银行的宗旨和工作重点什么?

5. 国际复兴开发银行和国际开发协会的宗旨和贷款范围有什么差别？
6. 国际清算银行的主要业务活动是什么？
7. 简述经济政策的溢出效应与国际金融协调的可能性的关系。
8. 国际金融协调的主要方式有哪些？
9.《新巴塞尔协议》的三大支柱是什么？

第十五章　金融危机

随着经济全球化和金融全球化,金融危机频频爆发,对各国的金融和经济造成了严重的冲击。学者、机构、政府及国际组织展开了广泛的研究,以积极应对金融危机,减少或避免金融危机造成的损害。本章的主要内容涉及金融危机的主要理论、金融危机的传染途径和金融危机的防范措施。

【本章学习目标】

1. 了解金融危机的概念和分类。
2. 掌握各种金融危机理论,并用相应理论解释国际金融危机事件。
3. 掌握金融危机传染渠道,能够利用其解释国际金融危机向我国的传染渠道。
4. 了解防范国际金融危机的各种途径,讨论我国如何参与到国际金融危机防范体系中去。

第一节　金融危机的概念和分类

一、金融危机的概念

对金融危机问题进行的认识和描述早在19世纪就已经出现,但直至目前仍缺乏一个公认统一的定义。其中比较有代表性的定义有:

费雪(Fisher,1933)认为,金融危机是由于负债结构与市场确定的资产价值不一致导致的资产的被迫销售,引起资产价格的进一步下跌和价格"泡沫"的破裂。Shwartz(1985)认为,金融危机是指在短期对准备金的需求是如此紧张,以至于所有各方的需求几乎同时得不到满足的现象。Guttentey 和 Herring(1984)认为,金融危机是指这样一种情况:那些在其他情况下可以毫无困难地借到资金的借款人以任何条件都不能借到资金,这意味着信贷紧缩或信贷市场崩溃。米什金(1996)从信息的不对称出发,把金融危机定义为:金融危机是由于严重的逆向选择和道德风险而使金融市场突然中断，以致不能为拥有最具生产性投资机会的经济人提供融资的情况。

可以看出，以上的各种定义都是从不同的角度对金融危机的描述，而且基本上将金融危机等同于银行危机。但现实表明，银行危机与金融危机间是有差异的。因此，目前比较多的被接受的是戈德·史密斯对金融危机所下的定义：金融危机是指一国全部或大部分金融指标——汇率、短期利率、资产（证券、房地产、土地）价格、商业破产数和金融机构倒闭数——的急剧、短暂和超周期的恶化。目前《新帕尔格雷夫经济学大辞典》采用了这一定义。

二、金融危机的分类

关于金融危机该不该分类以及如何分类问题，目前的看法也有分歧。

金德尔伯格在其 1978 年出版的名著《狂热、恐慌和崩溃：金融危机史》中认为，在金融危机中，许多关键问题是交织在一起的，既有货币市场因素，也有信贷市场因素。究竟哪些因素在起主要作用，仍没有弄清楚，但金融危机存在着统一模式，因此，反对对金融危机进行任何分类。

但保罗·克鲁格曼认为，应该对金融危机进行分类。原因有两个方面：一是金融危机出现的方式取决于市场参与者的行为，而这种行为是有较大差异的；二是不同类型的金融危机产生的影响效果不同。他进一步主张将金融危机分为两类：一类是由投机者对一个国家的货币失去信心，引起资本外逃所引起的金融危机；另一类则与对货币信心的丧失无关，而由对实际资产或这些实际资产所支持的股票的信心的丧失所引发的金融危机。

国际货币基金组织在 1998 年 5 月出版的《世界经济展望》中，将金融危机分为 4 种类型：一是货币危机，指对一国货币的投机导致该种货币贬值或迫使货币当局通过急剧提高利率或耗费大量储备以保卫货币汇率的情况。二是银行危机，指现实或潜在的银行挤兑或银行失败引发了银行停止偿还负债或迫使政府通过提供大量援助或进行干预，以防止银行失败出现的情形。三是外债危机，指一国不能按时偿还其对外债务，不管债务人是政府还是私人。四是系统性金融危机，指对金融市场的严重破坏损害了市场有效发挥功能的能力，对实际经济造成巨大的负面影响。系统性金融危机中必然包含着货币危机、银行危机等，但货币危机、银行危机并不一定必然会引发系统性金融危机。

三、金融危机实例

（一）20 世纪 90 年代的墨西哥金融危机

1988 年墨西哥开始实行爬行汇率制，并带来了一定的效果，经济得到快速增长，通货膨胀率下降。但由于墨美两国通货膨胀率差异较大，比索对美元长时间不调整，引起比索高估，抑制了出口，墨西哥经常项目赤字巨大，1994 年逆差达到 280 亿美元，占国内生产总值的 8%。为弥补这一赤字，墨西哥采取政府举借美元外债，开放国内资本市场特别是股票市场等办法吸引外部资金。

1994 年，西方经济开始复苏，利率随之上扬，加上墨西哥政局不稳，一些外国投资者开始大量抽走资金，造成资金大量外流。墨西哥政府不得不动用外汇储备干预，致使外汇储备急剧下降，所剩不足以维持本国经济的正常运转，当局决定通过比索一次性贬值，来促进出口，减少进口，阻止资金外流。当局于 1994 年 12 月 19 日夜宣布比索一次性贬值 15%，引起人们极度恐慌，纷纷抢购美元，比索继续贬值，政府干预外汇市场无效，于是次日又宣布实行自由浮动，随后比索大幅贬值。12 月 20 日收盘时，1 美元兑换 3.987 比索，到 1995 年 3 月 9 日，汇率跌破了 1∶8.9比索。比索的大幅贬值导致股市狂跌，12 月 20 日一天之内，墨西哥股票交易所收盘价下跌 6.26%，至 1995 年 1 月 10 日，股票市场价按美元计算下跌 50%。资本外逃，国际储备大量流失，比索贬值与物价上涨相互攀比，银行利率不断上扬，大批企业陷入资金困难，金融危机最终变成了全面的经济危机。

墨西哥金融危机对世界经济产生了很大冲击。由于阿根廷、巴西、智利等其他拉美国家经济结构与墨西哥类似，都不同程度地存在着债务沉重、贸易逆差、币值高估问题，墨西哥金融危机爆发首先影响的就是这些国家。由于外国投资者害怕墨西哥危机扩展到整个拉美国家，纷纷抛售这些国家股票，经发拉美股市猛跌。整个拉美证券市场损失 89 亿美元。

(二)1997 年爆发的亚洲金融危机

1997 年 5 月，国际投机基金从现货和期货两个市场开始了对亚洲国家和地区的货币进行攻击，由此引发了亚洲金融危机。此次危机可以分为以下三个阶段。

第一阶段：泰国实行浮动汇率制，引发危机。1997 年 7 月 2 日，泰国央行不堪忍受国际游资对泰铢的攻击，终止钉住以美元为主的一篮子货币的固定汇率制度，实行浮动汇率，同时提高贴现率 2 个百分点。此举引发泰铢危机，当天即下跌 20%。之后菲律宾、印尼、马来西亚、台湾等国家和地区相继宣布实行浮动汇率制度。在汇率急剧变动和对冲基金猛烈攻击下，东南亚各国货币汇率连创新低，股市暴跌。甚至连累纽约、东京、欧洲的股市和资本市场发生动荡。

第二阶段：韩元下跌引发第二轮风暴。1997 年 11 月，韩元在经历了两个月的持续跌幅后无量重贬，韩元危机爆发。到 11 月 20 日，汇价跌幅累计达 20%。接着日本山一证券被披露巨额亏损而倒闭，引起东京股市大跌，随即带动纽约、伦敦股市连锁反应。12 月 8 日，东京外汇市场上 1 美元兑换 130 日元，创 1992 年 5 月以来新低。这两个事件令东南亚地区的货币再次全面贬值，股市大幅跳水，亚洲金融危机宣告升级。

第三阶段：印尼危机成为亚洲金融危机第三波导火索。这一阶段，政治成为危机发生的根源。从1997年7月起，印尼经济处于全面崩溃边缘，总统苏哈托对恢复经济提出了一系列承诺，但处在大选的时期，其承诺受到了广泛的质疑，后果就是印尼境内发生大规模骚乱。印尼政治经济形势不明，再次导致东南亚汇率的激烈波动。

虽然此次危机的直接原因是投机资本的攻击，但是不良的基础面因素，如经常项目逆差、落后的产品结构、不健全的金融体系、金融机构和政府的家族渊源等，不足以维持高估的汇率水平，形成汇率贬值预期。同时亚洲各国相似的经济结构，也使得危机在亚洲迅速蔓延。

（三）2007年美国次贷危机及世界金融危机

2007年，美国出现大规模的次级贷款无法偿还，由此爆发了次贷危机，这一危机迅速扩展到美国金融和经济领域，并很快传染到全世界，引起世界性的金融危机和经济危机。

上世纪末的互联网泡沫破裂后，美国即以房地产作为拉动经济的主要引擎。为发展房地产业，美国的信贷机构开始放松对借款人的条件，向那些资信条件较差的借款人发放贷款以使之购买房产，这些借款人因资信较差被定为“次”级，由此发放的贷款也称为次级贷款。

为了不断地发放贷款，信贷机构通过资产证券化——即以由大量次级贷款债权构成的资产池为基础，发行不同信用等级的抵押贷款支持证券（Mortgage-Backed Securities, MBS），将与贷款相关的收益与风险转移给全球市场上的投资者。而为了将一些风险较大、无人问津的MBS推销出去，金融机构又将这些中间级的MBS打包发行新的证券——抵押债务权证（Collateral Debt Obligation, CDO），并将这些新产品销售给投资者。这种将原有金融产品反复打包并发行新的衍生金融产品的做法理论上可以无限延伸下去，从而造成金融衍生产品的规模远远超过实体经济的规模。

当房地产价格不断上涨时，次级贷款发生风险的可能性比较小，因为上涨的房价会弥补所需要偿还的本息。但当房价下跌时，问题立即就暴露出来。2004年起，美联储连续提高利率，最终导致房价在2006年7月开始下跌。房价下跌一方面使房屋价值缩水，贷款供应商不能通过出售抵押品收回本息；另一方面借款人也很难获得贷款来偿还房贷本息。这两方面共同作用使房贷违约率上升，也导致MBS和CDO的信用等级显著下降，市场价值大幅缩水，投资者损失严重。2007年8月，以贝尔斯登宣布其旗下对冲基金停止赎回为标志，次贷危机全面爆发。

由于美国投资银行、保险公司、银行等金融机构大量投资于次贷及其衍生金融工具,次贷危机爆发一方面给他们带来了直接损失,另一方面为弥补损失就需要大量出售资产,引起资产价格的进一步降低,这就形成了一种恶性循环,引起整个金融危机,表现在金融机构大量倒闭和破产,或者申请破产保护。2008 年 9 月中旬,美国宣布对资产总额达 5 万亿美元以上的房利美和房地美实施救助并进行国有化。同月,雷曼兄弟申请破产保护,美国保险巨头 AIG 陷入困境,美林证券被美国银行以 503 亿美元的价格收购。至此,华尔街前五大投行,在次贷危机中消失了三家,另外两家暂时幸存下来的高盛和摩根斯坦利转变成了银行控股公司。金融危机爆发后,金融机构收缩信贷,实体经济得不到贷款,经济下滑。进入 2008 年第 3 季度后,美国的耐用消费品消费与非耐用消费品消费均出现了负增长。

世界其他国家也大量购买了美国的次级债,与美国投资银行与保险公司交易量很大,美国爆发的金融危机亦造成了这些国家金融机构的亏损,这样,美国金融危机很快传递到世界其他国家,进而引起其他国家的经济下滑,陷入危机。欧元区与日本经济已经在 2008 年第 2 季度陷入负增长,新兴市场国家的出口下滑严重。

面对次贷危机引起的金融危机及经济危机,世界各国一方面采取措施积极应对,另一方面也加强了国际间的联合,其应对的措施主要是采取扩张性的货币政策和财政政策。2007 年 8 月到 2008 年 10 月,美联储将再贴现率由 6.25%降到 1.25%;2008 年 9 月,美国政府提出的一项高达 7000 亿美元的救市计划得到了国会批准,用于收购不良资产。在欧盟,德国国会于 2008 年 10 月 17 日通过了总额 4800 亿欧元的救市方案;法国于 2008 年 10 月 13 日通过救市计划,向陷入困境的银行提供 3600 亿欧元的救助。为更好地应对金融危机,世界各国联合采取措施,协调行动,共同实行扩张政策。经过一系列有效措施,到 2009 年下半年,金融危机渐渐稳定,据预计,完全走出危机还需要 3 到 5 年时间。

第二节　金融危机理论

一、第一代金融危机理论

20 世纪 70 年代中期,美联储官员斯蒂芬·沙朗特针对国际经济新秩序中初级产品价格稳定机制,提出了著名的不可再生资源价格机制模型:为保证不可再生初级产品的价格稳定,官方机构建立起产品库存,承诺在特定价格水平上无限量地买入或者卖出该产品;但是,现实是,一旦产品价格即将超过官方价格,市场上就会出现疯狂的投机购买,结果不仅可能最终耗尽官方的库存准备,还会使产品的价格稳定机制面临崩溃。换言之,官方价格稳定机制与商品价格之间的矛盾,会引起疯狂但却理性的投机购买,最终使价格稳定机制崩溃。

在此基础上，1979 年，克鲁格曼把此模型用于研究固定汇率制度的金融危机问题。但他的模型为非线性形式，难以确定固定汇率崩溃的时间。后来，弗拉德、加伯等人在 1986 年建立了线性模型加以完成，成功地提出了典型货币危机理论，被称为第一代金融危机模型。

为什么固定汇率制度下容易出现投机性货币冲击，进而引发金融危机？该理论认为，为发展经济，政府总是倾向于采取扩张性财政政策，形成巨额财政赤字，为弥补财政赤字，当局会不加控制地持续发行货币。由于居民可以在国内外自由地购买商品和配置资产，国内货币供给增多使居民对外币需求上升，于是形成本币贬值、外币升值的压力。在无法减少基础货币供给时，中央银行只能增加外汇供给来稳定汇率。这时央行的外汇储备无疑成为一种不可再生的资源，固定汇率就是其官方价格。当官方的外汇储备下降为零时，固定汇率制度就会崩溃，金融危机爆发。

这一过程可以借用图 15-1 来加以说明。

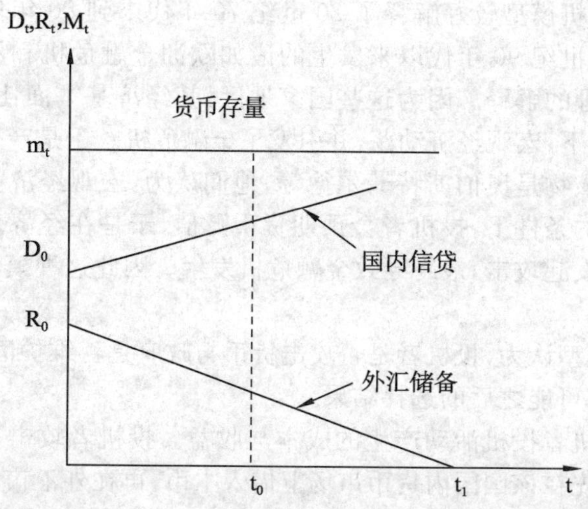

图 15-1 第一代金融危机理论阐述的货币危机发生过程

由于居民对货币供给存量的自发调整，在货币需求不变时，货币市场处于均衡情况，经济中的货币供给始终保持不变，这在图中表现为一条水平线。D_0，R_0 分别表示期初的国内信贷存量与外汇储备。代表国内信贷的曲线是一条向上倾斜的直线，表示该国国内信贷随着时间的推移而持续增加。图中代表外汇储备的曲线是一条向下倾斜的曲线，原因在于在货币供给存量不变的情况下，外汇储备必然随着国内信贷的增长而下降。在图中的 t_1 点，外汇储备下降为零，此时政府无力维持原有的固定汇率，汇率大幅度贬值后自由浮动。

上述分析没有考虑投机因素，现实中，因为投机因素的存在，汇率崩溃不会等到央行外汇储备为零时才会发生。当投机者预测到央行外汇储备持续流失，当前汇率无法维持时，他们会在央行外汇储备为零前，对该国货币发动攻击。投机冲击将使该国固定汇率溃崩的时刻提前如 t_0 点，也使金融危机提前。

第一代金融危机模型认为，金融危机爆发原因是由于宏观政策与固定汇率这两种政策目标之间的不协调引起的。持续性的财政赤字货币化导致外汇储备不断减少，外汇储备不足时，预期固定汇率崩溃将使投机者抛售本币，最终导致固定汇率无法维持，产生货币危机。因此，那些突发性的巨额资金抽逃行为并不代表非理性投机活动或者造市商的险恶用心，而是符合逻辑的理性行为：尽快抛空一种内在价值趋跌的货币是避免风险的最佳选择。在政策含义上，模型认为，紧缩性财政货币政策是防止货币危机发生的关键。投机性攻击只是外在条件，而从国外借款、限制资本流动等措施只能起到暂时性的稳定作用，治标不治本。

二、第二代金融危机理论

第一代金融危机模型较好解释了 20 世纪 70 年代末到 80 年代初的拉美金融危机，但是对于 20 世纪 90 年代以来发生的诸如欧洲金融危机和墨西哥金融危机等，却无法提出合理的解释。因为这些国家地区，其经济基本面比较健康，在巨额的投机性资金冲击下，宏观经济动荡，并引发了金融危机。于是产生了第二代金融危机模型，其代表人物是奥伯斯特菲尔德等，他们认为：宏观经济基本面依然是重要的，但是在一定的条件下，投机者会预期货币贬值，于是在经济基础并没有恶化的情况下，对货币发起攻击，最终导致金融危机发生。因此这种模型又称为预期自我实现模型。

第二代危机模型认为，投机者是否攻击货币与政府是否维护固定汇率制度，是一种权衡各种利弊可能之后的选择结果。

首先，分析投机者投机活动产生的成本与收益。投机者攻击一国货币的基本途径往往是这样，先在该国国内货币市场上借入本币，再在外汇市场对本币进行抛售。如果这一攻击成功，投机者会在本币贬值后再用外汇购回本币，归还本币借款。这样投机者攻击的成本是由本币市场利率确定的利息；预期收益则是持有外汇资产期间外国货币市场上的利率所确定的利率收益，以及预期本币贬值幅度所确定的收益。只要所获收益高于所付出的成本，投机会者就会发动攻击。投机是否成功，取决于投机者掌握的投机资金数量、羊群效应是否发生、政府维持汇率态度的坚决性以及政府采取的预防措施是否及时有效等因素。

其次，我们再来分析政府维持固定汇率制或钉住关键货币的成本与收益。政府维持固定汇率制的优点表现在：第一，稳定的汇率水平有助于促进国际贸易和国际投资活动，这也是实践检验得出的共识；第二，发挥固定汇率名义锚的作用，有利于增强政府遏制通货膨胀率的可信度；第三，有利于政府保持汇率政策一致性的声誉，这在政府面对具有理性预期的公众时极为重要。而且，一国汇率的稳定象征着国家的尊严，或者代表了政府向国际社会做出的郑重承诺，所以必须尽最大努力进行维护。

放弃固定汇率制度的收益则表现在：第一，当政府承担了大量以本币计价的对外债务，显然会乐意通过本币贬值而减轻债务负担；第二，本币贬值也将赋予本国商品以价格优势，从而达到促进出口、改善贸易条件的目的；三，提高利率有助于抵抗投机者，但提高利率会增加政府债务负担，特别是在政府债务存量很大的情况下，高利率也意味着经济紧缩，失业增加，更加快了危机的爆发。

第二代危机模型指出，如果政府在考虑维护还是放弃固定汇率制度的时候，发现放弃固定汇率制度更加有利，完全有可能在毫无投机冲击的情况下就宣布本币贬值。投机商则必须竭尽可能在本币贬值前抛空所有头寸，这一行为足以增大政府维护固定汇率的成本，从而可能激发政府提前宣布本币贬值。于是投机商在抛售本币过程中争先恐后，相互竞争，最终酿成危机提前的恶果。

政府维持固定汇率的成本与收益可以用图 15-2 来说明。

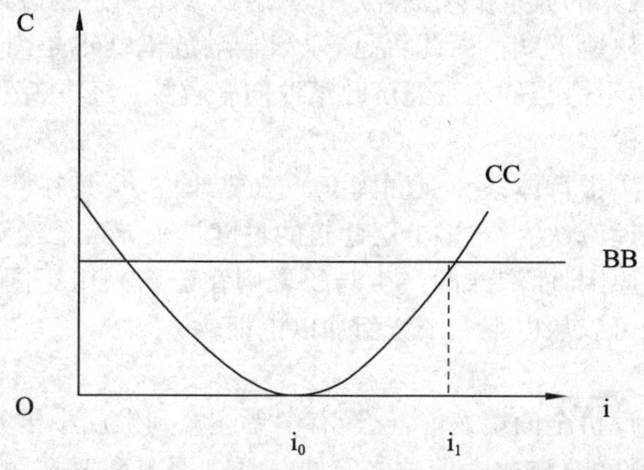

图 15-2　政府维持固定汇率制的成本与收益

在图 15-2 中，横轴表示本国利率水平，纵轴表示维持固定汇率制的成本。CC 曲线表示政府维持固定汇率制成本的变化，它随着利率的变动而变动。假定经济中存在着最佳利率水平 i_0，此时维持固定汇率制的成本为 0。当利率水平在 i_0 基础上上升时，维持固定汇率的成本不断增加，因此 CC 曲线会向上倾斜。BB 曲线表示维持固定汇率制的收益，它与利率水平无关，因此在图上是一条水平线。当利率水平为 i_1 时，维持固定汇率的成本与收益相等。因此，从图上可以看出，当维持固定汇率制所需要的利率水平低于 i_1 时，维持固定汇率的成本低于收益，该国政府会继续维持固定汇率制；当维持固定汇率制所需要的利率水平高于 i_1 时，维持固定汇率制成本高于收益,因此该国政府将会被放弃固定汇率制,任由汇率自由浮动,金融危机将爆发。

第二代金融危机模型对于20世纪90年代初的货币危机有一定的解释力度,但是也有两点重要的不足。其一,没有解释攻击是怎样开始的。一国货币在危机发生前很长一段时间都满足受攻击条件,公众对固定汇率制崩溃也有很强的预期,为什么攻击恰好在那一点发生?其二,没有解释预期是由什么因素决定的,也没有提出建设性的政策意见。

三、第三代金融危机理论

1997年亚洲金融危机爆发后,理论界对此做了大量研究,第一代和第二代金融危机理论难以对这次金融危机做出有力解释。首先,危机爆发前,大多数东南亚国家的宏观经济状况相对良好,政府预算平衡,没有盲目进行信用扩张,特别是国内通货膨胀水平比较低。其次,虽然1996年开始放慢了经济增长,并出现了生产能力过剩的迹象,但至少在危机发生时这些国家的失业状况并不十分严重。再次,危机发生前,这些国家的股票市场均经历了从急剧膨胀到急剧破灭的变化,并且在危机发生后进一步快速下跌。由此可见,亚洲金融危机既不是因为财政赤字货币化造成的,也无法用不恰当的宏观经济政策取向来解释。于是克鲁格曼、麦金农等发展了第三代危机模型。

研究者注意到了银行体系在亚洲国家的重要地位,及其在此次危机中的关键影响。第三代危机理论认为,金融上层建筑的过度扩张导致了经济泡沫,泡沫崩溃是爆发危机的直接原因,而泡沫的产生与积聚则在于新兴市场国家金融体系的制度性因素。大体上可以从以下三个方面加以论证。

1.道德风险论

在东南亚金融危机全面爆发前,已经有学者注意到发展中国家的存款担保(无论是显性的还是隐性的)与过度借债之间的关系。而东南亚金融危机则使得这一问题更为突出。由于所谓的“赚了归企业或者自己,赔了归政府或者纳税人”,亚洲国家的企业和金融机构普遍有强烈的过度投资、过度冒险和过度借债倾向。外国金融机构因为相信有政府及国际金融机构的拯救行动而过于轻率地迎合了它们的贷款愿望,从而导致了严重的资产泡沫和大量的无效投资。显然,这种情况最终只能以危机收场。在存在道德风险的情况下,危机前的政府虽然在账面上没有明显的赤字,但是由于它是企业投资损失的最终承担者,所以有大量的潜在财政赤字,这些赤字最终可能要通过货币化来加以消化,而赤字货币化的预期又会使危机提前到来。按照道德风险的观点,获得政府隐性担保的企业会排挤那些承担全部风险的“合法”投资,但是在危机爆发前,所有形式的投资活动都显示出繁荣兴旺的景象。

由于道德风险的存在，会产生金融过度，这一概念主要是针对金融中介机构而言的。在金融机构无法顺利进入国际市场时，过度的投资需求并不导致大规模的过度投资，而是市场利率的升高。当金融机构可以自由进出国际金融市场，金融中介机构的道德风险会转化为证券金融资产和房地产的过度积累，这就是金融过度。金融过度加剧了一国金融体系的脆弱性。事实上，东南亚国家的一些金融机构、大企业集团与政府有着紧密的联系，享受着事实上的政府担保，这种隐性的政府担保使得他们可以很容易地以较低的利率从国际市场借入资金，同时在高风险的领域，如股票、房地产等，进行过度放款，以获取高额利差，从而在客观上推动了资产泡沫的膨胀。在特定的条件下，当金融机构的过度金融行为推动的泡沫难以为继时，资产泡沫就会崩溃，由此所导致的巨大规模的呆账使得政府难以承担时，外资和部分内资就可能出现退出和外流，从而推动资产价格的下跌，最终导致汇率制度的崩溃。

从东南亚货币危机的演进过程看，亲缘政治的存在增加了金融过度的程度，加大了道德风险。这些国家表面上健康的财政状况实际上有着大量的隐性赤字存在：政府对与政客们有裙带关系的银行、企业提供各种隐性担保，增加了金融中介机构和企业道德风险的可能性，它们的不良资产则反映了政府的隐性财政赤字。东南亚国家持续了几十年的亲缘政治使国家经济在 20 世纪 90 年代大规模的对外借款中处于一种金融崩溃的风险之中，同时，这种风险也来自于他们采用的准固定汇率贬值的可能性。

根据道德风险模型，金融危机是危机发生国制度扭曲的必然结果，只能依靠危机国自身的结构调整；外界的援助只会使国际层面的道德风险问题更加严重。同时，危机的预防也只能通过取消政府担保和加强金融监管来实现。

2. 基本因素论

基本因素论者认为，一国基本面因素是决定危机是否会爆发的最关键因素。基本因素的恶化包括外部不平衡，如经常项目赤字、实际汇率升值；内部不平衡，例如金融体系的不健康运行，政府为了援助不良贷款而产生的巨额隐性财政成本和相对较低的外汇储备。

以基本因素来衡量，在亚洲金融危机之前，各国的各项指标都表明风险在恶化。这些指标明显体现了高估的汇率水平、不断扩大的经常项目赤字和恶化的金融体系。

第一，自 1990 年以来，亚洲各国货币不断升值。原因在于，亚洲各国与美元保持固定汇率，美国经济的高速发展使美元对各主要货币保持了强劲的升势，随之亚洲各国的货币币值不断高估。第二，亚洲各国自 20 世纪 80 年代初期出现经常项目赤字，且数额不断增长。两个原因导致了这个现象：一是各国货币的实际汇率上升；二是各国出口产品以半导体等初级产品为主，随着其主要出口对象国——日本经济的停滞，加上来自其他发展中国家的竞争，市场份额不断减少，创汇能力大大降低。第三，金融体系的经营状况不断恶化。20世纪90年代初，亚洲各国经济达到高速增长顶点，但金融体系却日益脆弱。原因在于：经济高速增长和房地产等资产价格的不断上升使私人部门对资金的需求大大增长；高利率和开放资本市场吸引了大量外资，金融机构一方面从离岸金融市场上吸引外资，另一方面向国内私人部门大量贷款，贷款量甚至高于GDP总量。

金融机构的这种行为存在很大弊端，主要表现在：借外贷内存在巨大汇率风险；借短贷长使银行资产负债期限不匹配，易形成偿债风险；金融机构大量投资房地产，产生泡沫经济。基本因素的恶化使东南亚埋藏着金融危机的风险，一旦条件成熟，就会爆发出来。

3. 金融恐慌论

早在1983年，戴蒙德等人提出金融恐慌论会导致并恶化危机。所谓金融恐慌，是指由于某种外在的因素，短期资金的债权人突然大规模地从尚具有清偿能力的债务人那里撤回资金的一种集体行为。用这一观点可以分析东南亚金融危机。

危机发生前，有大量外资流入东南亚，埋下了风险隐患，这些资金的投机性很强，主要投向了金融市场。危机爆发后，金融市场上出现了一系列导致金融恐慌的触发事件，包括金融机构和企业的破产、政府违背自己的承诺或是金融市场投机者的恶意炒作。这些事件引发了信心危机，加上国际游资对各国货币发起了猛烈的攻击，外资纷纷撤资，危机爆发。危机爆发后，一系列因素使金融恐慌不断放大，恶化了危机。这些因素主要包括以下几个方面。

(1)政府和国际社会应对危机失误。如各国以外汇储备为代价捍卫固定汇率制，远超自己能力，市场对固定汇率制的可持续性产生怀疑；泰国、韩国向濒临破产的金融机构大量注资，结果扩大了财政赤字；政府官员的煽动性言论；这些不正确措施使投资者对其维持市场秩序的能力丧失信心，加速了资金外逃。

(2)亚洲各国政局出现了动荡，危机爆发后，韩国、泰国、菲律宾和印度尼西亚都更换了政府，印度尼西亚在大选的同时爆发了大规模骚乱，并影响了周边国家。

(3)信用评级机构对亚洲各国的国家信用实行了降级处理，对金融恐慌起到了放大作用，加剧了危机的传染和扩散。

(4)资本外逃本身加剧了金融恐慌的严重性，形成恶性循环。货币贬值和股市动荡引起资本大量外逃，引发新一轮的货币贬值、银行挤兑和利率上涨。汇率风险和利率上涨又恶化了本来业绩良好的企业财务状况，贷款艰难。而银行为提高资本充足率，又严控贷款。使经济进一步下滑。

(5)危机在亚洲地区蔓延。亚洲经济结构相似性较强，资金和业务往来非常密切，因此局部问题会很快扩散到整个东亚地区。

以上种种都使市场参与者的恐慌与日俱增，资金不断外流，最终恶化了危机。

四、金融危机理论的新发展

对金融危机的研究，并没有让危机得到控制。新世纪开始，土耳其和阿根廷就相继爆发了金融危机，而这两个国家在财政、货币政策和宏观经济上都吸取了以前金融危机的教训。两国都致力于平衡财政收支，推动私有化进程，稳定汇率，实现贸易和金融自由化。其中，为了平抑国内的恶性通货膨胀，阿根廷采取了以美元为基础的货币委员会制度，土耳其选择了爬行钉住包括美元和当时德国马克在内的货币篮子。

亚洲金融危机和俄罗斯金融危机使土耳其和阿根廷两国的外部经济环境开始恶化，在国际市场发债成本不断上升。对于土耳其，接连发生的地震、国际原油暴涨以及 9·11 事件，经济发生困难，2000 年 11 月，其银行体系为解决流动性困难而抛售政府债券，致使利率暴涨。为维持钉住汇率制度，中央银行期初没有向银行体系提供流动性，银行危机不断加剧。在这一压力下，货币当局改变态度提供了额外流动性，市场对爬行钉住的政策能否坚持开始怀疑，资本开始外流，投机性货币攻击开始大规模发生。在各种努力无效的情况下，2001 年 2 月 21 日政府宣布货币贬值，放弃了爬行钉住的汇率制度。

国际环境恶化极大影响了阿根廷经济，国内宏观经济政策不得不进行调整。政府大幅削减支出的计划引起了经济的担忧和政治上的强烈反对。人们对阿根廷对外债务和汇率制度的可持续性普遍信心不足，越来越多的资金选择了逃离银行体系，逃离阿根廷。2001 年 12 月，当局开始限制个人从存款账户中提取现金或者携带资金出国，以减少储备和存款的损失，结果引起了大规模抗议示威。圣诞前，在内阁、总统相继辞职后，阿根廷宣布暂停外债偿付。两周后，阿根廷暂停了本币与美元现钞的自由兑换，采取汇率双轨制，作为允许汇率自由浮动的临时措施。

在危机理论发展方面，克鲁格曼等人在第三代模型基础上提出了资产负债表效应假说，从企业和金融机构资产负债表的期限不匹配、币种不匹配等问题入手，强调开放经济条件下，银行或企业的流动性危机很容易转化为货币危机。也有人基于信息不对称的分析，强调银行体系的脆弱性最终导致银行和货币的双重危机。但这两次危机无疑对危机理论提出了更多挑战，促使人们重新思考一直以来关于新兴市场经济发展的指导思想是否恰当。

尽管第四代危机理论模型还没有正式提出，但是学术界已经形成了这样的共识：如果一国宏观经济已经出现了某种程度的内外不均衡，那么国际短期资本流动所形成的巨大冲击很容易成为最终引起银行危机、货币危机、金融危机全面爆发的导火索。这也是金融全球化背景下新兴市场国家发生金融危机的一个共性特征。

第三节　金融危机的国际传染

金融危机的国际传染是指一个国家的危机所导致的债权人对其他国家的基本面进行重新评估后进行资产组合调整，由于“羊群效应”和信息不对称引起其他国家也出现危机的现象。

关于金融危机传染的系统研究始于1992～1993年欧洲货币危机之后，目前已有大量的理论分析和实证研究。但由于危机传染的复杂性，目前理论界还未形成统一的认识。早期的争论主要在于危机传染是否存在的认识上。一些学者认为投资者具有分辨市场的能力，凡是受到危机冲击的国家都是宏观经济基础薄弱的国家，而那些宏观经济基础良好的国家则不会受到冲击，因而金融危机是不存在传染的；另一些学者则从大量的实证分析中认为，金融危机是存在传染的，这种观点已被越来越多的学者接受。1996年以后的研究主要集中于金融危机的传染途径和机制上。根据截至目前的研究，一般将金融危机的传染划分为两类：一类是金融危机的波及效应，另一类是金融危机的净传染。

一、金融危机的波及效应

金融危机的波及效应是指一个国家发生的危机恶化了另一个国家的宏观经济基础（如贸易赤字加大、外汇储备下降等），从而导致另一个国家也发生危机的现象。金融危机的波及效应有两种主要的传递途径：一是贸易传递途径；二是金融传递途径。

1.贸易传递途径

根据其传递形式不同，贸易传递途径又可分为直接的贸易传递与间接的贸易传递。直接的贸易传递指在两个具有密切贸易关系的国家中，一个国家的危机恶化了另一个国家的经济基础，从而也诱发其发生危机。具体的传递过程为：危机的爆发国常伴随有货币的大幅贬值和国内需求的急剧下降，这两个因素都会导致与之有直接贸易联系的国家出口下降，国际收支恶化。间接的贸易传递是指两个国家之间并无直接的贸易关系，但却在很大程度上依赖于共同的出口市场，当其中一个国家发生货币危机时，危机国家因货币的大幅度贬值而增强了出口竞争力，抢占了更大的出口市场，使另一国的出口下降，国际收支急剧恶化，从而诱发危机的发生。如果要维护原有的市场格局，则非危机国必须实行本币的贬值措施，从而引发汇市的动荡、经济衰退和社会的不稳定，并最终使金融危机传入他国。

2.金融传递途径

金融传递途径是指一个市场由于风险高度聚集而导致的危机通过资本流动诱

发了另一个与其有密切金融关系的国家金融市场波动。在这里，传递的途径又可分为直接传递和间接传递两种。

(1)直接的金融传递。是指两个国家间有着直接的投资关系或两国金融机构间有着密切的业务关系，当其中一国发生金融危机时，另一国的金融机构、企业直接受到冲击而使危机也跟着发生。

(2)间接的金融传递。是指某国与危机国家都是跨国银行和国际机构投资者(保险公司、共同基金、养老基金等)有大量业务的地区，因此间接地形成了某种联系。当跨国银行和其他国际机构投资者在一国遭受到损失之后，为了达到资本充足率和保证金的要求，或出于调整资产负债的需要，往往大幅度收缩其对另一国的贷款或投资，如果该国金融管理水平不高，缺乏足够的国际储备，就不能够应对国际资本大规模流动造成的冲击，从而陷于危机之中。

二、金融危机的净传染

金融危机的净传染是指危机的传染无法通过宏观经济基础变量获得解释，即在两个国家间的经济联系十分薄弱，一个国家的危机并没有恶化另一个国家的经济基础，但导致了投机者对另一个国家经济基础的重新评价，从而诱发了金融危机的现象。由于净传染的理论基础是第二代金融危机理论，因此也称为“多维平衡点”传染模型。

净传染理论的一般解释是：一个国家货币危机的发生，改变了投机者对其他类似的国家原先的预期(虽然这些国家的经济基础并没有发生变化)，导致投机者重新评价类似国家的经济基础及政府的政策调整，从而诱发对货币的冲击。

对于净传染的机制和过程，“信息层叠”理论给予了较好的解释。其中具有代表性的有以下三类模型：

第一类：“序列模仿活动”模型。该模型描述的是这样一种情形：假定有三个投资者 S1、S2、S3 均在某国投资，由于 S1 根据自己掌握的信息，认为该国的投资前景不好，而选择撤资的决策方案 A；而 S2 根据自己了解的信息，理应选择继续投资，但当得知 S1 选择了撤资时，误认为 S1 获得了比自己更多更准确的信息，而对自己的正确决策发生了怀疑，从而也选择了撤资的决策 A；S3 看到了 S2 和 S2 都选择了撤资时，误认为 S1 和 S2 获得了比自己更多更准确的信息，也选择了撤资。这样，即使该国一切经济状况均良好，但由于这种错误信息的不断叠加，使该国金融市场必定发生动荡。在与该国具有某种相似性的国家的金融市场上，投资者也会产生其金融市场会发生动荡的预期，从而使危机得以传染。

第二类：信息披露模型。该模型是指投机者冲击一国货币的强度取决于该国政府捍卫固定汇率的态度，而政府的态度又取决于政府对维护固定汇率所带来的政治利益和经济利益的权衡及偏好，其政治利益表现为可以维护政府的声誉或取得加入某个货币同盟的资格;但固定汇率制却不利于政府实现其经济目标,如降低失业率等。如果政府的利益是政治利益高于经济利益,则会竭力维护固定汇率制;如果利益偏好正好相反,则会放弃固定汇率制。而对于投机者而言,政府的利益偏好是不得而知的,但这种偏好的信息却可以通过相类似的国家发生的金融危机中传递出来,那就是与发生危机国家具有相似政策和宏观经济环境的国家,其政府的偏好也带有相似性,在其货币受到冲击时,政府也会放弃固定汇率制。因此,投机者在这种预期下会实施对另一个环境相似国家的货币进行冲击,形成危机的传染。

第三类:贝叶斯型概率信息模型。这一模型与“信息披露模型”相似,但假设一个发生危机的国家所传递的危机信息是概率型的。一般情况下,投机者对某国发生危机赋予的预期概率是较低的,但当看到与该国环境相似的国家发生了危机时,就提高了对该国发生货币危机的预期概率,增加了该国发生货币危机的可能性,这在统计上属于一个贝叶斯概率。

在以上各个模型中,所指的相似性不仅包括宏观经济环境上的相似,还包括国家之间经济政策、政治状况、文化背景等方面的相似。据此,有的学者将净传染划分为经济净传染、政治净传染及文化相似性净传染等。

第四节　国际金融危机的防范与管理

一、适度的资金流动管制

国际著名经济学家克鲁格曼认为,防止金融危机的希望在于限制外汇债务。要防止金融危机的发生,必须对外资流入实行总量控制。进入 20 世纪 90 年代后,流入发展中国家的资本呈现出以下四个特点:官方资本流入量大幅下降;商业银行的信贷明显减少;外国直接投资在外资总额中的比重在上升;间接投资急剧增加。在间接投资中,游资占了很大比重。游资不但在投资气候发生变化后,会溜之大吉,而且还会对一国金融市场进行冲击,制造金融动荡,以谋取利益。

近 20 年来,国际金融市场上产生了一些以基金形式出现的资金巨头。如索罗斯量子基金就是其中之一,该基金成立虽然只有 20 多年,但每年以近 35%的收益率累进增长,是全球效益最好的基金之一。它最主要的获利策略就是利用各国央行的固定汇率或汇率目标区的上下限,不断、大量地买入或卖出,直到最终打破汇率的高低限制,并利用羊群效应造成的汇率大幅波动牟取暴利。1992 年,量子基金造成英镑、里拉汇率的崩溃,1995 年击破日元 95～105 元的汇率区间,1997 年,量子基金又以亚洲货币为目标,突破了东南亚各国同盟,引发了亚洲金融危机。由于缺乏资金流动管制这一防火墙,各国一味使用国际储备对外汇市场进行干预,造成外汇储备的大量流失，并进一步陷入了危机的深渊。而国际上还有众多从事类似交易的资金。

因此对于国际资金的流动，进行适度的管制，是对付金融危机必要手段。亚洲金融危机过程中，一些措施在应对国际游资冲击中取得了较好的成效，这些措施主要包括以下几个方面。

第一，限制远期外汇交易和非贸易性的外汇交易。例如，菲律宾禁止国内银行进行非交割沽售美元的远期交易；马来西亚限制非贸易性的外币掉期交易，规定银行为外国投机客进行掉期交易额必须以 200 万美元为限；印尼政府限制当地银行与非居民间的印尼盾远期交易合同，规定每名客户和每家银行的最高交易额是 500 万美元等。

第二，禁止本国居民以本币进行投机或有可能转化为投机活动的融资活动。例如，新加坡政府对新元的融资活动进行了以下的限制：一是不允许非本国居民以新元在境外市场进行直接投资或证券投资；二是不允许非本国居民以新元进行第三国贸易；三是当新加坡公司正在被接管或进行金融投资时，禁止本国居民用本币认购该公司的证券；四是不允许银行用新元贷款为非本国居民在当地的金融和资产市场进行投机活动融资。为防止金融衍生物使上述条款失效，新加坡货币监管当局还规定了新加坡元的贷款范围。

第三，限制国内公司和银行过度的外汇头寸暴露，或是对外汇头寸设置时限。例如，菲律宾央行颁布条例规定，任何银行的美元资产将不能超过美元债务的 110%。

第四，对所有短期资本流入征税。这实际上是增加了资本流出入的成本，降低资本流出入的数量。

第五，调高同业拆借利率，增加投机成本，同时提高外汇储蓄利率，吸引资本流入。

二、国际金融组织与危机的防范与管理

在开放的金融市场环境下，一国很难单独抵抗国际金融危机。这迫使人们寻求国际间联合起来，通过超越国家主权的国际金融组织来对各国货币当局的监督管理和最后贷款人的责任，不仅为危机发生国家提供资金支持，也为它们提供危机防范和危机管理方面的基本要求和政策建议，共同应对各种金融危机。第二次世界大战后建立的国际货币基金组织，就是这样一个在国际合作基础上，为协调汇率制度、对出现国际收支困难的国家给予暂时性金融援助的政府间国际清算银行(Bank for International Settlements，BIS)，现有巴塞尔银行监管委员会、全球金融系统委员会和支付与清算系统委员三个常设机构，分别就金融稳健性、有效的市场运作和金融系统的支付基础设施进行全面而统一的监管。其在应对国际金融危机

方面做了诸多工作。

(一)监控金融稳健性能力

金融全球化的客观进程,以及金融风险和金融危机的跨国传染,都对国际金融监管理的合作与协调提出了迫切的要求。以下是在多方面努力与推动之下已经取得的一些代表性成果。

1. 国际银行业监管的《巴塞尔协议》

巴塞尔银行监管委员会是BIS全球监管框架下最重要的机构。其主要任务是制定广泛的监管标准和指导原则,提倡最佳监管做法,期望各国采取措施,根据本国的情况通过具体的立法或其他安排予以实施。巴塞尔银行临管委员会所制定的指导性文件不仅为其成员国监管当局所接受,也往往成为发达国家和众多发展中国家共同遵循的原则,其中以1998年的《巴塞尔协议》和2006年的《新巴塞尔资本协议》最著名。《新巴塞尔资本协议》在广泛征求意见的基础上已经几易其稿,已经在2006年底正式实行,成为新的国际金融环境下各国监管机构和银行业进行风险管理的最新法则。

2. 监控和评估金融体系稳健性的宏观审慎分析

亚洲金融危机引起了全球普遍关注。1998年10月,22国集团的财长和央行行长在《强化金融体系工作组报告》中,特别强调将金融体系稳健性评估纳入IMF例行的监督工作之中。1999年5月,IMF与世界银行实验性地联合开展金融部门评估规划(Financial Seltor Assessment Programme, FSAP),对各国金融稳定状况进行判断和评估。FSAP的目标是警示各国监管当局重视国内外金融部门的脆弱性因素,鼓励它们采取提高金融稳定性的措施。2001年,FSAP的评估对象从初期的12个成员国扩展到24个。目前,约有75家中央银行、监管机构和国际组织参与合作,FSAP已经成为IMF和世界银行诊断各国金融体系健康性和稳定性的主要平台。

要想提高监控金融体系稳健性的能力,首先需要一系列可供分析的有关当前金融体系健康性稳定性的指标——这被称作宏观审慎指标。IMF根据多年的金融部门监督、技术援助和规划经验,确定了一整套宏观审慎指标体系。总体上包括两类指标:反映单个金融机构健康性的微观审慎指标汇总,以及与金融体系稳健性有关的宏观经济变量。微观审慎指标主要是同期或滞后的稳健性指标;宏观经济变量是可能导致金融体系不平衡的信号,因此是先行指标。当这两类指标都表明脆弱性特征时,也就是说,当金融机构处于脆弱状态并同时面临宏观经济冲击时,通常会爆发金融危机。

在主要国际金融组织的广泛倡导下,针对金融稳健性评估的宏观审慎分析也引起了许多国家和地区货币当局的重视。例如,欧洲中央银行已经完成了初步研究，他们重点考察三类指标：(1)反映银行体系健康性的系统指标；(2)对银行体系有影响的宏观经济因素；(3)传染因素。在 20 世纪 90 年代初的银行危机之后，芬兰银行主持开发了银行体系评估框架，可以在两年的跨度上对银行体系利润率变化趋势做出预测，并已经正式与芬兰经济宏观预测模型相连接，是目前为数不多的拥有预测能力的宏观金融监控体系。另外，挪威、瑞典、英国、美国等中央银行也在这方面取得了重大进展。美国对银行系统性风险状况的监测处于世界领先水平，由美联储、联邦存款保险公司和货币监理署联合开发的评估单个银行稳健性的 CAMELS 体系，堪称微观审慎评估的典范。

值得一提的是，2003 年 7 月，中国人民银行牵头组织国家发改委、财政部等单位组成跨部门小组，开始进行首次金融稳健性自评估，第一份试行报告于 2005 年完成。在确定的监控指标体系中，汇总微观审慎指标包括银行体系总体业绩指标(资产、贷款、存款总额的变化趋势)、安全性指标(资本充足率、资产质量、信贷集中程度)、流动性指标(资产流动性、超额准备金、本币和外币债务流动性)、盈利指标(股本收益率、资产收益率)、总体控制指标(贷款与存款比率、同业融资比率、境外融资比重)等；宏观经济变量涉及 GDP、通货膨胀率、货币总量、经常项目差额、外债、国际储备和汇率等。银行监会也从 2003 年起进行压力测试工作。以四大国有银行和广东发展银行作为试点，对信用风险、利率风险、汇率风险、流动性风险进行了每一次压力测试。

3. IMF 的经济监督与危机防范

跟踪世界各地的经济和金融情况，并从国际和国内的角度检查成员国的政策是否适当，警告成员国注意即将到来的危险，使政府能够采取必要的防范措施——监督，是 IMF 促进国际金融体系稳定的重要职能之一。IMF 的监督工作包括国家监督、地区监督和全球监督等三方面的内容。其中，在国家监督方面，IMF 日益注重资本账户、金融和银行部门问题。在新兴市场危机不断和成员国经济转型的背景下，金融制度问题(比如中央银行的独立性、金融部门的监管、公司治理以及政策透明度和问责制等)在监督工作中的重要性也趋于上升。在全球监督方面，更加注重对金融风险的预警。比如 2002 年 3 月首次出版的《全球金融稳定报告》，取代了此前的《国际资本市场》报告，目标是对全球金融市场动态进行及时和全面的分析，以辨别潜在的系统性缺陷。报告通过引起人们对全球金融体系中潜在问题的关注，试图在危机预防方面发挥作用，从而对全球金融稳定以及 IMF 成员国的持续经济增长作出贡献。

(二)提供金融危机解决方案

然而，无论国内外的金融监管机构运行得多么完美，期望金融危机永远不发生都是不切实际的。当危机真的到来时，IMF 发挥了重要的最后贷款人的职能：通过政策建议和资金支持帮助减轻危机的影响，缩短危机持续的时间，努力防止危机向其他国家扩散。

1. IMF 贷款

IMF 向面临国际收支困难的成员国提供临时性资金援助，支持它们实施旨在纠正这些问题的政策。在经过执行董事会批准后，IMF 可以通过两个主要渠道提供资金：

(1)通过针对特定国际收支问题的若干政策和机制，按等于或高于标准收费率的利率水平，向成员国提供非优惠贷款。不同政策或机制适用的利率和回购(偿还)期限不同。非优惠贷款包括备用安排(普通提款权中的信用贷款)和中期贷款，前者旨在解决成员国短期国际收支困难，后者侧重于更长期的结构性问题造成的、需要深入改革才能解决的对外支付困难。

(2)通过减贫与增长贷款信托基金，向面临长期国际收支问题的有资格的低收入成员国提供优惠(低息)贷款，帮助它们在解决国际收支问题的同时促进持久的经济增长和减轻贫困。

(3)IMF 还建立了特别贷款机制，为某些特定(比如战乱或自然灾害等原因造成的)国际收支困难提供额外的资金支持。

2. 解决债务危机

一些国家由于积聚了不可持续的对外债务，长期无法摆脱国际收支困难。所谓不可持续，是指无论债务国实施怎样的宏观经济政策措施，都无力偿还对外债务。在这种情况下，必须尽快为债权国及其私人机构寻找到切实可行的债务重组办法，放松偿还条件，比如延长期限或减免债务金额等。否则，一旦酿成国际债务危机，就会给全球金融市场和相关国家的宏观经济运行造成极大的冲击。

在解决债务危机方面，IMF 主要进行了以下几项工作：

(1)鼓励成员国将集体行动条款纳入新的国际主权债券，以便在极端情况下，当可能需要重组主权债务以解决金融危机时发挥积极作用。目前，根据英格兰法、日本法、纽约法发行的国际主权债券基本都已加入了集体行动条款；新兴市场发行的国际主权债券中包含这一条款的也占到总金额的 30%。

(2)支持私人部门努力制定自愿行为准则，以便为债务人和债权人的谈判提供指导。

(3)努力提倡以协议为基础的正式框架，即主权债务重组机制。该机制首先将建立一个法律框架，从而能够针对所有债务工具采取集体行动，包括那些要求在一致同意下才能重组财务条件的工具。其次，持有加入这一机制债务工具、地位相似的债权人的投票将被加总，从而能够以一次投票对多种债务工具进行重组。这一倡议没有得到足够的政策支持，但这一机制为今后的危机处理办法提供了重要参考。

(三)帮助危机后经济恢复

IMF 通过贷款帮助解决国际收支困难,避免危及他国利益或影响世界经济繁荣。但 IMF 贷款发放是有条件的,目的在于改善受援国的国际收支条件,保证偿还贷款,维持 IMF 资金的流动性。

1969 年,IMF 首次明确了贷款条件性要求。在《国际货币基金协定》条款中指出无条件的清偿力是指特别提款权的分配,除部分的提款外,其他信用部分的提款都是有条件的,接受贷款的成员国必须采取调整国际收支的措施。1979 年又专门发布《关于高档信用贷款项下使用国际货币基金组织一般资金的准则》,简称贷款准则。其中规定,IMF 鼓励成员国在国际收支困难的早期阶段或在国际收支出现危急情况之前,采取纠正国际收支失衡的措施;在整个贷款备用安排期间,IMF 与成员国要定期交换意见,以便监督贷款执行情况;成员国应按 IMF 的要求制定经济稳定计划,并与 IMF 的协定条款和政策保持一致;IMF 根据贷款种类确定不同的发行标准,从而使 IMF 的贷款条件性逐渐趋向专门化和数量化。20 世纪 80 年代解决拉美债务危机时,提供贷款时附带严格条件的做法已经十分普遍。适当、稳定的经济政策被视为解决债务问题的必要条件。90 年代以来,提供贷款与严格条件相结合,更是成为 IMF 的常见做法,同时也在发达国家与发展中国家之间引起激烈的争论。

赞同者认为,通过贷款条件,IMF 事实上是向成员国传递了危机防范与危机管理的建议与要求,这将有利于稳定成员国的经济状况,并保证大多数国家的经济运行不受干扰。IMF 提供的政策选择中包括了需求政策、供给政策和促进国际竞争力在内的一系列政策。虽然提供的大多是短期资金援助,以协助成员国解决国际收支困难,但长远来看还是服务于价格稳定和经济增长目标的。而且,由于资金有限,为保证贷款偿还,提高贷款使用效率,也必须对贷款附加一些条件,给予适当的约束。这样才能避免道德风险,不至于出现资金浪费、拖延还款和不利于世界经济整体发展的现象。

发展中国家大多对此表示不满。认为 IMF 在对贷款附加条件时,片面强调加强受援国内部管理的必要性,简单僵化的政策建议,往往忽略了各国国际收支失衡的复杂性与多样性。不结合受援国实际情况,一味地要求以货币紧缩和内部调整作为纠正国际收支失衡的主要政策,根本不考虑由此造成的严重失业和实际收入下降对发展中国的进一步伤害。如果接受危机后管理必须付出如此昂贵的代价,又如何保证这些国家不会放弃向 IMF 申请援助,并自行其是而对其他国家或整个世界经济产生更严重的影响?而对于任何国家来说,在内外均衡发生冲突的时候,都必然要以内部均衡为首选政策目标,在发展中国家更是如此。

不难看出,IMF 的贷款条件性要求,在一定程度上体现着发达国家的意志与利益。然而,广大发展中国家已经从过去的规则接受者逐渐自省、自觉、自立并走向自主,并提出质疑可以肯定的是,无论是贷款条件性要求,还是IMF自身,未来都需要调整与改革。

2002年9月,IMF执行董事会通过了修改后的贷款条件指导原则,这是自1979年以来进行的首次修订。新的指导原则强调,需要将贷款条件侧重于实现IMF政策规划所支持的主要宏观经济目标和政策工具,在IMF看来,最重要的还不是解决成员国一时的国际收支困难,而必须着眼于长远,以期实现更广泛的经济与金融稳定,为可持续的经济增长奠定基础。新的指导原则提出了与世界银行等其他国际金融组织更加明确地界定分工职责,同时也认识到贷款条件的运用必须注意以下几个问题:要加强成员国对政策改革的拥有感;尽可能少地运用与规划有关的贷款条件;务必使规划适合成员国的国情;需要明确地解释与规划有关的贷款条件。

三、国际间经济政策协调

开放的大国经济之间存在着相互依存性。为了避免分散制定的各国宏观经济政策之间产生以邻为壑效应,进行国与国之间的政策合作与协调,是一个很好的解决办法,自然也可以成为各国预防危机发生与传递的有效机制。

国际间政策协调有狭义与广义两种解释。从狭义上讲,是指各国在制定国内政策的过程中,通过国与国之间磋商等方式,对某些宏观政策进行共同设置。从广义上讲,凡是在国际范围内能够对各国国内宏观政策产生一定程度制约的行为都可以视为国际间政策协调。国际上普遍接受的定义是:国际间经济政策协调是各国在考虑了国际间的经济联系后,调整各自的经济政策以达到多边互惠的目标,并实现全球利益最大化的协调过程。由此可见,国际间经济政策协调的好处,是减少相互间的摩擦与冲突,提高共同利益,避免独立分散决策带来的低效率。但为了实现这种好处,各国之间必须都要有所让步,做出一定妥协。所以,国际间政策协调的成本就表现为各国都丧失一定的政策自主性。

然而,对于政策协调是否有益,迄今并未形成一致的看法,有些学者甚至抱有强烈的怀疑态度。比如认为赋予各经济主体充分的自主权是完美的选择,或是指出,国与国之间在提供有利的经济环境方面相互竞争,才能促进经济发展。

当每一个经济体规模都非常小的时候,各国政策调整及其在资本市场的操作,对其他国家来说没有什么实质性影响。在这种条件下,分权化政策也许是最优选择。然而当大国越来越多,各国经济逐步走向开放时,每一个国家的政策都会影响到其他国家以及国家之间的经济结构。这时如果再完全否定国际间政策协调的必要,已经与实际情况又过分脱节了。因为各国政策如果考虑更细致一些,情况会有很大不同。特别是当世界上只有少数几个大国,那么进行政策协调,实现互惠互利，几乎无可置疑。但是当几个大国掺杂在众多中小国家之中时，由于相互间利益、实力、目标等差异极大，国际政策协调的收益对不同主体一定不是等同的。换言之，有的国家要做出更多让步，却未见得获得更多收益。所以不能简单地认为，国际经济政策协调范围越广、协调力度越大就是越好。

国与国之间进行政策协调主要有两种基本形式：一种是以规则为基础理论的协调，一种是相机抉择性协调。规则协调是通过制定明确的规则，来指导各国采取政策措施进行协调的方式，例如，国际金融本位制度、布雷顿森林体系和欧洲货币体系等。相机抉择协调是指当不存在对各国经济和政策行为的明确规定时，根据具体情况，针对某一特定事件，协调确定各国所应采取的政策组合。具体表现为各种经济峰会、国际协定以及国际论坛。比如著名的 G7 首脑峰会和部长级会议，世贸组织框架下的乌拉圭回合、多哈回合等，以及由 IMF 等国际金融组织牵头举办的各种国际论坛。

规则协调的决策过程清晰，可信度高，可以在较长时间里稳定运行。而且国际协定规则作为外部约束，一方面可以防止各国政府在实施宏观经济政策方面任意而为，保证政策的连贯性与可信度；另一方面，可以使各国政策以国际协定为理由执行国内经济政策，减少政策阻力。规则协调的缺点主要表现在：要保证规则的公正，要求规则可以实现各方主体的权利义务完全对等，照顾各方利益——这几乎是不可能完成的任务。或许这也正是 20 世纪 70 年代滑入牙买加体系这一没有制度的体系的重要原因。

相机抉择的优点在于可以针对不同的经济条件，就更为广泛的问题进行协调，但可行性与可信度往往遭到质疑。从可行性来看，每次政策协调行动都意味着各国政策的讨价还价，势必使协调成本大大增加；而且也很难对各国政策形成有效约束，容易产生竞相违约和免费搭车行为。从可信度来看，这种协调方式下，协调措施由各国协商确定，缺乏一致的规则。由于具有较大的不确定性，所以很难通过公众预期来发挥政策竞争力。但如果国际经济关系复杂多变，难以采用理想的规则协调时，则相机抉择协调也可能成为现实的最优选择。比如，由于共同管理世界经济、缓和相互依赖对各国压力等目的而建立起来的 G7 会议。其独特之处在于，它只是一种非制度化的论坛，主要由具有相同意向的国家的领导就重大国际问题交流看法，达成共识。实践表明，G7 通过对各国国内政策的协调以及对全球经济政策的引导，对于全球经济和金融的稳定发展的确发挥了积极的作用。

值得关注的是，继欧洲共同货币推出之后，北美、东亚、西非等地都广泛开展了区域经济和金融合作计划。这些区域协调机制，或许更可以视为在探索包括相机抉择的规则的新道路，从而既汲取不定期多边谈判的灵活性和及时性优点，也为国际金融体系改革提供了一个极具启发意义的备选方案。

2007 年爆发金融危机后，国际社会积极协调应对经济危机。在危机爆发初期,各国忙于应对本国的危机,并没有协调一致。当危机蔓延到世界诸多国家后,单靠一国的救市政策已经无济于事,各国开始采取一致行动。2007 年 8 月 11 日,世界各地央行 48 小时内注资总额超过 3262 亿美元救市,而美联储更是一天之内连续三次向银行注资 380 亿美元以稳定股市。2007 年 8 月 14 日,美国、欧洲和日本三大央行再度注入超过 720 亿美元救市。亚太地区各国的央行也向银行系统注资,全球各经济体推迟加息,以应对金融危机的肆虐。2007 年 12 月 12 日、2008 年 3 月 11 日和 9 月 18 日、10 月 8 日、10 月 13 日,为了应对不断恶化的金融危机冲击,美联储先后与欧洲中央银行、英格兰银行和日本银行等进行了大规模的国际联合援助行动。美联储与主要国家的中央银行建立临时货币互换安排,并根据形势发展调整互换的期限和规模。从 2008 年 10 月 13 日起,为配合其他国家中央银行的救市行动,美联储宣布,暂时上调与欧洲中央银行、英格兰银行、瑞士国家银行和日本银行的美元互换额度至无上限。2008 年 10 月 8 日,美联储、欧洲中央银行、英格兰银行、加拿大中央银行、瑞典中央银行和瑞士国家银行等联合宣布降息 50 个基点。

除却政策措施的出台,各国经济决策者也在频频会晤,研究金融危机的化解之道。2008 年 4 月 12～13 日,七国集团和国际货币基金组织(IMF)召开为期两天的会议,表达了对当时金融市场震荡的担忧之情,并要求加强金融监管。2008 年 11 月 15 日,二十国集团领导人金融市场和世界经济峰会在华盛顿举行。会议就国际社会加强协作、共同应对金融危机和支持经济增长达成一致,并呼吁改革世界金融体系,防止类似危机再次发生。2009 年 4 月 2 日,20 国集团峰会在英国伦敦召开,取得了丰硕成果。与会各国达成一致协议:将国际货币基金组织(IMF)的可用资金提高两倍,支持多边发展银行(MDB)至少 1000 亿美元的额外贷款,为最贫穷国家提供优惠融资。这些协议共同组成了一项 1.1 万亿美元的扶持计划,旨在恢复全球信贷和就业市场及经济增长。另外,在推出上述扶持计划以前,各国政府都已经分别采取了各自的措施,这构成了一项庞大的全球经济复苏计划,其规模史无前例。

【思考题】

1. 试述金融危机理论的主要模型,并结合各模型产生的背景加以解释。
2. 国际金融危机的传染途径有哪些,并试以中国为例加以说明。
3. 试述国际货币基金组织贷款条件存在的意义和改革方向。
4. 请论述应对国际金融危机,国际间协调的基本形式及其优点与不足之处。

【案例分析题】

美国次贷危机向全球传染的途径

2007年开始于美国的次贷危机，到2008年3月份，已经演变为全球范围内的金融危机。欧洲金融市场率先受到传染，其主要原因为：一，欧洲商业银行大量投资于美国次贷金融产品，美国次贷产品的价格大幅下跌使得这些投资的价值大幅下降；二，欧洲商业银行与美国的投资银行之间进行了大量的衍生产品交易，投资银行的倒闭使得欧洲商业银行面临着巨大的交易对手风险；三，欧洲商业银行通过购买美国保险公司出售的信用违约保险来规避巴塞尔资本协议对自有资本充足率的要求，而美国保险公司倒闭后，欧洲商业银行普遍面临资本金不足的窘境；四，欧洲商业银行对通过债券市场进行批发融资的依赖程度较高，全球金融市场陷入流动性短缺削弱了欧洲商业银行通过发债进行融资的能力。

欧洲实体经济对银行融资的依赖程度远高于美国。一旦商业银行集体陷入危机，欧洲的金融市场与实体经济就面临强烈冲击。由于自身结构性改革乏力、劳动力市场缺乏弹性、失业率高居不下，缺乏新的经济增长点，欧洲经济增长危机前很长一段时间本就乏力。次贷危机爆发后，欧盟各国基本上是各自为战，短时间内难以形成一个统一的跨国财政刺激计划，导致危机迅速蔓延与深化。

由于欧美发达国家主要金融机构均遭受大量亏损，它们不得不主动收缩财务杠杆。这意味着国际机构投资者将出售在新兴市场国家的风险投资，并将这些资金调回本国金融市场。国际短期资本流动发生逆转，开始由新兴市场国家流回发达国家。这种转向对新兴市场国家形成了两大冲击：第一，大量的短期国际资本外流造成新兴市场国家股票市场指数不断重挫，资本项目收支状况出现逆转；第二，大量的短期国际资本外流导致新兴市场国家货币相对于美元大幅贬值，恶化了新兴市场国家的外债负担。近年，东亚的韩国、西欧的冰岛，东欧的乌克兰、匈牙利、白俄罗斯，拉丁美洲的阿根廷与巴西均面临严重的资本外流，各国的本币汇率、国债与股市均直线下跌，有的国家甚至面临国家破产的风险。以上这些遭遇危机的国家有一个共同特点，就是大量举借外债来为本国居民、企业与政府部门融资。一旦次贷危机导致外资大量撤出，这些国家就面临资金链断裂的风险。

东欧、拉美与亚洲国家可能爆发金融危机，这将进一步冲击欧洲的商业银行。来自国际清算银行的数据显示，西欧国家商业银行对上述新兴市场国家的跨国贷款占到这些国家贷款总额(4.7万亿美元)的3/4。例如，奥地利、瑞士、瑞典、英国、西班牙对新兴市场国家的贷款占本国GDP的比率分别为85%、50%、25%、24%、23%。如果新兴市场国家陷入债务危机，则欧洲商业银行将承受新一轮的冲击。

欧元区与日本经济已经在2008年第2季度陷入负增长。随着美国经济步入

衰退，出口对于欧元区与日本经济的拉动作用将会继续减弱。预计欧元区与日本经济将在2009年全年继续保持负增长。根据IMF2009年4月最新公布的预测，2008年欧元区GDP增长率为0.9%，预计2009年与2010年的GDP增长率分别为－4.2%与－0.4%。2008年日本GDP增长率为－0.6%，预计2009年与2010年的GDP增长率分别为－6.2%与0.5%(IMF, 2009)。

发达国家实体经济增速的下降将通过进口渠道影响发展中国家，进而发展中国家实体经济增速的下滑将通过进口渠道影响到原材料与能源出口国。国际短期资本从新兴市场国家的流出可能冲击后者的金融市场，进而拖累新兴市场国家的实体经济。因此，在未来一段时间内，新兴市场国家的经济增长也将显著低于次贷危机爆发前的水平。如果新兴市场国家爆发较大规模的金融危机，其整体增长水平可能下降得更多。据IMF在2009年4月最新公布的预测，2008年全球新兴市场与发展中经济体的GDP增长率为6.1%，预计2009年与2010年分别为0.6%与4%。IMF预计2009年与2010年亚洲发展中国家的GDP增长率分别为4.8%与6.1%。

随着发达国家救市方案的效果逐渐显现，全球金融市场可能在2009年下半年恢复平静，发达国家经济有望在2010年走出衰退，然后将在较低的增长水平上调整3到5年时间。部分新兴市场国家可能再度爆发金融危机，但人们普遍看好新兴市场国家整体的增长前景。

问题：美国次贷危机向全球传染的途径是什么？结合中国的实际情况，谈一谈美国次贷危机影响我国的经济的主要途径，以及我国是如何应对的。

参考文献

1. 阿切尔、比克福德:《外汇交易入门》,中国青年出版社,2009 年。

2. 安同信:《中日吸收直接投资与经济发展的比较研究》,山东大学出版社,2009 年。

3. 白钦先:《金融可持续发展研究导论》,中国金融出版社,2001 年。

4. 毕克茜:《外汇·风险·保值》,上海人民出版社,1994 年。

5. 曹龙骐:《金融学》,高等教育出版社,2003 年。

6. 陈彪如:《国际金融概论》(增订本),华东师范大学出版社,1991 年。

7. 陈岱孙、厉以宁:《国际金融学说史》,中国金融出版社,1991 年。

8. 陈信华、殷凤:《国际金融学》,上海财经大学出版社,2004 年。

9. 陈雨露、汪昌云:《金融学文献通论》,中国人民大学出版社,2006 年。

10. 陈雨露:《国际金融》,中国人民大学出版社,2000 年。

11. 陈雨露:《国际金融》(第三版),中国人民大学出版社,2008 年。

12. 陈雨露、边卫红:《货币同盟理论:最优货币区衡量标准的进展》,《国际金融研究》,2004 年第 2 期。

13. 陈雨露、侯杰:《汇率决定理论的新近发展:文献综述》,《当代经济科学》,2005 年第 5 期。

14. 程传海:《最优货币区理论研究的发展》,《开放导报》,2006 年第 4 期。

15. 池启水、张雅洁:《外汇储备最优规模:国外理论评述》,《西安财经学院学报》,2008 年第 3 期。

16. 单忠东、綦建红:《国际金融》(第二版),北京大学出版社,2006 年。

17. 樊祎斌:《外汇交易实务》,中国金融出版社,2009 年。

18. 韩立岩、王允贵:《人民币外汇衍生品市场:路径与策略》,科学出版社,2009 年。

19. 何国华:《国际收支调节论》,湖北人民出版社,2002 年。

20. 何曼青:《世界银行集团》,社会科学文献出版社,2004 年。

21. 侯高岚:《国际金融教程》,机械工业出版社,2007 年。

22. 黄泽民:《浮动汇率制与金融政策》,上海人民出版社,1997 年。

23. 姜波克:《国际金融》(第三版),复旦大学出版社,2008 年。

24. 姜波克:《国际金融新编》,复旦大学出版社,2001 年。

25. 姜波克:《国际金融新编》(第四版),复旦大学出版社,2008 年。

26. 姜波克:《国际金融学》,高等教育出版社,2001 年。

27. 姜波克:《汇率理论和政策研究》,复旦大学出版社,2000 年。

28. 姜波克、杨长江:《国际金融学》(第二版),高等教育出版社,2004 年。

29. 江启堂:《外汇买卖实务》,海天出版社,1993 年。

30. 靳玉英:《汇率决定理论的发展与前沿评述》,《上海财经大学学报》,2006 年第 3 期。

31. 孔立平:《次贷危机后中国外汇储备资产的风险及优化配置》,《国际金融研究》,2009 年第 8 期。

32. 劳伦斯 S 科普兰(英):《汇率与国际金融》(第 3 版),中国金融出版社,2002 年。

33. 连平:《离岸金融研究》,中国金融出版社,2002 年。

34. 刘军善、王月溪:《国际金融学》,东北财经大学出版社,2005 年。

35. 刘思跃、肖卫国:《国际金融》(第二版),武汉大学出版社,2002 年。

36. 刘舒年:《国际金融》,对外经济贸易大学出版社,1997 年。

37. 刘舒年:《国际金融》(第三版),对外经济贸易大学出版社,2005 年。

38. 刘秀玲:《国际金融》,机械工业出版社,2006 年。

39. 刘志梅:《美元的过去、现在和未来》,《南方金融》,2007 年第 12 期。

40. 吕江林:《国际金融》,科学出版社,2008 年。

41. 吕随启:《国际金融教程》(第二版),北京大学出版社,2007 年。

42. 麦金农(美):《美元本位下的汇率:东亚高储蓄两难》,中国金融出版社,2005 年。

43. 潘国陵:《国际金融理论与数量分析法法——汇率决定理论与国际收支理论研究》,上海人民出版社,2000 年。

44. 裴平:《国际金融学》,南京大学出版社,1998 年。

45. 裴平:《国际金融学》(第三版),南京大学出版社,2006 年。

46. 钱荣堃:《国际金融》,南开大学出版社,2002 年。

47. 秦凤鸣、徐涛:《国际金融》,经济科学出版社,2005 年。

48. 屈满学:《发展中国家与发达国家国际储备之比较分析》,《金融与经济》,

2007 年第 10 期。

49. 任正晓、刘光洪:《外汇风险防避与利用》,中国经济出版社,1995 年。

50. 沈国兵:《国际金融》,上海财经大学出版社,2004 年。

51. 石磊:《国际金融》,立信会计出版社,2006 年。

52. 唐旭:《金融理论前沿课题》,中国金融出版社,2003 年。

53. 田中素香、岩田健治(日):《現代国際金融》,有斐閣,2008 年。

54. 屠澄:《论金融创新与金融体系不稳定性》,《合作经济与科技》,2007 年第 17 期。

55. 王爱俭:《20 世纪国际金融理论研究:进展与评述》,中国金融出版社,2005 年。

56. 王春峰、康莉、王世彤:《货币危机的传染:理论与模型》,《国际金融研究》,1999 年第 1 期。

57. 王光伟:《国际收支与汇率金融学》,东南大学出版社,2006 年。

58. 谢朝阳、李洪梅:《国际收支理论源流与展望》,《北方工业大学学报》,2008 年第 4 期。

59. 邢毓静:《现代货币危机理论的演进及其发展趋势》,《当代财经》,2001 年第 1 期。

60. 熊性美、戴金平:《当代国际经济与国际经济学主流》,东北财经大学出版社,2004 年。

61. 徐志刚、钱钢:《香港金融制度与分析》,上海三联书店,2000 年。

62. 杨胜刚:《国际金融学》,中南大学出版社,2003 年。

63. 杨胜刚、姚小义:《国际金融》,高等教育出版社,2005 年。

64. 杨胜刚、姚小义:《外汇理论与交易》,中国金融出版社,2002 年。

65. 杨学钰:《国际货币基金组织导读》,中国金融出版社,2003 年。

66. 叶永刚、郑康彬:《金融工程概论》,武汉大学出版社,2003 年。

67. 叶蜀君:《国际金融》,清华大学出版社,2005 年。

68. 叶耀明、周平海:《国际金融与管理》,立信会计出版社,2005 年。

69. 易纲、海闻,《国际金融》,上海人民出版社,1999 年。

70. 于研:《国际金融》,上海财经大学出版社,2006 年。

71. 张帆、胡曙光、门淑莲:《国际经济学》,东北财经大学出版社,2003 年。

72. 张宇燕:《美元化:现实、理论及政策含义》,《世界经济》,1999 年第 9 期。

73. 张志超:《最优国际储备理论与测度:文献述评》,《华东师范大学学报》(哲学社会科学版),2009 年第 2、3 期。

74. 张志超:《汇率制度理论的新发展:文献综述》,《世界经济》,2002 年第 1 期。

75. 章彰:《解读巴塞尔新资本协议》,中国经济出版社,2005 年。

76. 钟伟:《水墨流金》,北京大学出版社,2007 年。

77. 周八骏:《国际收支论》,学林出版社,1987 年。

78. 周茂清:《欧元十年谈:成就、挑战和前景》,《西部经济》,2009 年第 3 期。

79. 周延军,《西方金融理论》,中信出版社,1992 年。

80. 朱孟楠:《国际金融学》,厦门大学出版社,1999 年。

81. Daniels J. P. Vanhoose D. D. International Monetary and Financial Economics with Economic Applications,《国际货币与金融经济学》(高等学校金融学类英文版教材). 北京:高等教育出版社,2005 年。

82. Dominick Salvatore 著,朱宝宪、吴洪、俞露译:《国际经济学》第八版,清华大学出版社,2004 年。

83. J・奥林・戈莱比:《国际金融市场》,中国人民大学出版社,1998 年。

84. DE Grauwe P. , Dewachter H. and Embrechts M. ,Exchange Rate Theories: Chaotic Models of the Foreign Exchange Markets [M]. Blackwell Publishers,1993.

85. Ephraim Clark:International Finance(第 2 版英文影印版),北京大学出版社,2004 年。

86. Ghassem A. Homaifar. Managing Global Financial and Foreign Exchange Rate Risk[M]. Wiley Publishing House,2003.

87. Giancarlo Gandolfo, International Economics Ⅱ: International Monetary Theory And Open-economy Macroeconomics[M], Springer-verlag,1995.

88. Harberger, A. C. , Currency Depreciation, Income, and the Balance of Trade[J]. Journal of Political Economy 58(1), February,47~60,1950.

89. Joseph P, Daniels and David D. VanHoose, International Monetary and Fiancial Economics, (Third Edition) [M], South-Western, Div of Thomson Learning,2004.

90. Joseph P. Daniels, David D. VanHoose, International Monetary and Financial Economics (Third Edition)[M],Thomson Learning,2005.

91. Magee, S. , Currency Contracts, Pass-through, and Duation. Brookings Papers on Economic Activity, 303~325,1973.

92. Michael B. Connolly:International Financial Management(全美经典教材・中

国版），北京大学出版社，2007年。

93. Paul R. Krugman，Maurice Obstfeld，International Economics-Theory and Policy(6th Edition) [M]，Pearson Education，2004.

94. Peijie Wang，The Economics of Foreign Exchange and Global Finance [M]，Springer Berlin Heidelberg，2009.

95. Philip Arestis，Jesus Ferreiro，Felipe Serrano，Financial. Developments in National and International Markets [M]. Palgrave Macmillan Publishing House，2006.

96. Roman Frydman，Michael D. Goldberg，Imperfect Knowledge Economics：Exchange Rates and Risk[M]. Princeton University Press，2007.

97. Rosser，Jr.，(eds)，Complexity in Economics II [M]. Northampton，MA：Edward Elgar Publishers，2004.

98. Thomas A. Pugel：International Finance(Twelfth Edition)，中国人民大学出版社，2005年。

99. International Financial Statistics，IMF，2000～2009.

100. 国际货币基金组织、世界银行、国际清算银行、亚洲开发银行、欧洲投资银行、泛美开发银行和非洲开发银行网站及出版物。

图书在版编目(CIP)数据

国际金融/原雪梅主编. —济南:山东人民出版社,2010.2(2021.7 重印)

ISBN 978-7-209-05100-2

Ⅰ.①国… Ⅱ.①原… Ⅲ.①国际金融-高等学校-教材 Ⅳ.①F831

中国版本图书馆 CIP 数据核字(2010)第 029813 号

国际金融

原雪梅　主编

山东出版传媒股份有限公司

山东人民出版社出版发行

社　址:济南市英雄山路165号　邮　编:250002

网　址:http://www.sd-book.com.cn

发行部:(0531)82098027　82098028

新华书店经销

济南万方盛景印刷有限公司印装

规　格　16 开(169mm×239mm)

印　张　28.5

字　数　370 千字

版　次　2010 年 2 月第 1 版

印　次　2021 年 7 月第 6 次

ISBN 978-7-209-05100-2

定　价　39.00 元

如有质量问题,请与印刷单位调换。电话:(0531)88985701